基建投资、城市更新、REITs与财务分析决策

余文恭 / 著

中国法制出版社
CHINA LEGAL PUBLISHING HOUSE

前 言

后疫情时代基建投资面临了许多挑战，各地方政府对于基建项目尤其是政策鼓励的新基建项目仍持续地投入，但是项目投入过程中必须收支平衡且不得增加政府隐性债务的要求未见有任何的松动，这让许多基建投资的参与者面临了前所未有的难题。实践中出现各式各样、五花八门的“创新模式”，更是让很多人摸不着头绪、无所适从。面对这样的情况，笔者认为很需要在基建投资领域中建构一个系统性的投资分析方法，来讨论基建投资领域所面临的相关问题，并且需要一本内容全面的书籍，系统介绍基建投资的相关知识。此外，笔者也发现一个非常值得关注的现象，就是很多从事基建投资的参与者，对于基建投资财务分析的知识掌握程度不足，造成在项目谈判过程中出现各种错误的想法而不自知，再加上《建设项目经济评价方法与参数（第三版）》① 所规定的财务分析方法只是针对编写可研报告的一个简单框架，内容缺乏财务、会计、法律与税务等相关知识点的连结，基建投资领域充斥着许多“基建财务分析的初学者”，还没全面掌握财务分析就急于从事基建投资，这无异于是盲人开车、极度危险。

为此，笔者花了将近两年的时间撰写《基建投资、城市更新、REITs与财务分析决策》一书，并且拍摄一系列的短视频并将二维码编排在本书相关章节中。《基建投资、城市更新、REITs与财务分析决策》是一本讨论基建投资的书籍，内容分为两大模块，分别是基建投资分析（本书第一篇至第七篇）与基建财务分析（本书第八篇至第十三篇），这两大模块占用了本书各半的篇幅。其中基建投资分析模块又分为总论、各论与专论。总论部分主要是讨论基建投资模式的基本分析方法，希望通过这个方法可以为项目的投资模式找到一个清楚的定位，笔者称此方法为“基建投资罗盘”（本书第一篇第一章至第三章），具体分为六个环节：定主体、分类型、筹资金、管预算、避债务以及招投标。此外，由于“十四五”规划以常住人口城镇化率提高到65%作为经济社会发展的主要目标之一，而且要加快转变城市发展方式，实施城市更新行动，推动城市空间结构优化和品质提升，因此在各论部分本

① 《国家发展改革委、建设部关于印发建设项目经济评价方法与参数的通知》（发改投资〔2006〕1325号）。

书重点介绍片区开发（本书第一篇第四章至第六章）以及城市更新（本书第四篇及第五篇第十七章至第二十三章）等近年来受到关注的基建投资领域。其中笔者提出了一些关键的分类方式，包括：对外扩张型的片区开发以及对内更新型的片区开发、广义与狭义的城市更新、破小区及旧小区的更新改造等，这些分类方式将影响这类项目的投资模式与开发方式的选择。

本书的专论部分针对总论中的几个问题进行了专篇的讨论，分别是：地方政府专项债券（本书第二篇第七章至第十一章）、地方政府融资平台转型（本书第三篇第十二章至第十六章）以及不动产信托基金（REITs）（本书第六篇及第七篇第二十四章至第三十七章）等。有关地方政府专项债券的内容是针对政府如何合法合规地举借债务，并且将筹集到的资金有效率地投资到项目上，属于“筹资金”的范畴，笔者针对专项债项目的股债结构提出了七大类型，希望对于专项债项目股债结构的设计有一定帮助，并且针对“专项债 + 资本金模式”应以税后现金流作为还款来源进行了案例讨论。另外，为了有效控制政府隐性债务，许多政策文件要求地方政府融资平台脱离政府融资职能，转型为市场化运作的国有企业，这是属于“避债务”的范畴，笔者在本篇中提出了供应链金融、保理与债转股等方式，进行平台公司的资产调整，是短期内可以改善平台公司资金流动性与资产负债率的一种方式。此外，为了盘活存量资产，增加基建投资企业的再投能力，自 2020 年 5 月，证监会与发改委推动了一系列基础设施公募 REITs 的试点，这是属于“筹资金”的范畴，笔者在本篇中介绍 REITs 股债结构的搭建，将反向吸并细分为三大类型，就其中的操作细节进行了详细说明，并且针对基础设施公募 REITs 已经上市的 11 单项目进行完整介绍。需要说明的是，由于类 REITs 与公募 REITs 有不少共同之处，因此笔者在撰写类 REITs 时，也将两者共同之处进行了说明，所以建议想要学习公募 REITs 的读者，先从类 REITs 开始阅读，才能了解公募 REITs 的完整内容。

本书的第二大模块是基建财务分析，主要以 PPP 项目为例区分为：基本问题讨论（本书第八篇）、边界条件的设定（本书第九篇）、财务模型的搭建（本书第十篇至第十二篇）以及其他问题（本书第十三篇）等部分。

有关财务分析基本问题的讨论，本书针对项目的运营补贴，如果单纯地采用公式法计算，可能产生的问题提出了分析（本书第三十八章）。此外，为了系统地搭建财务模型，笔者提出了“2 + 6 + 6”的财务模型架构，这个架构提高了财务模型的正确性与实用性，并且为财务模型的搭建提供了较为客观的思路（本书第三十九章）。由于财务分析是以现金流作为分析对象，因此如何正确地分析项目现金流就成为财务分析的重中之重，笔者通过项目现金流分析图，系统分析了项目的三大现金流入与六大现金流出，以及这九大现金流与财务模型、财务报表、建设投资之间的关系。希望通过这样的说明，让读者可以掌握项目现金流的奥妙之处（本书第四十章）。

有关如何设定项目边界条件的问题，我们都知道错误地设定边界条件，必然会导致错误的项目财务分析结果，因此如何正确地设定边界条件（本书第四十一章），就成为本书所关注的问题。笔者将边界条件区分为：资产、期日期间（本书第四十二章）以及付费机制，其中针对资产期前移交所涉及的五类终止事由以及相应的结算问题（本书第四十一章）、付费机制中所讨论的六类付费类型（本书第四十三章）、六类项目付费数额公式（本书第四十四章、第四十五章），以及横向与纵向的付费控制（本书第四十六章至第五十章）等进行了重点说明。

有关财务模型搭建（本书第十篇至第十二篇）的部分，是本书基建财务分析模块中的重点内容，笔者介绍了财务分析的六大任务，其中包括财务模型正确性、财务方案合规性、财务生存能力、财务偿债能力、财务获利能力、计算成本要素比例等。此外，针对竞价参数的选定、财务指标的分类以及判读进行了系统性的介绍，而且就“社会资本方内部收益率”以及“修正的融资前税后内部收益率”提出了进一步的分析，并且将“2 +6 +6”财务模型架构中的两张总表、六张辅助报表以及六张主要报表的编制，所涉及的会计、财务以及税务等问题进行了详细说明。

最后，有关财务分析其他问题的讨论，本书介绍了金融资产、无形资产与混合资产在财务分析处理上的区别（本书第六十七章）；并且从金融机构的角度介绍了如何进行敏感性分析，以及合同终止的索赔该如何计算的问题（本书第六十八章）；由于基建项目许多投资条件，都必须通过合同条款才能加以落实，因此针对项目边界条件以及财务模型，如何与合作协议（本书附录一）以及项目合同（本书附录二）进行有机的结合，也是本书所关注的问题（本书第六十九章）。

读者在阅读本书目录时，可能已经发现本书的内容体系并不是按照基建投资的总论、各论以及专论三部分加以编排，而是将城市更新以及 REITs 从基建投资分析模块中独立出来，并如书名一般区分为：基建投资、城市更新、REITs 以及财务分析决策四个部分（本书体系如下图所示）。之所以将城市更新与 REITs 从基建投资中独立出来，是因为笔者认为城市更新与 REITs 未来在基建投资领域中将占据一个非常重要的位置。首先，由于城市土地的稀缺性，建成区范围的扩张将变得越来越不容易，因此如果城市要继续发展就必须改变思路，将建成区内部低效的存量资产进行改造，这已经成为未来城市发展的一个趋势，也是城市更新非常重要的一个理念，当然它有一连串和传统开发模式不同的手段，本书将于第二部分中详细介绍。至于市场上千呼万唤的 REITs 模式，虽然目前还在试点阶段，但是笔者认为 REITs 模式的核心功能在于，将项目建设阶段与运营阶段不同风险偏好的投资者，通过 REITs 模式进行了换手，这是目前其他金融产品所无法替代的；而且公募 REITs 增加了证券的流动性，盘活了基建项目的沉淀资金，这些优点更让投资人以及项目各参与方爱不释手。

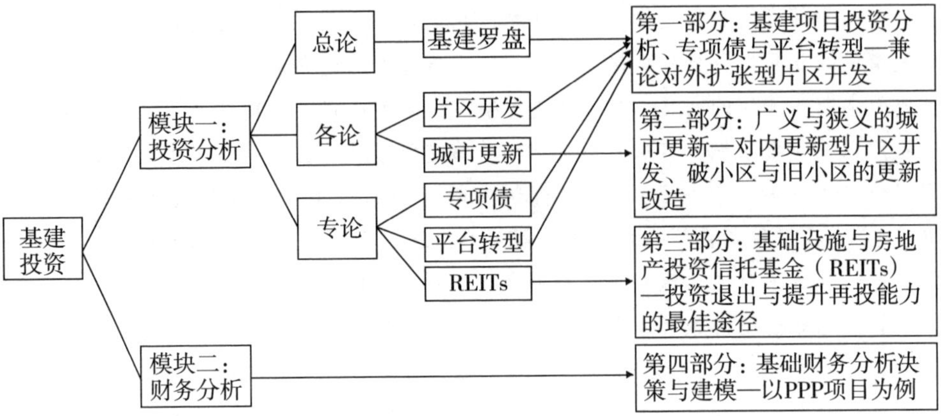

本书体系架构图

另外，为了让读者可以更容易地了解本书的内容，笔者制作了322张图表、127个视频，还有财务模型以及投资合同两个很重要的辅助工具，请各位读者在阅读本书时，一定要搭配图表以及工具，使用方法请参阅本书《如何使用本书的图表、视频及辅助工具——兼论如何学好财务分析与投资合同》一文。

最后要衷心感谢财政部PPP中心副主任夏颖哲博士及其团队，在本书撰写期间提供了许多宝贵的意见。此外，我也要感谢工作伙伴门继业、赖淑美、孙佳欣，在过年期间不眠不休地加班校稿，并且对本书内容提出了很多中肯的建议。本书的截稿日期是2022年的1月31日，由于笔者所学有限，欢迎各位读者批评指教，我的邮箱是1438448366@qq.com，读者也可以添加微信（13321916083）或是电话联系（021-62300530），我们很乐意与您进行交流。笔者将不定期在抖音以及视频号直播间，为各位读者进行基建领域相关问题的分享以及答疑，因此读者如果有任何问题，也欢迎来到直播间，笔者将会竭尽所能回答各位的问题，谢谢。

微信号：13321916083
加号请告知：大名—单位—城市

微观点学院助教

扫一扫上面的二维码图案，加我为朋友。

如何使用本书的图表、视频及辅助工具

——兼论如何学好财务分析与投资合同

为了让大家更容易了解本书的内容，笔者除了通过文字描述相关知识点外，还绘制了322张图表，录制了127个视频，并且借助了两个很重要的辅助工具，即财务模型框架（附录三、附录四）以及投资合同（附录一、附录二），来帮助读者学习本书的两个模块——基建投资和财务分析。因此，如何用好图表、视频以及辅助工具是接下来要说明的重点。

本书分为两个模块，模块一是基建投资分析，模块二是财务分析，由于基建投资分析更多是知识点的学习，基本上只要按部就班地阅读本书的文字、图表，并观看相应的视频，对于基建投资分析的内容应该就能有所掌握。比较需要说明的是本书基建财务分析部分。基建财务分析可以细分为：边界条件的设定（本书第九篇）以及财务模型的建立（本书第十篇至第十二篇）两部分。建议学习边界条件时，要对相关的合同条款（附录一、附录二）一起阅读。边界条件是一个基建投资项目的基础，它在很大程度上会影响财务分析的结果，所以边界条件必须通过具有法律效力的合同条款固定下来，我们在法律上称为“情势变更原则的基础条件”，未来进行付费金额的调整时，才能有所依据。由于同时具备法律与财务专业的人才较少，所以在投资项目的分工上，经常会看到法律与财务之间缺乏有效的衔接与整合，因此本书介绍F市的案例时，不光是针对财务的部分进行了详细的说明，还针对该案例特别编制了投资合同（即附录一、附录二）。希望能通过投资合同的内容，让读者很清楚地看出财务与合同条款是相互融合搭配的。

当然本书投资合同的意义不只是整合了财务分析的内容，更是本团队多年实践经验所积累的内部参考文本，同时我们也参考了许多行业内通行合同版本的内容，所以这份合同不只是我们团队的心血，也是前人的结晶，有关合同的具体使用方法，各位可以参阅本书第六十九章的内容。附录一、附录二的合同类型是“核心服务型”加上“总价+单价型”的BOT合同，由于这个类型的合同条件较为复杂，可以说已经涵括了大部分投资合同的知识点，因此可以作为PPP合同以及基建投资合同的典型，其他类型的投资项目都可以在这个典型合同的基础上，修改成符合个别项目的投资合同。因为篇幅的关系，本书并没有针对合同条款进行过多的阐释，读者如果想另外学习《公益版PPP合同参考文本》的详细内容，以及将典型合同调整或修改成个案需要的合同条款，可以选购编号69.2的视频，这个课程可以帮助读者学习，课程中也会提供电子版《公益版PPP合同参考文本》，让读者此次的学习更加便利。

另外，有关如何学习搭建财务模型，必须掌握两个关键问题：第一，“2+6+6”的财务模型架构是由哪些报表所组成的？其实财务模型是由许多大大小小的报表所组成的，很多人在学习时却常有迷路的感觉，为此笔者将各类报表汇总在附录四中。第二，财务模型中各报表之间存在着何种逻辑关系？各报表除了依循“2+6+6”的体系进行编排之外，也是通过“报表项目”进行联系的，因此掌握了报表项目间的逻辑关系，也就掌握了报表之间的逻辑关系，为此笔者绘制了附录三《财务报表与报表项目关系表》，希望可以帮助读者掌握相关内容。学习这两个关键问题看似简单，其实需要一个非常细腻且小心翼翼的态度才能有所掌握，建议读者不能光用眼睛看，一定要打开自己的电脑，按照书本的步骤从头到尾自己亲手操作数次；待相关操作熟练后，可以更进一步观看本书第五十一章F市的边界条件内容后，练习在不看书的前提下搭建出完整的财务模型；当然搭建出完整的财务模型不是一蹴而就的，需要多次的练习，尤其当资产负债表始终无法平衡时，请千万不要放弃，读者如果需要视频教学并跟着进行操作，可以选购编号69.1的视频课程。此外，参加过笔者财务分析课程的学员就会知道，笔者一直强调财务模型必须做好数据的颜色管理，因此课堂中财务模型的数据是有“黑红绿橘蓝”五种颜色的。比较可惜的是本书采用黑白印刷，因此读者看到报表中数据的颜色都是黑白的，各位读者若对此有兴趣，也可以另外选购编号69.1的视频课程，为了视频教学上的方便，课程中我们会提供彩色的电子版财务模型给大家。

而编号69.3的视频课程是属于进阶版的财务分析课程，主要是讨论如果一个项目中有多个子项目时，财务模型该如何搭建的问题。以及讨论项目进入运营期后，该如何进行财务后评价。这类财务模型的复杂程度远超读者的想象，因此不建议初学者观看此视频内容。对于财务分析有一定基础、有兴趣的读者，还是可以尝试挑战这个课程。

有关本书的免费与收费视频，读者可以通过以下两个途径观看：第一，本书的每个章节会附上相应免费视频的二维码，各位扫描二维码后就可以观看免费视频内容。读者如果发现书本中所标示的视频主题与视频开头所标示的主题不相同，请不要意外，因为笔者重新修改主题，请各位以本书的主题为准。第二，有关收费视频的部分，读者可以进入知识商铺微信小程序“小鹅通”搜索“微观点学院”，按视频编号就能找到相应的收费视频。或者您也可以添加作者微信（13321916083），协助您找到相关的信息。

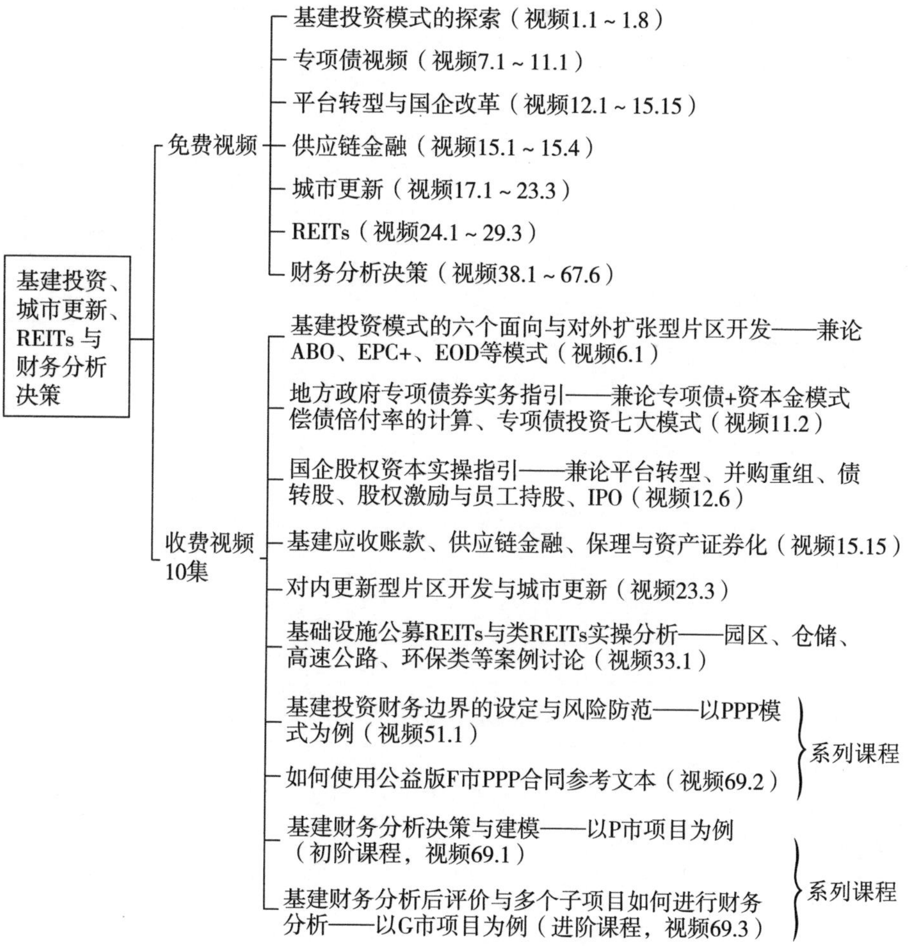
基建投资、城市更新、REITs与财务分析决策
免费视频
基建投资模式的探索（视频1.1～1.8）
专项债视频（视频7.1～11.1）
平台转型与国企改革（视频12.1～15.15）
供应链金融（视频15.1～15.4）
城市更新（视频17.1～23.3）
REITs（视频24.1～29.3）
财务分析决策（视频38.1～67.6）
收费视频10集
基建投资模式的六个面向与对外扩张型片区开发——兼论ABO、EPC+、EOD等模式（视频6.1）
地方政府专项债券实务指引——兼论专项债+资本金模式偿债倍付率的计算、专项债投资七大模式（视频11.2）
国企股权资本实操指引——兼论平台转型、并购重组、债转股、股权激励与员工持股、IPO（视频12.6）
基建应收账款、供应链金融、保理与资产证券化（视频15.15）
对内更新型片区开发与城市更新（视频23.3）
基础设施公募REITs与类REITs实操分析——园区、仓储、高速公路、环保类等案例讨论（视频33.1）
基建投资财务边界的设定与风险防范——以PPP模式为例（视频51.1）
如何使用公益版F市PPP合同参考文本（视频69.2）
系列课程
基建财务分析决策与建模——以P市项目为例（初阶课程，视频69.1）
基建财务分析后评价与多个子项目如何进行财务分析——以G市项目为例（进阶课程，视频69.3）
系列课程

本书视频体系图

目 录

第一部分：基建项目投资分析、专项债与平台转型——兼论对外扩张型片区开发

第二部分：广义与狭义的城市更新——对内更新型片区开发、破小区与旧小区的更新改造

第三部分：基础设施与房地产投资信托基金（REITs）——投资退出与提升再投能力的最佳途径

第四部分：基建财务分析决策与建模
——以 PPP 项目为例

附 录

第一部分

基建项目投资分析、专项债与平台转型
——兼论对外扩张型片区开发

第一篇　基建投资模式的探索与对外扩张型片区开发

第一章　基建投资罗盘（一）

——如何系统搭建及分析基建项目投融资模式的方法论/
定主体、分类型、筹资金、管预算

一、概述

基建投融资模式在近年，产生了很大的转变，很多地方政府既要持续地推动“两新一重”建设，又要小心防范政府隐性债务可能导致的系统性风险，也就是说既要持续地投资，但是对于举债投资的路径又给予很多的限制。目前实践中出现了很多所谓的“创新模式”，例如：ABO（授权（Authorize）－建设(Build)－运营(Operate))、EPC+（设计（Engineering）－采购(Procurement)－施工(Construction))等模式，这些模式的合规性如何，是否会增加政府隐性债务，针对这些问题笔者认为都必须一事一议，很难一概而论。为了能更有系统地搭建或是分析基建项目的投融资模式，笔者将过去多年累积的相关经验，整理成一套系统的分析方法称为“基建投资罗盘”，其中包括：定主体、分类型、筹资金、管预算、避债务与招投标等六个部分，希望通过这一套系统的分析方法，帮助大家合规地搭建基建项目的投融资模式，避开投资风险，避免掉进人云亦云的坑。

☆有关基建投融资模式分析的问题，请见视频微观点1.1【基建投资罗盘的六个面向】

二、投资主体（定主体）

基建项目的投资主体可以区分为政府投资与企业投资，其中所涉及的相关问题分别说明如下：

☆有关政府投资或是企业投资项目相关问题的讨论，请见视频微观点 1.2【政府投还是企业投？】

（一）基建投资主体的类型

根据《国务院关于投资体制改革的决定》（国发〔2004〕20 号）（以下简称《投资体制改革的决定》），将基建投资主体区分为政府投资与企业投资，该文件的区分标准是以“谁投资、谁决策、谁收益、谁承担风险”作为基本原则，其中需要说明的是“谁收益、谁承担风险”的问题。所谓“谁收益”是指项目投资回报的归属，以及项目资产产权归属的问题，而谁承担风险具体是指由谁筹集资金、债务归属、债务偿还的责任主体以及投资的成功或是失败的后果由谁承担的问题。有的时候我们要判断项目是谁投资的，可以从“谁收益、谁承担风险”的角度来判断。

因此，如果是政府投资项目，钱由政府投资，投资决策由政府决定，未来项目的投资回报归属于政府，项目资产的产权归属于政府，由政府负责股权与债权融资，债务归属于政府应由政府偿还，投资成功或是失败的后果由政府承担。而如果是企业投资的项目，钱由企业投资，投资决策由企业决定但必须由政府核准或是备案，未来项目的投资回报归属于企业，项目资产的产权归属于企业，由企业负责股权与债权融资，债务归属于企业、由企业还款，投资成功或失败的后果由企业承担。

其实将投资主体二分为政府投资与企业投资，并非很精确的分法，因为有很多项目都是政府与企业合作的，这些合作项目到底是由谁投资的，是不太容易判断的，例如：PPP 项目如果是政府付费项目或是可行性缺口补助的项目，既有政府的资金，也有企业的资金，应如何认定投资主体，需要进一步分析讨论。

（二）什么项目应由政府投资？什么项目应由企业投资？

在讨论什么样的项目该由何种投资主体投资时，应先讨论政府与市场的界限，也就是通过市场机制可以完成的交易，政府应尽量不要介入或少介入具体的市场运作，只有在市场运作失灵的状态下，政府才需要介入处理。而在基础设施投资的领域中，可以获得合理回报的项目（或者是可以赚钱的项目），也就是市场机制可以完成运作的项目，应该由市场主体也就是由企业来进行投资。

而无法获得合理回报的项目（或者是亏钱的项目），也就是市场主体不愿意投资的项目，如果该项目是公益性项目，则应由政府投资。还有一种情况是该项目虽然可以获利，但是属于涉及国家安全、国民经济或是重大民生的项目范畴，此时为确保可以控制项目资源的安全，一般也会由政府进行投资。此外，根据《投资体制改革的决定》规定："……政府投资主要用于关系国家安全和市场不能有效配置资源的经济和社会领域……"以及《政府投资条例》第三条第一款的规定："政府投资资金应当投向市场不能有效配置资源的社会公益服务、公共基础设施、农业农村、生态环境保护、重大科技进步、社会管理、国家安全等公共领域的项目，以非经营性项目为主。"由此可知，政府主要投资具有公益性质的非经营性项目。

（三）政府自己投资、政府委托企业代为投资或是政府邀请企业自己投资？

政府投资项目从某种意义上看，就是政府将自己的财政资金，支付给承包商并取得项目资产产权的一种交易行为。有的时候由政府自己将钱支付给承包商，可以称为政府自己投资；有的时候政府会委托或是指定企业或是第三方，代政府支付工程款，可以称为政府委托企业代为投资，例如：政府指定或是委托项目法人，或是政府指定出资方代表①，或是政府授权集中组织建设实施单位进行集中建设②，这类的投资项目一般不需要通过招投标的程序，只需要政府的委托或授权，企业即可代为投资，投资收益归政府所有而不归企业所有。

至于实践中，政府邀请企业以市场主体的身份来投资的项目，通常为公益的经营性项目，企业投资此类项目需要参加竞争性的选拔程序，并于中标之后才能进行投资，这类项目在性质上属于企业投资项目。在实践中经常出现"政府委托企业代为投资项目"以及"政府邀请企业自己投资项目"，在认定上发生混淆的情形，甚至有些人认为政府委托企业代为投资，是实践政企分离，属于企业投资项目，笔者认为这样的看法有待商榷。政府委托企业代为投资项目以及邀请企业自己投资项目性质上是不同的，前者是企业帮政府投资，后者是企业自己投资，前者不需要招投标，后者需要经过招投标，前者用的是政府的钱，后者用的是企业自己的钱。

（四）如何判断项目是否使用财政资金

《政府投资条例》第二条规定："本条例所称政府投资，是指在中国境内使用预

---

① 国家发展改革委《关于规范中央预算内投资资金安排方式及项目管理的通知》（发改投资规〔2020〕518号）规定："……（一）直接投资，是指政府安排政府投资资金投入非经营性项目，并由政府有关机构或其指定、委托的机关、团体、事业单位等作为项目法人单位组织建设实施的方式。（二）资本金注入，是指政府安排政府投资资金作为经营性项目的资本金，指定政府出资人代表行使所有者权益，项目建成后政府投资形成相应国有产权的方式……"

② 江苏省住房城乡建设厅、省发展改革委、省财政厅《关于印发推进政府投资工程集中组织建设的指导意见的通知》（苏建建管〔2018〕23号）中规定："各级政府要明确或组建负责本地区政府投资工程集中组织建设的实施单位，明确实施单位在政府投资工程集中组织建设方面的职能。集中组织建设实施单位由政府授权，在工程建设全过程行使政府投资工程建设单位的权利和义务，承担工程组织建设职能，执行批准的工程建设规模、建设内容、建设标准、投资概算，控制工程工期、投资，保证工程质量。"

算安排的资金进行固定资产投资建设活动，包括新建、扩建、改建、技术改造等。”因此政府投资项目从钱的角度来看，是指使用了预算安排资金的项目，换言之，使用了财政资金的项目都可以认定为政府投资的项目。实践中需要特别讨论的问题是，政府指定了地方国企通过招投标程序招了一个投资人组成了项目公司，项目公司将工程发包给承包商，并由项目公司向银行贷款筹集资金后，支付工程款给承包商（如图1.1所示），未来项目公司偿还银行贷款的还款资金来源于地方国企支付给项目公司的服务费，而地方国企的服务费是由政府所支付的。本案例中，项目公司支付给承包商的工程款的资金来源是自有资金以及银行贷款，可否认为投资资金不是使用财政资金，而认定为企业投资项目？《中华人民共和国政府采购法实施条例》第二条第二款规定：“以财政性资金作为还款来源的借贷资金，视同财政性资金。”因此项目公司虽然以自有资金以及银行贷款支付工程款，但是由于银行还款来源源于政府财政资金，所以应该认为是以财政资金进行投资，而认定为是政府投资项目。

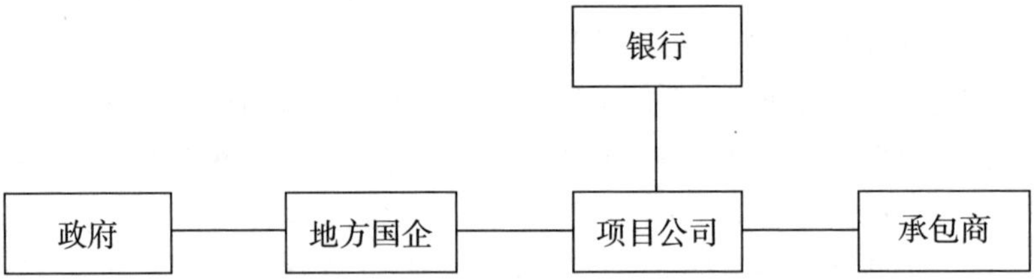

图1.1　基建投资关系图

因此在判断项目是否使用财政资金时，可以分为以下几种情形：第一，使用财政资金直接投资；第二，使用贷款资金直接投资，贷款资金的还款来源属于财政资金。而且在审查资金来源是否属于财政资金时，必须进行穿透审查。

（五）投资项目的决策程序

投资项目的决策程序，如为政府投资项目一般需要编制项目建议书以及可研报告，并且完成审批程序后才算完成投资决策程序。如为企业投资项目，需进一步从维护社会公共利益角度区分是否属于重大项目和限制类项目，如果属于此类项目并且列于《政府核准的投资项目目录》之中，需编制项目申请报告，并经核准程序，如非此类项目则只需填写项目备案通知书，完成备案程序即可。可研报告的审批才能和土地划拨程序以及政府预算程序连结在一起，项目申报报告和项目备案通知书是没有这个功能的。

表 1.1　投资决策程序与文件比较表

	政府投资项目	企业投资项目	
决策程序	审批	核准（重大、限制）	备案
文件	项目建议书、可研报告	项目申请报告	项目备案通知书

（六）项目资产产权性质与产权归属问题

《中华人民共和国民法典》第三百五十二条规定："建设用地使用权人建造的建筑物、构筑物及其附属设施的所有权属于建设用地使用权人，但是有相反证据证明的除外。"这就是所谓房地一体原则，也就是土地使用权是谁的，建筑物或是构筑物的所有权就归属于谁。一般而言，政府投资的项目由政府取得划拨土地，这里需要特别讨论的是企业投资的公益项目，企业可否取得划拨土地？《中华人民共和国土地管理法》第五十四条规定："建设单位使用国有土地，应当以出让等有偿使用方式取得；但是，下列建设用地，经县级以上人民政府依法批准，可以以划拨方式取得：（一）国家机关用地和军事用地；（二）城市基础设施用地和公益事业用地；（三）国家重点扶持的能源、交通、水利等基础设施用地；（四）法律、行政法规规定的其他用地。"由此可知，只要是基于上述规定的公益用途，不分投资主体是政府还是企业，原则上可以依法取得划拨土地，但是实践中许多地方上的土地管理部门担心国有资产流失的问题，只愿意将土地划拨给政府、事业单位或国企。此外，划拨土地的预审程序基本上也是和政府投资程序或是政府固定资产投资程序捆绑在一起，导致实践中企业取得划拨土地的情况比较少见。

有关资产的产权性质从会计的角度，还会涉及固定资产、无形资产以及金融资产的问题，本书将在第四部分财务分析第六十七章中详细说明。根据笔者的经验，如果投标时的财务分析是将资产定性成无形资产，但是项目履约阶段会计处理却将资产做成金融资产，实际的内部收益率会比预期的内部收益率调降 0.2% 左右。

（七）什么样的项目可以垫资施工？

《政府投资条例》第二十二条规定："政府投资项目所需资金应当按照国家有关规定确保落实到位。政府投资项目不得由施工单位垫资建设。"由此可知，政府投资项目不得由施工单位垫资建设。但是如果政府投资项目由项目公司垫资建设而不是施工单位垫资建设，或是企业投资项目由施工单位垫资建设，这是否合规？《最高人民法院关于审理建设工程施工合同纠纷案件适用法律问题的解释（一）》（以下简称《建设工程施工合同司法解释》）第二十五条规定："当事人对垫资和垫资利息有约定，承包人请求按照约定返还垫资及其利息的，人民法院应予支持，但是约定的利息计算标准高于垫资时的同类贷款利率或者同期贷款市场报价利率的部分除外。”由此可知，约定由承包人垫资的建设工程合同，法院的见解认为是合规的，因此政府投资项目约定由项目公司垫资建设，或是企业投资项目约定由施工单位垫资建设的，只要不跟前述《政府投资条例》的规定有所违背，应认为该约定是合法有效的。但是笔者要特别说明的是，垫资合规不代表项目其他部分合规，如果政府投资项目约定由项目公司垫资建设，项目公司银行贷款的还款来源来自财政资金，是有可能构成政府隐性债务而导致违规的。

另外，在某些政策文件上会看到“延期支付”，垫资施工与延期支付在概念上有何区别？一般而言，前者是指竣工验收后才开始付款，而后者是指竣工验收前支付几期工程款，剩余工程款于竣工验收后支付，并且延期支付在审计的核查上会认定为是政府债务或是其他需要关注的债务。所以为了避免垫资施工或是延期支付的情形，工程款中除了质保金以外，应尽可能在竣工验收前支付完毕。

☆有关何种项目可以垫资施工相关问题的讨论，请见视频微观点1.3【垫资建设的合规性】

（八）小结

针对上述政府投资项目与企业投资项目所涉及的问题，笔者整理相关内容比较表如下所示：

表1.2　政府投资项目与企业投资项目比较表

	政府投资项目	企业投资项目
1. 项目	1. 不可以市场化配置的公益项目 2. 重要的市场化配置的公益项目	可以市场化配置的项目
2. 钱	1. 财政资金投资 2. 银行贷款投资，财政资金还款	企业自有资金或是市场化贷款
3. 谁投资	自己投、委托第三方投	自己投、政府邀请企业自己投
4. 决策程序	审批	核准或备案
5. 文件	项目建议书、可研报告	项目申请报告、项目备案通知书
6. 土地与产权	划拨土地	出让土地、划拨土地
7. 垫资建设	项目公司	施工单位

三、项目类型（分类型）

有关项目类型的讨论，主要是从经营性收入的角度以及政府可否投入资金的角度所做出的分类，并且进一步分析如何投入最少的钱或资源，可以最有效地启动一个项目。

（一）从经营性收入的角度，项目该如何分类？

所谓经营性收入是指项目市场化经营而产生的现金流入，其中不涉及财政资金的现金流入，因此按照项目经营性收入是否足以覆盖项目的现金流出，可以区分为经营性项目、准经营性项目与非经营性项目。

经营性项目是指项目的经营性现金流入足以覆盖项目的现金流出，从财务分析的角度来看，就是项目具备财务生存能力、财务偿债能力以及财务盈利能力，有关这三个能力的具体说明，本书会在第四部分财务分析决策中说明；准经营性项目是指项目的经营性现金流入只能覆盖部分的项目现金流出；而非经营性项目是指完全没有经营性现金流入的项目。

☆有关何种项目经营性收入是否足以覆盖现金流出相关问题的讨论，请见视频微观点 1.4【什么是收支平衡的项目?】

这里需要特别说明的问题是，“公益的经营性项目”与“非公益的经营性项目”两者之间存在什么样的区别？其实两者最主要的区别在于土地性质不同，前者属于划拨土地，后者属于出让土地，因此针对“非公益的经营性项目”的现金流出，相对于“公益的经营性项目”会增加一笔土地出让金的费用。

（二）从公益性的角度，项目该如何分类？

从项目的内容是否涉及公益或者是否涉及公共服务，可以区分为公益性项目与非公益性项目，这样区分的意义在于政府一般只能投资公益性项目，非公益性项目是不能进行投资的。很多人将公益性项目与非经营性项目画上等号，其实这是不准确的，笔者认为公益性项目虽然大部分是非经营性项目，但是在概念上应该还包括经营性项目与准经营性项目。

公益性项目、非公益性项目与经营性项目、准经营性项目、非经营性项目进行排列组合后，可以得到六种组合，这六种组合中“非公益＋准经营性项目”以及“非公益＋非经营性项目”，政府不能投资（因为非公益），企业也不愿意投资（因为收支不平衡），所以扣除这两种项目之后，剩下以下四种类型组合的项目，分别是：“公益＋经营性项目”“公益＋准经营性项目”“公益＋非经营性项目”以及

"非公益+经营性项目"，这四种组合投资的主体如下表所示：

表 1.3　项目组合与投资主体对应表

序号	项目组合	投资主体
1	公益+经营性项目	政府投资　　企业投资
2	公益+准经营性项目	政府投资　　企业投资
3	公益+非经营性项目	政府投资
4	非公益+经营性项目	企业投资
5	非公益+准经营性项目	X
6	非公益+非经营性项目	X

☆有关公益+非经营性项目应由谁投资的相关问题的讨论，请见视频微观点1.5【公益+非经营性项目可否由企业投资?】

需要特别说明的是，企业投资"公益+准经营性项目"的资金缺口可否由财政资金补足？笔者认为是可以的，具体的补贴方式与相关政策规定，将在"基建投资罗盘中"的预算管理部分中加以说明。

（三）如何最有效率启动项目？

如何投入最少的钱或是资源启动一个项目，是本书接下来要讨论的问题。财政资金投入项目的方式一般有以下三种：第一，财政资金投入作为项目的资本金；第二，财政资金投入作为项目的现金流入，如果是非经营性项目就必须做到全覆盖补助，如果是准经营性项目就必须做到项目缺口补助；第三，财政资金直接投资建设项目。以下三类组合的项目，财政资金的投入方式如下表所示：

表 1.4　项目组合与财政资金投入方式对应表

序号	项目组合	财政资金投入方式
1	公益+经营性项目	资本金
2	公益+准经营性项目	资本金+缺口补助
3	公益+非经营性项目	方式一：资本金+全覆盖补助 方式二：直接投资

从表1.4中可以看出，"公益+非经营性项目"财政资金的投入方式可以采取

方式一，也可以采取方式二。笔者认为采用方式二的优点在于项目没有股权融资也没有债权融资，不需要支付贷款利息与投资回报，因此项目总体投入的资金总量是最少的，但缺点是需要在建设期内全部投资完毕，因此每年投入金额的负担会比较高。而方式一的优点和缺点与方式二刚好相反，考虑投资方式时可以根据项目的情况采取合适的方式。

☆有关如何有效启动一个项目相关问题的讨论，请见视频微观点 1.6【如何用最少的钱启动项目？】

接下来笔者要讨论的是，如何用最少的资源启动一个项目。如果是“公益＋经营性项目”，由于项目经营性收入充足、不需要补贴任何资源，政府可以采用 PPP 模式或是市场化运作的方式，通过招采程序选择一个合适的社会资本方来投资建设及运营即可。而“公益＋准经营性项目”以及“公益＋非经营性项目”由于经营性现金流入不足，可以补贴另一个经营性现金流入充足的项目，达到资金平衡的目的，具体的补贴方式如下表所示：

表 1.5　项目组合与资源补贴方式对应表

资源补贴	公益＋非经营性项目　或是　公益＋准经营性项目
公益＋经营性项目	1. 一个项目中的两个子项目达到收支平衡（项目平衡或是区域平衡） 2. 例如：客运路线的补贴
非公益＋经营性项目	1. 两个项目达到收支平衡，决策程序中一个项目走审批，另一个项目走核准或备案 2. 一般称为“项目＋物业”，需注意项目招投标与土地招拍挂如何挂钩的问题 3. 例如：湿地公园＋房地产项目；地铁上盖物业等

☆有关如何有效利用资源补贴启动一个项目相关问题的讨论，请见视频微观点 1.7【如何用最少的资源启动项目？】

（四）小结

针对上述各种项目类型或组合所涉及的问题，笔者整理相关内容如下表所示：

表1.6 项目组合相关问题汇总表

项目类型或组合	投资主体	资金或是资源投入方式	运作模式
公益＋经营	政府或企业	资本金	PPP模式、市场化经营
公益＋准经营	政府或企业	1. 方式一：资本金＋缺口补助 2. 方式二：资源补贴	PPP模式、投资补助模式
公益＋非经营	政府	1. 方式一：资本金＋全覆盖补助 2. 方式二：直接投资 3. 方式三：资源补贴	PPP模式、直接投资模式
非公益＋经营	企业	资本金	市场化运营

☆有关基建项目类型相关问题的讨论，请见视频微观点1.8【基建投资如何定类型?】

四、筹资模式（筹资金）

项目的筹资模式一般分为两种：一种是采用举债投资模式，也就是以股权融资的方式自己筹集资本金，然后其他的资金以债权融资的方式筹措；另一种是采用自有资金投资的模式，也就是全部投资的资金都是自有资金，又称为直接投资模式，目前直接投资模式一般用于“公益＋非经营性项目”。举债投资模式因为运用了一部分的资金杠杆，因此可以增加股权投资的回报率，也可能因为项目风险无法还款而产生项目资金链断裂的风险，所以采取举债投资模式投资项目时，资金链的风险就成为一个很重要的问题，一般在项目风险相对可控的情况下，会采用一定比例的资金杠杆，这是目前投资的常态做法，因此如何设计一个项目使其具备可融资性，以及如何防范举债的风险，就成为许多人所关注的问题。

（一）政府举债的合法途径有哪些?

《中华人民共和国预算法》第三十五条第二款及第三款规定：“经国务院批准的省、自治区、直辖市的预算中必需的建设投资的部分资金，可以在国务院确定的限额内，通过发行地方政府债券举借债务的方式筹措。举借债务的规模，由国务院报全国人民代表大会或者全国人民代表大会常务委员会批准。省、自治区、直辖市依照国务院下达的限额举借的债务，列入本级预算调整方案，报本级人民代表大会常务委员会批准。举借的债务应当有偿还计划和稳定的偿还资金来源，只能用于公益性资本支出，不得用于经常性支出。除前款规定外，地方政府及其所属部门不得以任何方式举借债务。”由此可知，地方政府如果要举借债务，只能够通过发行地方政府债券的模式举借债务，除此之外的举借债务方式都属于违反《预算法》规定的方式。

目前发行地方政府债券的类型中，主要是以发行地方政府专项债券为主，其中涉及“专项债+资本金模式”“专项债+市场化融资模式”以及“专项债+PPP模式”等相关问题，本书将于第二篇中作出说明。

（二）为何PPP模式的政府支出责任不构成政府债务?

政府举债的方式除了采取发行地方政府债券外，还有另外一种融资方式，就是采用PPP模式。采取PPP模式的特性在于政府支出责任不构成政府债务，其原因在于，《政府会计准则第10号——政府和社会资本合作项目合同》答记者问中提到：“……在很多PPP项目合同中，政府方也承担了向社会资本方支付款项的义务，但这种义务在项目运营期开始时并不属于《负债准则》所规定的现时义务，更多是一种或有义务，因此不能确认为政府负债。在PPP项目开始运营后的每一个付款期间内，政府方按照《负债准则》有关规定不确认负债的，应当在支付款项时计入当期费用；按照《负债准则》有关规定确认负债的，应当同时确认当期费用，在以后期间支付款项时，相应冲减负债的账面余额。”由此可知，PPP模式中政府支出责任是一种或有义务，而不是现时义务，因此不构成政府债务。

（三）什么样的项目具备可融资性?

所谓项目具备可融资性，是指项目具备可以进行股权融资与债权融资的条件，特别是指债权融资的条件。具备可融资性的条件一般可以归类出以下几个方面：第一，项目必须合规；第二，项目的还款来源，也就是项目现金流入必须稳定有保障；第三，项目必须进行风险评估以及敏感性分析；第四，项目是否有可能会发生中途终止的情形；第五，项目如果终止，项目经营权对价的退还，损害赔偿或者补偿的金额是否足以偿还贷款，都是融资机构在评估债权融资时，会深入分析的事情。有关敏感性分析、经营权对价的退还、合同终止所涉及的损害赔偿或补偿等问题，本书将在第四部分财务分析第四十一章以及第六十八章中进一步说明。

五、预算管理（管预算）

（一）政府投资资金的投入方式与直接投资

《政府投资条例》第六条第一款规定：“政府投资资金按项目安排，以直接投资方式为主；对确需支持的经营性项目，主要采取资本金注入方式，也可以适当采取投资补助、贷款贴息等方式。”由此可知，公益的非经营性项目政府主要采取直接投资的方式，公益的经营性项目政府可以采取资本金以及投资补助的方式进行投资。至于贷款贴息的方式实践中比较少见，所以本章暂不讨论。

国家发展改革委《关于规范中央预算内投资资金安排方式及项目管理的通知》（以下简称《中央预算投资资金安排通知》）中规定："……（一）直接投资，是指政府安排政府投资资金投入非经营性项目，并由政府有关机构或其指定、委托的机关、团体、事业单位等作为项目法人单位组织建设实施的方式。……（七）根据不同安排方式规范项目管理。采取直接投资、资本金注入方式投资的项目，为政府投资项目，实行审批制。……"由此可知，直接投资一般是针对公益的非经营性项目，由政府投资并且以指定或是委托方式（非招投标方式）确认项目法人单位进行项目的组织与建设，投资决策程序采取审批制。

（二）政府投资资金作为项目的资本金

《中央预算投资资金安排通知》中规定："……（二）资本金注入，是指政府安排政府投资资金作为经营性项目的资本金，指定政府出资人代表行使所有者权益，项目建成后政府投资形成相应国有产权的方式。……（七）根据不同安排方式规范项目管理。采取直接投资、资本金注入方式投资的项目，为政府投资项目，实行审批制。……"由此可知，资本金注入一般是针对公益的经营性项目，可以由政府投资并以指定方式（非招投标方式）确认政府出资人代表，投资形成的资本属于国有资产，投资决策程序采取审批制。

这里需要特别说明的是，如果项目资本金是由政府投资，项目法人或是项目公司向金融机构取得贷款，是否属于政府贷款？《中央预算内投资资本金注入项目管理办法》（以下简称《中央预算资本金注入项目办法》）第二条第三款规定："前款规定的经营性固定资产投资项目，应由企业作为项目法人，实行独立核算、自负盈亏。"似乎认为项目法人或是项目公司的贷款，应由其自行承担；但是这样的规定和前述规定将项目认定为政府投资项目、资产属于国有资产、投资决策采取审批制的规定，似有不合理之处。

（三）政府投资资金对项目进行投资补助

《中央预算投资资金安排通知》中规定："……（三）投资补助，是指政府安排政府投资资金，对市场不能有效配置资源、确需支持的经营性项目，适当予以补助的方式。……"以及《中央预算内投资补助和贴息项目管理办法》（以下简称《中央预算投资补助办法》）第三条第一款规定："本办法所称投资补助，是指国家发展改革委对符合条件的地方政府投资项目和企业投资项目给予的投资资金补助。"由此可知，投资补助是针对公益的准经营性项目，可以由政府投资也可以由企业投资。

需要特别说明的是，《中央预算投资补助办法》第三条第三款规定："投资补助和贴息资金均为无偿投入。"因此投资补助在会计上可能构成企业会计准则所称的政府补助，在会计处理上可能需要采取总额法或是净额法，在税法上可能有税收优惠政策的适用。相关问题，本书将在第三部分“财务分析决策”中说明。

（四）预算编列与审批程序以及中长期财政规划

有关项目是否编列预算以及项目中政府的支出责任是否已经列入中长期财政规划中，一直是银行对项目进行贷款评估时非常关注的问题，因此如果要识别项目的资金是否已经编列预算或是列入中长期财政规划，需要对该编列的法律程序有一定程度的了解。

有关部门支出预算的组成，一般包括基本支出预算与项目支出预算两个部分。所谓基本支出预算是指各部门为保障其日常运作所需的费用，一般包括人员经费和日常办公经费。而项目支出预算是指为完成特定行政任务，在基本支出预算外编制的年度项目支出计划，项目支出预算采取项目库管理，财政部门及各部门分别建立项目库，项目按审核要求纳入项目库后，按轻重缓急进行排序，并进行滚动式管理，最后根据财力状况进行项目支出预算的编列。

政府预算的编列一般按照“二上二下”的程序进行编列。每年的4～9月，政府各部门会开始编列下一年度的部门预算，并于当年9月底上报预算，称为“一上”；“一上”的预算内容一般只会申报项目支出预算不会申报基本支出预算。接下来财政部门会在11月中下旬确定项目支出预算，并且连同基本支出预算的定额标准下达给各部门，称为“一下”。然后，各部门再根据“一下”的要求，于12月上旬将完整的预算上报财政部门，称为“二上”。最后，财政部门再根据本级政府的财力情况、各部门预算的汇总，以及其他专项资金的安排，编制出本级政府财政支出预算，经政府提送给人大审议后，再由财政部门下达各部门的预算，称为“二下”。这里需补充说明的是，政府提送预算给人大审议，需要进一步区分是提送预算调整方案还是年度预算案，如果政府提交预算调整方案，需经人大常委会审议；如果政府提交年度预算案，需由人大全体会议审议。

至于政府支出责任列入中长期财政规划的程序，根据财政部《关于推进中央部门中期财政规划管理的意见》的规定，可以分为以下几个环节：第一，各部门根据国民经济以及社会发展规划的要求，测算并提出三年的支出需求，第二，财政部门根据中期财政规划以及部门需求，下达各部门三年的支出控制数额，第三，各部门根据财政部门下达的三年的支出控制数额的基础上，编制三年支出规划报财政部门，第四，财政部门根据各部门的三年支出规划，汇总成三年中期财政规划草案，按程序报批后实施。

（五）国务院《关于进一步深化预算管理制度改革的意见》的解读

由于近年来财政处于紧平衡的状态，收支矛盾较为突出，加之预算管理中存在统筹力度不足、政府过紧日子意识尚未牢固树立、预算约束不够有力、资源配置使用效率有待提高、预算公开范围和内容仍需拓展等问题，影响了财政资源统筹和可持续性，因此2021年国务院针对以上问题出台了《关于进一步深化预算管理制度改革的意见》（以下简称《意见》）。

有关预算收入与支出的部分，《意见》要求“严禁将政府非税收入[①]与征收单位支出挂钩”，因此土地出让金收入不得直接与项目的支付进行挂钩。此外，《意见》要求“严格控制竞争性领域财政投入”，所以政府财政资金不得投资非公益性项目。另外，《意见》针对预算支出标准体系提出“由财政部会同中央有关职能部门按程序制定国家基础标准，地方结合公共服务状况、支出成本差异、财政承受能力等因素因地制宜制定地方标准，按程序报上级备案后执行。鼓励各地区结合实际在国家尚未出台基础标准的领域制定地方标准”。因此未来预算支出必须考虑财政承受能力等多重因素以及相关标准，进而达到控制预算支出的要求。

有关预算编制与执行的部分，《意见》要求：“加强中期财政规划管理，进一步增强与国家发展规划的衔接，强化中期财政规划对年度预算的约束。……鼓励地方结合项目偿债收入情况，建立政府偿债备付金制度。”所以未来中期财务规划对于财政预算的编列会有一定的拘束力，为了偿还项目债务，应建立偿债备付金制度。此外，《意见》要求：“将项目作为部门和单位预算管理的基本单元，预算支出全部以项目形式纳入预算项目库，实施项目全生命周期管理，未纳入预算项目库的项目一律不得安排预算。有关部门负责安排的建设项目，要按规定纳入部门项目库并纳入预算项目库。……建立健全项目入库评审机制和项目滚动管理机制。做实做细项目储备，纳入预算项目库的项目应当按规定完成可行性研究论证、制定具体实施计划等各项前期工作，做到预算一经批准即可实施，并按照轻重缓急等排序，突出保障重点。”由此可知，项目纳入预算项目库成为编列预算的前提条件，且项目入库需进行入库评审以及各项前期工作，以防止预算拨付后项目无法实施的情形。《意见》还要求：“加强对政府和社会资本合作、政府购买服务等项目的全过程绩效管理。加强国有资本资产使用绩效管理，提高使用效益。加强绩效评价结果应用，将绩效评价结果与完善政策、调整预算安排有机衔接，对低效无效资金一律削减或取消，对沉淀资金一律按规定收回并统筹安排。”因此未来通过预算的绩效考核，要将低效、无效以及沉淀资金，削减、取消或是收回。

最后有关风险防控部分，《意见》要求：“完善以债务率为主的政府债务风险评估指标体系，建立健全政府债务与项目资产、收益相对应的制度，综合评估政府偿

---

① 另一个值得注意的规定是《关于国有土地出让收入、矿产资源专项收入、海域使用金、无居民海岛使用金四项政府非税收入划转税务部门征收有关问题的通知》（财综〔2021〕19号）。

债能力。”未来希望可以通过债务率以及偿债能力的评估，控制政府债务。此外，《意见》还提到“严禁地方政府以企业债务形式增加隐性债务”，似乎是针对近期有些所谓的企业投资项目、ABO 模式、EPC + 模式增加隐性债务的情况进行规范。而《意见》所称“清理规范地方融资平台公司，剥离其政府融资职能，对失去清偿能力的要依法实施破产重整或清算”，是针对无法市场化转型的地方政府融资平台，可以采取的退场方式所进行的规定。

第二章　基建投资罗盘（二）

——避债务、招投标

一、概述

基建投资罗盘是系统搭建或是分析基建项目投融资模式的方法论，其中有关定主体、分类型、筹资金、管预算等四个问题在上一章已经给各位读者做了介绍之后，接下来本章将接续上一章中有关基建投资罗盘中的避债务与招投标两方面继续给各位说明。

二、隐性债务（避债务）

避债务是指一个基建投资项目的交易结构内容，涉及融资或是政府的支出责任的部分应避免构成地方政府隐性债务。一般在实务中对于基建投资项目是否为地方政府隐性债务的判断有两个重点：第一，不得违法违规提供实际依靠财政资金偿还的融资；第二，不得以预期土地出让收益收入作为企业资金偿债来源的融资。关于基建投资项目是否构成政府隐性债务问题的讨论，是基建项目是否成败的关键问题。在此，虽未进一步展开说明，但有兴趣的读者可以关注小鹅通知识商铺“微观点学院”的线上课程，以及视频 6.1“基建投资模式的六个面向与对外扩张型片区开发——兼论 ABO、EPC +、EOD 等模式”的内容。

三、招采程序（招投标）

基础设施投资项目广义的招采程序包括：工程招投标程序、PPP（政府和社会资本合作）项目招采程序、政府购买服务程序、土地招拍挂程序、市场化项目的招投标程序等五类。本书将针对广义招采程序实践中常见的问题进行说明。

（一）广义招采程序常见的几个问题

首先，如果是政府投资项目，政府指定或是委托项目法人，政府指定出资方代表，或是政府授权集中组织建设实施单位进行集中建设，这类的投资项目企业一般不需要通过招投标的程序，只需要政府的委托或授权，企业即可代为投资，因为这里的项目法人、出资方代表以及集中组织建设实施单位应认为是政府的代理人，所以程序上只需要政府授权即可担任。其次，如果是企业投资的公益经营性或是准经营性项目，该项目可以采取市场化运作模式，以市场化项目的招投标程序选择投资企业，也可以采取PPP模式，以PPP项目的招采程序选择社会资本方。再次，如果是公益的非经营性项目，由于项目经营性收入不足，另外搭配一个非公益的经营性项目，例如：一个湿地公园搭配周边的一个房产项目①，则湿地公园项目的招投标程序与房产项目的土地招拍挂程序该如何实施？目前实践中有以下两种做法：第一，将项目的招投标与土地的招拍挂合并实施②；第二，土地可以走附条件的招拍挂程序，也就是以施做项目作为土地招拍挂的条件。最后，在什么条件下可以适用于两招并一招的程序？也就是进行完投资项目的招投标后，可否不再进行工程的招投标程序？《中华人民共和国招标投标法实施条例》第九条第一款第三项规定："除招标投标法第六十六条规定的可以不进行招标的特殊情况外，有下列情形之一的，可以不进行招标：……（三）已通过招标方式选定的特许经营项目投资人依法能够自行建设、生产或者提供……"由此可知，符合以下条件的项目可以不进行招标：第一，特许经营项目（解释上包括PPP项目）通过招投标程序选定投资人；第二，投资人可以自行建设的。所以ABO项目或是EPC+项目不属于特许经营项目，发包工程需要进行招投标程序。此外，如果PPP项目的投资人将项目部分工程发包给子公司或是关系企业，也需要进行招投标程序。

（二）政府购买服务程序

《政府购买服务管理办法》第十条规定："以下各项不得纳入政府购买服务范围：……（三）政府采购法律、行政法规规定的货物和工程，以及将工程和服务打包的项目；（四）融资行为……"由此可知，工程以及融资行为不得纳入服务范围。

---

① 需要特别说明的是，此处举例是指非PPP项目，PPP项目搭配的经营性项目不可以是房产项目，这是根据《关于规范政府和社会资本合作（PPP）综合信息平台项目库管理的通知》的规定："（一）不适宜采用PPP模式实施。包括不属于公共服务领域，政府不负有提供义务的，如商业地产开发、招商引资项目等；因涉及国家安全或重大公共利益等，不适宜由社会资本承担的；仅涉及工程建设，无运营内容的；其他不适宜采用PPP模式实施的情形。"

② 有关项目的招投标与土地的招拍挂如何合并实施，张晓峰律师著作《关于"PPP+土地一体化交易"的实践及思考》一文中有详细的讨论。详见国家发展改革委投资司、清华大学PPP研究中心主编：《中国PPP专家论道：国家发展改革委PPP专家优秀论文集》，经济日报出版社2018年版，第255页。

虽然规定购买服务范围不得包括融资行为，但是我们可以通过一些合同条款的安排，达到相同的效果。《政府购买服务管理办法》第二十四条规定："政府购买服务合同履行期限一般不超过1年；在预算保障的前提下，对于购买内容相对固定、连续性强、经费来源稳定、价格变化幅度小的政府购买服务项目，可以签订履行期限不超过3年的政府购买服务合同。"以及第二十九条规定："承接主体可以依法依规使用政府购买服务合同向金融机构融资。"因此从购买主体的角度，可以通过签订三年的政府购买服务协议的方式，在三年期限到期前支付款项，延长支付期限从而达到融资的效果，而承接主体提供服务所需的周转金可以向银行融资。

棚户区项目可否采用政府购买服务模式施作？笔者认为棚户区改造内容包含工程，所以根据《政府购买服务管理办法》第十条的规定，棚户区项目不可以采取政府购买服务模式。

土地储备项目可否采取政府购买服务模式？这涉及土地储备项目的内容是属于工程还是属于服务的问题。一般而言土地储备分为三个阶段，分别是土地的收储（拆迁安置补偿）、土地前期开发（即七通一平）以及土地的提供。根据《关于规范土地储备和资金管理等相关问题的通知》的规定"地方国土资源主管部门应当积极探索政府购买土地征收、收购、收回涉及的拆迁安置补偿服务"以及根据《关于坚决制止地方以政府购买服务名义违法违规融资的通知》的规定"严禁将铁路、公路、机场、通讯、水电煤气，以及教育、科技、医疗卫生、文化、体育等领域的基础设施建设，储备土地前期开发，农田水利等建设工程作为政府购买服务项目。严禁将建设工程与服务打包作为政府购买服务项目"。由此可知，土地收储属于服务的范畴可以采用政府购买服务模式，土储前期开发属于工程的范畴不可以采用政府购买服务模式。

第三章　关于 EPC + 与 ABO 模式合规性讨论

一、概述

近几年基于各种不同的原因，例如：有的地方 PPP 模式财政承受能力已经用尽，或是觉得 PPP 模式的审批程序过于繁琐冗长，所以很多地方政府开始探索 PPP 模式以外的基建新投融资模式，像实践中常见的 EPC + 模式或是 ABO 模式，由于这些创新的模式没有相应的制度性规定，该等模式的操作是否合规，成为很多人所关心的议题。为此，本文将针对EPC+模式与ABO模式的合规性问题，提出进一步的讨论。

二、关于EPC+模式合规性的讨论

（一）EPC模式与EPC+模式的区别

EPC模式是将设计、采购、施工一体化的一种发包模式，按目前国内的相关规定，是由业主完成初步设计，承包商完成施工图设计以及施工的一种建设模式；采用EPC模式的业主方基本上已经处理了项目投融资的问题，也就是解决了筹集资金的问题之后，为了更有效率地完成工程项目，或是为了符合项目的特性所采取的一种管理模式。而EPC+模式是一种基建投资模式的泛称，实践中常见的EPC+模式有：F+EPC、投资人+EPC、股权合作+EPC等。这些模式的名称虽然都有EPC，但是这些模式处理的问题不只是建设问题，还包括投融资问题。此外，需特别说明的是，实践中还可以看到EPC+O模式或是EPC+MC模式，这两种模式涉及项目的运营而不是投资领域，所以不在本文要讨论的范围之内。因此以下将针对EPC+模式中常见F+EPC、投资人+EPC、股权合作+EPC等模式进行相关问题的讨论。

（二）F+EPC模式相关问题的讨论

F+EPC模式就是融资、设计、采购、施工一体化的一种发包模式，所以承包商除了处理项目建设所涉及的相关问题外，还需要帮业主解决投融资的问题。有关F+EPC模式合规性问题的讨论，《政府投资条例》第二十二条后段规定“……政府投资项目不得由施工单位垫资建设”，可知如果是企业投资项目可以由施工单位垫资建设。此外，《建设工程施工合同司法解释》第二十五条规定：“当事人对垫资和垫资利息有约定，承包人请求按照约定返还垫资及其利息的，人民法院应予支持，但是约定的利息计算标准高于垫资时的同类贷款利率或者同期贷款市场报价利率的部分除外。”由此可知，约定由承包人垫资的建设工程合同，按法院的见解应该认为是合规的。因此，在企业①投资项目的前提下，采用F+EPC模式合规性是没有问题的。

（三）投资人+EPC模式相关问题的讨论

投资人+EPC模式是指业主通过招投标程序选定了投资人，由投资人单独组建或是由投资人与业主共同组建项目公司，并完成项目资金的筹集，并由项目公司以EPC模式将工程发包给承包商的一种模式。有关投资人+EPC模式合规性问题的讨论，《政府投资条例》第二十二条后段规定：“……政府投资项目不得由施工单位垫

---

① 解释上不包括融资平台等尚未与财政脱钩的企业。

资建设。”由此可知，虽然政府投资项目不可以由施工单位垫资建设，但是解释上政府投资项目可以由项目公司垫资建设，因此应认为项目公司垫资建设是合规的。但是需要特别讨论的是，项目公司银行贷款的还款来源经穿透审查后，是财政资金还是经营性收入？如果贷款的还款来源属于经营性收入，笔者认为可能项目贷款属于市场化融资，不涉及合规性的问题，如果贷款的还款来源属于财政资金，则项目贷款可能构成政府隐性债务。

（四）股权合作 + EPC 模式相关问题的讨论

股权合作 + EPC 模式是指业主通过招投标程序选定了投资人，招标条件要求投资人需受让业主所指定地方国企或是平台公司一定比例的股份后，再由该地方国企或是平台公司作为项目公司并筹集资金后，再将工程以 EPC 模式发包给承包商。股权合作 + EPC 模式也可以称为是混改 + EPC 模式，因为投资人受让业主所指定地方国企或是平台公司一定比例的股份后，相当于以股权转让的方式对地方国企或是平台公司进行混改，因此有以下几个问题需要关注：第一，业主指定的地方国企或是平台公司是属于商一类、商二类、公益类还是功能类的国企；第二，不同类型的国企进行混改时，对于国有资本股权比例的要求会有所不同；第三，股权转让行为属于国有资产交易的行为，需进行公司的估价、审批并且要进场交易。

除了上述三个与混改有关的问题需要关注外，另外还有两个与投资有关的问题需要关注：第一，股权转让的股权转让对价，是由投资人支付给项目公司原股东，而不是通过增资扩股的方式将资金投给项目公司，因此股权转让后项目公司是否有足够的自有资金，是需要关注的问题；第二，投资人收购项目公司的股权，由于项目公司不是新设公司，因此在收购之前应对项目公司进行尽职调查，以了解项目公司的债务以及历史遗留问题。

三、关于 ABO 模式合规性的讨论

（一）ABO 模式的意义、交易结构与合规性讨论

ABO 模式就是授权（Authorize）、建设（Build）与运营（Operate）的一种模式，该模式的运用始于京投公司，当时是由北京市交通委员会代表北京市政府，授权京投公司履行轨道交通的主要职责，京投公司按照授权负责整合各类市场主体资源，提供城市轨道交通项目的投融资、建设、运营等整体服务，政府履行规则制定、绩效考核等职责，同时支付京投公司授权经营服务费，以满足其提供全产业链服务的资金需求。江苏省基于完善监管体系、实施专业化管理、规范建设行为、控制投资规模、提高工程质量、防治腐败等目的出台了《推出政府投资工程集中组织建设的指导意见》，推行“政府投资工程集中组织建设”模式。

图3.1是ABO模式的交易结构图，在图中可以看出虚线框中的交易结构，与投资人+EPC模式的交易结构基本是一样的，所以ABO模式的交易结构中隐含了一个投资人+EPC模式，在讨论ABO模式的合规性时，与投资人+EPC模式遭遇到相同的问题，也就是项目公司银行贷款的还款来源的问题。ABO模式下项目公司的还款来源一般来源于授权经营服务费，而授权经营服务费穿透审查来自财政资金，因此，ABO模式很可能会造成政府隐性债务。此外，财政部《对十三届全国人大四次会议第9528号建议的答复》（财金函〔2021〕40号）（以下简称《第9528号建议的答复》）规定："由于PPP监管趋严等原因，部分地方开始采用'授权-建设-运营'（ABO）、'融资+工程总承包'（F+EPC）等尚无制度规范的模式实施项目，存在一定地方政府隐性债务风险隐患。"由此可知，财政部的观点也认为ABO模式存在隐性债务的隐患。

最后，《关于进一步深化预算管理制度改革的意见》规定："强化国有企事业单位监管，依法健全地方政府及其部门向企事业单位拨款机制，严禁地方政府以企业债务形式增加隐性债务。"也有人认为这是针对ABO模式所作的规范，因此ABO模式的合规性问题实在需要多加注意。

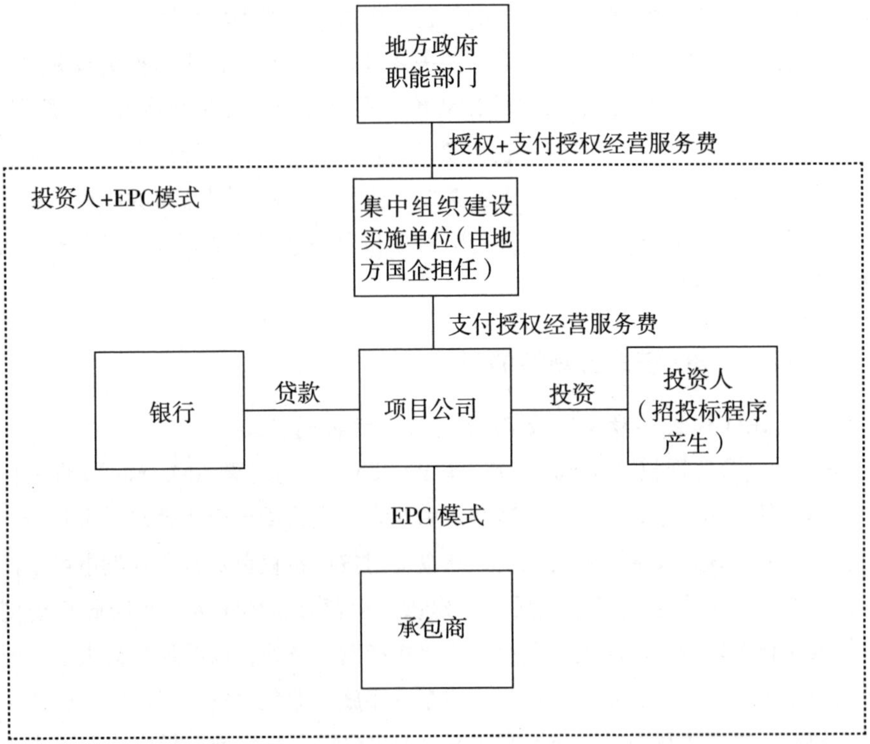

图3.1 ABO模式交易结构图

（二）所谓的“三道防火墙”

由于ABO模式存在一定的隐患，因此有人在搭建交易结构时，设计了三道“防火墙”，避免隐性债务的发生。第一道“防火墙”是指新成立的项目公司，由于项目是由项目公司所投资，因此项目属于企业投资项目，而不属于政府投资项目；第二道“防火墙”是指集中组织建设实施单位会对项目公司进行绩效考核，因此授权经营服务费的支付属于政府或有义务而非政府的现实义务，该支出不构成政府债务；第三道“防火墙”是指地方政府职能部门，有预算才支付授权经营服务费，没有预算就无须支付授权经营服务费，因此不构成政府的刚性兑付。笔者认为设置这三道“防火墙”后，该项目债务可否认为不构成政府债务，仍有待进一步观察。

第四章　片区开发概述

——国土规划与土地指标

一、片区开发的基本问题

（一）片区开发的意义与分类

所谓片区是指一个区域分成若干个分区，而片区开发是指在某个分区进行开发的一种行为，一般在政策文件上很少使用“片区”，而是可以看到各种各样的区，例如：经济特区、园区（开发区、高新区、自贸区）、新区或是旧区。针对这些区，笔者认为应该从城市发展区域的人口分布角度划分成“对外扩张型的片区开发”与“对内更新型的片区开发”。

所谓“对外扩张型的片区开发”是指从城市的边缘开始对外扩张，由于对外扩张的区域可能人口较少，或是可能会涉及集体所有的土地，所以进行二级开发时的重点将放在如何通过XOD模式来吸引人潮，人潮才能发展出经济的需求。而“对内更新型的片区开发”是指在城市的内部进行开发，开发的区域通常在人口密集的地方，因此进行开发时会影响到原来的物业权利人对于物业的原有权利，所以如何通过市场化的手段（例如：奖励容积）进行开发，就成为此类开发类型所关注的焦点。

（二）片区开发与“十四五”规划

根据“十四五”规划，2025年常住人口的城镇化率将提高到65%，而2020年年末国家统计局所公布的城镇化率是60.6%，所以未来常住人口城镇化率每年将提升约1%。但是有学者认为①，目前中国实际的城镇化率不到40%，而2024年我国就可以踏入高收入国家的门槛。当前，高收入国家城镇化率约为81%，如果从这个角度看，65%的目标可以说是相当低。因此，常住人口城镇化率的提升还有非常大的空间，片区开发的市场还相当大。

二、国土规划基本概念介绍

（一）过去空间规划所存在的问题

过去我国的空间规划体系包括：主体功能规划、城乡规划、国土及土地利用规划以及生态及环境保护规划。主体功能规划由国家发改委编制，是指根据不同区域的资源环境承载能力、现有开发密度和发展潜力，统筹谋划未来人口分布、经济布局、国土利用和城镇化格局，将国土空间划分为优化开发、重点开发、限制开发和禁止开发四类，以确定主体功能定位，明确开发方向以及控制开发强度。城乡规划由住建部编制，是指对一定时期内城乡社会和经济发展、土地利用、空间布局以及各项建设的综合部署、具体安排和实施管理，其中包括：总规、控规、修规与概念性规划等。国土及土地利用规划由原国土资源部规划，是指在一定区域内，根据国家社会经济可持续发展的要求和当地自然、经济、社会条件，对土地的开发、利用、治理、保护在空间上、时间上所做的总体安排和布局，是国家实行土地用途管制的基础。而生态及环境保护规划由原环保部编制，是人类为使生态环境与经济社会协调发展而对自身活动和环境所做的时间和空间的合理安排。

由前述可知，过去我国空间规划的编制管理机构分散、层级结构和编制标准不统一，所以经常出现规划目标相抵触、内容相矛盾等问题。

（二）目前国土空间规划的体系

为了改变各规划之间相互协调不够、交叉重叠较多的情形，因此有必要将前述的空间规划进行“多规合一”，也就是将原本分散的空间规划整合成统一的国土空间规划。

根据中共中央、国务院《关于建立国土空间规划体系并监督实施的若干意见》：“……建立国土空间规划体系并监督实施，将主体功能区规划、土地利用规划、城乡规划等空间规划融合为统一的国土空间规划，实现‘多规合一’，强化国土空间规划对各专项规划的指导约束作用……到2020年，基本建立国土空间规划体系，逐步建立‘多规合一’的规划编制审批体系、实施监督体系、法规政策体系和技术

---

① https://baijiahao.baidu.com/s?id=1696795572257138080&wfr=spider&for=pc，最后访问日期：2021年10月18日。

标准体系；基本完成市县以上各级国土空间总体规划编制，初步形成全国国土空间开发保护'一张图'……分级分类建立国土空间规划。国土空间规划是对一定区域国土空间开发保护在空间和时间上作出的安排，包括总体规划、详细规划和相关专项规划。国家、省、市县编制国土空间总体规划，各地结合实际编制乡镇国土空间规划。相关专项规划是指在特定区域（流域）、特定领域，为体现特定功能，对空间开发保护利用作出的专门安排，是涉及空间利用的专项规划。……"由前述的内容可知，目前的国土空间规划有以下几个重点：第一，国土空间规划要做到"多规合一"；第二，国土空间规划要形成一张图；第三，国土空间规划分为五级三类，所谓五级是指国家、省、市、县、乡镇的五级国土空间规划，三类是指国土空间总体规划、详细规划与专项规划。

有关"多规合一"的问题，《土地管理法》第十八条第二款的规定："经依法批准的国土空间规划是各类开发、保护、建设活动的基本依据。已经编制国土空间规划的，不再编制土地利用总体规划和城乡规划。"由此可知，由于国土空间规划实现"多规合一"之后，已经编制国土空间规划的，就不需要再编制土地利用总体规划以及城乡规划。此外，有关形成"一张图"的问题，根据自然资源部办公厅《关于开展国土空间规划"一张图"建设和现状评估工作的通知》（自然资办法〔2019〕38号）："各地应以第三次全国国土调查成果为基础，整合规划编制所需的空间关联现状数据和信息，形成坐标一致、边界吻合、上下贯通的一张底图，用于支撑国土空间规划编制。"由此可知，形成一张图的目的，是整合规划所需的数据和信息。

有关过去空间规划与现有国土规划要如何进行过渡与协调的问题，自然资源部《关于全面开展国土空间规划工作的通知》："二、做好过渡期内现有空间规划的衔接协同。对现行土地利用总体规划、城市（镇）总体规划实施中存在矛盾的图斑，要结合国土空间基础信息平台的建设，按照国土空间规划'一张图'要求，作一致性处理，作为国土空间用途管制的基础。一致性处理不得突破土地利用总体规划确定的2020年建设用地和耕地保有量等约束性指标，不得突破生态保护红线和永久基本农田保护红线，不得突破土地利用总体规划和城市（镇）总体规划确定的禁止建设区和强制性内容，不得与新的国土空间规划管理要求矛盾冲突。……"由此可知，在一致性的处理过程中，有四个"不得突破"：第一，不得突破土地利用总体规划确定的建设用地和耕地保有量等约束性指标；第二，不得突破已经确定的生态保护红线和永久基本农田控制线；第三，不得突破城市、镇的总体规划所确定的禁止建设区等规划强制性的内容；第四，不得与新的国土空间规划管理要求矛盾冲突。

（三）三区三线的划定与国土空间用途管制

为了保护耕地与生态土地，国土空间规划通过三区三线的划定，以及国土空间用途管制等方式，实现上述四个“不得突破”的目的。所谓三区是指城镇空间、农业空间、生态空间三类空间，而三线是指城镇开发边界、永久基本农田保护红线、生态保护红线三条控制线。而国土空间用途管制是对土地发展权的空间管制，具体是指在国土空间规划已经确定的空间用途，以及开发利用限制条件的基础上，在国土空间开发许可、用途变更审批和开发监管等环节，对所有国土空间用途或功能进行监管。

三、土地增减挂钩制度

（一）制度起源

《土地管理法》第三十条规定：“国家保护耕地，严格控制耕地转为非耕地。国家实行占用耕地补偿制度。非农业建设经批准占用耕地的，按照‘占多少，垦多少’的原则，由占用耕地的单位负责开垦与所占用耕地的数量和质量相当的耕地；没有条件开垦或者开垦的耕地不符合要求的，应当按照省、自治区、直辖市的规定缴纳耕地开垦费，专款用于开垦新的耕地。省、自治区、直辖市人民政府应当制定开垦耕地计划，监督占用耕地的单位按照计划开垦耕地或者按照计划组织开垦耕地，并进行验收。”由此可知，我国所采取的耕地保护措施是耕地占补平衡原则，占多少耕地就开垦多少耕地，或是缴纳耕地开垦费用于开垦耕地。所以实践中会针对某地设定耕地指标以及建设用地指标，实际耕地规模不能低于耕地指标，实际建设用地规模不得高于建设用地指标。

之后，针对耕地占补平衡原则有了一些弹性的规定，国务院《关于深化改革严格土地管理的决定》规定：“……鼓励农村建设用地整理，城镇建设用地增加要与农村建设用地减少相挂钩。……在符合规划的前提下，村庄、集镇、建制镇中的农民集体所有建设用地使用权可以依法流转……”由此可知，该文件将城镇建设用地增加与农村建设用地减少相挂钩，建设用地指标可以从农村挪移到城镇使用，但是该文件中的增减挂钩与耕地指标没有任何关系。

根据农村建设用地指标挪移的对象分为以下几个类型，分别是：第一，在项目区内流转；第二，在省内流转；第三，跨省流转。以下针对这三个类型的内容具体说明如下。

（二）类型一：增减挂钩指标在项目区内流转

1. 建设用地增减挂钩制度的意义

《城乡建设用地增减挂钩试点管理办法》（以下简称《建设用地增减挂钩试点办法》）第二条规定：“本办法所称城乡建设用地增减挂钩（以下简称挂钩）是指依据土地利用总体规划，将若干拟整理复垦为耕地的农村建设用地地块（即拆旧地块）和拟用于城镇建设的地块（即建新地块）等面积共同组成建新拆旧项目区（以下简称项目区），通过建新拆旧和土地整理复垦等措施，在保证项目区内各类土地面积平衡的基础上，最终实现增加耕地有效面积，提高耕地质量，节约集约利用建设用地，城乡用地布局更合理的目标。”第五条第一款规定：“挂钩试点工作实行行政区域和项目区双层管理，以项目区为主体组织实施。项目区应在试点市、县行政辖区内设置，优先考虑城乡结合部地区……”由此可知，建设用地增减挂钩制度是指：第一，由农村拆旧地块与城镇建新地块共同组成项目区；第二，挂钩试点工作实行行政区与项目区双层管理；第三，项目区应在试点市、县辖区内设置；第四，项目区内通过建设用地增减挂钩周转指标的运用做到耕地占补平衡。

2. 什么是挂钩周转指标？如何进行操作？

《建设用地增减挂钩试点办法》第六条规定：“挂钩试点通过下达城乡建设用地增减挂钩周转指标（以下简称挂钩周转指标）进行。挂钩周转指标专项用于控制项目区内建新地块的规模，同时作为拆旧地块整理复垦耕地面积的标准。不得作为年度新增建设用地计划指标使用。挂钩周转指标应在规定时间内用拆旧地块整理复垦的耕地面积归还，面积不得少于下达的挂钩周转指标。”由此可知，挂钩周转指标是用于控制建新地块的规模，并且作为拆旧地块复垦耕地面积的标准。

此外，《建设用地增减挂钩试点办法》第十二条规定：“试点省（区、市）应根据国土资源部批准下达的挂钩周转指标规模，在项目区备选库中择优确定试点项目区，对项目区实施规划和建新拆旧进行整体审批，不再单独办理农用地转用审批手续。整体审批结果报国土资源部备案。项目区经整体审批后方可实施，未经整体审批的项目区，不得使用挂钩周转指标；未纳入项目区、无挂钩周转指标的地块，不得改变土地用途，涉及农用地改变为新增建设用地的应依法办理农用地转用手续。”由此可知，使用挂钩周转指标的前提是，项目区已完成整体审批。

实践中增减挂钩周转指标的操作可以分为以下几个步骤：第一，组成项目区并向主管部门申请挂钩周转指标；第二，指标下达后，建新地块才能开始开工，并且拆旧地块应于期限内完成复垦；第三，复垦完后将挂钩指标归还，从项目区整体审批实施至指标归还的期限一般不超过三年。

（三）类型二：增减挂钩指标在省内流转

1. 哪些地区增减挂钩指标可以省内流转？

《中共中央、国务院关于打赢脱贫攻坚战的决定》中规定：“在连片特困地区和国家扶贫开发工作重点县开展易地扶贫搬迁，允许将城乡建设用地增减挂钩指标在省域范围内使用。在有条件的贫困地区，优先安排国土资源管理制度改革试点，支持开展历史遗留工矿废弃地复垦利用、城镇低效用地再开发和低丘缓坡荒滩等未利用地开发利用试点。”《关于进一步运用增减挂钩政策支持脱贫攻坚的通知》中规定：“省级扶贫开发工作重点县可以将增减挂钩节余指标在省域范围内流转使用。”由此可知，连片特困地区、国家扶贫开发工作重点县、省级扶贫开发工作重点县增减挂钩节余指标可以在省内流转。

2. 什么是增减挂钩节余指标？如何操作？

增减挂钩节余指标是指拆旧区域增加的耕地规模以及减少的建设用地规模减去安置区增加的建设用地规模及减少的耕地规模。国土资源部《关于用好用活增减挂钩政策积极支持扶贫开发及易地扶贫搬迁工作的通知》中规定：“增减挂钩节余指标在省域范围内流转使用的，实行项目区分别管理。产生节余指标的县（市）可将拆旧复垦地块和本县域内的建新安置地块组成项目区，编制项目区实施方案，并在方案中说明产生节余指标规模等情况；使用节余指标建新的县（市）可单独编制建新实施方案，详细说明节余指标来源。产生节余指标县（市）的项目区实施方案和使用节余指标县（市）的建新实施方案，可按照规定分别报备。”由此可知，类型二的增减挂钩节余指标的项目区是指拆旧地块和安置地块组成项目区，项目区的范围不包括建新地块，因此拆旧地块完成复垦后所形成的节余指标，可以在省内流转至任意一个建新地块使用，同时也形成了指标流转公开竞价的市场环境。

实践中增减挂钩节余指标的操作可以分为以下几个步骤：第一，项目区完成房屋拆除、土地平整及居民安置（即完成易地扶贫搬迁），以及耕地验收，产生增减挂钩节余指标；第二，将形成的增减挂钩节余指标挂网竞拍，成交后由指标受让方付款。

（四）类型三：增减挂钩指标跨省流转

国务院办公厅《关于印发跨省域补充耕地国家统筹管理办法和城乡建设用地增减挂钩节余指标跨省域调剂管理办法的通知》中的《城乡建设用地增减挂钩节余指标跨省域调剂管理办法》第二条规定：“本办法所称城乡建设用地增减挂钩节余指标跨省域调剂，是指‘三区三州’及其他深度贫困县城乡建设用地增减挂钩节余指标（以下简称节余指标）由国家统筹跨省域调剂使用。”由此可知，“三区三州”及其他深度贫困县增减挂钩节余指标可以跨省域流转使用。所谓“三区”是指西藏自治区、四省藏区（青海、四川、甘肃、云南）及南疆四地州（和田地区、阿克苏地区、喀什地区、克孜勒苏柯尔克孜自治州）；“三州”是指四川凉山州、云南怒江州、甘肃临夏州。

另外，自然资源部、财政部、国家乡村振兴局《关于印发〈巩固拓展脱贫攻坚成果同乡村振兴有效衔接过渡期内城乡建设用地增减挂钩节余指标跨省域调剂管理办法〉的通知》第二条规定：“本办法所称城乡建设用地增减挂钩节余指标跨省域调剂，是指原‘三区三州’及其他深度贫困县、国家乡村振兴重点帮扶县开展城乡建设用地增减挂钩，拆旧复垦安置节余的建设用地指标（以下简称节余指标）在省际协商基础上由国家统筹跨省域调剂使用。”由此可知，可以跨省流转的增减挂钩指标，增加了国家乡村振兴重点帮扶县。

（五）其他问题讨论

自然资源部针对人大代表所提出的《关于解决基本农田“功能置换”“增减挂钩”“占补平衡”中的质量问题的建议》，进行了回复并在自然资源部《对十三届全国人大四次会议第5776号建议的答复》（自然资人议复字〔2021〕129号）文件中表示：“……明确将各级各类土地整治和高标准农田建设项目的新增耕地统一纳入核定范围，通过县级初审、市级审核、省级复核的程序，逐级把关，严格核实新增耕地……目前，质量分类工作已基本完成，下一步，我部将以此为基础，建立不同自然地理区域的耕地资源质量比较转换关系，构建耕地占补平衡新机制，切实落实耕地占优补优……我部根据综合信息监管平台和‘一张图’工程建设要求，建立健全增减挂钩在线监管系统，加强对拆旧复垦耕地质量的动态监管，确保入库数据真实、准确、可靠……”由此可知，针对如何进一步落实耕地占补平衡，除了要确保耕地的数量以外，还要进一步落实耕地的质量。

此外，财政部《关于城乡建设用地增减挂钩试点有关财税政策问题的通知》中规定：“实施增减挂钩中，市县国土资源管理部门依法供应用于城镇建设的地块（即建新地块）形成的土地出让收入，包括利用增减挂钩节余指标供应土地形成的土地出让收入，均应当按照国办发〔2006〕100号文件规定，就地全额缴入国库，实行‘收支两条线’管理。”由此可知，增减挂钩节余指标所形成的收入，属于财政收入，必须实行“收支两条线”。

四、地票制度

由于土地增减挂钩制度都是政府统一主导下的土地指标流转行为，都是在政府与政府之间进行交易，增减挂钩指标所形成的收入都是通过财政专户“收支两条线”管理，而这部分资金又是进行土地开发建设的资金来源，因此相应的融资业务难免有构成隐性债务的可能。而地票制度交易双方不是政府对政府，收益也全部归于耕地复垦的土地权利人，因此该收益性质不属于财政资金，可以不走“收支两条线”的程序。以下将以重庆市为例，介绍地票制度的关键内容。

《重庆市地票管理办法》第二条第二款规定：“本办法所称地票，是指土地权利人自愿将其建设用地按规定复垦为合格的耕地等农用地后，减少建设用地形成的在重庆农村土地交易所交易的建设用地指标。”由此可知，地票是用地指标所形成的一种证券，可以在土地交易所进行交易。地票有以下几点值得关注的地方：第一，地票可以分割使用、可以质押，《重庆市地票管理办法》第三十八条第一、二款规定："地票证书权利人可以一次性使用或者分割使用地票。地票可以质押。"第二，地票收益权可以融资，《重庆市地票管理办法》第十三条第二款规定："复垦项目地票收益权可以依法向金融机构申请融资。"第三，地票价款可以不走"收支两条线"，《重庆市地票管理办法》第三十条第一款规定："地票转让交易的，所得地票价款全部归转让人。"

第五章　对外扩张型片区开发

——土地储备与土地二级开发

一、土地储备

（一）概述

什么是土地储备?《土地储备管理办法》（二）前段规定："土地储备是指县级（含）以上国土资源主管部门为调控土地市场、促进土地资源合理利用，依法取得土地，组织前期开发、储存以备供应的行为。"由此可知，土地储备分为二个环节：第一，取得土地；第二，前期开发。另外，《土地储备管理办法》（十二）第二款规定："储备土地的前期开发应按照该地块的规划，完成地块内的道路、供水、供电、供气、排水、通讯、围挡等基础设施建设，并进行土地平整，满足必要的'通平'要求。具体工程要按照有关规定，选择工程勘察、设计、施工和监理等单位进行建设。"由此可知，土地储备前期开发性质上属于工程，须做到"七通一平"。

讨论土地储备时，经常会听到另一个相似的概念叫作土地一级开发，土地一级开发与土地储备两者概念到底有何差别?两者的内容都包含了土地取得与前期开发，但是土地一级开发还多了一个环节就是土地使用权第一次原始的出让，而土地储备却没有这个环节，因此两者最核心的区别在于土地交易环节。

此外，有关土地储备的实施主体，《关于规范土地储备和资金管理等相关问题的通知》中规定："……鉴于土地储备机构承担的依法取得土地、进行前期开发、储存以备供应土地等工作主要是为政府部门行使职能提供支持保障，不能或不宜由市场配置资源，因此，按照事业单位分类改革的原则，各地区应当将土地储备机构统一划为公益一类事业单位。……土地储备工作只能由纳入名录管理的土地储备机构承担，各类城投公司等其他机构一律不得再从事新增土地储备工作。土地储备机构不得在土地储备职能之外，承担与土地储备职能无关的事务，包括城市基础设施建设、城镇保障性安居工程建设等事务……”《土地储备管理办法》（三）前段规定：“土地储备机构应为县级（含）以上人民政府批准成立、具有独立的法人资格、隶属于所在行政区划的国土资源主管部门、承担本行政辖区内土地储备工作的事业单位。国土资源主管部门对土地储备机构实施名录制管理。”由此可知，土地储备的实施主体需关注以下几点：第一，土地储备工作只能由纳入名录管理的土地储备机构承担；第二，国土资源主管部门对土地储备机构实施名录制管理；第三，土地储备机构统一划为公益一类事业单位。

最后，有关土地储备筹集资金的问题，《关于规范土地储备和资金管理等相关问题的通知》中规定：“五、调整土地储备筹资方式。土地储备机构新增土地储备项目所需资金，应当严格按照规定纳入政府性基金预算，从国有土地收益基金、土地出让收入和其他财政资金中统筹安排，不足部分在国家核定的债务限额内通过省级政府代发地方政府债券筹集资金解决。自2016年1月1日起，各地不得再向银行业金融机构举借土地储备贷款。地方政府应在核定的债务限额内，根据本地区土地储备相关政府性基金收入、地方政府性债务风险等因素，合理安排年度用于土地储备的债券发行规模和期限。六、规范土地储备资金使用管理。根据《预算法》等法律法规规定，从2016年1月1日起，土地储备资金从以下渠道筹集：一是财政部门从已供应储备土地产生的土地出让收入中安排给土地储备机构的征地和拆迁补偿费用、土地开发费用等储备土地过程中发生的相关费用。二是财政部门从国有土地收益基金中安排用于土地储备的资金。三是发行地方政府债券筹集的土地储备资金。四是经财政部门批准可用于土地储备的其他资金。五是上述资金产生的利息收入。土地储备资金主要用于征收、收购、优先购买、收回土地以及储备土地供应前的前期开发等土地储备开支，不得用于土地储备机构日常经费开支。土地储备机构所需的日常经费，应当与土地储备资金实行分账核算，不得相互混用。……”由此可知，土地储备所需的资金有以下几点需要关注：第一，只能通过财政预算程序安排，不得向银行业金融机构举借土地储备贷款；第二，主要从“已供应储备土地产生的土地出让收入”中安排储备土地相关费用；第三，土储资金只能用于土地储备开支，不能用于土储机构日常经费开支。

（二）土地储备与预算管理——土地储备项目

前述有关土地储备筹集资金相关问题的讨论，指出土地储备的资金只能走财政预算程序，因此土地储备的预算管理制度对于土地储备项目的推进可以说是影响甚巨。因此，接下来有必要讨论土地储备与预算管理所涉及的相关问题。这些问题包括：土地储备预算管理的基本问题、项目库管理、预算编制与批复、预算执行与调整四个部分。

土地储备的预算管理是以土地储备项目作为管理的基本单元，这个基本单元是如何形成的?《土地储备项目预算管理办法（试行)》[1] 第二条第二款规定：“所称土地储备项目是指有关主管部门根据国民经济与社会发展规划、国土空间规划等，将拟收储或入库土地按照宗地、区域、工作时序、资金平衡等条件适当划分并纳入土地储备三年滚动计划和年度土地储备计划后形成的管理基本单元。土地储备项目可以包含一宗地或多宗地；包含多宗地的，应当符合地域相近、整体推进的要求。”由此可知，土地储备项目是按照一定条件划定后，将项目纳入三年滚动计划与年度土地储备计划所形成的管理基本单元。

此外，《土地储备项目预算管理办法（试行)》第四条规定：“土地储备项目从拟收储到供应涉及的收入、支出必须全部纳入财政预算。土地储备项目预算按规定纳入地方政府性基金预算管理，年度预算执行中遵循以收定支、先收后支的原则。”第五条规定：“土地储备项目应当实现总体收支平衡和年度收支平衡。(一）总体收支平衡，是指项目全生命周期内，项目预期土地出让收入能够覆盖债务本息等成本。(二）年度收支平衡，是指项目年度资金来源覆盖年度支出。”由此可知，土地储备项目的收支需纳入地方政府性基金预算管理，而且还必须做到总体收支平衡以及年度收支平衡。

（三）土地储备与预算管理——项目库管理

《土地储备项目预算管理办法（试行)》第十二条第一款规定：“市、县自然资源主管部门会同财政部门组织审核论证土地储备机构提出的项目收支平衡方案以及资金安排建议，通过审核论证的土地储备项目纳入项目库管理。”由此可知，土地储备项目纳入项目库必须要经过两个环节：第一，针对项目收支平衡方案进行论证；第二，对资金安排建议进行论证。

有关项目收支平衡方案的编制问题，《土地储备项目预算管理办法（试行)》第九条规定：“土地储备项目设立前，市、县自然资源主管部门应当组织土地储备机构开展前期研究，合理评估项目预期土地出让收入、土地储备成本，作为编制项目收支平衡方案的依据。(一）预期土地出让收入。土地储备机构应当会同同级财政部门委托第三方评估机构根据土地区位、用途等规划条件以及基准地价，评估土地资产价值，合理测算预期土地出让收入。(二）土地储备成本。土地储备机构应当根据当地征地和拆迁补偿标准、土地前期开发涉及的工程建设标准等合理测算土地储备成本。”第十条规定：“土地储备机构应当根据项目收支评估结果，编制总体

---

① 《土地储备项目预算管理办法（试行)》第三条第二款规定：“棚户区改造项目可以根据主管部门有关规定，参照本办法执行。”由此可知，棚户区的预算管理可以参照该办法的相关规定。

收支平衡方案和分年度收支平衡方案，反映项目全生命周期预期土地出让收入、土地储备成本、土地储备资金来源等平衡及各年度情况，相应填制总体收支平衡表（见附1）和分年度收支平衡表（见附2），确保项目全生命周期收支平衡。”由此可知，土地储备项目需针对预期土地出让收入以及土地储备成本开展前期研究，再根据前期研究编制总体收支平衡方案和分年度收支平衡方案。

有关项目资金安排的建议，《土地储备项目预算管理办法（试行）》第十一条规定：“土地储备机构根据土地储备项目收支平衡情况，分类提出资金安排建议。其中，专项债券发行规模不得超过项目预期土地出让收入的70%。（一）对预期土地出让收入大于或等于土地储备成本，能够‘收大于支’或‘盈亏平衡’的项目，可按规定发行专项债券融资，债券发行规模不得超过土地储备成本；（二）对预期土地出让收入小于土地储备成本、‘收不抵支’项目，应当统筹安排财政资金、专项债券予以保障。其中，债券发行规模不得超过预期土地出让收入；（三）对没有预期土地出让收入的项目，确需实施的，应当安排财政资金保障。”由此可知，资金安排建议要能预测土地出让收入以及土地储备成本，并针对项目资金缺口安排专项债资金以及财政资金。

最后纳入项目库的项目，《土地储备项目预算管理办法（试行）》第八条第一款规定：“土地储备项目库应当与土地储备三年滚动计划、年度计划同步编制或更新，与土地储备信息系统、地方政府债务管理信息系统互联互通。”第十二条第二款规定：“项目库区分自然资源主管部门负责管理的项目库、财政部门负责管理的项目库。自然资源主管部门负责管理的项目库包括全部土地储备项目，财政部门负责管理的项目库包括已纳入预算项目和拟纳入预算的备选项目。未纳入项目库的项目不得安排预算资金。”由此可知，纳入项目库的项目需做到以下几点：第一，与土地储备三年滚动计划、年度计划同步编制或更新；第二，与土地储备信息系统、地方政府债务管理信息系统互联互通；第三，未纳入项目库的项目不得安排预算资金。

（四）土地储备与预算管理——预算编制与执行

《土地储备项目预算管理办法（试行）》第十三条第一款规定：“土地储备项目按照全生命周期管理的要求，分别编入地方政府中期财政规划和年度收支预算。”第十四条后段规定：“中期财政规划约束和指引地方政府年度预算，并根据上一年度预算执行情况滚动调整。”由此可知，土地储备项目入库后，应将预算编入中期财政规划和年度收支预算。

另外，《土地储备项目预算管理办法（试行）》第十七条第三款规定：“允许有条件的地方在土地储备专项债券发行完成前，对预算已安排专项债券资金的土地储备项目通过先行调度库款的做法，加快项目建设进度，债券发行后及时归垫。”由此可知，申请专项债的项目，在资金尚未拨付之前，可以先行调度库款，未来再行归还。

（五）土地储备投资模式的探讨

土地储备项目可否采取PPP模式？财政部等《关于联合公布第三批政府和社会资本合作示范项目加快推动示范项目建设的通知》规定：“PPP项目主体或其他社会资本，除通过规范的土地市场取得合法土地权益外，不得违规取得未供应的土地使用权或变相取得土地收益，不得作为项目主体参与土地收储和前期开发等工作，不得借未供应的土地进行融资；PPP项目的资金来源与未来收益及清偿责任，不得与土地出让收入挂钩。”由此可知，PPP项目主体或是社会资本方不得参与土地储备项目，PPP项目不得以未供应的土地进行融资，也不得以土地出让收益作为PPP项目的资金来源。但是实践中，可研报告的总投资金额中的二类费用是包含土地成本的，因此如果是以总投资金额作为PPP项目财务分析的基础，其实土地储备工作已经隐含在PPP项目的范围之中。

另外，土地储备项目可否采用政府购买服务模式？这涉及土地储备项目的内容是属于工程还是属于服务的问题。一般而言土地储备分为三个阶段，分别是土地的收储（拆迁安置补偿）、土地前期开发（即“七通一平”）以及土地的提供。财政部、国土资源部、中国人民银行银监会《关于规范土地储备和资金管理等相关问题的通知》（以下简称《关于规范土地储备和资金管理等相关问题的通知》）规定：“地方国土资源主管部门应当积极探索政府购买土地征收、收购、收回涉及的拆迁安置补偿服务。”以及《关于坚决制止地方以政府购买服务名义违法违规融资的通知》规定：“严禁将铁路、公路、机场、通讯、水电煤气，以及教育、科技、医疗卫生、文化、体育等领域的基础设施建设，储备土地前期开发，农田水利等建设工程作为政府购买服务项目。严禁将建设工程与服务打包作为政府购买服务项目。”由此可知，土地收储属于服务的范畴，可以采用政府购买服务模式；土储前期开发属于工程的范畴，不可以采用政府购买服务模式。

有关土地储备项目可否采用专项债模式的问题，每年的政策都在变化，而根据财政部办公厅国家发展改革委办公厅《关于梳理2021年新增专项债券项目资金需求的通知》的规定：“此次梳理的专项债券项目，不安排用于租赁住房建设以外的土地储备项目，不安排一般房地产项目，不安排产业项目。”由此可知，租赁住房建设的土地储备项目可以采用专项债模式。

最后要讨论的是，土地储备项目可否采取ABO模式或是EPC+模式？笔者的看法是倾向于否定的态度，原因在于：这类模式是以未来的土地出让收益作为项目的资金来源，而且政府投资的项目向金融机构贷款，也可能造成政府隐性债务。

（六）土地成片开发模式

土地一级开发从空间的角度，可以区分为土地成片开发（或是称为土地连片开发），以及土地分片开发，也即从土地开发的空间是连续的还是片段的所做的区分。有关土地成片开发模式之所以受到很多人的关注，是因为土地可以成片开发，相关的空间规划就可以让土地开发更加集中、一体化的发展，因此是一种很重要的开发模式。

至于何谓土地成片开发？自然资源部《关于印发〈土地征收成片开发标准（试行）〉的通知》第一条规定："根据《土地管理法》第45条的规定，制定本标准。本标准所称成片开发，是指在国土空间规划确定的城镇开发边界内的集中建设区，由县级以上地方人民政府组织的对一定范围的土地进行的综合性开发建设活动。"由此可知，土地成片开发是在开发边界内集中建设的一种模式；是针对一定范围的土地，综合性开发的建设活动，所以包含了一级和二级开发。为何标准会特别提到《土地管理法》第四十五条的规定？因为修订前的《土地管理法》虽规定基于公共利益可以征收土地，但是对何种情况符合公共利益的条件，没有进一步的规定，但是修订后的《土地管理法》第四十五条针对何种情况符合公共利益的条件作出了具体的规定，其中就包括"在土地利用总体规划确定的城镇建设用地范围内，经省级以上人民政府批准由县级以上地方人民政府组织实施的成片开发建设需要用地的"。因此成片开发需要用地按照新《土地管理法》的规定是可以办理征收的。

有关土地征收成片开发方案编制的问题，《土地征收成片开发标准（试行）》第三条第二款和第三款规定："土地征收成片开发方案应当包括下列内容：（一）成片开发的位置、面积、范围和基础设施条件等基本情况；（二）成片开发的必要性、主要用途和实现的功能；（三）成片开发拟安排的建设项目、开发时序和年度实施计划；（四）依据国土空间规划确定的一个完整的土地征收成片开发范围内基础设施、公共服务设施以及其他公益性用地比例；（五）成片开发的土地利用效益以及经济、社会、生态效益评估。前款第（四）项规定的比例一般不低于40%，各市县的具体比例由省级人民政府根据各地情况差异确定。"由此可知，方案中有关于基础设施、公共服务设施以及其他公益性用地比例不得低于40%。

方案编制完成后需要进一步征求意见以及同意。《土地征收成片开发标准（试行）》第四条规定："土地征收成片开发方案应当充分征求成片开发范围内农村集体经济组织和农民的意见，并经集体经济组织成员的村民会议三分之二以上成员或者三分之二以上村民代表同意。未经集体经济组织的村民会议三分之二以上成员或者三分之二以上村民代表同意，不得申请土地征收成片开发。"由此可知，申请土地征收成片开发须经一定比例的村民会议成员或是村民代表的同意。

最后，有关土地征收成片开发方案审批的问题，《土地征收成片开发标准（试行）》第三条第一款规定："县级以上地方人民政府应当按照《土地管理法》第45条规定，依据当地国民经济和社会发展规划、国土空间规划，组织编制土地征收成片开发方案，纳入当地国民经济和社会发展年度计划，并报省级人民政府批准。"由此可知，方案由县级以上地方政府编制，由省级政府批准。

二、土地二级开发

（一）土地一、二级联动开发

土地二级开发是指土地使用者将达到规定可以转让的土地进行交易的过程。包括土地使用权的转让、租赁、抵押等。土地二级开发的典型就是房地产开发，即土地使用者经过开发建设，将新建成的房地产进行出售和出租的市场。一般土地开发的先后顺序是先进行土地的一级开发后，再进行土地的二级开发。

由于实践中常见土地一级开发并且完成土地出让后，才能产生土地出让金的收入，土储机构才有资金支付之前土地开发的成本，但是有的时候可能土地进入招拍挂程序后没有人拍地，而导致土地一级开发的成本没有资金可以支付的情形，因此就出现参与土地一级开发的承包商自己来拍地的情况，这种情况称为土地一、二级联动开发。参与土地一、二级开发的承包商如果自己来拍地，一般会希望可以绕开土地公开招拍挂的程序，进而用最优惠的价格拿到最好的地块，所以实践中常见有采用协议出让、用地预申请制度（也就是所谓的勾地制度）或是附条件招拍挂的方式进行拍地。

另外，有关通过用地预申请制度取得土地的问题，《招标拍卖挂牌出让国有土地使用权规范（试行）》第5.4条规定："用地预申请。为充分了解市场需求情况，科学合理安排供地规模和进度，有条件的地方，可以建立用地预申请制度。单位和个人对列入招标拍卖挂牌出让计划内的具体地块有使用意向的，可以提出用地预申请，并承诺愿意支付的土地价格。市、县国土资源管理部门认为其承诺的土地价格和条件可以接受的，应当根据土地出让计划和土地市场情况，适时组织实施招标拍卖挂牌出让活动，并通知提出该宗地用地预申请的单位或个人参加。提出用地预申请的单位、个人，应当参加该宗地竞投或竞买，且报价不得低于其承诺的土地价格。"由此可知，土地预申请制度就是申请人把意向土地、申请人承诺的受让条件与价格向主管部门提出预申请，主管部门觉得预申请的条件与价格合理，可以按此条件进行招拍挂，因此土地的预申请可以理解为是某种意义上的量身定制招拍挂。

最后，是有关附条件土地招拍挂的问题，实践中常见的条件有：第一，对竞买人的资格进行限制①，例如：竞买人的资本金、业绩要求；第二，土地竞拍时必须要提出设计方案②（例如：城市设计方案、建设工程方案），并要求未来土地开发建设必须按方案进行；第三，拍地后要求完成一定的产业配套或是引入产业，例如：土地成交后5日内，引入15家以上的企业，企业注册资本不得小于一定金额；第四，拍地并完成物业开发后，必须要自持并运营物业一定期间不得转让，例如：开发五星级酒店必须自持经营10年，10年内不得转让；第五，多宗土地搭配一起出让；第六，无偿配建基础设施、公共配套设施或学校等；第七，对拍地的建设工程工期或是方案有所限制；第八，对于土地出让金缴纳方式、缴纳期限有要求；第九，拍地时要提出拆迁安置方案等。

（二）有关开发区③开发模式的探讨

《国务院办公厅关于促进开发区改革和创新发展的若干意见》（十一）规定："完善开发区管理体制。开发区管理机构作为所在地人民政府的派出机关，……各类开发区要积极推行政企分开、政资分开，实行管理机构与开发运营企业分离。……"由此可知，开发区的管理机构性质上属于人民政府的派出机构，且要做到管理机构与开发运营企业分离，也就是我们一般所说的"管委会＋公司"模式，此种模式类型和ABO模式可以说是非常类似。

另外，《国务院办公厅关于促进开发区改革和创新发展的若干意见》（十五）规定："推进开发区建设和运营模式创新。……支持以各种所有制企业为主体，按照国家有关规定投资建设、运营开发区，或者托管现有的开发区，享受开发区相关政策。鼓励以政府和社会资本合作（PPP）模式进行开发区公共服务、基础设施类项目建设，鼓励社会资本在现有的开发区中投资建设、运营特色产业园，积极探索合作办园区的发展模式……"由此可知，开发区的建设运营模式有：托管模式、PPP模式、合作办园等模式。

---

① 《招标拍卖挂牌出让国有建设用地使用权规定》第九条规定："招标拍卖挂牌公告应当包括下列内容：……（三）投标人、竞买人的资格要求以及申请取得投标、竞买资格的办法……"

② 《广东省自然资源厅关于印发贯彻落实〈广东省推进粤港澳大湾区建设三年行动计划（2018－2020年）〉具体措施的通知》中规定："鼓励产业用地试行'先招后拍''带项目出让'方式供地。率先实施产业用地标准化出让和'带设计方案'出让，加快项目落地建设。"

③ 开发区相关政策包括：《关于促进具备条件的开发区向城市综合功能区转型的指导意见》《关于深入推进新型工业化产业示范基地建设的指导意见》《关于促进开发区改革和创新发展的若干意见》《关于推进国家级经济技术开发区创新提升打造改革开放新高地的意见》《关于促进国家高新技术产业开发区高质量发展的若干意见》等。

（三）新型产业用地（M0）

新型产业用地（M0）[①] 作为五种工业用地中的一种，一般是指融合研发、创意、设计、中试、无污染生产等新型产业功能以及相关配套服务的用地。《深圳市城市规划标准与准则》（2013 版）首次在传统土地类别中新增了“新型产业用地（M0）”，此后，郑州、济南、广州、东莞等城市也出台了新型产业用地政策。

一般工业用地与新型产业用地的区别在于[②]：第一，容积率不同，前者的容积率不小于0.6，基本在1.0~2.0之间；但是后者容积率基本在3.0~5.0之间，深圳甚至达到6.0。第二，在有关商业、住宅等的配套方面，前者要求工业项目所需的行政办公及生活服务设施用地面积不得超过工业项目总用地面积的7%，且严禁在工业项目用地范围内建造非生产性配套设施，例如：成套住宅、专家楼、宾馆、招待所和培训中心等；但是后者允许一定比例的商业办公、配套住宅、公共服务设施等，且配套用房设施比例最高可达30%。第三，在可否分割转让方面，前者的产业用房及配套用房一般情况下不得分割转让，而后者各地政策都有一定分割转让空间。第四，在土地出让方面，许多城市支持新型产业用地“先租赁后出让”弹性供地模式，并且在出让年限的设置上也相对灵活。

由于新型产业用地相对于一般工业用地有前面所述的优点，所以该用地的价值极高，对于片区开发实现项目的自平衡，将发挥很重要的作用。

第六章　XOD、EOD与TOD模式的探讨

一、概述

对外扩张型的片区开发涉及土地二级开发时，经常会讨论到有关产业导入的问题，所谓产业导入是指当片区二级开发完成后，片区内不能只是完成基础设施、建筑物与构筑物的兴建，还必须导入产业才能带动片区的经济发展。笔者认为导入产业的立意甚佳却是个难度很大的工作，不能随随便便引入了几家企业，就称为产业

---

① 除新型产业用地（M0）之外，工业用地还有以下几个类型：一类工业用地（M1），对居住和公共设施环境基本没有干扰和污染的用地，例如：电子工业；二类工业用地（M2），对居住和公共设施环境有一定干扰和污染的用地，例如：食品工业；三类工业用地（M3），对居住和公共设施环境有严重干扰和污染的用地，例如：冶金工业；四类工业设计用地（M4），以技术研发与试验管理等功能的用地。

② 摘录自公众号“信贷白话”，文章《啥是M0》。最后访问日期：2022 年 10 月 15 日。

导入，必须引入一整个产业链才是，而引入整个产业链必须先引入产业中的核心企业，产业链的上下游供应商才会一起进入片区中。但是引入核心企业是非常不容易的一件事，因为核心企业都有自己的发展战略，不会只是给出简单的政策优惠或是税捐减免，就能说来就来，所以引入产业是件很不容易完成的任务。

既然引入产业不容易，片区内要如何发展经济？我们可以从另外一个角度来思考。如果可以带动片区的人潮，进而就有机会带动片区的消费以及经济发展，如何带动人潮就成为很多人所关注的议题。比较常见的手段是通过一个大型的基础设施来带动人潮，这就是笔者所说的 XOD 模式，这里的 X 可以替换成任何一个大型并且可以吸引人潮的基础设施，例如：TOD 模式以交通设施为导向的开发、EOD 模式[①]以生态为导向的开发、AOD 模式以机场为导向的开发、COD 模式以文化设施为导向的开发、HOD 模式以综合医院设施为导向的开发、SOD 模式以体育运动设施为导向的开发等。由于篇幅的关系，本书拟介绍 EOD 模式以及 TOD 模式。

二、EOD（Ecology – Oriented Development）（生态导向型发展）模式

（一）什么是 EOD 模式？

生态环境部办公厅、发展改革委办公厅、国家开发银行办公室联合发布《关于推荐生态环境导向的开发模式试点项目的通知》中规定："EOD 模式是以生态文明思想为引领，以可持续发展为目标，以生态保护和环境治理为基础，以特色产业运营为支撑，以区域综合开发为载体，采取产业链延伸、联合经营、组合开发等方式，推动公益性较强、收益性差的生态环境治理项目与收益较好的关联产业有效融合，统筹推进，一体化实施，将生态环境治理带来的经济价值内部化，是一种创新性的项目组织实施方式。"由此可知，EOD 模式是以生态为引导，结合特色产业或是收益较好的关联产业的一种开发模式，也就是说要通过产业所产生的现金流入覆盖项目的成本，因此 EOD 模式如何与产业结合是目前项目设计的难点，实践中有很多 EOD 项目还是简单地以土地出让收入作为项目主要的资金来源。

目前 EOD 模式正在积极试点中。2021 年 4 月，生态环境部办公厅、发展改革委办公厅、国家开发银行办公室《关于同意开展生态环境导向的开发（EOD）模式试点的通知》同意天津市静海区生态修复治理与健康产业城市主动健康综合体项目等 36 个项目开展 EOD 模式试点工作。而 2021 年 10 月，生态环境部办公厅、发展改革委办公厅、国家开发银行办公室联合发布《关于推荐第二批生态环境导向的开发模式试点项目的通知》，向各地征集第二批 EOD 模式试点项目，由此可知，目前

① 还有一种 EOD 模式是以教育设施带动开发的模式。

政策上正在积极探索EOD模式，希望可以通过试点探索出一条实践的路径。

（二）乡村振兴+EOD模式

中共中央办公厅、国务院办公厅印发《关于调整完善土地出让收入使用范围优先支持乡村振兴的意见》（以下简称《意见》）中规定："……（三）总体目标。从'十四五'第一年开始，各省（自治区、直辖市）分年度稳步提高土地出让收入用于农业农村比例；到'十四五'期末，以省（自治区、直辖市）为单位核算，土地出让收益用于农业农村比例达到50%以上。……二、重点举措，（一）提高土地出让收入用于农业农村比例。以省（自治区、直辖市）为单位确定计提方式。各省（自治区、直辖市）可结合本地实际，从以下两种方式中选择一种组织实施：一是按照当年土地出让收益用于农业农村的资金占比逐步达到50%以上计提，若计提数小于土地出让收入8%的，则按不低于土地出让收入8%计提；二是按照当年土地出让收入用于农业农村的资金占比逐步达到10%以上计提。……"由此可知，至2025年年末（十四五期末），各省应将土地出让收益的50%或收入的10%，应用于农业农村项目。

又根据《意见》规定："……（四）加强土地出让收入用于农业农村资金的统筹使用。允许各地根据乡村振兴实际需要，打破分项计提、分散使用的管理方式，整合使用土地出让收入中用于农业农村的资金，重点用于高标准农田建设、农田水利建设、现代种业提升、农村供水保障、农村人居环境整治、农村土地综合整治、耕地及永久基本农田保护、村庄公共设施建设和管护、农村教育、农村文化和精神文明建设支出，以及与农业农村直接相关的山水林田湖草生态保护修复、以工代赈工程建设等……"由此可知，统筹使用土地出让金收入中用于农业农村项目，并重点用于"与农业农村直接相关的山水林田湖草生态保护修复"，其中山水林田湖草生态保护修复属于EOD模式，同时又与农业农村有关，所以可以称为"乡村振兴+EOD模式"。

（三）矿山修复+EOD模式

自然资源部为处理矿山生态修复的问题，提出了《关于探索利用市场化方式推进矿山生态修复的意见》，该意见中除了使用市场化方式之外，也针对土地指标或是土地一、二级联动开发问题进行了一些特别的规定，其中包括了以下几个环节：

1. 修复与出让合并实施

《关于探索利用市场化方式推进矿山生态修复的意见》中规定："历史遗留矿山废弃国有建设用地修复后拟改为经营性建设用地的，……也可将矿山生态修复方案、土地出让方案一并通过公开竞争方式确定同一修复主体和土地使用权人，并分别签订生态修复协议与土地出让合同。……"由此可知，矿山修复方案与土地出让方案可以通过公开竞争方式合并实施。

2. 参照土地增减挂钩政策

《关于探索利用市场化方式推进矿山生态修复的意见》中规定："各地将正在开采矿山依法取得的存量建设用地和历史遗留矿山废弃建设用地修复为耕地的，经验收合格后，可参照城乡建设用地增减挂钩政策，腾退的建设用地指标可在省域范围内流转使用。"由此可知，矿山废弃的建设用地修复为耕地后，用地指标可以在省内流转使用。

3. 补缴土地出让价款

《关于探索利用市场化方式推进矿山生态修复的意见》中规定："在符合国土空间规划和土壤环境质量要求、不改变土地使用权人的前提下，经依法批准并按市场价补缴土地出让价款后，矿山企业可将依法取得的国有建设用地修复后用于工业、商业、服务业等经营性用途。"由此可知，在符合一定条件下，可以不通过招拍挂的程序，而是以补缴土地出让金的方式，可以修复土地作为经营性用途。

4. 有关土石料的使用问题

《关于探索利用市场化方式推进矿山生态修复的意见》中规定："对地方政府组织实施的历史遗留露天开采类矿山的修复，因削坡减荷、消除地质灾害隐患等修复工程新产生的土石料及原地遗留的土石料，可以无偿用于本修复工程；确有剩余的，可对外进行销售，由县级人民政府纳入公共资源交易平台，销售收益全部用于本地区生态修复，涉及社会投资主体承担修复工程的，应保障其合理收益。"由此可知，矿山修复的土石料可以无偿使用，也可以出售后获取合理的收益。

5. 支持开展历史遗留废弃矿山生态修复示范工程

2021 年 12 月 30 日，财政部办公厅、自然资源部办公厅出台《关于支持开展历史遗留废弃矿山生态修复示范工程的通知》，为落实《2030 年前碳达峰行动方案》部署，积极做好碳达峰、碳中和工作，提高生态系统质量和碳汇能力，财政部、自然资源部决定支持开展历史遗留废弃矿山生态修复示范工程，申报项目区域应属于政府治理责任的历史遗留废弃矿山，矿山单体或相对集中连片面积原则上不少于 10 平方公里。工程治理内容主要包括地质安全隐患消除、地形重塑、植被恢复、废弃土地复垦利用等，治理措施要体现整体性、系统性，技术路线要具有先进性，突出示范引领作用。

（四）社会资本参与生态修复

2021 年 10 月 15 日，国务院办公厅出台了《关于鼓励和支持社会资本参与生态保护修复的意见》，针对社会资本参与生态建设提出了进一步的意见，重点内容介绍如下：

1. 总体要求

牢固树立绿水青山就是金山银山理念，充分发挥市场在资源配置中的决定性作用。以自然恢复为主，辅以必要的人工措施，推进山水林田湖草沙整体保护、系统修复、综合治理，提升生态系统质量和稳定性。建立公开透明的市场规则，为社会资本营造公平公正公开的投资环境，构建持续回报和合理退出机制，实现社会资本进得去、退得出、有收益。围绕构建"谁修复、谁受益"的生态保护修复市场机制。加强与自然资源资产产权制度、生态产品价值实现机制、生态保护补偿机制等改革协同。

2. 参与机制

鼓励和支持社会资本参与生态保护修复项目投资、设计、修复、管护等全过程，重点鼓励和支持社会资本参与以政府支出责任为主（包括责任人灭失、自然灾害造成等）的生态保护修复。参与方式包括：自主投资模式、与政府合作模式、公益参与模式。社会资本可通过以下方式在生态保护修复中获得收益：第一，采取"生态保护修复＋产业导入"方式，利用获得的自然资源资产使用权或特许经营权发展适宜产业；第二，对投资形成的具有碳汇能力且符合相关要求的生态系统，申请核证碳汇增量并进行交易；通过经政府批准的资源综合利用获得收益等。

合理制定生态修复方案，其中自然资源配置中涉及矿产资源配置仅限于因项目需要采挖的只能用作普通建筑材料的砂、石、粘土。通过竞争方式确定生态保护修复主体暨自然资源资产使用权人，并签订生态保护修复协议和土地出让合同等自然资源资产配置协议，明确修复要求、各方权利义务和违约责任。

3. 重点领域与支持政策

生态修复重点领域包括：自然生态系统保护修复、农田生态系统保护修复、城镇生态系统保护修复、矿山生态保护修复、海洋生态保护修复、探索发展生态产业。

生态修复的支持政策中，笔者认为最有特色的是涉及产权激励的部分。其中包括：第一，取得自然资源使用权：对集中连片开展生态修复达到一定规模和预期目标的生态保护修复主体，允许依法依规取得一定份额的自然资源资产使用权，从事旅游、康养、体育、设施农业等产业开发，其中以林草地修复为主的项目，可利用不超过3%的修复面积，从事生态产业开发；第二，国有建设用地具有优先权：对社会资本投入并完成修复的国有建设用地，拟用于经营性建设项目的，在同等条件下，该生态保护修复主体在公开竞争中具有优先权；第三，农村集体经营性建设用地入市：修复后新增的集体农用地，鼓励农村集体经济组织将经营权依法流转给生态保护修复主体，修复后的集体建设用地，符合规划的，可根据国家统一部署稳妥有序推进农村集体经营性建设用地入市，生态保护修复主体可在同等条件下优先取得使用权；第四，相关收益流转与获得收益：社会资本投资修复并依法获得的土地、海域使用权等相关权益，在完成修复任务后，可依法依规流转并获得相应收益；第五，建设用地指标省内流转使用：社会资本将修复区域内的建设用地修复为农用地并验收合格后，腾退的建设用地指标可以优先用于相关产业发展，节余指标可以按照城乡建设用地增减挂钩政策，在省域范围内流转使用。生态保护修复主体将自身依法取得的存量建设用地修复为农用地的，经验收合格后，腾退的建设用地指标可用于其在省域范围内占用同地类的农用地。

政策支持涉及资源利用部分，按照生态保护修复方案及其工程设计，对于合理削坡减荷、消除地质灾害隐患等新产生的土石料及原地遗留的土石料，河道疏浚产生的淤泥、泥沙，以及优质表土和乡土植物，允许生态保护修复主体无偿用于本修复工程，纳入成本管理；如有剩余的，由县级以上地方政府依托公共资源交易平台体系处置，并保障生态保护修复主体合理收益。

4.《社会资本参与国土空间生态修复案例（第一批）》

2020 年 11 月 15 日，自然资源部国土空间生态修复司印发了《社会资本参与国土空间生态修复案例（第一批）》，其中收集了社会资本参与矿山生态修复、山水林田湖草生态保护修复、土地综合整治和海洋生态保护修复 4 种类型共 10 个案例，包括：以生态修复改善生态环境带动社会资本投资、政府和社会资本合作共建、生态修复与城市建设发展结合、生态修复与脱贫攻坚融合、生态修复带动旅游业发展等生态保护修复的模式。

5.《重点生态保护修复治理资金管理办法》

2021 年 10 月 26 日，财政部出台《关于印发〈重点生态保护修复治理资金管理办法〉的通知》（以下简称《办法》），《办法》第二条规定："本办法所称治理资金是指中央预算安排的，用于开展山水林田湖草沙冰一体化保护和修复、历史遗留废弃工矿土地整治等生态保护修复工作，提升生态系统质量和稳定性的资金。"由此可知，有关生态保护修复中央有预算安排，有关治理资金的管理说明如下：

（1）治理资金支持范围

《办法》第六条规定："治理资金支持范围主要包括以下方面：（一）开展山水林田湖草沙冰一体化保护和修复工程，着眼于国家重点生态功能区、国家重大战略重点支撑区、生态问题突出区，坚持保护优先、自然恢复为主，对生态安全具有重要保障作用、生态受益范围较广的重点生态地区进行系统性、整体性修复，完善生态安全屏障体系，整体提升生态系统质量和稳定性。（二）开展历史遗留废弃工矿土地整治。对生态安全具有重要保障作用、生态受益范围较广的重点生态地区开展历史遗留和责任人灭失的废弃工业土地和矿山废弃地整治，实施区域性土地整治示范，盘活存量建设用地，提升土地节约集约利用水平，修复人居环境。治理资金应优先用于解决生态系统突出问题，不得用于以下方面支出：不符合自然保护地、生态保护红线、耕地保护红线等国家管控要求的项目；有明确修复责任主体的项目；已有中央财政资金支持的项目；公园、广场、雕塑等旅游设施与‘盆景’工程等景观工程建设。对不再符合法律、行政法规等有关规定，政策到期或调整，相关目标已经实现或实施成效差、绩效低下的支持事项，应当及时退出。”由此可知，治理资金支持开展山水林田湖草沙冰一体化保护和修复工程、开展历史遗留废弃工矿土地整治，不支持不符合国家管控要求的项目。

（2）治理资金分配方式

《办法》第七条规定：“治理资金采取项目法和因素法相结合的方式分配。用于山水林田湖草沙冰一体化保护和修复工程的奖补资金采取项目法分配，工程总投资10亿元－20亿元的项目奖补5亿元；工程总投资20亿元－50亿元的项目奖补10亿元；工程总投资50亿元以上的项目奖补20亿元。用于历史遗留废弃工矿土地整治的奖补资金采取项目法或因素法分配。采取项目法分配的，工程总投资5亿元以上的项目奖补3亿元。采取因素法分配的，各省、自治区、直辖市（以下统称省）奖补资金根据各省历史遗留废弃工矿土地损毁面积等因素确定，同时考虑各省财政困难程度，并根据资金使用绩效等对测算结果进行调整，体现结果导向。各省历史遗留废弃工矿土地损毁面积因素，由自然资源部负责提供。”第八条规定：“采取项目法分配的，由财政部会同自然资源部等部门通过竞争性评审方式公开择优确定具体项目。”由此可知治理资金的分配方式以及分配金额。

三、TOD（Transit-Oriented Development）（交通设施导向型发展）模式

（一）什么是TOD模式？

TOD模式就是以交通设施为导向的一种开发模式，这种开发模式的核心特点在于通过交通设施吸引人流，最常见的例子就是地铁项目。我们都知道城市内主要的交通工具就是地铁项目，地铁车站开到哪里，人流就会引导到哪里，因此在地铁车站周边通常就成为人潮聚集的地方，如何利用地铁车站周边的人潮，设计一些经营性的项目进而创造经营性现金流入，成为很多人所关注的问题。

为了好好利用交通设施所带来的人潮，TOD项目的设计基本上都是一个“非经营性的公益项目”（通常指的是交通设施本身），搭配上一个“经营性非公益项目”（通常指的是经营性物业），通过经营性非公益项目的现金流入来反哺非经营性的公益性项目，笔者称为“交通设施＋物业模式”，有许多的政策文件都支持采用此种

模式。例如：国务院办公厅《关于支持铁路建设实施土地综合开发的意见》中规定："（八）支持新建铁路站场与土地综合开发项目统一联建。新建铁路建设项目的投资主管部门、机构应与沿线地方政府按照一体规划、联动供应、立体开发、统筹建设的原则，协商确定铁路站场建设需配套安排的土地综合开发事项，明确土地综合开发项目与对应铁路站场、线路工程统一联建等相关事宜。"

所以非经营性的公益项目的招投标程序与经营性非公益项目的土地招拍挂程序要如何进行捆绑就成为一个很关键的问题。此外，TOD 模式为了要节省土地的使用，经常会将非经营性的公益项目与经营性的非公益项目盖在同一地块的同一建筑物中，常见的模式有所谓的"地铁上盖物业模式"；这类模式下的土地应该使用划拨土地、出让土地，还是建设用地分层设定使用，就成为另一个值得关注的问题。

（二）交通设施项目的招投标程序与物业土地的招拍挂程序要如何进行捆绑？

为何交通设施项目的招投标程序与物业土地的招拍挂程序要进行捆绑？原因在于一个是非经营性的公益项目，一个是经营性的非公益项目，为了要通过经营性项目所产生的经营性现金流，去补贴非经营性项目的现金流出，因此两个项目必须由同一个投资人进行投资，才能达到两个项目营收平衡的效果。至于项目的招投标与土地的招拍挂该如何进行捆绑，目前有以下三个做法，分别是：第一，两个程序合并实施；第二，土地采用附条件招拍挂；第三，土地采用协议出让。具体内容如下：

1. 两个程序合并实施

交通设施项目的招投标程序与物业土地的招拍挂程序可否合并实施？《第三批 PPP 示范项目建设的通知》中规定："依法需要以招标拍卖挂牌方式供应土地使用权的宗地或地块，在市、县国土资源主管部门编制供地方案、签订宗地出让（出租）合同、开展用地供后监管的前提下，可将通过竞争方式确定项目投资方和用地者的环节合并实施。"国家发展改革委《关于印发〈传统基础设施领域实施政府和社会资本合作项目工作导则〉的通知》第十三条第三款规定："各地要积极创造条件，采用多种方式保障 PPP 项目建设用地。如果项目建设用地涉及土地招拍挂，鼓励相关工作与社会资本方招标、评标等工作同时开展。"由此可知，PPP 项目的招采程序与土地的招拍挂程序可以合并实施。

《关于支持铁路建设实施土地综合开发的意见》中规定："（十一）采用市场化方式供应综合开发用地。新建铁路站场地区综合开发用地采用市场化方式供应，供地公告时间不得少于 60 个工作日。新建铁路项目未确定投资主体的，可在项目招标时，将土地综合开发权一并招标，新建铁路项目中标人同时取得土地综合开发权，相应用地可按开发分期约定一次或分期提供，供地价格按出让时的市场价确定。……”由此可知，新建铁路项目①可以和土地综合开发权一并招标。

2. 土地采用附条件招拍挂

《关于支持铁路建设实施土地综合开发的意见》中规定：“……新建铁路项目已确定投资主体但未确定土地综合开发权的，综合开发用地采用招标拍卖挂牌方式供应，并将统一联建的铁路站场、线路工程及相关规划条件、铁路建设要求作为取得土地的前提条件。……”由此可知，综合开发用地进行招拍挂程序时，可以将铁路项目建设要求作为取得土地的条件，也就是土地采用附条件的招拍挂方式选择投资人，其目的是希望铁路项目与综合用地开发项目的投资人可以由同一人统筹推进。

（三）交通设施项目地上、地下空间开发的用地问题

1. 相关政策介绍

“交通设施＋物业模式”地上、地下空间开发，常见的有在站体上盖物业或是在站体下盖物业等方式，相关政策有《关于支持铁路建设实施土地综合开发的意见》。其中规定：“（七）鼓励提高铁路用地节约集约利用水平。利用铁路用地进行地上、地下空间开发的，在符合规划的前提下，可兼容一定比例其他功能，并可分层设立建设用地使用权。分层设立的建设用地使用权，符合《划拨用地目录》的，可按划拨方式办理用地手续；不符合《划拨用地目录》的，可按协议方式办理有偿用地手续。”这即鼓励高铁项目进行地上、地下空间的开发。

另外，国家发改委等《关于支持民营企业参与交通基础设施建设发展的实施意见》中规定：“推广站城融合开发新模式，以多层次轨道交通衔接枢纽为重点，将枢纽地上地下及周边区域开发作为一个整体，构建‘一个主体’的建设开发新体制，建立各类开发主体公平合理的利益分配机制、风险分担机制和协商机制，鼓励民营企业通过独资、股权合作等方式参与依托既有枢纽的城市更新和新建枢纽区域综合开发。”这是推广交通枢纽地上、地下与周边的开发模式。

此外，国务院办公厅转发国家发展改革委等单位《关于推动都市圈市域（郊）铁路加快发展意见的通知》中规定：“（十五）加大综合开发力度。加大市域（郊）铁路沿线和站点及周边土地综合开发强度，合理确定综合开发规模和实施方案，统筹地上地下空间复合利用，积极推广地下空间开发、轨道交通上盖物业综合开发等节约用地的技术和模式，打造站城融合综合体……”这是针对市域（郊）铁路加大地上地下空间开发力度的政策规定。

---

① 有关铁路项目涉及投融资体制的政策，可以参见《关于改革铁路投融资体制加快推进铁路建设的意见》。

2. 用地相关问题

针对交通设施项目进行地上地下空间的开发，建设用地使用权该如何设定?《民法典》第三百四十五条规定:“建设用地使用权可以在土地的地表、地上或者地下分别设立。”因此，该用地不需要全部设定为建设用地使用权，只需要针对物业使用的空间设定即可。①

最后要说明的是，2020 年 1 月 19 日，自然资源部办公厅出台了《关于印发〈轨道交通地上地下空间综合开发利用节地模式推荐目录〉的通知》，该目录介绍了:（1）北京市五路车辆段上盖综合利用模式;（2）上海市莲花路地铁站复合利用模式;（3）广州万胜广场地上地下空间综合开发模式;（4）深圳市前海综合交通枢纽站城一体化开发模式;（5）杭州市七堡车辆段上盖综合体模式;（6）成都市崔家店停车场综合开发模式。该目录介绍的项目有一定的参考价值，有兴趣的读者可自行参阅相关内容。

☆有关基建融资模式与对外扩张型片区开发的收费线上课程，请见视频 6.1【基建投资模式的六个面向与对外扩张型片区开发——兼论 ABO、EPC +、EOD 等模式】

① 有关建设用地如何分层设定的相关规定，请参阅国土资源部《关于地下建筑物土地确权登记发证有关问题的复函》、上海市人民政府《关于印发〈上海市城市地下空间建设用地审批和房地产登记规定〉的通知》、上海市人民政府办公厅《关于转发市规划资源局制订的〈上海市地下建设用地使用权出让规定〉的通知》、《上海市地下空间规划建设条例》。

第二篇　地方政府专项债券

第七章　专项债券概述

——意义、特征、政策背景、法制体系、基本原则与资金投向

一、专项债券的意义与特征

根据《财政部关于印发〈地方政府债券发行管理办法〉的通知》（财库〔2020〕43号）（以下简称《地方政府债券发行办法》）第二条的规定："本办法所称地方政府债券，是指省、自治区、直辖市和经省级人民政府批准自办债券发行的计划单列市人民政府（以下称地方政府）发行的、约定一定期限内还本付息的政府债券。地方政府债券包括一般债券和专项债券。一般债券是为没有收益的公益性项目发行，主要以一般公共预算收入作为还本付息资金来源的政府债券；专项债券是为有一定收益的公益性项目发行，以公益性项目对应的政府性基金收入或专项收入作为还本付息资金来源的政府债券。"由此可知，专项债券具有以下几个特征：第一，发债主体：省、自治区、直辖市、省级政府批准的计划单列市人民政府；第二，发债项目与目的：必须具有一定收益的公益性项目才可以发债，而且发债所筹措的资金必须用于该公益性项目；第三，债券类型：专项债券是一种地方政府债券；第四，发债期间：专项债券期限原则上与项目期限相匹配；第五，还款来源：发债项目对应的政府性基金或专项收入。

二、专项债券的政策背景与法制体系

专项债券制度的推行和加强地方政府债务管理是紧密相关的。由于2008年美国的次贷危机，中国政府为了应对此金融危机，推出了四万亿的刺激内需方案，但也衍生了一些地方政府债务问题。为了加强管理地方政府债务，国务院2014年出台了《国务院关于加强地方政府性债务管理的意见》（国发〔2014〕43号）（以下简称《国发43号文》），其中规定要建立规范的地方政府举债融资机制，并且坚决制止地方政府违法违规举债。所谓建立规范的地方政府举债融资机制，就是地方政府举债应采取政府债券方式，其中就包括一般债券与专项债券。

《预算法》第三十五条第一、二、三款规定：“地方各级预算按照量入为出、收支平衡的原则编制，除本法另有规定外，不列赤字。经国务院批准的省、自治区、直辖市的预算中必需的建设投资的部分资金，可以在国务院确定的限额内，通过发行地方政府债券举借债务的方式筹措。举借债务的规模，由国务院报全国人民代表大会或者全国人民代表大会常务委员会批准。省、自治区、直辖市依照国务院下达的限额举借的债务，列入本级预算调整方案，报本级人民代表大会常务委员会批准。举借的债务应当有偿还计划和稳定的偿还资金来源，只能用于公益性资本支出，不得用于经常性支出。除前款规定外，地方政府及其所属部门不得以任何方式举借债务。”由此可知，地方政府要举借债务只能通过发债方式筹措资金。

2019 年 6 月 10 日中共中央办公厅、国务院办公厅出台了《关于做好地方政府专项债券发行及项目配套融资工作的通知》，该文件着重强调，在坚持供给侧结构性改革及结构性去杠杆的基本思路上，加强宏观政策协调配合，保持市场流动性合理充裕，做好专项债券发行及项目配套融资工作，促进经济运行在合理区间。由于专项债券的发行是以收定支①、不列赤字，因此在政策上政府大力支持专项债券发行，并且出台文件进一步完善专项债券管理及配套措施。

有关于专项债券的法制体系，笔者整理如下：

表 7.1　专项债券法制体系

出台日期	文件名称
1. 中央法律	
2018. 12. 29	《中华人民共和国预算法》
2. 国务院	
2014. 9. 21	《关于加强地方政府性债务管理的意见》（国发〔2014〕43 号）
2016. 10. 27	《关于印发地方政府性债务风险应急处置预案的通知》（国办函〔2016〕88 号）
2019. 6. 10	《关于做好地方政府专项债券发行及项目配套融资工作的通知》
2021. 10. 22	《关于部分债务沉重地区违规兴建楼堂馆所问题的通报》（国办发〔2021〕39 号）
3. 财政部——地方政府债务	
2014. 10. 23	《地方政府存量债务纳入预算管理清理甄别办法》（财预〔2014〕351 号）

① 《预算法》第九条：“政府性基金预算是对依照法律、行政法规的规定在一定期限内向特定对象征收、收取或者以其他方式筹集的资金，专项用于特定公共事业发展的收支预算。政府性基金预算应当根据基金项目收入情况和实际支出需要，按基金项目编制，做到以收定支。”

续表

出台日期	文件名称
2015.12.21	《关于对地方政府债务实行限额管理的实施意见》（财预〔2015〕225号）
2016.11.3	《地方政府性债务风险分类处置指南》（财预〔2016〕152号）
2017.3.23	《新增地方政府债务限额分配管理暂行办法》（财预〔2017〕35号）
2018.12.20	《地方政府债务信息公开办法（试行）》（财预〔2018〕209号）
4. 财政部——专项债券	
2015.4.2	《地方政府专项债券发行管理暂行办法》（财库〔2015〕83号）（已失效）
2016.11.9	《地方政府专项债务预算管理办法》（财预〔2016〕155号）
2017.5.16	《地方政府土地储备专项债券管理办法（试行）》（财预〔2017〕62号）
2017.6.2	《关于试点发展项目收益与融资自求平衡的地方政府专项债券品种的通知》（财预〔2017〕89号）
2017.6.26	《地方政府收费公路专项债券管理办法（试行）》（财预〔2017〕97号）
2018.3.1	《试点发行地方政府棚户区改造专项债券管理办法》（财预〔2018〕28号）
2020.7.27	《关于加快地方政府专项债券发行使用有关工作的通知》（财预〔2020〕94号）
2021.6.10	《地方政府专项债券项目资金绩效管理办法》（财预〔2021〕61号）
2021.9.8	《地方政府专项债券用途调整操作指引》（财预〔2021〕110号）
5. 财政部——各年度相关规定	
2015.3.18	《2015年地方政府专项债券预算管理办法》（财预〔2015〕32号）（已失效）
2015.4.8	《关于做好2015年地方政府专项债券发行工作的通知》（财库〔2015〕85号）
2016.1.25	《关于做好2016年地方政府债券发行工作的通知》（财库〔2016〕22号）
2017.2.20	《关于做好2017年地方政府债券发行工作的通知》（财库〔2017〕59号）
2018.2.24	《关于做好2018年地方政府债务管理工作的通知》（财预〔2018〕34号）
2018.5.4	《关于做好2018年地方政府债券发行工作的意见》（财库〔2018〕61号）
2019.4.25	《关于做好地方政府债券发行工作的意见》（财库〔2019〕23号）
2020.11.4	《关于进一步做好地方政府债券发行工作的意见》（财库〔2020〕36号）
2021.2.1	《关于梳理2021年新增专项债券项目资金需求的通知》（财办预〔2021〕29号）
2021.10	《关于申报2022年新增专项债券项目资金需求的通知》（财办预〔2021〕209号）
6. 财政部——其他相关文件	
2018.7.30	《关于印发地方政府债券公开承销发行业务规程的通知》（财库〔2018〕68号）

续表

出台日期	文件名称
2020. 9. 8	财政部对十三届全国人大三次会议第 7295 号建议的回复（财预函〔2020〕124 号）
2020. 9. 15	财政部关于政协十三届全国委员会第三次会议第 3856 号（财政金融类 287 号）提案答复意见的函（财金函〔2020〕第 64 号）
2020. 12. 9	《地方政府债券发行管理办法》（财库〔2020〕43 号）
2021. 1. 14	《地方政府债券信息公开平台管理办法》（财预〔2021〕5 号）
2021. 8. 19	财政部关于政协第十三届全国委员会第四次会议第 2563 号（财税金融 300 号）提案答复的函（财预函〔2021〕118 号）

请见视频微观点 7.1【财政部为何提前下达地方政府债务限额?】

三、专项债券制度的基本原则

（一）专项债券有关“借”的基本原则

1. 法定限额管理

《预算法》第三十五条第二款前段规定：“经国务院批准的省、自治区、直辖市的预算中必需的建设投资的部分资金，可以在国务院确定的限额内，通过发行地方政府债券举借债务的方式筹措。举借债务的规模，由国务院报全国人民代表大会或者全国人民代表大会常务委员会批准。省、自治区、直辖市依照国务院下达的限额举借的债务，列入本级预算调整方案，报本级人民代表大会常务委员会批准……”以及《地方政府债券发行管理办法》第六条规定：“地方财政部门应当在国务院批准的分地区限额内发行地方政府债券。新增债券、再融资债券、置换债券发行规模不得超过财政部下达的当年本地区对应类别的债券限额或发行规模上限。”由此规定可知，地方政府必须在“限额”内发债，而“限额”必须由国务院确定，全国人大或是人大常委会批准后，列入本级预算调整方案，由本级人大常委会审批，此即法定限额管理。

关于限额的下达方式，区分为限额正常下达与限额提前下达两种方式。限额正常下达程序分为以下几个环节：第一，限额的审批：根据财政部《关于对地方政府债务实行限额管理的实施意见》（财预〔2015〕225 号）（以下简称《地方政府债务限额管理意见》）的规定：“地方政府债务总限额由国务院根据国家宏观经济形势等因素确定，并报全国人民代表大会批准。年度预算执行中，如出现下列特殊情况需要调整地方政府债务新增限额，由国务院提请全国人大常委会审批：当经济下行压力大、需要实施积极财政政策时，适当扩大当年新增债务限额；当经济形势好转、需要实施稳健财政政策或适度从紧财政政策时，适当削减当年新增债务限额或在上年债务限额基础上合理调减限额。”由此可知，地方政府债务总限额是由国务院确定后，报全国人大批准；年度预算执行中，需调整地方政府债务新增限额，由国务院提请全国人大常委会审批。第二，省级限额的下达：根据财政部《关于印发〈地方政府专项债务预算管理办法〉的通知》（财预〔2016〕155 号）（以下简称《专项债务预算管理办法》）第十条第二款的规定：“省级财政部门应当于每年 10 月底前，提出本地区下一年度增加举借专项债务和安排公益性资本支出项目的建议，经省、自治区、直辖市政府批准后报财政部。”由此可知，省级财政部门应该在限额下达前提出限额下达的建议；此外，根据《专项债务预算管理办法》第十条第一款的规定：“财政部在全国人民代表大会或其常务委员会批准的专项债务限额内，根据债务风险、财力状况等因素并统筹考虑国家调控政策、各地区公益性项目建设需求等，提出分地区专项债务限额及当年新增专项债务限额方案，报国务院批准后下达省级财政部门。”由此可知，财政部在批准的限额内，提出分地区的专项债务限额及当年新增专项债务限额方案，报国务院批准后下达省级财政部门。第三，市县级限额的下达：根据《专项债务预算管理办法》第十一条第二款的规定：“市县级财政部门应当提前提出省级代发专项债券和安排公益性资本支出项目的建议，经本级政府批准后按程序报省级财政部门。”由此可知，市县级财政部门应该在限额下达前提出限额下达的建议；此外，根据《专项债务预算管理办法》第十一条第一款的规定：“省级财政部门在财政部下达的本地区专项债务限额内，根据债务风险、财力状况等因素并统筹考虑本地区公益性项目建设需求等，提出省本级及所辖各市县当年专项债务限额方案，报省、自治区、直辖市政府批准后下达市县级财政部门。”由此可知，省级财政部门应在财政部下达的限额内，提出当年专项债务限额方案，报省级政府批准后下达各市县级财政部门。

按照限额正常下达的节奏，3 月全国人大通过总限额，4 月财政部逐级下达限额，5 月本级人大审批预算调整方案，6 月开始发债。这样容易发生“上半年无债可用、下半年集中发债”的情况。为解决此问题，《全国人民代表大会常务委员会关于授权国务院提前下达部分新增地方政府债务限额的决定》中规定：“授权国务院在 2019 年以后年度，在当年新增地方政府债务限额的 60% 以内，提前下达下一年度新增地方政府债务限额（包括一般债务限额和专项债务限额）。授权期限为

2019 年 1 月 1 日至 2022 年 12 月 31 日。”此决定即为国务院限额提前下达的依据。而 2022 年财政部向各地提前下达的新增专项债务限额为 1.46 万亿元。

2. 省级政府发债模式

根据《地方政府债务限额管理意见》的规定：“……市县级政府确需举借债务的，依照经批准的限额提出本地区当年政府债务举借和使用计划，列入预算调整方案，报本级人大常委会批准，报省级政府备案并由省级政府代为举借……”由此可知，发债主体只能由省、自治区、直辖市和经省级政府批准自办债券发行的计划单列市政府担任，市县级政府发债需要通过省级政府代为举借，此为省级政府发债模式。

3. 全口径预算管理

根据《国务院关于加强地方政府性债务管理的意见》的规定：“……把地方政府债务分门别类纳入全口径预算管理。地方政府要将一般债务收支纳入一般公共预算管理，将专项债务收支纳入政府性基金预算管理，将政府与社会资本合作项目中的财政补贴等支出按性质纳入相应政府预算管理。地方政府各部门、各单位要将债务收支纳入部门和单位预算管理。或有债务确需地方政府或其部门、单位依法承担偿债责任的，偿债资金要纳入相应预算管理。”由此可知，发债而产生的地方政府债务应该要分类，全部纳入预算管理，称之为全口径预算管理。

有关专项债券的预算科目管理，笔者整理如下表所示：

表 7.2　专项债券预算科目管理

专项债务	政府性基金预算收入或支出合计线
增加举借专项债务收入→列入预算调整方案	1. 省级列入“专项债务收入”下对应的政府性基金债务收入科目； 2. 市县级列入“地方政府专项债务转贷收入”下对应的政府性基金债务转贷收入科目。《专项债务预算管理办法》§13
增加举借专项债务安排的支出→列入预算调整方案	1. 专项债务安排本级的支出，根据支出用途列入相关预算科目； 2. 转贷下级支出列入“债务转贷支出”下对应的政府性基金债务转贷支出科目。《专项债务预算管理办法》§14
专项债务还本支出→列入年度预算草案	专项债务还本支出，列入“地方政府专项债务还本支出”下对应的政府性基金债务还本支出科目。《专项债务预算管理办法》§15
专项债务利息支出→列入政府性基金预算支出	列入“地方政府专项债务付息支出”下对应的政府性基金债务付息支出科目。《专项债务预算管理办法》§16
专项债务发行费用支出→列入政府性基金预算支出	列入“地方政府专项债务发行费用支出”下对应的政府性基金债务发行费用支出科目。《专项债务预算管理办法》§16

此外，《关于进一步做好地方政府债券发行工作的意见》（财库〔2020〕36号）中规定：“对预算拟安排新增债券资金的项目，或拟发行再融资债券偿还的到期地方债，可通过先行调度库款的办法支付项目资金或还本资金，发行地方债后及时回补库款。”由此可知对于预算已经安排的债券资金或是发行再融资专项债，在专项债资金还没到位之前，可以先用调度库款。

（二）专项债券有关“用”的基本原则

1. 公益性资本支出原则

《预算法》第三十五条第二款后段规定：“举借的债务应当有偿还计划和稳定的偿还资金来源，只能用于公益性资本支出，不得用于经常性支出。”由此可知，举债筹措的资金必须用于公益性资本支出，也就是应用于资本投资，不得用于经常性支出，此为公益性资本支出原则。专项债资金可否用于支付项目的建设期利息？笔者认为专项债资金可以用于支付建设期利息，原因在于建设期利息在会计处理上必须资本化而不是费用化，因此性质上属于资本性支出。此外，专项债资金可否用于支付人员工资？笔者认为必须看情况，如果资金用于支付建设单位管理人员的工资，该费用属于建设单位管理费，是总投资的一部分，会计处理也必须资本化，因此性质上也属于资本性支出。

2. 专款专用原则

《地方政府专项债务预算管理办法》第二十三条中规定：“地方各级财政部门应当依据预算调整方案及专项债券发行规定的预算科目和用途，使用专项债券资金。确需调整支出用途的，应当按照规定程序办理。”由此可知，发专项债券所筹得的资金，基于法定预算原则，必须按照预算科目和用途专款专用。

但是《关于加快地方政府专项债券发行使用有关工作的通知》（财预〔2020〕94号）第四条规定：“依法合规调整新增专项债券用途。赋予地方一定的自主权，对因准备不足短期内难以建设实施的项目，允许省级政府及时按程序调整用途，优先用于党中央、国务院明确的‘两新一重’、城镇老旧小区改造、公共卫生设施建设等领域符合条件的重大项目……”因此地方上对于债券资金用途调整有一定的权力。

（三）专项债券有关“还”的基本原则

1. 自发自还原则

根据《国发43号文》的规定：“……（二）建立债务风险应急处置机制。要硬化预算约束，防范道德风险，地方政府对其举借的债务负有偿还责任，中央政府实行不救助原则。……”由此可知，谁发行的专项债券，就由谁来偿还，中央采取不救助原则。

2. 科目偿债责任

《地方政府专项债务预算管理办法》第七条规定："专项债务收支应当按照对应的政府性基金收入、专项收入实现项目收支平衡，不同政府性基金科目之间不得调剂。执行中专项债务对应的政府性基金收入不足以偿还本金和利息的，可以从相应的公益性项目单位调入专项收入弥补。"由此规定可知，普通专项债虽不要求项目收益必须覆盖还本付息的金额，但是要求专项债券对应的政府性基金收入、专项收入必须实现项目收支平衡，如果执行过程中对应的政府性基金预算不足以偿还本息，可以从项目单位调入专项收入还债。

3. 项目偿债责任

财政部《关于试点发展项目收益与融资自求平衡的地方政府专项债券品种的通知》（财预〔2017〕89号）第二条第七项规定："（七）严格项目偿债责任。专项债券对应的项目取得的政府性基金或专项收入，应当按照该项目对应的专项债券余额统筹安排资金，专门用于偿还到期债券本金，不得通过其他项目对应的项目收益偿还到期债券本金。因项目取得的政府性基金或专项收入暂时难以实现，不能偿还到期债券本金时，可在专项债务限额内发行相关专项债券周转偿还，项目收入实现后予以归还。"由此可知，项目收益专项债券项目的收入，对于专项债务必须要能还本付息，如果项目收入暂时难以偿还本金时，可以发行再融资专项债偿还，待项目收入实现后再予以归还。

四、专项债券的资金投向

专项债券的资金投向每年的政策都会有所不同，以下仅针对近几年的政策规定进行说明：

2020年由于新冠肺炎疫情的原因，对我国的经济造成了很大的冲击，大家都期待政府可以提出有效方案来稳经济稳就业。2020年5月22日，李克强总理代表国务院在十三届全国人大三次会议上所作的《政府工作报告》中就提到"……扩大有效投资。今年拟安排地方政府专项债券3.75万亿元，比去年增加1.6万亿元，提高专项债券可用作项目资本金的比例，中央预算内投资安排6000亿元。重点支持既促消费惠民生又调结构增后劲的'两新一重'建设，主要是：加强新型基础设施建设，发展新一代信息网络，拓展5G应用，建设数据中心，增加充电桩、换电站等设施，推广新能源汽车，激发新消费需求、助力产业升级。加强新型城镇化建设，大力提升县城公共设施和服务能力，以适应农民日益增加的到县城就业安家需求。新开工改造城镇老旧小区3.9万个，支持管网改造、加装电梯等，发展居家养老、用餐、保洁等多样社区服务。加强交通、水利等重大工程建设。增加国家铁路建设资本金1000亿元。健全市场化投融资机制，支持民营企业平等参与。……”由此可知，增加发行专项债券的规模成为政府扩大投资的重要方式之一。

此外，根据《关于加快地方政府专项债券发行使用有关工作的通知》（财预〔2020〕94号）的规定：“……三、优化新增专项债券资金投向。坚持专项债券必须用于有一定收益的公益性项目，融资规模与项目收益相平衡。重点用于国务院常务会议确定的交通基础设施、能源项目、农林水利、生态环保项目、民生服务、冷链物流设施、市政和产业园区基础设施等七大领域。积极支持‘两新一重’、公共卫生设施建设中符合条件的项目，可根据需要及时用于加强防灾减灾建设。四、依法合规调整新增专项债券用途。赋予地方一定的自主权，对因准备不足短期内难以建设实施的项目，允许省级政府及时按程序调整用途，优先用于党中央、国务院明确的‘两新一重’、城镇老旧小区改造、公共卫生设施建设等领域符合条件的重大项目。……五、严格新增专项债券使用负面清单。严禁将新增专项债券资金用于置换存量债务……同时，坚持不安排土地储备项目、不安排产业项目、不安排房地产相关项目。……”由此可知，新增专项债券有以下几点要求：第一，必须用于一定收益的公益性项目，且融资规模与项目收益必须相平衡；第二，重点用于七大领域与“两新一重”项目；第三，允许省级政府依法合规调整专项债券用途，优先用于符合条件的重大项目；第四，严禁专项债券资金置换存量债务，严禁用于土地储备项目、产业项目与房地产项目。

2021年3月5日，李克强总理代表国务院在十三届全国人大四次会议上所作的《政府工作报告》中就提到“……扩大有效投资。今年拟安排地方政府专项债券3.65万亿元，优先支持在建工程，合理扩大使用范围。中央预算内投资安排6100亿元。继续支持促进区域协调发展的重大工程，推进‘两新一重’建设，实施一批交通、能源、水利等重大工程项目，建设信息网络等新型基础设施，发展现代物流体系。政府投资更多向惠及面广的民生项目倾斜，新开工改造城镇老旧小区5.3万个，提升县城公共服务水平。……”以及《关于梳理2021年新增专项债券项目资金需求的通知》[1] 第一条的规定：“新增专项债券必须用于建设项目，不得用于偿还债务。2021年新增专项债券重点用于交通基础设施，能源项目、农林水利、生态环保项目、社会事业、城乡冷链物流设施，市政和产业园区基础设施，国家重大战略项目，保障性安居工程等领域，详见附件1。此次梳理的专项债券项目，不安排用于租赁住房建设以外的土地储备项目，不安排一般房地产项目，不安排产业项目。”由此可知，2021年的专项债券资金可以用于棚户区改造项目以及租赁住房的

① 财政部关于政协第十三届全国委员会第四次会议第2563号（财税金融300号）提案答复的函（财预函〔2021〕118号）对于资金投向也有相同的内容。

土地储备项目。

最后，《关于申报2022年新增专项债券项目资金需求的通知》（财办预〔2021〕209号）第一条规定："……2022年专项债券资金持续重点用于交通基础设施、能源、农田水利、生态环保、社会事业、城乡冷链等物流基础设施（含粮食仓储物流设施）、市政和产业园区基础设施、国家重大战略项目、保障性安居工程等领域。详见附件。……请严格遵照《财政部发展改革委关于印发〈地方政府专项债券资金投向领域禁止类项目清单〉的通知》（财预〔2021〕115号文），做好专项债券项目储备和需求申报工作。"由此可知，该通知规定了2022年专项债券资金的投向以及负面清单，基本保持了2021年资金投向的规定。有关负面清单的内容分为全国通用禁止类项目以及高风险地区禁止类项目，其中全国通用禁止类项目包括：楼堂馆所、形象工程和政绩工程、房地产等其他项目（包括用于租赁住房建设以外的土地储备）；高风险地区禁止类项目包括：城市轨道交通，除卫生健康（含应急医疗救治设施、公共卫生设施）、教育（学前教育和职业教育）、养老以外的其他社会事业项目，除供水、供热、供气以外的其他市政基础设施项目，棚户区改造新开工项目。

第八章　专项债券的类型

——置换、新增、再融资、普通、项目收益、重大项目

一、置换专项债券

《专项债务预算管理办法》第二十八条规定："对非债券形式专项债务，债务人为地方政府及其部门的，应当在国务院规定的期限内置换成专项债券；债务人为企事业单位或个人，且债权人同意在国务院规定的期限内置换成专项债券的，地方政府应当予以置换，债权人不同意在国务院规定的期限内置换成专项债券的，不再计入地方政府债务，由债务人自行偿还，对应的专项债务限额由财政部按照程序予以调减。"由前述规定可知，非债券形式的专项债务，应当在期限内通过与债务人的协商置换成专项债券，所以置换专项债券是指将非债券形式的专项债务置换成专项债券。笔者认为这里的置换包含三个部分：第一，预算外地方债务转换成预算内地方债务；第二，非债券形式的地方债务转换成债券形式的地方债务；第三，省级以下地方债务转换成省级地方债务。

至于何谓非债券形式的专项债务，根据《关于印发〈地方政府存量债务纳入预算管理清理甄别办法〉的通知》第三条的规定"本办法所指存量债务是指截至2014年12月31日尚未清偿完毕的债务"，以及第十一条的规定"甄别工作由财政部门牵头负责。财政部门商有关部门对地方政府负有偿还责任的存量债务进行逐笔甄别。其中：（一）通过PPP模式转化为企业债务的，不纳入政府债务。（二）项目没有收益、计划偿债来源主要依靠一般公共预算收入的，甄别为一般债务。如义务教育债务。（三）项目有一定收益、计划偿债来源依靠项目收益对应的政府性基金收入或专项收入、能够实现风险内部化的，甄别为专项债务。如土地储备债务。（四）项目有一定收益但项目收益无法完全覆盖的，无法覆盖的部分列入一般债务，其他部分列入专项债务"。由此可知，2014年12月31日尚未清偿完毕的地方政府债务，项目有一定收益、计划偿债来源依靠项目收益对应的政府性基金收入或专项收入，甄别为非债券形式的专项债务。

二、新增专项债券

所谓新增专项债券是指2014年12月31日以后，为新增地方政府专项债务所发行的地方政府债券。地方政府举债的额度采取法定限额管理，也就是地方政府必须在限额范围内发债，新增专项债券作为地方政府举债方式的一部分，同样也受到限额的限制。目前规定的限额分为三种，分别是地方政府债务总限额、新增债务限额以及上年末专项债务未使用的限额。

有关地方政府债务总限额，《地方政府债务限额管理意见》中规定："……（一）合理确定地方政府债务总限额。对地方政府债务余额实行限额管理。年度地方政府债务限额等于上年地方政府债务限额加上当年新增债务限额（或减去当年调减债务限额），具体分为一般债务限额和专项债务限额。……"由此可知，地方政府债务总限额与地方政府债务余额之间的关系如表8.1所示：

表8.1 地方政府债务余额与限额关系

1. 地方政府债务余额 < 年度地方政府债务限额
2. 年度地方政府债务限额 = 上年地方政府债务限额 + 当年新增债务限额
3. 年度地方政府债务限额 = 上年地方政府债务限额 − 当年调减债务限额

关于新增债务限额，根据《关于做好2018年地方政府债券发行工作的意见》的规定："各省、自治区、直辖市、经省政府批准自办债券发行的计划单列市新增债券发行规模不得超过财政部下达的当年本地区新增债务限额"。由此可知，新增债券发行规模不得超过当年新增债务限额，而新增债务限额包括了一般债务限额与专项债务限额，所以新增专项债券发行规模不得超过新增专项债务限额。

虽然原则上新增专项债券发行规模不得超过新增专项债务限额，但是如果上年末专项债务有未使用的限额时，则另有规定。根据《关于试点发展项目收益与融资自求平衡的地方政府专项债券品种的通知》的规定：“严格执行法定限额管理，地方政府专项债务余额不得突破专项债务限额。各地试点分类发行专项债券的规模，应当在国务院批准的本地区专项债务限额内统筹安排，包括当年新增专项债务限额、上年末专项债务余额低于限额的部分。”以及《关于做好2018年地方政府债务管理工作的通知》的规定：“用好地方政府债务限额。在严格执行法定限额管理的同时，鼓励各地区按照《财政部关于试点发展项目收益与融资自求平衡的地方政府专项债券品种的通知》规定，积极利用上年末专项债务未使用的限额，结合项目对应的政府性基金收入、专项收入情况，合理选择重点项目试点分类发行项目收益与融资自求平衡的专项债券（以下简称项目收益专项债券），保障重点领域合理融资需求。”由此可知，如果是项目收益专项债券，则该债券的发行规模除可以使用新增专项债务限额外，还可以使用上年末专项债务未使用的限额。

三、再融资专项债券

根据《地方政府债务限额管理意见》的规定：“专项债务纳入政府性基金预算管理，通过对应的政府性基金或专项收入偿还；政府性基金或专项收入暂时难以实现，如收储土地未能按计划出让的，可先通过借新还旧周转，收入实现后即予归还。”由此可知，专项债务对应的政府性基金或专项收入暂时难以实现偿还债务的，可以通过发行新专项债券偿还旧的专项债务，待收入实现后再予以归还新专项债券的专项债务，所以这里的新专项债券可以称为“再融资专项债券”。此外有关于发行再融资专项债券期限的问题，根据《关于做好地方政府专项债券发行及项目配套融资工作的通知》的规定：“合理确定再融资专项债券期限，原则上与同一项目剩余期限相匹配，避免频繁发债增加成本。”由此可知，再融资专项债券的期限原则上应与同一项目的剩余期限相匹配。

至于发行再融资专项债券借新还旧的范围，应包含本息还是只有本金？根据《专项债务预算管理办法》第六条第二、三款的规定：“专项债务本金通过对应的政府性基金收入、专项收入、发行专项债券等偿还。专项债务利息通过对应的政府性基金收入、专项收入偿还，不得通过发行专项债券偿还。”以及《关于试点发展项目收益与融资自求平衡的地方政府专项债券品种的通知》的规定：“因项目取得的政府性基金或专项收入暂时难以实现，不能偿还到期债券本金时，可在专项债务限额内发行相关专项债券周转偿还，项目收入实现后予以归还。”由前述内容可知，发行再融资专项债券只可以用于偿还专项债务本金。

2022年1月20日，广东省十三届人大五次会议的政府工作报告表示，2021年实施新一轮预算管理制度改革，率先开展全省全域无隐性债务试点、如期实现“清零”目标。当隐性债务清零后，政府性债务将主要体现为政府法定债务。虽然地区的财政情况与城投债务均较为稳定，但广东省的隐性债务清零的关键还是借助财政部给予的再融资债券额度、通过债务置换的方式实现的。因此，有观点认为这代表着新一轮债务置换的开始，也是未来隐性债务的主要解决方式①。

四、普通专项债券、项目收益专项债券

《地方政府债券发行办法》第二条第二款后段规定：“专项债券是为有一定收益的公益性项目发行，以公益性项目对应的政府性基金收入或专项收入作为还本付息资金来源的政府债券。”由此可知，本条所规定的专项债券有以下几点特征：第一，有一定收益的公益性项目；第二，该收益不要求完全覆盖专项债券还本付息的现金流；第三，专项债券还本付息的来源是项目对应的政府性基金预算或专项收入。实践中将符合这三点特征的专项债券称为“普通专项债券”。何谓项目对应的政府性基金预算或专项收入？以2020年政府收支分类科目为例，科目编号101的科目名称是税收收入、102是社保基金收入、103是非税收入，而非税收入类下又可分为10301政府性基金收入以及10310专项债券对应项目专项收入；而政府性基金收入款下常见的项目有1030106铁路建设基金、1030148国有土地使用权出让收入、1030159车辆通行费、1030178污水处理收入；专项债券对应项目收入款下常见的项目有1031006国有土地使用权出让金专项债务对应项目专项收入、1031010城市基础设施配套费专项债务对应项目专项收入、1031013车辆通行费专项债务对应项目专项收入、1031014污水处理费专项债务对应项目专项收入。②

根据《关于试点发展项目收益与融资自求平衡的地方政府专项债券品种的通知》的规定：“……指导地方按照本地区政府性基金收入项目分类发行专项债券，着力发展实现项目收益与融资自求平衡的专项债券品种，加快建立专项债券与项目资产、收益相对应的制度，打造立足我国国情、从我国实际出发的地方政府‘市政项目收益债’，……分类发行专项债券建设的项目，应当能够产生持续稳定的反映为政府性基金收入或专项收入的现金流收入，且现金流收入应当能够完全覆盖专项债券还本付息的规模。……”由此可知，本条所规定的专项债券有以下几点特征：

① 摘录自公众号“杨老师的基建课堂”，文章《广东宣布隐债清零，开启无隐债时代?》。最后访问日期：2022年10月16日。

② 参照中华人民共和国财政部制定：《2020年政府收支分类科目》，立信会计出版社2019年10月版，第125～130页。

第一，按照本地区政府性基金收入项目分类发行专项债券；第二，项目应当能够产生持续稳定的政府性基金收入或专项收入的现金流收入；第三，项目现金流收入应当能够完全覆盖专项债券还本付息的规模。实践中将符合这三点特征的专项债券称为“项目收益专项债券”。

五、重大项目专项债券

重大项目专项债券是指将发行专项债券所筹得的资金，用于支持有一定收益但难以商业化合规融资的重大公益性项目。本书之所以特别关注重大项目专项债券，是因为中共中央办公厅、国务院办公厅于 2019 年 6 月 10 日印发《关于做好地方政府专项债券发行及项目配套融资工作的通知》。该文件中规定“专项债券必须用于有一定收益的重大项目，融资规模要保持与项目收益相平衡”，并且还提出了相关的政策支持以及要求。其中包括：第一，对有一定收益且收益全部属于政府性基金收入的重大项目，由地方政府发行专项债券融资；收益兼有政府性基金收入和其他经营性专项收入（以下简称专项收入，包括交通票款收入等），且偿还专项债券本息后仍有剩余专项收入的重大项目，可以由有关企业法人项目单位（以下简称项目单位）根据剩余专项收入情况向金融机构市场化融资；第二，允许将专项债券作为符合条件的重大项目资本金。对于专项债券支持、符合中央重大决策部署、具有较大示范带动效应的重大项目，主要是国家重点支持的铁路、国家高速公路和支持推进国家重大战略的地方高速公路、供电、供气项目，在评估项目收益、偿还专项债券本息后专项收入具备融资条件的，允许将部分专项债券作为一定比例的项目资本金，但不得超越项目收益实际水平过度融资。地方政府要按照一一对应原则，将专项债券严格落实到实体政府投资项目，不得将专项债券作为政府投资基金、产业投资基金等各类股权基金的资金来源，不得通过设立壳公司、多级子公司等中间环节注资，避免层层嵌套、层层放大杠杆；第三，组合使用专项债券和市场化融资的项目，项目收入实行分账管理。项目对应的政府性基金收入和用于偿还专项债券的专项收入及时足额缴入国库，纳入政府性基金预算管理，确保专项债券还本付息资金安全；项目单位依法对市场化融资承担全部偿还责任，在银行开立监管账户，将市场化融资资金以及项目对应可用于偿还市场化融资的专项收入，及时足额归集至监管账户，保障市场化融资到期偿付。市场化转型尚未完成、存量隐性债务尚未化解完毕的融资平台公司不得作为项目单位。严禁项目单位以任何方式新增隐性债务。

第九章　专项债券的交易结构

——债券端与项目端的方案设计

一、概述

有关专项债券交易结构的设计可以分为两个部分，一个是债券端，另一个是项目端。债券端最主要处理专项债券方案设计的问题；而项目端所处理的是项目方案设计的问题，有的项目方案设计和专项债券内容无关，有的项目方案内容和专项债券内容有关，有关的内容包括项目采取PPP模式还是传统模式；专项债券筹得的资金未来将用于项目的资本金还是用于项目的债权融资等问题，本书仅针对和专项债券内容有关的部分进行讨论。

二、专项债券方案设计

有关专项债券方案设计内容包括以下几个环节：

（一）发债目的

《地方政府债券发行管理办法》第二条第二款后段规定："专项债券是为有一定收益的公益性项目发行，以公益性项目对应的政府性基金收入或专项收入作为还本付息资金来源的政府债券。"以及第九条后段规定："专项债券可以对应单一项目发行，也可以对应多个项目集合发行。……"由此可知，发债的目的是为公益性项目所发行，此外，单只专项债券可以对应单一项目或是多个项目发行。

（二）发债规模

单只专项债券的发债规模，应考虑以下几点因素：第一，确认发债所筹得资金的用途，未来将使用于项目资本金，或是用于项目的债权融资，或是两者皆有；第二，确认项目的资金缺口有多大；第三，地区累计的专项债务余额不能超过地方政府专项债务限额；第四，专项债券还本付息的金额是否有足够的还款来源，例如项目收益专项债券，项目收益必须足以还本付息，而如果是普通专项债券，除项目本身的收益外，项目对应的政府性基金预算以及专项收入，必须足以还本付息，所以发债规模还必须考虑还债能力。

（三）信用评级

《信用评级业管理暂行办法》第二条第二款规定："本办法所称信用评级，是指信用评级机构对影响经济主体或者债务融资工具的信用风险因素进行分析，就其偿债能力和偿债意愿作出综合评价，并通过预先定义的信用等级符号进行表示。”

由于专项债券的还款来源原则上来自项目，所以专项债券的信用评级，理论上应该是对专项债券所对应的“项目”进行信用评级，但是在实践中可以看到目前专项债券信用评级的对象是专项债券发债的主体，由此不难看出市场上对于专项债券还是比较看重发债主体的信用。

对于我国信用评估的信用等级采用国际通行的“四等十级制”评级等级，各级具体所代表的意义如下：

表 9.1　信用等级划分

信用评级符号	定义
AAA 级（信用极好）	信用程度高、债务风险小。具有优秀的信用记录，经营状况佳，盈利能力强，发展前景广阔，不确定性因素对其经营与发展的影响极小。
AA 级（信用优良）	信用程度较高，债务风险较小。具有优良的信用记录，经营状况较好，盈利水平较高，发展前景较为广阔，不确定性因素对其经营与发展的影响很小。
A 级（信用较好）	信用程度良好，在正常情况下偿还债务没有问题。具有良好的信用记录，经营处于良性循环状态，但是可能存在一些影响其未来经营与发展的不确定因素，进而削弱其盈利能力和偿债能力。
BBB 级（信用一般）	信用程度一般，偿还债务的能力一般。信用记录正常，但其经营状况、盈利水平及未来发展易受不确定因素的影响，偿债能力有波动。
BB 级（信用欠佳）	信用程度较差，偿债能力不足。有较多不良信用记录，未来前景不明朗，含有投机性因素。
B 级（信用较差）	信用程度差，偿债能力较弱。
CCC 级（信用很差）	信用很差，几乎没有偿债能力。
CC 级（信用极差）	信用极差，没有偿债能力。
C 级（没有信用）	无信用。
D 级（没有信用）	已濒临破产。

（四）债券利率

专项债券的利率确定方式与债券的发行方式有关，根据《地方政府债券发行管理办法》第二十三条“地方政府债券发行可以采用承销、招标等方式”的规定，由此可知，专项债券的发行方式常见的有承销及招标两种。

1. 承销

如果发行采取承销，《关于印发〈地方政府债券公开承销发行业务规程〉的通知》第二条规定："本规程所称地方政府债券公开承销，是指各省（自治区、直辖市、计划单列市）财政部门（以下简称地方财政部门）与主承销商协商确定利率（价格）区间后，由簿记管理人组织承销团成员发送申购利率（价格）和数量意愿，按事先确定的定价和配售规则确定最终发行利率（价格）并进行配售的行为。"由此可知，专项债券利率的确定，分为两个步骤：第一，协商确定利率或价格区间；第二，确定最终发行利率或价格。

至于协商利率或价格区间的具体方式，《关于印发〈地方政府债券公开承销发行业务规程〉的通知》第九条第一款前段规定："地方财政部门、簿记管理人应当在充分询价的基础上，综合考虑询价情况、筹资成本预期等因素，与其他主承销商协商确定地方政府债券公开承销安排及申购利率（价格）区间。公开承销的申购利率区间下限不得低于申购前1至5个工作日（含第1和第5个工作日）中国债券信息网公布的中债国债收益率曲线中相同待偿期国债收益率算术平均值，公开承销的申购价格区间上限不得高于申购前1至5个工作日（含第1和第5个工作日）中国债券信息网公布的中债国债收益率曲线中相同待偿期国债收益率算术平均值计算的、原地方政府债券在缴款日的含息价格。"由此可知，协商利率区间不得低于"中债国债收益率曲线中相同待偿期国债收益率算术平均值"，申购价格区间不得高于"中债国债收益率曲线中相同待偿期国债收益率算术平均值计算的、原地方政府债券在缴款日的含息价格"。

此外，确定最终发行利率或价格，根据《关于印发〈地方政府债券公开承销发行业务规程〉的通知》第十八条规定："公开承销按照低利率或高价格优先的原则对有效申购逐笔募入，直至募满计划发行量或将全部有效申购募完为止。申购标的为利率时，全场最高配售利率为当期债券的票面利率，各获配承销团成员按面值承销；申购标的为价格时，全场最低配售价格为当期债券的票面价格，各获配承销团成员按票面价格承销。最高配售利率（最低配售价格）标位配售数量以各承销团成员在此标位申购量为权重进行分配，最小承销单位为申购量的最小变动幅度，分配后仍有尾数时，按申购时间优先原则分配。"由此可知，应按照低利率或高价格优先的原则对有效申购逐笔募入并分别确定发行利率或价格。

如果另外有约定包销方式的，《关于印发〈地方政府债券公开承销发行业务规程〉的通知》第十九条规定："公开承销地方政府债券时，可以在承销协议中约定采取包销方式，即在申购截止时间后有效申购额或缴款额不足计划发行额时，不足部分按承销协议约定，由全部或部分承销团成员按票面利率（价格）认购。"由此可知，专项债券约定包销方式，按票面利率或价格进行认购。

2. 招标

《地方政府债券发行管理办法》第二十五条规定："地方财政部门采用招标方式发行地方政府债券，应当科学制定招标规则，明确招标方式和中标原则，合理设定投标比例、承销比例等技术参数。地方财政部门通过财政部规定的电子招标系统，要求各承销商通过该系统在规定时间报送投标利率及投标额，按地方财政部门制定的招标发行规则，确定债券发行利率及各承销商债券中标额。地方财政部门可结合市场情况和自身需要，采用弹性招标方式发行地方政府债券。"由此可知，如果采用招标方式发行专项债券，则利率的确定方式通过电子招标系统以及招标发行规则确定中标利率以及中标额度。

（五）债券期限

有关专项债券的债券期限，不同的专项债券类型债券期限皆不相同。普通专项债券的债券期限为 1 年、2 年、3 年、5 年、7 年、10 年、15 年、20 年和 30 年①。项目收益专项债券的债券期限没有规定具体的期间，仅规定应综合考虑各种条件后，合理确定。再融资专项债券的债券期限原则上应与同一项目的剩余期限相匹配。但是根据财政部发布的《关于加快地方政府专项债券发行使用有关工作的通知》规定："……专项债券期限原则上与项目期限相匹配，……"以及《地方政府债券发行管理办法》第九条前段的规定："地方财政部门应当均衡一般债券期限结构，充分结合项目周期、债券市场需求等合理确定专项债券期限，专项债券期限应当与项目期限相匹配。专项债券期限与项目期限不匹配的，可在同一项目周期内以接续发行的方式进行融资。……"债券期限原则上应与项目期限相匹配。

（六）还款方式

有关专项债券的还款方式，根据《关于做好地方政府专项债券发行及项目配套融资工作的通知》的规定："完善专项债券本金偿还方式，在到期一次性偿还本金方式基础上，鼓励专项债券发行时采取本金分期偿还方式，既确保分期项目收益用

---

① 《关于做好 2018 年地方政府债券发行工作的意见》第三条第二、三项规定："（二）公开发行的普通专项债券，增加 15 年、20 年期限。各地应当按照相关规定，合理设置地方政府债券期限结构，并按年度、项目实际统筹安排债券期限，适当减少每次发行的期限品种。公开发行的 7 年期以上（含 7 年期）普通专项债券发行总规模不得超过全年公开发行普通专项债券总规模的 60%；公开发行的 10 年期以上（不含 10 年期）普通专项债券发行总规模，不得超过全年公开发行 2 年期以下（含 2 年期）普通专项债券规模。（三）公开发行的项目收益专项债券，各地应当按照相关规定，充分结合项目建设运营周期、资金需求、项目对应的政府性基金收入和专项收入情况、债券市场需求等因素，合理确定专项债券期限。"《关于进一步做好地方政府债券发行工作的意见》中规定："地方财政部门应当统筹考虑地方债收益率曲线建设、项目期限、融资成本、到期债务分布、投资者需求等因素科学设计债券期限。地方债期限为 1 年、2 年、3 年、5 年、7 年、10 年、15 年、20 年、30 年。"

于偿债，又平滑债券存续期内偿债压力。”由此可知，专项债券的还本方式，可以分为本金分期偿还以及本金最后一期偿还两种。本金分期偿还实践中常见的方式有等额本金以及等额本息两种方式。如果将专项债券的筹措资金用于项目资本金时，考虑到项目还款来源的问题，一般还款会采取本金最后一期偿还的方式。

三、项目方案设计（一）——专项债券筹措资金用于项目资本金相关政策

有关于专项债券筹措资金可以用于项目资本金的相关政策，根据《关于做好地方政府专项债券发行及项目配套融资工作的通知》的规定：“允许将专项债券作为符合条件的重大项目资本金。对于专项债券支持、符合中央重大决策部署、具有较大示范带动效应的重大项目，主要是国家重点支持的铁路、国家高速公路和支持推进国家重大战略的地方高速公路、供电、供气项目，在评估项目收益偿还专项债券本息后专项收入具备融资条件的，允许将部分专项债券作为一定比例的项目资本金，但不得超越项目收益实际水平过度融资。地方政府要按照一一对应原则，将专项债券严格落实到实体政府投资项目，不得将专项债券作为政府投资基金、产业投资基金等各类股权基金的资金来源，不得通过设立壳公司、多级子公司等中间环节注资，避免层层嵌套、层层放大杠杆。”由此可知，专项债券作为项目资本金，须符合以下几个条件：第一，专项债券用于项目资本金必须是重大项目，也就是支持有一定收益但难以商业化合规融资的重大公益性项目；第二，主要是国家重点支持的铁路、国家高速公路和支持推进国家重大战略的地方高速公路、供电、供气项目；第三，项目收益必须足以偿还专项债券本息；第四，项目资本金的资金来源只能是部分来自专项债券资金，不能全额来自专项债券资金；第五，专项债券筹措的资金必须落实到项目上，不得用于放大杠杆操作。

2019年9月4日国务院常务会议中提到①：“一是根据项目建设需要，按规定提前下达明年部分专项债额度，确保明年初即可使用见效，并扩大使用范围，重点用于交通、能源、农林水利、污水垃圾处理、冷链物流、水电气热等基础设施和生态环保项目、职业教育和托幼、医疗、养老等民生服务，不得用于土地储备、房地产、置换债务及可完全商业化运作的产业项目。二是将专项债可用作项目资本金范围明确为符合上述重点投向的重大基础设施领域。三是加强项目管理，防止‘半拉子’工程。按照‘资金跟项目走’，专项债额度向前期准备充分的项目和今冬明春具备施工条件的地区倾斜。要加强项目储备，项目必须有收益，要优选经济社会效

① http://www.gov.cn/guowuyuan/cwhy/20190904c29/index.htm，最后访问日期：2022年4月27日。

益较明显、群众期盼、迟早要干的项目，也要防止一哄而上，确保项目建设取得实效。”由此可知，专项债券用于项目资本金的领域由原本的“铁路、高速公路、供电、供气”四个领域，扩展到“交通、能源、农林水利、污水垃圾处理、冷链物流、水电气热等基础设施和生态环保项目、职业教育和托幼、医疗、养老等民生服务”等十个领域；并且要求资金不得用于土地储备、房地产、置换债务及可完全商业化运作的产业项目。

2019 年 9 月 6 日财政部新闻发布会中提到[①]“为更多吸引社会资金投入，更好发挥专项债券资金促进投资的作用，进一步扩大专项债券作为项目资本金的领域，将专项债券可用作项目资本金范围明确为符合上述重点投向的重大基础设施领域。具体由现有 4 个领域项目进一步扩大为 10 个领域项目：铁路、收费公路、干线机场、内河航电枢纽和港口、城市停车场、天然气管网和储气设施、城乡电网、水利、城镇污水垃圾处理、供水。鼓励地方在符合政策规定和防控风险的基础上，尽量多安排专项债券用于项目资本金。以省份为单位，专项债券资金用于项目资本金的规模占该省份专项债券规模的比例一般控制在 20% 左右。具体还要根据项目实际情况作出安排，更好发挥专项债券的带动作用。”由此可知，发布会中针对专项债券资金可用于项目资本金的领域，作出了进一步的说明，其中包括“铁路、收费公路、干线机场、内河航电枢纽和港口、城市停车场、天然气管网和储气设施、城乡电网、水利、城镇污水垃圾处理、供水”等领域，并且还明确专项债券资金用于项目资本金的规模占该省份专项债券规模的比例一般控制在 20% 左右。

《关于梳理 2021 年新增专项债券项目资金需求的通知》中规定：“对 2021 年新增专项债券，各地在符合政策规定和防控风险的基础上，以省份为单位，专项债券资金用于项目资本的规模占该省份专项债券规模的比例上限保持 25% 不变，具体根据项目实际确定。政策范围为国务院确定的铁路、收费公路、干线机场、内河航电枢纽和港口，城市停车场，天然气管网和储气设施，城乡电网，水利，城镇污水垃圾处理、供水 10 个领域。”由此可知，专项债券可用于项目资本金的领域和 2019 年相同，但是资金规模比例由原来的 20% 提升至 25% 。

2022 年专项债资金用于项目资本金的领域和资金规模比例，和 2021 年的规定相同，不再赘述。

---

① http://www.mof.gov.cn/zhengwuxinxi/caijingshidian/zgcjb/201909/t20190909_3383215.htm，最后访问日期：2022 年 4 月 27 日。

☆有关专项债券作为项目资本金的问题，请见视频微观点9.1【专项债券作为项目资本金时，有哪些核心问题应该要注意?】

☆有关专项债券作为项目资本金的问题，请见视频微观点9.2【为何专项债不能作为PPP项目资本金?】

四、项目方案设计（二）——专项债券与项目的股债结构

项目方案设计和专项债券有关的部分，主要涉及项目股债结构的问题，而讨论这个问题之前，应先确认项目采取的是传统模式还是PPP模式，再根据不同的模式进行分析。具体类型如下表所示：

表9.2　专项债券与项目股债结构的类型

	项目资本金（股权融资）	债权融资
传统模式	项目单位自筹	1. 全部来自专项债券（类型1） 2. 部分来自专项债券，部分来自于银行贷款（类型2）
传统模式	一部分由项目单位自筹，一部分来自专项债券	1. 全部来自专项债券（类型3） 2. 全部来自银行贷款（类型4） 3. 部分来自专项债券，部分来自于银行贷款（类型5）
PPP模式	政府出资方代表的出资来自专项债券，其余项目资本金来自社会资本方	全部来自银行贷款（类型6），此种方案按目前政策并不合规
PPP模式	A+B模式，即A部分采取传统模式，B部分采取PPP模式（类型7）	

在这7种类型中，有以下几个问题需要讨论。首先，类型2和类型5模式中的债权融资部分来自专项债券，部分来自银行贷款，即所谓“专项债券+银行贷款”模式，在这种模式下根据《关于做好地方政府专项债券发行及项目配套融资工作的

通知》“组合使用专项债券和市场化融资的项目，项目收入实行分账管理。项目对应的政府性基金收入和用于偿还专项债券的专项收入及时足额缴入国库，纳入政府性基金预算管理，确保专项债券还本付息资金安全；项目单位依法对市场化融资承担全部偿还责任，在银行开立监管账户，将市场化融资资金以及项目对应可用于偿还市场化融资的专项收入，及时足额归集至监管账户，保障市场化融资到期偿付。市场化转型尚未完成、存量隐性债务尚未化解完毕的融资平台公司不得作为项目单位。严禁项目单位以任何方式新增隐性债务”的规定可知，这类项目的现金流入需要区分两部分，用于偿还专项债务的部分应缴入国库，用于偿还银行贷款的部分应归集至监管账户。这里需要讨论的是，用于偿还银行贷款部分的现金流，是先进国库再通过预算程序转出给项目单位在贷款银行的监管账户，还是现金流直接进项目单位在贷款银行的监管账户？由于公益性项目的收入大部分属于公共事业收入（除了少数项目有经营性收入外），即非税收入，依照预算法的规定都应该列入预算管理，因此偿还银行贷款部分的现金流，应先进国库再通过预算程序转出给项目单位在贷款银行的监管账户，所以在现金流的管控上会出现专项债务先于银行贷款清偿的情形，是否可以落实分账管理有待观察。

此外，类型3、4、5、6项目资本金有一部分来自专项债券，这类项目的现金流的流向该如何安排？可以分为以下两种情况讨论：第一，收入先缴入国库后，政府编列预算偿还专项债务；第二，收入先缴入国库，政府编列预算将收入拨付给项目单位，待项目单位股东分红后，该股东再将分红金额缴入国库，政府再编列预算偿还专项债务。笔者认为第二种现金流安排才是正确的途径，原因在于将专项债券筹得的资金用于项目资本金，这笔钱是项目单位股东的借款，不是项目单位的借款，因此该笔还款应由项目单位股东缴给政府，专项债券筹得的资金并没有借给项目单位，政府直接扣除项目单位的收入，会造成项目单位的账上平白无故损失一笔现金流入，而且如果项目单位将该笔应收账款列入会计账上，还会造成项目单位缴了企业所得税但是现金未到账的不公平情形。由于专项债券资金用于项目资本金是税后偿还不是税前偿还，因此建议专项债券用于项目资本金的比例应该在合规的范围内尽可能减少，这样才不会增加政府还债的负担。

本章最后一个讨论的问题是，类型2、4、5中债权融资来自银行贷款的部分，该笔债务是项目单位自身的债务还是属于政府的隐性债务？有一种说法认为，根据《关于做好地方政府专项债券发行及项目配套融资工作的通知》的规定，组合使用专项债券和市场化融资的项目，项目收入实行分账管理。项目对应的政府性基金收入和用于偿还专项债券的专项收入及时足额缴入国库，纳入政府性基金预算管理，确保专项债券还本付息资金安全；项目单位依法对市场化融资承担全部偿还责任，在银行开立监管账户，将市场化融资资金以及项目对应可用于偿还市场化融资的专项收入，及时足额归集至监管账户，保障市场化融资到期偿付。市场化转型尚未完成、存量隐性债务尚未化解完毕的融资平台公司不得作为项目单位。严禁项目单位以任何方式新增隐性债务。该规定将一个项目区分为专项债券部分以及市场化融资部分，并认为市场化融资部分应由项目单位自行负责，和政府没有任何关系，所以类型2、4、5中债权融资来自银行贷款的部分，性质上属于项目单位自身的债务。

笔者不太认同上述观点。市场化的项目是指不需要政府任何形式的补贴，单纯依靠项目市场运营的收入即足以偿还融资的项目，所以该项目应该要符合以下几个条件：第一，取得该项目的单位必须经过招投标的程序，不得以政府单方授权取得；第二，除政策有特殊规定外，政府对于该项目不提供任何形式的补贴，其中包括不得提供项目单位专项债券资金用于项目资本金；第三，确认某个项目是否属于市场化项目，是以整个项目作为认定的单位，而不是将一个项目拆分成两个部分，一部分认定为市场化，一部分认定为非市场化。因此像类型2、4、5的项目，如果项目单位因政府单方授权而取得项目，并且取得政府专项债券资金的融资协助，该项目单位债权融资来自银行贷款的部分，很可能会被认定为政府融资而不是基于自身经营的市场化融资，因此该笔债务在性质上很可能构成政府隐性债务。但是实践中类似的情况相当多，也未见财政部门出面阻止这类项目。

五、项目方案设计（三）——“专项债券+PPP”模式

既然类型2、4、5中，项目单位向银行贷款的资金很可能构成政府隐性债务，可能读者会问有哪种模式可以既将专项债券资金用于项目资本金，向银行贷款的资金又不会构成政府隐性债务？笔者认为类型6是比较好的模式。类型6是在PPP的模式下将专项债券资金用于政府出资方代表投资的部分，由于项目公司政府出资方代表只参股而不控股，而由社会资本方控股，所以项目公司的财报会跟社会资本方的财报并表，因此项目公司的银行债务会并到社会资本方的报表中，不会和政府发生任何关系。但是财政部对此问题却持相反的看法，根据《财政部对十三届全国人大三次会议第7295号建议的回复》“……对于将专项债券作为PPP项目资本金的问题，这种模式虽有利于带动大规模投资，但容易产生财政兜底预期、层层放大杠杆，风险相对较大；且操作层面存在较多挑战。此外，按照《关于推进政府和社会资本合作规范发展的实施意见》（财金〔2019〕10号）规定，PPP项目不得出现以债务性资金充当资本金的行为”以及《财政部关于政协十三届全国委员会第三次会议第3856号（财政金融类287号）提案答复意见的函》“对您提出的PPP与专项债的四种融合方式，我们认为，应当权衡利弊、分类施策：一是对于将已建成的专项

债项目转为PPP模式运营以及将项目拆分为两部分分别采用专项债和PPP模式实施两种方式，我们认为，本质上PPP与专项债模式‘泾渭分明’，可在确保合法合规、做好程序衔接、防控融资风险的基础上，由地方探索实施。二是对于将专项债作为PPP项目资本金或债务性资金两种方式，我们认为，存在一定风险隐患，需要进一步论证。主要考虑：一是将专项债作为PPP项目资本金，将放大项目融资杠杆，加大财政支出压力和中长期财政风险。二是将专项债作为PPP项目的债务性资金，实际上是将专项债资金用于项目运营补贴这一经常性支出，不符合预算法‘地方政府债券资金不得用于经常性支出’的规定，也不符合PPP项目‘不得通过政府性基金预算安排运营补贴支出’的要求，存在违规运作风险。同时，专项债作为PPP项目的债务性资金还将弱化社会资本融资责任，强化政府兜底预期，加剧社会资本重建设、轻运营倾向，影响PPP项目长期稳定合作……”的规定可知，类型6因为这两个文件的规定，将被认定为违规。笔者认为这两个文件的理由都不够充分，有兴趣的读者可以参阅微观点视频9.2。

“专项债券+PPP”模式除了采用类型6之外，还可以采用类型7即“A+B模式”，这种模式是传统模式与PPP模式的一种混合模式，也就是A部分采用传统模式，B部分采用PPP模式，而A部分的传统模式如何运用专项债券资金，可以采取类型1至类型5中任何一种模式。

第十章 专项债券资金用途调整与绩效管理

——解决项目端与资金端无法匹配的问题

一、概述

专项债券在借用还全过程实践中最突出的问题，就是项目端与债券端（或是称为资金端）出现无法匹配的问题。例如：资金已经下达，但是项目还没完成审批；或是资金的使用没有达到预期的效率，造成资金全部或是一部分闲置的情形；或是项目的现金流入不如预期，无法偿还专项债务；或是申请资金时，虚假估算项目现金流入的金额；又或是资金下达后，原先申请的项目不做了，想要改变资金的用途，等等。为了解决上述问题，财政部陆续出台了《关于印发〈地方政府专项债券用途调整操作指引〉的通知》（以下简称《用途调整指引》）以及《关于印发〈地方政府专项债券项目资金绩效管理办法〉的通知》（以下简称《绩效管理办法》）。

二、专项债券资金用途调整

（一）概述

由于专项债券资金按规定必须纳入全口径预算管理，因此基于法定预算原则，理论上使用专项债券资金应严格按照预算科目及用途，如果要改变资金用途应该要履行调整预算的审批程序。针对这个问题，财政主管部门的看法比较有弹性，《用途调整指引》第二条规定："专项债券用途调整，属于财政预算管理范畴，主要是对新增专项债券资金已安排的项目，因债券项目实施条件变化等原因导致专项债券资金无法及时有效使用，需要调整至其他项目产生的专项债券资金用途变动。"第十条规定："按照预算法等法律法规规定，规范专项债券项目调整涉及的预算调整和调剂管理。省级政府批准后，对专项债券用途调整涉及增加或减少预算总支出、调减预算安排的专项债券重点支出数额、增加举借债务数额的，地方财政部门应当编制预算调整方案按程序提请同级人大常委会审议；其他预算调剂事项，地方财政部门应当按程序办理。"专项债用途管理属于财政预算管理的范畴，但是如果构成预算调整与调剂时，需报同级人大常委会审批。对此笔者认为在不改变预算科目的前提下，改变资金用途属于行政部门的职权，如果资金用途已经超出了预算科目的范围，则属于立法部门的职权。

此外，《用途调整指引》第三条规定："专项债券资金使用，坚持以不调整为常态、调整为例外。专项债券一经发行，应当严格按照发行信息公开文件约定的项目用途使用债券资金，各地确因特殊情况需要调整的，应当严格履行规定程序，严禁擅自随意调整专项债券用途，严禁先挪用、后调整等行为。"因此专项债券发行后，应严格按照发行信息公开文件约定的项目用途使用债券资金，需特别说明的是，条文规定资金用途须按信息公开文件使用，而不只是按预算科目及用途使用。

（二）项目调整条件

专项债券资金在什么情况下可以调整用途？《用途调整指引》第五条规定："专项债券资金已安排的项目，可以申请调整的具体情形包括：（一）项目实施过程中发生重大变化，确无专项债券资金需求或需求少于预期的；（二）项目竣工后，专项债券资金发生结余的；（三）财政、审计等发现专项债券使用存在违规问题，按照监督检查意见或审计等意见确需调整的；（四）其他需要调整的。"因此项目出现已无资金需求、资金结余、违规、按照监督或审计意见需调整等情形，都属于可以调整债券资金用途的情形。

另外，调整之后的用途有哪些要求？《用途调整指引》第六条规定："专项债券用途调整，应符合以下原则：（一）调整安排的项目必须经审核把关具备发行和使用条件。项目属于有一定收益的公益性项目，且预期收益与融资规模自求平衡。项目前期准备充分、可尽早形成实物工作量。项目周期应当与申请调整的债券剩余期限相匹配。（二）调整安排的专项债券资金，优先支持党中央、国务院明确的重点领域符合条件的重大项目。（三）调整安排的专项债券资金，优先选择与原已安排的项目属于相同类型和领域的项目。确需改变项目类型的，应当进行必要的解释说明。（四）调整安排的专项债券资金，严禁用于置换存量债务，严禁用于楼堂馆所、形象工程和政绩工程以及非公益性资本支出项目，依法不得用于经常性支出。”因此改变后的资金用途，需用在符合发债条件的项目、重点领域符合条件的重大项目、相同类型和领域的项目，严禁专项债券资金用于禁止类项目。

有关严禁专项债券资金用于禁止类项目的问题，《用途调整指引》第十八条规定：“各地不得违规调整专项债券用途，严禁假借专项债券用途名义挪用、套取专项债券资金。对违反法律法规和政策规定的，依法依规追究相关责任单位和责任人的责任。”因此违规调整、挪用资金依法是要被追究责任的。

最后，笔者想要提出讨论的问题是，由于专项债券资金是专款专用，因此专项债券在发债时，已经说明了项目的具体情况，投资人对于项目的风险都已经进行了必要的评估。资金用途改变了，资金转用于其他的项目，投资人可否因为其他项目的风险评估，认为风险过大而收回原来投资的资金？目前指引对此没有规定，笔者认为投资的基础如果有了改变，应给予投资人收回资金的权利，才符合公平原则。

（三）项目调整程序

《用途调整指引》第八条规定：“省级财政部门原则上每年9月底前可集中组织实施1到2次项目调整工作。地方各级财政部门会同有关部门组织梳理本级政府专项债券项目实施情况，确需调整专项债券用途的，要客观评估拟调整项目预期收益和资产价值，编制拟调整项目融资平衡方案、财务评估报告书、法律意见书，经同级政府同意后，及时报送省级财政部门。拟调整项目融资平衡方案应当准确反映项目基本情况、前期手续、投融资规模、收益来源、建设周期、分年度投资计划、原债券期限内预期收益与融资平衡情况、原已安排的项目调整原因、潜在风险评估、主管部门责任、调整后债券本息偿还安排等。”第九条规定：“省级财政部门负责汇总各地调整申请，统筹研究提出包括专项债务限额和专项债券项目在内的调整方案，于10月底前按程序报省级政府批准后，报财政部备案。”由此可知，项目调整程序分为以下几个步骤：第一，地方财政部门编制项目融资平衡方案、财务评估报告书、法律意见书；第二，地方财政部门提交同级政府，经同意后报送省级财政部门；第三，省级财政部门于每年9月底前统筹组织实施调整工作；第四，每年10月底前省级财政部门报省级政府批准，报财政部备案。

另外，《用途调整指引》第十七条规定："专项债券资金已安排的项目调整规模大、频次多的地区或部门，省级财政部门可适当扣减下一年度新增专项债券额度，引导各地区、各部门提升专项债券项目储备和安排的精准性、规范性。"因此调整幅度大、频次多的地区或部门，省级财政部门可适当扣减发债额度。

（四）信息公开

《用途调整指引》第十四条第一款规定："省级财政部门应当于省级政府批准后（涉及预算调整的按程序报省级人大或其常委会批准后）的10个工作日内，在全国统一的地方政府债务信息公开平台（www. celma. org. cn），以及省级政府或财政部门门户网站、发行登记托管机构门户网站等公开相关预算调整和项目调整信息。"

至于具体应公开的信息，《用途调整指引》第十三条规定："专项债券用途调整，省级财政部门要按以下原则及时进行信息公开：（一）专项债券用途调整，不改变原专项债券注册信息，包括债券发行量、期限、代码、名称、利率、兑付安排等。（二）专项债券用途调整，要发布调整公告，重点说明调整事项已经省级政府批准，一并公开本地区经济社会发展指标、地方政府性基金预算情况、专项债务情况等。（三）专项债券用途调整，要公布项目调整信息，包括调整前原已安排的项目名称、调整金额，以及调整后项目概况、分年度投资计划、项目资金来源、预期收益和融资平衡方案、潜在风险评估、主管部门责任、第三方评估信息（包括财务评估报告书、法律意见书、信用评级报告等）等。（四）其他按规定需要公开的信息。"由此可知，信息公开的内容包括：调整公告、项目调整信息，以及其他需要公开的信息。

三、专项债券资金绩效管理

《绩效管理办法》第三条规定："本办法所称绩效管理，是指财政部门、项目主管部门和项目单位以专项债券支持项目为对象，通过事前绩效评估、绩效目标管理、绩效运行监控、绩效评价管理、评价结果应用等环节，推动提升债券资金配置效率和使用效益的过程。"由此可知，绩效管理有三对象（财政部门、项目主管部门、项目单位），五环节（事前评估、目标管理、运行监控、评价管理、评价结果）。

（一）事前绩效评估及绩效目标管理

《绩效管理办法》第六条规定："地方财政部门指导项目主管部门和项目单位做好事前绩效评估，将事前绩效评估作为项目进入专项债券项目库的必备条件。必要时财政部门可组织第三方机构独立开展绩效评估，并将评估结果作为是否获得专项债券资金支持的重要参考依据。"由此可知，需先完成事前绩效评估，才能具备入库条件。

至于事前绩效评估的内容，《绩效管理办法》第五条规定：“申请专项债券资金前，项目单位或项目主管部门要开展事前绩效评估，并将评估情况纳入专项债券项目实施方案。事前绩效评估主要判断项目申请专项债券资金支持的必要性和可行性，重点论证以下方面：（一）项目实施的必要性、公益性、收益性；（二）项目建设投资合规性与项目成熟度；（三）项目资金来源和到位可行性；（四）项目收入、成本、收益预测合理性；（五）债券资金需求合理性；（六）项目偿债计划可行性和偿债风险点；（七）绩效目标合理性；（八）其他需要纳入事前绩效评估的事项。”因此，八大项事前绩效评估事项，应纳入实施方案。笔者认为重点的评估事项为项目收入，这是衡量是否可以顺利还款的重要因素。

另外，《绩效管理办法》第八条规定：“项目单位在申请专项债券项目资金需求时，要同步设定绩效目标，经项目主管部门审核后，报同级财政部门审定。绩效目标要尽可能细化量化，能有效反映项目的预期产出、融资成本、偿债风险等。”第九条规定：“地方财政部门要将绩效目标设置作为安排专项债券资金的前置条件，加强绩效目标审核，将审核后的绩效目标与专项债券资金同步批复下达。”由此可知，绩效目标的设置是安排专项债券资金的前提条件，需和专项债券资金同步批复下达。

（二）绩效运行监控、绩效评价管理及评价结果应用

《绩效管理办法》第十一条规定：“绩效运行监控是指在专项债券资金使用过程中，对专项债券资金预算执行进度和绩效目标实现情况进行‘双监控’，查找资金使用和项目实施中的薄弱环节，及时纠正偏差。”第十三条规定：“地方财政部门应当跟踪专项债券项目绩效目标实现程度，对严重偏离绩效目标的项目要暂缓或停止拨款，督促及时整改。项目无法实施或存在严重问题的要及时追回专项债券资金并按程序调整用途。”第十四条规定：“财政部门利用信息化手段探索对专项债券项目实行穿透式监管，根据工作需要组织对专项债券项目建设运营等情况开展现场检查，及时纠偏纠错。”由此可知，绩效运行监控以穿透式监管作为手段，对于“预算执行进度”以及“绩效目标实现”进行“双监控”，如出现严重偏离的情况将暂缓、停止拨款、整改，问题严重的将追回及调整资金用途。

最后，《绩效管理办法》第二十三条规定：“按照评价与结果应用主体相统一的原则，财政部在分配新增地方政府专项债务限额时，将财政部绩效评价结果及各地监管局抽查结果等作为分配调整因素。省级财政部门在分配专项债务限额时，将抽查情况及开展的重点绩效评价结果等作为分配调整因素。地方财政部门将绩效评价结果作为项目建设期专项债券额度以及运营期财政补助资金分配的调整因素。”由此可知，财政部门（包括财政部及省级财政部门）分配地方政府专项债务限额时，应将绩效评价结果作为分配调整因素。

第十一章　专项债券的财务分析与合规性审查

——是否足以还本付息、三大项合规性审查要求

一、专项债券的财务分析

有关专项债券的财务分析，最主要的目的是确定项目收入是否足以偿还专项债券的本金以及利息，实践中以“偿债备付率”作为主要衡量的财务指标，有关偿债备付率的意义与计算方法，本书将于第四部分——基建财务分析决策与建模中详细说明，此处不再赘述。需要特别说明以下两点：第一，实践中常见计算偿债备付率时，将每期项目可用于还本付息的现金流静态加总后，再除以每期还本付息静态加总金额，这种算法的问题在于，这样只能看出项目总的净现金流，是否足以偿还总的债务，因此偿债备付率的计算还必须每期分别计算，这样计算才能看出每期的现金流是否足以还债，项目是否存在资金缺口；第二，计算偿债备付率时，还需注意“可用于还本付息的现金流”来源认定的问题，而这问题和第九章所讨论专项债券项目的股债结构有关；也就是说专项债券所筹得的资金，作为项目的债权融资还是股权融资，其还款来源会不一样。以图 11.1 为例：如果专项债券资金作为债权融资，还款来源应该属于税前分配的现金流，也就是现金流编号 2；如果专项债券资金作为股权融资，还款来源应该属于税后分配的现金流，也就是现金流编号 1，所以笔者认为专项债券资金作为股权融资，比例越小越好，否则现金流很可能都用来缴税了。两者“可用于还本付息的现金流”的计算也会有所不同。

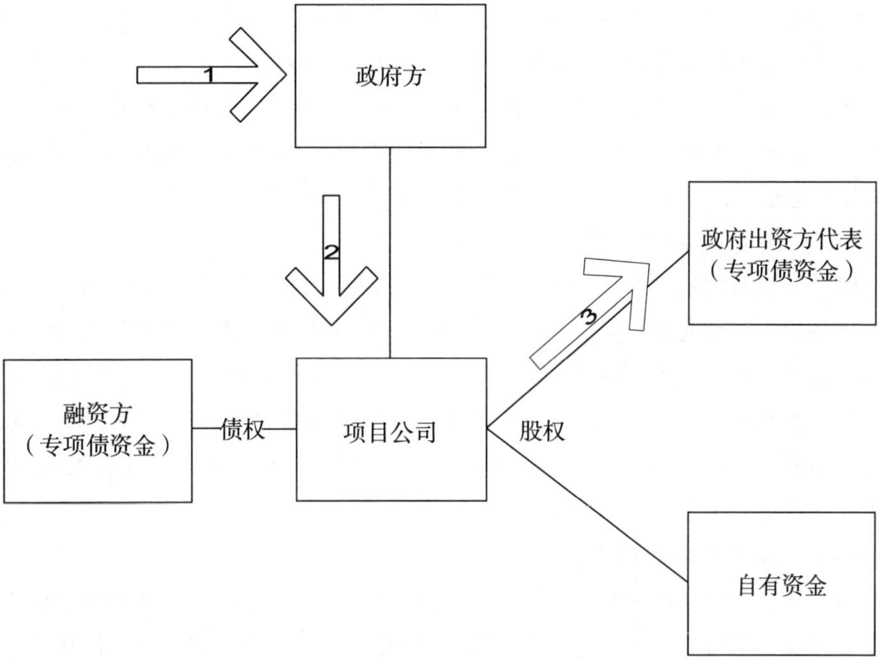

图 11.1　专项债券资金还款来源分析图

由于前述“可用于还本付息的现金流”的计算有所不同，因此专项债券资金作为债权融资“可用于还本付息的现金流”的计算方法，本书将于第四部分基建财务分析决策与建模的第六十一章中作详细说明。而如果发行专项债券所筹得的资金，用于项目资本金（也就是用于股权融资），此时专项债券的还款来源不是项目的现金流入，而是项目单位的分红以及剩余财产，此时必须分别通过财务模型中的利润表计算分红，用财务现金流量表计算剩余财产。

为了进一步说明这个问题，本书以 K 市污水处理厂项目为例，在前述第九章专项债券的交易结构表 9.2 中的类型 4 的条件下，也就是股权融资部分一部分由项目单位自筹，一部分来自专项债券，债权融资全部来自银行贷款，说明项目的财务边界以及专项债券偿债备付率该如何计算。

二、财务边界的设定——以 K 市城市污水处理厂项目为例

（一）项目背景说明

本案例名称为“K 市城市污水处理厂项目”，是传统的政府投资模式项目，项目期限为 20 年，建设期 3 年、运营期 17 年。

（二）建设成本的财务边界

（1）建设投资估算金额为 415,177.15 万元，其中二类费用金额 46,976.77 万

元，包括前期报告费用 344.97 万元、征地拆迁费 22,421.82 万元、监理费用 4,128.02万元以及建设单位管理费金额为 5,141.48 万元；（2）项目单位和承包商签订的设计施工总承包合同中，双方约定工程款中预付款占合约金额的 10%、进度款占合约金额的 87%、质量保证金占合约金额的 3%，缺陷责任期 2 年，质量保证金 2 年后退还；（3）无形资产的摊销年限为 17 年，建设期 3 年。

（三）运营成本的财务边界

（1）本项目约定在合作期间第 12 年进行期中大修，第 20 年进行期末大修。（2）本项目生产负荷第 4 年 0.8、第 5 年 0.9、第 6 年至第 20 年达到满负荷；年满负荷运营成本为：年药剂费 118.76 万元（含税）、年电费 686.99 万元（含税）、年污泥处置费 121.76 万元（含税）、年紫外线灯管更换费 18.65 万元（含税）、职工工资与福利费 691.2 万元（含税）、年计提大修修理费 1785.57 万元（含税）、其他费用含管理费 170.21 万元（含税）。（3）运营期间为 17 年。

（四）融资成本的财务边界

（1）项目单位注册资本为工程总投资的 30%，其中注册资本的 30% 来源于专项债券资金，年利率 3.6%，还款方式每年还息，最后一年一次还本，注册资本的 70% 由政府自筹；（2）银行要求资本金必须于合作期间第 1 年全部到位；（3）贷款期限 20 年，宽限期 3 年，还款方式采用等额本息还款，贷款基础利率（LPR）为 4.2%。

（五）付费机制的财务边界

（1）本项目进入运营期后增值税即征即返 70%；（2）项目付费采用“单价付费”类型，本项目每月可以收取污水处理费，每吨 3.6 元，付费方式为使用者单价付费；（3）日满载水量为 42 万吨。

三、专项债券资金用于注册资本金该如何计算偿债备付率——以 K 市城市污水处理厂项目为例

（一）计算项目单位各期的分红

本项目单位的分红金额将用于偿还专项债券的利息，因此需要利用财务模型中的利润表，计算项目单位各期的分红金额，K 市项目单位总共分红金额为198,303.28万元，各期具体的分红金额如表 11.1 所示。

表 11.1 项目单位每期的分红金额

1	利润计算表	合计	1	2	3	4	5	6	7	8
1.1	收入	864,240.56	0.00	0.00	0.00	39,071.15	43,955.04	48,838.94	48,838.94	48,838.94
	总成本费用	576,324.06	0.00	0.00	0.00	37,199.16	36,777.63	36,334.88	35,786.28	35,214.64

续表

	税金及附加	8,498.35	161.73	0.00	0.00	0.00	0.00	0.00	0.00	0.00
	利润总额	279,418.15	-161.73	0.00	0.00	1,871.99	7,177.42	12,504.06	13,052.66	13,624.30
1.2	弥补前年度亏损 IF - V	-485.20	0.00	-161.73	-161.73	-161.73	0.00	0.00	0.00	0.00
	应纳所得税税额 IF	279,418.15	0.00	0.00	0.00	1,710.26	7,177.42	12,504.06	13,052.66	13,624.30
	所得税	59,081.17	0.00	0.00	0.00	0.00	0.00	0.00	1,631.58	1,703.04
	净利润	220,336.98	-161.73	0.00	0.00	1,871.99	7,177.42	12,504.06	11,421.08	11,921.26
1.3	期初未分配利润 V	-485.20	0.00	-161.73	-161.73	-161.73	0.00	0.00	0.00	0.00
	可供分配利润☆	219,851.78	-161.73	-161.73	-161.73	1,710.26	7,177.42	12,504.06	11,421.08	11,921.26
1.4	提取法定盈余公积金	22,033.70	0.00	0.00	0.00	171.03	717.74	1,250.41	1,142.11	1,192.13
	可供投资者分配利润 IF +	198,303.28	0.00	0.00	0.00	1,539.23	6,459.67	11,253.66	10,278.97	10,729.13
1.5	分配利润 +	198,303.28	0.00	0.00	0.00	1,539.23	6,459.67	11,253.66	10,278.97	10,729.13
1.6	未分配利润 IF V	-485.20	-161.73	-161.73	-161.73	0.00	0.00	0.00	0.00	0.00
1.7	利息费用	121,562.52				12,181.32	11,676.06	11,149.57	10,600.97	10,029.34
	建设期利息摊销	15,342.34				902.49	902.49	902.49	902.49	902.49
	息税前利润	416,323.01	-161.73	0.00	0.00	14,955.80	19,755.96	24,556.12	24,556.12	24,556.12
	调整应纳所得税税额 IF	416,484.74	0.00	0.00	0.00	14,955.80	19,755.96	24,556.12	24,556.12	24,556.12
	调整所得税	104,121.19	0.00	0.00	0.00	3,738.95	4,938.99	6,139.03	6,139.03	6,139.03

9	10	11	12	13	14	15	16	17	18	19	20
51,864.10	53,207.09	53,207.09	53,207.09	51,984.84	53,207.09	53,207.09	53,207.09	53,207.09	53,207.09	53,207.09	51,984.84
34,618.99	33,998.33	33,351.60	32,677.70	33,654.41	32,922.72	32,160.30	31,365.86	30,538.05	29,675.47	28,776.66	41,271.38
518.60	748.83	748.83	748.83	539.30	748.83	748.83	748.83	748.83	748.83	748.83	539.30
16,726.50	18,459.93	19,106.66	19,780.56	17,791.13	19,535.54	20,297.96	21,092.40	21,920.21	22,782.79	23,681.60	10,174.16
0.00	0.00	0.00	0.00	0.00	0.00	0.00	0.00	0.00	0.00	0.00	0.00
16,726.50	18,459.93	19,106.66	19,780.56	17,791.13	19,535.54	20,297.96	21,092.40	21,920.21	22,782.79	23,681.60	10,174.16
2,090.81	4,614.98	4,776.67	4,945.14	4,447.78	4,883.88	5,074.49	5,273.10	5,480.05	5,695.70	5,920.40	2,543.54
14,635.69	13,844.95	14,330.00	14,835.42	13,343.35	14,651.65	15,223.47	15,819.30	16,440.16	17,087.09	17,761.20	7,630.62
0.00	0.00	0.00	0.00	0.00	0.00	0.00	0.00	0.00	0.00	0.00	0.00
14,635.69	13,844.95	14,330.00	14,835.42	13,343.35	14,651.65	15,223.47	15,819.30	16,440.16	17,087.09	17,761.20	7,630.62
1,463.57	1,384.49	1,433.00	1,483.54	1,334.33	1,465.17	1,522.35	1,581.93	1,644.02	1,708.71	1,776.12	763.06
13,172.12	12,460.45	12,897.00	13,351.88	12,009.01	13,186.49	13,701.12	14,237.37	14,796.14	15,378.38	15,985.08	6,867.56
13,172.12	12,460.45	12,897.00	13,351.88	12,009.01	13,186.49	13,701.12	14,237.37	14,796.14	15,378.38	15,985.08	6,867.56
0.00	0.00	0.00	0.00	0.00	0.00	0.00	0.00	0.00	0.00	0.00	0.00
9,433.69	8,813.02	8,166.29	7,492.40	6,790.20	6,058.51	5,296.09	4,501.64	3,673.83	2,811.25	1,912.45	975.89
902.49	902.49	902.49	902.49	902.49	902.49	902.49	902.49	902.49	902.49	902.49	902.49
27,062.68	28,175.45	28,175.45	28,175.45	25,483.82	26,496.54	26,496.54	26,496.54	26,496.54	26,496.54	26,496.54	12,052.54
27,062.68	28,175.45	28,175.45	28,175.45	25,483.82	26,496.54	26,496.54	26,496.54	26,496.54	26,496.54	26,496.54	12,052.54
6,765.67	7,043.86	7,043.86	7,043.86	6,370.95	6,624.13	6,624.13	6,624.13	6,624.13	6,624.13	6,624.13	3,013.14

（二）计算项目单位最后一期分配的剩余财产

本项目单位最后一期分配的剩余财产金额，将用于偿还专项债券最后一期的本金，因此需利用财务模型中的财务现金流量表计算剩余财产的金额，再计算项目单位分配的剩余财产金额，经计算最后一期分配的剩余财产金额为151,189.54万元。

表11.2　项目单位分配的剩余财产金额

1	现金流计算表	合计	14	15	16	17	18	19	20
1.1	经营活动产生的现金流								
1.1.1	经营活动现金流入	970,269.89	59,556.15	59,556.15	59,556.15	59,556.15	59,556.15	59,556.15	58,333.90
1.1.2	经营成本含税	45,622.19	1,807.57	1,807.57	1,807.57	1,807.57	1,807.57	1,807.57	16,984.92
	支付的各项税费	137,051.37	11,872.92	12,063.53	12,262.14	12,469.09	12,684.74	12,909.44	7,576.98
	经营活动现金流出小计	182,673.56	13,680.49	13,871.10	14,069.71	14,276.66	14,492.31	14,717.01	24,561.90
1.1.3	经营活动生的现金流净额	787,596.33	45,875.66	45,685.05	45,486.44	45,279.49	45,063.84	44,839.14	33,772.00
1.2	投资活动产生的现金流								
	购置无形资产支付的现金	-445,696.83							
1.3	筹资活动产生的现金流								
1.3.1	吸收投资收到的现金	129,155.85							
	吸收借款收到的现金	290,031.42							
	筹资活动现金流入小计	419,187.26							
1.3.2	偿还债务支付的现金	290,031.42	18,152.90	18,915.32	19,709.77	20,537.58	21,400.15	22,298.96	23,235.52
	分配利润支付的现金	198,303.28	13,186.49	13,701.12	14,237.37	14,796.14	15,378.38	15,985.08	6,867.56
	偿付利息支付的现金	121,562.52	6,058.51	5,296.09	4,501.64	3,673.83	2,811.25	1,912.45	975.89
	筹资活动现金流出小计	609,897.22	37,397.90	37,912.53	38,448.78	39,007.55	39,589.79	40,196.49	31,078.96
1.3.3	筹资活动产生的现金流净额	-190,709.95	-37,397.90	-37,912.53	-38,448.78	-39,007.55	-39,589.79	-40,196.49	-31,078.96
1.4	现金或现金等价物净增加额	151,189.54	8,477.76	7,772.52	7,037.66	6,271.93	5,474.05	4,642.65	2,693.04
	期初现金或现金等价物净余额	1,521,066.99	108,819.93	117,297.69	125,070.21	132,107.87	138,379.80	143,853.85	148,496.50
	期末现金或现金等价物净余额	1,672,256.53	117,297.69	125,070.21	132,107.87	138,379.80	143,853.85	148,496.50	151,189.54

（三）计算各期还款金额

专项债券筹得资金38,746.75万元用于项目单位第一年的股权投资资金，每年应偿还专项债券的利息金额，计算内容如表11.3所示。

表11.3　各期专项债券还息金额

3	还本付息计划表	合计	1	2	3	4	5	6	7	8
	期初借款	736,188.33	0.00	38,746.75	38,746.75	38,746.75	38,746.75	38,746.75	38,746.75	38,746.75
	当期借款	38,746.75	38,746.75	0.00	0.00					
	还本付息	27,200.22	697.44	1,394.88	1,394.88	1,394.88	1,394.88	1,394.88	1,394.88	1,394.88
	付息	27,200.22	697.44	1,394.88	1,394.88	1,394.88	1,394.88	1,394.88	1,394.88	1,394.88

续表

	还本	*0.00*	0.00	0.00	0.00	0.00	0.00	0.00	0.00	0.00
	期末借款	*774,935.08*	38,746.75	38,746.75	38,746.75	38,746.75	38,746.75	38,746.75	38,746.75	38,746.75

9	10	11	12	13	14	15	16	17	18	19	20
38,746.75	38,746.75	38,746.75	38,746.75	38,746.75	38,746.75	38,746.75	38,746.75	38,746.75	38,746.75	38,746.75	38,746.75
1,394.88	*1,394.88*	*1,394.88*	*1,394.88*	*1,394.88*	*1,394.88*	*1,394.88*	*1,394.88*	*1,394.88*	*1,394.88*	*1,394.88*	*1,394.88*
1,394.88	*1,394.88*	*1,394.88*	*1,394.88*	*1,394.88*	*1,394.88*	*1,394.88*	*1,394.88*	*1,394.88*	*1,394.88*	*1,394.88*	*1,394.88*
0.00	0.00	0.00	0.00	0.00	0.00	0.00	0.00	0.00	0.00	0.00	0.00
38,746.75	38,746.75	38,746.75	38,746.75	38,746.75	38,746.75	38,746.75	38,746.75	38,746.75	38,746.75	38,746.75	38,746.75

（四）计算偿债备付率

从表11.4所计算各期偿债备付率后可以发现，从静态角度计算政府出资方代表的偿债备付率是5.3，因此项目单位所有的分红与剩余财产分配，足以偿还专项债券的本金与利息；此外从各期偿债备付率的数值来看，各期偿债备付率数值均大于1，表示项目足以偿还专项债券本息。

表11.4　各期偿债备付率的计算

	合计	1	2	3	4	5	6	7	8	9
分红＋剩余财产	349,492.82	0.00	0.00	0.00	1,539.23	6,459.67	11,253.66	10,278.97	10,729.13	13,172.12
偿债备付率	5.30	0.00	0.00	0.00	1.10	4.63	8.07	7.37	7.69	9.44

10	11	12	13	14	15	16	17	18	19	20	剩余财产
12,460.45	12,897.00	13,351.88	12,009.01	13,186.49	13,701.12	14,237.37	14,796.14	15,378.38	15,985.08	6,867.56	151,189.54
8.93	9.25	9.57	8.61	9.45	9.82	10.21	10.61	11.02	11.46	4.92	*3.90*

☆有关专项债券如何计算偿债备付率的问题，请见视频微观点11.1【专项债券偿债备付率该如何计算?】

四、专项债券的合规性审查

专项债券进行审批时，一般要求编制法律意见书，并针对专项债券的实施方案进行合规性审查。合规性审查的内容包括以下几个部分：第一，实施单位的合规性审查；第二，项目单位的合规性审查；第三，项目固定资产审批的合规性审查；第四，专项债券的合规性审查。以下仅针对实施单位、项目单位、固定资产审批以及专项债券合规性审查进行说明。

有关实施单位的合规性审查，一般审查政府主管部门统一社会信用代码证书。

如果项目需要且已经成立项目法人的，关于项目单位的合规性审查，审查的内容：第一，项目单位是合法成立的公司；第二，项目单位营业执照的营业内容是否包括建设和运营批准的项目；第三，是否符合行业准入条件；第四，是否拥有合法的授权。

固定资产审批的合规性审查，审查的内容包括是否完成立项及可研的审批；其他的批复要看项目进展的程度而定（可能包括：是否完成规划审批、是否完成选址意见与土地预审、是否完成环境影响评估、是否取得建设用地规划许可证和建设工程规划许可证以及其他固定资产相关审批）。

专项债券的合规性审查包括：第一，针对专项债券的实施方案（或称项目融资平衡方案）、财务评估报告书等文件进行合规性审查；第二，审查专项债券实施方案借用还全过程内容（包括资金投向）是否合规；第三，针对不同类型的专项债券，例如新增专项债券、再融资专项债券、项目收益专项债券等相关规定进行合规审查；第四，审查专项债券的交易结构，其中包括：债券的用途、规模、评级、利率、期限、还款方式，此外，针对专项债 + PPP 模式、专项债 + 资本金模式，以及专项债 + 银行贷款等模式进行合规审查。

☆有关专项债券线上收费课程，请见视频 11.2【地方政府专项债券实务指引——兼论专项债 + 资本金模式偿债倍付率的计算、专项债投资七大模式】

第三篇　地方政府融资平台转型
——兼论供应链金融与保理、债转股

第十二章　平台转型的基本问题

——政策梳理、竞争中性原则、顶层设计、国有企业分类

一、为何融资平台公司需要转型

（一）融资平台公司转型与管理相关政策梳理

融资平台公司转型、管理与地方政府债务的管理是息息相关的，为了加强地方政府债务的管理，政府出台了一系列的措施，其中包括：政府举债必须规范化、对于地方政府存量债务采取必要的化债措施、全口径的预算管理、融资平台公司脱钩与转型、加强对融资平台公司融资行为的管理等。由此可知，融资平台公司转型与管理的目的，某种程度是解决地方政府债务的问题，也就是说未来政府举债只能通过发行地方政府债券的模式，不能再通过融资平台公司举借债务，融资平台公司未来要进行市场化的转型，不能依赖政府的财政补贴作为主要的收入来源。有关融资平台公司转型与管理相关政策梳理如下：

1. 政企分离

《国发 43 号文》中规定："剥离融资平台公司政府融资职能，融资平台公司不得新增政府债务。"要求平台公司必须剥离政府融资的职能，至于如何做到剥离职能的要求？《关于在公共服务领域推广政府和社会资本合作模式指导意见的通知》（国办发〔2015〕42 号）中规定："……大力推动融资平台公司与政府脱钩，进行市场化改制，健全完善公司治理结构，对已经建立现代企业制度、实现市场化运营的，在其承担的地方政府债务已纳入政府财政预算、得到妥善处置并明确公告今后不再承担地方政府举债融资职能的前提下，可作为社会资本参与当地政府和社会资本合作项目，通过与政府签订合同方式，明确责权利关系。……"由此可知，融资平台公司与政府脱钩，必须做到以下三点：第一，职能脱钩，也就是必须对外公告不再承担政府举债融资职能；第二，决策脱钩，融资平台公司应完善公司治理结

构，决策应按公司制度办理，而非直接听命于政府；第三，债务脱钩，对于过去承担的政府债务，需纳入政府财政预算。

此外，《关于加强2013年地方政府融资平台贷款风险监管的指导意见》中规定："（十八）严格平台退出条件。融资平台退出需满足五个条件：一是符合现代公司治理要求，属于按照商业化原则运作的企业法人；二是资产负债率在70%以下，财务报告经过会计师事务所审计；三是各债权银行对融资平台的风险定性均为全覆盖；四是存量贷款中需要财政偿还的部分已纳入地方财政预算管理并已落实预算资金来源，且存量贷款的抵押担保、贷款期限、还款方式等已整改合格；五是诚信经营，无违约记录，可持续独立发展。"① 由于银行对于融资平台公司的监管要求是比较多的，因此退出平台成为市场化公司后，就可以不受平台融资的相关监管，所以监管机构对于平台退出的条件有比较严格的限制。

2. 市场化转型

《关于进一步规范地方政府举债融资行为的通知》中规定："加快政府职能转变，处理好政府和市场的关系，进一步规范融资平台公司融资行为管理，推动融资平台公司尽快转型为市场化运营的国有企业、依法合规开展市场化融资，地方政府及其所属部门不得干预融资平台公司日常运营和市场化融资。"《关于实施2018年推进新型城镇化建设重点任务的通知》中规定："分类稳步推进地方融资平台公司市场化转型，剥离政府融资职能，支持转型中的融资平台公司及转型后的公益类国有企业依法合规承接政府公益类项目。"由此可知，政策上是支持融资平台公司转型为市场化运营的公益类国有企业的。

此外，《关于进一步深化预算管理制度改革的意见》中规定："清理规范地方融资平台公司，剥离其政府融资职能，对失去清偿能力的要依法实施破产重整或清算。"由此可知，对于失去清偿能力的融资平台公司，也就是无法进行市场化转型的融资平台公司，将依法实施破产、重整或清算。

3. 融资行为的管理

《关于规范金融企业对地方政府和国有企业投融资行为有关问题的通知》中规定："国有金融企业参与地方建设融资，应审慎评估融资主体的还款能力和还款来源，确保其自有经营性现金流能够覆盖应还债务本息，不得要求或接受地方政府及其部门以任何方式提供担保、承诺回购投资本金、保本保收益等兜底安排，或以其他方式违规承担偿债责任。项目现金流涉及可行性缺口补助、政府付费、财政补贴等财政资金安排的，国有金融企业应严格核实地方政府履行相关程序的合规性和完

① 该条中的"全覆盖"是指借款人自有现金流量占其全部应还债务本息的比例为100%（含）以上。

备性。”由此可知，国有金融机构应评估融资主体的还款能力，并且针对项目的现金流进行合规性审查。

此外，相关政策文件针对融资平台公司的融资行为进行相应的规范，笔者于第二章已经介绍，此不赘述。

☆请见视频微观点 12.1【融资平台如何转型?】

（二）融资平台公司融资行为的管理与要求

有关融资平台融资行为管理与要求的政策法规，很多是非公开的文件，因此笔者不便在本书中说明，如果读者对于该问题想进一步了解，可以观看视频 12.2“某省融资平台的指导意见”，也可以关注小鹅通知识商铺“微观点学院”的线上课程，以及视频 12.6“国企股权资本实操指引——兼论平台转型、并购重组、债转股、股权激励与员工持股、IPO”。

☆请见视频微观点 12.2【某省融资平台的指导意见】

二、国有企业改革的基本问题

（一）国有企业改革持续推进

国有企业改革从过去到现在历经了数个阶段，本阶段的国有企业改革基本上是从党的十八届三中全会开始至今，而基本目标就是要将国有企业改造成自主经营、自负盈亏的市场化主体。近期有关国有企业改革的一些观点，都和“竞争中性原则”一起讨论。该原则提出政府应平等对待各类市场主体，消除对不同所有制企业设置的不合理限制等。这意味着只要是市场主体，不管身份如何，都将一视同仁，在市场准入和资源等方面，都享受公平的待遇。竞争中性原则是目前国际贸易协议中非常重要的组成部分。

2021 年 10 月 28 日，国务院新闻办公室举办了新闻发布会①，会上有记者向商务部副部长王受文提问，说到：“中国入世 20 年之后，中国颁布了新的《外商投资

① http://www.china.com.cn/zhibo/content_77835601.htm，最后访问日期：2022 年 8 月 25 日。

法》，也进一步加强了知识产权的保护。但是，有一些人士依然觉得，中国依然有一些领域还未向外资开放，国有企业仍然获得了差别待遇，同时中国也没有兑现曾经承诺过的一些改革。想问一下您对这些问题作何回应？谢谢。”对此，王副部长的回复是（部分摘录）：“中国在世贸组织加入过程中所作出的承诺，需要履行的义务，已经完全完成，不存在我们已经作过承诺要进行改革，现在还没有完成的情况。这个问题中你提到了国有企业还享受特殊的优惠待遇，我想说，关于国有企业是否享受特殊待遇的问题，中国《宪法》第16条规定，国有企业在法律规定的范围内有权自主经营。中国的国有企业是‘自主经营、自负盈亏、自我约束、自我发展’的独立市场主体，和其他所有制企业一样，公平参与市场竞争，没有享受特殊待遇。实际上，近年来，我们还积极推进国有企业的混合所有制改革。目前，中央企业混合所有制企业户数占比已经超过70%，上市公司是国有企业混改的重要载体，我给大家一个数字，国企控股的上市公司，资产总额占到中央企业资产总额的67%，利润占到88%。上市公司有季报、半年报、年报，信息都是透明的。关于这些企业是否享受特殊待遇，可以从上市公司的季报、年报中发现。我们的结论就是国企并不享受特殊待遇，它是根据《宪法》规定的开展自主经营的市场主体。”由此可知，按《宪法》规定，国有企业是自主经营的市场主体，应公平参与市场竞争，不享有差别待遇。

综上所述，国有企业必须转型为自负盈亏的市场主体，除了地方政府债务负担沉重、持续补贴国有企业有一定困难之外，世界贸易组织（WTO）规则、中欧投资协议、全面与进步跨太平洋伙伴关系协定（CPTPP）规则对于竞争中性原则都提出了很高的要求，所以国有企业的改革必然是坚定而不容退缩的。

☆请见视频微观点12.3【国有企业改革的原因】

（二）国有企业改革的顶层设计

目前国有企业改革的顶层设计是“一个体系、一个方案、若干行动”，又称为“1+1+X”，其中一个体系是指《关于深化国有企业改革的指导意见》，是国有企业改革最高的指导意见；而一个方案是指《国企改革三年行动方案》，是落实国有企业改革的时间表以及路线图；若干行动是指国资委所提出的若干专项行动，例如：“对标一流”“双百行动”等，以下将针对一个体系以及一个方案的内容进行介绍。

1.《关于深化国有企业改革的指导意见》

2015年8月24日，中共中央、国务院出台了《关于深化国有企业改革的指导意见》（以下简称《意见》），《意见》指出："国有企业仍然存在一些亟待解决的突出矛盾和问题，一些企业市场主体地位尚未真正确立，现代企业制度还不健全，国有资产监管体制有待完善，国有资本运行效率需进一步提高；一些企业管理混乱，内部人控制、利益输送、国有资产流失等问题突出，企业办社会职能和历史遗留问题还未完全解决；一些企业党组织管党治党责任不落实、作用被弱化。"因此面对国际竞争及转型升级的巨大挑战，必须进一步推进国有企业改革，笔者整理《意见》的内容，将改革的措施分为以下三个部分，分别是分类型、调资产与改机制。

分类型是指要分类推进国有企业改革，《意见》将国有企业分为商业类以及公益类国有企业，具体的分类方式以及改革目标，笔者将于本文稍后的内容中说明。调资产就是将国有资产的管理方式以及资产配置进行调整，其中包括：第一，完善国有资本管理体系，从管资本推进国资监管机构的职能改变，改革国有资本授权经营体制，并且推动国有资本的优化配置；第二，发展混合所有制经济，推进国有企业混合所有制改革，引入非国有资本，鼓励国有资本入股非国有企业，探索企业员工持股；第三，防止国有资产流失。改机制是指完善国有企业制度，其中包括：推行公司制股份制改革、健全治理结构、企业领导人员分类分层管理、企业薪酬分配制度以及内部用人制度的改革。

☆请见视频微观点 12.4【国有企业改革的核心思想】

2.《国企改革三年行动方案》①

2020 年 6 月，中央全面深化改革委员会第十四次会议审议通过《国企改革三年行动方案》，从 2020 年起至 2022 年间，要求进一步具体化、落实"1 + N"政策文件，是国有企业改革的时间表以及路径图，方案内容聚焦在八个重点、五个目标。八个重点包括：中国特色现代企业制度建设、国有经济布局优化和结构调整、混合所有制改革、市场化经营机制、以管资本为主的国有资产监管体制、国有企业公平参与市场竞争、国有企业改革专项工程、党的领导和党的建设。五个目标包括：要成为有核心竞争力的市场主体、要在创新引领方面发挥更大作用、要在提升产业链、供应链水平上发挥引领作用、要在保障社会民生和应对重大挑战等方面发挥特殊保障作用、要在维护国家经济安全方面发挥基础性作用。

---

① http：//www. sasac. gov. cn/n4470048/n13461446/n15390485/index. html，最后访问日期：2022 年 8 月 25 日。

三、国有企业分类与改革目标

2015年12月7日，国资委、财政部、发展改革委出台《关于印发〈关于国有企业功能界定与分类的指导意见〉的通知》（以下简称《国有企业分类指导意见》），针对国有企业的分类，以及各类别国有企业改革的目标作出了规定，具体内容说明如下：

（一）国有企业分类

《国有企业分类指导意见》中规定："按照谁出资谁分类的原则，履行出资人职责机构负责制定所出资企业的功能界定与分类方案，报本级人民政府批准；履行出资人职责机构直接监管的企业，根据需要对所出资企业进行功能界定和分类。"由于国有企业是按谁出资谁分类原则进行分类，因此目前中央国有企业的分类与地方国有企业的分类并不相同。有关中央国有企业的分类按《国有企业分类指导意见》的规定分为商一类、商二类及公益类，如表12.1所示。地方国有企业的分类请见表12.2。

表12.1 中央国有企业分类表

分类	特征
商一类	主业处于充分竞争行业和领域的商业类国有企业
商二类	主业处于关系国家安全、国民经济命脉的重要行业和关键领域、主要承担重大专项任务的商业类国有企业
	自然垄断行业
公益类	在水电气热、公共交通、公共设施等提供公共产品和服务的行业及领域

表12.2 地方国有企业分类表

地方国有企业	分类
北京市国有企业	竞争类、特殊功能类①（重大专项任务）、城市公共服务类②
上海市国有企业	竞争类、金融服务类③、功能保障类④（保障城市运行）

---

① 特殊功能类企业主要承担市委、市政府在不同阶段赋予的专项任务和重大项目，实现政府在基础设施、民生保障、促进城市和社会发展等方面的战略目标。

② 城市公共服务类企业主要承担提供公共产品或服务、保障城市运行安全、提升城市承载能力等功能。

③ 金融服务类企业，是以深化金融改革、防控金融风险为主要目标的企业。

④ 功能保障类企业，是以完成国家战略和重点任务、保障城市高效运行为主要目标的企业。

续表

地方国有企业	分类
重庆市国有企业	商一类、商二类、公益类
黑龙江省国有企业	商一类、商二类、公益类
广西壮族自治区国有企业	商一类、商二类、商三类（金融）、公益一类、公益二类（文化宣传）

（二）各类中央国有企业改革方向的比较

根据《国有企业分类指导意见》的规定，商一类、商二类以及公益类国有企业的改革方向如表 12.3 所示。

表 12.3　各类中央国有企业改革方向比较表

	商一类	商二类	公益类
股权结构	国有资本可控股可参股，积极引入其他资本实现股权多元化	国有资本控股，支持非国有资本参股，对需要实行国有全资的企业，要积极引入其他国有资本实行股权多元化	国有资本独资，具备条件的也可以推行投资主体多元化
非国有资本的参与方式		1. 稳妥推进商业二类子企业混合所有制改革 2. 对处于关系国家安全、国民经济命脉的重要行业和关键领域的企业，保持国有资本控股地位 3. 对具有一定自然垄断性质的企业，鼓励有资质的企业积极参与公开招标、通过购买服务等方式，承担国家重大专项任务	通过购买服务、特许经营、委托代理等方式，鼓励非国有企业参与经营
目标	实现国有资产保值增值为主要目标	争做国有经济控制力、影响力的担当者	做好优质服务的提供者
改革内容	1. 原则上都要实行公司制股份制改革 2. 整体上市 3. 职业经理人	处于自然垄断行业的商业类国有企业，要以“政企分开、政资分开、特许经营、政府监管”为原则积极推进改革，根据不同行业特点实行网运分开、放开竞争性业务，促进公共资源配置市场化	公益类企业不是行政机构，必须遵循市场经济规律和企业发展规律，也必须健全市场化机制，充分学习借鉴商业类国有企业市场化改革的先进经验

☆视频微观点12.5【国有企业分类】

☆有关国有企业改革线上收费课程，请见视频12.6【国企股权资本实操指引——兼论平台转型、并购重组、债转股、股权激励与员工持股、IPO】

第十三章　资产调整、企业重组与双向混改

——无偿划转、国有资产交易、顺向与逆向混改

一、国有企业改革与资产调整

本书在上一章中有特别提到，国有企业改革有三个面向，分别是：分类型、调资产与改机制，从本章开始笔者将重点说明调资产的问题。为何笔者会特别强调资产调整的重要性，首先资产调整包含了新设公司以及企业重组，主要是以企业重组为主。企业重组的目的是促进企业合理的商业调整和资源配置，其中又可分为并购重组与分立重组。并购重组是指将好的资源并入企业之中，一般企业考虑并购重组的原因有扩大经营规模、扩大市场占有率、异业结合分散风险、强强联手优势互补，或是为了节省时间直接收购已经成熟的企业等因素。而分立重组是指将不好的资源从企业分出去，例如：缩小经营规模；或是为了突出主营业务；又或是将好的资源从企业分出去独立发展，例如：通过拆分将优质营业体发行股票上市交易。所以国有企业改革可以通过企业重组，将企业的资源进行合理的配置，因此笔者认为企业重组是国有企业改革一个很重要的环节。

此外，2016年7月22日《国务院办公厅关于推动中央企业结构调整与重组的指导意见》中提到中央企业结构调整与重组的重点工作将巩固加强一批、创新发展一批、重组整合一批、清理退出一批，并规定："加大清理长期亏损、扭亏无望企业和低效无效资产力度。通过资产重组、破产清算等方式，解决持续亏损三年以上

且不符合布局结构调整方向的企业退出问题。通过产权转让、资产变现、无偿划转等方式，解决三年以上无效益且未来两年生产经营难以好转的低效无效资产处置问题。”2021 年 7 月 20 日的媒体报道①也提到国资委将指导推动企业加快清理退出“两非”（非主业、非优势）、“两资”（低效资产、无效资产）。由此可知，政策上也是鼓励国有企业进行资产调整、清退不好的资源。

有关企业重组的类型，《关于企业重组业务企业所得税处理若干问题的通知》②中规定：“本通知所称企业重组，是指企业在日常经营活动以外发生的法律结构或经济结构重大改变的交易，包括企业法律形式改变、债务重组、股权收购、资产收购、合并、分立等。”由此可知，企业重组的类型可以区分为三类：并购重组（股权收购、资产收购、企业合并）；分立重组（资产转让、实物出资、企业分立）；其他重组（债务重组、法律形式改变）。

企业重组不管是从法律、财务还是税务的角度，都是属于比较高端的业务形态，需要关注许多问题。一般民营企业进行重组时，除了需注意企业重组的类型与交易结构之外，通常还需特别关注节税的有关问题。国有企业进行重组时，除了前述民营企业重组时关注的问题之外，还需注意国有产权无偿划转、国有资产交易的相关问题。讨论这两个问题的核心，在于分析哪些企业重组行为需要进场交易，哪些行为不需要进场交易。

☆请见视频微观点 13.1【国有资产交易的基本流程】

二、国有产权无偿划转

（一）无偿划转的主体范围

《企业国有产权无偿划转管理暂行办法》（以下简称《无偿划转办法》）第二条第一款规定：“本办法所称企业国有产权无偿划转，是指企业国有产权在政府机构、事业单位、国有独资企业、国有独资公司之间的无偿转移。”由此可知，企业国有产权的无偿转移，其转移的主体有政府机构、事业单位、国有独资企业、国有独资

① http：//www.sasac.gov.cn/n4470048/n16518962/n19710913/n19710931/c19805915/conte，最后访问日期：2022 年 4 月 27 日。

② 财政部、国家税务总局于 2014 年就《关于企业重组业务企业所得税处理若干问题的通知》（财税〔2009〕59 号）第六条第二项、第三项内容所作的调整，虽不涉及第一条的规定，但需关注此修正。参见《关于促进企业重组有关企业所得税处理问题的通知》（财税〔2014〕109 号）的规定。

公司。此外，《关于促进企业国有产权流转有关事项的通知》第三条规定："国有全资企业之间或国有全资企业与国有独资企业、国有独资公司之间，经双方全体股东一致同意，其所持股权可以实施无偿划转。具体程序按照《国有股东转让所持上市公司股份管理暂行办法》（国资委、证监会令第19号）、《企业国有产权无偿划转管理暂行办法》（国资发产权〔2005〕239号）的规定办理。"由此可知，国有全资企业也可以适用《无偿划转办法》的规定。

另外，《无偿划转办法》第三条第二款规定："股份有限公司国有股无偿划转，按国家有关规定执行。"似乎是将股份有限公司的无偿划转排除适用。但是根据《关于进一步明确非上市股份有限公司国有股权管理有关事项的通知》第二条规定："非上市股份有限公司的国有股权无偿划转，参照《关于印发〈企业国有产权无偿划转管理暂行办法〉的通知》（国资发产权〔2005〕239号）等规定执行。"由此可知，非上市股份有限公司可以参照适用《无偿划转办法》的规定。至于上市股份有限公司国有股权进行无偿划转的依据，应当根据《上市公司国有股权监督管理办法》中第五章国有股东所持上市公司股份无偿划转的相关规定办理。

（二）无偿划转的客体范围与《公司法》的相关规定

《无偿划转办法》第一条规定："为规范企业国有产权无偿划转行为，保障企业国有产权有序流动，防止国有资产流失，根据《企业国有资产监督管理暂行条例》（国务院令第378号）等有关规定，制定本办法。"第二十一条规定："企业实物资产等无偿划转参照本办法执行。"由此可知，企业国有产权可进行无偿划转，此外由于条文内容规定"实物资产等"进行无偿划转，可以认为无偿划转的客体还包括：土地使用权、知识产权、债权等资产。

另外，根据《无偿划转办法》第五条第二款的规定："有限责任公司国有股权的划转，还应当遵循《中华人民共和国公司法》的有关规定。"因此有限责任公司的国有股权划转还需遵循《公司法》的相关规定。是否能适用《公司法》第七十一条优先购买权的规定，解释上一直存在异议，原因在于无偿划转的制度与优先购买权中股东有权以同等条件优先购买的规定，存在矛盾与冲突，比较好的处理方式是应该在章程中规定无偿划转时，其他股东没有优先购买权。

（三）程序与审批

根据《无偿划转办法》的规定，企业国有资产无偿划转程序与审批包括以下几个环节：第一，编写可行性论证报告，做好可行性研究；第二，划转双方应分别经过总经理办公会议、董事会审议，如果涉及职工分流安置事项，应当经被划转企业职工代表大会审议通过；第三，划出方应当就无偿划转事项通知本单位债权人，并制定相应的债务处置方案；第四，划转双方应当组织被划转企业按照有关规定开展审计或清产核资；第五，划转双方协商一致后，应当签订企业国有产权无偿划转协议；第六，完成无偿划转的审批；第七，划转双方应当依据相关批复文件及划转协议进行账务调整，按规定办理产权登记等手续。另外，有关于无偿划转的审批权限，请见表13.1。

表13.1　无偿划转的审批权限

条文序号	类型	审批权限
§12（1）	企业国有产权在同一国资监管机构所出资企业之间无偿划转	由所出资企业共同报国资监管机构批准
§12（2）	企业国有产权在不同国资监管机构所出资企业之间无偿划转的	依据划转双方的产权归属关系，由所出资企业分别报同级国资监管机构批准。
§13	实施政企分开的企业，其国有产权无偿划转所出资企业或其子企业持有的	由同级国资监管机构和主管部门分别批准
§14	下级政府国资监管机构所出资企业国有产权无偿划转上级政府国资监管机构所出资企业或其子企业持有的	由下级政府和上级政府国资监管机构分别批准
§15	企业国有产权在所出资企业内部无偿划转的	由所出资企业批准并抄报同级国资监管机构

（四）国有资产划转涉税问题

《关于促进企业重组有关企业所得税处理问题的通知》第三条规定："对100%直接控制的居民企业之间，以及受同一或相同多家居民企业100%直接控制的居民企业之间按账面净值划转股权或资产，凡具有合理商业目的、不以减少、免除或者推迟缴纳税款为主要目的，股权或资产划转后连续12个月内不改变被划转股权或资产原来实质性经营活动，且划出方企业和划入方企业均未在会计上确认损益的，可以选择按以下规定进行特殊性税务处理：1. 划出方企业和划入方企业均不确认所得。2. 划入方企业取得被划转股权或资产的计税基础，以被划转股权或资产的原账面净值确定。3. 划入方企业取得的被划转资产，应按其原账面净值计算折旧扣除。"由此可知，在100%直接控制的居民企业之间，按账面净值无偿划转股权或资产，在符合一定条件下，可以进行特殊性税务处理。

三、国有资产交易

（一）国有企业的类型

根据《企业国有资产交易监督管理办法》第四条的规定，将国有企业区分为国有独资企业、国有全资企业、国有控股企业、国有控股子企业以及国有实际控制企业5类，笔者将这5类企业的规定整理如表13.2所示。

表13.2　各类国有企业的定义

国有企业类型	出资单位	出资方式	出资比例
国有独资企业	政府部门、机构、事业单位	单独出资	持股100%
国有全资企业	政府部门、机构、事业单位、国有独资企业	直接或间接持股	合计持股100%
国有控股企业	政府部门、机构、事业单位、国有独资企业、国有全资企业	单独或共同出资	1. 合计持股超过50% 2. 出资单位其中之一是最大股东
国有控股子企业	国有独资企业、国有全资企业、国有控股企业	对外出资	股权比例超出50%
国有实际控制企业	政府部门、机构、事业单位、单一国有及国有控股企业	直接或间接持股	1. 股权比例不到50% 2. 但为第一大股东 3. 并且通过股东协议、公司章程、董事会决议或者其他协议安排能够对其实际支配的企业

（二）国有资产交易行为

《企业国有资产交易监督管理办法》第三条规定："本办法所称企业国有资产交易行为包括：（一）履行出资人职责的机构、国有及国有控股企业、国有实际控制企业转让其对企业各种形式出资所形成权益的行为（以下称企业产权转让）；（二）国有及国有控股企业、国有实际控制企业增加资本的行为（以下称企业增资），政府以增加资本金方式对国家出资企业的投入除外；（三）国有及国有控股企业、国有实际控制企业的重大资产转让行为（以下称企业资产转让）。"由此可知，国有资产交易行为有以下特征：第一，交易行为包括：企业产权转让、企业增资以及企业资产转让；第二，纳入监管范围的国有企业类型为：国有独资企业、国有全资企业、国有控股企业、国有控股各级子企业以及国有实际控制企业。

国有控股企业进行存续分立是否适用《企业国有资产交易监督管理办法》？根据国资委网站官方的回复①："《企业国有资产交易监督管理办法》（国资委 财政部

① http://www.sasac.gov.cn/n2588040/n2590387/n9854167/c11882363/content.html，最后访问日期：2022年4月27日。

令第32号）规范的行为包括企业国有产权转让、企业增资、资产转让，国有控股企业进行存续分立原则上不属于产权转让或资产转让行为，具体应按照有关法律法规执行。”由此可知，如果国有控股企业分立不涉及产权或是资产转让，则不适用《企业国有资产交易监督管理办法》。另外，有关产权置换是否适用《企业国有资产交易监督管理办法》？由于产权置换有以物易物的交易特征，依目前政策与实务操作，并不受《企业国有资产交易监督管理办法》规范。

（三）国有资产评估

1. 国有企业哪些行为需要进行资产评估？

有关企业哪些行为需要进行国有资产评估的问题，《企业国有资产评估管理暂行办法》（以下简称《国有资产评估办法》）第六条规定：“企业有下列行为之一的，应当对相关资产进行评估：（一）整体或者部分改建为有限责任公司或者股份有限公司；（二）以非货币资产对外投资；（三）合并、分立、破产、解散；（四）非上市公司国有股东股权比例变动；（五）产权转让；（六）资产转让、置换；（七）整体资产或者部分资产租赁给非国有单位；（八）以非货币资产偿还债务；（九）资产涉讼；（十）收购非国有单位的资产；（十一）接受非国有单位以非货币资产出资；（十二）接受非国有单位以非货币资产抵债；（十三）法律、行政法规规定的其他需要进行资产评估的事项。”第七条规定：“企业有下列行为之一的，可以不对相关国有资产进行评估：（一）经各级人民政府或其国有资产监督管理机构批准，对企业整体或者部分资产实施无偿划转；（二）国有独资企业与其下属独资企业（事业单位）之间或其下属独资企业（事业单位）之间的合并、资产（产权）置换和无偿划转。”由此可知，大部分国有企业重组以及国有资产交易行为是需要经过资产评估的。

2. 资产评估核准或备案

根据《国有资产评估办法》的规定，资产评估在何种情况采取核准或备案，相关条件如表13.3所示。

表13.3　国有资产评估核准或备案条件

条文序号	条件	核准或备案
§4（2）	经各级人民政府批准经济行为的事项涉及的资产评估项目	分别由其国有资产监督管理机构负责核准
§4（3）前段	经国务院国有资产监督管理机构批准经济行为的事项涉及的资产评估项目	由国务院国有资产监督管理机构负责备案
§4（3）后段	经国务院国有资产监督管理机构所出资企业及其各级子企业批准经济行为的事项涉及的资产评估项目	由中央企业负责备案

续表

条文序号	条件	核准或备案
§4（4）	地方国有资产监督管理机构及其所出资企业的资产评估项目备案管理工作的职责分工	由地方国有资产监督管理机构根据各地实际情况自行规定

（四）非公开协议转让

根据《企业国有资产评估管理暂行办法》的规定，符合前述条件的5类国有企业，并且从事前述3种国有资产交易行为，是要进产权交易机构进行公开交易的，但是如果符合例外的条件可以采取非公开协议转让的方式，这些例外的条件包括产权转让的例外、企业增资的例外以及资产转让的例外。具体内容如表13.4、表13.5、表13.6所示。

表13.4　产权转让采取非公开协议转让的条件

条文序号	条件	审批
§31（1）	1. 涉及主业处于关系国家安全、国民经济命脉的重要行业和关键领域企业的重组整合 2. 对受让方有特殊要求 3. 企业产权需要在国有及国有控股企业之间转让的	国资监管机构批准
§31（2）	1. 同一国家出资企业及其各级控股企业或实际控制企业之间 2. 因实施内部重组整合进行产权转让的	国家出资企业审议决策

表13.5　企业增资采取非公开协议转让的条件

条文序号	条件	审批
§45（1）	1. 因国有资本布局结构调整需要 2. 由特定的国有及国有控股企业或国有实际控制企业参与增资	同级国资监管机构批准
§45（2）	1. 因国家出资企业与特定投资方建立战略合作伙伴或利益共同体需要 2. 由该投资方参与国家出资企业或其子企业增资	同级国资监管机构批准
§46（1）	国家出资企业直接或指定其控股、实际控制的其他子企业参与增资	国家出资企业审议决策
§46（2）	企业债权转为股权	国家出资企业审议决策
§46（3）	企业原股东增资	国家出资企业审议决策

表 13.6　资产转让采取非公开协议转让的条件

条文序号	条件	审批
§48 后段	1. 涉及国家出资企业内部或特定行业的资产转让 2. 确需在国有及国有控股、国有实际控制企业之间非公开转让的	由转让方逐级报国家出资企业审核批准

（五）国有资产交易的审批权限

根据《企业国有资产评估管理暂行办法》的规定，有关国有资产交易的审批权限，如表 13.7、表 13.8 所示。至于企业资产转让的审批权限，《企业国有资产交易监督管理办法》第四十九条规定："国家出资企业负责制定本企业不同类型资产转让行为的内部管理制度，明确责任部门、管理权限、决策程序、工作流程，对其中应当在产权交易机构公开转让的资产种类、金额标准等作出具体规定，并报同级国资监管机构备案。"由此可知，企业资产转让按内部管理制度进行决策。

表 13.7　企业产权转让的审批权限

条文序号	事项	审批权限
§7 前段	国家出资企业的产权转让事项	国资监管机构负责审核
§7 后段	因产权转让致使国家不再拥有所出资企业控股权的	由国资监管机构报本级人民政府批准
§8（1）前段	国家出资企业应当制定其子企业产权转让管理制度，确定审批管理权限	
§8（1）后段	对主业处于关系国家安全、国民经济命脉的重要行业和关键领域，主要承担重大专项任务子企业的产权转让	由国家出资企业报同级国资监管机构批准
§8（2）前段	转让方为多家国有股东共同持股的企业	由其中持股比例最大的国有股东负责履行相关批准程序
§8（2）后段	各国有股东持股比例相同的	由相关股东协商后确定其中一家股东负责履行相关批准程序

表 13.8　企业增资的审批权限

条文序号	事项	审批权限
§34 前段	国家出资企业的增资行为	国资监管机构负责审核
§34 后段	因增资致使国家不再拥有所出资企业控股权的	由国资监管机构报本级人民政府批准

续表

条文序号	事项	审批权限
§35（1）前段	国家出资企业决定其子企业的增资行为	
§35（1）后段	对主业处于关系国家安全、国民经济命脉的重要行业和关键领域，主要承担重大专项任务的子企业的增资行为	由国家出资企业报同级国资监管机构批准
§35（2）前段	增资企业为多家国有股东共同持股的企业	由其中持股比例最大的国有股东负责履行相关批准程序
§35（2）后段	各国有股东持股比例相同的	由相关股东协商后确定其中一家股东负责履行相关批准程序

四、双向混改

（一）双向混改的意义

混改的全称是混合所有制改革，混合所有制是指国有资本、集体资本、非公有资本等交叉持股、相互融合的一种所有制形式；而国有企业混合所有制改革是指国有企业引入集体资本、非公有资本后，使国有企业变成多方持股企业参与市场竞争。混改理论上属于国有企业资产调整的方式之一，目的就是对股权做出合理的配置与调整。

《关于深化国有企业改革的指导意见》中规定："……（十七）引入非国有资本参与国有企业改革。鼓励非国有资本投资主体通过出资入股、收购股权、认购可转债、股权置换等多种方式，参与国有企业改制重组或国有控股上市公司增资扩股以及企业经营管理。……（十八）鼓励国有资本以多种方式入股非国有企业。充分发挥国有资本投资、运营公司的资本运作平台作用，通过市场化方式，以公共服务、高新技术、生态环保、战略性产业为重点领域，对发展潜力大、成长性强的非国有企业进行股权投资。鼓励国有企业通过投资入股、联合投资、重组等多种方式，与非国有企业进行股权融合、战略合作、资源整合。"由此可知，混改可以区分为国有企业引入非国有资本以及国有资本入股非国有企业两种，前者称为顺向混改，后者称为逆向混改，两者统称为双向混改。

根据国务院《关于国有企业发展混合所有制经济的意见》的规定，要分类推进国有企业混合所有制改革，因为不同种类的国有企业对于国有资本股权结构的要求都不同。根据《国企分类指导意见》，商一类国有企业国有资本可参股可控股，商二类国有企业必须由国有资本控股，公益类国有企业必须国有资本独资，具体内容可见本书第十二章。另外由于混改涉及国有股权的变动，因此对国有股权的相关规定，亦应有所注意，本书整理国有股权的相关规定如表 13.9 所示。

表 13.9　国有股权相关规定整理

国有企业类型	股权变动	相关规定
中央国有企业①	产权转让、增资扩股、首发上市（IPO）、上市公司资产重组	《中央企业实施混合所有制改革有关事项的规定》《中央企业混合所有制改革操作指引》
金融类国有企业②	有偿转让、增资扩股	《金融企业国有资产转让管理办法》《关于进一步明确国有金融企业增资扩股股权管理有关问题的通知》《关于规范国有金融机构资产转让有关事项的通知》
文化类国有企业	有偿转让、增资扩股	《中央文化企业国有产权交易操作规则》《关于进一步规范中央文化企业国有资产交易管理的通知》
政府投资基金③	有偿转让	《政府投资基金暂行管理办法》
上市国有企业④	有偿转让、增资扩股	《上市公司国有股权监督管理办法》
	无偿划转	《上市公司国有股权监督管理办法》（§37 - §40）
非上市国有企业	有偿转让、增资扩股	《企业国有资产交易监督管理办法》
	无偿划转	《企业国有产权无偿划转管理暂行办法》《企业国有产权无偿划转工作指引》
其他		《关于深化混合所有制改革试点若干政策的意见》

① 《中央企业混合所有制改革操作指引》中规定："中央企业所属各级子企业实施混合所有制改革，一般应履行以下基本操作流程：可行性研究、制定混合所有制改革方案、履行决策审批程序、开展审计评估、引进非公有资本投资者、推进企业运营机制改革。以新设企业、对外投资并购、投资入股等方式实施混合所有制改革的，履行中央企业投资管理有关程序。"

② 《企业国有资产交易监督管理办法》第六十三条规定："金融、文化类国家出资企业的国有资产交易和上市公司的国有股权转让等行为，国家另有规定的，依照其规定。"《金融企业国有资产转让管理办法》第五条规定："金融企业国有资产转让包括非上市企业国有产权转让和上市公司国有股份转让。"

③ 《企业国有资产交易监督管理办法》第六十六条规定："政府设立的各类股权投资基金投资形成企业产（股）权对外转让，按照有关法律法规规定执行。"

④ 《上市公司国有股权监督管理办法》第七十六条规定："金融、文化类上市公司国有股权的监督管理，国家另有规定的，依照其规定。"第七十七条规定："国有或国有控股的专门从事证券业务的证券公司及基金管理公司转让、受让上市公司股份的监督管理按照相关规定办理。"第七十八条规定："国有出资的有限合伙企业不作国有股东认定，其所持上市公司股份的监督管理另行规定。"

（二）混改的几种常见方式

1. 股权转让

股权转让是指国有资本股东依法将自己的国有企业股权有偿转让给非国有资本股东，使其取得股权的行为。这种混改方式的优点在于可以处置国有企业部分不良资产，缺点是无法为企业带来增量资金。针对缺乏竞争优势的传统行业和长期经营亏损的企业，多采用股权转让方式进行混改。

2. 增资扩股

增资扩股是指非国有资本对国有企业投资增加注册资本，并取得国有企业股权的行为。这种混改方式的优点在于能够引进国有企业经营发展所需资金。常用于成长速度较快、处于经营规模不断扩张时期、市场普遍看好的企业。

3. 新设公司

新设公司是指国有资本股东与非国有资本股东共同出资成立一家新公司的行为。这种混改方式的优点在于投资新设公司以现金出资，性质上属于投资行为而不构成国有资产交易，因此可以“不进场”“不评估”，程序相对简单，同时没有历史遗留问题。采用新设公司的方式混改，一般是针对待孵化项目、新业务以及新兴产业，其优点在于：易于引入投资人、没有历史包袱，可以充分对接市场机制、打破旧有的薪酬体制等，也可以有效控制待孵化项目、新业务以及新兴产业的风险，即便项目失败，也不会影响原国有企业的业绩。

（三）混改相关问题讨论

1. 国有股权作价出资给非国有企业是否需要进场交易？

有关国有股权作价出资，该行为性质上属于投资还是属于国有资产交易？如果该行为性质上属于投资就不需要进场交易，而如果该行为性质上属于国有资产交易就需要进场交易。笔者认为，国有股权作价出资的对象，通常都是经过详细评估调查、在业务上有合作关系的特定企业，如果该行为构成国有资产交易，则国有股权作价出资的对象就会变得不确定，就会和当初作价出资的原意不相符合，因此笔者认为应将其定性为投资行为，而不是国有资产交易行为。国资委网站对此问答复为①：“国有企业以所持企业股权作价出资，应当履行企业对外投资论证决策工作程序，并按照《企业国有资产评估管理暂行办法》（国资委令第12号）有关规定进行资产评估。”由此可知，主管部门的看法也是认为国有股权作价出资属于投资行为，不需要进场交易。

2. 国有企业在进行股权转让、增资扩股交易中可否设置对赌协议？

《北京市市属国有企业混合所有制改革操作指引》中规定：“市属国有企业在混

---

① http://www.sasac.gov.cn/n2588040/n2590387/n9854167/c16067784/content.html，最后访问日期：2022年4月27日。

合所有制改革中，原则上不得与投资者签订对赌条约和回购条款。确需签订的，应在确保国有权益不受损害的前提下，经市管企业董事会同意后执行，并充分考虑后续操作的规范性、可行性以及法律风险和隐患的解决预案。”由此可知，在混改过程中原则上是不可以签订对赌协议的，原因在于对赌协议的内容可能与现行国资监管规定相冲突而无法履行，例如：第一，如果对赌协议要求的业绩目标没有达成，要求国有资本股东对非国有资本股东转让股权进行补贴，涉及国有资产交易的问题；第二，如果对赌协议要求的业绩目标没有达成，要求国有资本股东回购非国有资本股东的股权，则涉及国有资本投资监管的相关问题；第三，如果对赌协议要求的业绩目标没有达成，要求国有资本股东对非国有资本股东进行现金补偿，可能涉及国有资产流失的问题。因此国有企业进行股权转让、增资扩股交易时设置对赌协议，很可能陷入无法执行的窘境。

☆请见视频微观点 13.2【混改的几种方式】

☆请见视频微观点 13.3【混改可否签订对赌协议?】

第十四章　两类公司的管理体系

——两类公司、国有资本授权经营体制、权责清单、授放清单

一、国有资产管理体系

国有资产管理体系在各国的实践中，有的采取双层架构模式，有的采取三层架构模式。双层架构模式是指国有资产的监督管理职能与出资职能由同一机构担任，如图 14.1 所示，而三层架构模式是指国有资产的监督管理职能与出资职能由不同的机构担任，如图 14.2 所示。

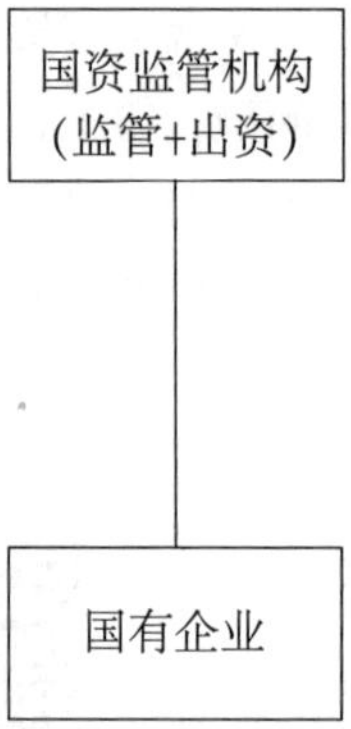

图 14.1 双层架构模式图

图 14.2 三层架构模式图

☆请见视频微观点 14.1【合一还是分开?】

根据 2015 年 11 月 4 日国务院出台的《关于改革和完善国有资产管理体制的若干意见》，可以看出我国的国有资产管理体系采取三层架构模式，针对该意见的内容说明如下。

（一）总体要求

以管资本为主加强国有资产监管，改革国有资本授权经营体制，真正确立国有企业的市场主体地位，推进国有资产监管机构职能转变。实现政企分开、政资分开、所有权与经营权分离，依法理顺政府与国有企业的出资关系。切实转变政府职能，依法确立国有企业的市场主体地位，建立健全现代企业制度。坚持政府公共管理职能与国有资产出资人职能分开，确保国有企业依法自主经营，激发企业活力、创新力和内生动力。

(二) 推进国有资产监管机构职能转变

国有资产监管机构作为政府直属特设机构，根据授权代表本级人民政府对监管企业依法履行出资人职责，科学界定国有资产出资人监管的边界，专司国有资产监管，不行使政府公共管理职能，不干预企业自主经营权。将国有资产监管机构行使的投资计划、部分产权管理和重大事项决策等出资人权利，授权国有资本投资、运营公司和其他直接监管的企业行使；将依法应由企业自主经营决策的事项归位于企业；加强对企业集团的整体监管，将延伸到子企业的管理事项原则上归位于一级企业，由一级企业依法依规决策；将国有资产监管机构配合承担的公共管理职能，归位于相关政府部门和单位。通过“一企一策”制定公司章程、规范董事会运作、严格选派和管理股东代表和董事监事，将国有出资人意志有效体现在公司治理结构中。

(三) 改革国有资本授权经营体制

政府授权国有资产监管机构依法对国有资本投资、运营公司履行出资人职责。国有资产监管机构按照“一企一策”原则，明确对国有资本投资、运营公司授权的内容、范围和方式，依法落实国有资本投资、运营公司董事会职权。国有资本投资、运营公司对授权范围内的国有资本履行出资人职责，作为国有资本市场化运作的专业平台，依法自主开展国有资本运作，对所出资企业行使股东职责。

二、组建国有资本投资、运营公司

组建国有资本投资、运营公司（以下简称两类公司）以及搭建国有资本授权经营体制，是落实三层架构模式的关键环节。根据 2018 年 7 月 30 日国务院出台的《关于推进国有资本投资、运营公司改革试点的实施意见》（以下简称《两类公司试点意见》），有关两类公司的试点有以下几点内容：

(一) 功能定位

《两类公司试点意见》中规定：“国有资本投资、运营公司均为在国家授权范围内履行国有资本出资人职责的国有独资公司，是国有资本市场化运作的专业平台。公司以资本为纽带、以产权为基础依法自主开展国有资本运作，不从事具体生产经营活动。”由此可知，两类公司类似于民间企业的集团公司的功能，只负责从事资本运作，不参与具体业务的经营。有关两类公司功能定位的差异，如表 14.1 所示。

表 14.1　两类公司定位的差异

	国有资本投资公司	国有资本运营公司
功能目标	以服务国家战略、优化国有资本布局、提升产业竞争力为目标	以提升国有资本运营效率、提高国有资本回报为目标

续表

	国有资本投资公司	国有资本运营公司
投资领域	在关系国家安全、国民经济命脉的重要行业和关键领域	无主业的限制
管理模式	以对战略性核心业务控股为主	以财务性持股为主

有人认为资本的投资与运营是一体而不可分割的，因此将国有资本公司区分为国有资本投资公司与国有资本运营公司，并不是很合适的分类方式。笔者认为此观点有一定的道理，比较好的分类方式应该是区分为公益类的国有资本公司与商业类的国有资本公司，而事实上从国有资本投资公司与国有资本运营公司的内涵中也可以看出采取的是公益类与商业类的区分方法。

（二）授权方式

《两类公司试点意见》中规定："（三）授权机制。按照国有资产监管机构授予出资人职责和政府直接授予出资人职责两种模式开展国有资本投资、运营公司试点。1. 国有资产监管机构授权模式。政府授权国有资产监管机构依法对国有资本投资、运营公司履行出资人职责；国有资产监管机构根据国有资本投资、运营公司具体定位和实际情况，按照'一企一策'原则，授权国有资本投资、运营公司履行出资人职责，制定监管清单和责任清单，明确对国有资本投资、运营公司的监管内容和方式，依法落实国有资本投资、运营公司董事会职权。国有资本投资、运营公司对授权范围内的国有资本履行出资人职责。……"由此可知，可以由政府授权国有资产监管机构履行国有资产出资人职责，国有资产监管机构可以再授权由两类公司履行国有资产出资人职责。

（三）组建方式

《两类公司试点意见》中规定："（二）组建方式。按照国家确定的目标任务和布局领域，国有资本投资、运营公司可采取改组和新设两种方式设立。根据国有资本投资、运营公司的具体定位和发展需要，通过无偿划转或市场化方式重组整合相关国有资本。划入国有资本投资、运营公司的资产，为现有企业整体股权（资产）或部分股权。股权划入后，按现行政策加快剥离国有企业办社会职能和解决历史遗留问题，采取市场化方式处置不良资产和业务等。股权划入涉及上市公司的，应符合证券监管相关规定。"由此可知，两类公司的组建可以采取新设或是企业重组的方式进行，因此性质上属于国有企业改革中资产调整的范畴。

（四）治理结构

根据《两类公司试点意见》的规定，有关两类公司治理结构的要求，如表14.2所示。

表 14.2　两类公司的治理结构

治理结构	内容
股东会	1. 国有资本投资、运营公司不设股东会，由政府或国有资产监管机构行使股东会职权。 2. 政府或国有资产监管机构可以授权国有资本投资、运营公司董事会行使股东会部分职权。
党组织	1. 充分发挥党组织把方向、管大局、保落实的作用。 2. 按照“双向进入、交叉任职”的原则，符合条件的党组织领导班子成员可以通过法定程序进入董事会、经理层，董事会、经理层成员中符合条件的党员可以依照有关规定和程序进入党组织领导班子。 3. 党组织书记、董事长一般由同一人担任。 4. 对于重大经营管理事项，党组织研究讨论是董事会、经理层决策的前置程序。 5. 国务院直接授权的国有资本投资、运营公司，应当设立党组。纪检监察机关向国有资本投资、运营公司派驻纪检监察机构。
董事会	1. 国有资本投资、运营公司设立董事会，根据授权，负责公司发展战略和对外投资，经理层选聘、业绩考核、薪酬管理，向所持股企业派出董事等事项。 2. 董事会成员原则上不少于 9 人，由执行董事、外部董事、职工董事组成。保障国有资本投资、运营公司按市场化方式选择外部董事等权利，外部董事应在董事会中占多数，职工董事由职工代表大会选举产生。 3. 董事会设董事长 1 名，可设副董事长。董事会下设战略与投资委员会、提名委员会、薪酬与考核委员会、审计委员会、风险控制委员会等专门委员会。专门委员会在董事会授权范围内开展相关工作，协助董事会履行职责。 4. 国有资产监管机构授权的国有资本投资、运营公司的执行董事、外部董事由国有资产监管机构委派。其中，外部董事由国有资产监管机构根据国有资本投资、运营公司董事会结构需求，从专职外部董事中选择合适人员担任。董事长、副董事长由国有资产监管机构从董事会成员中指定。 5. 政府直接授权的国有资本投资、运营公司执行董事、外部董事（股权董事）由国务院或地方人民政府委派，董事长、副董事长由国务院或地方人民政府从董事会成员中指定。其中，依据国有资本投资、运营公司职能定位，外部董事主要由政府综合管理部门和相关行业主管部门提名，选择专业人士担任，由政府委派。外部董事可兼任董事会下属专门委员会主席，按照公司治理结构的议事规则对国有资本投资、运营公司的重大事项发表相关领域专业意见。 6. 政府或国有资产监管机构委派外部董事要注重拓宽外部董事来源，人员选择要符合国有资本投资、运营公司定位和专业要求，建立外部董事评价机制，确保充分发挥外部董事作用。
经理层	国有资本投资、运营公司的经理层根据董事会授权负责国有资本日常投资运营。董事长与总经理原则上不得由同一人担任。

三、权力责任清单与授权放权清单

《国务院关于印发〈改革国有资本授权经营体制方案〉的通知》第二条第一项规定："（一）实行清单管理。制定出台出资人代表机构监管权力责任清单，清单以外事项由企业依法自主决策，清单以内事项要大幅减少审批或事前备案。将依法应由企业自主经营决策的事项归位于企业，将延伸到子企业的管理事项原则上归位于一级企业，原则上不干预企业经理层和职能部门的管理工作，将配合承担的公共管理职能归位于相关政府部门和单位。"由此可知，制定权力责任清单的目的是做到三个归位：第一，企业自主经营事项归位于企业；第二，子企业管理归位于一级企业；第三，公共管理职能归位于政府。

2019年6月3日国资委出台了《国务院国资委授权放权清单（2019年版）》，在国资委有关负责人就《国务院国资委授权放权清单（2019年版）》答记者问①："问：《清单》与出资人权力责任清单是什么关系？""答：《清单》中的事项统称为授权放权事项，其中，授权事项是将《权责清单》中的出资人权利授予企业董事会或企业集团行使，事项前加上'授权'的表述。这些权利仍属于出资人的权利，出资人对其可授可收、动态调整。放权事项是将应由企业依法自主决策的事项、延伸到子企业的事项，下放或归位于企业，事项前加上'支持'的表述或直接对事项进行阐述。放权事项是出资人下放或取消的权利，不列入《权责清单》。为使文件之间更好地衔接，《权责清单》将做出相应调整。"由此可知，授权事项属于权力责任清单内的事项，放权事项属于权力责任清单外的事项。

另外，根据《国务院国资委授权放权清单（2019年版）》的规定，对国有资本投资、运营公司试点企业的授权放权事项包括：（1）授权董事会按照企业发展战略和规划决策适度开展与主业紧密相关的商业模式创新业务，国资委对其视同主业投资管理。（2）授权董事会在已批准的主业范围以外，根据落实国家战略需要、国有经济布局结构调整方向、中央企业中长期发展规划、企业五年发展战略和规划，研究提出拟培育发展的1－3个新业务领域，报国资委同意后，视同主业管理。待发展成熟后，可向国资委申请将其调整为主业。（3）授权董事会在5%－15%的比例范围内提出年度非主业投资比例限额，报国资委同意后实施。（4）授权国有资本投资、运营公司按照国有产权管理规定审批国有资本投资、运营公司之间的非上市企业产权无偿划转、非公开协议转让、非公开协议增资、产权置换等事项。（5）授权

① http：//www.sasac.gov.cn/n2588025/n4423279/n4517386/n12348553/c12355853/content.html，最后访问日期：2022年4月27日。

董事会审批所属创业投资企业、创业投资管理企业等新产业、新业态、新商业模式类企业的核心团队持股和跟投事项，有关事项的开展情况按年度报国资委备案。（6）授权中央企业探索更加灵活高效的工资总额管理方式。由此可知，上述6点都属于对两类公司的授权事项，不涉及放权事项。

☆请见视频微观点14.2【国有资本授权经营体制】

第十五章　平台转型与基建供应链金融保理

——基建应收账款尽职调查、数字化债权与资产证券化

一、基建供应链金融的几个基本问题

（一）基建供应链金融的重要性

为何在讨论平台公司转型以及国企改革时，要讨论供应链金融？主要有以下几个原因：第一，由于银行对于平台公司在一定条件之下不可以发放流动性贷款，因此通过供应链金融手段可以在某种程度上解决平台公司资金流动性的问题；第二，通过供应链金融的手段，除了可以解决平台公司的资金流动性问题之外，对于总承包商资金的流动性问题也可以通过供应链金融得到某种程度的缓解，它不仅不会增加企业的资产负债率，也不会占用银行的贷款额度；第三，供应链金融中的保理公司，已经成为上市公司或是核心企业的标配，通过保理公司管理企业的应付账款，同时基于核心企业与供应商的伙伴关系，协助处理供应商的融资问题，因此平台转型进行资产调整时，有越来越多的地方国有企业或是平台公司设立了保理公司；第四，供应链与混改之间也有一定程度关系，国有企业通过混改的方式，占据供应链中关键的核心地位，进而打通供应链协同上下游，保持国家产业链供应链的稳定性和竞争力。

☆请见视频微观点15.1【保理公司成立了吗?】

讨论供应链金融之前需要先从什么是供应链开始谈起。欧洲供应链顶级物流专家、克兰菲尔德大学物流与运输研究中心主席马丁·克里斯托弗（Martin Christopher）指出："21世纪的竞争不再是企业和企业之间的竞争，而是供应链和供应链之间的竞争。"对于这句话，可以从两个方面来讨论。首先是从市场经济的角度分析，由于社会经济的分工复杂，很少有单一企业可以对终端客户提供完整的产品与服务，而是由多个企业通过一系列上下游的分工，也就是形成产品与服务的供应链，所以目前市场的竞争，已经不是企业与企业的竞争，而是供应链与供应链之间的竞争。其次是从国家与国家之间的竞争来看，关键的供应链要掌握在自己的手上，而不再是任由自由贸易的分工而散在世界各地，已经成为另一个趋势。

☆请见视频微观点15.2【供应链金融好重要】

（二）基建供应链的含义、组成、特征与"三流"

谈完供应链的重要性后，接下来要谈供应链的含义，国务院办公厅《关于积极推进供应链创新与应用的指导意见》中规定："供应链是以客户需求为导向，以提高质量和效率为目标，以整合资源为手段，实现产品设计、采购、生产、销售、服务等全过程高效协同的组织形态。随着信息技术的发展，供应链已发展到与互联网、物联网深度融合的智慧供应链新阶段。"该意见言简意赅地表达了供应链的含义。

有关供应链的组成，可以分为三个部分：第一部分是核心企业：所谓核心企业就是在供应链上掌握了核心技术或是处于核心环节，通常是些大型企业，客户购买产品或是服务时，以核心企业作为整条供应链代表，因此有人称核心企业是供应链的链长。如果从财务的角度观察核心企业，通常有以下几个特点：毛利率高（也就是再分配供应链上的利润多）、应收账款低预收账款高（也就是没人敢欠核心企业的钱）、应付账款高预付账款低（也就是经常占用供应商的资金）。在基础设施投融资领域，该领域的核心企业就是业主、项目的建设单位或是建设工程的总承包商。第二部分是供应商：也就是供应链核心企业之外的其他企业，通常都是些中小微企业，又可以分为位于原料生产环节的上游供应商、位于销售环节的下游供应商以及供应商的供应商三种；供应链上的供应商，由于资金经常被核心企业占用，因此成为供应链金融融资的需求方。在基础设施投融资领域，该领域的供应商有专业工程分包商、材料供应商、设备供应商等。第三部分是从上游到下游的高效协同的组织形态：也就是从计划、采购、生产、物流、营销和售后等一系列活动，串成的一条由产业上游到下游的分工链条。

☆请见视频微观点 15.3【谁是供应链的老大?】

有关供应链的特征可以从以下几个方面进行讨论：第一，目的性：供应链是为最终客户提供满意的产品或是服务；第二，整体性：供应链不是考虑单一企业，而是整个供应链上的所有参与主体；第三，合作性：供应链参与主体之间要高效协同、密切合作；第四，增值性：供应链从上游到下游是一个增值的过程，每个参与主体增值的程度不一样；第五，冲突性：供应链参与主体之间针对账期的长短与利润的分配存在利益冲突。最后要讨论的是供应链管理的问题，和一般企业内部管理的最大不同之处在于，供应链上的企业都是相互平行、互不隶属的独立法人，而不是一个企业内的各部门单位，所以要通过企业的组织形态进行由上而下的管理，是有困难的。目前对于供应链管理的对象，基本上是针对供应链上的“三流”，也就是以物流、资金流、信息流作为管理的对象，因为“三流”将供应链的参与主体紧密地联系在一起。有文献[①]提到除了“三流”之外还有第四流，也就是商流，所谓商流就是指商品因买卖关系所引起的所有权转移或相关权益的流转过程。笔者认为商流和“三流”之间的区别，是表述对象角度的不同，“三流”的内涵应该是已经包含了商流，所以不存在“三流”之外，还有第四流商流的问题。

☆请见视频微观点 15.4【供应链的特性】

① http：//tradeinservices. mofcom. gov. cn/article/zhishi/jichuzs/201905/83405. html，最后访问日期：2022 年 4 月 27 日。

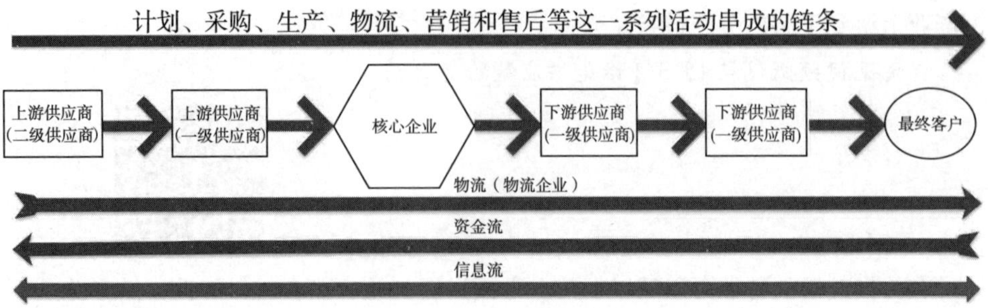

图 15.1 供应链示意图

（三）基建供应链金融

《关于规范发展供应链金融支持供应链产业链稳定循环和优化升级的意见》中规定："供应链金融是指从供应链产业链整体出发，运用金融科技手段，整合物流、资金流、信息流等信息，在真实交易背景下，构建供应链中占主导地位的核心企业与上下游企业一体化的金融供给体系和风险评估体系，提供系统性的金融解决方案，以快速响应产业链上企业的结算、融资、财务管理等综合需求，降低企业成本，提升产业链各方价值。"由此可知，供应链金融的核心意义就是利用供应链系统相对封闭、风险相对可控的特性以及核心企业的主导地位，整合物流、资金流与信息流等信息，对供应商的融资风险进行掌控，进而解决供应商的融资需求，所以基建供应链金融就是解决基建供应商的融资，以及基建核心企业应付账款管理的问题。因此简单地说，供应链金融就是以供应链管理作为手段，进而解决供应链上的金融问题。有关于传统融资与供应链金融的差异如表 15.1 所示。

☆请见视频微观点 15.5【什么是供应链金融?】

表 15.1 传统融资与供应链金融的比较

评估原则	传统融资	供应链金融
贷款人（people）	贷款人的信用程度	主体信用、债项信用
贷款用途（purpose）	是否合理合法	用于供应链
还款来源（payment）	还款来源是否足以还款	来源于供应链中核心企业的付款
债权保障（protection）	提供什么样的担保品、保证人	供应链的存货、仓单、应收账款
债权展望（perspective）	风险与利益的衡量	闭环体系与网络

☆请见视频微观点 15.6【供应链金融好在哪里?】

有关供应链金融的分类，可以分为应收账款融资、存货融资与预付账款融资，应收账款融资基本上是发生在核心企业与上游供应商之间，存货融资、预付款融资发生在核心企业与下游供应商之间，这三类融资在供应链上的位置如图 15.2 所示。这三类供应链金融中以预付款融资的交易结构最为复杂，如图 15.3 所示。而基建供应链金融中最常见的类型为应收账款融资，其中又可以分为：第一类，数字化债权 + 保理 + 资产证券化；第二类，供应链票据 + 标准化票据。由于证监系统暂停了券商从事标准化票据业务，因此本书的后续内容只针对第一类进行介绍。

☆请见视频微观点 15.7【供应链金融的分类】

图 15.2　供应链金融的分类及各类别所处供应链的位置

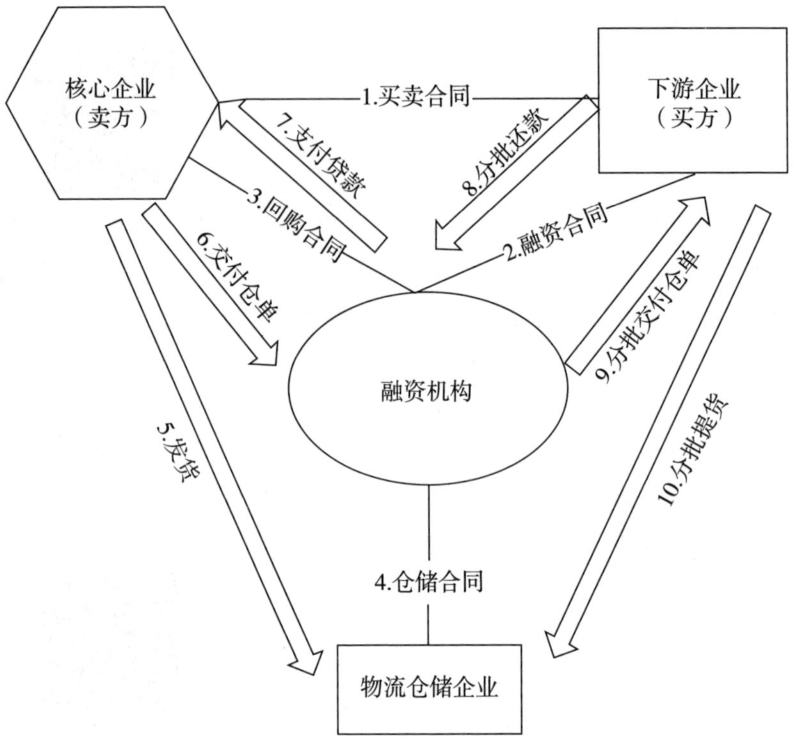

图 15.3 预付款融资交易结构图

另外，有关供应链金融的相关政策与内容，笔者整理如下表所示。

表 15.2 供应链金融相关政策整理

日期	文件	内容
2017.10.5	国务院办公厅《关于积极推进供应链创新与应用的指导意见》（国办发〔2017〕84号）	积极稳妥发展供应链金融，推动供应链金融服务实体经济，有效防范供应链金融风险。
2018.4.10	商务部等8部门《关于开展供应链创新与应用试点的通知》（商建函〔2018〕142号）	试点包括城市试点和企业试点，试点实施期为2年，打造五个一批。
2019.7.9	银保监会办公厅《关于推动供应链金融服务实体经济的指导意见》（银保监办发〔2019〕155号）	规范创新供应链金融业务模式、完善供应链金融业务管理体系、加强供应链金融风险管控、优化供应链金融发展的外部环境。

续表

日期	文件	内容
2019.11.11	商务部、中国工商银行《关于组织供应链领域重点合作项目推荐工作的通知》(商建函〔2019〕631号)	商务部和工商银行将围绕重点合作领域，遴选推出一批部行合作重点支持项目。
2020.3.26	银保监会办公厅《关于加强产业链协同复工复产金融服务的通知》(银保监办发〔2020〕28号)	应收账款融资、应收票据融资、预付款融资、存货与仓单质押融资。
2020.4.10	商务部等8部门《关于进一步做好供应链创新与应用试点工作的通知》(商建函〔2020〕111号)	加强供应链安全建设、加快推进供应链数字化和智能化发展、促进稳定全球供应链、助力决战决胜脱贫攻坚、充分利用供应链金融服务实体企业。
2020.9.18	中国人民银行等《关于规范发展供应链金融支持供应链产业链稳定循环和优化升级的意见》(银发〔2020〕226号)	稳步推动供应链金融规范、发展和创新，加强供应链金融配套基础设施建设，完善供应链金融政策支持体系，严格对供应链金融的监管约束。
2021.3.20	商务部等8单位《关于开展全国供应链创新与应用示范创建工作的通知》	力争用5年时间培育一批全国供应链创新与应用示范城市和示范企业。

二、基建应收账款尽职调查

（一）应收账款尽职调查的基本原则

供应链金融业务通常依金融机构要求，必须确认应收账款的真实性，而应收账款融资与融资租赁不同之处在于，它不是对有形的资产进行调查，应收账款是一种无形的资产，调查起来难度较高。一般而言，应收账款尽职调查有两个面向：一个是从债权人角度证明应收账款真实性，另一个是从债务人角度证明债权人应收账款真实性。首先，我们先讨论债权人角度如何证明。有关从债权人角度证明应收账款真实性，有一个基本原则称为CDEF法则，也就是：第一，C是指contract（合同），双方必须签订交易合同；第二，D是指delivery（交付），也就是卖方将货物或是服务的成果交付给买方，买方收受并完成验收；第三，E是指evidence（凭据），交易过程中涉及“三流”的所有凭据，包括订单、发货单、签收单、入库单、验收单、发票等；第四，F是指fix fee（现金流入金额的计算），应收账款内容确定且可以计算的金额。而从债务人的角度证明应收账款的真实性，除了前述的CDEF法则之外，有个文件至关重要，也就是债务人出具应收账款确认书，确认应收账款的真实性，此一确认书具有相当的法律效力。

除了证明应收账款真实性之外，还必须注意抵销权与抗辩权行使的相关问题，其中包括：抵销权和抗辩权是否存在？债务人是否行使抵销权和抗辩权？债务人是否抛弃抵销权和抗辩权？债务人抛弃抵销权和抗辩权是否有效？共同债务人是否可以行使抵销权与抗辩权？如果债务人行使抵销权与抗辩权，可以采取哪些风险缓释措施？

如果应收账款发行资产支持证券，根据《上海证券交易所企业应收账款资产支持证券挂牌条件确认指南》以及《企业应收账款资产证券化业务尽职调查工作细则》的规定，在尽职调查时有以下几点需特别注意：第一，合同约定的付款条件已经满足，不存在属于预付款的情况，也不存在抗辩与抵销的情形；第二，基础资产有一定的分散度，至少包括十个没有关联关系的债务人，且单个债务人入池资产的金额比例不超过50%；第三，基础资产如果涉及供应链核心企业应付账款，资产池包括至少十个没有关联的债权人，且债务人资信状况良好，可以免予债务人分散度的要求；第四，原始权益人资信状况良好，且专项计划设置有效的增信措施，可以免于债务人分散度的要求；第五，原始权益人及其关联方应当保留一定比例的基础资产，但是如果基础资产涉及供应链核心企业应付账款，债权人分散且债务人资信状况良好，或是原始权益人资信状况良好，专项计划设置有效的增信措施，可以免除风险自留的要求；第六，入池资产笔数大于五十笔、同质性高、单笔资产占比较小的，可以采取抽样调查。

☆请见视频微观点15.8【这应收账款是真是假?】

（二）应收账款、收益权与特许经营权之间的关系

根据最高人民法院指导案例53号《福建海峡银行股份有限公司福州五一支行诉长乐亚新污水处理有限公司、福州市政工程有限公司金融借款合同纠纷案》：“……污水处理项目特许经营权是对污水处理厂进行运营和维护，并获得相应收益的权利。污水处理厂的运营和维护，属于经营者的义务，而其收益权，则属于经营者的权利。……因污水处理项目收益权系基于提供污水处理服务而产生的将来金钱债权，依其性质亦可纳入依法可出质的‘应收账款’的范畴。因此，讼争污水处理项目收益权作为特定化的财产权利，可以允许其出质。”由此可知，第一，特许经营权既是经营者的权利，又是经营者的义务；第二，收益权属于特许经营权的一部

分，是经营者的权利；第三，收益权的性质属于未来的应收账款。

（三）PPP 项目应收账款或是收益权的尽职调查

有关 PPP 项目的应收账款或是收益权的尽职调查，按 CDEF 法则进行调查，首先是 C 合同，需要调查的内容包括：第一，实施机构与社会资本或社会资本联合体签订初步协议，项目公司成立后再由实施机构与项目公司签订 PPP 协议；第二，在签约之前，项目必须要完成固定资产投资审批以及 PPP 项目审批；第三，完成审批之后必须入项目库，其中包括财政系统的 PPP 项目库以及发改系统的固定资产投资项目库；第四，依法完成 PPP 项目的招采程序，并且由实施机构发出中标通知书以及中标公告。

D 交付可以解释为履约合同义务，这个部分可以分为建设期以及运营期。建设期项目公司完成工程建设，实施机构完成竣工验收结算，以及建设期的绩效考核；运营期项目公司完成运营工作，实施机构完成运营期的绩效考核工作。

E 凭据，包括：申请竣工验收文件、竣工验收证明、竣工结算书、运营数量计算表、建设期以及运营期绩效考核报告、发票等文件。

F 现金流入金额的计量，这里涉及付费金额是采取总价付费还是单价付费，是否要扣除绩效考核违约金、工程结算的金额，付费金额的计算采取公式法还是现金流量法，竞价参数的类型（成本回报控制或是计价控制）是否有约定最低需求量等问题。

如果以收益权发行资产支持证券，根据《上海证券交易所基础设施类资产支持证券挂牌条件确认指南》以及《资产证券化业务基础资产负面清单指引》的规定，在尽职调查时有以下几点需特别注意：第一，基础资产不得以地方政府为直接或间接债务人，但是 PPP 项目除外；第二，基础资产不得以地方政府融资平台为债务人；第三，基础资产正式运营满两年；第四，原始权益人主体评级达 AA 级及以上；第五，专项计划设置有效增信措施，增信机构主体评级达到 AA 级及以上；第六，原始权益人及其关联方风险自留的比例，不低于所有档次资产支持证券发行规模的 5%。

（四）建设工程应收账款的尽职调查

有关于建设工程应收账款的尽职调查，按 CDEF 法则进行调查。首先 C 是指合同，需要调查的内容包括：建设工程合同是否有效、是否完成招投标以及固定资产投资决策程序等；其次 D 是指承包商是否完成一定的工作，而针对不同的款项类型包括：预付款、进度款、变更款、结算款、质保金，相对应完成的工作在合同中都有不同的约定；再次 E 是指履约过程中的相关文件，例如：施工数量表、工程变更签证、竣工结算证明、请款申请书、发票等；最后 F 是指工程款该如何计算，有关工程款的结算方式有总价结算、单价结算、成本加酬金结算等方式，还有需调查是否发生逾期违约金、瑕疵扣款等事项。

三、第一类基建供应链金融（一）——数字化债权

笔者将基建供应链金融分为两类，第一类是数字化债权+保理+资产证券化，第二类是供应链票据+标准化票据，由于标准化票据业务目前处于暂停状态，以下仅针对第一类基建供应链金融进行说明。第一类基建供应链金融包含了三个环节：第一，数字化债权；第二，保理；第三，资产证券化。以下将针对这三个环节的具体内容进行说明。

基建供应链金融基本上是以应收账款融资为核心，而供应商如果要以应收账款进行融资，首先各级供应商须先取得核心企业的应收账款，才有办法将应收账款转让给融资机构进行融资，而除了一级上游供应商与核心企业有合同关系，二级供应商与核心企业没有合同关系，二级供应商该如何取得核心企业的应收账款？在这种情况下，可以由一级供应商将其对核心企业的应收账款全部或是一部分转让给二级供应商，用于置换二级供应商手上所拥有一级供应商的应收账款，当然三级供应商也可以采取相同的方法取得核心企业的应收账款，这一系列的动作如果采取线下作业，操作起来很不方便，所以会通过搭建一个供应链金融的线上平台，让上述一系列的行为在系统上可以很简便地完成。

具体的做法是由核心企业搭建一个线上的供应链金融平台，然后所有供应链上的供应商进入到系统中进行注册，当付款条件成立时，由核心企业开具数字化债权凭证给一级供应商，由于数字化债权凭证是由债务人所开具的，其效力相当于是应收账款确认书的性质，所以应收账款的证明力相当高。由于系统上的债权凭证是数字化的，所以一级供应商可以将其拆分后，交付给二级供应商，因此系统上的债权凭证就可以如货币一般，拥有拆分与多级流转的功能。当然供应链金融平台除了有数字化债权拆分与多级流转的功能外，还有其他值得关注的功能。第一，可以对供应链进行信息管理以及数字化管理，尤其是对“三流”进行管理；第二，可以整理企业、银行与政府各方的信息；第三，类支付的功能，也就是之前所说的数字化债权可以进行拆分、多级流转及确权的功能；第四，与融资机构的应收账款融资业务进行对接；第五，可以通过金融科技的手段降低交易与核查成本，例如：通过5G技术可以及时更新信息；利用区块链技术可以确保线上信息真实而不被篡改；利用AI技术可以针对大数据分析并及时辨认处理风险；通过物联网技术所有物流的节点都可以及时追踪；通过电子签章技术可以避免发生虚假合同的情形。

☆请见视频微观点 15.9【你没有供应链金融平台吗?】

☆请见视频微观点 15.10【科技金融在供应链金融上的应用?】

四、第一类基建供应链金融（二）——保理

（一）保理基本问题

《民法典》第七百六十一条规定："保理合同是应收账款债权人将现有的或者将有的应收账款转让给保理人，保理人提供资金融通、应收账款管理或者催收、应收账款债务人付款担保等服务的合同。"由此可知，保理合同具备以下几个特征：第一，债权人转让应收账款给保理人；第二，应收账款包括现有的与将有的应收账款；第三，保理人提供应收账款相关的服务，其中以资金融通为主。第一类基建供应链金融之所以需要保理的原因在于，数字化债权毕竟不是货币，其支付功能并不完整，所以需要通过保理进行变现。

☆请见视频微观点 15.11【没有转让就没有保理?】

☆请见视频微观点 15.12【明保理与暗保理】

另外，有关于保理合同的成立要件问题，《民法典》第七百六十二条第二款规定："保理合同应当采用书面形式。"此外，《民法典》第七百六十三条规定："应收账款债权人与债务人虚构应收账款作为转让标的，与保理人订立保理合同的，应收账款债务人不得以应收账款不存在为由对抗保理人，但是保理人明知虚构的除外。"因此，债权人债务人双方通谋、虚构应收账款，在保理人不知情的前提下，

不得以此对保理人主张保理合同无效。

保理的法律关系一般分为两个部分，一个是债权人与债务人之间的基础交易合同法律关系，另一个是债权人与保理人之间的保理合同法律关系，如果是反保理时债务人与保理人之间会签订合作协议，如下图所示。在这个法律关系中，基础交易合同的法律关系会影响应收账款的内容，因此基础交易的法律关系如果变更，是否会影响保理合同的法律关系？《民法典》第七百六十五条规定："应收账款债务人接到应收账款转让通知后，应收账款债权人与债务人无正当理由协商变更或者终止基础交易合同，对保理人产生不利影响的，对保理人不发生效力。"因此当应收账款的转让通知到达后，基础交易合同当事人之间无正当理由变更或终止基础交易合同，且对保理人产生不利影响的，对保理人不发生效力。

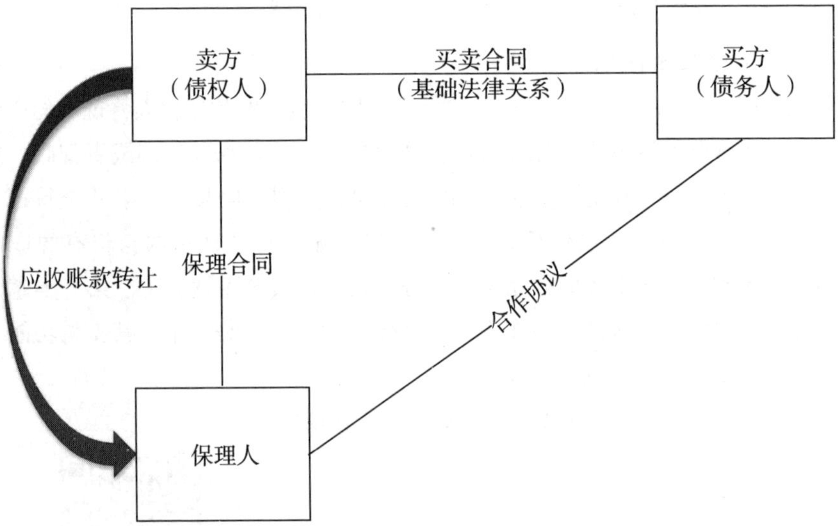

图 15.4　保理法律关系图

最后，《民法典》第七百六十八条规定："应收账款债权人就同一应收账款订立多个保理合同，致使多个保理人主张权利的，已经登记的先于未登记的取得应收账款；均已经登记的，按照登记时间的先后顺序取得应收账款；均未登记的，由最先到达应收账款债务人的转让通知中载明的保理人取得应收账款；既未登记也未通知的，按照保理融资款或者服务报酬的比例取得应收账款。"如果同一个应收账款签订多个保理合同，保理人的权利相互竞合时，应以谁为优先？第一，有登记先于未登记；第二，都有登记，按登记顺序；第三，都没登记，按通知顺序；第四，既没登记也没通知，按金额比例分配。

以下针对常见的几种保理类型进行讨论。

（二）保理分类1——有追索权保理与无追索权保理

《民法典》第七百六十六条规定：“当事人约定有追索权保理的，保理人可以向应收账款债权人主张返还保理融资款本息或者回购应收账款债权，也可以向应收账款债务人主张应收账款债权。保理人向应收账款债务人主张应收账款债权，在扣除保理融资款本息和相关费用后有剩余的，剩余部分应当返还给应收账款债权人。”第七百六十七条规定：“当事人约定无追索权保理的，保理人应当向应收账款债务人主张应收账款债权，保理人取得超过保理融资款本息和相关费用的部分，无需向应收账款债权人返还。”由此可知，有追索权保理与无追索权保理的区别在于：第一，有追索权保理的保理人可以向债权人主张返还保理融资本息或是回购应收账款债权；第二，有追索权保理的保理人向债务人主张应收账款债权的，扣除保理融资本息和相关费用后，剩余金额应返还给应收账款债权人。

☆请见视频微观点15.13【有追索权保理】

☆请见视频微观点15.14【无追索权保理】

（三）保理分类2——正保理与反保理

正保理是指由债权人发起保理，而反保理是指由债务人发起保理，但是不管是正保理还是反保理，保理合同都是由债权人与保理人签订。由债务人发起保理的特性在于债务人会对债权人的应收账款进行确认，可在某种程度上降低尽职调查以及未来款项催收的难度，因此保理人比较偏好承做反保理。有关正保理与反保理的区别，笔者整理如下表所示。

表15.3 正保理与反保理的区别

比较	正保理	反保理
发起人	债权人	债务人
操作模式	债权人提供应收账款	债务人协调债权人提供应收账款
风险不同	债务人确权不易	经债务人确权

续表

比较	正保理	反保理
合同关系	债务人与保理人不签订合作协议	债务人与保理人签订合作协议
是否为明保理	不一定	一定是

（四）保理分类3——银行保理与商业保理

银行保理是指由银行承做保理业务，商业保理是指由保理公司承做保理业务，由于两者的监管机构不同，因此相关的监管规定也有所不同，具体内容如下表所示。

表15.4 银行保理与商业保理的比较

	银行保理	商业保理
业务主体	商业银行为主（政策性银行、外国银行分行、农村合作银行、农村信用社、财务公司等其他银行业金融机构参照适用商业银行规定）。	依法设立的商业保理公司、兼营商业保理业务的融资租赁公司。
风险管理	1. 统一纳入授信管理； 2. 单保理比照流动资金授信管理； 3. 按贷款五级分类（正常、关注、次级、可疑、损失）进行风险资产管理； 4. 开展业务应遵守商业银行法的规定。	1. 【集中度】受让同一债务人的应收账款，不得超过风险资产总额的50%； 2. 【关联交易】受让以其关联企业为债务人的应收账款，不得超过风险资产总额的40%； 3. 【不良资产分类】将逾期90天未收回或未实现的保理融资款纳入不良资产管理； 4. 【拨备计提】计提的风险准备金，不得低于融资保理业务期末余额的1%； 5. 【杠杆比例】风险资产不得超过净资产的10倍。
监管部门	银保监会、银行业协会（自律组织）。	银保监会。
未来应收账款	不得基于未来应收账款开展保理融资业务。	现有的或者将有的应收账款均可转让给保理人，并签订保理合同。
费用构成	利息、保理服务费及手续费。	利息、保理服务费及手续费（商业保理利息高于银行保理的利息，因为资金成本高）。

五、第一类基建供应链金融（三）——资产证券化

第一类基建供应链金融之所以需要进行资产证券化的原因在于，许多保理公司由于自身的资金不足，在收购应收账款时，必须另外筹集资金，而筹集资金的方式最为常见的就是通过发行应收账款资产支持证券，以储架模式来筹集资金，常见的交易结构如图 15.5 所示。由于在图 15.5 的交易结构中，保理公司是作为专项计划的原始权益人，因此保理公司需筹集一笔过桥资金先行收购债权人的应收账款，待专项计划筹集资金拨付后，再由保理公司偿还过桥资金。为了避开筹集过桥资金的环节，有的项目在设计交易结构时，由债权人作为原始权益人，保理公司作为原始权益人的代理人，这样就可以省去一笔过桥资金，如图 15.6 所示。

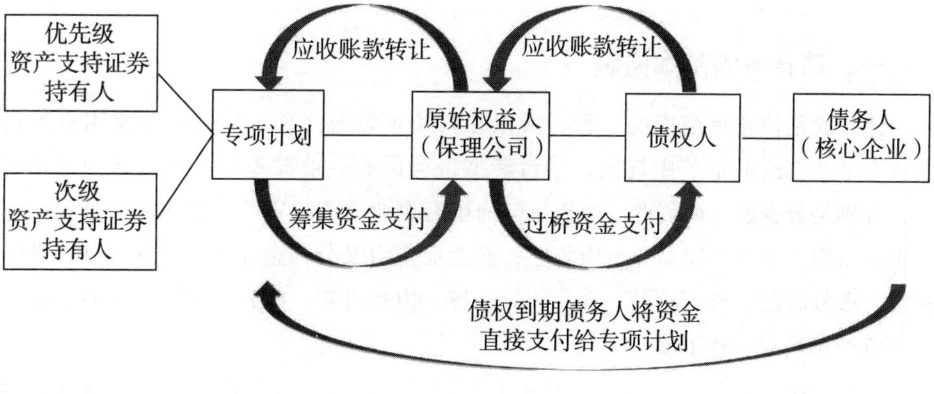

图 15.5　由保理公司作为原始权益人

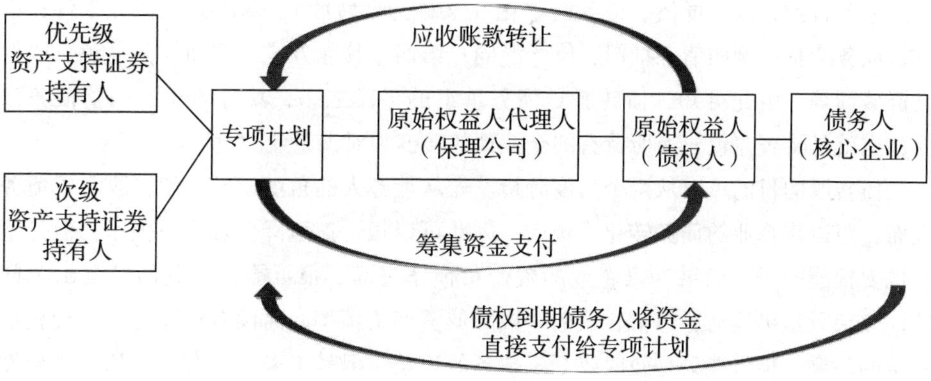

图 15.6　由保理公司担任原始权益人的代理人

☆有关基建供应链金融线上收费课程，请见视频15.15【基建应收账款、供应链金融、保理与资产证券化】

第十六章　平台转型与债转股

——债转股+国有企业改革模式

一、债转股的基本问题

债转股是债务重组中的一种，所以在讨论债转股之前，应从债务重组开始说起。本书在之前的章节中提到，平台转型进行国有企业改革时，可以分为三个部分，分别是分类型、调资产、改机制。而国有企业改革的资产调整包含了新设公司与企业重组，主要是以企业重组为主；而企业重组又分为企业法律形式改变、债务重组、股权收购、资产收购、合并、分立等。由此可知，债务重组属于国有企业改革中资产调整的一种手段。

债务重组是指在不改变交易对象的情况下，经债权人和债务人协定或法院裁定，就清偿债务的时间、金额或方式等重新达成协议的交易。债务重组的方式又可以分为以下几种：第一，债务转移给别人：例如债务转移；第二，调整债务条件：例如债务打折、以资抵债、债务资本化（又称为债转股）、修改其他债务条件；第三，债务清算：例如债务抵销、债务混同；第四，其他方式：例如债务豁免、股权融资减债等。由此可知，债转股是债务重组的手段之一，其目的在于调整债务条件，也就是将企业债权人所持有的企业债权转变为对该企业的股权。

债转股的目的可以从两个角度分析。先从债务人的角度谈起，债转股对于债务人而言可以将企业的债务转化为资产，因此可以很迅速地降低资产负债率，但是笔者也要提醒一下，如果一家企业的资产负债率过高，很可能是企业的经营出了问题，如果只是单纯地通过债转股的手段降低资产负债率，而没有正面地去处理企业发生的问题，很可能只是暂时躲开了债务的追偿，但是未来可能有更大的问题会发生。因此通常国有企业在进行债转股时，同时会推出一系列的国有企业改革方案，也就是债转股解决眼前债务追偿的问题，改革方案解决企业的体制问题，所以债权人除了要追踪债转股方案的推进情形，同时也应该要追踪国有企业改革方案落实的情况。

再者，从债权人的角度分析债转股的目的，债权人可以分为两类，一类是银行，另一类是战略投资人。债转股对银行而言是当贷款对象出现一定问题时，银行所采取的一种资产保全方式，银行通过债转股的方式，希望可以恢复贷款对象的盈利能力，减少银行的贷款损失。而如果债权人是战略投资人，债转股是收购对象企业的一种手段。由于银行债转股相对于其他类型的债转股，相关政策规定较多，因此本章所谈的债转股将以银行债转股为主。

最后，需特别说明的是，债转股的对象企业如果是国有企业，则债转股属于国有资产交易，需同时遵守国有资产评估以及交易的相关规定。

二、债转股的分类

（一）政策性债转股与市场化债转股

政策性债转股与市场化债转股是在银行债转股这个大类下的一种分类，这个分类是为了说明国内银行债转股历史发展的两个阶段进程。第一阶段债转股是指 1999 年因亚洲金融危机，银行不良贷款率攀升，为解决银行不良资产的问题，政府通过财政补贴以及行政干预的方式，开启了第一轮由政府主导的债转股，因此又称为政策性债转股。而第二阶段债转股是因为整体的杠杆率偏高。为了降低杠杆，2016 年 3 月，李克强总理在博鳌亚洲论坛提及“用市场化办法推进债转股”。① 第二阶段与第一阶段相比，本阶段债转股强调市场化、法治化，鼓励以多主体参与的方式推进。

有关贷款的风险程度，依据借款人的实际还款能力进行分类，可以分为正常、关注、次级、可疑、损失五类，后三类为不良贷款。由于第一阶段债转股是针对银行不良资产，因此债转股的对象是针对次级、可疑、损失三类贷款。《关于市场化银行债权转股权实施中有关具体政策问题的通知》（以下简称《152 号文》）第六条规定：“六、允许实施机构受让各种质量分级类型债权。银行所属实施机构、金融资产管理公司、国有资本投资运营公司、保险资产管理机构可以市场化债转股为目的受让各种质量分级类型债权，包括银行正常类、关注类、不良类贷款；银行可以向所属实施机构、金融资产管理公司、国有资本投资运营公司、保险资产管理机构以债转股为目的转让各种质量分级类型银行债权，包括正常类、关注类、不良类贷款；银行应按照公允价值向实施机构转让贷款，因转让形成的折价损失可按规定核

① http：//finance. cnr. cn/jjpl/20160324/t20160324_ 521702402. shtml，最后访问日期：2022 年 10 月 15 日。

销。”由此可知，第二阶段债转股的对象包括正常、关注、次级、可疑、损失五类贷款。

针对市场化债转股相关政策笔者整理如下表所示。

表 16.1 市场化债转股相关政策整理

日期	机构	文件名称	主要内容
2016.9.22	国务院	《关于积极稳妥降低企业杠杆率的意见》（国发〔2016〕54 号）	以市场化法治化方式开展债转股，鼓励多类型实施机构参与开展市场化债转股。
2016.9.22	国务院	《关于市场化银行债权转股权的指导意见》（54 号文附件）	银行将债权转为股权，应通过向实施机构转让债权、由实施机构将债权转为对象企业股权的方式实现；政府不承担损失的兜底责任；禁止将“僵尸企业”列为债转股对象。
2016.12.1	银监会、发改委、工信部	《关于钢铁煤炭行业化解过剩产能金融债权债务问题的若干意见》（银监发〔2016〕51 号）	支持金融资产管理公司、地方资产管理公司等多类型实施机构对钢铁煤炭企业开展市场化债转股。
2016.12.19	发改委办公厅	《市场化银行债权转股权专项债券发行指引》（发改办财金〔2016〕2735 号）	银行债权转股权实施机构可以在银行间市场向机构投资者发行债转股专项债券。对发行债转股专项债券的发行人、申报标准、资金用途、期限、偿债保障等作了详细规定。
2017.5.4	保监会	《关于保险业支持实体经济发展的指导意见》（保监发〔2017〕42 号）	支持保险资金发起设立债转股实施机构，开展市场化债转股业务。支持保险资产管理机构开展不良资产处置等特殊机会投资业务、发起设立专项债转股基金等。
2017.7.15	发改委办公厅	《关于发挥政府出资产业投资基金引导作用推进市场化银行债权转股权相关工作的通知》（发改办财金〔2017〕1238 号）	支持现有政府出资产业投资基金或新设政府出资市场化债转股专项基金参与市场化债转股项目。

续表

日期	机构	文件名称	主要内容
2017.8.23	国务院	国务院常务会议①	积极稳妥推进市场化法治化债转股，督促已签订的框架协议抓紧落实。支持债转股实施机构多渠道筹资，鼓励国有资本投资、运营公司及有条件的央企基金采取各种市场化方式参与债转股。
2017.12.26	银监会	《关于印发金融资产管理公司资本管理办法（试行）的通知》（银监发〔2017〕56号）	集团母公司或经批准实施债转股的附属机构短期或阶段性持有的债转股企业，可以不纳入集团资本监管范围。
2018.1.19	发改委等	《关于市场化银行债权转股权实施中有关具体政策问题的通知》（发改财金〔2018〕152号）	明确支持各类所有制企业开展市场化债转股；明确允许实施机构发起设立私募股权投资基金开展市场化债转股。
2018.6.29	银保监会	《金融资产投资公司管理办法（试行）》（银保监会令2018年第4号）	对银行债转股的资金来源、业务模式、机构设立等做出明确要求。
2018.8.6	银保监会	《关于市场化债转股股权风险权重的通知》	商业银行因市场化债转股持有的上市公司股权的风险权重为250%，持有非上市公司股权的风险权重为400%。
2018.11.13	发改委办公厅等	《关于鼓励相关机构参与市场化债转股的通知》（发改财金〔2018〕1442号）	允许保险业实施机构设立私募股权投资基金开展市场化债转股；鼓励银行、信托公司、证券公司、基金管理公司等依法依规发行资产管理产品参与市场化债转股。
2019.2.25	银保监会	《关于进一步加强金融服务民营企业有关工作的通知》（银保监发〔2019〕8号）	对困难较大的民营企业，可在平等自愿前提下，综合运用增资扩股、财务重组、兼并重组或市场化债转股等方式，帮助企业优化负债结构，完善公司治理。

① http://www.gov.cn/guowuyuan/2017-08/23/content_5219935.htm，最后访问日期：2022年4月27日。

续表

日期	机构	文件名称	主要内容
2019. 5. 22	国务院	国务院常务会议①	积极吸引社会力量参与市场化债转股，优化股权结构，依法平等保护社会资本权益。支持金融资产投资公司发起设立资管产品并允许保险资金、养老金等投资。探索公募资管产品依法合规参与债转股。鼓励外资入股实施机构。
2019. 7. 26	发改委等	《关于印发〈2019 年降低企业杠杆率工作要点〉的通知》（发改财金〔2019〕1276 号）	推动金融资产投资公司发挥市场化债转股主力军作用；拓宽社会资本参与市场化债转股渠道；加快股份制商业银行定向降准资金使用；加强对商业银行定向降准资金使用情况的评估考核；采取多种措施解决市场化债转股资本占用过多问题。
2020. 4. 16	银保监会	《关于金融资产投资公司开展资产管理业务有关事项的通知》（银保监发〔2020〕12 号）	金融资产投资公司可以使用自有资金、合法筹集或管理的专项用于市场化债转股的资金投资本公司或其他金融资产投资公司作为管理人的债转股投资计划，但不得使用受托管理的资金投资本公司债转股投资计划。
2020. 9. 4	银保监会办公厅	《关于保险资金投资债转股投资计划有关事项的通知》（银保监办发〔2020〕82 号）	保险资金投资的债转股应当符合下列条件：（1）投资的市场化债转股资产原则上不低于债转股投资计划净资产的 60%；（2）债转股投资计划可以投资的其他资产包括合同约定的存款、标准化债权类资产等；（3）进行份额分级的，应当为优先级份额。
2021. 2. 28	国资委	《关于印发〈关于加强地方国有企业债务风险管控工作的指导意见〉的通知》（国资发财评规〔2021〕18 号）	指导企业通过控投资、压负债、增积累、引战投、债转股等方式多措并举降杠杆减负债，推动高负债企业资产负债率尽快回归合理水平。

① http://www.gov.cn/guowuyuan/cwhy/20190522c15/index.htm，最后访问日期：2022 年 4 月 29 日。

续表

日期	机构	文件名称	主要内容
2021.4.26	财政部、税务总局	《关于继续执行企业事业单位改制重组有关契税政策的公告》（财政部、税务总局公告2021年第17号）	国务院批准实施债权转股权的企业，对债权转股权后新设立的公司承受原企业的土地、房屋权属，免征契税。

（二）直接债转股与间接债转股

将债转股后股权持有人与原先债权持有人是否为同一人作为区分标准，可以将债转股分为直接债转股与间接债转股。直接债转股是指债转股后，股权持有人与原先债权持有人是同一人的情形。而间接债转股是指债转股后，股权持有人与原先债权持有人不是同一人的情形，因此可以将间接债转股理解为“债权移转+直接债转股”，也就是债权转移后，再由转移后的债权人进行债转股的行为。

为何要讨论间接债转股?《中华人民共和国商业银行法》第四十三条规定：“商业银行在中华人民共和国境内不得从事信托投资和证券经营业务，不得向非自用不动产投资或者向非银行金融机构和企业投资，但国家另有规定的除外。”国务院《关于积极稳妥降低企业杠杆率的意见》（国发〔2016〕54号）附件《关于市场化银行债权转股权的指导意见》（以下简称《54号文附件》）中规定，通过实施机构开展市场化债转股。除国家另有规定外，银行不得直接将债权转为股权。银行将债权转为股权，应通过向实施机构转让债权、由实施机构将债权转为对象企业股权的方式实现。鼓励金融资产管理公司、保险资产管理机构、国有资本投资运营公司等多种类型实施机构参与开展市场化债转股；支持银行充分利用现有符合条件的所属机构，或允许申请设立符合规定的新机构开展市场化债转股；鼓励实施机构引入社会资本，发展混合所有制，增强资本实力。由此可知，除另有规定外，银行不得向企业投资，债转股必须采取间接债转股的方式，也就是银行债转股必须通过实施机构实施。常见的实施机构包括金融资产管理公司（AMC）、保险资产管理机构、国有资本投资运营公司、金融资产投资公司（AIC）①、私募股权基金，银行、信托公司、证券公司、基金管理公司等，这些机构可以依法依规发行资产管理产品参与市场化债转股②。

---

① 《关于印发〈2019年降低企业杠杆率工作要点〉的通知》中规定：“（一）推动金融资产投资公司发挥市场化债转股主力军作用。设立金融资产投资公司的商业银行要进一步加强行司联动，扩大金融资产投资公司编制……”

② 《关于鼓励相关机构参与市场化债转股的通知》（发改办财金〔2018〕1442号）。

这里需要特别说明的是，有关国有资本投资运营公司参与债转股，与金融机构相比虽然资金实力不足，但是国有资本投资运营公司对于对象企业的投后管理具有相当优势，原因在于国有企业在债转股的同时，还会搭配一定的国有企业改革计划，而对于国有企业改革计划的追踪与落实，国有资本投资运营公司相对金融机构是更有能力的。

最后，《企业国有资产交易监督管理办法》第四十六条规定："以下情形经国家出资企业审议决策，可以采取非公开协议方式进行增资：……（二）企业债权转为股权……"由此可知，直接债转股可以不需要进场交易。至于间接债转股是否需要进场交易？《152号文》中规定："对于现行政策要求不明确，或需调整现行政策的市场化债转股创新模式，应报送部际联席会议办公室并经部际联席会议办公室会同相关部门研究反馈后再行开展。"由此可知，市场化创新模式的债转股是否要进场交易，需经部际联席会议办公室会同相关部门研究，由于间接债转股采取较多的创新模式，因此是否要进场交易，尚需研究。

（三）以股抵债型债转股与增资扩股型债转股

以债转股对象企业的注册资本是否发生变化作为分类标准，可以分为以股抵债型债转股与增资扩股型债转股。以股抵债型债转股是指对象企业原股东不能清偿债务时，将其持有的对象企业股权转让给债权人，达到以股抵债的目的；而增资扩股型债转股是指债权人将其持有的对象企业债权，以增资的方式转化为对象企业的股权。

三、市场化债转股的条件

根据《54号文附件》的规定，对于债转股对象企业的要求，有三个条件、三个鼓励和四个禁止，笔者整理如下表所示。

表16.2 债转股对象企业的要求

对象企业	具体要求
三个条件	1. 发展前景良好但遇到暂时困难，具有可行的企业改革计划和脱困安排。
	2. 符合国家产业发展方向，技术先进，产品有市场，环保和安全生产达标。
	3. 信用状况较好，无故意违约、转移资产等不良信用记录。
三个鼓励	1. 因行业周期性波动导致经营困难但仍有望逆转的企业。
	2. 因高负债而财务负担过重的成长型企业，特别是战略性新兴产业领域的成长型企业。
	3. 高负债居于产能过剩行业前列的关键性企业以及关系国家安全的战略性企业。

续表

对象企业	具体要求
四个禁止	1. 禁止扭亏无望、已失去生存发展前景的“僵尸企业”债转股。
	2. 禁止有恶意逃废债行为的失信企业债转股。
	3. 禁止债权债务关系复杂且不明晰的企业债转股。
	4. 禁止可能导致过剩产能扩张和增加库存的企业债转股

四、市场化债转股的方式

市场化债转股常见有收债转股、入股还债、股债联动、股权置换四种方式，以下将针对这四种方式进行说明。

（一）收债转股

收债转股是指银行将其对象企业的债权转让给实施机构，也就是第一步收债，而实施机构取得对象企业的债权后，再将该债权转变为股权，也就是第二步转股，如图 16.1 所示。债转股采取收债转股方式的，通常是实施机构先收购银行债权，由于这些收购的债权大部分是不良资产，实施机构先将其手中有价值的债权进行识别后，再由实施机构主动与对象企业洽谈，并将债权转换为股权。过去政策性债转股阶段采取此一方式较为常见。

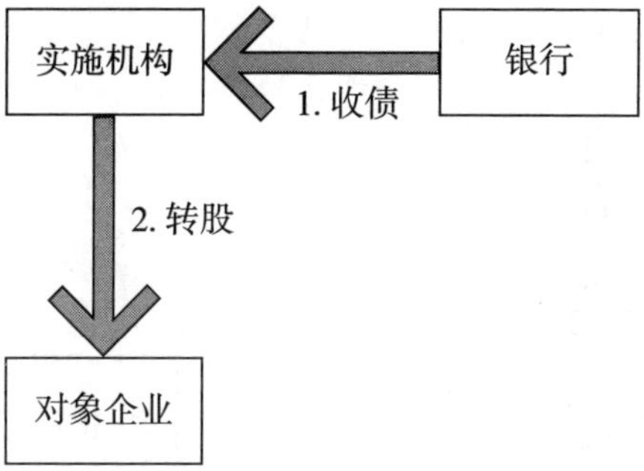

图 16.1　收债转股交易结构图

（二）入股还债

入股还债是指实施机构先向对象企业进行增资入股，也就是第一步入股，对象企业取得增资的资金后，将资金定向偿还银行的债务，也就是第二步还债，如图 16.2 所示。债转股采取入股还债方式的，通常由银行先通过其所属的实施机构增资入股对象企业后，再由对象企业将入股资金偿还银行。因此和前述收债转股不同的是，收债转股是由实施机构发起债转股，因为收债转股往往会使银行债权打折，影响银行参与积极性，而入股还债刚好相反，是由银行发起债转股。

此外，根据《54 号文附件》的规定，鼓励银行向非本行所属实施机构转让债权实施转股，支持不同银行通过所属实施机构交叉实施市场化债转股。银行所属实施机构面向本行债权开展市场化债转股应当符合相关监管要求。此即所谓的交叉债转股，也就是入股还债的实施机构并非由债权银行所属，如图 16.3 所示，其目的是由不同银行所属的实施机构进行债转股项目的评估，可以更加准确地掌握项目的风险。

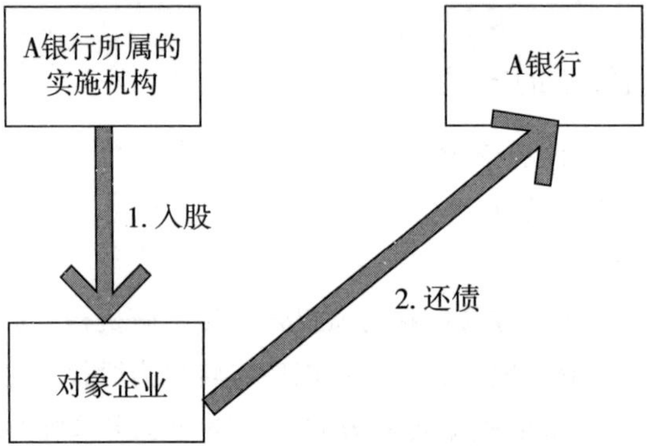

图 16.2　入股还债交易结构图

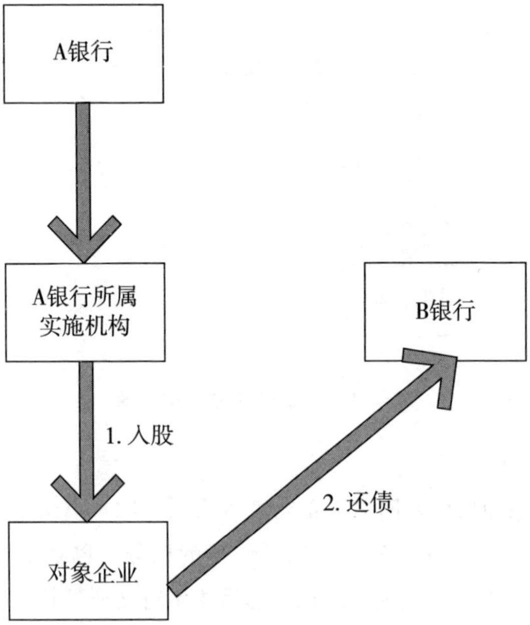

图 16.3　交叉债转股交易结构图

（三）股债联动

股债联动是指实施机构入股对象企业并偿还银行债务后，同时为对象企业提供综合性的金融服务，包括寻找债权融资，如图 16.4 所示。

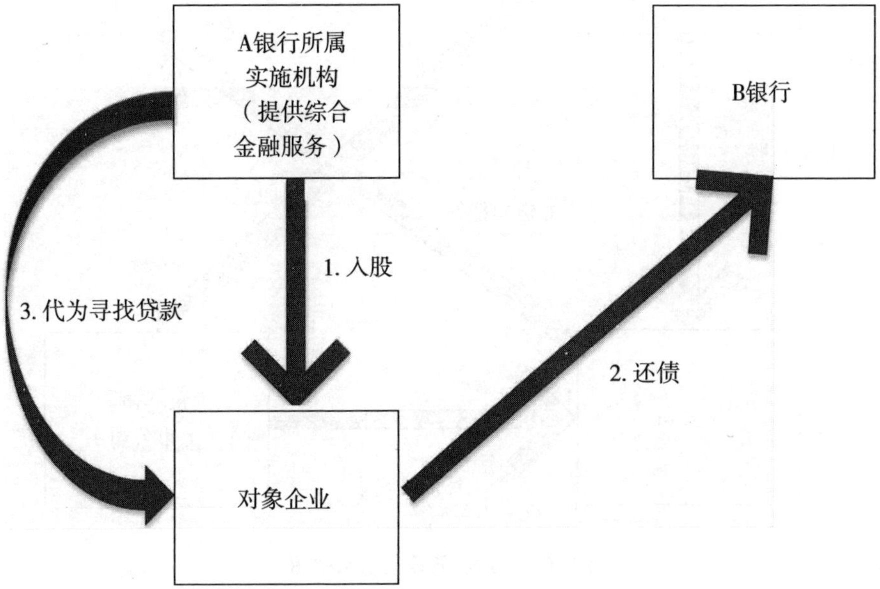

图 16.4　股债联动交易结构图

（四）股权置换

股权置换是指实施机构入股还债后，将其所持有对象即子企业的股权，与其母企业（母企业为上市公司）的股权进行置换的一种债转股方式。其步骤为：第一，上市公司母公司将其对银行的债务转移给子公司；第二，实施机构对子公司进行增资扩股；第三，子公司将该资金定向偿还银行；第四，实施机构将其持有子公司的股权与母公司的股权进行置换。采取此方式进行债转股的原因在于：第一，上市公司母公司增发流程较长，而子公司增资扩股无须交易所报备，流程较快；第二，通过股权置换，实施机构取得上市公司母公司股权后，可以通过二级市场退出。

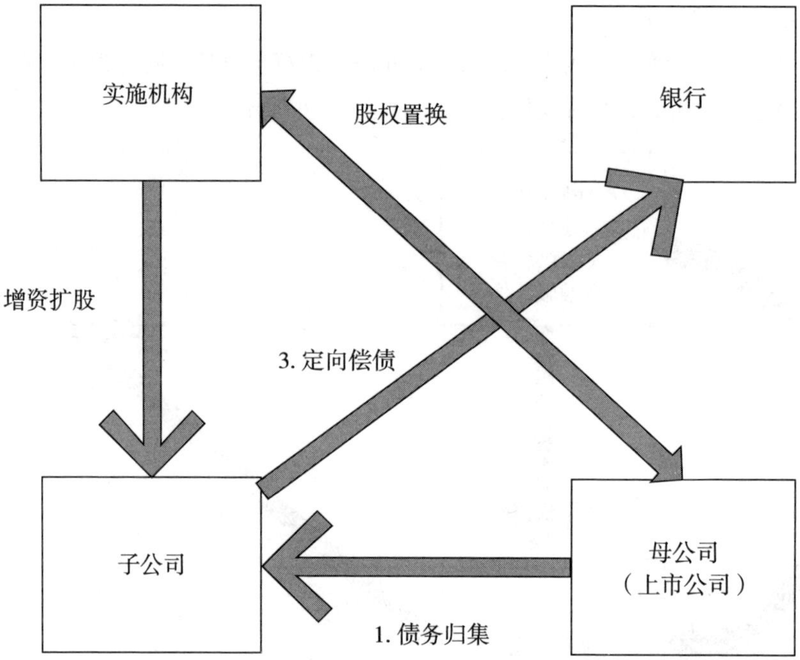

图 16. 5　股权置换交易结构图

五、市场化债转股的条件

市场化债转股的实施机构多为财务投资人，为确保其投资收益，在债转股的条件中，常见其要求对象企业签订“对赌”协议、股权回购、差额补偿等投资条款，而如果对象企业属于国有企业，则实施机构可否与对象企业签署上述投资条款？笔者认为直接签署刚性兑付的投资条款恐有违规之嫌。比较好的处理方式是实施机构取得优先股、优先分红权、定向减资退出权或是优先剩余财产分配权等权利较为妥当。

第二部分

广义与狭义的城市更新——对内更新型片区开发、破小区与旧小区的更新改造

第四篇　对内更新型片区开发与破小区更新改造

第十七章　广义城市更新基本问题的讨论

——兼论《防止大拆大建问题的通知》

一、城市更新与片区开发

（一）概述

有关于城市更新与片区开发之间的关系如图 17.1 所示。笔者将片区开发区分为对外扩张型片区开发与对内更新型片区开发，这个区分标准是以城市建成区[①]的范围进行分类，如果是在城市建成区以外的范围进行成片的开发，称为对外扩张型片区开发，而如果是以城市建成区范围内进行成片的开发，称为对内更新型片区开发。而对内更新型片区开发又称为广义的城市更新，可以区分为破小区的更新改造与旧小区的更新改造，而旧小区的更新改造称为狭义的城市更新改造。破小区更新改造与旧小区更新改造的分类依据主要是根据其对于公共利益的影响程度，破小区的更新改造涉及的公共利益较高，旧小区更新改造涉及的公共利益较低，因而导致这两种类型的小区更新改造手段的差异。

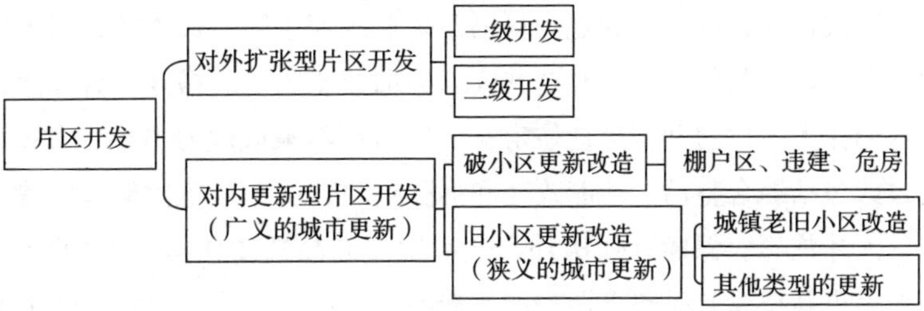

图 17.1　城市更新与片区开发之间的关系

① 城市建成区是指城市行政范围内，实际建成或正在建成的、相对集中分布的地区。是城市建设发展在地域分布上的客观反映。包括市区集中连片的部分，以及分散到近郊区内，但与城市有着密切联系的其他城市建设用地。

所谓广义的城市更新是城市中的某些区域建设陈旧，其建设内容已经不符合当前城市的规划，且建设项目运营效率低下，为了提升改造这些老旧的建设，因此需要对这些老旧建设进行更新改造。而破小区的更新改造是该城市区域的破旧程度严重，已经涉及公共安全或是卫生等公共利益，因此需要由政府较多地介入进行更新改造。而旧小区的更新改造，也就是狭义的城市更新，是该城市区域的破旧程度较轻，不会立即危害公共安全或是卫生等公共利益，因此更加尊重民众的更新意愿，政府在这个过程中是一个辅导的角色，较少直接介入更新改造。

由于中央对于城市更新没有统一的规定，目前正处于各地自行探索的阶段。因此有的地方所采用的是广义的城市更新概念，有的地方采用的是狭义的城市更新概念。例如：《广州市城市更新办法》第二条第一款规定："本办法所称城市更新是指由政府部门、土地权属人或者其他符合规定的主体，按照'三旧'改造政策、棚户区改造政策、危破旧房改造政策等，在城市更新规划范围内，对低效存量建设用地进行盘活利用以及对危破旧房进行整治、改善、重建、活化、提升的活动。"由此可知，《广州市城市更新办法》所称的城市更新是包含棚户区改造与危破旧房改造，属于广义的城市更新。

此外，根据《深圳市人民政府关于加强棚户区改造工作的实施意见》政策解读①："一、棚户区改造与城市更新政策有什么区别？棚户区改造和城市更新是相互独立的政策体系。（一）政策适用范围不同。棚户区改造政策主要适用于老旧住宅区；而城市更新政策改造的范围更广，包括旧住宅区、旧工业区、旧商业区、城中村和旧屋村等。（二）补偿奖励标准不同。棚户区改造项目的货币补偿标准应当不低于被搬迁住房类似房地产的市场价格，产权调换按照套内建面1∶1或建面不超过1∶1.2的比例执行，允许不超过10 m^2的增购；而城市更新的补偿标准由项目实施主体与业主进行协商，并通过签订搬迁安置补偿协议予以约定。（三）项目实施模式不同。棚户区改造项目以公共利益为目的，采取政府主导，以人才住房专营机构为主，其他企业可以参与的模式，改造方式以拆旧建新为主，搬迁安置住房以外的住宅部分全部用作人才住房和保障性住房；而城市更新采取政府引导、市场运作的模式，改造方式包括综合整治、功能改变和拆除重建，所建住宅除搬迁安置住房和按比例配建的人才住房、保障性住房外，全部用作商品性质住房。"由此可知，深圳市采用的城市更新概念是不包含棚户区改造的，采用的是狭义的城市更新概念。

① http：//www.sz.gov.cn/zfgb/zcjd/content/post_ 4981448.html，最后访问日期：2022年4月27日。

☆请见视频微观点 17.1【片区开发与城市更新】

（二）对外扩张型与对内更新型片区开发

对外扩张型片区开发与对内更新型片区开发是以城市建成区的外围或内部进行开发所作的区分，区别在于：对外扩张型的片区开发在城市建成区的外围进行开发时，因人口稀少，进行征收时对人的影响不大，且在发展产业时需要通过 XOD 模式来吸引人潮；而对内更新型的片区开发在城市建成区的内部进行开发时，因此处人口聚集，对人的影响较大，因此除征收手段外，也特别重视更新意愿必须达到一定比例以上的更新方式，另外由于开发区域人口聚集，可以通过市场化的手段进行开发以减少开发所需资金的支出。

表 17.1　对外扩张型与对内更新型片区开发的比较

	对外扩张型片区开发	对内更新型片区开发（广义城市更新）
区域	城市外围	城市内部
分类	一级开发、二级开发	破小区更新改造、旧小区更新改造（狭义的城市更新）
人口	人口稀少	人口聚集
手段	征收、XOD	征收、更新意愿、市场化手段

（三）破小区更新改造与旧小区更新改造

破小区的更新改造与旧小区的更新改造是对内更新型的片区开发项下所作的分类，区分的标准是对于公共利益的影响程度大小，由于前者对于公共利益的影响较大，所以采取拆迁方式的征收手段，而后者对于公共利益的影响较少，政府仅居于引导地位。此外，根据住房和城乡建设部 2021 年 8 月 30 日发布的《关于在实施城市更新行动中防止大拆大建问题的通知》（以下简称《防止大拆大建问题的通知》）的规定："严格执行棚户区改造政策，不得以棚户区改造名义开展城市更新。"明确区分棚户区改造与城市更新二者不同，并禁止以棚户区改造之名行城市更新之实的情形，笔者认为《防止大拆大建问题的通知》中所谈的城市更新是狭义的城市更新，并非广义的城市更新；因此仅旧小区更新改造有《防止大拆大建问题的通知》的适用，破小区更新改造则无须适用。有关破小区与旧小区更新改造的差异，笔者整理如表 17.2 所示。

表 17.2 破小区与旧小区更新改造的差异

	破小区更新改造	旧小区更新改造（狭义城市更新）
改造目的	消除危旧住房	改善城市功能
公益要求	公共利益影响较强	公共利益影响较弱
改造方式	拆除重建	留改拆
大拆大建	不受限制	受限制
政府角色	政府主导	政府引导
资金来源	财政预算	主要采用市场化运作
拆迁方式	征收	签署拆迁补偿协议
补偿标准	地方性法规、政策	协商、拆迁补偿协议
新建性质	保障性住房	商品房、保障性住房
常见类型	棚户区改造、危房改造	老旧小区改造

☆请见视频微观点 17.2【破小区与旧小区的更新改造】

☆请见视频微观点 17.3【土地成片开发模式】①

二、《防止大拆大建问题的通知》

住房和城乡建设部发现各地积极推动实施城市更新行动，但有些地方出现继续延用过度房地产化的开发建设方式、大拆大建、急功近利的倾向，随意拆除老建筑、搬迁居民、砍伐老树，变相抬高房价，增加生活成本，产生了新的城市问题，因此出台了《防止大拆大建问题的通知》，该通知的内容介绍如下：

（一）四个底线指标

为严格控制大规模拆除、大规模增建、大规模搬迁以及确保住房租赁市场供需

① 土地成片开发模式是否适用《防止大拆大建问题的通知》政策，是值得研究的问题。

平稳，《防止大拆大建问题的通知》提出了四个定量指标，说明如下：

1. 防止大拆指标

《防止大拆大建问题的通知》中规定："除违法建筑和经专业机构鉴定为危房且无修缮保留价值的建筑外，不大规模、成片集中拆除现状建筑，原则上城市更新单元（片区）或项目内拆除建筑面积不应大于现状总建筑面积的 20%。"由此可知，为严控大规模拆除，规定拆除面积率不应大于 20%，有关拆除面积率的计算方式为拆除建筑面积除以现状建筑总建筑面积，如表 17.3 所示。另外计算拆除建筑面积时，可将违法建筑和无修缮价值的危房面积扣除，不予计入。

表 17.3　拆除面积率的计算公式

$$\text{拆除面积率} = \frac{\text{拆除建筑面积}}{\text{现状总建筑面积}} \leqslant 20\%$$

2. 防止大建指标

《防止大拆大建问题的通知》中规定："除增建必要的公共服务设施外，不大规模新增老城区建设规模，不突破原有密度强度，不增加资源环境承载压力，原则上城市更新单元（片区）或项目内拆建比不应大于 2。在确保安全的前提下，允许适当增加建筑面积用于住房成套化改造、建设保障性租赁住房、完善公共服务设施和基础设施等。"由此可知，为严控大规模增建，拆建比不应大于 2，有关拆建比的计算方式为新建建筑面积除以拆除建筑面积，如表 17.4 所示。其中新建建筑面积的计算可扣除必要的公共服务设施，并且可以适度增加建筑面积用于住房成套化改造、保障性租赁住房以及完善公共服务设施和基础设施。至于在计算拆除建筑面积时，是否如上述拆除面积率中拆除建筑面积的计算方式一样，是否扣除违法建筑和无修缮价值的危房面积？笔者认为应依个案判断，如果违法建筑和无修缮价值的危房面积拆除后相应的部分不建，则该拆除面积不应算入公式中的拆除建筑面积；如果拆除后相应的部分待建，该拆除面积应算入公式中的拆除建筑面积中，较为合理。

表 17.4　拆建比的计算公式

$$\text{拆建比}^{①} = \frac{\text{新建建筑面积}}{\text{拆除建筑面积}} \leqslant 2$$

① 拆建比是四个底线指标中最重要的指标，会影响城市更新项目的财务分析是否可以达到收支平衡。

3. 严控大规模搬迁指标与确保住房租赁市场平稳指标

《防止大拆大建问题的通知》中规定："不大规模、强制性搬迁居民，不改变社会结构，不割断人、地和文化的关系。要尊重居民安置意愿，鼓励以就地、就近安置为主，改善居住条件，保持邻里关系和社会结构，城市更新单元（片区）或项目居民就地、就近安置率不宜低于50%。……不短时间、大规模拆迁城中村等城市连片旧区，防止出现住房租赁市场供需失衡加剧新市民、低收入困难群众租房困难。注重稳步实施城中村改造，完善公共服务和基础设施，改善公共环境，消除安全隐患，同步做好保障性租赁住房建设，统筹解决新市民、低收入困难群众等重点群体租赁住房问题，城市住房租金年度涨幅不超过5%。"由此可知，严控大规模搬迁指标是以搬迁居民的就地、就近安置率不低于50%为基准，且确保住房租赁市场平稳指标是以城市住房租金年度涨幅不超过5%为基准。

☆请见视频微观点17.4【城市更新的四个底线指标】

（二）从"大拆大建"到"留改拆"并举

除了前述四个底线指标外，还有几个重要的观点值得讨论。《防止大拆大建问题的通知》中规定："实施城市更新行动要顺应城市发展规律，尊重人民群众意愿，以内涵集约、绿色低碳发展为路径，转变城市开发建设方式，坚持'留改拆'并举、以保留利用提升为主，加强修缮改造，补齐城市短板，注重提升功能，增强城市活力。"由此可知，城市更新的更新方式要以保留利用提升为主，并加强修缮改造，当保留与改造都不适合作为更新方式时，才考虑拆除重建。

（三）从"开发模式"向"经营模式"转变

最后，《防止大拆大建问题的通知》中规定："鼓励推动由'开发方式'向'经营模式'转变，探索政府引导、市场运作、公众参与的城市更新可持续模式，政府注重协调各类存量资源，加大财政支持力度，吸引社会专业企业参与运营，以长期运营收入平衡改造投入，鼓励现有资源所有者、居民出资参与微改造。支持项目策划、规划设计、建设运营一体化推进，鼓励功能混合和用途兼容，推行混合用地类型，采用疏解、腾挪、置换、租赁等方式，发展新业态、新场景、新功能。"由此可知，城市更新的模式应该由建设转向运营或是建设运营一体化，通过对项目的运营增加项目的收入，以平衡项目的支出。

☆请见视频微观点 17.5【城市更新与大拆大建】

第十八章　破小区更新改造的探索

——以棚户区改造为核心

一、概述

棚户区改造属于广义城市更新中破小区更新改造的范畴，不适用《防止大拆大建问题的通知》，笔者在本书前章中已有说明，此不赘述。由于《防止大拆大建问题的通知》中有关于拆建比不应该大于 2 的要求，很容易导致狭义的城市更新项目无法做到收支平衡，而改以无拆建比例限制的棚户区改造项目方式进行。对此《防止大拆大建问题的通知》中已明确禁止以棚户区改造名义开展城市更新，那么如何界定棚户区改造的范围就成为很多人所关心的问题。本章将针对棚户区改造项目范围界定以及投资模式等问题进行讨论。

☆请见视频微观点 18.1【棚户区改造与城市更新】

二、棚户区改造的范围如何界定①？

国务院《关于加快棚户区改造工作的意见》（国发〔2013〕25 号）针对棚户区的特征、类型与范围作出了说明。棚户区的特征主要是住房简陋、环境较差、安全隐患多等，类别包括城市棚户区改造、国有工矿棚户区改造、国有林区棚户区改造

---

① 有关棚户区改造值得关注的政策有：国务院办公厅《关于进一步加强棚户区改造工作的通知》（国办发〔2014〕36 号）、财政部《关于做好城市棚户区改造相关工作的通知》（财综〔2015〕57 号）、财政部、住房城乡建设部《关于进一步做好棚户区改造相关工作的通知》（财综〔2016〕11 号）、财政部 国家税务总局《关于棚户区改造有关税收政策的通知》（财税〔2013〕101 号）。

和国有垦区危房改造，并且将其他棚户区和城中村纳入城市棚户区改造的范畴。而根据国务院《关于进一步做好城镇棚户区和城乡危房改造及配套基础设施建设有关工作的意见》（国发〔2015〕37号）的规定，将城市危房改造纳入棚户区改造政策范围。由以上说明可知，按中央政策规定城市棚户区改造是包含其他棚户区改造、城中村改造以及城市危房改造。

广东省住房和城乡建设厅《关于印发〈广东省城市和国有工矿棚户区改造界定标准〉的通知》（粤建保〔2015〕103号）中规定："城市棚户区包括集中成片棚户区、非集中成片棚户区和城中村。集中成片棚户区是指在城镇规划区范围内，房屋建筑集中连片面积在3000平方米以上或改造户数在50户以上，简易结构房屋较多、建筑密度较大、使用年限较久、房屋质量较差、建筑安全隐患较多、使用功能不完善、配套设施不齐全的居住区域。非集中成片棚户区是指在城镇规划区范围内，房屋建筑面积在3000平方米以下或改造户数在50户以下，简易结构房屋较多、建筑密度较大、使用年限较久、房屋质量较差、建筑安全隐患较多、使用功能不完善、配套设施不齐全的居住区域或住所。城中村指城镇规划区范围内，已被建成区包围、半包围或与建成区连接成片的自然村。"这是广东省针对城市棚户区的具体界定标准，其中将城中村纳入城市棚户区的范围。

关于深圳市棚户区改造范围则有变迁：第一，根据深圳市住房和建设局2016年6月16日出台《深圳市棚户区改造项目界定标准》（深建规〔2016〕9号）第二条的规定："本标准所指棚户区改造项目，是指位于深圳市范围内使用年限较久、房屋质量较差、建筑安全隐患较多、使用功能不完善、配套设施不齐全等危旧住宅、住宅区和城中村改造项目，主要包括以下区域（含已纳入城市更新计划的改造项目）。（一）房屋结构简易，影响城市规划实施和有碍城市景观，使用年限超过30年的危旧房屋。（二）按照《房屋完损等级评定标准》和《危险房屋鉴定标准》（JGJ125—99），经专业机构评定属于危险房屋或严重损坏房屋。（三）房屋使用功能不全，包括房屋室内空间和设施不能满足安全和卫生要求（无集中供水、无分户厨卫）。（四）排水、交通、供电、供气、通信、环卫等配套基础设施不齐全或年久失修。（五）位于二线插花地斜坡类地质灾害易发区，存在安全隐患，建筑密度较大，房屋破旧拥挤，消防设施不健全，道路狭窄，电气线路老化、电气安装不规范等。"第二，根据深圳市人民政府2018年5月17日出台的《关于加强棚户区改造工作的实施意见》的规定："（一）棚户区改造政策适用范围。本实施意见适用于我市范围内使用年限20年以上，且符合下列条件之一的老旧住宅区：1. 存在住房质量、消防等安全隐患；2. 使用功能不齐全；3. 配套设施不完善。使用年限不足20年，且按照《危险房屋鉴定标准》（JGJ125－2016）鉴定危房等级为D级的住宅区，经区政府（含新区管理机构，下同）批准可以纳入棚户区改造政策适用范围。符合《关于加强和改进城市更新实施工作的暂行措施》（深府办〔2016〕38号）第六条规定，无法独立进行改造的零散旧住宅区可以不纳入棚户区改造政策适用范围。鼓励各区政府根据实际情况，探索将辖区内具备改造条件的城中村、旧屋村有序纳入棚户区改造政策适用范围。”第三，根据2021年3月22日深圳市城市更新和土地整备局发布的《深圳经济特区城市更新条例》第二十六条规定：“申请将旧住宅区纳入拆除重建类城市更新单元计划的，建筑物建成年限应当在二十年以上，且满足下列条件之一：（一）需要根据规划建设重大城市基础设施和公共服务设施的；（二）年久失修或者经维修后仍无法满足使用要求，或者存在严重安全隐患危及业主、物业使用人以及公共安全，只能通过拆除重建方式解决的；（三）使用功能不齐全、配套设施不完善，经评估后需要拆除重建的。”已将《关于加强棚户区改造工作的实施意见》的老旧住宅区纳入城市更新范围。至于此部分的老旧住宅区将来究竟要适用棚户区的改造政策或是城市更新条例规定，尚待厘清。

最后，根据最高人民法院（2018）最高法行申10865号行政裁定书：“关于棚户区改造范围界定问题。《住房和城乡建设部、国家发展和改革委员会、财政部、农业部、国家林业局、国务院侨务办公室、中华全国总工会关于加快推进棚户区（危旧房）改造的通知》（建保〔2012〕190号）第二条规定，城市棚户区（危旧房），指城市规划区范围内，简易结构房屋较多、建筑密度较大，使用年限久，房屋质量差，建筑安全隐患多，使用功能不完善，配套设施不健全的区域；城市棚户区（危旧房）改造具体范围由市县人民政府结合当地实际情况确定。参照该通知，棚户区指向的是具有简易结构房屋较多等特征的区域，即一定区域如满足简易结构房屋较多等特征，即符合城市棚户区的标准，而并不要求该区域内任一具体房屋均符合棚户区的全部特征。…需要指出的是，征收国有土地上的房屋，应当充分考虑房屋区位、用途、建筑结构及新旧程度等方面的具体情况，严格按照《国有土地上房屋征收与补偿条例》及《国有土地上房屋征收评估办法》的相关规定进行房屋征收评估，对被征收人给予公平补偿。”由此可知，棚户区的认定是针对某一区域中有较多房屋符合棚户区的特征，而不是要求任何一个具体建筑物都要符合棚户区的特征。

三、棚户区改造项目的投资模式

有关棚户区改造项目最常讨论的投资模式有以下四种，分别是政府购买服务模式、专项债模式、PPP模式与“项目＋物业”模式，笔者将针对这四种模式的合规性进行讨论。

首先，棚户区改造项目可否采取政府购买服务模式实施？《政府购买服务管理办法》第十条规定：“以下各项不得纳入政府购买服务范围：……（三）政府采购法律、行政法规规定的货物和工程，以及将工程和服务打包的项目；……”由此可知，工程项目或是工程与服务打包的项目不可以采取政府购买服务模式，由于棚户区改造项目内容包含工程，因此不可以采取政府购买服务模式。

其次，棚户区改造项目可否采取专项债模式？有关这个问题每年的规定都不一样，笔者以2022年的规定为例，《关于申报2022年新增专项债券项目资金需求的通知》（财办预〔2021〕209号）中规定：“……2022年专项债券资金持续重点用于交通基础设施、能源、农田水利、生态环保、社会事业、城乡冷链等物流基础设施（含粮食仓储物流设施）、市政和产业园区基础设施、国家重大战略项目、保障性安居工程等领域。详见附件。……请严格遵照《财政部发展改革委关于印发〈地方政府专项债券资金投向领域禁止类项目清单〉的通知》（财预〔2021〕115号文），做好专项债券项目储备和需求申报工作。……”《地方政府专项债券资金投向领域禁止类项目清单》中规定：“二、高风险地区禁止类项目……棚户区改造新开工项目。”由此可知，由于2022年专项债资金的投向包括了保障性安居工程，而保障性安居工程包括了棚户区改造项目，因此除了高风险地区的棚户区改造新开工项目，棚户区改造项目可以采取专项债模式。

再次，棚户区改造项目可否采取PPP模式？国务院《关于进一步做好城镇棚户区和城乡危房改造及配套基础设施建设有关工作的意见》（国发〔2015〕37号）第三条第二项规定：“（二）推广政府与社会资本合作模式。在城市基础设施建设运营中积极推广特许经营等各种政府与社会资本合作（PPP）模式。各地应建立健全城市基础设施建设财政投入与价格补偿统筹协调机制，合理确定服务价格，深化政府与社会资本合作，推动可持续发展。”由此可知，棚户区改造项目可以采取PPP模式。

最后，要讨论的是棚户区改造项目可否采用“项目+物业”模式。棚户区改造项目采取“项目+物业”模式的意思是，棚户区改造项目搭配一定非公益经营性项目，例如搭配商品房或是商业设施，通过非公益经营性项目的现金流入覆盖整个项目的现金流出，通常这类项目的操作模式都是通过非公益经营性项目的土地附条件出让来完成的，所附的条件就是要求土地的中标人或竞得人要完成棚户区改造项目，这种操作模式目前是合规可行的。

☆请见视频微观点 18.2【棚户区改造的投资模式】

四、棚户区改造其他问题的讨论

有关棚户区改造项目的预算管理，《土地储备项目预算管理办法（试行）》第三条第一款规定："棚户区改造项目可以根据主管部门有关规定，参照本办法执行。"本书第二章对此有详细的说明，此处不再赘述。另外，财政部《关于提前下达 2022 年部分中央财政城镇保障性安居工程补助资金预算的通知》（财综〔2021〕47 号）中规定："二、该项资金待 2022 年预算年度开始后，按规定程序拨付使用，专项用于城市棚户区改造，向符合条件的在市场租赁住房的保障家庭发放租赁补贴，城镇老旧小区改造，以及第二批中央财政支持住房租赁市场发展试点。"对于棚户区改造项目，2022 年中央提供了专项资金保障。

有关于棚户区改造政策与城市更新政策法规发生竞合时，该如何适用的问题，深圳市规划和自然资源局《关于印发〈深圳市拆除重建类城市更新单元计划管理规定〉的通知》（深规划资源规〔2019〕4 号）第七条规定："对使用年限较久、房屋质量较差、建筑安全隐患较多、使用功能不完善、配套设施不齐全等亟需改善居住条件的成片旧住宅区，适用棚户区改造政策的，按照棚户区改造相关规定实施改造。因规划统筹需要，与其他各类旧区（旧工业区、旧商业区、城中村及旧屋村等）混杂的零散旧住宅区，可通过城市更新实施改造。"由此可知，根据深圳市的规定，棚户区改造政策与城市更新政策法规发生竞合时，应先适用棚户区改造的政策规定。

对此，上海的规定与深圳的规定似有不同，《上海市城市更新条例》第六十三条规定："旧区改造、旧住房更新、'城中村'改造等城市更新活动，国家有相关规定的，从其规定。对旧区改造、旧住房更新、'城中村'改造的计划、实施等方面，本条例未作具体规定的，适用本市其他相关规定。"似认为棚户区改造政策的适用顺序是：第一，中央相关规定；第二，《上海市城市更新条例》；第三，上海市其他相关规定。

至于棚户区改造政策若与城市危房改造政策法规发生竞合时，该如何适用的问题，深圳市规划和自然资源局《关于印发〈深圳市危房重建规划管理规定〉的通知》（深规划资源规〔2021〕4 号）第三条第一项规定："具有下列情形之一的危房，不适用本规定：（一）已纳入拆除重建类城市更新单元计划、棚户区改造计划、房屋征收计划和土地整备计划的；……”由此可知，深圳市的规定是将已纳入棚户区改造计划的危房项目排除适用《深圳市危房重建规划管理规定》。

☆请见视频微观点 18.3【危房改造与城市更新】

第五篇　旧小区更新改造与狭义的城市更新

第十九章　旧小区更新改造的探索

——城镇老旧小区改造、狭义城市更新制度体系

一、概述

本书将对内更新型片区开发称为广义的城市更新，其中包含破小区以及旧小区的更新改造，而旧小区更新改造笔者称为狭义的城市更新。笔者认为狭义城市更新在基建投融资方面最主要的特征包括：第一，如果是拆除重建型城市更新，主要由项目的实施主体与物业权利人签订搬迁补偿协议，并且对于更新意愿比例有一定程度的要求；与对外扩张型片区开发以及破小区更新改造，由政府完成征地拆迁有所不同；第二，狭义的城市更新特别强调以市场化的手段进行更新为主，要求项目需做到资金平衡，政府在改造更新的过程中提供相关的保障措施或是少量的财政资金；第三，狭义的城市更新受到《防止大拆大建问题的通知》的限制，但是对外扩张型片区开发以及破小区更新改造不受该文件的限制。实践中，有些狭义城市更新的项目采用对外扩张型片区开发或是破小区更新改造的手段，这样做并没有掌握狭义城市更新项目在基建投融资手段上的特征。

本章将针对城镇老旧小区改造与狭义城市更新制度体系进行介绍。城镇老旧小区属于狭义城市更新客体中的一个类型，为何将城镇老旧小区从狭义的城市更新中单独拎出来介绍？原因在于中央针对狭义城市更新如何实施并没有全国统一的规定，目前都是由各地方探索试点中，但唯独针对城镇老旧小区中央出台了相关的政策。笔者认为狭义的城市更新相对于破小区的更新改造而言，虽然影响公共利益较

弱，但在诸多狭义城市更新客体的类型（例如：旧住宅区、旧商业区、旧工业区、历史风貌区、历史建筑等）中，又以城镇老旧小区所涉及的公益性质相较于其他更新客体更强，所以政府在城镇老旧小区改造的项目中会介入较多。

二、城镇老旧小区改造

2020 年 7 月 10 日，国务院办公厅出台《关于全面推进城镇老旧小区改造工作的指导意见》，2021 年 9 月 2 日，国家发展改革委、住房城乡建设部出台《关于加强城镇老旧小区改造配套设施建设的通知》，2021 年 12 月 14 日，住房和城乡建设部办公厅、国家发展改革委办公厅、财政部办公厅出台《关于进一步明确城镇老旧小区改造工作要求的通知》，这 3 份文件建构了城镇老旧小区改造项目的重要政策框架。

（一）城镇老旧小区的意义与目标

城镇老旧小区是指城市或县城建成年代较早、失养失修失管、市政配套设施不完善、社区服务设施不健全、居民改造意愿强烈的住宅小区。各地要结合实际，合理界定本地区改造对象范围，重点改造 2000 年年底前建成的老旧小区。建立激励机制，优先对居民改造意愿强、参与积极性高的小区实施改造。改造目标是 2020 年新开工改造城镇老旧小区 3.9 万个，涉及居民近 700 万户；到 2022 年，基本形成城镇老旧小区改造制度框架、政策体系和工作机制；到“十四五”期末，结合各地实际，力争基本完成 2000 年年底前建成的需改造城镇老旧小区改造任务。

（二）城镇老旧小区的分类

城镇老旧小区分为基础类、完善类与提升类。基础类是为满足居民安全需要和基本生活需求的内容，主要是市政配套基础设施改造提升以及小区内建筑物屋面、外墙、楼梯等公共部位维修等。完善类是为满足居民生活便利需要和改善型生活需求的内容，主要是环境及配套设施改造建设、小区内建筑节能改造、有条件的楼栋加装电梯等。提升类是为丰富社区服务供给、提升居民生活品质、立足小区及周边实际条件积极推进的内容，主要是公共服务设施配套建设及其智慧化改造。

（三）项目储备、专项改造规划与计划

认真摸排 2000 年年底前建成的需改造城镇老旧小区存在的配套设施短板，联合排查燃气、电力、排水、供热等配套基础设施以及公共空间等可能存在的安全隐患，重点针对养老、托育、停车、便民、充电桩等设施，摸排民生设施缺口情况，并建立项目储备库。将安全隐患多、配套设施严重缺失、群众改造意愿强烈的城镇老旧小区，优先纳入年度改造计划。编制老旧小区改造方案时，把存在安全隐患的燃气、电力、排水、供热等设施，养老、托育、停车、便民、充电桩等民生设施，

作为重点内容优先改造。

居民对小区实施改造形成共识的，即参与率、同意率达到当地规定比例的，方可纳入改造计划；改造方案应经法定比例以上居民书面（线上）表决同意后，方可开工改造。居民就结合改造工作同步完善小区长效管理机制形成共识的，方可纳入改造计划。居民对改造后的物业管理模式、缴纳必要的物业服务费用等，集体协商形成共识并书面（线上）确认的，方可开工改造。

（四）居民出资责任

按照谁受益、谁出资原则，积极推动居民出资参与改造，可通过直接出资、使用（补建、续筹）住宅专项维修资金、让渡小区公共收益等方式落实。研究住宅专项维修资金用于城镇老旧小区改造的办法。支持小区居民提取住房公积金，用于加装电梯等自住住房改造。鼓励居民通过捐资捐物、投工投劳等支持改造。

（五）资金保障与相关保障措施

将城镇老旧小区改造纳入保障性安居工程，中央给予资金补助，重点支持基础类改造内容。中央财政资金重点支持改造2000年年底前建成的老旧小区，可以适当支持2000年后建成的老旧小区，但需要限定年限和比例。中央预算内投资全部用于城镇老旧小区改造配套设施建设项目。支持各地通过发行地方政府专项债券筹措改造资金。城镇老旧小区改造工作成效评价结果作为安排下达中央财政补助资金的重要参考。

鼓励市、县吸引培育城镇老旧小区改造规模化实施运营主体。鼓励通过政府采购、新增设施有偿使用、落实资产权益等方式，在不新增地方政府隐性债务的前提下，吸引培育各类专业机构等社会力量，全链条参与改造项目策划、设计、融资、建设、运营、管理。支持城镇老旧小区改造规模化，实施运营主体采取市场化方式，运用公司信用类债券、项目收益票据等进行债券融资，但不得承担政府融资职能，杜绝新增地方政府隐性债务。在不增加地方政府隐性债务的前提下，鼓励金融机构参与投资地方政府设立的老旧小区改造等城市更新基金。

支持规范各类企业以政府和社会资本合作模式参与改造。支持以“平台＋创业单元”方式发展养老、托育、家政等社区服务新业态。对养老托育、停车、便民市场、充电桩等有一定盈利的改造内容，鼓励社会资本专业承包单项或多项。在城镇老旧小区改造中，为社区提供养老、托育、家政等服务的机构，提供养老、托育、家政服务取得的收入免征增值税，并减按90%计入所得税应纳税所得额；用于提供社区养老、托育、家政服务的房产、土地，可按现行规定免征契税、房产税、城镇土地使用税和城市基础设施配套费、不动产登记费等。

☆请见视频微观点19.1【城镇老旧小区改造】

三、狭义城市更新概述

由于目前中央对于城市更新的实施缺乏全国统一的规定，因此学习城市更新需从各地的规定着手，比较能够看出制度的全貌。笔者研究国内主要城市的城市更新规定时发现，深圳市的城市更新规定相对于其他城市而言，内容完整、逻辑清晰，对于想要学习城市更新制度的初学者而言，可以先从深圳市的规定开始研究。有关狭义城市更新制度的介绍，本书将以深圳以及上海的规定为主，并辅以其他地方的规定进行介绍。此外，城市更新还可以区分为拆除重建与综合整治两种类型，本书将以拆除重建作为主要介绍的类型。

《深圳经济特区城市更新条例》第十三条规定："市城市更新部门应当按照全市国土空间总体规划组织编制全市城市更新专项规划，确定规划期内城市更新的总体目标和发展策略，明确分区管控、城市基础设施和公共服务设施建设、实施时序等任务和要求。城市更新专项规划经市人民政府批准后实施，作为城市更新单元划定、城市更新单元计划制定和城市更新单元规划编制的重要依据。"由此可知，深圳市城市更新部门应该根据全市国土空间总体规划编制全市城市更新专项规划，而城市更新专项规划应作为城市更新单元划定、城市更新单元计划制定和城市更新单元规划编制的重要依据。

此外，《深圳经济特区城市更新条例》第十九条规定："区城市更新部门负责对城市更新单元计划草案进行审查。经审查通过的，由区城市更新部门按规定向社会公示后报区人民政府审批，公示时间不得少于十个工作日。城市更新单元计划经区人民政府批准后，由区城市更新部门将该单元计划向社会公告，并报市城市更新部门备案。"第二十一条规定："城市更新单元规划草案由城市更新单元计划申报主体委托具有相应资质的机构编制，报区城市更新部门审查。经审查通过的，区城市更新部门应当将城市更新单元规划草案向社会公示，公示时间不得少于三十日。城市更新单元规划草案符合法定图则强制性内容的，由区人民政府批准；城市更新单元规划草案对法定图则强制性内容进行调整或者相关地块未制定法定图则的，由区人民政府报市人民政府或者市人民政府授权的机构批准。城市更新单元规划经批准后视为已完成法定图则相应内容的修改或者编制。"由此可知，城市更新单元计划由申报主体进行申报，由区城市更新部门审查、由区人民政府审批，而城市更新单元规划由申报主体委托具有相应资质的机构编制，由区人民政府或是市人民政府批准。

有关上海市的政策，《上海市城市更新条例》第十一条第一款规定："市规划资源部门应当会同市发展改革、住房城乡建设管理、房屋管理、经济信息化、商务、交通、生态环境、绿化市容、水务、文化旅游、应急管理、民防、财政、科技、民政等部门，编制本市城市更新指引，报市人民政府审定后向社会发布，并定期更新。"第十四条第一款规定："区人民政府根据城市更新指引，结合本辖区实际情况和开展的城市体检评估报告意见建议，对需要实施区域更新的，应当编制更新行动计划；更新区域跨区的，由市人民政府指定的部门或者机构编制更新行动计划。"第十八条第一款规定："更新行动计划经专家委员会评审后，由编制部门报市人民政府审定后，向社会公布。编制部门应当做好更新行动计划的解读、咨询工作。"由此可知，上海市规划资源部门负责编制上海市城市更新指引，报市人民政府审定；另由区人民政府根据指引编制更新行动计划，报市人民政府审定。

此外，《上海市城市更新条例》第二十二条第一款规定："更新统筹主体应当在完成区域现状调查、区域更新意愿征询、市场资源整合等工作后，编制区域更新方案。"第二十四条第二款前段规定："区人民政府或者市规划资源部门对区域更新方案进行论证后予以认定，并向社会公布。"由此可知，区域更新方案由更新统筹主体编制，并由区人民政府或是市规划资源部门认定后实施。

笔者将上海市与深圳市的制度体系进行比较，如表19.1所示。深圳市的单元计划与规划是由申报主体所编制，或是申报主体委托具有相应资质的机构编制，申报主体原则上是由物业权利人或是集体经济组织担任，因此深圳市城市更新程序中是以政府引导、民众主导为主。而上海市的更新行动计划由区人民政府编制，更新方案由更新统筹主体编制，更新统筹主体是由政府遴选或是指定，因此上海市政府在城市更新程序中介入较深。

表19.1　城市更新制度体系比较

	上海市	深圳市
制度体系	城市更新指引 （市规划资源部门编制） 更新行动计划 （区人民政府编制） 区域更新方案① （更新统筹主体编制）	城市更新专项规划 （市城市更新部门编制） 城市更新单元计划 （申报主体编制） 城市更新单元规划 （申报主体委托编制）

① 零星更新项目的物业权利人有更新意愿的，应当编制项目更新方案，而不是区域更新方案。

第二十章　城市更新的主体

——各方参与者的定位与任务、产权自始单一的主体与产权归集单一的主体

一、概述

城市更新的主体是指城市更新项目中各方的参与者。按照深圳市与上海市的规定，可以分为：政府、权利主体、报批单位与申报主体、产权自始单一主体与产权归集单一主体、实施主体、市场主体、更新统筹主体、更新项目建设单位等。以下针对这些参与者在城市更新中的定位以及任务进行说明。

二、政府

政府在城市更新项目中所扮演的角色，主要分为以下几个部分：第一，政府在某些情况下是城市更新项目的报批单位或申报主体；第二，政府是城市更新项目的审批单位，上海市与深圳市城市更新项目的审批权限，如表 20.1 所示；第三，上海市与深圳市城市更新政府各部门的分工，如表 20.2 所示。

表 20.1　城市更新项目的审批权限

上海市	深圳市
城市更新指引 市规划资源部门应当会同市发展改革、住房城乡建设管理、房屋管理、经济信息化、商务、交通、生态环境、绿化市容、水务、文化旅游、应急管理、民防、财政、科技、民政等部门，编制本市城市更新指引，报市人民政府审定后向社会发布，并定期更新。§11（1）	城市更新专项规划 1. 市城市更新部门应当按照全市国土空间总体规划组织编制全市城市更新专项规划。 2. 城市更新专项规划经市人民政府批准后实施。§13（1）、（2）

续表

上海市	深圳市
更新行动计划 1. 区人民政府根据城市更新指引，结合本辖区实际情况和开展的城市体检评估报告意见建议，对需要实施区域更新的，应当编制更新行动计划；更新区域跨区的，由市人民政府指定的部门或者机构编制更新行动计划。§14（1） 2. 更新行动计划经专家委员会评审后，由编制部门报市人民政府审定后，向社会公布。编制部门应当做好更新行动计划的解读、咨询工作。§18（1）	城市更新单元计划 1. 城市更新单元计划申报主体。§17 2. 区城市更新部门负责对城市更新单元计划草案进行审查。经审查通过的，由区城市更新部门按规定向社会公示后报区人民政府审批，公示时间不得少于十个工作日。 3. 城市更新单元计划经区人民政府批准后，由区城市更新部门将该单元计划向社会公告，并报市城市更新部门备案。§19
区域更新方案 1. 更新统筹主体应当在完成区域现状调查、区域更新意愿征询、市场资源整合等工作后，编制区域更新方案。§22（1） 2. 区人民政府或者市规划资源部门对区域更新方案进行论证后予以认定，并向社会公布。§24（2） 项目更新方案 零星更新项目的物业权利人有更新意愿的，应当编制项目更新方案。项目更新方案的意见征询、认定、公布等程序，参照本章规定执行。§27	城市更新单元规划 1. 城市更新单元规划草案由城市更新单元计划申报主体委托具有相应资质的机构编制，报区城市更新部门审查。经审查通过的，区城市更新部门应当将城市更新单元规划草案向社会公示，公示时间不得少于三十日。 2. 城市更新单元规划草案符合法定图则强制性内容的，由区人民政府批准；城市更新单元规划草案对法定图则强制性内容进行调整或者相关地块未制定法定图则的，由区人民政府报市人民政府或者市人民政府授权的机构批准。 3. 城市更新单元规划经批准后视为已完成法定图则相应内容的修改或者编制。§21
注：所引用的均系《上海市城市更新条例》的条款。	注：所引用的均系《深圳经济特区城市更新条例》的条款。

表20.2　城市更新政府各部门的分工

	上海市	深圳市
市人民政府	建立城市更新协调推进机制，统筹、协调全市城市更新工作，并研究、审议城市更新相关重大事项；办公室设在市住房城乡建设管理部门，具体负责日常工作。§4（2）	负责统筹全市城市更新工作，研究决定城市更新工作涉及的重大事项。§5（1）

续表

	上海市	深圳市
市政府部门	1. 规划资源部门负责组织编制城市更新指引，按照职责推进产业、商业商办、市政基础设施和公共服务设施等城市更新相关工作，并承担城市更新有关规划、土地管理职责。 2. 住房城乡建设管理部门按照职责推进旧区改造、旧住房更新、“城中村”改造等城市更新相关工作，并承担城市更新项目的建设管理职责。 3. 经济信息化部门负责根据本市产业发展规划，协调、指导重点产业发展区域的城市更新相关工作。 4. 商务部门负责根据本市商业发展规划，协调、指导重点商业商办设施的城市更新相关工作。 5. 发展改革、房屋管理、交通、生态环境、绿化市容、水务、文化旅游、应急管理、民防、财政、科技、民政等其他有关部门在各自职责范围内，协同开展城市更新相关工作。§5	1. 市城市更新部门是城市更新工作的主管部门，负责组织、协调、指导、监督全市城市更新工作，拟订城市更新政策，组织编制全市城市更新专项规划、年度计划，制定相关规范和标准。§5（2） 2. 市人民政府相关部门在各自职责范围内负责城市更新相关工作。§5（3）
区政府及街道办	1. 区人民政府（含作为市人民政府派出机构的特定地区管理委员会，下同）是推进本辖区城市更新工作的主体，负责组织、协调和管理辖区内城市更新工作。 2. 街道办事处、镇人民政府按照职责做好城市更新相关工作。§6	1. 各区人民政府（含新区管委会，下同）负责统筹推进本辖区城市更新工作。 2. 区城市更新部门负责本辖区城市更新组织实施和统筹管理工作，区人民政府相关部门在各自职责范围内负责城市更新相关工作。 3. 街道办事处应当配合区城市更新部门做好城市更新相关工作，维护城市更新活动正常秩序。§6
其他单位	1. 本市设立城市更新中心，按照规定职责，参与相关规划编制、政策制定、旧区改造、旧住房更新、产业转型以及承担市、区人民政府确定的其他城市更新相关工作。§7 2. 本市设立城市更新专家委员会，开展城市更新有关活动的评审、论证等工作，并为市、区人民政府的城市更新决策提供咨询意见。§8	

续表

	上海市	深圳市
	注：所引用的均系《上海市城市更新条例》的条款。	注：所引用的均系《深圳经济特区城市更新条例》的条款。

三、权利主体

权利主体是指在拆除重建类的城市更新中，因城市更新单元或城市更新区域内的建筑物拆除后权利受影响的人。按深圳市的规定，权利主体是指物业权利人或是集体经济组织的继受单位，而按上海市的规定，权利主体是指业主①或是公房承租人。物业权利人、集体经济组织的继受单位、业主对于不动产都是产权所有人，因此作为城市更新的权利主体应无异议。比较需要讨论的是公房承租人对于不动产没有产权，为何可以作为权利主体？最高人民法院（2018）最高法行申221号行政裁定书②中写道："直管公房租赁权是国家为了保障公民居住权而提供的一项具有重大财产利益的权利。不同于平等民事主体之间通过签订房屋租赁合同而取得房屋的承租权，直管公房承租人是通过向行政机关申请而获得直管公房租赁权。基于该项权利，直管公房承租人得以长期缴纳低房租居住该房屋，对该房屋享有长期的占有和使用权，其经济地位近似于房屋所有权人。因此，征收部门在征收直管公房的过程中，考虑到直管公房承租人的特殊地位，以及征收行为对直管公房承租人权益的直接且重大影响，应当对其合法权益予以充分保护。对于直管公房承租人认为补偿决定、强拆行为等侵犯了其合法权益的，可以认定承租人与该行政行为具有利害关系。"由此可知，直管公房承租人经济地位近似房屋所有权人，应考虑其合法权益，因此《上海市城市更新条例》对于直管公房承租人的权益，有相关保障的规定。

另外，《深圳经济特区城市更新条例》第二十五条规定了权利主体的更新意愿比例，笔者整理如下图所示。

---

① 《民法典》第二百七十一条规定："业主对建筑物内的住宅、经营性用房等专有部分享有所有权，对专有部分以外的共有部分享有共有和共同管理的权利。"

② https://law.wkinfo.com.cn/judgment-documents/detail/MjAyNDIxNjcyNjg%3D?searchId=fab9695768b34e50959b46b16f7b7573&index=1&q=%E6%9C%80%E9%AB%98%E6%B3%95%E8%A1%8C%E7%94%B3221&module=。最后访问日期：2022年10月15日。

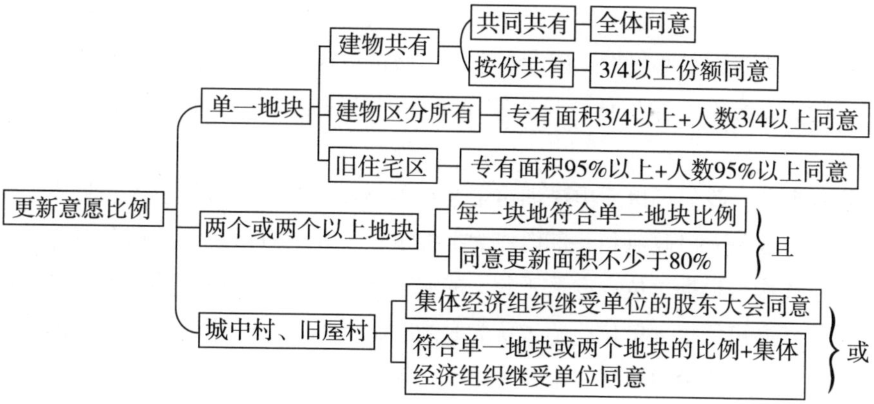

图 20.1　深圳市城市更新意愿比例

☆请见视频微观点 20.1【城市更新的权利主体】

☆请见视频微观点 20.2【城市更新与公房承租人】

四、报批单位与申报主体

报批单位是指城市更新项目中负责编制相关文件并且提送给具有审批权限的政府部门进行审批的单位。深圳市和上海市针对这部分有不同的规定。根据《深圳经济特区城市更新条例》第十七条及第二十一条的规定，是由申报主体编制城市更新单元计划并报批，以及委托具有相应资质的机构编制城市更新单元规划并报批，因此条例中所称的申报主体就是报批单位；另根据该条例第十七条的规定，申报主体原则上由物业权利人、市场主体或是集体经济组织继受单位担任，只有由市、区人民政府组织实施的城市更新单元，才由市、区人民政府担任申报主体，旧住宅区的城市更新单元计划是由辖区街道办事处担任申报主体。

但是根据《上海市城市更新条例》第十四条的规定，由区人民政府编制更新行动计划并报批；并且根据该条例第二十条、第二十二条及第二十四条的规定，是由市、区人民政府遴选更新统筹主体，并由更新统筹主体编制区域更新方案并报批；

另外根据该条例第二十七条的规定，零星更新项目的物业权利人有更新意愿的，由其编制项目更新方案并报批。因此在上海市城市更新项目的报批单位原则上是由政府遴选的更新统筹主体担任，只有零星更新项目的报批主体才可能由物业权利人担任。

由前所述，我们可以看出深圳市主要是由物业权利人、市场主体、集体经济组织继受单位或是人民政府相关部门作为报批单位，而上海市主要是由政府遴选的更新统筹主体作为报批单位。有关于狭义的城市更新是否该由政府部门或是政府部门委托的第三方担任报批单位，笔者认为必须视情况而定，对于公益影响较深的城市更新项目，例如安全隐患多、配套设施严重缺失的老旧小区，就应该由政府担任报批单位积极推动项目的实施；但对于公益影响较少的城市更新项目，就可以由物业权利人等担任报批单位，政府只需加以引导即可。

申报主体是《深圳经济特区城市更新条例》中独有的规定，申报主体是编制城市更新单元计划提报审批的主体，也是委托具有相应资质的机构编制城市更新单元规划并提报审批的主体。谁可以作为城市更新的申报主体，不同类型的城市更新单元有不同的规定，笔者根据《深圳经济特区城市更新条例》第十七条的规定，整理如下表所示。

表20.3 深圳市申报主体类型表

城市更新单元	申报主体
城市更新单元涉及单一物业权利人	由物业权利人或者其委托的单一市场主体申报
城市更新单元涉及多个物业权利人	由其共同委托的单一物业权利人或者单一市场主体申报
1. 城市更新单元用地属于城中村、旧屋村 2. 或者原农村集体经济组织和原村民在城中村、旧屋村范围外形成的建成区域的	由其所在原农村集体经济组织继受单位或者其委托的单一市场主体申报
城市更新单元由市、区人民政府组织实施	由市、区人民政府相关部门申报
旧住宅区	更新单元计划由辖区街道办事处负责申报

☆请见视频微观点20.3【城市更新的申报主体】

五、产权自始单一的主体与产权归集单一的主体

所谓产权自始单一的主体是指拆除重建类城市更新区域内的土地使用权与地上建筑物、构筑物或附属物所有权相同且为单一的权利主体；如果有多个权利主体、经过产权归集程序，将产权移至单一主体，本书称为产权归集单一的主体。《深圳经济特区城市更新条例》第二十八条规定："拆除重建类城市更新单元规划经批准后，物业权利人可以通过签订搬迁补偿协议、房地产作价入股或者房地产收购等方式将房地产相关权益转移到同一主体，形成单一权利主体。属于城中村拆除重建类城市更新项目的，除按照前款规定形成单一权利主体外，原农村集体经济组织继受单位可以与公开选择的单一市场主体合作实施城市更新，也可以自行实施。"由上可知，在深圳市拆除重建类城市更新单元规划经批准后，产权归集可经由：第一，物业权利人通过签订搬迁补偿协议；第二，物业权利人以房地产作价入股成立公司或加入公司；第三，物业权利人的房地产被收购方收购等方式形成单一权利主体，也就是产权归集单一主体，其中通过签订搬迁补偿协议是形成产权归集单一主体的主要方式。笔者认为产权归集于某一个主体的原因包括：第一，通过产权归集的方式替代征收，可以免除土地使用权收回后还要再进行一次出让的程序；第二，产权归集将分散的产权集中后，可以将产权法律关系趋于单纯，有利于后续城市更新的推进以及政府的监管。

另外，《深圳经济特区城市更新条例》第三十二条第一款规定："属于旧住宅区城市更新项目的，区人民政府应当在城市更新单元规划批准后，组织制定搬迁补偿指导方案和公开选择市场主体方案，经专有部分面积占比百分之九十五以上且占总人数百分之九十五以上的物业权利人同意后，采用公开、公平、公正的方式选定市场主体，由选定的市场主体与全体物业权利人签订搬迁补偿协议。"可见在深圳市关于旧住宅区城市更新项目由辖区街道办事处负责申报更新单元计划、更新单元规划且经批准后，由区人民政府选定市场主体，该市场主体再与全体物业权利人签订搬迁补偿协议，形成单一权利主体。此市场主体就成为产权归集单一主体。

在产权归集过程中，针对未签订搬迁补偿协议的物业权利人（也就是俗称的钉子户），《深圳经济特区城市更新条例》第三十六条规定："旧住宅区已签订搬迁补偿协议的专有部分面积和物业权利人人数占比均不低于百分之九十五，且经区人民政府调解未能达成一致的，为了维护和增进社会公共利益，推进城市规划的实施，区人民政府可以依照法律、行政法规及本条例相关规定对未签约部分房屋实施征收。城中村合法住宅、住宅类历史违建部分，已签订搬迁补偿协议的物业权利人人数占比不低于百分之九十五的，可以参照前款规定由区人民政府对未签约住宅类房

屋依法实施征收。”第三十七条规定：“依照本条例规定对未签约房屋实施征收的，可以不纳入全市年度房屋征收计划，由区人民政府参照国家和本市国有土地上房屋征收与补偿的有关规定，依法分别作出征收决定。被征收人对征收决定或补偿决定不服的，可以依法申请行政复议或者提起行政诉讼。被征收人在法定期限内不申请行政复议或者提起行政诉讼，又不履行征收决定确定的义务的，区人民政府应当自期限届满之日起三个月内向人民法院申请强制执行。”第三十九条规定：“区人民政府征收取得的物业权利，由相关部门按照有关规定与市场主体协商签订搬迁补偿协议。”即是由区人民政府对其作出征收决定，被征收人如果没有依法提出行政复议或是行政诉讼，又不履行征收决定的，区人民政府可以向人民法院申请强制执行。待区人民政府征收取得该物业权利后，与市场主体协商签订搬迁补偿协议，进而完成产权归集。

六、实施主体

实施主体是指在项目审批后，实施项目审批方案，负责项目拆除、办理项目规划、用地、建设等工作的主体。《深圳经济特区城市更新条例》第四十条规定：“城市更新项目拆除范围内形成单一权利主体或者合作实施主体的，应当向区城市更新部门申请确认实施主体。区城市更新部门应当与实施主体签订项目实施监管协议，……”由此可知，拆除重建类城市更新的实施主体是由产权自始单一主体、产权归集单一主体，以及属于合作实施的城中村改造项目的原农村集体经济组织继受单位与单一市场主体签订改造合作协议后，视为单一主体，再检附相应材料向区城市更新部门申请并经确认而产生。至于综合整治类城市更新项目涉及加建、改建、扩建、局部拆建等活动的，则按照《深圳经济特区城市更新条例》第八条规定的程序实施。相关计划规划制定、实施主体确认、原有建筑物拆除和不动产权属注销登记、国有建设用地使用权出让等环节参照拆除重建类城市更新相关规定执行①。

《上海市城市更新条例》第十九条规定：“更新区域内的城市更新活动，由更新统筹主体统筹开展；由更新区域内物业权利人实施的，应当在更新统筹主体的统筹组织下进行。零星更新项目，物业权利人有更新意愿的，可以由物业权利人实施。根据前两款规定，由物业权利人实施更新的，可以采取与市场主体合作方式。”由此可知，上海市城市更新项目的实施主体主要是由更新统筹主体担任，例外可以由

---

① 《深圳经济特区城市更新条例》第四十九条规定：“综合整治类城市更新项目涉及加建、改建、扩建、局部拆建等活动的，应当按照本条例第八条规定的程序实施。相关计划规划制定、实施主体确认、原有建筑物拆除和不动产权属注销登记、国有建设用地使用权出让等环节参照拆除重建类城市更新相关规定执行。”

物业权利人担任或是由物业权利人与市场主体合作担任。另外，《上海市城市更新条例》第二十条规定："本市建立更新统筹主体遴选机制。市、区人民政府应当按照公开、公平、公正的原则组织遴选，确定与区域范围内城市更新活动相适应的市场主体作为更新统筹主体。更新统筹主体遴选机制由市人民政府另行制定。属于历史风貌保护、产业园区转型升级、市政基础设施整体提升等情形的，市、区人民政府也可以指定更新统筹主体。"由此可知，更新统筹主体由政府遴选或指定。

☆请见视频微观点 20.4【城市更新的实施主体】

再者，《上海市城市更新条例》第二十六条规定："区域更新方案经认定后，更新项目建设单位依法办理立项、土地、规划、建设等手续；区域更新方案包含相关审批内容且符合要求的，相关部门应当按照'放管服'改革以及优化营商环境的要求，进一步简化审批材料、缩减审批时限、优化审批环节，提高审批效能。"由此可知，区域更新方案经认定，也就是方案审批后，更新项目建设单位应办理固定资产投资的审批程序，这里的更新项目建设单位原则上应该由实施主体担任。最后，笔者将报批单位、产权自始单一主体与产权归集单一主体、实施主体三者之间的关系整理如下表所示。

☆请见视频微观点 20.5【城市更新的建设单位】

表20.4 申报主体、产权自始单一主体与产权归集单一主体、实施主体三者之间的关系

	上海市	深圳市
报批单位	1. 由区人民政府编制更新行动计划并报批（跨区除外） 2. 由市、区人民政府遴选更新统筹主体，并由更新统筹主体编制区域更新方案并报批 3. 零星更新项目的物业权利人有更新意愿的，由其编制项目更新方案并报批	1. 申报主体编制城市更新单元计划并报批，以及委托具有相应资质的机构编制城市更新单元规划并报批 2. 申报主体原则上由权利主体（物业权利人或是原农村集体经济组织继受单位）担任，或是权利主体委托市场主体担任 3. 只有在由市、区人民政府组织实施的城市更新项目由市、区人民政府担任申报主体，如果是旧住宅区的城市更新项目由辖区街道办事处担任申报主体
产权自始单一主体与产权归集单一主体	无明确规定，《上海市城市更新条例》相关公有房屋承租权的归集如后第二十二章所述	1. 产权自始单一主体 2. 产权归集单一主体：由某个物业权利人、企业、市场主体担任
实施主体	1. 上海市的城市更新项目的实施主体主要是由更新统筹主体担任 2. 例外可以由物业权利人担任或是由物业权利人与市场主体合作担任	产权自始单一主体、产权归集单一主体、合作实施主体

第二十一章　城市更新的客体

——住宅、产业、历史及城中村

一、概述

城市更新的目的主要是因为当前城市建设用地不足，因此转而对既有建设用地上那些日渐陈旧、收益低下、已不符合城市规划或业已闲置的物业与资产进行更新改造。这些被改造的物业或是资产我们称为城市更新的客体。由于不同的客体改造的手段和方式都不一样，所以本章将针对不同类型的更新客体所面临的问题进行介绍。按深圳市的规定将城市更新的客体分为旧住宅区、城中村与旧屋村、旧工业

区、旧商业区、历史风貌区以及历史建筑，而按上海市的规定将城市更新的客体分为公有旧住房、旧区、旧住房、城中村、公有房屋、历史风貌区与历史建筑、产业用地与空间。笔者整理两地的规定后，将城市更新客体分类如图 21.1 所示。

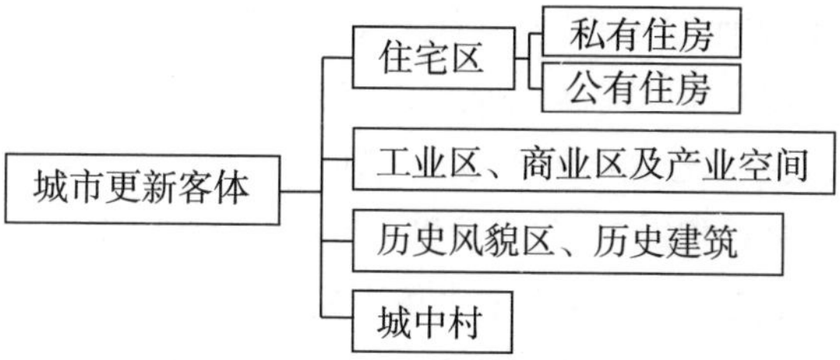

图 21.1　城市更新客体分类

二、住宅区

《深圳经济特区城市更新条例》第二十六条规定："申请将旧住宅区纳入拆除重建类城市更新单元计划的，建筑物建成年限应当在二十年以上，且满足下列条件之一：（一）需要根据规划建设重大城市基础设施和公共服务设施的；（二）年久失修或者经维修后仍无法满足使用要求，或者存在严重安全隐患危及业主、物业使用人以及公共安全，只能通过拆除重建方式解决的；（三）使用功能不齐全、配套设施不完善，经评估后需要拆除重建的。"由此可知，旧住宅区进行拆除重建的城市更新，建筑年限除 20 年以上，尚需符合建设重大基建、有安全隐患或是设施不足其中之一的情形。此外，该条例第二条第三款规定："根据市住房发展规划，旧住宅区拆除重建后优先用于公共租赁住房、安居型商品房和人才住房等公共住房建设，由市、区人民政府按照有关规定组织实施。具体办法由市人民政府另行制定。"由此可知，旧住宅拆除重建后应优先建设公共住房。最后，该条例第十七条第一款第五项规定："旧住宅区更新单元计划由辖区街道办事处负责申报。"由此可知，旧住宅区的更新改造具有一定的公益性，所以由街道办事处作为申报主体。

《上海市城市更新条例》第三十二条第一、四款规定："对于建筑结构差、年久失修、功能不全、存在安全隐患且无修缮价值的公有旧住房，经房屋管理部门组织评估，需要采用拆除重建方式进行更新的，拆除重建方案应当充分征求公房承租人意见，并报房屋管理部门同意。公房产权单位应当与公房承租人签订更新协议，并明确合理的回搬或者补偿安置方案；签约比例达到百分之九十五以上的，协议方可生效。……第一款、第二款规定的拆除重建、成套改造项目中涉及私有房屋的，更新协议、调整协议的签约及相关工作要求按照前款规定执行。"由此可知，需要拆除重建的公有旧住房，公房产权单位与公房承租人签订更新协议的签约比例必须达到 95% 以上，这里的签约比例并没有说是人数比例还是面积比例，但有关公有工房的拆除重建可参考《上海市旧住房拆除重建项目实施管理办法》的规定。此外，如果公有旧住房拆除重建中涉及私有房屋，按前述规定是按照公有旧住房的规定执行，但是这里到底该如何“按照”？例如：公有旧住房更新协议的签约主体是公房产权单位与公房承租人，但是私有房屋该由谁签订更新协议，从条文中是看不出来的。至于公房承租人不配合签订更新协议、调整协议的，《上海市城市更新条例》第三十二条第三款及第四款规定：“公房承租人拒不配合拆除重建、成套改造的，公房产权单位可以向区人民政府申请调解；调解不成的，为了维护和增进社会公共利益，推进城市规划的实施，区人民政府可以依法作出决定。公房承租人对决定不服的，可以依法申请行政复议或者提起行政诉讼。在法定期限内不申请行政复议或者不提起行政诉讼，在决定规定的期限内又不配合的，由作出决定的区人民政府依法申请人民法院强制执行。第一款、第二款规定的拆除重建、成套改造项目中涉及私有房屋的，更新协议、调整协议的签约及相关工作要求按照前款规定执行。”公房产权单位可以向区人民政府申请调解，区人民政府可以调解并作出决定，公房承租人不服决定，又不申请行政复议或是提起行政诉讼的，区人民政府可以申请法院强制执行。

☆请见视频微观点 21.1【城市更新的意愿】

另外，《上海市城市更新条例》第四十六条规定：“本市加强对归集优秀历史建筑、花园住宅类公有房屋承租权的管理。经市人民政府同意，符合条件的市场主体可以归集优秀历史建筑、花园住宅类公有房屋承租权，实施城市更新。经区人民政府同意，符合条件的市场主体可以归集除优秀历史建筑、花园住宅类以外的公有房屋承租权，实施城市更新。公有房屋出租人可以通过有偿回购承租权、房屋置换等方式，归集公有房屋承租权，实施城市更新。”由此可知，本条谈到两个问题：第一，公有房屋承租权由谁负责归集？第二，公有房屋该如何收回承租权？首先针对第一个问题，笔者整理如表 21.1 所示。另外，第二个问题有关于承租权的收回，可以采取有偿回购承租权以及房租置换等方式进行收回。

表 21.1 公有房屋承租权的归集

公有房屋的类型	归集主体
优秀历史建筑、花园住宅类公有房屋承租权	经市人民政府同意，符合条件的市场主体
其他公有房屋承租权	经区人民政府同意，符合条件的市场主体

三、工业区、商业区以及产业空间

《深圳经济特区城市更新条例》第二十七条规定："申请将旧工业区、旧商业区纳入拆除重建类城市更新单元计划的，建筑物建成年限不得少于十五年；建成年限未满十五年，但是因规划统筹或者社会公共利益需要的，可以按照本条例规定纳入拆除重建类城市更新单元计划。"由此可知，拆除重建的旧工业区与旧商业区建筑年限不少于 15 年，如果符合公共利益需求的项目建成年限可以不满 15 年。

另外，《上海市城市更新条例》第四十八条规定："市、区人民政府加强产业统筹发展力度，引导产业转型升级。鼓励存量产业用地根据区域功能定位和产业导向实施更新，通过合理确定开发强度、创新土地收储管理等方式，完善利益平衡机制。鼓励产业空间高效利用，根据资源利用效率评价结果，分级实施相应的能源、规划、土地、财政等政策，促进产业用地高效配置。鼓励更新统筹主体通过协议转让、物业置换等方式，取得存量产业用地。"这是有关如何有效利用产业用地与产业空间、引导产业转型升级的规定。

四、历史风貌区与历史建筑

《深圳经济特区城市更新条例》第五十七条规定："实施主体在城市更新中承担文物、历史风貌区、历史建筑保护、修缮和活化利用，或者按规划配建城市基础设施和公共服务设施、创新型产业用房、公共住房以及增加城市公共空间等情形的，可以按规定给予容积率转移或者奖励。"① 由此可知，实施主体修缮历史建筑或是配建基建设施可以给予容积率转移或奖励。

上海对此也有类似的规定，《上海市城市更新条例》第四十三条规定："在本市历史建筑集中、具有一定历史价值的地区、街坊、道路区段、河道区段等已纳入更新行动计划的历史风貌保护区域开展风貌保护，以及对优秀历史建筑进行保护的过程中，符合公共利益确需征收房屋的，按照国家和本市有关规定开展征收和补偿。

① 《深圳市创新型产业用房管理办法》第二条规定："本办法所称创新型产业用房，是指为满足创新型企业和机构的空间需求，由政府主导并按本办法出租或出售的政策性产业用房，包括办公用房、研发用房、工业厂房等。"

城市更新因历史风貌保护需要，建筑容积率受到限制的，可以按照规划实行异地补偿；城市更新项目实施过程中新增不可移动文物、优秀历史建筑以及需要保留的历史建筑的，可以给予容积率奖励。”由此可知，对历史建筑可以依法征收，并且可以给予容积率转移或奖励。

五、城中村

《深圳经济特区城市更新条例》第十七条第一款第三项规定，城市更新单元用地属于城中村、旧屋村或者原农村集体经济组织和原村民在城中村、旧屋村范围外形成的建成区域的，由其所在原农村集体经济组织继受单位或者其委托的单一市场主体申报。由此可知，城中村的申报主体由原农村集体经济组织的继受单位或是由其委托市场主体担任。此外，该条例第二十五条第一款第三项规定：“用地属城中村、旧屋村或者原农村集体经济组织和原村民在城中村、旧屋村范围以外形成的建成区域的，应当经原农村集体经济组织继受单位的股东大会表决同意进行城市更新，或者符合前两项规定，经原农村集体经济组织继受单位同意。”① 由此可知，城中村的更新意愿有两种情形：第一，原农村集体经济组织继受单位的股东大会同意；第二，符合物业权利人同意更新比例的规定，且原农村集体经济组织继受单位同意。再者，有关城中村项目实施主体的问题，该条例第二十八条第二款规定：“属于城中村拆除重建类城市更新项目的，除按照前款规定形成单一权利主体外，原农村集体经济组织继受单位可以与公开选择的单一市场主体合作实施城市更新，也可以自行实施。”由此可知，城中村项目的实施主体可以是产权归集单一主体、合作实施主体、原农村集体经济组织继受单位。

另外，《上海市城市更新条例》第六十三条规定：“旧区改造、旧住房更新、‘城中村’改造等城市更新活动，国家有相关规定的，从其规定。对旧区改造、旧住房更新、‘城中村’改造的计划、实施等方面，本条例未作具体规定的，适用本市其他相关规定。”由此可知，上海市城中村的改造项目若国家无特别规定，即可适用上海市出台的相关规定，这里所称的相关规定可参考《关于本市开展“城中村”地块改造的实施意见》。

最后，要讨论的问题是城中村的改造究竟是破小区的更新改造还是旧小区的更新改造。以深圳市为例，根据深圳市人民政府《关于加强棚户区改造工作的实施意见》的规定：“鼓励各区政府根据实际情况，探索将辖区内具备改造条件的城中村、

① 《深圳经济特区城市更新条例》第三十六条第二款规定：“城中村合法住宅、住宅类历史违建部分，已签订搬迁补偿协议的物业权利人人数占比不低于百分之九十五的，可以参照前款规定由区人民政府对未签约住宅类房屋依法实施征收。”

旧屋村有序纳入棚户区改造政策适用范围。”似乎是将城中村纳入破小区更新改造的范畴，但是《深圳经济特区城市更新条例》也提到了城中村改造的问题，并将城中村改造放入了旧小区更新改造的范畴。笔者认为，根据国务院《关于加快棚户区改造工作的意见》的规定，将其他棚户区和城中村纳入城市棚户区改造的范畴，因此应该要将城中村的改造纳入棚户区改造也就是破小区改造的范畴。

第二十二章　城市更新的程序

——申报制与职权制、如何取得土地使用权

一、概述

城市更新程序是指城市更新项目从审批到实施的全过程。由于城市更新项目的拆迁、补偿与重建涉及多数权利主体的利益，产权关系也会比较复杂，城市更新的程序自然成为大家所关注的问题。另外，实施主体该如何取得城市更新单元或是城市更新区域的土地使用权，亦是本章要讨论的重点。以下将针对深圳市及上海市城市更新程序中的重要环节进行说明。

二、深圳市的规定

（一）前期工作

《深圳经济特区城市更新条例》第十七条第二款规定：“根据前款规定确定的申报主体在申报城市更新单元计划之前，应当组织开展更新改造现状调研、城市更新单元拟订、意愿征集、可行性分析等工作。”第十八条规定：“申报城市更新单元计划时，城市更新单元内物业权利人更新意愿、合法用地比例、建筑物建成年限等应当符合规定要求。物业权利人更新意愿、建筑物建成年限按照本条例规定执行，合法用地比例由市人民政府另行规定。”由此可知，由于项目申报时必须符合规定的要求，因此申报主体在申报前应针对项目是否符合要求开展前期工作。

（二）项目报批与审批

按目前深圳市与上海市有关城市更新申报的程序，可以分为申报制与职权制。所谓申报制是指由申报主体作为立项单位，并且由其编制相关文件并报批；而职权制是指由政府部门基于职权编制相关文件并报批，并作为项目的立项单位。根据《深圳经济特区城市更新条例》第十七条的规定，原则上由物业权利人、委托的单

一市场主体以及原农村集体经济组织继受单位担任申报主体办理项目申报，例外情况由市、区人民政府以及街道办事处进行项目申报，因此可以认为深圳的规定原则上采取申报制，例外采用职权制。另有关于项目的申报主体、审批权限，请见表20.3、表20.1。

（三）产权归集与实施主体确认

城市更新项目中产权自始单一的主体、多个权利主体经过产权归集程序，将产权移至单一主体成为产权归集单一的主体，以及属于合作实施的城中村改造项目的原农村集体经济组织继受单位与单一市场主体签订改造合作协议后，再检附相应材料向区城市更新部门申请并经确认成为实施主体，关于产权归集与实施主体确认，请见第二十章。而《上海市城市更新条例》对此没有明确的规定。

通过签订搬迁补偿协议是形成产权归集单一主体的主要方式。《深圳经济特区城市更新条例》第二十九条第一款规定："拆除重建类城市更新项目的市场主体与物业权利人应当遵循平等、公平的原则签订搬迁补偿协议。"第三十四条规定："城市更新搬迁补偿可以采用产权置换、货币补偿或者两者相结合等方式，由物业权利人自愿选择。政策性住房原则上采取产权置换方式，补偿与被拆除住房产权限制条件相同的住房。已登记的商品性质住宅物业采用原地产权置换的，按照套内面积不少于一比一的比例进行补偿；产权置换的实际面积不得少于约定面积，因误差导致超出面积在百分之三以内的，物业权利人可以不再支付超出面积部分的房价。安置补偿费最迟应当在物业权利人搬离之日起按约定给付。前款规定以外的其他合法建筑和历史违建的搬迁补偿标准，由市场主体与物业权利人参照本市房屋征收相关规定协商确定。"足见深圳市针对城市更新搬迁补偿协议的内容已规定相关补偿原则、补偿方式与补偿标准。

（四）实施主体签订项目实施监管协议

《深圳经济特区城市更新条例》第四十条第一款、第二款规定："城市更新项目拆除范围内形成单一权利主体或者合作实施主体的，应当向区城市更新部门申请确认实施主体。区城市更新部门应当与实施主体签订项目实施监管协议，按照有关规定明确下列事项：（一）实施主体按照城市更新单元规划要求应当履行的无偿移交公共用地、城市基础设施和公共服务设施、创新型产业用房、公共住房等义务，以及相应接收部门；（二）实施主体按照搬迁补偿协议应当履行的义务；（三）城市更新项目实施进度安排及完成时限；（四）设立资金监管账户或者其他监管措施；（五）违约责任；（六）双方需要约定的其他事项。"由此可知，实施主体经确认后，须与区城市更新部门签订项目实施监管协议。

（五）拆除建筑及注销产权

《深圳经济特区城市更新条例》第四十三条规定："除提前向政府无偿移交公共

用地，且经区人民政府同意拆除该用地上建筑物的情形外，城市更新单元拆除范围内建筑物应当在区城市更新部门与实施主体签订项目实施监管协议后，方可按规定拆除。实施主体应当在拆除施工十五日前，向区住房建设部门办理备案手续。建筑物拆除后，由物业权利人或者其委托的实施主体依法办理不动产权属注销登记手续。”由此可知，签订项目实施监管协议后，接下来实施主体就可以拆除项目范围内的建筑物，并办理不动产权属的注销登记手续。

（六）协议出让土地

《深圳经济特区城市更新条例》第四十四条第一款规定：“不动产权属注销登记完成后，实施主体应当先按照规划要求向政府无偿移交公共用地，再申请以协议方式取得更新单元规划确定的开发建设用地使用权，并签订国有建设用地使用权出让合同。项目拆除范围内的原土地使用权自动终止，出让后的土地使用权期限重新起算。”由此可知，当不动产权属注销登记、并由实施主体无偿交付公共用地后，实施主体可以申请以协议出让的方式取得土地使用权，且土地使用权期限重新起算。

三、上海市的规定

（一）前期工作

上海市城市更新的前期工作分为两个阶段，第一个阶段是区人民政府编制更新行动计划，第二个阶段是统筹主体编制区域更新方案。《上海市城市更新条例》第十四条第一款规定：“区人民政府根据城市更新指引，结合本辖区实际情况和开展的城市体检评估报告意见建议，对需要实施区域更新的，应当编制更新行动计划；更新区域跨区的，由市人民政府指定的部门或者机构编制更新行动计划。”第二十二条第一款规定：“更新统筹主体应当在完成区域现状调查、区域更新意愿征询、市场资源整合等工作后，编制区域更新方案。”由此可知，城市体检评估报告属于第一阶段的前期工作；现状调查、意愿征询以及资源整合属于第二阶段的前期工作。

（二）项目报批与审批

根据《上海市城市更新条例》第十四条、第二十条、第二十二条、第二十四条以及第二十七条的规定，由区人民政府编制更新行动计划，另由市、区人民政府遴选更新统筹主体，并由更新统筹主体编制区域更新方案并报批，而关于零星更新项目的物业权利人有更新意愿的，由其编制项目更新方案并报批。因此上海市城市更新项目的报批，原则上是采取职权制，关于项目的审批权限，请见表20.1。此外，有关于城市更新程序与固定资产审批程序该如何进行梳理的问题，《上海市城市更新条例》第二十六条规定：“区域更新方案经认定后，更新项目建设单位依法办理立项、土地、规划、建设等手续；区域更新方案包含相关审批内容且符合要求的，相关部门应当按照‘放管服’改革以及优化营商环境的要求，进一步简化审批材料、缩减审批时限、优化审批环节，提高审批效能。”由此可知，当城市更新项目审批完成后，再由更新项目建设单位办理固定资产投资的审批程序。

（三）收回国有土地

《上海市城市更新条例》第三十一条第一款规定：“在城市更新过程中，为了促进国民经济和社会发展等公共利益，按照国家和本市有关房屋征收与补偿规定确需征收房屋提升城市功能的，应当遵循决策民主、程序正当、结果公开的原则，广泛征求被征收人的意愿，科学论证征收补偿方案。”由此可知，上海市城市更新项目中政府可以直接采用征收程序，征收房屋并收回国有土地。但是上海市关于国有土地上房屋征收程序是依据《上海市国有土地上房屋征收与补偿实施细则》（以下简称《上海市房屋征收细则》），而中央的征收程序则是依据《国有土地上房屋征收与补偿条例》。这两项征收规定有个很大的区别在于，上海市的征收程序需要经过预征收的环节，而预征收又包含两个部分，分别是改建意愿征询以及签约比例达标。

《上海市房屋征收细则》第十二条规定：“因旧城区改建房屋征收范围确定后，房屋征收部门应当组织征询被征收人、公有房屋承租人的改建意愿；有 90% 以上的被征收人、公有房屋承租人同意的，方可进行旧城区改建。”由此可知，征收范围确定后，征收部门应征询改建意愿，改建意愿达到 90% 以上的方可改建。另外，《上海市房屋征收细则》第二十一条规定：“因旧城区改建需要征收房屋的，房屋征收部门应当在征收决定作出后，组织被征收人、公有房屋承租人根据征收补偿方案签订附生效条件的补偿协议。在签约期限内达到规定签约比例的，补偿协议生效；在签约期限内未达到规定签约比例的，征收决定终止执行。签约比例由区（县）人民政府规定，但不得低于 80%。”由此可知，在签约期限内补偿协议的签约比例不得低于 80%，否则补偿协议不生效且征收决定终止执行。

（四）出让（公开出让、协议出让）与划拨土地

《上海市城市更新条例》第四十一条规定：“根据城市更新地块具体情况，供应土地采用招标、拍卖、挂牌、协议出让以及划拨等方式。按照法律规定，没有条件，不能采取招标、拍卖、挂牌方式的，经市人民政府同意，可以采取协议出让方式供应土地。鼓励在符合法律规定的前提下，创新土地供应政策，激发市场主体参与城市更新活动的积极性。物业权利人可以通过协议方式，将房地产权益转让给市场主体，由该市场主体依法办理存量补地价和相关不动产登记手续。……城市更新以拆除重建和改建、扩建方式实施的，可以按照相应土地用途和利用情况，依法重新设定土地使用期限。”由此可知，实施主体可以通过出让（包括公开出让与协议出让）与划拨方式取得土地使用权。

第二十三章　城市更新的保障措施与其他问题

——兼论“城市更新+”模式

一、概述

城市更新的项目和其他类型的项目相比有其特殊性，在政策上需要给予特别支持，因此本章将针对城市更新的保障措施进行介绍。另外，在本章的最后，笔者将针对“城市更新+”等更新模式以及上海浦东新区在城市更新方面创新探索规定进行讨论。

二、城市更新的保障措施

上海市针对城市更新的保障措施有较为详细的规定，笔者整理如下表所示。

表 23.1　上海市城市更新的保障措施

保障措施	具体内容
资金支持 §36、42	1. 市、区人民政府应当安排资金，对旧区改造、旧住房更新、“城中村”改造以及涉及公共利益的其他城市更新项目予以支持。 2. 鼓励通过发行地方政府债券等方式，筹集改造资金。 3. 市住房城乡建设管理部门会同相关部门，建立全市统一的市政基础设施维护及资金保障机制，推进市政基础设施全生命周期智慧化运营和管理。
金融与税务支持 §37、38	1. 鼓励金融机构依法开展多样化金融产品和服务创新，满足城市更新融资需求。 2. 支持符合条件的企业在多层次资本市场开展融资活动，发挥金融对城市更新的促进作用。 3. 城市更新项目，依法享受行政事业性收费减免和税收优惠政策。
标准保障 §39	因历史风貌保护、旧住房更新、重点产业转型升级需要，有关建筑间距、退让、密度、面宽、绿地率、交通、市政配套等无法达到标准和规范的，有关部门应当按照环境改善和整体功能提升的原则，制定适合城市更新的标准和规范。

续表

保障措施	具体内容
规划保障 §40	1. 更新区域内项目的用地性质、容积率、建筑高度等指标，在保障公共利益、符合更新目标的前提下，可以按照规划予以优化。 2. 对零星更新项目，在提供公共服务设施、市政基础设施、公共空间等公共要素的前提下，可以按照规定，采取转变用地性质、按比例增加经营性物业建筑量、提高建筑高度等鼓励措施。 3. 旧住房更新可以按照规划增加建筑量；所增加的建筑量在满足原有住户安置需求后仍有增量空间的，可以用于保障性住房、租赁住房和配套设施用途。
用地保障 §41	1. 根据城市更新地块具体情况，供应土地采用招标、拍卖、挂牌、协议出让以及划拨等方式。按照法律规定，没有条件，不能采取招标、拍卖、挂牌方式的，经市人民政府同意，可以采取协议出让方式供应土地。鼓励在符合法律规定的前提下，创新土地供应政策，激发市场主体参与城市更新活动的积极性。 2. 物业权利人可以通过协议方式，将房地产权益转让给市场主体，由该市场主体依法办理存量补地价和相关不动产登记手续。 3. 城市更新涉及旧区改造、历史风貌保护和重点产业区域调整转型等情形的，可以组合供应土地，实现成本收益统筹。 4. 城市更新以拆除重建和改建、扩建方式实施的，可以按照相应土地用途和利用情况，依法重新设定土地使用期限。 5. 对不具备独立开发条件的零星土地，可以通过扩大用地方式予以整体利用。 6. 城市更新涉及补缴土地出让金的，应当在土地价格市场评估时，综合考虑土地取得成本、公共要素贡献等因素，确定土地出让金。
历史风貌区与历史建筑物的保护 §43	1. 在本市历史建筑集中、具有一定历史价值的地区、街坊、道路区段、河道区段等已纳入更新行动计划的历史风貌保护区域开展风貌保护，以及对优秀历史建筑进行保护的过程中，符合公共利益确需征收房屋的，按照国家和本市有关规定开展征收和补偿。 2. 城市更新因历史风貌保护需要，建筑容积率受到限制的，可以按照规划实行异地补偿；城市更新项目实施过程中新增不可移动文物、优秀历史建筑以及需要保留的历史建筑的，可以给予容积率奖励。
房源保障 §47	城市更新活动涉及居民安置的，可以按照规定统筹使用保障性房源。
注：所引用的均系《上海市城市更新条例》的条款。	

三、城市更新的其他问题

（一）“城市更新＋”模式

《北京市城市更新行动计划（2021—2025年）》中规定：“……（二）以轨道交

通站城融合方式推进城市更新。加强轨道交通场站与周边用地一体化规划及场站用地综合利用，实现轨道交通特别是市郊铁路建设与城市更新有机融合，通过轨道交通场站一体化建设，带动周边存量资源提质增效。制定站城融合城市更新专项计划，结合轨道交通、市郊铁路重点项目，建设轨道微中心，促进场站与周边商业、办公、居住等功能融合，补充公共服务设施，创造更优质的开放空间，增加地区活力，提升城市品质。……（三）以重点项目建设带动城市更新。统筹推进重点项目建设与周边地区城市更新，结合城市重点公共设施建设，梳理周边地区功能及配套设施短板，研究提出更新改造范围和内容。结合重点项目建设，推动周边地区老旧楼宇与传统商圈、老旧厂房与低效产业园区提质增效，促进公共空间与公共设施品质提升。……”由此可知，采用轨道交通站城融合的方式推进城市更新，也就是“城市更新 + TOD”模式，以城市更新加上公共交通为导向的开发模式；采用重点项目建设带动城市更新，也就是“城市更新 + XOD 模式”，以城市更新加上重点项目建设的开发模式。

另外，根据2021 年9 月30 日搜狐网的报道①，百联资控城市更新1 号资产支持专项计划在上海证券交易所成功发行。作为国内首单城市更新 CMBS，百联资控城市更新 CMBS 储架为50 亿元，首期发行规模6.5 亿元，信用评级为 AAA。这种模式也称为“城市更新 + CMBS”模式，CMBS（Commercial Mortgage Backed Securities）是商业物业抵押支持证券的英文简称，也就是将城市的存量物业进行更新改造后进行抵押，并利用物业经营所产生的现金流作为偿付支持发行证券。与其他融资方式相比，CMBS 的优势在于发行价格低、流动性强以及资产负债表表外融资等。

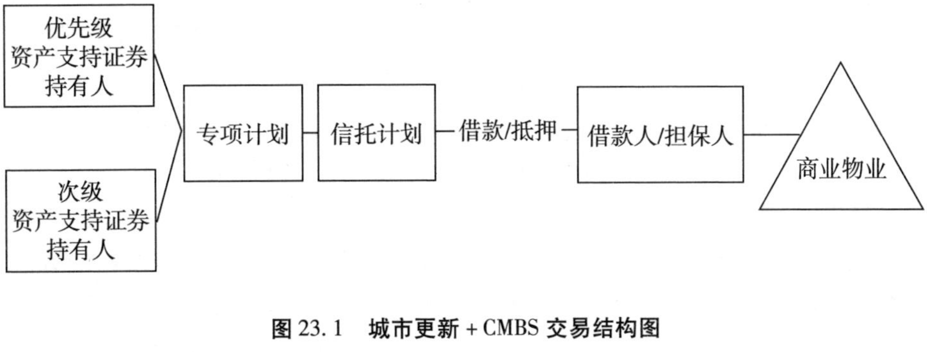

图 23.1　城市更新 + CMBS 交易结构图

① https：//www.sohu.com/a/492920365_121123881，最后访问日期：2022 年4 月27 日。

☆请见视频微观点23.1【城市更新+XOD模式】

☆请见视频微观点23.2【城市更新+CMBS模式】

（二）上海市浦东新区城市更新特别规定

《上海市城市更新条例》第五十五条规定："浦东新区应当统筹推进城市有机更新，与老城区联动，加快老旧小区改造，打造时代特色城市风貌。支持浦东新区在城市更新机制、模式、管理等方面率先进行创新探索；条件成熟时，可以在全市推广。"由此可知，浦东新区的城市更新机制可以先进行创新探索，具体措施，笔者整理如下表所示。

表23.2 浦东新区的城市更新机制

创新探索	具体内容
指定更新统筹主体§56	浦东新区人民政府可以指定更新统筹主体，统筹开展原成片出让区域等建成区的更新。
探索建设用地垂直空间分层设立§57	浦东新区人民政府编制更新行动计划时，应当优化地上、地表和地下分层空间设计，明确强制性和引导性规划管控要求，探索建设用地垂直空间分层设立使用权。
产业用地类型合理转换§60	支持浦东新区深化产业用地"标准化"出让方式改革，增加混合产业用地供给，探索不同产业用地类型合理转换。

☆有关城市更新线上收费课程，请见视频23.3【城市更新与对内更新型的片区开发模式的探索——兼论四个底线指标、工改工、旧村改造等模式】

第三部分

基础设施与房地产投资信托基金（REITs）
——投资退出与提升再投能力的最佳途径

第六篇 REITs 与类 REITs 模式实操分析

第二十四章 REITs 与类 REITs 模式概述

——为什么要采用 REITs 模式?

第一节 REITs 的意义、目的与分类

一、REITs 的意义与目的

REITs（Real Estate Investment Trusts）即不动产投资信托基金，以发行受益凭证的方式，通过公开或是非公开的手段汇集投资人的资金，并将该资金交由专门的投资机构进行不动产的投资、经营与管理，并将投资、经营、管理的收益按比例分配给投资人的一种金融投资产品。一般企业会基于什么样的目的而采用 REITs 模式?常见的有以下两种情形：

（一）结构化融资

不动产持有企业采用 REITs 模式对其持有的不动产进行重组与并购的目的，并非真的要出售该不动产，而是进行“融资”。在这种情况下，一般证券的期限都会比较长，但是基于目前证券持有人的资金性质，投资期限一般都设定在三年，因此出现期限错配的情形，为了让优先级证券的投资人有一个退出的途径，会在证券端设计让证券持有人拥有证券的“回售权”，也就是证券持有人有权将其手上的证券卖回给原不动产的持有企业，因而达到退出的目的。

这种以融资为目的模式，除了让优先级证券持有人拥有回售权外，在次级证券部分也会有相应的设计，实践中常见以下两种模式：第一，让原不动产的持有企业拥有“优先收购权”，可以在一定条件下向次级证券持有人收购其持有的次级证券；

第二，由原不动产持有企业持有次级证券①，这种情况不仅让原不动产持有企业继续掌握对于不动产的控制权外，通过优先级和次级的分级设计，可以达到撬动杠杆收购的目的。

通过前述“回售权”以及“优先收购权”的设计，原不动产的持有人将不动产出售后，未来很有可能还要再买回来，所以采用 REITs 模式达到融资目的的结构设计，实践中又称为“假卖”。既然原不动产持有企业通过假卖的方式，达到融资的目的，这种融资方式和一般的融资方式又有何不同呢？采用 REITs 模式达到融资目的，可以通过结构化的设计或是其他的增信手段，取得高于自己主体的信用评级，进而降低财务成本。

（二）投资退出

对于自持不动产的企业，REITs 模式也是一种投资退出的途径，为了达到投资退出的目的，不动产持有企业必须经营好不动产，并且让它拥有稳定的现金流，未来才能通过 REITs 模式出售不动产，进而达到投资退出的目的。一般基于此种目的所设计的证券，证券期限会比较短，也没有“回售权”以及“优先收购权”等相关权利，虽然可以让原不动产的持有企业买回不动产，但是交易结构中会安排资产服务机构必须承诺一定的业绩目标或是达到业绩目标有所奖励，以确保不动产现金流的稳定。

不动产持有企业通过 REITs 模式出售不动产，达到投资退出的目的，因为不动产持有企业没有回购的打算，所以实践中又称为“真卖”。通常采取这种“真卖”模式的 REITs 可以让资产出表，而不动产持有企业出售资产所获得的收入可以优化财务报表，此外采用 REITs 模式可以将没有流动性但是拥有稳定现金流的不动产，通过资产隔离、现金流重组和增信措施等手段，转化为具有流动性的证券，因而达到盘活资产的目的。

☆有关真卖型与假卖型 REITs 的相关问题，请见视频微观点 24.1【REITs 中的真卖和假卖】

---

① 上交所、深交所《基础设施类资产支持证券挂牌条件确认指南》第十九条规定：“原始权益人及其关联方应当保留一定比例的基础资产信用风险，持有最低档次资产支持证券，且持有比例不得低于所有档次资产支持证券发行规模的 5%，持有期限不低于资产支持证券存续期限。原始权益人及其关联方按照上述要求进行风险自留后，除非根据生效判决或裁定，不得将其持有的资产支持证券进行转让或者以任何形式的变相转让。”

二、REITs 的分类

（一）权益型 REITs、债权型 REITs 与混合型 REITs

所谓权益型 REITs 是指证券持有人通过 REITs 模式，拥有不动产的所有权、使用权或是相关权益，并对其经营管理以获得收入，投资人收益不仅来源于运营收益，还包括不动产的增值收益。而债权型 REITs 又称为抵押型 REITs，证券持有人通过 REITs 模式向不动产持有企业发放贷款，进而拥有不动产债权，其收益来源主要是手续费和抵押贷款利息，债权型 REITs 在交易结构上是类似于 MBS（Mortgage - Backed Securities 抵押支持证券）。混合型 REITs 结合了权益型 REITs 和债权型 REITs 的特点，证券的投资人既是权益投资人又是抵押贷款的债权人，既可以获得不动产增值收益，又可以获得稳定的贷款利息。从投资风险的高低比较，权益型 REITs 的风险最高，其次是混合型 REITs，最低的是债权型 REITs。

（二）公募 REITs、私募 REITs 与类 REITs

公募 REITs 是指以公开的方式，向社会大众募集资金的一种不动产投资信托基金。而私募 REITs 是指以非公开的方式，向合格投资人募集资金的一种不动产投资信托基金。合格投资人是指根据《证券公司及基金管理子公司资产证券化业务管理规定》（证监会公告〔2014〕49 号文，附件 1）第 29 条前段的规定："资产支持证券应当面向合格投资人发行，发行对象不得超过二百人，单笔认购不少于 100 万元人民币发行面值或等值面额。合格投资者应当符合《私募投资基金监督管理暂行办法》规定的条件，……"由此可知，合格投资人不得超过 200 人，单笔认购不少于 100 万元人民币。此外，私募 REITs 还可以分为有挂牌需求的私募 REITs 以及无挂牌需求的私募 REITs，如果是无挂牌需求的私募 REITs，可以用私募产品的形式完成基金业协会的备案程序，但是如果是有挂牌需求的私募 REITs，需取得交易所挂牌转让无异议函，还需取得基金业协会的备案。而有挂牌需求的私募 REITs 一般称为类 REITs。从证券流动性高低的角度来看，公募 REITs 流动性最高，其次是类 REITs，流动性最低的是无挂牌需求的私募 REITs。

由于基础设施公募 REITs 的内容，某个程度上延续了类 REITs 模式，因此本书第六篇将介绍类 REITs 的来龙去脉，第七篇再介绍基础设施公募 REITs 的相关问题。

视频微观点 24.2【公募 REITs 与类 REITs 交易结构上的区别】

（三）基础设施REITs与房地产REITs

REITs根据其所投资的底层资产不同，可以分为基础设施REITs与房地产REITs，由于基础设施是具有公益性质的不动产，所以该不动产的所有权归属于政府方居多；此外相关政策与法律针对基础设施的相关权益，规定其处置或转让都将面临一定程度的限制，无法像房地产的相关权益一样，可以自由地处置与转让；同时还要求基础设施项目的原始权益人及其关联方，持有最低档次资产支持证券的比例不得低于所有档次证券发行规模的5%，持有期限不低于资产支持证券存续期限。

2020年4月24日，中国证监会与国家发展改革委共同出台《关于推进基础设施领域不动产投资信托基金（REITs）试点相关工作的通知》（证监发〔2020〕40号），2020年7月31日，国家发展改革委办公厅出台《关于做好基础设施领域不动产投资信托基金（REITs）试点项目申报工作的通知》（发改办投资〔2020〕586号），特别针对符合一定条件的基础设施，开始试点公募REITs，有关基础设施公募REITs试点的规定内容，本书将在第七篇中说明。而基础设施类及PPP类资产支持证券的相关规定，笔者整理如下表供各位读者参考。

表24.1 基础设施类及PPP类资产支持证券的相关规定

出台时间	文件名称
1. 中央部委	
2016.12.21	《国家发展改革委、中国证监会关于推进传统基础设施领域政府和社会资本合作（PPP）项目资产支持证券化相关工作的通知》
2017.6.7	《财政部、中国人民银行、中国证监会关于规范开发展政府和社会资本合作项目资产证券化有关事宜的通知》
2. 上海证券交易所	
2017.2.17	《上海证券交易所关于推进传统基础设施领域政府和社会资本合作（PPP）项目资产证券化业务的通知》
2017.7.21	《上海证券交易所关于进一步推进政府和社会资本合作（PPP）项目资产证券化业务的通知》
2017.10.19	《上海证券交易所政府和社会资本合作（PPP）项目资产支持证券挂牌条件确认指南》
2017.10.19	《上海证券交易所政府和社会资本合作（PPP）项目资产支持证券信息披露指南》
2018.6.8	《上海证券交易所基础设施类资产支持证券挂牌条件确认指南》
2018.6.8	《上海证券交易所基础设施类资产支持证券信息披露指南》
3. 深圳证券交易所	

续表

出台时间	文件名称
2017. 2. 17	《深圳证券交易所关于推进传统基础设施领域政府和社会资本合作（PPP）项目资产证券化业务的通知》
2017. 7. 21	《深圳证券交易所关于进一步推进政府和社会资本合作（PPP）项目资产证券化业务的通知》
2017. 10. 19	《深圳证券交易所政府和社会资本合作（PPP）项目资产支持证券挂牌条件确认指南》
2017. 10. 19	《深圳证券交易所政府和社会资本合作（PPP）项目资产支持证券信息披露指南》
2018. 6. 8	《深圳证券交易所基础设施类资产支持证券挂牌条件确认指南》
2018. 6. 8	《深圳证券交易所基础设施类资产支持证券信息披露指南》
4. 中国证券投资基金业协会	
2019. 12. 22	《中国证券投资基金业协会关于 PPP 项目资产证券化产品实施专人专岗备案的通知》
5. 机构间私募产品报价及服务系统	
2017. 7. 21	《机构间私募产品报价及服务系统关于进一步推进政府和社会资本合作（PPP）项目资产证券化业务的通知》
2017. 10. 19	《机构间私募产品报价及服务系统政府和社会资本合作（PPP）项目资产支持证券挂牌条件确认指南》

第二节　类 REITs 交易主体、交易结构与计划期间

一、类 REITs 交易主体

（一）专项计划端

1. 原始权益人

原始权益人是指将其合法拥有的基础资产转让给专项计划以获得资金的主体。在类 REITs 模式中原始权益人所转让的基础资产常见的有私募基金份额或是信托计划受益权。如果原始权益人转让的是私募基金份额，私募基金管理人、原始权益人、专项计划管理人三方签署私募基金份额转让协议。如果原始权益人转让的是信托计划受益权，信托计划受托人、原始权益人、专项计划管理人三方签署信托计划受益权转让协议。

2. 专项计划管理人

专项计划管理人是指为资产支持证券持有人之利益，对专项计划进行管理及履行其他法定职责的证券公司、基金管理子公司、具备一定条件的信托公司。

3. 认购人

认购人是指将其资金委托给专项计划管理人管理运用，并按照其取得的资产支持证券享有相关专项计划权利与义务的人。一般认购人与专项计划管理人之间会签署资产管理合同，合同中的文件包括：标准条款、认购协议、专项计划风险揭示书及计划说明书。

4. 资产支持证券持有人

资产支持证券持有人是指投资并持有资产支持证券的证券投资人，包括优先级资产支持证券持有人以及次级资产支持证券持有人。认购人缴纳认购资金、专项计划合法成立，认购人取得资产支持证券后，认购人成为资产支持证券持有人。

5. 专项计划托管银行

专项计划托管银行是指为资产支持证券持有人之利益，按照规定或约定对专项计划相关资产进行保管，并监督专项计划运作的商业银行或其他机构。一般专项计划管理人会代表专项计划和专项计划托管银行签订专项计划托管协议。

6. 销售机构

销售机构是指依法办理资产支持证券的认购、申购的机构。一般是由专项计划管理人与销售机构签订代理销售协议。

7. 登记托管机构

登记托管机构是指为资产支持证券提供登记托管和支付结算的机构。

（二）基金或信托计划端

1. 原基金份额持有人/信托计划委托人

是指私募基金或是信托计划的设立发起人，并于设立时持有基金份额或信托计划受益权的投资人。如果发起设立的是私募基金，由原基金份额持有人、私募基金管理人与私募基金托管人三方签订基金合同、基金份额认购书与基金风险揭示书。如果发起设立的是信托计划，由信托计划委托人与信托计划受托人签署信托合同。原基金份额持有人或信托计划委托人以原始权益人的身份将基金份额或信托计划受益权转让给专项计划管理人。

2. 基金份额持有人/信托计划受益人

基金份额持有人在基金份额转让前指的是原基金份额持有人，基金份额转让后指的是专项计划管理人。信托计划受益人在信托受益权转让前指的是信托计划委托人，信托计划受益权转让后指的是专项计划管理人。

3. 基金管理人/信托计划受托人

基金管理人依照法律、法规以及基金合同的约定，运营与管理基金资产，为投资者实现投资收益。而信托计划受托人是指在信托法律关系之中，被授予信托财产并承担受托义务的机构。

4. 私募基金监督机构

私募基金监督机构是指与基金管理人签订基金监督协议，开立私募基金募集结算资金专用账户，并负责对募集结算资金专用账户实施监督的机构①。

5. 私募基金托管银行/信托计划保管银行

按照规定或约定对基金或是信托计划相关资产进行保管，并监督基金或是信托计划运作的商业银行或其他机构。一般而言基金管理人会和私募基金托管银行签订基金托管协议；或是由信托计划受托人与信托计划保管银行签订信托保管协议。

6. 委贷银行

委贷银行是指由基金管理人（委托人）提供资金，并根据基金管理人确定的借款人、用途、金额、币种、期限、利率等代为发放、协助监督使用、协助收回贷款的商业银行。一般基金管理人与委贷银行会签署委托贷款委托合同，委贷银行与借款人（被吸并公司或项目公司）签署委托贷款借款合同。

（三）标的资产端

1. 原被吸并公司股东

原被吸并公司股东是指被吸并公司的设立股东，并持有被吸并公司全部股权的投资人。原被吸并公司股东和基金管理人双方签订股权转让协议，将其所持有被吸并公司的全部股权转让给基金或是信托计划。

2. 被吸并公司股东

被吸并公司股东在被吸并公司股权转让前是指原被吸并公司股东，被吸并公司股权转让后是指基金或是信托计划。

3. 被吸并公司

被吸并公司是指原被吸并公司股东所设立的公司，被吸并公司的任务是由基金或是信托计划对被吸并公司搭建股债结构，被吸并公司收购项目公司的全部股权，然后再由项目公司反向吸并被吸并公司。

① 《私募投资基金募集行为管理办法》（中基协发〔2016〕7号）第十三条第一款规定："募集机构应当与监督机构签署账户监督协议，明确对私募基金募集结算资金专用账户的控制权、责任划分及保障资金划转安全的条款。监督机构应当按照法律法规和账户监督协议的约定，对募集结算资金专用账户实施有效监督，承担保障私募基金募集结算资金划转安全的连带责任。"

4. 换股公司

被吸并公司收购项目公司股权时，收购的对价除了使用货币之外，有的项目基于节税的考虑，被吸并公司会先设立一家换股公司，再以其持有的换股公司股权作为收购项目公司股权的对价。

5. 不动产持有人

不动产持有人是指拥有不动产产权的人，不动产持有人通过资产隔离的手段将入池不动产装入项目公司，如果入池不动产已经装入项目公司，则项目公司股东即为不动产持有人。

6. 项目公司股东

在项目公司股权转让前，是指不动产持有人，在项目公司股权转让之后是指被吸并公司，被吸并公司被项目公司反向吸收合并后，是指基金或是信托计划。

7. 项目公司

不动产持有人基于资产隔离的考虑，将入池资产装入一个专项独立的公司之中。

8. 项目公司监管银行

由专项计划管理人、基金管理人/信托计划受托人、项目公司及项目公司监管银行四方签订监管协议，由项目公司监管银行对项目公司的监管账户进行监管。

9. 资产服务机构

由专项计划管理人、基金管理人/信托计划受托人、项目公司及资产服务机构四方签订项目公司资产服务协议，由资产服务机构对不动产进行运营及管理服务，并提供业绩目标承诺。

（四）增信相关主体

1. 流动性支持机构

当优先级证券持有人行使提前退出回售权，或是不同意展期回售权时，流动性支持机构应支付行权人回售价款，买回优先级证券持有人的优先级证券。一般专项计划管理人和流动性支持机构签署流动性支持协议。

2. 优先收购权人

优先收购权人在优先收购权行权日，根据专项计划管理人和优先收购权人签署优先收购协议，优先收购权人有权在优先收购权行权日收购优先级证券、次级证券、基础资产或标的资产。

3. 差额支付承诺人

在普通分配或是处置分配时，如优先级证券的本金或是预期收益无法全部兑付，针对不动产运营现金流无法兑付的差额，差额支付承诺人应予支付。一般专项计划管理人和差额支付承诺人签署差额支付承诺协议。

4. 保证人

保证人是指和专项计划管理人签订保证合同，承担保证义务之机构。

5. 收购义务人

收购义务人根据其与专项计划管理人所签订的优先收购协议，在类 REITs 项目进入处置期后一定期间内，有义务收购基础资产或是标的资产。

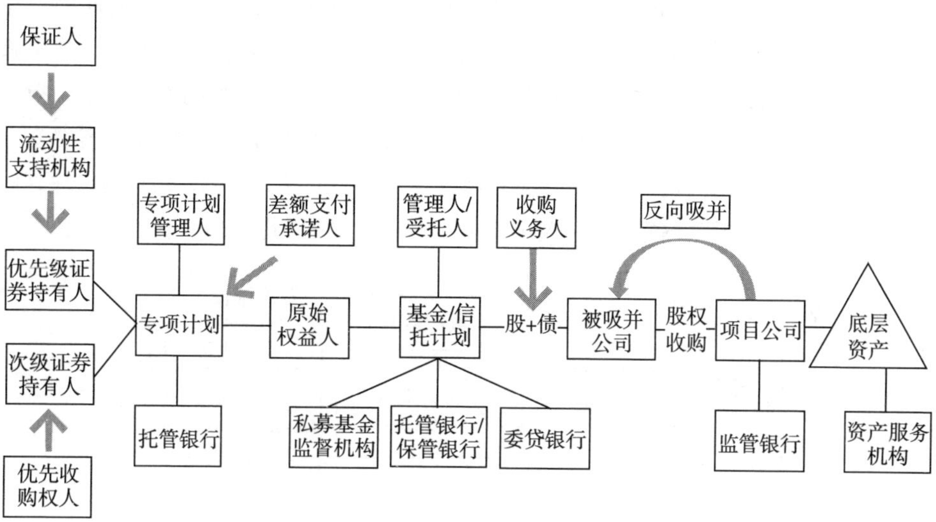

图 24.1　类 REITs 交易主体

二、类 REITs 模式的交易结构

类 REITs 的交易是由数个具体的交易关系所串联而成，而交易结构是指串联每个具体交易关系的主轴。分析类 REITs 的交易结构，可以从两个面向着手，第一个面向是从合同的对价关系来分析，第二个面向是从交易的特性来分析。如果从第一个面向分析，类 REITs 的交易结构基本上可以分为两个部分：第一，募集资金收购资产，并将不具有流动性的资产，转化为具有流动性的证券；第二，将经营管理不动产所获得的运营收益，以及将不动产处置后的增值收益，分配给证券持有人。

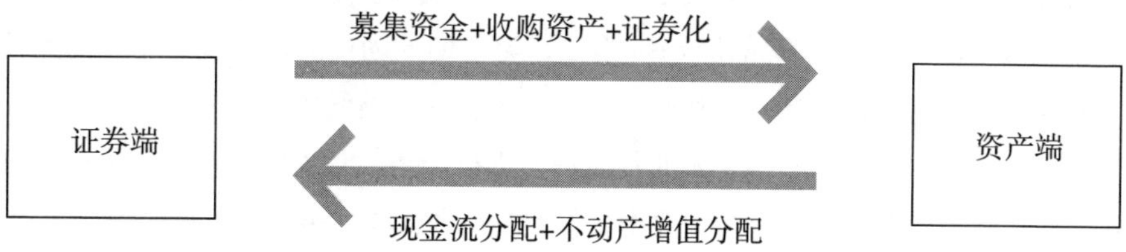

图 24.2　类 REITs 交易结构图

如果从第二个面向来分析，类 REITs 的交易结构基本上就是“资产收购 + 证券化”，也就是用募集的资金来收购不动产，让不动产未来的现金流可以证券化，资产收购部分可以分为“资产隔离 + 搭建股债结构”，证券化部分可以分为“证券分层 + 现金流重组”。所谓证券分层是指将证券分为优先级证券与次级证券，而资产支持证券的分层常见的模式有 AB 券模式或是 ABC 券模式，有关证券分层的问题，本书将在第二十五章讨论；资产隔离是指基于破产隔离以及现金流不混同的考量下，不动产持有人将不动产装入一个项目公司之中，有关资产隔离的问题，本书将在第二十六章讨论；股债结构的搭建是指资产收购时，基于节税的考量，会采取一种资本弱化的模式进行资产收购，有关搭建股债结构的问题，本书将在第二十七章、第二十八章讨论；现金流的重组是指将现金流进行归集、分割、增信与排序，以符合不同投资人的风险偏好，有关现金流重组的问题，本书将在第二十九章讨论。

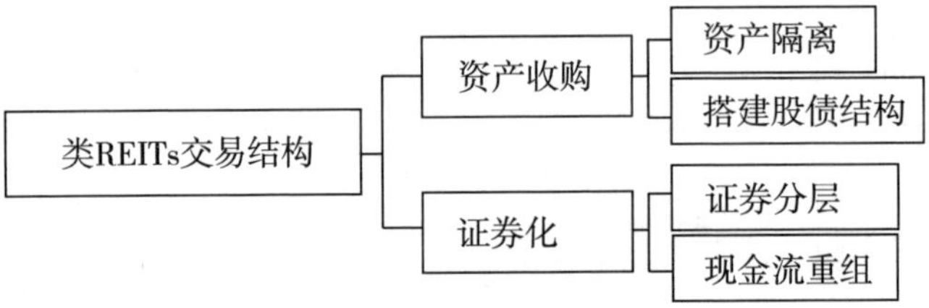

图 24.3　类 REITs 交易结构体系

三、类 REITs 模式具体交易关系的组成

类 REITs 的交易是由四个具体的交易关系所组成，每个具体的交易关系可以视为是一个独立的法律关系，个别交易关系的内容具体说明如下：

（一）底层资产交易关系

底层资产交易关系是指项目公司和不动产之间的法律关系，在这层法律关系中具体关注以下几个问题：第一，厘清项目公司和不动产之间具体的物权或是债权关系，项目公司可能拥有土地使用权，同时拥有房地产或基础设施的所有权，以及该不动产的特许经营权或收益权，又或是项目公司拥有基础设施的使用权、特许经营权或收益权（基本上三项权利都属债权）。第二，为了使不动产的现金流不和其他无关的资产发生混同的情形，或是基于破产隔离的考虑，在交易结构设计的安排上，一般会使该不动产的产权和不动产持有人的其他资产进行隔离，常见的做法是单独成立项目公司，并且将不动产注入项目公司之中，使其成为项目公司单独的资产。第三，底层资产的估值有多少？底层资产是否有设定负担或是有存量债务尚未清偿？底层资产的净现金流量是否足以还本付息？资产服务机构是否可以确保底层资产现金流的稳定？

（二）标的资产交易关系

标的资产交易关系是指基金或是信托计划收购并持有项目公司股权以及债权的法律关系，在这层法律关系中具体关注以下几个问题：第一，股权金额和债权金额的比例要如何搭配，才能最大程度地做到节税？是否需要采取反向吸并的方式？第二，投资债权要采取委托贷款、信托贷款还是股东贷款模式，并且如何完成底层资产的质押与抵押？第三，投资债权时，是否需要通过搭建优先债与次级债，进而达到现金流的分割与重组？第四，收购项目公司股权时，是否要同时处理项目公司财务投资人的股权问题？第五，可否由专项计划直接投资项目公司股权与债权？

（三）基础资产与资产支持证券交易关系

基础资产交易关系是指原始权益人将其对基金的份额或是信托计划的受益权信托给专项计划的法律关系，而资产支持证券交易关系是指证券持有人投资专项计划管理人所发行的证券及其相应的法律关系，在这层法律关系中具体关注以下几个问题：第一，如何使用最少的过桥资金成立基金或信托计划？第二，如何将基础资产的现金流证券化，也就是计划管理人通过现金流的整理与控制系统，将基础资产的现金流进行归集、分割、重组、增信、排序，使流出系统的现金流满足不同风险偏好投资人的需求？第三，证券的发行规模、利率、期限、还本付息的方式，以及证券持有人的投资通过何种渠道可以退出？

图 24.4　类 REITs 具体的交易关系

☆有关类 REITs 交易结构的具体内容，请见视频微观点 24.3【类 REITs 交易结构】

四、类 REITs 模式具体交易关系的搭建

当各位读者了解类 REITs 具体交易关系的组成之后，可能会产生一个疑问，这个具体的交易关系是如何搭建起来的？这是本书接下来要讨论的问题。有关具体的搭建步骤分为以下几个环节：

（一）步骤一：设置交易主体

类 REITs 模式中有四个交易主体需要先进行设置，分别是专项计划、私募股权基金或是信托计划、被吸并公司（如果有）以及项目公司，除了专项计划由计划管理人设置之外，其余交易主体都由不动产持有人或是其关联方进行设置，这里有几个问题需要特别注意：第一，由于项目公司未来要吸收合并被吸并公司，因此项目公司的注册资本金要比被吸并公司的注册资本金大；第二，私募股权基金或是信托计划在设立时，希望可以有效地节省过桥资金的使用，一般所采取的办法就是让实缴金额少于认缴金额。

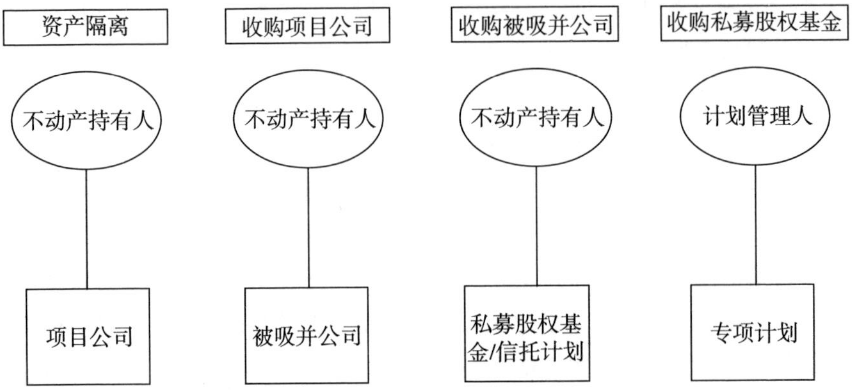

图24.5　步骤一：设置交易主体

（二）步骤二：收购基金/信托计划

专项计划资金募集达到标准并完成设立后，不动产持有人将基金份额或是信托计划受益权有偿转移给专项计划，所以不动产持有人以原始权益人的身份和专项计划签订私募股权基金份额转让协议书，或是签订信托计划受益权转让协议书，并根据协议书的内容完成基金份额或是受益权的转让与转让价款的支付。

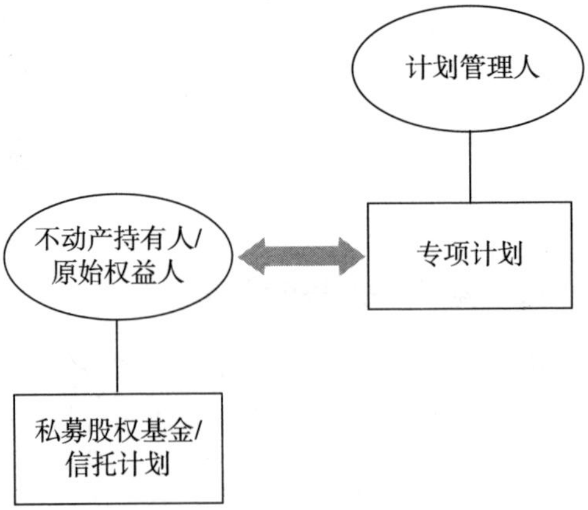

图24.6　步骤二：收购基金/信托计划

（三）步骤三：收购被吸并公司

专项计划完成对私募股权基金或是信托计划的收购之后，接下来会完成基金或是信托计划所有的认缴金额的出资，基金或是信托计划出资完成后就可以开始收购被吸并公司的股权，或是收购被吸并公司的股权并且对其发放股东贷款，具体操作请见本书第二十八章的内容。

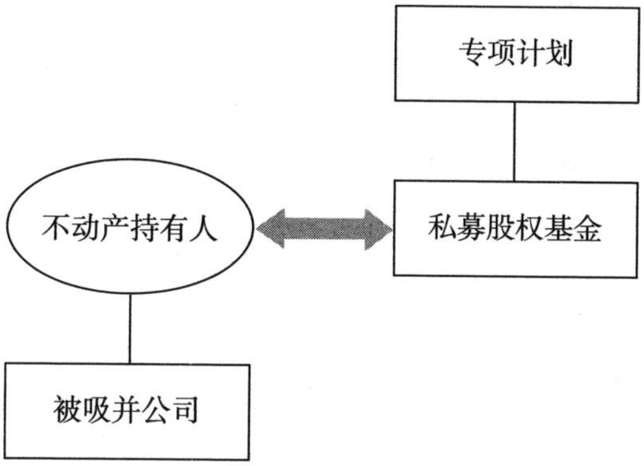

图 24.7　步骤三：收购被吸并公司

（四）步骤四：收购项目公司

被吸并公司取得资金后，用于收购项目公司股权，或是收购项目公司股权并且对其发放股东贷款，具体操作请见本书第二十八章的内容。

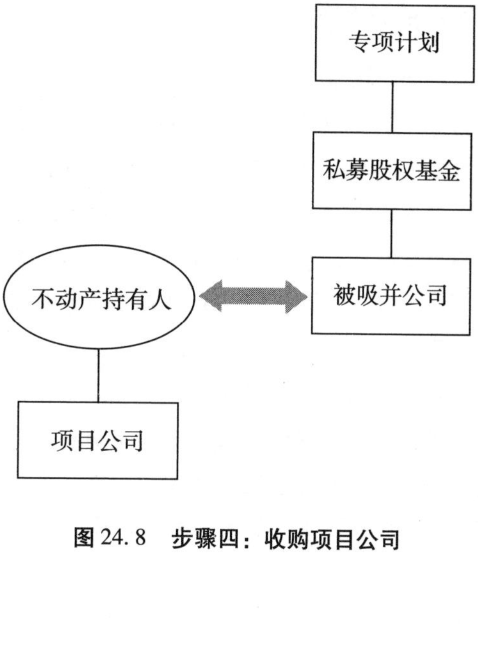

图 24.8　步骤四：收购项目公司

(五) 步骤五：反向吸并

项目公司对被吸并公司完成吸收合并，被吸并公司主体归于消灭后，基金或信托计划在某些情况下需要对项目公司发放股东贷款，基金或是信托计划对项目公司完成股债结构的搭建，具体操作请见本书第二十八章的内容。

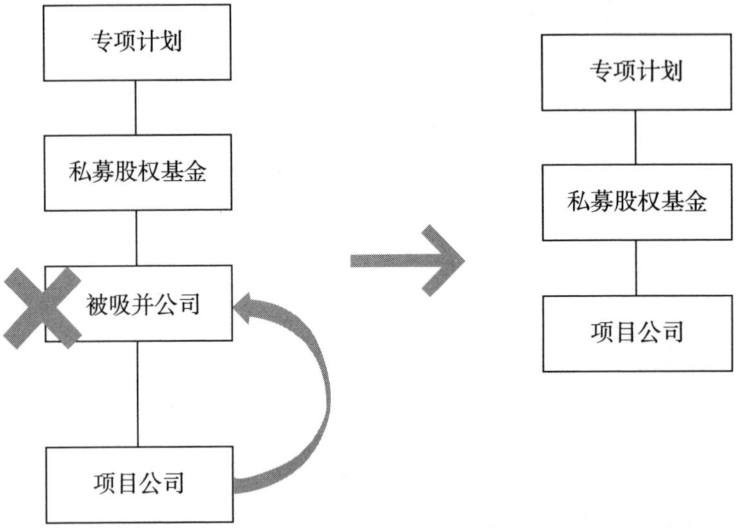

图 24.9 步骤五：反向吸并

五、类 REITs 项目的计划期间

类 REITs 项目的计划期间基本上包含两个部分，分别是专项计划发行期与专项计划存续期。专项计划发行期是指专项计划从可以开始募集资金之时起算到专项计划成立日截止。专项计划可以开始募集资金之时是指计划管理人向交易所提出挂牌转让的申报，经交易所审核后出具无异议函，资产支持证券正式进入发行阶段，此时计划管理人可以开始募集资金；而专项计划成立日是指资产支持证券按照计划说明书约定的条件完成募集，且募集资金已经全额划付到专项计划账户之日。

专项计划存续期是指从专项计划设立日开始起算，到资产支持证券期限期满为止，其中又包括专项计划运营期以及专项计划处置期。专项计划运营期是指资产服务机构经营管理底层资产进而产生现金流的期间，此期间资产支持证券的投资人有权在约定兑付日分配收益。处置期是指运营期满后，或是发生提前终止事由时，对于基础资产、标的资产与底层资产进行处置，并且由资产支持证券持有人按约定分配处置收益的期间。

专项计划运营期中，自专项计划成立日开始起，在一定期间内（一般约定 60

日到90日不等）专项计划应完成基础资产与标的资产的收购，此一期间称为资产收购期，如专项计划未于资产收购期内完成资产收购（也就是图24.5～图24.9中的步骤一到步骤五），将会导致专项计划提前终止。专项计划运营期中还包括普通兑付期间、回售权行权期间以及优先收购权行权期间，专项计划处置期还可以分为处置兑付期间与清算兑付期间，本书会在后续的章节中一一说明。

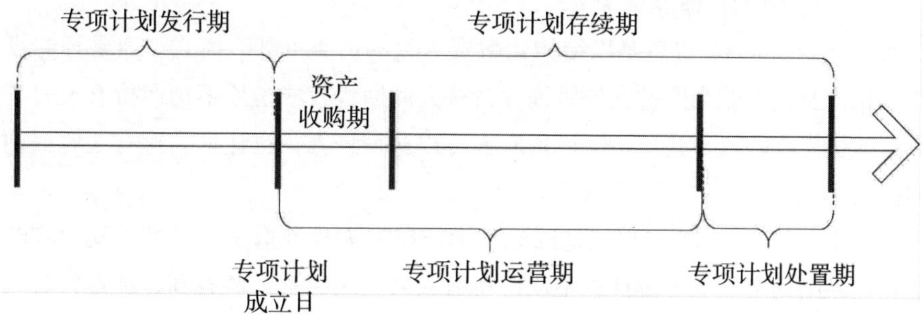

图24.10 类REITs项目计划期间

第二十五章 类REITs证券端的设计

——单方退出与优先收购机制

一、类REITs证券的类型、期限、还款方式与利率

（一）类REITs证券的类型

有关类REITs证券的类型，和现金流的分割技术有关，实践中常见AB券以及ABC券两种模式。AB券模式是指A类证券作为优先级固定收益型证券、B类证券作为次级权益型证券。一般而言，A券的还款来源于不动产预期的现金流，并且收益是固定的，而B券的收益来源除了A券分配剩下的不动产预期现金流、不动产超额的现金流外，主要还包括权利维持费，并且B券的收益一般是浮动的。至于ABC券模式是指A类证券作为优先一级固定收益型证券，B类证券作为优先二级固定收益型证券，C类证券作为次级权益型证券，在这个模式下是将固定收益型证券再分为两级。

AB券与ABC券在证券方案设计上的差别在于，AB券模式是将不动产的现金流分割为两类，A券对应的A类现金流是稳定且风险较低的现金流，B券对应的B类现金流是不稳定且风险较高的现金流，所以在该模式之下，一定是有钱A券先拿，增信A券先用，A券退出较为容易。至于ABC券模式是将不动产的现金流分割成三类，A券对应的A类现金流在结构设计上可以作为基金或是信托计划，对于项目公司或是被吸并公司优先一级贷款现金流，B券对应的B类现金流在结构设计上可以作为基金或是信托计划，对于项目公司或是被吸并公司优先二级贷款现金流。

（二）类REITs证券的期限

假卖型类REITs，也就是以结构化融资为目的的类REITs模式，通常证券期限会比较长，所以一般会安排优先级证券持有人的回售权或是原不动产持有人对于次级证券的优先收购权，让原不动产持有人可以买回证券，也让证券持有人有提前退出的机会。

至于真卖型类REITs，也就是以原不动产持有人投资退出为目的的类REITs模式，在产品结构上一般不设计原不动产持有人具有买回资产的权利，证券持有人没有提前退出的机会，所以通常真卖型REITs期限会比较短，一般就是专项计划运营期3年、专项计划处置期2年，有的项目会给予证券持有人延展证券期限的权利。

类REITs证券的期限还可以分为期满终止与期前终止，所谓期满终止是指专项计划预定存续期限到期后终止，而期前终止是指：第一，因为发生专项计划提前终止事由，例如原不动产持有人违约或是专项计划目的无法达成等；第二，优先级证券持有人行使回售权或是原不动产持有人行使优先收购权，导致专项计划提前终止；第三，通过发行公募REITs的方式使证券持有人提前退出。

（三）储架式类REITs、可扩募型类REITs的证券期限

储架式类REITs是指采取储架发行的类REITs项目，储架发行制度是指一次核准多次发行的再融资制度，该制度的优点在于简化审批程序，缩短企业融资周期，发行人可以根据自身的融资需要，较为灵活地安排证券的发行规模、发行期限等。有关于储架式类REITs项目须符合哪些条件？根据《上海证券交易所资产证券化业务问答（三）》的规定："一、资产证券化项目'一次申报、分期发行'需满足哪些条件？答：资产证券化项目同时符合以下条件的，适用'一次申报、分期发行'：1. 基础资产具备较高同质性，法律界定及业务形态属于相同类型，且风险特征不存在较大差异；2. 分期发行的各期资产支持证券使用相同的交易结构和增信安排，设置相同的基础资产合格标准，且合格标准包括相对清晰明确的基础资产质量控制条款，比如资产池分散度、债务人影子评级分布等；3. 原始权益人能够持续产生与分期发行规模相适应的基础资产规模；4. 原始权益人或专项计划增信主体资质良好，原则上主体信用评级为AA级或以上；5. 资产证券化项目的计划管理人和相关参与方具备良好的履约能力和较为丰富的资产证券化业务经验。"由此可知，储架式类

REITs 的发行条件需具备：资产同质性高；相同的交易结构、增信安排以及相同的资产合格标准；与分期发行规模相适应的资产规模；主体信用评级 AA 级或以上计划管理人与相关参与方有良好的能力与经验。

可扩募型类 REITs 是指在专项计划期限不变的情况下，在计划中增加新的资产进而增加发行证券、扩大募资。它和储架式类 REITs 最大的不同在于，储架式类 REITs 分期发行的专项计划期限是分别计算的。

（四）类 REITs 的还款方式与利率

优先级证券的还款方式，在优先级证券期限内是分期还息还本，利率采取固定利率；而次级证券的还款方式，在次级证券期限内是分期还息最后一期还本，利率采取浮动利率。资产支持证券发行的定价有两种不同的方式，分别是簿记建档与招标发行。簿记建档是簿记管理人通过路演、询价以及对投资者需求的沟通，确定价格并组织配售的发行方式；招标发行是指发行人通过招标方式向有资格的承销商发包，投资者中标相当于投资购买，然后投资者再按照各自定价对社会二次发售。[①]

☆有关扩募的问题，请见视频微观点 25.1【类 REITs 项目扩募时应注意的事项】

二、类 REITs 优先级证券持有人单方退出机制

（一）优先级投资人期前单方退出机制

针对期限比较长的证券，为了使优先级证券持有人有提前退出的机会，会在产品中设计让投资人拥有“提前退出回售权”，假设 R 是提前退出回售权行权日，一般“提前退出回售权行权期间”应分为以下几个部分：

1. 票面利率调整日（R－45）

专项计划管理人和原始权益人磋商后，有权于票面利率调整日公布票面利率调整的结果，如果专项计划管理人不希望优先级证券持有人行使提前退出回售权，专项计划管理人可以调高票面利率，如果专项计划管理人希望优先级证券持有人行使提前退出回售权，专项计划管理人可以调低票面利率。所以回售权表面上看起来是优先级证券持有人单方的权利，但是这个权利的行使受到票面利率调整权的影响很深，如

① 钟鑫审定，胡喆、陈府申主编：《图解资产证券化法律实务操作要点与难点》，法律出版社 2017 年 6 月版，第 118 页。

果在票面利率下调的情况下，优先级证券持有人常常不得不行使提前退出回售权。

2. 回售登记期（R－44～R－25）

回售登记期是指优先级证券持有人是否要行使提前退出回售权并办理登记的期间，所以拟行使提前退出回售权的证券，应于回售登记期内完成向专项计划管理人行权登记，专项计划管理人会在登记期结束前完成核算与确权登记。

3. 撮合转售期（R－24～R－1）

专项计划管理人对于回售登记期内已经完成行权登记的优先级证券持有人，管理人会对该投资人所持有确权登记的证券进行撮合，寻找是否有其他合格投资人愿意购买该证券，撮合交易成功后，管理人会协助完成过户登记。如果已完成确权登记的证券，在撮合转售期内转售成功的，该投资人丧失提前退出回售权。

4. 提前退出回售权行权日（R）

对于已完成确权登记但是未完成撮合转售的证券，管理人应通知流动性支持机构，针对该部分的证券进行回售，流动性支持机构应于提前退出回售权行权日支付回售价款，并完成过户登记。通常提前退出回售权行权日也是兑付日，所以回售权行权日行使了回售权是否还可以进行普通分配在解释上有歧义，需要在专项计划中约定清楚。

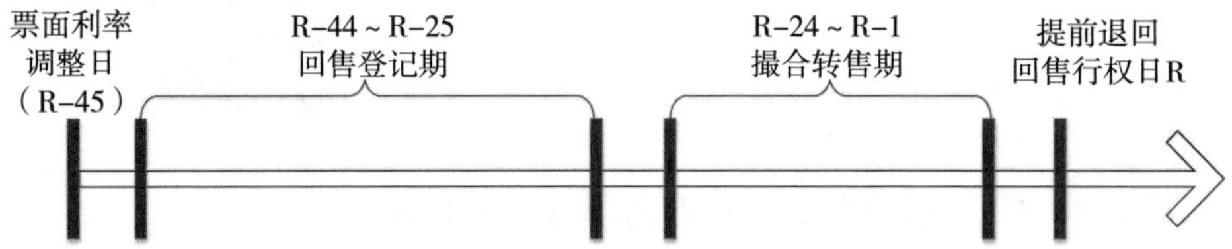

图 25.1　提前退出回售权行权期间

（二）优先级投资人期满不同意展期退出机制

针对期限比较短的证券，为了让整个项目有延长期限的机会，会在产品中设计让投资人拥有“不同意展期回售权”，假设 R 是不同意展期回售权行权日，一般“不同意展期回售权行权期间”应分为以下几个部分：

1. 展期票面利率调整日（R－45）

专项计划管理人和原始权益人磋商后，有权于票面利率调整日公布未来确认展期票面利率拟调整的结果。

2. 展期征询登记期（R－44～R－30）

展期征询登记期是指专项计划管理人向优先级证券持有人发出通知，征询是否同意延展优先级证券的期限，投资人应书面回复是否同意展期，管理人会在登记期结束前完成核算与确权登记。

3. 展期公告日（R－29）

专项计划管理人将于展期公告日公告是否展期，如果公告结果是证券期间不予展期，专项计划将进入处置期；如果公告结果是证券期间予以展期，将进入下一个阶段，就是撮合转售期。

4. 撮合转售期（R－28～R－1）

专项计划管理人对于登记期内表示不同意展期的投资人，寻找是否有其他合格投资人愿意购买该证券，撮合交易成功后，管理人协助完成过户登记。如果在撮合转售期内转售成功的投资人，该投资人将丧失不同意展期回售权。

5. 不同意展期回售行权日（R）

对于未完成搓合转售的证券，管理人应通知流动性支持机构，针对该部分的证券进行回售，流动性支持机构应于不同意展期回售行权日支付回售价款，并完成过户登记。

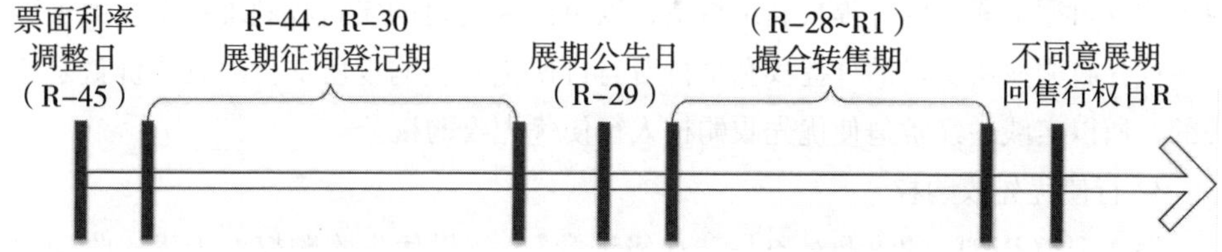

图 25.2　不同意展期回售期行权期间

☆有关投资人如何投资退出的问题，请见视频微观点 25.2【类 REITs 优先级投资人单方退出机制】

三、类 REITs 优先收购机制

（一）假卖型类 REITs 优先收购权

1. 优先收购权行权循环期与优先收购权行权期

优先收购权行权期是指优先收购权人行使优先收购权的期限，一般优先收购权行权期在没有发生专项计划提前终止或是公开发行 REITs 的情况下，是以优先收购权行权循环期作为优先收购权行权期。如果发生专项计划提前终止时，优先收购权行权期为优先收购权行权循环期起始日起，至专项计划提前终止日止。如果发生公开发行 REITs 时，优先收购权行权期为优先收购权行权循环期起始日起，至专项计划公开发行 REITs 之日止。

而优先收购权行权循环期是指将专项计划运营期以一定周期（一般是以三年为一个周期）拆分成若干个优先收购权行权循环期，第一个三年周期称为第一个优先收购权行权循环期，第二个三年周期称为第二个优先收购权行权循环期，以此类推；优先收购权行权循环期的功能，除了界定优先收购权行权期之外，还可以延续次级证券的存续期间，具体的操作方式将于后续说明。

2. 不行使优先收购权

如果优先收购权人于优先收购权行权期未行使优先收购权的，应于权利维持费支付日（一般定在兑付日前若干天），支付“实付权利维持费”，实付权利维持费的金额相当于次级证券的还款利息金额。此外，还需于权利维持费支付日，在账上记录“计提权利维持费”，计提权利维持费的金额相当于次级证券的还款本金金额。如果在优先收购权行权期截止日，优先收购权人始终未行使优先收购权，优先收购权人应支付账上累计的计提权利维持费，以及尚未支付的实付权利维持费。由于不行使优先收购权所支付的计提权利维持费与行使优先收购权所支付的收购价款是相等的，所以实践中经常迫使优先收购权人行使优先收购权。

3. 行使优先收购权

假卖型类 REITs 的收购对象是“次级证券”，如果优先收购权人于优先收购权行权期行使优先收购权，优先收购权人应支付“收购价款”，收购价款金额相当于是次级证券票面总值，此时无须再支付“计提权利维持费”，但是需支付截至优先收购权行权日止尚未支付的“实付权利维持费”。

优先收购权人收购所有次级证券后，有以下两种选择：第一，持有次级证券至当期优先收购权行权循环期届至时，进入提前终止程序；第二，通知专项计划管理人延续次级证券期限至下一期优先收购权行权循环期届至时，在下一个优先收购权行权期内，优先收购权人可以继续持有次级证券，或是转让全部或部分的次级证券。

（二）真卖型类 REITs 优先收购权

对于真卖型类 REITs 一般会规定，当项目进入专项计划处置期时，优先收购权人有权在一定期间内收购“优先级证券”、“基础资产”或“标的资产”，优先收购权人完成收购程序与处置分配程序后，随即进入清算程序。

（三）基础设施类 REITs 优先收购权与收购义务

由于基础设施类 REITs 次级证券的持有人，基本上都是原基础设施持有人，因此基础设施类 REITs 的优先收购机制和房地产类 REITs 的优先收购机制有许多不相同的地方，基本上可分为专项计划运营期与专项计划处置期两部分，具体内容说明如下：

1. 专项计划运营期

在专项计划运营期，为了使原基础设施持有人有单方决定优先级投资人退出的机制，一般会安排让原基础设施持有人在优先收购权行权期（常见约定每三年的兑付日作为优先收购权行权期）“有权回购”（即行使优先收购权）“优先级证券”、“基础资产”或“标的资产”。专项计划管理人收到“收购价款”后，可以进行处置分配。

2. 专项计划处置期

在专项计划处置期，为了确保优先级证券持有人可以顺利退出，一般会安排在进入专项计划处置期一定期间内（一般称为义务收购期），原基础设施持有人对于“优先级证券”“基础资产”或“标的资产”有收购义务。

表 25.1　类 REITs 优先收购机制的三种类型比较

类型	期间	收购对象	目的
假卖型	运营期	次级证券→权利维持费、收购价款	补充现金流
真卖型	处置期	“优先级证券”、“基础资产”或“标的资产”	收回资产
基础设施	运营期	“优先级证券”、“基础资产”或“标的资产”	投资退回
	处置期	“优先级证券”、“基础资产”或“标的资产”	收购义务

☆有关原始权益人优先收购的问题，请见视频微观点 25.3【类 REITs 优先收购机制】

第二十六章　类 REITs 底层资产的重组

——底层资产的重组方式与相关税务问题

一、底层资产与不动产

底层资产是指项目公司和不动产之间的法律关系，如果项目公司拥有土地使用权，根据房随地走原则，土地使用权上的房地产或是基础设施的所有权应归属于项目公司；但是如果项目公司不拥有土地使用权，则项目公司可以根据其和房地产或基础设施所有权人所签订的合同，拥有对房地产或是基础设施的使用权、收益权或是经营权。

由于基础设施项目尤其是 PPP 项目，基础设施的所有权基本上都归属于政府方，所以项目公司投资基础设施所取得的权利，都是根据 PPP 合同取得的基础设施使用权、收益权或是经营权，而且 PPP 合同中对于这些权利以及项目公司股权的转让都有严格的规定，除了规定锁定期以及转让的条件外，还需要实施机构的同意，所以类 REITs 项目进入处置期后，处置资产的对象如果是基础设施，就无法向房地产一样自由处置。一般可以考虑处置基金份额或是信托计划受益权，间接达到处置不动产以及项目公司股权的目的。

此外，有关划拨土地相关合规性审查的问题，需注意实际使用与规划使用是否一致，是否发生土地闲置的情况。此外，另一个值得注意的问题是，如果将划拨土地上的建筑物出租是否会存在合规性的问题？《中华人民共和国城镇国有土地使用权出让和转让暂行条例》第四十四条规定："划拨土地使用权，除本条例第四十五条规定的情况外，不得转让、出租、抵押。"第四十五条第一款规定："符合下列条件的，经市、县人民政府土地管理部门和房产管理部门批准，其划拨土地使用权和地上建筑物、其他附着物所有权可以转让、出租、抵押：（一）土地使用者为公司、企业、其他经济组织和个人；（二）领有国有土地使用证；（三）具有地上建筑物、其他附着物合法的产权证明；（四）依照本条例第二章的规定签订土地使用权出让合同，向当地市、县人民政府补交土地使用权出让金或者以转让、出租、抵押所获效益抵交土地使用权出让金。"《中华人民共和国城市房地产管理法》第五十六条规定："以营利为目的，房屋所有权人将以划拨方式取得使用权的国有土地上建成的房屋出租的，应当将租金中所含土地收益上缴国家。具体办法由国务院规定。"在划拨土地上出租房屋的，必须由主管部门批准，须补交土地出让金或是上缴租金中的土地收益。

底层资产中的不动产，除了可以区分为基础设施以及房地产外，还可以区分为入池资产以及非入池资产。入池资产是指资产的现金流流入资金池或是专项计划，而非入池资产是指资产的现金流不流入资金池或是专项计划。一般而言，为了防止现金流混同，或是基于破产隔离的考虑，会将入池资产单独装入项目公司，一般不会将入池资产以及非入池资产同时都放入项目公司之中。但是实践中有少数项目为了减少资产变动可能产生的繁杂手续，或是将非入池资产作为增信手段，而将入池资产以及非入池资产同时装入项目公司之中，当然也会有相应的风险缓释措施，常见的有：第一，入池资产与非入池资产要分流进入不同的账户；第二，要求不动产的持有人对于非入池资产可能产生的风险要进行担保；第三，未来如果入池资产不够分配时，非入池资产要进入分配程序中。

☆有关非入池资产的风险缓释措施相关问题，请见视频微观点 26.1【类 REITs 模式中非入池资产是否一定要剥离?】

二、底层资产与项目公司

在类 REITs 项目中，不动产持有人为了将入池资产进行资产隔离，会将入池资产单独放到一个干净的公司之中，也就是没有其他不相关的资产与负债的公司中，这家公司我们会称它为“项目公司”。有的时候，不动产持有人手上只有一个入池资产，没有其他不相干的资产，这时候就不需要另外成立项目公司，而是由不动产持有人直接作为项目公司即可。此外，类 REITs 项目交易结构中原则上只会有一家项目公司，但是实践中笔者也曾看过有些类 REITs 项目会有好几家项目公司，这是因为不动产持有人在一开始持有数笔不动产时，分别将其放在不同的项目公司之中，所以才会在类 REITs 交易结构中出现数家项目公司。

不动产持有人在类 REITs 交易结构中会搭建基金、信托计划或是被吸并公司等资产收购主体，通过搭建股债结构的方式收购项目公司的股权或/和债权，而股债结构的搭建是类 REITs 交易结构中最重要也是最关键的环节，本书会在后续章节中说明。此处需要特别说明的是，这些资产收购主体在收购项目公司股权时，基本上会全部收购，取得对项目公司完全的控制权，但是有的时候基于某些原因，收购主体只收购了项目公司的部分股权，这时候类 REITs 项目会有哪些风险缓释措施呢?第一，虽然收购主体没有收购全部的股权，但是也会收购绝大部分的股权，以取得项目公司绝对的控制权；第二，由少数股东委托收购主体代为行使股东权利，以取得少数股东的权利；第三，专项计划会通过监管银行监管项目公司的账户，使项目公司进出的每一笔钱都在专项计划的控制之中。

三、类 REITs 估值相关问题讨论

（一）不动产持有人的角度

从不动产持有人的角度，采用了类 REITs 模式相当于出售了自己所持有的不动产，因此从不动产估值的角度，常见的估值方法有三种，分别是收益法、市场法与账面价值法。收益法是指计算不动产所预估未来的现金流现值总和的一种方法，具

体的方法包括静态现金流折现法、静态利差法与期权调整利差法。这个方法的缺点在于折现率确定的标准较为主观，此外对于不动产市场价值的估算也有所不足。市场法也称市场价格比较法，是指通过比较被评估不动产与最近售出类似不动产的异同，并将类似的市场价格进行调整，从而确定被评估不动产价值的一种评估方法。这个方法的缺点在于必须有个被比较的对象才能进行评估，所以如果该类型的不动产市场交易可以参考的对象不足（例如基础设施），就会影响评估的准确性。账面价值法是指不动产的入账价值减去累计折旧、减值准备、跌价准备等而形成的价值。由于账面价值法是一种静态的估价标准，以资产负债表为基础，不考虑现时资产市场价值波动，也不考虑资产收益情况，所以无法反映不动产的市场价值以及未来收益的情形。

（二）证券持有人的角度

从证券持有人的角度，投资类 REITs 项目相当于投资上市公司公开发行的股票，所以类 REITs 投资人倾向于以具有高度流动性的权益类证券的估值方法估算类 REITs 的价值。估值方法可以分为两大类，分别为绝对估值法和相对估值法。所谓绝对估值法是指以现金流贴现定价的估值方法；在类 REITs 模式中常用的“运营现金流贴现法”“净资产估值法”即属于此类方法。至于相对估值法是指使用市盈率、市净率、市售率、市现率等价格指标与其他多只证券（即对比系）进行对比，如果低于对比系相应指标值的平均值，则证券价格可能被低估；在类 REITs 模式中常用的“P/FFO 倍数法”即属于此类方法。以下将分别介绍各类估值方法的计算方式。

1. 运营现金流贴现法

运营现金流贴现法是计算运营现金流现值总和的一种估值方法。一般企业估值时常采用“净收入”作为主要运营绩效指标，但以净收入作为指标并不适用类 REITs 项目，因为计算净收入时，折旧摊销费用是净收入的扣减项目，但是对于不动产的项目而言一般会随着时间增值，而折旧摊销费用的计算会低估类 REITs 项目的价值，因此有人提出了采用运营现金流（Fund From Operation，FFO）作为评估指标。运营现金流是在净收入的基础上，加上了折旧摊销的金额，并减去可折旧摊销资产的销售所得。

2. 净资产估值法

净资产估值法（Net Asset Value，NAV），其核心逻辑是类 REITs 的估值不能过分偏离其旗下资产的价值。具体而言，净资产估值等于特定类 REITs 所有资产的价值减去债务后的净值。类 REITs 的资产主要是其持有的不动产，所以 NAV 估值法的关键在于准确地评估类 REITs 持有不动产的价值。① 净资产估值法在估算类 REITs 估值时，相对于账面价值法，比较能够反映不动产在市场上的真实价值。

3. 运营现金流倍数法

运营现金流倍数法（P/FFO）是指通过比较类 REITs 证券价格（P）与每股运营现金流（FFO）的倍数，相对地评判类 REITs 证券当前的价格是否合理，类似于股票估值体系中的市盈率法②。如果某类 REITs 的运营现金流倍数高于其他类 REITs 的运营现金流倍数，则可能认定某类 REITs 的证券价格偏高。

四、类 REITs 企业重组所得税税收原理初探

类 REITs 模式中，在底层资产环节中有不动产转让、实物出资或是公司分立，而在标的资产环节中有反向吸并、股权转让，这些环节都会涉及企业所得税、增值税、土地增值税、契税、印花税等大量的税务问题，而现行企业重组税收政策中，最复杂、最难理解的算是企业所得税的政策了，因此有人称企业重组所得税税收制度是企业所得税中最璀璨的一顶皇冠，因此本章拟从这顶皇冠所涉及的税收原则进行初步的讨论。

（一）税法上企业重组的意义

首先，我们要讨论什么是企业重组。《关于企业重组业务企业所得税处理若干问题的通知》（财税〔2009〕59 号）（以下简称《59 号文》）第一条规定：“本通知所称企业重组，是指企业在日常经营活动以外发生的法律结构或经济结构重大改变的交易，包括企业法律形式改变、债务重组、股权收购、资产收购、合并、分立等……” 由此可知，类 REITs 模式中的不动产转让、实物出资、公司分立、反向吸并、股权转让，在性质上属于条文中所称的股权收购、资产收购、合并与分立等类型。而《59 号文》第三条规定：“企业重组的税务处理区分不同条件分别适用一般性税务处理规定和特殊性税务处理规定。” 由此可知，符合条件的企业重组可以适用特殊税务处理规定，也就是可以免税或是递延纳税，因此本章将重点讨论企业重组企业所得税特殊税务处理的税收原则。

（二）经济实质理论以及派生规则

“经济实质理论”是企业重组所得税的核心原则，其内涵为企业重组所产生的唯一后果就是使目标公司的原股东对目标公司的营业或资产的股东利益得以继续；或者说企业重组的本质在于，使目标公司的股东对于目标公司营业或资产的投资利益在变化后的公司形态下可以继续存续。因此重组前后，股东在新旧公司享有的全

---

① 公众号“阿尔法合伙人”文章：《是否应该在你的资产配置中加入 REITs》。

② 林华主编：《中国 REITs 操作手册》，中信出版集团 2018 年 1 月版，第 386 页。

部或是绝大部分利益只是股东所有权形式上的变化，而不涉及投资利益的重大变化，重组后的原股东将继续其投资和营业，并且重组后的利益与重组前的利益不存在实质性的区别①。

而在“经济实质理论”之下还可以派生出其他规则。《59 号文》第五条规定：“企业重组同时符合下列条件的，适用特殊性税务处理规定：（一）具有合理的商业目的，且不以减少、免除或者推迟缴纳税款为主要目的。（二）被收购、合并或分立部分的资产或股权比例符合本通知规定的比例。（三）企业重组后的连续 12 个月内不改变重组资产原来的实质性经营活动。（四）重组交易对价中涉及股权支付金额符合本通知规定比例。（五）企业重组中取得股权支付的原主要股东，在重组后连续 12 个月内，不得转让所取得的股权。”由此可知，企业重组如果要适用特殊性税务处理规定，必须符合：第一，股东权益连续性规则；第二，经营连续性规则；第三，合理商业目的规则。所谓股东权益连续性规则，是指这个重组交易必须满足标的公司的原股东，直接在标的资产上，或是通过获得收购公司的股权在目标资产上，保持一个持续的利益；该规则包含了“质量持续要求”②“数量持续要求”“时间持续要求”以及“远端利益持续要求”③ 四方面的具体内容④，而数量持续要求以及时间持续要求对应的就是《59 号文》第五条第二、四、五项的规定。而经营持续性规则是指标的公司的营业或是资产在新的公司实体下得以延续，而不得将该营业或资产在交易之后予以出售或处置⑤，该原则对应的是《59 号文》第五条第二、三项的规定。而合理商业目的规则是指不以减少、免除或者推迟缴纳税款为主要目的。

（三）纳税必要资金原则以及适格对价

《59 号文》第六条第六项规定：“（六）重组交易各方按本条（一）至（五）项规定对交易中股权支付暂不确认有关资产的转让所得或损失的，其非股权支付仍应在交易当期确认相应的资产转让所得或损失，并调整相应资产的计税基础……”由此可知，交易中股权支付的部分，如果符合一定的条件，当期实现的收益或损失不予确认，适用递延纳税的待遇，而交易中非股权支付的部分，应当期确认收益或损失，需要当期应税。因此如果企业没有实际收到可缴纳税负之现金或其他财产之前，应当给予缓征或者给予税收递延之待遇，此即“纳税必要资金原则”。

---

① 雷霆：《企业并购重组税务实务》，法律出版社 2015 年 8 月版，第 10 页。

② 目标公司股东获得对价属于收购公司支付的具有表决权的股份或股权。

③ 标的公司的股东在收购公司中的所有者利益，与标的公司的投资利益不至于相差太远。

④ 雷霆：《企业并购重组税务实务》，法律出版社 2015 年 8 月版，第 17 页。

⑤ 雷霆：《企业并购重组税务实务》，法律出版社 2015 年 8 月版，第 49 页。

此外，《59 号文》第二条规定：“本通知所称股权支付，是指企业重组中购买、换取资产的一方支付的对价中，以本企业或其控股企业的股权、股份作为支付的形式；所称非股权支付，是指以本企业的现金、银行存款、应收款项、本企业或其控股企业股权和股份以外的有价证券、存货、固定资产、其他资产以及承担债务等作为支付的形式。”由此可知，股权支付包含了收购企业自身的股权或股份，或是收购企业持有的控股企业的股权或股份。所以“适格对价”是指能够保持目标公司原股东在新公司形态下利益持续的对价，一般而言对于适格对价，税法上采取“不确认原则”，而对于额外对价，税法上认为属于资产出售交易行为，在这样的交易行为中，收益或对价已经真实实现，因此采取“确认原则”①。

（四）企业重组的计税基础确定规则

《59 号文》对于免税重组交易的资产计税基础的确定采取了两个规则，即“计税基础转移”规则和“计税基础替代”规则。“计税基础转移”规则是指资产受让方（收购公司）在资产转移中获得资产的计税基础，应当等于该资产在资产转让方手中时的计税基础，加上资产转让方在交易中确认的收益；由于在免税重组中，税法规定资产转让方不需要确认任何的收益或损失，因此实际上就像该资产在资产转让方的原计税基础转移到收购方一样。而“计税基础替代”规则是指用自有换出资产的计税基础替代换入资产的原计税基础②。

（五）分步交易规则

《59 号文》第十条规定：“企业在重组发生前后连续 12 个月内分步对其资产、股权进行交易，应根据实质重于形式原则将上述交易作为一项企业重组交易进行处理。”由此可知，企业重组前后连续 12 个月内发生的不同交易，且是为了完成重组目标必不可少的步骤，则应该将这些交易视为一项重组业务中的不同交易环节③，称之为分步交易规则。

☆有关资产重组企业所得税相关问题，请见视频微观点 26.2【REITs 重组环节企业所得税相关问题初探（直播）】

---

① 雷霆：《企业并购重组税务实务》，法律出版社 2015 年 8 月版，第 65、66 页。
② 雷霆：《企业并购重组税务实务》，法律出版社 2015 年 8 月版，第 83 页。
③ 徐贺：《资本交易税收实务》，中国税务出版社 2019 年 2 月版，第 144 页。

五、底层资产重组及其相关税务处理

为了避免入池资产的现金流和其他非入池资产的现金流发生混同的情形，并且基于破产隔离的考虑，不动产持有人会将入池不动产单独“装入”项目公司之中，和其他非入池资产相互隔离，此即为资产隔离。将不动产“装入”项目公司常见的方式有不动产转让、实物出资、公司分立三种情况。

（一）不动产转让

不动产转让是指不动产持有人将入池资产转让项目公司，不动产的转让可以分为有偿转让和无偿转让两种情况。有关于不动产转让所涉及的税务处理，说明如下：

1. 不动产有偿转让——企业所得税的问题

《59号文》第一条第四项规定：“资产收购，是指一家企业（以下称为受让企业）购买另一家企业（以下称为转让企业）实质经营性资产的交易。受让企业支付对价的形式包括股权支付、非股权支付或两者的组合。”由此可知，不动产有偿转让属于税法上的资产收购。资产收购如果要适用特殊性税务处理，除了要符合前述《59号文》第五条规定外，还要符合《59号文》第六条第三项的规定。《关于促进企业重组有关企业所得税处理问题的通知》（财税〔2014〕109号）（以下简称《109号文》）第二条规定：“资产收购，受让企业收购的资产不低于转让企业全部资产的50%，且受让企业在该资产收购发生时的股权支付金额不低于其交易支付总额的85%，可以选择按以下规定处理：1. 转让企业取得受让企业股权的计税基础，以被转让资产的原有计税基础确定。2. 受让企业取得转让企业资产的计税基础，以被转让资产的原有计税基础确定。”由此可知，收购公司（即受让企业）收购的资产不低于标的企业（即转让企业）全部资产的50%，且收购公司的股权支付金额不低于交易总额的85%，可以适用免税的计价基础。

2. 不动产无偿转让（资产划转）——企业所得税的问题

底层资产重组如属于国有资产无偿划转的，则有《关于印发〈企业国有产权无偿划转管理暂行办法〉的通知》（国资发产权〔2005〕239号）（以下简称《无偿划转办法》）适用的问题。《无偿划转办法》第二条规定：“本办法所称企业国有产权无偿划转，是指企业国有产权在政府机构、事业单位、国有独资企业、国有独资公司之间的无偿转移。国有独资公司作为划入或划出一方的，应当符合《中华人民共和国公司法》的有关规定。”《关于促进企业国有产权流转有关事项的通知》（国资发产权〔2014〕95号）中规定：“国有全资企业之间或国有全资企业与国有独资企业、国有独资公司之间，经双方全体股东一致同意，其所持股权可以实施无偿划转。具体程序按照《国有股东转让所持上市公司股份管理暂行办法》、《企业国有产权无偿划转管理暂行办法》的规定办理。”由此可知，无偿划转的行为基本上发生在国有独资企业或公司、国有全资企业之间。

有关于企业国有资产无偿划转程序与审批，包括以下几个环节：第一，编写可行性论证报告，做好可行性研究；第二，划转双方应分别经过总经理办公会议、董事会审议，如果涉及职工分流安置事项，应当经被划转企业职工代表大会审议通过；第三，划出方应当就无偿划转事项通知本单位债权人，并制订相应的债务处置方案；第四，划转双方应当组织被划转企业按照有关规定开展审计或清产核资；第五，划转双方协商一致后，应当签订企业国有产权无偿划转协议；第六，按表 13. 1 完成无偿划转的审批；第七，划转双方应当依据相关批复文件及划转协议，进行账务调整，按规定办理产权登记等手续。

此外，《109 号文》第三条规定：“对 100% 直接控制的居民企业之间，以及受同一或相同多家居民企业 100% 直接控制的居民企业之间按账面净值划转股权或资产，凡具有合理商业目的、不以减少、免除或者推迟缴纳税款为主要目的，股权或资产划转后连续 12 个月内不改变被划转股权或资产原来实质性经营活动，且划出方企业和划入方企业均未在会计上确认损益的，可以选择按以下规定进行特殊性税务处理：1. 划出方企业和划入方企业均不确认所得。2. 划入方企业取得被划转股权或资产的计税基础，以被划转股权或资产的原账面净值确定。3. 划入方企业取得的被划转资产，应按其原账面净值计算折旧扣除。”由此可知，在 100% 直接控制的居民企业之间，按账面净值无偿划转资产，在符合一定条件下，可以按特殊税务处理。

3. 其他税务处理

关于无偿划转房地产是否征收土地增值税的问题，有人认为从《中华人民共和国土地增值税实施细则》和财政部、国家税务总局《关于土地增值税一些具体问题规定的通知》来看，不同企业之间房地产无偿划转不属于以赠与方式无偿转让房地产的行为，因此认为无偿划转房地产不属于不征收土地增值税的行为①。

有关增值税部分，《关于全面推开营业税改征增值税试点的通知》附件 2《营业税改征增值税试点有关事项的规定》（以下简称《营改增试点规定》）第一条第二项规定：“（二）不征收增值税项目。……5. 在资产重组过程中，通过合并、分立、出售、置换等方式，将全部或者部分实物资产以及与其相关联的债权、负债和劳动力一并转让给其他单位和个人，其中涉及的不动产、土地使用权转让行为。”

① 刘小玮、张兰田：《资本业务税法指南》，法律出版社 2018 年 7 月版，第 401 页。

由此可知，公司出售资产时将不动产及其相关债权、债务和劳动力一并转让的，不征收增值税。

有关契税部分，《关于继续支持企业事业单位改制重组有关契税政策的通知》（以下简称《改制重组契税政策的通知》）第六条第二款规定："同一投资主体内部所属企业之间土地、房屋权属的划转，包括母公司与其全资子公司之间，同一公司所属全资子公司之间，同一自然人与其设立的个人独资企业、一人有限公司之间土地、房屋权属的划转，免征契税。"由此可知，资产无偿的划转免征契税。

此外，对于公司的资产收购业务中所涉及的应税合同，应按规定缴纳印花税①。

（二）实物出资

《公司法》第二十七条第一款规定："股东可以用货币出资，也可以用实物、知识产权、土地使用权等可以用货币估价并可以依法转让的非货币财产作价出资。……"由此可知，股东出资可以用货币出资，也可以用实物等非货币财产作价出资，因此不动产持有人可以将其持有的不动产，以非货币财产作价出资的方式，投资到项目公司之中，因而达到资产隔离的目的。程序上不动产持有人须在公司章程中约定将以实物出资的方式完成股东的出资义务。实物出资所涉及的税务处理，说明如下：

1. 非货币性资产投资的所得税处理实务

《关于非货币性资产投资企业所得税政策问题的通知》（财税〔2014〕116号）（以下简称《116号文》）第一条规定："居民企业（以下简称企业）以非货币性资产对外投资确认的非货币性资产转让所得，可在不超过5年期限内，分期均匀计入相应年度的应纳税所得额，按规定计算缴纳企业所得税。"由此可知，实物出资资产转让的所得，不动产持有人可以递延缴交所得税。但是第四条规定："企业在对外投资5年内转让上述股权或投资收回的，应停止执行递延纳税政策，并就递延期内尚未确认的非货币性资产转让所得，在转让股权或投资收回当年的企业所得税年度汇算清缴时，一次性计算缴纳企业所得税；企业在计算股权转让所得时，可按本通知第三条第一款规定将股权的计税基础一次调整到位。企业在对外投资5年内注销的，应停止执行递延纳税政策，并就递延期内尚未确认的非货币性资产转让所得，在注销当年的企业所得税年度汇算清缴时，一次性计算缴纳企业所得税。"由此可知，如果五年内转让股权、投资回收或是注销企业，须一次缴清企业所得税。

2. 《116号文》与《59号文》相互竞合适用的问题

实物出资从某种程度看可以视为公司与股东之间的资产收购，因此可能造成

---

① 徐峥、查燕云、赵团结：《企业并购税收》，立信会计出版社2020年6月版，第45页。

《116 号文》与《59 号文》相互竞合的问题，《116 号文》第六条规定：“企业发生非货币性资产投资，符合《财政部 国家税务总局关于企业重组业务企业所得税处理若干问题的通知》（财税〔2009〕59 号）等文件规定的特殊性税务处理条件的，也可选择按特殊性税务处理规定执行。”由此可知，如果发生竞合的情形，可以适用《116 号文》，也可以适用《59 号文》。

3. 其他税务处理的问题

有关土地增值税，《关于继续实施企业改制重组有关土地增值税政策的通知》（财税〔2018〕57 号）（以下简称《57 号文》）第四条规定：“单位、个人在改制重组时以房地产作价入股进行投资，对其将房地产转移、变更到被投资的企业，暂不征土地增值税。”由此可知，在改制或是重组的前提下，不动产持有人将房地产以实物出资的方式投资项目公司，不征收土地增值税。但是根据《57 号文》第五条的规定，房地产企业不适用该优惠规定。

以不动产或无形资产出资入股属于增值税的应税行为，按照一般性转让行为征收增值税①。此外一般性的房屋产权作价投资入股，应按照房屋买卖行为征收契税②。最后，有关印花税的问题，投资入股协议是否在印花税处理中视为一项产权转移书据或购销合同需要缴纳印花税？由于印花税只对列举的凭证征税，而投资入股协议等并不在列举范围之内，因此入股协议不应缴纳印花税③。

（三）公司分立

《59 号文》第一条第六项规定：“分立，是指一家企业（以下称为被分立企业）将部分或全部资产分离转让给现存或新设的企业（以下称为分立企业），被分立企业股东换取分立企业的股权或非股权支付，实现企业的依法分立。”因此，不动产持有人将其持有的不动产，通过公司分立的方式，将分离转让给新设的项目公司，同样也可以达到资产隔离的效果。程序上不动产持有企业应通过分立事项的股东会决议，并且发布分立公告通知债务人，与债务人协商债务清偿事宜。有关于公司分立所涉及的税务处理，说明如下：

1. 企业所得税的问题

《59 号文》第六条规定：“企业重组符合本通知第五条规定条件的，交易各方对其交易中的股权支付部分，可以按以下规定进行特殊性税务处理：……（五）企业分立，被分立企业所有股东按原持股比例取得分立企业的股权，分立企业和被分立企业均不改变原来的实质经营活动，且被分立企业股东在该企业分立发生时取得

---

① 徐贺：《资本交易税收实务》，中国税务出版社 2019 年 2 月版，第 36 页。
② 徐贺：《资本交易税收实务》，中国税务出版社 2019 年 2 月版，第 44 页。
③ 徐贺：《资本交易税收实务》，中国税务出版社 2019 年 2 月版，第 47 页。

的股权支付金额不低于其交易支付总额的85%，可以选择按以下规定处理：1. 分立企业接受被分立企业资产和负债的计税基础，以被分立企业的原有计税基础确定。2. 被分立企业已分立出去资产相应的所得税事项由分立企业承继。3. 被分立企业未超过法定弥补期限的亏损额可按分立资产占全部资产的比例进行分配，由分立企业继续弥补。4. 被分立企业的股东取得分立企业的股权（以下简称‘新股’），如需部分或全部放弃原持有的被分立企业的股权（以下简称‘旧股’），‘新股’的计税基础应以放弃‘旧股’的计税基础确定。如不需放弃‘旧股’，则其取得‘新股’的计税基础可从以下两种方法中选择确定：直接将‘新股’的计税基础确定为零；或者以被分立企业分立出去的净资产占被分立企业全部净资产的比例先调减原持有的‘旧股’的计税基础，再将调减的计税基础平均分配到‘新股’上。……”由此可知，第一，被分立企业所有股东按原持股比例取得分立企业（项目公司）的股权；第二，分立企业（项目公司）和被分立企业均不改变原来的实质经营活动；第三，被分立企业股东（不动产持有人）在该企业分立发生时取得的股权支付金额不低于其交易支付总额的85%。符合以上三项条件的可以按特殊税务处理。

2. 其他税务处理的问题

有关增值税部分，《营改增试点规定》第一条第二项规定：“不征收增值税项目。……5. 在资产重组过程中，通过合并、分立、出售、置换等方式，将全部或者部分实物资产以及与其相关联的债权、负债和劳动力一并转让给其他单位和个人，其中涉及的不动产、土地使用权转让行为。”由此可知，公司分立时将不动产及其相关债权、债务和劳动力一并转让的，不征收增值税。

有关土地增值税部分，《57号文》第三条规定：“按照法律规定或者合同约定，企业分设为两个或两个以上与原企业投资主体相同的企业，对原企业将房地产转移、变更到分立后的企业，暂不征土地增值税。”由此可知，公司分立将不动产转移，不征收土地增值税。

有关契税部分，《改制重组契税政策的通知》第四条规定：“公司依照法律规定、合同约定分立为两个或两个以上与原公司投资主体相同的公司，对分立后公司承受原公司土地、房屋权属，免征契税。”由此可知，公司分立投资主体相同的，分立公司所承受的不动产免征契税。

最后根据《关于企业改制过程中有关印花税政策的通知》的规定，企业分立行为需经过县级以上人民政府及企业主管部门的批准，才有资格享受不征收印花税的优惠，否则应该按照一般规定贴花完税①。

---

① 徐贺：《资本交易税收实务》，中国税务出版社2019年2月版，第371页。

表 26.1　底层资产重组相关税务处理

重组路径		涉及税种				
		企业所得税	土地增值税	增值税	契税	印花税
不动产转让	有偿转让	特殊税务处理	征收	不征收	征收	征收
	国有资产无偿转让（资产划转）	特殊税务处理	征收	不征收	不征收	征收
实物出资		特殊税务处理	不征收	征收	征收	不征收
公司分立		特殊税务处理	不征收	不征收	不征收	经批准不征收

☆有关底层资产隔离的相关问题，请见视频微观点 26.3【REITs 模式中的资产隔离】

第二十七章　类 REITs 标的资产收购与股债结构搭建（一）

——标的资产三种收购类型与相关税务问题

一、标的资产收购与收购主体

标的资产的收购，是指专项计划直接收购或是通过其他收购主体间接收购项目公司的股权或债权（即标的资产）。有关于收购标的资产时该如何搭建收购主体，可以分为以下几种类型：

（一）类型一：专项计划直接收购标的资产

如果由专项计划直接收购项目公司的股权与债权，则此时基础资产和标的资产同属于一个资产，指的就是项目公司的股权与债权。《证券公司及基金管理子公司资产证券化业务管理规定》第三条第一款前段规定：“本规定所称基础资产，是指符合法律法规规定，权属明确，可以产生独立、可预测的现金流且可特定化的财产权利或者财产。”第三条第三款规定：“基础资产可以是企业应收账款、租赁债权、信贷资产、信托收益权等财产权利，基础设施、商业物业等不动产财产或不动产收益权，以及中国证监会认可的其他财产或财产权利。”由此可知，基础资产可以是财产权利、不动产收益权或是其他证监会认可的财产权；而项目公司的股权与债权皆符合前述的条件，因此专项计划可以直接收购项目公司的股权与债权。

既然专项计划可以直接收购项目公司的股权与债权，为何此一类型在实践中一直不是主流的收购类型？这里需要讨论的是，专项计划对项目公司发放贷款时，项目公司可否将不动产抵押给专项计划？或是项目公司可否将不动产的现金流质押给专项计划？《民法典》第三百九十四条第一款规定：“为担保债务的履行，债务人或者第三人不移转财产的占有，将该财产抵押给债权人的，债务人不履行到期债务或者发生当事人约定的实现抵押权的情形，债权人有权就该财产优先受偿。”由此可知，抵押权人可以是法人，也可以是自然人，并不限于一定是金融机构。

此外，《国土资源部关于规范土地登记的意见》第五条第一款规定：“依据相关法律、法规规定，经中国银行业监督管理委员会批准取得《金融许可证》的金融机构、经省级人民政府主管部门批准设立的小额贷款公司等可以作为放贷人申请土地抵押登记。”似乎要求金融机构才可作为抵押权人，但是该规定已于2017年11月29日废止。而国务院办公厅《关于完善建设用地使用权转让、出租、抵押二级市场的指导意见》中规定：“……（十三）放宽对抵押权人的限制。自然人、企业均可作为抵押权人申请以建设用地使用权及其地上建筑物、其他附着物所有权办理不动产抵押相关手续，涉及企业之间债权债务合同的须符合有关法律法规的规定。……”亦明确规定自然人、企业均可作为抵押权人。

虽然根据上述规定，自然人和企业依法可以作为抵押权人，但是各地实践中仍然存在主管部门只允许金融机构作为抵押权人的情形，为了解决上述问题，有的项目在交易结构设计上就选择由信托公司担任专项计划管理人。有关于信托公司可否担任专项计划管理人的问题，根据中国证券监督管理委员会《关于信托公司试点参与企业资产证券化业务有关事项的函》，中国证监会已与银保监会信托部会商和征求意见，一致同意在目前已获得特定目的信托受托机构资格且资产证券化业务经验丰富的信托公司中选择公司治理和内控体系完善、监管评级良好、合规状况良好的信托公司参与试点①。由此可知，符合试点条件的信托公司可以作为专项计划管理人。

---

① 公众号“领带金融”文章：《交易所ABS迎“新玩家”，信托作为管理人发行首单单层SPV结构CMBS》。

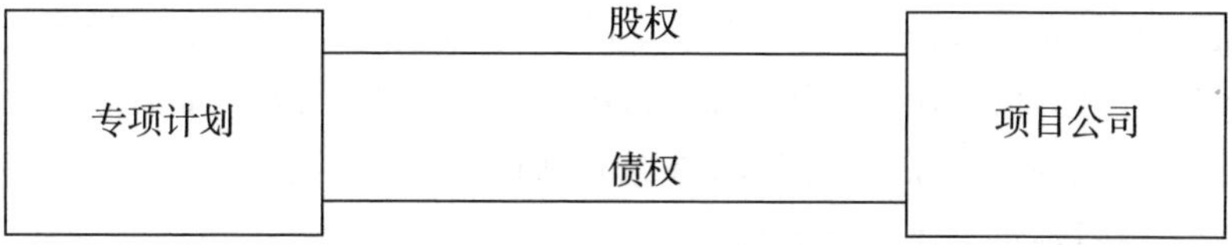

图27.1 专项计划直接收购标的资产

(二)类型二：专项计划通过基金或是信托计划收购标的资产

以专项计划通过基金或是信托计划收购标的资产，一直是类REITs模式中用于收购标的资产的一种常见类型。采取这个类型的原因在于，虽然按照法律规定专项计划可以成为抵押权人，但是在实践中仍然可以看见主管部门只允许金融机构作为抵押权人的情形。为此专项计划可以通过基金发放委托贷款的方式，或是专项计划通过信托计划发放信托贷款的方式，收购项目公司的债权，并且完成抵押以及质押的登记。

图27.2 专项计划通过基金或信托计划收购标的资产

☆有关收购主体类型的相关问题，请见视频微观点27.1【类REITs模式中收购主体的搭建】

(三)类型三：专项计划通过基金或是信托计划，再由基金或是信托计划通过被吸并公司收购标的资产

根据财政部、国家税务总局《关于企业关联方利息支出税前扣除标准有关税收政策问题的通知》中规定：“……一、在计算应纳税所得额时，企业实际支付给关联方的利息支出，不超过以下规定比例和税法及其实施条例有关规定计算的部分，准予扣除，超过的部分不得在发生当期和以后年度扣除。企业实际支付给关联方的利息支出，除符合本通知第二条规定外，其接受关联方债权性投资与其权益性投资比例为：(一)金融企业，为5:1；(二)其他企业，为2:1。二、企业如果能够按照税法及其实施条例的有关规定提供相关资料，并证明相关交易活动符合独立交易

原则的；或者该企业的实际税负不高于境内关联方的，其实际支付给境内关联方的利息支出，在计算应纳税所得额时准予扣除。……”由此可知，非金融企业（即项目公司）实际支付给关联方（即基金或信托计划）的利息支出，其接受关联方债权性投资与其权益性投资比例为2∶1。

由于债权的利息在会计上属于税前的抵扣项目，所以债权是税前分配、股权是税后分配，基于节税的考虑，专项计划收购标的资产，或是专项计划通过基金或是信托计划收购标的资产时，标的资产中不会只有股权，同时还会搭配债权，并且为了让节税的效果可以最大化，债权与股权的比例会维持在2∶1。所以标的资产中既有股权又搭配债权，并且维持在2∶1的比例，笔者称之为“搭建股债结构”。

既要收购标的资产，同时在标的资产中还要搭建股债结构，其实不是一件容易的事情，原因在于收购项目公司股权的金额基本上要接近于项目公司净资产的价值，所以当项目公司没有负债，或是负债的金额与净资产的价值不是2∶1的比例时，既要完成标的资产收购同时又要搭建股债结构，就会成为很不容易的事情。此时可以采用反向吸并的方式解决这个问题，步骤如下：第一，原始权益人成立一家被吸并公司，由基金或是信托计划收购被吸并公司的股权，或是收购其股权并且发放股东贷款；第二，再由被吸并公司向原始权益人收购项目公司股权，或是收购其股权并且发放股东贷款；第三，由项目公司吸收合并被吸并公司，在某些情况下基金或是信托计划对项目公司发放股东贷款。具体的操作方式本书将于第二十八章中讨论。

采取反向吸并的方式完成标的资产的收购并且搭建股债结构，有以下几个问题需要特别注意：第一，一般在进行公司的吸收合并时，都是母公司吸收合并子公司的情况比较常见，而反向吸并是子公司吸收合并母公司，因此在实践中有时会遇见主管部门不给办理登记的情形，因此在进行反向吸并之前，需要跟主管部门进行必要的沟通；第二，既然反向吸并是子公司（即项目公司）吸收合并母公司（即被吸并公司），在交易结构设计上项目公司的注册资本金应该要大于反向吸并公司的注册资本金为佳。

反向吸并是项目公司吸收合并被吸并公司，可以理解为项目公司收购被吸并公司的全部资产并承担其全部负债，项目公司将自身的股权作为支付对价，被吸并公司清算解散并注销。合并的程序如下：第一，双方董事会拟定合并方案；第二，双方股东会作出公司合并的决议；第三，双方编制资产负债表和财产清单；第四，项目公司与被吸并公司签订合并协议；第五，通知债权人并公告；第六，根据债权人的要求偿还债务或提供担保；第七，被吸并公司注销登记；第八，项目公司变更登记或新设登记。

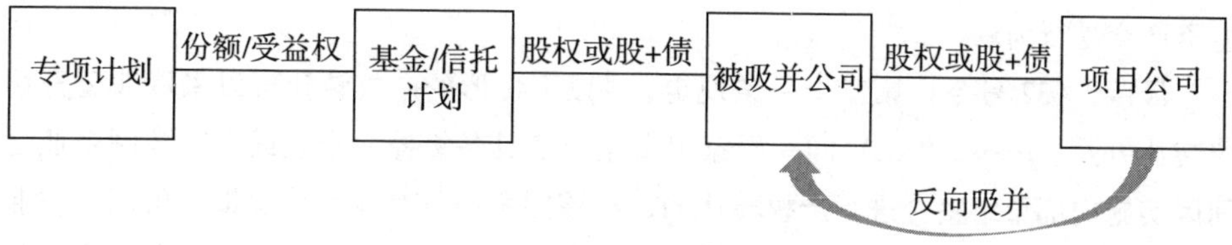

图 27.3　反向吸并与标的资产收购

二、股债结构的搭建

（一）收购股权

基金、信托计划或是专项计划收购项目公司股权时，有以下几个问题值得关注：

1. 国有资产非公开协议转让条件

标的资产中的股权如果属于国有资产，前述类型二中的基金或是信托计划收购项目公司股权，在何种情况下不需要进场交易？

首先，《32 号令》第三条规定："本办法所称企业国有资产交易行为包括：（一）履行出资人职责的机构、国有及国有控股企业、国有实际控制企业转让其对企业各种形式出资所形成权益的行为（以下称企业产权转让）；（二）国有及国有控股企业、国有实际控制企业增加资本的行为（以下称企业增资），政府以增加资本金方式对国家出资企业的投入除外；（三）国有及国有控股企业、国有实际控制企业的重大资产转让行为（以下称企业资产转让）。"由此可知，国有资产交易行为包括产权转让、企业增资以及资产转让，而项目公司的股东将项目公司的股权转让给基金或是信托计划，性质上属于产权转让的行为。

其次，《32 号令》第四条规定："本办法所称国有及国有控股企业、国有实际控制企业包括：（一）政府部门、机构、事业单位出资设立的国有独资企业（公司），以及上述单位、企业直接或间接合计持股为 100% 的国有全资企业；（二）本条第（一）款所列单位、企业单独或共同出资，合计拥有产（股）权比例超过 50%，且其中之一为最大股东的企业；（三）本条第（一）、（二）款所列企业对外出资，拥有股权比例超过 50% 的各级子企业；（四）政府部门、机构、事业单位、单一国有及国有控股企业直接或间接持股比例未超过 50%，但为第一大股东，并且通过股东协议、公司章程、董事会决议或者其他协议安排能够对其实际支配的企业。"由此可知，将国有企业区分为国有独资企业、国有全资企业、国有控股企业、国有控股子企业以及国有实际控制企业。项目公司的股东持股态样如果符合上述五种企业类型，该项目公司的股东将项目公司的股权转让给基金或是信托计划就是国有资产交易行为。

最后,《32号令》第三十一条规定:“以下情形的产权转让可以采取非公开协议转让方式:……;(二)同一国家出资企业及其各级控股企业或实际控制企业之间因实施内部重组整合进行产权转让的,经该国家出资企业审议决策,可以采取非公开协议转让方式。”由此可知,在没有失去控制权的前提下所进行的资产重组与整合,可以采用非公开协议转让方式。而前述类型二中的基金或是信托计划收购项目公司股权,如项目公司股东没有失去控制权的,例如项目公司股东持有专项计划次级的所有证券,或是项目公司股东对于基础资产有优先收购权,经项目公司股东的国家出资企业审议决策,可以采取非公开协议转让方式进行股权转让。

2. 是否一定要收购100%的股权?

基于风险控制的考量,专项计划为了完全掌握入池资产,一般情况下会收购或是通过基金或信托计划收购项目公司100%的股权,但有些项目基于某些因素,无法100%收购项目公司股权,它们会通过一些风险缓释措施,控制入池资产的风险,常见的风险缓释措施有:第一,至少收购项目公司91%以上的股权,因为这样才不会发生《公司法》第一百八十二条少数股东因为公司发生僵局、而向法院申请解散公司的情形;第二,公司章程约定,股东召开股东会的门槛,其持股比例最好要高于11%;第三,项目公司多数股东可以和少数股东签订一致行动协议,或是签订委托表决协议,确保股东会进行会议表决时,少数股东会跟多数股东行动一致,或是少数股东委托多数股东代行表决;第四,专项计划、私募基金或是信托计划可以通过和资产服务机构签订资产服务协议,控制资产服务机构,进而间接控制项目公司的经营;第五,专项计划、私募基金或是信托计划可以通过和监管银行签订监管协议,控制监管银行,进而间接控制项目公司银行账户金钱的进出。

☆有关股权收购的相关问题,请见视频微观点27.2【类REITs是否一定要收购项目公司100%的股权?】

3. 如何收购财务投资人的股权?

项目公司股东如果同时有战略投资人以及财务投资人,通常财务投资人会以明股实债的方式对项目公司投资,同时财务投资人与战略投资人之间可能还会有对赌协议,因此在交易结构的安排上比较少看到由基金或是信托计划直接购买财务投资人的股权。而是由基金或是信托计划对战略投资人发放贷款,由战略投资人先行收购财务投资人的股权,也就是由战略投资人先行结清财务投资人与项目公司之间的关系，结清财务投资人与战略投资人之间的关系后，再由基金或是信托计划收购战略投资人的股权。

4. 股权交换模式

根据《59 号文》以及《109 号文》的规定，收购企业购买的股权不低于被收购企业全部股权的 50%，且收购企业在该股权收购发生时的股权支付金额不低于其交易支付总额的 85%，可以选择特殊性税务处理。而股权交换就是基金或是信托计划以换股公司的股权代替货币，进而去收购项目公司的股权；不直接使用货币收购而是采用股权交换达到收购股权的目的，就是为了选择特殊性税务处理。

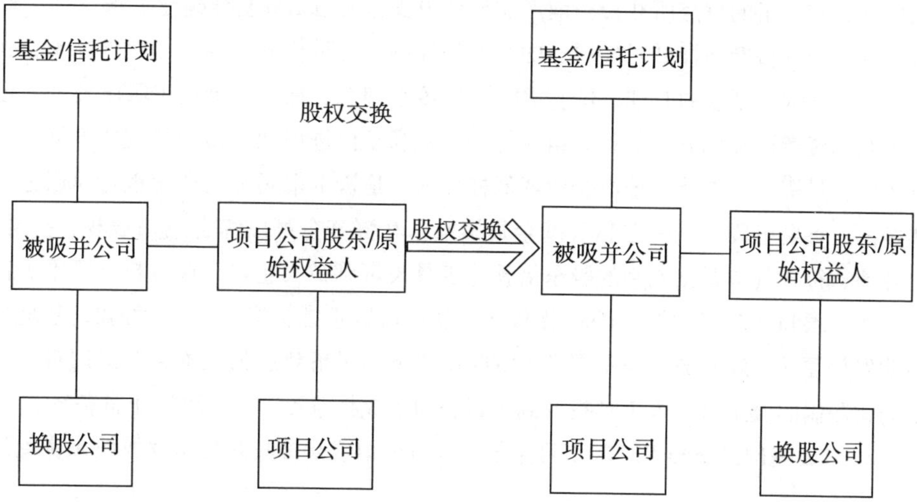

图 27.4　股权交换模式

（二）发放贷款

1. 基金发放委托贷款的合规性问题

在前述类型二中的基金或信托计划对项目公司，或是前述类型三中的基金或信托计划对被吸并公司或是项目公司，以委托贷款或是信托贷款的方式发放贷款，这里需要讨论的是基金对于项目公司或是被吸并公司发放委托贷款是否存在合规性的问题。中国银行业监督管理委员会《关于印发商业银行委托贷款管理办法的通知》第十条第一款第一项、第二项的规定："商业银行不得接受委托人下述资金发放委托贷款：（一）受托管理的他人资金。（二）银行的授信资金。……"商业银行不得将基金所管理的他人资金用于发放委托贷款。此外，中国证券投资基金业协会《私募投资基金备案须知》中规定："……（二）【不属于私募投资基金备案范围】私募投资基金不应是借（存）贷活动。下列不符合'基金'本质的募集、投资活动不属于私募投资基金备案范围：……2. 从事经常性、经营性民间借贷活动，包括但不限于通过委托贷款、信托贷款等方式从事上述活动；……”由此可知，基金如果从事委托贷款不属于私募投资基金备案范围。

但是 2018 年 1 月 23 日，中国证券投资基金业协会在北京召开“类 REITs 业务专题研讨会”，在协会官方网站发布了会议稿《促进回归本源 助力业务发展——中国证券投资基金业协会资产证券化专业委员会类 REITs 业务专题研讨会在京召开》①，明确提出：“……目前国内类 REITs 业务在实践中的做法主要是在资产证券化业务框架下，构造出基于存量房地产的具有稳定现金流的基础资产，设立发行资产支持专项计划，而私募基金作为持有项目公司权益的载体，是类 REITs 产品交易结构设计和重组的焦点所在。当前产品设计中普遍采用私募基金构建‘股 + 债’结构实现资产支持专项计划对底层标的物业的控制。委员代表认为，在我国尚未正式出台公募 REITs 制度的时期，借鉴 REITs 的核心理念，探索开展类 REITs 业务，已成为我国资产证券化业务的重要组成部分，有利于促进房地产市场的健康发展，促进盘活存量资产，支持房地产企业降低杠杆率，是资本市场和资产管理行业服务实体经济的重要手段。……在私募基金投资端，私募基金可以综合运用股权、夹层、可转债、符合资本弱化限制的股东借款等工具投资到被投企业，形成权益资本。符合上述要求和《备案须知》的私募基金产品均可以正常备案。”由此可知，基金虽不能发放委托贷款业务，但是在类 REITs 模式下为了搭建股债结构，并运用符合资本弱化限制的股东借款等工具投资到项目公司形成权益资产的，可以正常备案。

2. 有关基础设施类 REITs 项目基金对项目公司或是被吸并公司发放股东贷款的问题

上海证券交易所《基础设施类资产支持证券挂牌条件确认指南》以及深圳证券交易所《基础设施类资产支持证券挂牌条件确认指南》第六条第二款均规定：“底层资产、相关资产应当向专项计划或其相关方进行质押、抵押以保障基础资产现金流的回收，其授权、批准等手续应当齐备，并在相关登记机构办理质押、抵押登记。底层资产、相关资产质押或抵押未进行登记的，管理人应当在计划说明书中说明未进行登记的原因及合理性，充分揭示风险，并设置相应的风险缓释措施。相关资产由于特殊情形未能进行质押或抵押的，管理人应当在计划说明书中披露合理性，充分揭示风险，并设置相应的风险缓释措施。”由此可知，基础设施类资产支持证券的底层资产及相关资产应办理抵押与质押登记，否则管理人应在计划说明书中说明理由、揭示风险，并设置相应的风险缓释措施。

此外，《民法典》第三百九十九条规定：“下列财产不得抵押：……（三）学

① https：//www.amac.org.cn/aboutassociation/gyxh_xhdt/xhdt_xhgg/201801/t20180124_2333.html，最后访问日期：2022 年 4 月 27 日。

校、幼儿园、医疗机构等为公益目的成立的非营利法人的教育设施、医疗卫生设施和其他公益设施；……”由此可知，公益设施不得设定抵押，由于基础设施项目基本上属于公益设施，因此依法不得设定抵押。但是2021年12月29日中国人民银行发布《动产和权利担保统一登记办法》，其中第三条第二款规定：“本办法所称的应收账款包括下列权利：……（三）能源、交通运输、水利、环境保护、市政工程等基础设施和公用事业项目收益权；……”由此可知，基础设施和公共事业项目收益权可以作为应收账款设定质押，因此基金对项目公司或是被吸并公司发放股东贷款，可以对基础设施的收益权设定质押。

3. 项目公司形成存量债务的类型

前述类型一、二、三标的资产收购主体对项目公司发放贷款，一般都是项目公司本身有存量债务，而这些存量债务的类型常见的有：第一，项目公司对银行的借款，一般都是固定资产的长期贷款居多；第二，项目公司股东对项目公司的股东借款；第三，项目公司减资后，项目公司在账上就形成一笔对股东（即原始权益人）的应付减资款，项目公司减资这个动作通常在第二十四章第二节“四、类 REITs 模式具体交易关系的搭建”中的步骤一设置交易主体完成后，紧接着项目公司完成减资，并且在账上形成应付减资款。

4. 优先一级与优先二级贷款的结构化设计

基金或是信托计划对项目公司发放优先一级贷款及优先二级贷款，一般的情况是类 REITs 证券类型采取 ABC 券模式，A 类证券作为优先一级固定收益型证券，B 类证券作为优先二级固定收益型证券，C 类证券作为次级权益型证券。而 A 券所对应的 A 类现金流在结构设计上对应的是，基金或是信托计划对于项目公司或是被吸并公司的优先一级贷款金流，而 B 券对应的 B 类现金流在结构设计上对应的是，基金或是信托计划对于项目公司或是被吸并公司的优先二级贷款金流以及项目公司分红的金流。基金或是信托计划对于项目公司贷款的结构化设计，有助于优先 A 类证券以及 B 类证券增信措施的安排。

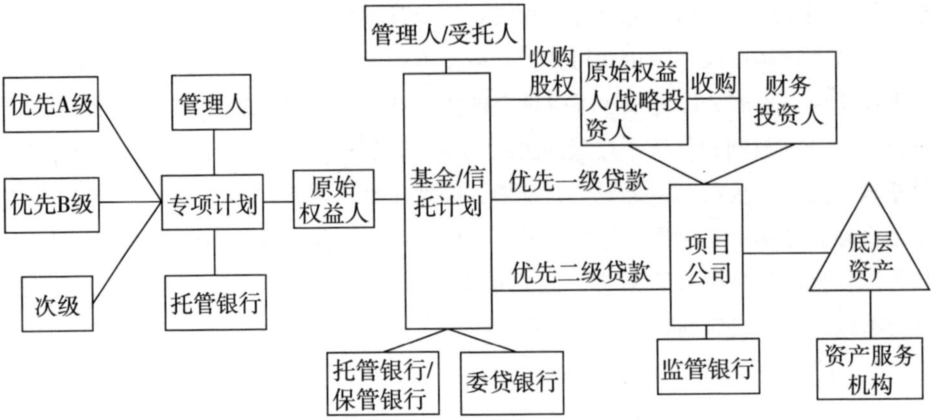

图 27.5　优先一级与优先二级贷款的结构化设计

三、股权交换与反向吸并相关税务问题讨论

(一) 股权交换相关税务问题讨论

1. 企业所得税相关问题讨论

首先，股权交换性质上属于股权收购采用股权支付的类型，《59 号文》第一条第三项规定：“股权收购，是指一家企业（以下称为收购企业）购买另一家企业（以下称为被收购企业）的股权，以实现对被收购企业控制的交易。收购企业支付对价的形式包括股权支付、非股权支付或两者的组合。”《59 号文》第二条前段规定：“本通知所称股权支付，是指企业重组中购买、换取资产的一方支付的对价中，以本企业或其控股企业的股权、股份作为支付的形式；……”这里需要特别讨论的是股权收购如果用股权支付，所支付的股权必须是收购企业的股权或是收购企业控股企业的股权，这里的控股企业是指收购企业的子公司还是收购企业的母公司?《企业重组业务企业所得税管理办法》第六条规定：“《通知》第二条所称控股企业，是指由本企业直接持有股份的企业。”由此可知，这里的控股企业是指收购企业的子公司①。

再次，根据《59 号文》第六条第二项以及《109 号文》第一条的规定，股权收购，收购企业购买的股权不低于被收购企业全部股权的 50%，且收购企业在该股权收购发生时的股权支付金额不低于其交易支付总额的 85%，可以选择按以下规定处理：1. 被收购企业的股东取得收购企业股权的计税基础，以被收购股权的原有计税

① 有观点认为《企业重组业务企业所得税管理办法》的规定违反了股东权益连续性的要求。参见雷霆：《企业并购重组税务实务》，法律出版社 2015 年 8 月版，第 29 页。

基础确定。2. 收购企业取得被收购企业股权的计税基础，以被收购股权的原有计税基础确定。3. 收购企业、被收购企业的原有各项资产和负债的计税基础和其他相关所得税事项保持不变。由此可知，如果收购企业收购标的企业（被收购企业）全部股权 50%，且股权支付金额不低于支付总额的 85%，可以适用特殊性税务处理。

最后，股权收购与资产收购如果发生竞合该如何处理？有观点认为如果没有发生避税的行为，应该由当事人自行选择适用[①]。

2. 其他税务问题讨论

股权转让因为是股东层面的交易，原则上不涉及企业本身的税收，所以股权转让一般不会导致被转让企业的土地增值税问题[②]。股权收购如果采用股权支付方式相当于换股，不涉及增值税，也不涉及契税问题[③]。此外，有关印花税部分，非上市公司的股权转让行为，属于印花税的应税范围，应课征印花税[④]。

（二）反向吸并相关税务问题讨论

1. 企业所得税相关问题讨论

《59 号文》第一条第五项规定："合并，是指一家或多家企业（以下称为被合并企业）将其全部资产和负债转让给另一家现存或新设企业（以下称为合并企业），被合并企业股东换取合并企业的股权或非股权支付，实现两个或两个以上企业的依法合并。"由于反向吸并是项目公司吸收合并被吸并公司，因此性质上属于《59 号文》所称的合并。

此外，《59 号文》第六条第四项规定："企业合并，企业股东在该企业合并发生时取得的股权支付金额不低于其交易支付总额的 85%，以及同一控制下且不需要支付对价的企业合并，可以选择按以下规定处理：1. 合并企业接受被合并企业资产和负债的计税基础，以被合并企业的原有计税基础确定。2. 被合并企业合并前的相关所得税事项由合并企业承继。3. 可由合并企业弥补的被合并企业亏损的限额 = 被合并企业净资产公允价值 × 截至合并业务发生当年年末国家发行的最长期限的国债利率。4. 被合并企业股东取得合并企业股权的计税基础，以其原持有的被合并企业股权的计税基础确定。"由此可知，股权支付金额不低于支付总价的 85%，适用特殊性税务处理，其中包括计税基础的转结、所得税事项的承继、弥补亏损等。

2. 其他税务问题的讨论

有关土地增值税的问题，《57 号文》第二条规定："按照法律规定或者合同约

---

① 雷霆：《企业并购重组税务实务》，法律出版社 2015 年 8 月版，第 218 页。

② 徐峥、查燕云、赵团结：《企业并购税收》，立信会计出版社 2020 年 6 月版，第 90 页。

③ 徐峥、查燕云、赵团结：《企业并购税收》，立信会计出版社 2020 年 6 月版，第 89、90 页。

④ 徐峥、查燕云、赵团结：《企业并购税收》，立信会计出版社 2020 年 6 月版，第 87 页。

定，两个或两个以上企业合并为一个企业，且原企业投资主体存续的，对原企业将房地产转移、变更到合并后的企业，暂不征土地增值税。”由此可知，企业合并不征收土地增值税。

有关增值税部分，《营改增试点规定》第一条第二款规定：“不征收增值税项目。……5. 在资产重组过程中，通过合并、分立、出售、置换等方式，将全部或者部分实物资产以及与其相关联的债权、负债和劳动力一并转让给其他单位和个人，其中涉及的不动产、土地使用权转让行为。”由此可知，公司合并时其相关债权、债务和劳动力一并转让的，不征收增值税。

有关契税部分，《改制重组契税政策的通知》第三条规定：“两个或两个以上的公司，依照法律规定、合同约定，合并为一个公司，且原投资主体存续的，对合并后公司承受原合并各方土地、房屋权属，免征契税。”由此可知，企业合并免征契税。

最后根据《关于企业改制过程中有关印花税政策的通知》的规定，企业合并行为需经过县级以上人民政府及企业主管部门的批准，才有资格享受不征收印花税的优惠，否则应该按照一般规定贴花完税①。

（三）分步交易相关问题的讨论

一般在类 REITs 模式中，基金或是信托计划对被吸并公司搭建股债结构后，在 12 个月内紧接着项目公司又反向吸并被吸并公司，此时是否还有特殊性税务处理的适用？《59 号文》第十条规定：“企业在重组发生前后连续 12 个月内分步对其资产、股权进行交易，应根据实质重于形式原则将上述交易作为一项企业重组交易进行处理。”由此可知，股权交换之后又进行反向吸并，应该视为一项企业重组的交易处理。

☆有关股权交换的相关问题，请见视频微观点 27.3【类 REITs 模式中的股权交换】

① 徐贺：《资本交易税收实务》，中国税务出版社 2019 年 2 月版，第 356 页。

第二十八章 类 REITs 标的资产收购与股债结构搭建（二）

——为何需要反向吸并？

一、概述

基金或是信托计划收购标的资产，基于节税的考虑需要对标的资产搭建 1∶2 的股债结构。我们举个例子：基金或是信托计划筹集资金 100 元，要收购项目公司的股权，同时还要对项目公司发放股东贷款，基于节税的考虑，要将收购股权金额与发放股东贷款金额的比例做到约为 1∶2；项目公司的资产是 100 元，银行贷款 66 元，因此项目公司的净资产是 34 元，基金或是信托计划收购项目公司股权时，可以以 34 元进行收购，并且对项目公司可以发放 66 元的股东贷款，股债比约为 1∶2，如图 28.1 所示。这个案例刚好项目公司的估值等于 34 元，所以基金或是信托计划可以刚好建构 1∶2 的股债比例，但是如果项目公司的估值大于 34 元或是小于 34 元时，或是项目公司没有负债，该如何搭建 1∶2 的股债结构？"反向吸并"可以解决这个问题。以下将以三个案例来讨论这个问题。

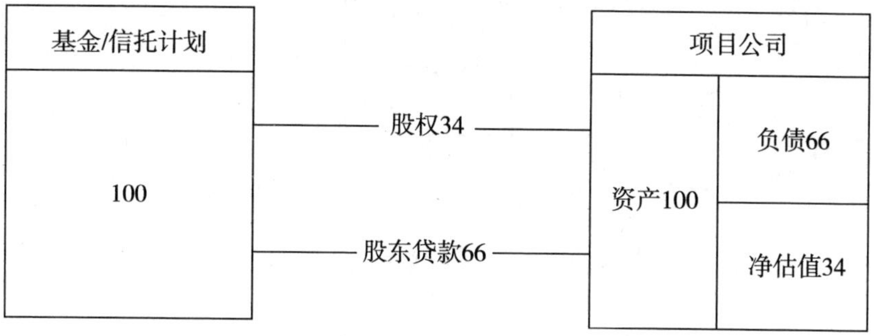

图 28.1 项目公司的估值等于 34 元

二、项目公司估值小于 34 元

本案例如图 28.2 所示，项目公司的资产 100 元，银行贷款 70 元，项目公司净估值 30 元、小于 34 元，基金或是信托计划筹集资金 100 元，为了收购标的资产并搭建 1∶2 的股债结构，基金或是信托计划按以下步骤完成了收购：第一，由原始权益人成立被吸并公司，该公司资本金34元，基金或是信托计划以34元向原始权益人100%收购被吸并公司的股权；第二，被吸并公司以30元，向原始权益人收购了项目公司100%的股权，并且对项目公司发放了4元的股东贷款，项目公司将4元偿还了银行贷款，原本项目公司70元的负债都是银行贷款，现在变成了66元是银行贷款、4元是股东贷款；第三，项目公司反向吸并（或说是吸收合并）被吸并公司①，项目公司原本70元的负债，66元是银行贷款、4元是股东贷款，因被吸并公司的4元债权与项目公司的4元债务混同，项目公司剩下66元的银行贷款；第四，基金或是信托计划对项目公司发放66元的股东贷款，项目公司将这66元偿还了银行贷款，因此项目公司66元的负债成为股东贷款；第五，最后基金或是信托计划收购了标的资产并且搭建起1∶2的股债结构。

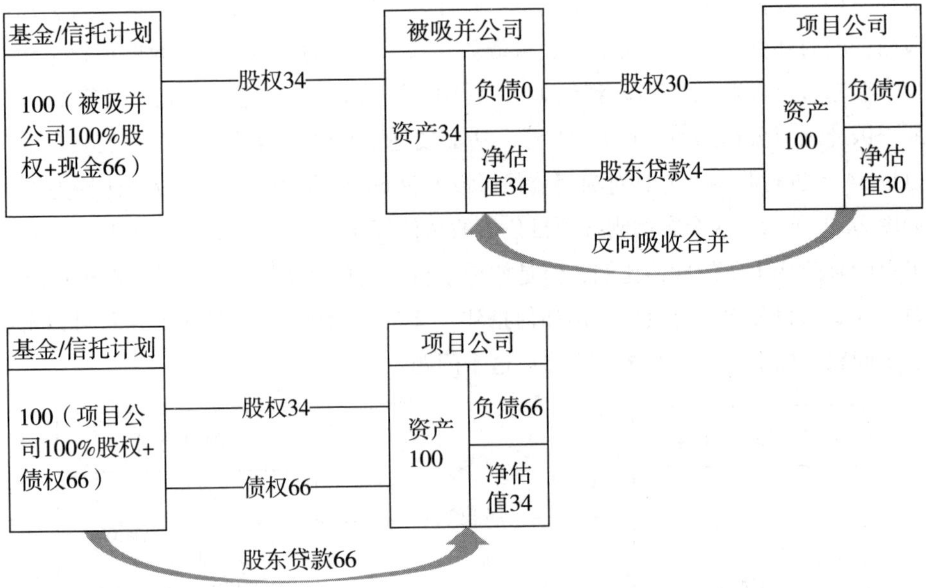

图28.2 项目公司的估值小于34元

三、项目公司估值大于34元

本案例如图28.3所示，项目公司的资产100元，银行贷款50元，项目公司净估值50元、大于34元，基金或是信托计划筹集资金100元，为了收购标的资产并搭建1∶2的股债结构，基金或是信托计划按以下步骤完成了收购：第一，由原始权

---

① 相当于项目公司收购被吸并公司的所有资产，项目公司将自身100%的股权作为支付对价，被吸并公司清算解散注销。

益人成立被吸并公司，该公司资本金 34 元，基金或是信托计划以 34 元向原始权益人 100% 收购被吸并公司的股权，同时基金或是信托计划对被吸并公司发放 16 元的贷款，因此被吸并公司筹得资金 50 元；第二，被吸并公司以 50 元，向原始权益人收购了项目公司 100% 的股权；第三，项目公司反向吸并被吸并公司①，由于被吸并公司有 16 元的股东贷款，项目公司原有 50 元的银行贷款，两家公司吸收合并后负债是 66 元；第四，基金或是信托计划对项目公司发放 50 元的股东贷款，项目公司将这 50 元偿还了银行贷款，因此项目公司 66 元的负债全部成了股东贷款；第五、最后基金或是信托计划收购了标的资产并且搭建起 1∶2 的股债结构。

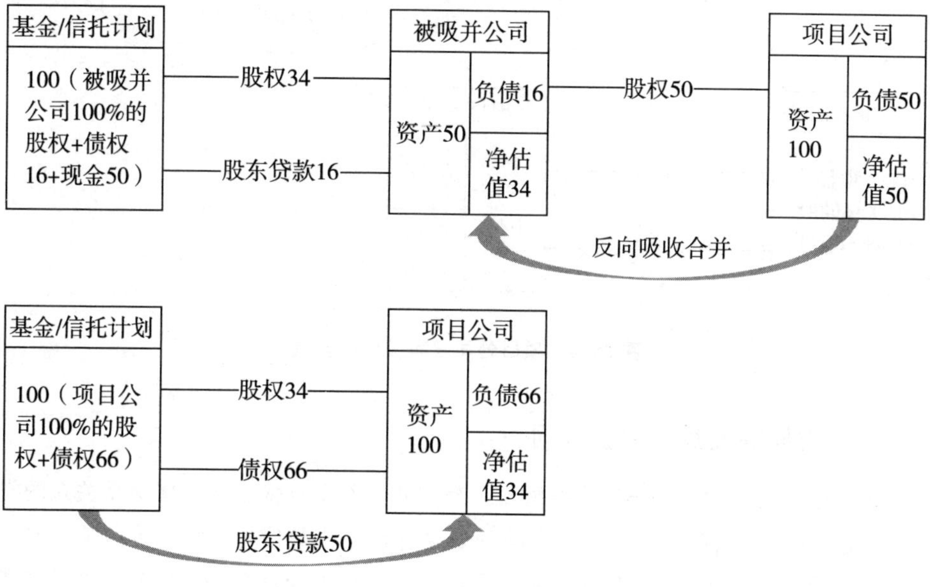

图 28.3　项目公司的估值大于 34 元

四、项目公司没有负债

本案例如图 28.4 所示，项目公司的资产 100 元没有任何贷款，项目公司净估值 100 元大于 34 元，基金或是信托计划筹集资金 100 元，为了收购标的资产并搭建 1∶2 的股债结构，基金或是信托计划按以下步骤完成了收购：第一，由原始权益人成立被吸并公司，该公司资本金 34 元，基金或是信托计划以 34 元向原始权益人 100% 收购被吸并公司的股权，同时基金或是信托计划对被吸并公司发放 66 元的股东贷款，因此被吸并公司筹得资金 100 元；第二，被吸并公司以 100 元向原始权益

① 相当于项目公司收购被吸并公司的所有资产，承担所有负债，项目公司将自身 100% 的股权作为支付对价，被吸并公司清算解散注销。

人收购了项目公司100%的股权；第三，项目公司反向吸并被吸并公司①，由于被吸并公司有66元的股东贷款，两家公司吸收合并后负债是66元；第四，最后基金或是信托计划收购了标的资产并且搭建起1:2的股债结构。

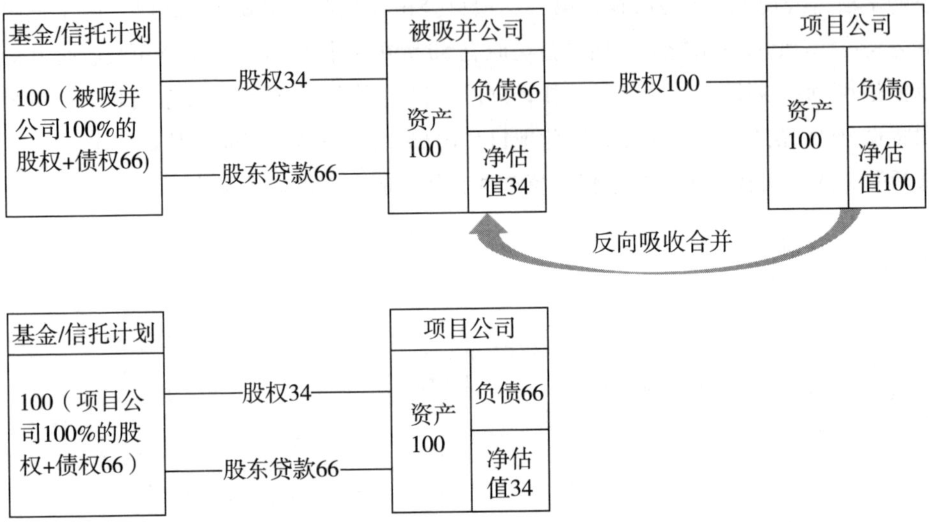

图28.4 项目公司没有任何的负债

五、为何需要反向吸并公司？

各位读者在阅读本书第二十四章第二节“四、类REITs模式具体交易关系的搭建”，或是第二十七章“类型三：专项计划通过基金或是信托计划，再由基金或是信托计划通过被吸并公司收购标的资产”时，心中可能会浮现一个疑问，就是搭建交易结构时为何需要反向吸并公司？其实原因很简单，当项目公司估值小于34元、大于34元或是项目公司没有任何负债时，要通过基金或是信托计划收购标的资产的同时还要搭建1:2的股债结构，如果没有被吸并公司作为过渡，是无法搭建1:2的股债结构的。

因此我们回过头看第二十四章的“图24.7 步骤三：收购被吸并公司”时会发现，当项目公司估值小于34元时，基金或是信托计划向不动产持有人（即原始权益人）收购被吸并公司的股权。但是当项目公司估值大于34元或是项目公司没有负债时，基金或是信托计划除了向不动产持有人（即原始权益人）收购被吸并公司的股权，同时还会对被吸并公司发放股东贷款。

① 相当于项目公司收购被吸并公司的所有资产，承担所有负债，项目公司将自身100%的股权作为支付对价，被吸并公司清算解散注销。

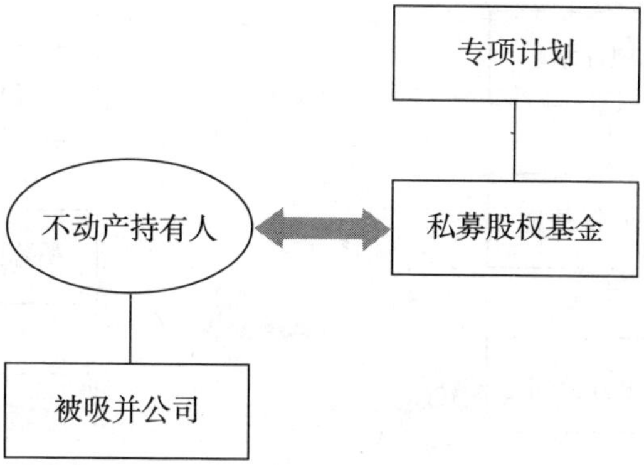

图 24.7　步骤三：收购被吸并公司

我们回过头看第二十四章的“图 24.8　步骤四：收购项目公司”时会发现，当项目公司估值小于 34 元时，被吸并公司向不动产持有人（即原始权益人）收购项目公司股权，同时还会对项目公司发放股东贷款。但是当项目公司估值大于 34 元或是项目公司没有负债时，被吸并公司只向不动产持有人（即原始权益人）收购项目公司的股权，不会对项目公司发放任何的股东贷款。

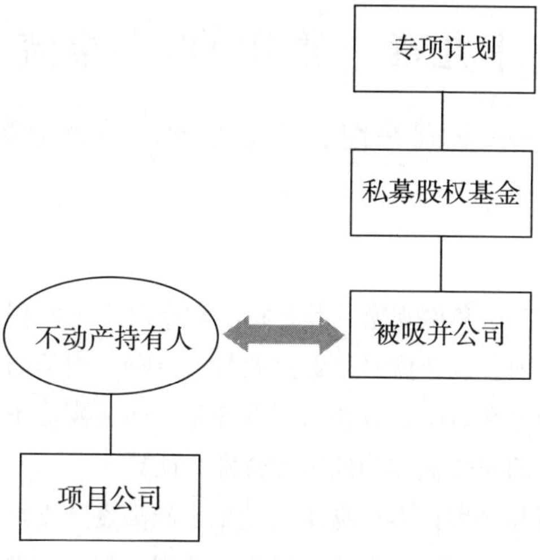

图 24.8　步骤四：收购项目公司

我们回过头看第二十四章的“图 24.9　步骤五：反向吸并”时会发现，当项目公司估值小于 34 元或是项目公司估值大于 34 元时，基金或是信托计划会在反向吸并后，对项目公司发放股东贷款。但是当项目公司没有任何负债时，基金或是信托计划在反向吸并后，不会对项目公司发放任何的股东贷款。

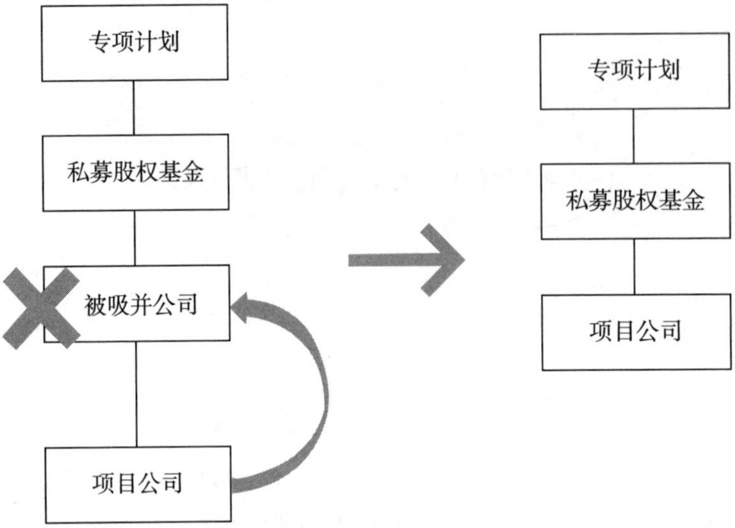

图 24.9 步骤五：反向吸并

第二十九章 类 REITs 现金流重组

——普通分配、处置分配与清算分配

一、概述

类 REITs 模式从某个角度观察，就是将不动产所产生的现金流加以证券化，但是在现金流证券化之前，现金流必须经过归集、分割、增信与排序等加工重组的程序，让重组后的现金流在风险、收益与期限等各方面能满足不同风险偏好投资人的需求，最后以重组后的现金流作为偿付支持发行证券。

上海证券交易所和深圳证券交易所《基础设施类资产支持证券挂牌条件确认指南》第十三条均规定："基础资产及底层资产的现金流回款路径应当清晰明确，管理人应当在专项计划文件中明确专项计划的账户设置、现金流自产生至当期分配给投资者期间在各账户间划转时间节点安排等。基础资产现金流应当由现金流提供方直接支付至专项计划账户。现金流提供方无法将基础资产现金流直接支付至专项计划账户的，管理人应当聘请资产服务机构负责基础资产或底层资产的现金流归集。资产服务机构可以由原始权益人担任，资产服务机构不由原始权益人担任的，管理人应当充分披露该机构的资产服务能力、担任资产服务机构的必要性和合理性，同时应当明确原始权益人在现金流归集与划转中的责任和义务。资产服务机构应当设置专项监管账户，基础资产或底层资产现金流应当由资产服务机构从专项监管账户全部划付至专项计划账户。专项监管账户资金应当与资产服务机构的自有资金进行有效隔离，禁止资金混同或挪用。自专项计划设立之日起，基础资产或底层资产回款自产生至归集进入专项计划账户的周期应当不超过 1 个月。资产服务机构可以根据专项计划的约定，提高资金归集频率。原始权益人及资产服务机构资信状况良好，且专项计划设置担保、差额支付等有效增信措施的，现金流归集周期可以适当延长，但最长不得超过 3 个月。”由此可知，基础设施类资产支持证券的现金流归集制度，应符合以下几个条件：第一，现金流回款路径应当清晰明确；第二，现金流自产生至分配，应明确资金划转的账户以及时间节点；第三，管理人应聘请资产服务机构负责现金流归集，资产服务机构应设置专项监管账户；第四，专项监管账户的资金应当有效隔离，禁止资金混同或挪用；第五，现金流从产生至归集进入专项计划账户的周期不得超过 1 ~3 个月。

现金流的重组除了前述的现金流归集之外，还必须关注如何对现金流进行分割的问题。在实践中我们常看到类 REITs 项目中，基金或是信托计划对项目公司或是被吸并公司搭建股债结构，也就是将不动产运营所产生的收益分割为债权的现金流与股权的现金流，这是一种基于节税以及风险考虑对现金流进行分割的一种安排。而对于债权现金流，有的项目还会进一步分割为优先一级贷款现金流以及优先二级贷款现金流。分割出不同类型的现金流之后，还需要针对不同的现金流进行增信措施，以进一步区分出不同风险偏好的现金流，增信措施基本上可以分为内部增信措施以及外部增信措施。所谓内部增信是指通过项目本身的交易结构安排而产生的增信效果，常见的内部增信措施有：现金流超额覆盖、资产抵押与质押、保证金或储备金账户、结构化分层等；而外部增信是指通过第三方信用进入提供信用支持，常见的外部增信措施有：业绩目标承诺、差额支付承诺、优先收购权与回购义务、权利维持费、流动性支持承诺、维好承诺、评级下调承诺、保证担保等。

二、不动产运营现金流的重组

（一）不动产运营现金流的分割与增信

不动产运营现金流是指专项计划运营期因资产服务机构运营不动产所产生的现金流。由于类 REITs 模式中常见基金或是信托计划对项目公司搭建股债结构，因此在 AB 券模式下分析不动产运营现金流时，应区分出“经营活动现金流”与“可供投资者分配利润的现金流”。这样区分的原因在于：第一，优先级证券以项目公司偿还债务的现金流作为偿付支持，而项目公司的债务是税前支付，以经营活动现金流作为偿付支持；第二，次级证券以项目公司股东分红的现金流作为偿付支持，而股东分红是税后支付，以可供投资者分配利润的现金流作为偿付支持。

某些ABC券模式的项目，A类证券作为优先一级固定收益型证券，B类证券作为优先二级固定收益型证券，C类证券作为次级权益型证券，而项目公司的经营活动现金流还会进一步分为优先一级贷款现金流以及优先二级贷款现金流，A类证券以优先一级贷款现金流作为偿付支持，B类证券以优先二级贷款现金流以及项目公司股东分红作为偿付支持，C类证券以项目公司分红以及权利维持费作为偿付支持。

一般而言，AB券模式下的经营活动现金流，或是ABC券模式下的A券及B券回款金流，在交易结构设计上会采取现金流超额覆盖、资产抵押与质押、保证金或储备金账户、结构化分层、业绩目标承诺、差额支付承诺、保证担保等措施进行增信。而AB券模式下的可供投资者分配利润的现金流，以及ABC券模式下的C类证券回款现金流，在交易结构设计上会采取权利维持费、保证担保等措施进行增信。

（二）不动产运营现金流的归集与分配顺序

表29.1　不动产运营现金流的归集流程

主体	日期	说明
项目公司环节	【T-17】运营收入监管账户核算日、特定支出监管账户核算日	1. 监管银行根据《监管协议》针对“运营收入监管账户”以及“特定支出监管账户”内的资金进行核算，并向计划管理人、基金管理人、项目公司出具《运营收入监管账户核算报告》以及《特定支出监管账户核算报告》，账户中需留存“不动产日常运营费用”。 2. 如果发生业绩目标承诺启动事件，计划管理人、基金管理人、项目公司有权向资产服务机构发出书面通知，要求其支付运营收入差额。
	【T-16】运营收入差额支付日	资产服务机构根据《运营管理协议》将运营收入差额支付到“运营收入监管账户”。
	【T-15】不动产运营报告日	资产服务机构根据《运营管理协议》向计划管理人、基金管理人、项目公司出具《不动产运营报告》。
	【T-14】标的债权还息日、标的债权还本日、股利分配日、权利维持费支付日	1. 项目公司根据《借款协议》向基金偿还标的债权的本金与利息，将其转入“委托贷款监管账户”，再由委贷银行将款项转入“基金托管账户”。 2. 项目公司将应分配的股利转入“基金托管账户”。 3. 优先收购权人根据《优先收购协议》，支付实付权利维持费至“专项计划账户”。

续表

主体	日期	说明
基金环节	【T－13】私募基金核算日	基金管理人根据《基金合同》，针对基金的投资进行核算。
	【T－12】基金托管人报告日	基金托管人根据《基金托管协议》，针对“基金托管账户”的资金到账情况进行核算，并且对基金管理人出具《基金托管账户核算报告》。
	【T－11】基金管理人报告日	基金管理人根据《基金合同》向基金份额持有人出具《私募基金份额收益报告》。
	【T－10】私募基金普通分配日	1. 基金管理人根据《基金托管协议》向基金托管人发出划拨指令，将私募基金收益从“基金托管账户”转入“基金募集账户”。 2. 基金管理人根据《基金募集账户监管协议》向私募基金监督机构发出划款指令。 3. 私募基金监管机构将私募基金收益转入“专项计划账户”。
专项计划环节	【T－9】专项计划账户核算日	1. 专项计划托管银行根据《专项计划托管协议》向计划管理人出具《专项计划账户核算报告》。 2. 如果发生差额支付启动事件，计划管理人有权向差额支付承诺人发出支付差额款项的书面通知。
	【T－8】差额支付划款日	差额支付承诺人根据《差额支付协议》将差额款项汇款至“专项计划账户”。
	【T－7】差额支付资金核算日	1. 在发生差额支付启动事件的情况下，由专项计划托管银行按《专项计划托管协议》向计划管理人出具《差额支付资金核算报告》。 2. 如果发生保证支付启动事件，计划管理人根据《保证协议》有权向保证人发出支付保证资金的书面通知。
	【T－6】保证支付资金划款日	保证人根据《保证协议》将保证支付资金汇至“专项计划账户”。
	【T－5】保证支付资金核算日	在发生保证支付启动事件的情况下，由专项计划托管银行按《专项计划托管协议》向计划管理人出具《保证支付资金核算报告》。
	【T－4】储备金核算日	“专项计划账户”中除储备金外，可供分配的资金不足以支付优先级证券的本金与预期收益，计划管理人与专项计划托管银行根据《标准条款》对该次应参与分配的储备金金额进行确认。

续表

主体	日期	说明
专项计划环节	【T－3】计划管理人报告日	计划管理人按照《标准条款》的约定，向资产支持证券持有人出具《收益分配报告》。
	【T－2】专项计划分配日	计划管理人根据《专项计划托管协议》，向专项计划托管银行发送分配证券本金与收益的划款指令。
	【T－1】专项计划托管银行划款日	专项计划托管银行将应分配的证券本金与收益划入“登记托管机构指定账户”。
	【T】普通分配兑付日	1. 登记托管机构将相应款项划付至各证券公司“结算备付金账户”。 2. 各证券公司根据登记托管机构的结算数据，将相应款项划付至“资产支持证券持有人资金账户”。

上述现金流归集的流程，从现金流的产生到现金流进入资产支持证券持有人的账户，可以将其分为以下三个环节，分别是项目公司环节、基金环节以及专项计划环节，如图29.1所示。其中项目公司环节的现金流归集，可以分为四个部分，具体内容如图29.2所示。私募基金环节的现金流归集，可以分为四个部分，具体内容如图29.3所示。专项计划环节的现金流归集，可以分为两个部分，分别是增信以及分配兑付，具体内容如图29.4所示。而增信部分的现金流归集具体内容如图29.5所示。而分配兑付部分的现金流归集具体内容如图29.6所示。

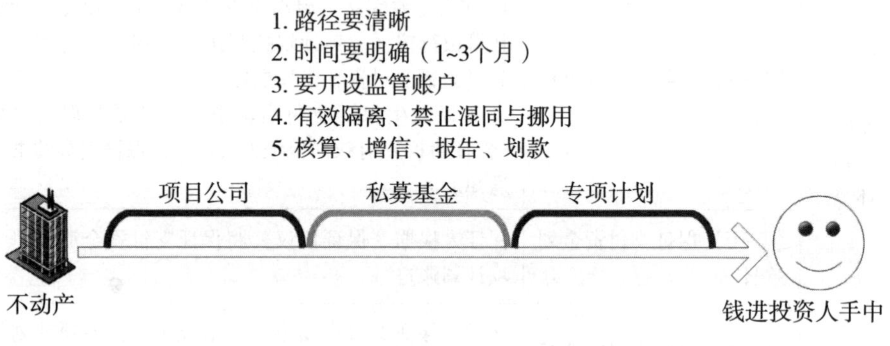

图29.1　现金流归集路径的三个环节

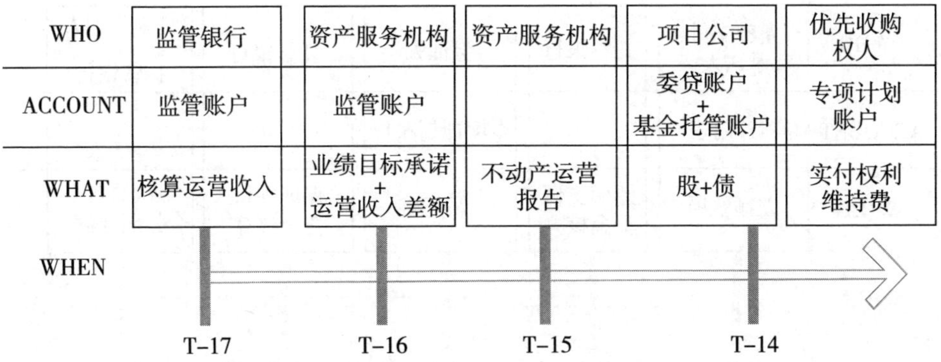

图 29.2　**项目公司环节现金流归集的四个部分**

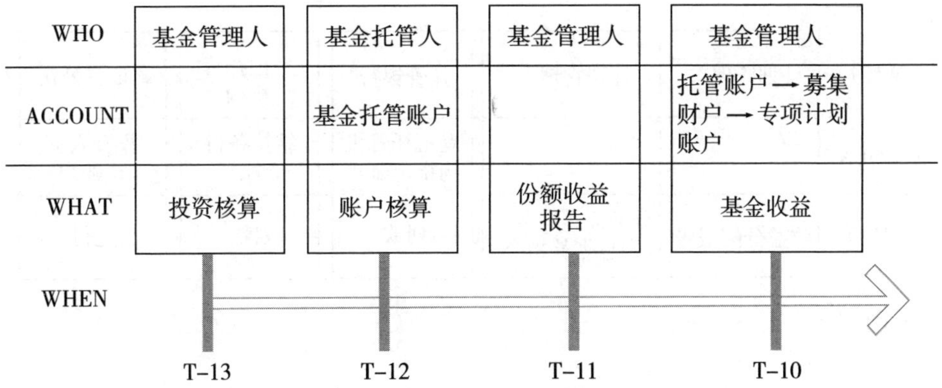

图 29.3　**私募基金环节现金流归集的四个部分**

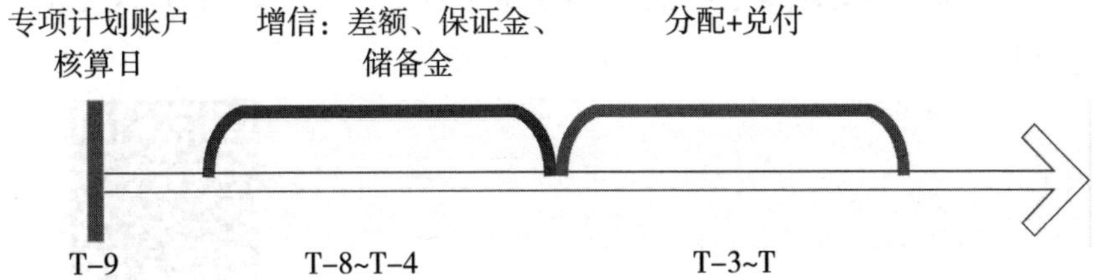

图 29.4　**专项计划环节现金流归集的两个部分**

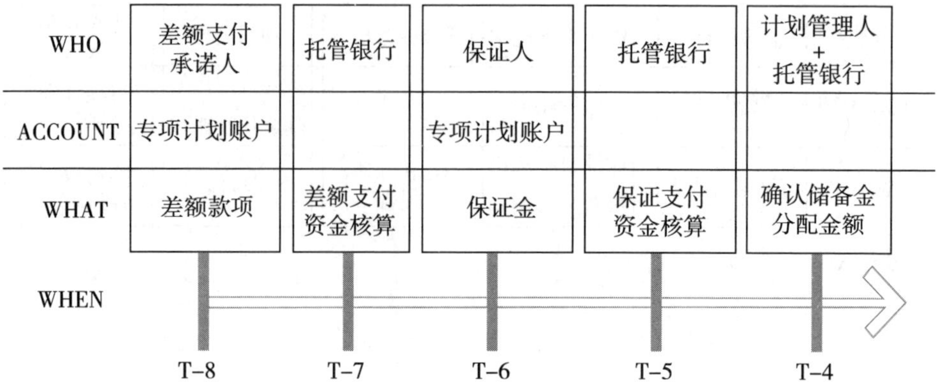

图 29.5　专项计划环节增信部分的现金流归集

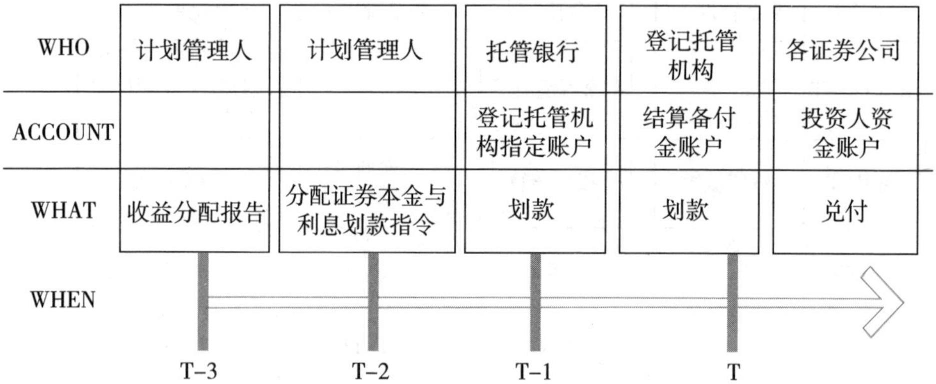

图 29.6　专项计划环节分配兑付部分的现金流归集

☆有关现金流归集的相关问题，请见视频微观点 29.1【类 REITs 现金流归集的三个环节】

不动产运营现金流的分配顺序如下：第一，专项计划相关费用；第二，支付优先级证券的预期收益与本金；第三，向差额支付承诺人、保证人支付回收金额；第四，向资产服务机构支付绩效服务费；第五，将超额收益支付给次级证券持有人。

三、不动产或相关权利处置现金流的重组

（一）处置分配的启动事件

类 REITs 项目在何种条件下启动不动产或相关权利处置程序，是讨论现金流重组的前提条件，而讨论这个问题之前，笔者认为应先讨论普通分配、处置分配与清算分配之间的关系。

普通分配是指对于不动产运营现金流的分配，处置分配是指对于不动产处置款项的分配，清算分配是指专项计划终止后对剩余资产的分配。这三种分配方式的关系，可以分为以下几种情况说明：情况一：专项计划运营期期满时，对优先级证券的本金与预期收益经普通分配不足以支付，此时专项计划进入处置期进行处置分配，处置分配完成后随即进行清算分配；情况二：专项计划运营期提前结束，对优先级证券的本金与预期收益经普通分配不足以支付，此时专项计划进入处置期进行处置分配，处置分配完成后随即进行清算分配；情况三：专项计划运营期期满，对全部优先级证券的本金与预期收益经普通分配足以支付，此时专项计划不需进行处置分配、直接进行清算分配；情况四：专项计划运营期提前结束，对优先级证券的本金与预期收益经普通分配足以支付，此时专项计划不需进行处置分配、直接进行清算分配。例如：优先级证券持有人行使提前退出回售权，流动性支持机构支付回售价款并持有全部优先级证券；优先收购权人行使优先收购权，支付收购价款及实付权利维持费后，提前终止专项计划。

表 29.2　普通分配与处置分配关系

	运营期期满结束	运营期提前结束
进行处置分配	普通分配不足支付【情况一】	普通分配不足支付【情况二】
不进入处置分配	普通分配足以支付【情况三】	普通分配足以支付【情况四】

☆有关普通、处置与清算分配的相关问题，请见视频微观点 29.2【类 REITs 的三种分配类型】

有关于情况二运营期提前结束不足支付而进行处置分配的事由，可以分为以下几种原因：第一，投资人的原因：资产支持证券持有人会议决议终止专项计划；第二，专项计划的原因：专项计划被法院或仲裁机构依法撤销、被认定为无效或被判决终止、证券评级下调、未如期收购资产、优先级证券本金与预期收益不足支付；

第三，基金或信托计划的原因：发生基金或是信托合同中所约定的基金或是信托计划的终止事由；第四，项目公司或是不动产的原因：基础设施基础法律关系发生约定终止事由、不动产运营现金流不如预期、项目公司主体评级下调；第五，原始权益人及关联方的原因：资产服务机构未支付营业收入差额款项、优先收购权人未支付权利维持费、差额支付承诺人未支付差额款项、保证人未支付保证款项；第六，其他原因：发生不可抗力、情势变更、法律变更、目的无法达到等。

☆有关专项计划终止的相关问题，请见视频微观点 29.3【类 REITs 专项计划提前终止事由】

（二）不动产或相关权利处置现金流的归集、增信与分配顺序

标的资产中的债权或股权进行处置后（其中包括优先收购权人行使优先收购权，或是收购义务人履行收购义务，并且支付收购价款），实践中常见的归集流程和表 29.1 中私募基金核算日之后的流程基本一致，此不赘述。此外，对于不动产或相关权利处置现金流的增信措施：差额支付承诺、保证担保、真卖型类 REITs 优先收购权、基础设施类 REITs 收购义务等，处置分配顺序如下：第一，处置相关费用；第二，专项计划相关费用；第三，按同等比例支付优先级证券未支付的预期收益；第四，按同等比例支付优先级证券未支付的本金；第五，按同等比例支付次级证券未支付的预期收益；第六，按同等比例支付次级证券未支付的本金；第七，剩余资金支付给次级证券持有人。

四、专项计划清算分配

专项计划清算是将专项计划的资产、债务以及证券持有人的权益，进行全面的清理与处置，使得专项计划与其他主体之间权利义务归于消灭的一种行为。专项计划经过清算，支付清算费用、专项计划相关费用以及支付优先级证券的本金与预期收益之后，如果还有剩余资产，就由次级证券持有人以原状分配、货币分配或是变价分配的方式进行分配。

第七篇　基础设施公募 REITs 模式实操分析

第三十章　基础设施公募 REITs 概述

——试点要求、政策与业务规则体系

一、概述

本书在第二十四章介绍 REITs 分类时，从流动性高低角度将 REITs 分为公募 REITs、有挂牌需求的私募 REITs（也就是类 REITs）以及无挂牌需求的私募 REITs，由于公募 REITs 可以公开募集资金，投资者也可以通过交易所退出，所以公募 REITs 是三种证券类型中流动性最高的，因此市场上对于公募 REITs 产品一直是引颈期盼。2020 年 4 月 24 日，中国证监会、国家发展改革委出台《关于推进基础设施领域不动产投资信托基金（REITs）试点相关工作的通知》，启动了基础设施公募 REITs 第一批试点，有九单项目通过了交易所的审查，如图 30.1 所示，并于 2021 年 5 月 17 日在证监会完成了注册。2021 年 6 月 29 日，国家发展改革委出台《关于进一步做好基础设施领域不动产投资信托基金（REITs）试点工作的通知》，启动了市场上的第二批试点，其中建信中关村产业园项目以及华夏越秀高速公路项目于 2021 年 11 月 12 日在证监会完成了注册，目前尚有多个项目正在申报审核中。

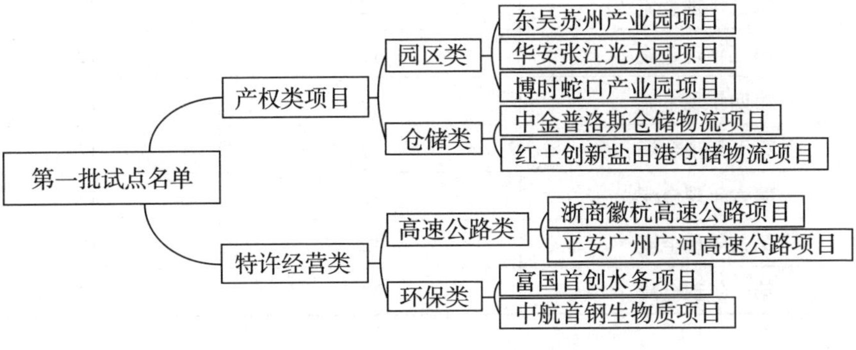

图 30.1　基础设施公募 REITs 第一批试点名单

这里需要特别说明的是产权类项目与特许经营类项目的区别：第一，从资产性质的角度来看：产权类项目的公司拥有基础设施土地的使用权以及基础设施的所有权；而特许经营类项目的项目公司并不拥有基础设施土地的使用权以及基础设施的所有权，项目公司拥有的是项目的无形资产，也就是所谓的经营权或是特许经营权。第二，从收入类型来看：产权类项目的收入一般是租金收入，现金流的金额比较稳定；而特许经营项目的收入是收费收入，现金流的高低与服务数量的高低有关。第三，从期末资产的价值来看：产权类项目到了期末资产还会有一定的价值，甚至还可能发生资产增值，期末资产处置后还会有一笔金额较大的现金流入，因此投资者关注资本化率（Cap Rate）指标；特许经营项目期末资产的残值经折旧或摊销后数值为零，资产在期末无法通过处置取得收入，因此投资者关注内部收益率（IRR）指标。第四，产权类项目的现金流特征，项目存续期间的现金流入对于投资者而言相当于是利息收入，期末资产处置后的现金流入对投资者而言才算是收回本金；但是特许经营项目存续期间的现金流，对投资者而言相当于是每期收回了本金与利息。因此在相同净现金流分派率的情况下，特许经营权类公募REITs产品测算出的内部收益率要低于产权类公募REITs产品。假设[①]投资者购买特许经营权类公募REITs初始投资金额为100元，投资期限为10年，到期后资产价值为0元，产品分派率为12%，则测算出的内部收益率为3.46%；若投资者购买产权类公募REITs初始投资金额为100元，投资期限为10年，到期后资产价值为100元，产品分派率为12%，则测算出的内部收益率为12%。

表30.1 相同净现金流分派率两公募REITs的IRR测算

项目	特许经营类项目	产权类项目
初始投资额	-100	-100
第一年现金流	12	12
第二年现金流	12	12
第三年现金流	12	12
第四年现金流	12	12
第五年现金流	12	12
第六年现金流	12	12
第七年现金流	12	12
第八年现金流	12	12

① 本案例摘录自公众号“新华基金”文章：《新华说｜解读公募REITs核心指标之净现金流分派率（下）》。

续表

项目	特许经营类项目	产权类项目
第九年现金流	12	12
第十年现金流	12	112
内部收益率（IRR）	3.46%	12%

本章将针对第二批试点申报要求以及基础设施公募 REITs 的政策体系进行介绍。

二、第二批试点申报要求

2021 年 6 月 29 日，国家发展改革委出台《关于进一步做好基础设施领域不动产投资信托基金（REITs）试点工作的通知》，笔者介绍内容如下：

（一）试点区域和行业范围

全国各地区符合条件的项目均可申报，重点支持国家重大战略区域，符合“十四五”有关战略规划和实施方案要求的基础设施项目。试点主要行业如表 30.2 所示，酒店、商场、写字楼等商业地产项目不属于试点范围。项目土地用途原则上应为非商业、非住宅用地，租赁住房用地，为保障项目正常运转而无法分割的办公用房、员工宿舍等少数配套设施用地除外。

表 30.2　第二批试点行业范围

序号	类型	内容
1	交通基础设施	包括收费公路、铁路、机场、港口项目。
2	能源基础设施	包括风电、光伏发电、水力发电、天然气发电、生物质发电、核电等清洁能源项目，特高压输电项目，增量配电网、微电网、充电基础设施项目，分布式冷热电项目。
3	市政基础设施	包括城镇供水、供电、供气、供热项目，以及停车场项目。
4	生态环保基础设施	包括城镇污水垃圾处理及资源化利用环境基础设施、固废危废医废处理环境基础设施、大宗固体废弃物综合利用基础设施项目。
5	仓储物流基础设施	应为面向社会提供物品储存服务并收取费用的仓库，包括通用仓库以及冷库等专业仓库。
6	园区基础设施	位于自由贸易试验区、国家级新区、国家级与省级开发区、战略性新兴产业集群的研发平台、工业厂房、创业孵化器、产业加速器、产业发展服务平台等园区基础设施。其中，国家级与省级开发区以《中国开发区审核公告目录（2018 年版）》发布名单为准，战略性新兴产业集群以国家发展改革委公布名单为准。

续表

序号	类型	内容
7	新型基础设施	包括数据中心类、人工智能项目，5G、通信铁塔、物联网、工业互联网、宽带网络、有线电视网络项目，智能交通、智慧能源、智慧城市项目。
8	保障性租赁住房	包括各直辖市及人口净流入大城市的保障性租赁住房项目。
9	探索在其他基础设施领域开展试点	（1）具有供水、发电等功能的水利设施； （2）自然文化遗产、国家AAAAA级旅游景区等具有较好收益的旅游基础设施，其中自然文化遗产以《世界遗产名录》为准。

（二）项目基本条件

1. 项目权属清晰范围明确

基础设施项目权属清晰、资产范围明确，发起人（原始权益人）依法合规直接或间接拥有项目所有权、特许经营权或经营收益权。项目公司依法持有拟发行基础设施REITs的底层资产。

2. 土地使用依法合规

有关土地使用合规的要求，笔者整理如下表所示。

表30.3 土地使用合规要求

类型	合规要求
对项目公司拥有土地使用权的非PPP（含特许经营）类项目	如项目以划拨方式取得土地使用权，土地所在地的市（县）人民政府或自然资源行政主管部门应对项目以100%股权转让方式发行基础设施REITs无异议。
	如项目以协议出让方式取得土地使用权，原土地出让合同签署机构（或按现行规定承担相应职责的机构）应对项目以100%股权转让方式发行基础设施REITs无异议。
	如项目以招拍挂出让或二级市场交易方式取得土地使用权，应说明取得土地使用权的具体方式、出让（转让）方、取得时间及相关前置审批事项。
对项目公司拥有土地使用权的PPP（含特许经营）类项目	发起人（原始权益人）和基金管理人应就土地使用权作出包含以下内容的承诺：1. 项目估值中不含项目使用土地的土地使用权市场价值；2. 基金存续期间不转移项目涉及土地的使用权（政府相关部门另有要求的除外）；3. 基金清算时或特许经营权等相关权利到期时将按照特许经营权等协议约定以及政府相关部门的要求处理相关土地使用权。

续表

类型	合规要求
对项目公司不拥有土地使用权的项目	应说明土地使用权拥有人取得土地使用权的具体方式、出让（转让）方和取得时间等相关情况，土地使用权拥有人与项目公司之间的关系，以及说明项目公司使用土地的具体方式、使用成本、使用期限和剩余使用年限，分析使用成本的合理性，并提供相关证明材料。

3. 基础设施项目具有可转让性

原始权益人、项目公司相关股东已履行内部决策程序，并协商一致同意转让。如相关规定或协议对项目公司名下的土地使用权、项目公司股权、特许经营权、经营收益权、建筑物及构筑物转让或相关资产处置存在任何限定条件、特殊规定约定的，相关有权部门或协议签署机构应对项目以 100% 股权转让方式发行基础设施 REITs 无异议，确保项目转让符合相关要求或相关限定具备解除条件。对 PPP（含特许经营）类项目，PPP（含特许经营）协议签署机构、行业主管部门应对项目以 100% 股权转让方式发行基础设施 REITs 无异议。

4. 基础设施项目成熟稳定

项目运营时间原则上不低于三年。对已能够实现长期稳定收益的项目，可适当降低运营年限要求。项目现金流投资回报良好，近三年内总体保持盈利或经营性净现金流为正。项目收益持续稳定且来源合理分散，直接或穿透后来源于多个现金流提供方。因商业模式或者经营业态等原因，现金流提供方较少的，重要现金流提供方应当资质优良，财务情况稳健。预计未来三年净现金流分派率①（预计年度可分配现金流/目标不动产评估净值）原则上不低于 4%。

5. 资产规模符合要求

首次发行基础设施 REITs 的项目，当期目标不动产评估净值原则上不低于 10 亿元。原始权益人具有较强扩募能力，以控股或相对控股方式持有、按有关规定可发行基础设施 REITs 的各类资产规模原则上不低于拟首次发行基础设施 REITs 资产规模的两倍。

6. 发起人（原始权益人）等参与方符合要求

优先支持有一定知名度和影响力的行业龙头企业的项目。原始权益人、项目公司、基金管理人、资产支持证券管理人、基础设施运营管理机构近 3 年在投资建

---

① 根据国家发展改革委办公厅《关于做好基础设施领域不动产投资信托基金（REITs）试点项目申报工作的通知》政策解读的规定："关于预计未来 3 年净现金流分派率。这是指扣除相关成本和费用后可供分配的现金流与资产评估净值的比值，即 REITs 投资人可预期的年化分红回报率。"

设、生产运营、金融监管、市场监管、税务等方面无重大违法违规记录。项目运营期间未出现安全、质量、环保等方面的重大问题或重大合同纠纷。

（三）项目申报程序

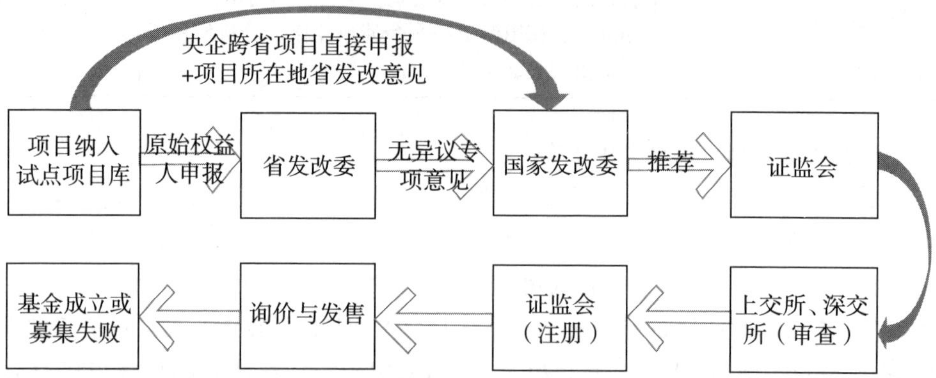

图 30.2　项目申报程序

（四）项目审查内容

须符合宏观管理政策要求、固定资产投资管理相关手续，还须符合以下要求，如下表所示。

表 30.4　基础设施公募 REITs 项目审查条件

审查项目	条件
PPP（含特许经营）类项目	1. 2015 年 6 月以前采用 BOT、TOT、股权投资等模式实施的特许经营类项目，应符合当时国家关于特许经营管理相关规定。2015 年 6 月以后批复实施的特许经营类项目，应符合《基础设施和公用事业特许经营管理办法》的有关规定。
	2. 2015 年 6 月以后批复实施的非特许经营类 PPP 项目，应符合国家关于规范有序推广 PPP 模式的规定，已批复 PPP 项目实施方案，通过公开招标等竞争方式确定社会资本方，并依照法定程序规范签订 PPP 合同。
	3. 收入来源以使用者付费（包括按照穿透原则实质为使用者支付费用）为主。收入来源含地方政府补贴的，需在依法依规签订的 PPP 合同或特许经营协议中有明确约定。
	4. 项目运营稳健、正常，未出现暂停运营等重大问题或重大合同纠纷。

续表

审查项目	条件
鼓励将回收资金用于基础设施补短板项目建设	1. 回收资金应明确具体用途，包括具体项目、使用方式和预计使用规模等。在符合国家政策及企业主营业务要求的条件下，回收资金可跨区域、跨行业使用。
	2. 90%（含）以上的净回收资金（指扣除用于偿还相关债务、缴纳税费、按规则参与战略配售等的资金后的回收资金）应当用于在建项目或前期工作成熟的新项目。
	3. 鼓励以资本金注入方式将回收资金用于项目建设。
促进基础设施持续健康平稳运营	1. 基础设施运营管理机构具备丰富的项目运营管理经验，配备充足的运营管理人员，公司治理与财务状况良好，具有持续经营能力。
	2. 基金管理人与运营管理机构之间建立合理的激励和约束机制，明确奖惩标准。
	3. 明确界定运营管理权责利关系，并约定解聘、更换运营管理机构的条件和程序。

三、基础设施公募 REITs 政策、法规与业务规则体系

有关于基础设施公募 REITs 的政策、法规与业务规则体系，笔者将其分为四个部分，分别是：第一，中国证券监督管理委员会与国家发展和改革委员会的政策与法规；第二，上海证券交易所业务规则；第三，深圳证券交易所业务规则；第四，财政部、中国证券投资基金业协会、中国证券业协会与中国证券登记结算有限责任公司业务规则。笔者整理如下表所示。

表 30.5　基础设施公募 REITs 政策、法规与业务规则

日期	单位	文号	文件名称
中国证券监督管理委员会、国家发展和改革委员会			
2021. 12. 29	发改委办公厅	发改办投资〔2021〕1048 号	《关于加快推进基础设施领域不动产投资信托基金（REITs）有关工作的通知》
2021. 6. 29	发改委	发改投资〔2021〕958 号	《关于进一步做好基础设施领域不动产投资信托基金（REITs）试点工作的通知》（第二批试点）

续表

日期	单位	文号	文件名称
2021.2.22	发改委	发改投资规〔2021〕252号	《引导社会资本参与盘活国有存量资产中央预算内投资示范专项管理办法》
2021.1.13	发改委办公厅	发改办投资〔2021〕35号	《关于建立全国基础设施领域不动产投资信托基金（REITs）试点项目库的通知》
2020.8.6	证监会	证监会公告〔2020〕54号	《公开募集基础设施证券投资基金指引（试行）》
2020.7.31	发改委办公厅	发改办投资〔2020〕586号	《关于做好基础设施领域不动产投资信托基金（REITs）试点项目申报工作的通知》
2020.4.24	证监会、发改委	证监发〔2020〕40号	《关于推进基础设施领域不动产投资信托基金（REITs）试点相关工作的通知》
上海证券交易所			
2021.6.17	上交所	上证函〔2021〕1033号	《上海证券交易所公开募集基础设施证券投资基金（REITs）业务指南第2号——存续业务》
2021.4.30	上交所	上证函〔2021〕895号	《上海证券交易所公开募集基础设施证券投资基金（REITs）业务指南第1号——发售上市业务办理》
2021.4.30	上交所	上证函〔2021〕887号	《上海证券交易所投资者风险揭示书必备条款指南第4号——公开募集基础设施证券投资基金（REITs）》
2021.1.29	上交所	上证发〔2021〕11号	《上海证券交易所公开募集基础设施证券投资基金（REITs）规则适用指引第2号——发售业务（试行）》
2021.1.29	上交所	上证发〔2021〕10号	《上海证券交易所公开募集基础设施证券投资基金（REITs）规则适用指引第1号——审核关注事项（试行）》
2021.1.29	上交所	上证发〔2021〕9号	《上海证券交易所公开募集基础设施证券投资基金（REITs）业务办法（试行）》
深圳证券交易所			
2021.7.15	深交所	深证上〔2021〕692号	《深圳证券交易所公开募集基础设施证券投资基金业务指南第4号——存续期业务办理》

续表

日期	单位	文号	文件名称
2021. 6. 18	深交所	深证上〔2021〕600 号	《深圳证券交易所公开募集基础设施证券投资基金业务指南第 3 号——交易业务》
2021. 4. 30	深交所	深证上〔2021〕457 号	《深圳证券交易所公开募集基础设施证券投资基金业务指南第 2 号——网下发行电子平台用户手册》
2021. 4. 30	深交所	深证上〔2021〕455 号	《深圳证券交易所公开募集基础设施证券投资基金业务指南第 1 号——发售上市业务办理》
2021. 1. 29	深交所	深证上〔2021〕144 号	《关于发布公开募集基础设施证券投资基金配套业务规则的通知》
财政部、中国证券投资基金业协会、中国证券业协会、中国证券登记结算有限责任公司			
2022. 1. 26	财政部、税务总局	财政部、税务总局公告 2022 年第 3 号	《关于基础设施领域不动产投资信托基金（REITs）试点税收政策的公告》
2021. 2. 8	基金业协会		《公开募集基础设施证券投资基金尽职调查工作指引（试行）》
2021. 2. 8	基金业协会		《公开募集基础设施证券投资基金运营操作指引（试行）》
2021. 2. 5	中证登	中国结算发字〔2021〕21 号	《深圳证券交易所公开募集基础设施证券投资基金登记结算业务指引（试行）》
2021. 2. 5	中证登	中国结算发字〔2021〕20 号	《中国证券登记结算有限责任公司上海证券交易所公开募集基础设施证券投资基金登记结算业务指引（试行）》
2021. 2. 5	中证登	中国结算发字〔2021〕15 号	《中国证券登记结算有限责任公司公开募集基础设施证券投资基金登记结算业务实施细则（试行）》
2021. 1. 29	中国证券业协会	中证协发〔2021〕15 号	《公开募集基础设施证券投资基金网下投资者管理细则》

第三十一章 基础设施公募 REITs 交易结构

——公募基金 + ABS 模式、递延支付债权转让价款模式、治理结构

一、基础设施公募 REITs 交易结构的特征

（一）资金投向的要求

2020 年 8 月 7 日中国证券监督管理委员会出台的《公开募集基础设施证券投资基金指引（试行）》① 第二条规定："本指引所称基础设施基金，是指同时符合下列特征的基金产品：（一）80% 以上基金资产投资于基础设施资产支持证券，并持有其全部份额；基金通过基础设施资产支持证券持有基础设施项目公司全部股权；（二）基金通过资产支持证券和项目公司等载体（以下统称特殊目的载体）取得基础设施项目完全所有权或经营权利；（三）基金管理人主动运营管理基础设施项目，以获取基础设施项目租金、收费等稳定现金流为主要目的；（四）采取封闭式运作，收益分配比例不低于合并后基金年度可供分配金额的 90%。"由此可知，对于公募 REITs 的资金投向，《公开募集基础设施证券投资基金指引（试行）》有以下要求：第一，80% 以上的基金资产须投资于基础设施资产支持证券，但是其所投资的资产支持证券不限于单一资产支持证券；第二，基金须持有资产支持证券的 100% 份额；第三，基金通过资产支持证券须持有项目公司 100% 的股权；第四，基金通过特殊目的载体取得基础设施项目的完全所有权或是经营权利。

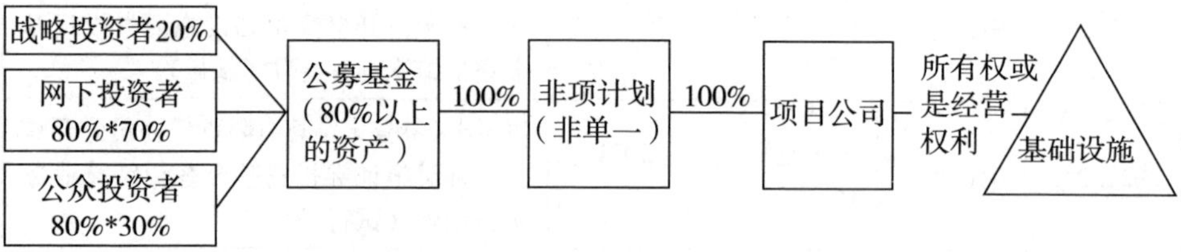

图 31.1 公募 REITs 交易结构特征

（二）配售比例与锁定期

《公开募集基础设施证券投资基金指引（试行）》第十八条规定："基础设施项

---

① 公开募集基础设施证券投资基金具有战略配售基金、上市基金、公募基金、证券投资基金、契约型基金、封闭式基金、可扩募式基金等性质。

目原始权益人或其同一控制下的关联方参与基础设施基金份额战略配售的比例合计不得低于本次基金份额发售数量的20%，其中基金份额发售总量的20%持有期自上市之日起不少于60个月，超过20%部分持有期自上市之日起不少于36个月，基金份额持有期间不允许质押。原始权益人或其同一控制下的关联方拟卖出战略配售取得的基础设施基金份额的，应当按照相关规定履行信息披露义务。基础设施项目原始权益人或其同一控制下的关联方以外的专业机构投资者可以参与基础设施基金份额战略配售，战略配售比例由基金管理人合理确定，持有基础设施基金份额期限自上市之日起不少于12个月。基金管理人应当与战略投资者事先签署配售协议，且应当在基金合同、招募说明书等法律文件中披露战略投资者选择标准、向战略投资者配售的基金份额总量、占本次基金份额发售比例及持有期限等。”由此可知，战略配售可以分为两类：第一，如果是原始权益人或其同一控制下的关联方参与战略配售，配售比例不低于20%；锁定期分为两种，配售比例20%范围内的部分，不少于60个月，配售比例超过20%的部分，不少于36个月。第二，专业机构投资者参与战略配售，配售比例由基金管理人合理确定，锁定期不少于12个月。

另外，《公开募集基础设施证券投资基金指引（试行）》第十九条规定：“扣除向战略投资者配售部分后，基础设施基金份额向网下投资者发售比例不得低于本次公开发售数量的70%。对网下投资者进行分类配售的，同类投资者获得的配售比例应当相同。”第二十条规定：“网下询价结束后，基金管理人应当及时向公众投资者公告基金份额认购价格。公众投资者通过基金销售机构以询价确定的认购价格参与基础设施基金份额认购。”由此可知，向网下投资者发售的比例，为扣除战略配售部分后不低于70%；剩下的基金份额由公众投资者认购。

由于配售、发售与认购的顺位是战略投资者第一、网下投资者次之、公众投资者最后，因此如果战略投资者与网下投资者的配售、发售比例超过法定底线甚高，导致公众投资者可以认购的份数不多，可以推知战略投资者与网下投资者对于该基金份额相当看好。

（三）基金募集成功的条件

有关于基金募集成功的条件，我们可以这样反面解释，如果基金不存在发行失败的情形，可以认为基金募集成功。《公开募集基础设施证券投资基金指引（试行）》第二十四条第一款规定：“基金募集期限届满，出现下列情形之一的，基础设施基金募集失败：（一）基金份额总额未达到准予注册规模的80%；（二）募集资金规模不足2亿元，或投资人少于1000人；（三）原始权益人或其同一控制下的关联方未按规定参与战略配售；（四）扣除战略配售部分后，向网下投资者发售比例低于本次公开发售数量的70%；（五）导致基金募集失败的其他情形。”由此可知，基金要募集成功须符合份额总额、资金规模、投资人数、配售与发售比例等要求。

二、基础设施公募 REITs 交易结构与类 REITs 交易结构的比较

从图 31.2 可以看出基础设施公募 REITs 的交易结构与类 REITs 相比有以下几点差异：第一，基础设施公募 REITs 多了一层公募基金；第二，基础设施公募 REITs 没有证券分层的设计；第三，基础设施公募 REITs 少了一层私募基金或是信托计划。针对这三个问题具体说明如下：

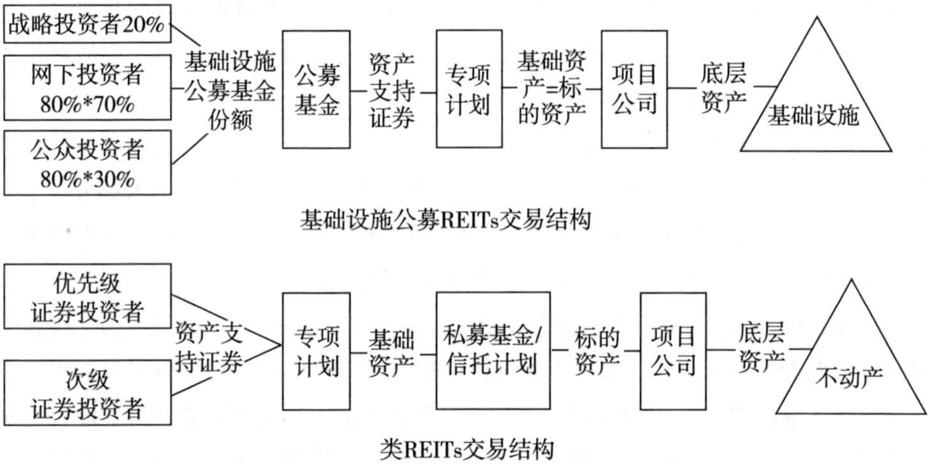

图 31.2 公募 REITs 与类 REITs 交易结构比较图

（一）为何多了一层公募基金？

我们先讨论第一个问题，公募 REITs 的交易结构为何会多了一层公募基金？有观点将公募 REITs 称为“公募基金 + ABS（资产支持证券化）”模式。为何直接在专项计划前套上一个公募基金？这是因为 REITs 上市目前还在试点阶段，因此如何在相关法规改动最少的前提下推动试点公募 REITs，是目前所思考的问题。如果采用公司型 REITs，并且直接根据 IPO（首次公开募股）的相关规定上市，由于这些 IPO 的规定很严格，性质上也不适用 REITs 这种“资产上市”的模式，因此在目前的公募 REITs 规则中并未采用这种方式。如果是采用资产支持证券上市，根据《中华人民共和国证券法》的规定，并未对资产支持证券的公开发行作出任何规定，此外《证券公司及基金管理子公司资产证券化业务管理规定》第二十九条规定：“资产支持证券应当面向合格投资者发行，发行对象不得超过二百人……”因此不宜采用资产支持证券直接进行上市。如果采用信托单位（或是称为信托份额）上市，根据《中华人民共和国证券法》的规定，并未对信托单位的公开发行做出任何规定，此外《信托公司集合资金信托计划管理办法》第五条第三项前段规定：“信托公司

设立信托计划，应当符合以下要求：……（三）单个信托计划的自然人人数不得超过50人……”因此不宜采用信托单位直接进行上市。

为何最后采用了“公募基金+ABS”的模式？《中华人民共和国证券投资基金法》对于基金的公开募集与基金份额上市交易已有相关规定。《中华人民共和国证券投资基金法》第七十二条规定：“基金财产应当用于下列投资：（一）上市交易的股票、债券；（二）国务院证券监督管理机构规定的其他证券及其衍生品种。”《公开募集证券投资基金运作管理办法》第三十二条第一款第一项及第二项规定：“基金管理人运用基金财产进行证券投资，不得有下列情形：（一）一只基金持有一家公司发行的证券，其市值超过基金资产净值的百分之十；（二）同一基金管理人管理的全部基金持有一家公司发行的证券，超过该证券的百分之十；……”由此可知，基金必须投资上市公司股票；公募基金投资一家公司证券的市值不得超过其净值的10%；或是同一基金管理人管理的全部基金持有一家公司证券超过10%。这些规定对于公募基金投资项目公司股权以及投资资产支持证券造成了一定的限制，不符合公募REITs的需求。为了解决这个问题，《公开募集基础设施证券投资基金指引（试行）》第二十五条第二款规定：“基础设施基金投资基础设施资产支持证券的比例不受《公开募集证券投资基金运作管理办法》第三十二条第（一）项、第（二）项限制。”解除了公募基金投资资产支持证券的限制，因此目前公募REITs的交易结构才会采取“公募基金+ABS”的模式。

由于公募基金与资产支持专项计划必须协同作业，《公开募集基础设施证券投资基金指引（试行）》第六条第二款规定：“基础设施基金托管人与基础设施资产支持证券托管人应当为同一人。”第二十五条第一款前段规定：“基础设施基金成立后，基金管理人应当将80%以上基金资产投资于与其存在实际控制关系或受同一控制人控制的管理人设立发行的基础设施资产支持证券全部份额……”由此可知，公募基金与资产支持证券的托管人必须为同一人，公募基金与资产支持证券的管理人必须具有实际控制关系，或是受同一人控制。

（二）为何没有证券分层？

为何公募REITs的证券端不像类REITs的证券端采取分层？这是因为公募REITs是权益型的REITs，而类REITs是混合型偏债权型的REITs，因此公募REITs的证券端采取平层而不分层。

（三）为何少了一层私募基金或是信托计划？

至于为何公募REITs的交易结构少了一层私募基金或是信托计划？类REITs交易结构中，虽然常见以专项计划通过基金或是信托计划收购标的资产，但按照法律规定专项计划可以成为抵押权人，仅因实践中主管部门只允许金融机构作为抵押权人的情形，因此专项计划会以通过基金发放委托贷款的方式，或是专项计划也可以通过信托计划发放信托贷款的方式，收购项目公司的债权，并且完成抵押以及质押的登记（此部分参照本书第二十七章说明）。而公募 REITs 的交易结构中，即便是产权类的基础设施项目，专项计划与项目公司搭建股债结构时，专项计划管理人对于底层资产的产权进行抵押，按目前的法律规定及实践经验应无障碍，不需要通过私募基金才能办理产权的抵押，且交易结构少了一层，不但精简，并且可以避免层层嵌套；此外，由于减少了私募基金或是信托计划，具体交易关系中的基础资产与标的资产也就重叠，只剩下了基础资产。本书第六篇讨论类 REITs 交易结构时，是在标的资产搭建股债结构，而公募 REITs 是在基础资产搭建股债结构，搭建股债结构时可以分为两个部分，第一部分是项目公司形成存量债务，第二部分是标的资产或是基础资产的收购主体搭建股债结构。笔者将在本章后续的内容中逐一说明。

三、项目公司如何形成存量债务

本书在第二十七章“项目公司形成存量债务的类型”中介绍了项目公司形成存量债务的三种方法，分别是银行贷款、股东贷款及项目公司减资。本章将介绍第四种方法——通过会计政策变更调整形成应付股利，这个方法是在博时招商蛇口产业园项目中所采纳的，具体的操作方式为：第一，被吸并公司收购项目公司股权后，项目公司的投资性房地产由成本法计量转为公允价值计量，公允价值与账面价值的差额调整期初留存收益；这里需要特别说明的是银行贷款、股东贷款及项目公司减资所形成存量债务的时间点是在图 24.5 设置交易主体时，而会计制度调整形成应付股利是在被吸并公司收购项目公司股权后；第二，项目公司作出利润分配决定以会计政策变更形成的未分配利润向被吸并公司进行分配，形成对被吸并公司的应付股利；第三，被吸并公司作出的利润分配决定向基础设施资产支持专项计划进行分配，形成对基础设施资产支持专项计划的应付股利；第四，资产支持专项计划、被吸并公司与项目公司签署债权确认及重组协议，最终分别形成专项计划对项目公司债权债务关系；第五，项目公司反向吸并被吸并公司，之后资产支持专项计划持有项目公司 100% 股权及应付股利债权。

四、基础资产的收购主体如何搭建股债结构

本书在第二十八章介绍了如何搭建股债结构的两种方法，分别是直接搭建股债结构法（如图 28.1 所示），以及反向吸并法（其中又可以分为三小类如图 28.2、图 28.3、图 28.4）。本章将介绍第三种方法“递延支付债权转让价款模式”，这个方法是在中航首钢生物质项目所采纳的，具体步骤如下。

（一）步骤一：不足额收购项目公司股权

假设项目公司的估值是 100 元，私募股权基金向原始权益人收购了被吸并公司的股权并注入资金 34 元，被吸并公司向原始权益人收购了项目公司 100% 的股权，但只支付了 34 元的现金，如图 31.3 所示。

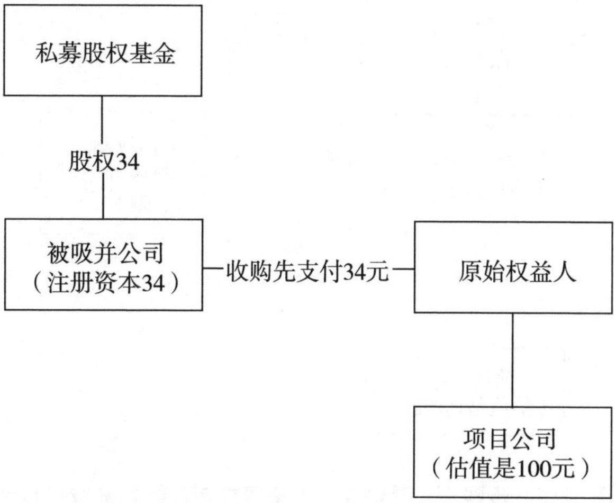

图 31.3　步骤一：不足额收购项目公司股权

（二）步骤二：被吸并公司形成债务

由于项目公司的估值是 100 元，被吸并公司收购项目公司 100% 的股权，但只支付了 34 元，因此被吸并公司积欠原始权益人股权转让款 66 元，如图 31.4 所示。

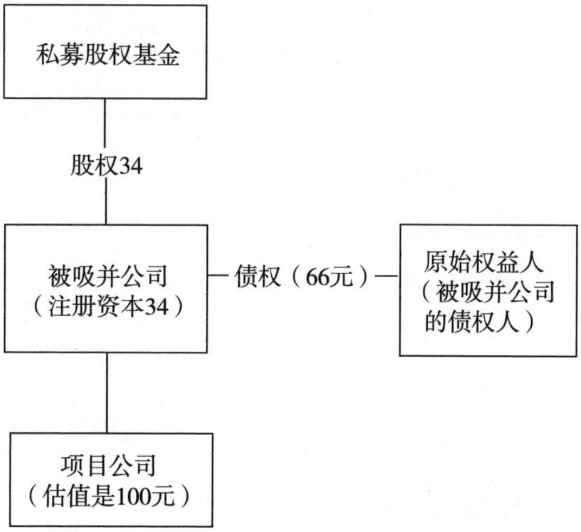

图 31.4　步骤二：被吸并公司形成债务

（三）步骤三：原始权益人将债权转让给私募股权基金

原始权益人将其对被吸并公司的债权66元转让给私募股权基金，如图31.5所示。

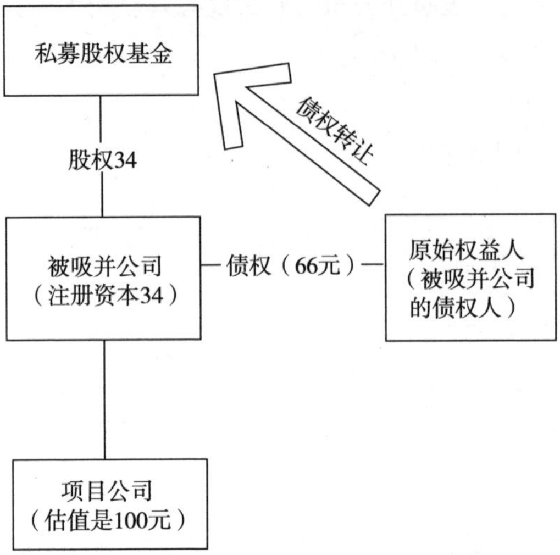

图31.5　步骤三：原始权益人将债权转让给私募股权基金

（四）步骤四：私募股权基金积欠原始权益人股权转让款

原始权益人将其对被吸并公司的债权66元转让给私募股权基金，私募股权基金应支付债权转让款的对价，但是在对价款尚未支付之前，私募股权基金积欠原始权益人股权转让款66元，如图31.6所示。

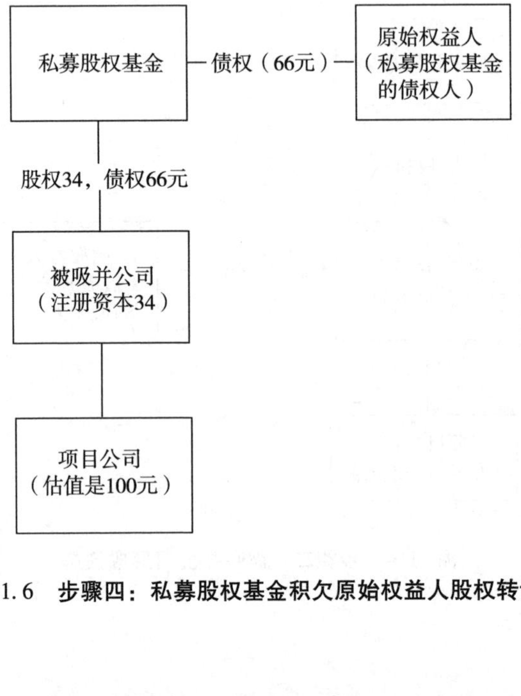

图31.6　步骤四：私募股权基金积欠原始权益人股权转让款

（五）步骤五：专项计划收购私募股权基金对被吸并公司的股权及债权

专项计划将募集资金用于收购私募股权基金的股权与债权，私募股权基金取得对价后支付原始权益人 66 元的债务，如图 31.7 所示。

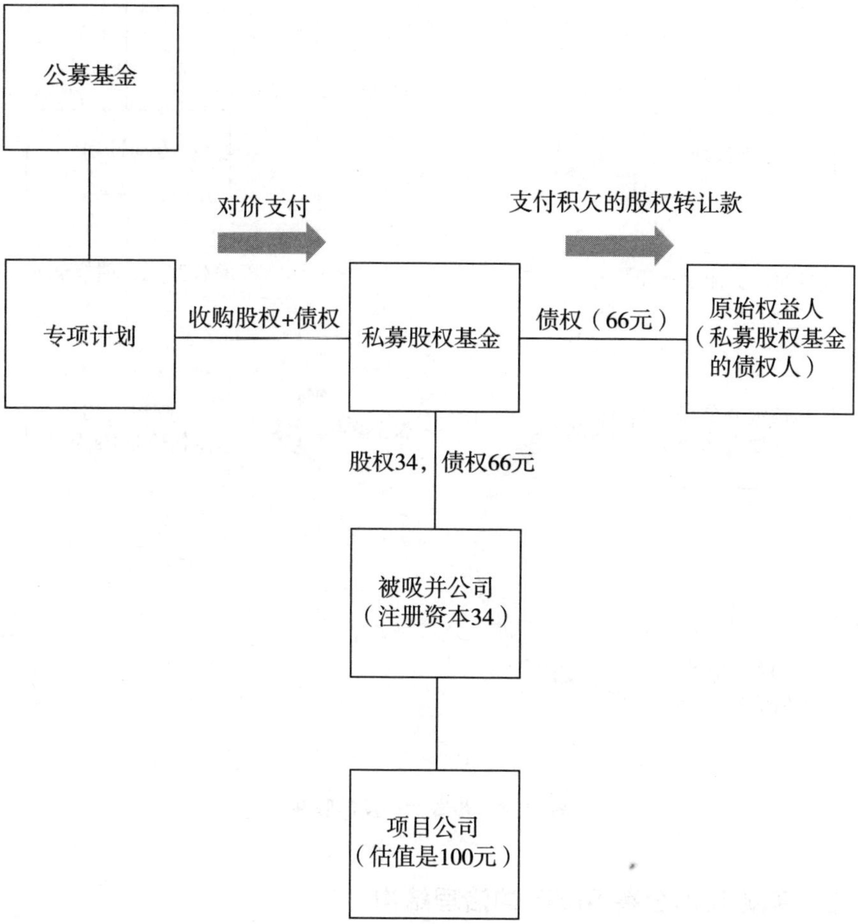

图 31.7　步骤五：专项计划收购私募股权基金对被吸并公司的股权及债权

（六）步骤六：反向吸并

项目公司反向吸并被吸并公司，最后形成专项计划对项目公司的股债结构，如图 31.8 所示。

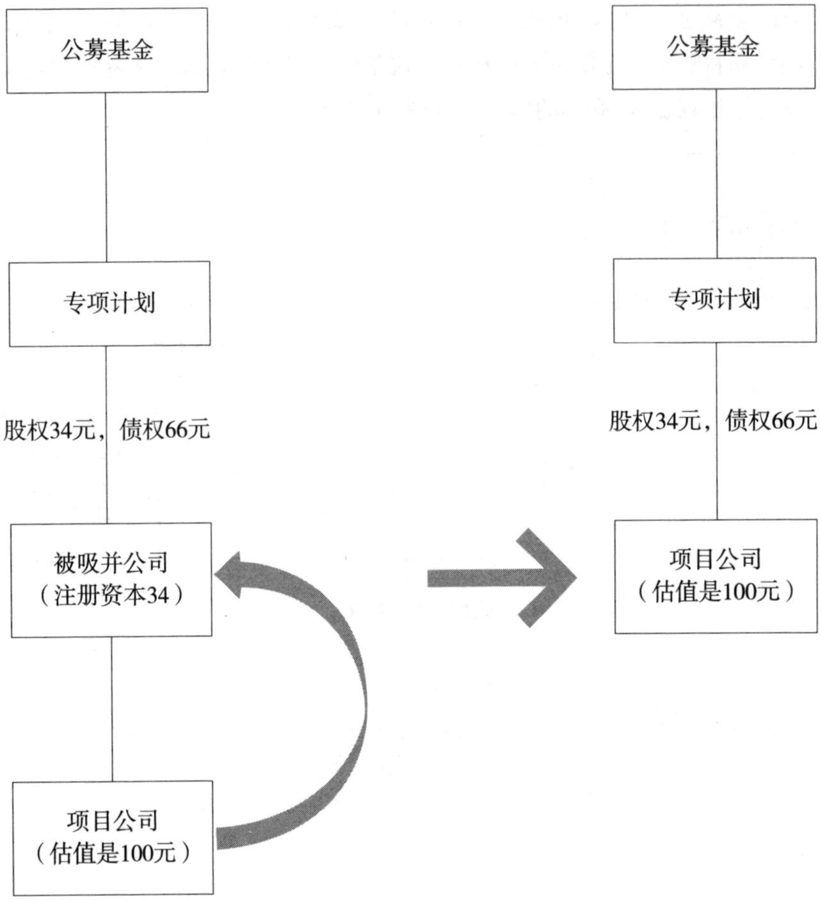

图 31.8　步骤六：反向吸并

五、基础设施公募 REITs 的治理结构

（一）公募 REITs 治理结构的基本框架

由于基础设施公募 REITs 是一种“资产上市”的概念，所以在讨论公募 REITs 的治理结构时，一般会和上市公司的治理结构做出比较，如图 31.9 所示。在设计公募 REITs 的治理结构时，会将公募基金的基金份额持有人大会的功能等同于上市公司的股东会。公募基金管理人的功能相当于上市公司的董事会，由于公募基金管理人通常不会只管理一只公募基金，因此公募基金管理人为了落实对于某项公募基金的管理工作，会特别针对其管理的某项基金，在公募基金管理人的内部设立投资决策委员会，协助公募基金管理人做好公募基金的管理工作。资产服务机构是指与公募基金、资产支持专项计划、项目公司四方共同签署资产服务协议，并负责对基

础资产的运营管理提供服务的机构，资产服务机构的功能相当于上市公司的管理层，由于资产服务机构可能不会只管理一项基础资产，因此为了落实资产服务的工作，资产服务机构会针对其服务的某项资产，在资产服务机构的内部设立项目部，协助资产服务机构做好资产服务工作。资产支持专项计划与项目公司在治理结构的基本框架中，是公募基金的共同协作单位。

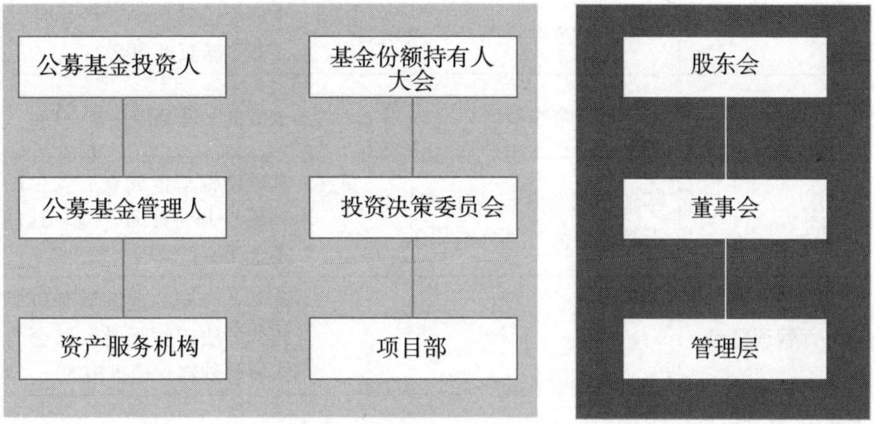

图 31.9　基础设施公募 REITs 的治理结构

（二）基金份额持有人大会的表决

《公开募集基础设施证券投资基金指引（试行）》第三十二条规定："除《证券投资基金法》规定的情形外，发生下列情形的，应当经参加大会的基金份额持有人所持表决权的二分之一以上表决通过：（一）金额超过基金净资产 20% 且低于基金净资产 50% 的基础设施项目购入或出售；（二）金额低于基金净资产 50% 的基础设施基金扩募；（三）基础设施基金成立后发生的金额超过基金净资产 5% 且低于基金净资产 20% 的关联交易；（四）除基金合同约定解聘外部管理机构的法定情形外，基金管理人解聘外部管理机构的。除《证券投资基金法》规定的情形外，发生下列情形的，应当经参加大会的基金份额持有人所持表决权的三分之二以上表决通过：（一）对基础设施基金的投资目标、投资策略等作出重大调整；（二）金额占基金净资产 50% 及以上的基础设施项目购入或出售；（三）金额占基金净资产 50% 及以上的扩募；（四）基础设施基金成立后发生的金额占基金净资产 20% 及以上的关联交易。基金份额持有人与表决事项存在关联关系的，应当回避表决，其所持份额不计入有表决权的基金份额总数。证券交易所应当为基金份额持有人大会提供网络投票系统。基础设施基金就扩募、项目购入或出售等重大事项召开基金份额持有人大会的，相关信息披露义务人应当依法公告持有人大会事项，披露相关重大事项的详细方案及法律意见书等文件，方案内容包括但不限于：交易概况、交易标的及交易对手方的基本情况、交易标的定价方式、交易主要风险、交易各方声明与承诺等。”笔者将上述规定中有关表决权的比例整理如表 31.1 所示。

表 31.1　基金份额持有人大会的表决权比例

事由	表决权比例 2/3	表决权比例 1/2
基础设施项目购入或出售	金额占基金净资产 50% 及以上	金额超过基金净资产 20% 且低于基金净资产 50%
扩募	金额占基金净资产 50% 及以上	金额低于基金净资产 50%
关联交易	基础设施基金成立后发生的金额占基金净资产 20% 及以上	基础设施基金成立后发生的金额超过基金净资产 5% 且低于基金净资产 20%
解聘外部管理机构		除基金合同约定解聘外部管理机构的法定情形外，基金管理人解聘外部管理机构的
对基础设施基金的投资目标、投资策略等	作出重大调整	

第三十二章　基础设施公募 REITs 证券端

——筹资、定价、分配、扩募

一、概述

本章的主题之所以称为基础设施公募 REITs 证券端，是因为本章讨论的问题集中在基金份额的投资者与基础设施公募基金之间的交易关系。在这个交易关系中，大家最关注的问题就是如何募集资金，并且将募集的资金通过层层的交易结构完成基础设施项目的收购；以及基础设施项目运营所产生的收益，如何进行现金流的归集以及收益的分配；并且在基础设施公募基金运营期，如果基金有扩募的需求，该如何处理扩募所产生的相关问题。因此以下将针对募集资金中所面临的募集资金规模的计算、公募基金份额的定价、公募基金的收益分配以及公募基金的扩募等问题进行讨论。

二、募集资金的计算

有关募集资金规模的计算，一般的计算方式是：发售份额的数量 × 认购单价 = 募集资金总额。而募集资金总额、实际融资金额以及项目公司估值存在什么样的关系，是很多人所关注的问题，以下笔者拟从类 REITs 与公募 REITs 项目的差异来分析上述问题。

由于类 REITs 的交易结构环节中，包括资产支持专项计划、私募基金或是信托计划、被吸并公司以及项目公司等环节，如图 24. 4 所示，此外，一般类 REITs 的证券端会进行证券分层的设计，分为优先级证券以及次级证券，而次级证券的持有人大部分都是原始权益人或是其关联方，因此类 REITs 实际融资金额以及项目公司估值的计算方式如表 32. 1 所示。

表 32. 1 类 REITs 实际融资金额以及项目公司估值的计算公式

1. 类 REITs 实际融资金额 = 资产支持专项计划募集资金总额 - 次级资产支持证券的认购金额（如果有） -〔资产支持专项计划的费用 + 私募股权基金或是信托计划的费用 + 被吸并公司的费用（如果有)〕
2. 资产支持专项计划、私募股权基金或是信托计划以及被吸并公司的费用是指各种税费、中介费用、服务费用等
3. 项目公司的估值 = 实际融资金额 + 次级资产支持证券的认购金额（如果有） = 资产支持专项计划募集资金总额 -〔资产支持专项计划的费用 + 私募股权基金或是信托计划的费用 + 被吸并公司的费用（如果有)〕

在讨论公募 REITs 实际融资金额与项目公司估值计算问题时，有几个问题需先行讨论。首先，《公开募集基础设施证券投资基金指引（试行)》第二条第一项规定："本指引所称基础设施基金，是指同时符合下列特征的基金产品：(一) 80% 以上基金资产投资于基础设施资产支持证券，并持有其全部份额；基金通过基础设施资产支持证券持有基础设施项目公司全部股权；……" 第二十五条第一款规定："基础设施基金成立后，基金管理人应当将 80% 以上基金资产投资于与其存在实际控制关系或受同一控制人控制的管理人设立发行的基础设施资产支持证券全部份额，并通过特殊目的载体获得基础设施项目全部所有权或经营权利，拥有特殊目的载体及基础设施项目完全的控制权和处置权。前述行为应当按照相关法律法规关于重大关联交易要求履行适当程序、依法披露。" 第二十六条规定："基础设施基金除投资基础设施资产支持证券外，其余基金资产应当依法投资于利率债，AAA 级信用债，或货币市场工具。" 由此可知，公募基金应将 80% 以上的基金资产投资于基础

设施资产支持证券，剩余的基金资产投资其他金融产品，当然公募基金可以将100%的基金资产投资于基础设施资产支持证券。

另外，《公开募集基础设施证券投资基金指引（试行）》第二十八条第二款第一项规定："基础设施基金直接或间接对外借入款项，应当遵循基金份额持有人利益优先原则，不得依赖外部增信，借款用途限于基础设施项目日常运营、维修改造、项目收购等，且基金总资产不得超过基金净资产的140%。其中，用于基础设施项目收购的借款应当符合下列条件：（一）借款金额不得超过基金净资产的20%；……"由此可知，基础设施基金直接或间接对外借入款项，用于基础设施项目收购的，借款金额不得超过基金净资产的20%。

有关于公募REITs实际融资金额及项目公司估值的计算公式，如表32.2所示。

表32.2 公募REITs实际融资金额及项目公司估值的计算公式

1. 公募REITs实际融资金额＝基础设施公募基金募集资金总额＋对外借款金额（如果有）－原始权益人战略配售的金额－〔基础设施公募基金的费用＋资产支持专项计划的费用＋被吸并公司的费用（如果有）〕 2. 基础设施公募基金募集资金总额＝基础设施公募基金份额发售的份数×认购单价 3. 基础设施公募基金、资产支持专项计划以及被吸并公司的费用是指各种税费、中介费用、服务费用等 4. 对外借款金额用于基础设施项目收购的，借款金额不得超过基金净资产的20% 5. 项目公司的估值＝实际融资金额＋原始权益人战略配售的金额－基础设施公募基金募集资金总额×0.2（如果有） ＝基础设施公募基金募集资金总额＋对外借款金额（如果有）－〔基础设施公募基金的费用＋资产支持专项计划的费用＋被吸并公司的费用（如果有）〕－基础设施公募基金募集资金总额×0.2（如果有）

三、定价

公募基金如何募集资金？按相关的业务规定在证监会同意基金注册后，进入基金份额的发售流程来募集资金，其中包括战略配售、网下询价并定价、网下配售、公众投资者认购等环节，如图32.1所示。而公募基金的定价，属于基金份额发售中的一个环节。

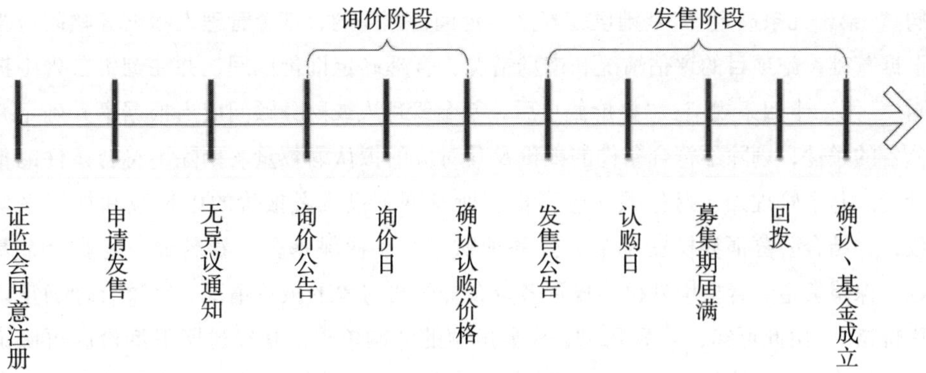

图 32.1　基础设施公募基金份额发售流程

类 REITs 的认购单价与公募 REITs 的认购单价的定价逻辑是很不一样的，类 REITs 定价定的是票面利率，公募 REITs 定价定的是认购单价，另外类 REITs 的性质比较偏向债权型 REITs，而公募 REITs 是权益型 REITs，因此定价逻辑很不一样。类 REITs 的定价方式是在证券申购前，通过第三方评估机构评估出项目公司的估值，通过表 32.1 的计算公式计算出资产支持专项计划募集资金总额，申购前票面金额定为 100 元，再通过公开招标①或是簿记建档②的方式，确定资产支持证券的票面利率。

公募 REITs 的定价逻辑类似于股票 IPO，上海证券交易所《公开募集基础设施证券投资基金（REITs）规则适用指引第 2 号——发售业务（试行）》（以下简称《发售业务》）第五条规定："基础设施基金的认购价格应当通过本所网下发行电子平台向网下投资者以询价的方式确定。基金份额认购价格确定后，战略投资者、网下投资者和公众投资者应当按照本指引规定的认购方式，参与基础设施基金份额认

① 所谓公开招标发行是发行人将拟发行证券的信息公告投资者，然后让投资者发出标书，提出自己希望认购的数量和价格，最后按投标人出价的高低，决定所发行债券的价格和投标人中标与否、中标数量，明确债券的发行价格。根据标的不同来分，招标发行分为价格招标和利率招标两种方式，价格招标为投标人提出自己希望认购的证券的价格和数量，而利率招标是投标人提出自己希望认购的证券的利率和数量。根据中标方式，有荷兰式、美国式和混合式三种中标方式。荷兰式招标又称为统一价位招标，中标人中标后，所有中标人的价格根据整体中标结果统一确定，没有差别。美国式招标下，中标人的价格是自己提出的价格，并且不同中标人的价格不一样。而混合招标，是两种招标方式的混合。

② 簿记建档是一种系统化、市场化的发行定价方式，包括前期的预路演、路演等推介活动和后期的簿记定价、配售等环节。具体流程首先进行预路演，根据反馈信息并参照市场状况，簿记建档人（一般由主承销商担任）和发行人共同确定申购价格区间；然后进行路演，与投资人进行一对一的沟通；最后开始簿记建档工作。簿记建档人一旦接受申购订单，公证机构即刻核验原始凭证，并统一编号，确保订单的有效性和完整性，簿记建档人将每一个价位上的累计申购金额录入电子系统，并与发行人最终确定发行价格。

购。”第十九条规定：“基础设施基金确定询价区间的，基金管理人和财务顾问应当根据基础设施项目的评估情况和市场情况，合理确定询价区间，并在询价公告中披露。”第二十四条规定：“报价截止后，基金管理人或财务顾问应当根据事先确定并公告的条件，剔除不符合条件的报价及其对应的拟认购数量。剔除不符合条件的报价后，基金管理人、财务顾问应当根据所有网下投资者报价的中位数和加权平均数，并结合公募证券投资基金、公募理财产品、社保基金、养老金、企业年金基金、保险资金、合格境外机构投资者资金等配售对象的报价情况，审慎合理确定认购价格。”由此可知，公募 REITs 基金份额的认购单价，是经过网下询价后再确定认购价格。待认购价格确定后，再以表 32.2 的公式计算基础设施公募基金募集资金总额，以及项目公司的估值。

四、分配

至于公募 REITs 的收益分配问题，相对于类 REITs 而言单纯许多，这是因为类 REITs 的收益分配需要经过现金流的重组，也就是现金流必须经过归集、分割、增信与排序等加工重组的程序，但是公募 REITs 只需要现金流归集，并经调整后即可分配。

现金流该如何调整，《公开募集基础设施证券投资基金运营操作指引（试行）》第十六条规定：“可供分配金额是在合并净利润基础上进行合理调整后的金额，可包括合并净利润和超出合并净利润的其他返还。基金管理人计算可供分配金额过程中，应当先将合并净利润调整为税息折旧及摊销前利润（EBITDA），并在此基础上综合考虑项目公司持续发展、项目公司偿债能力、经营现金流等因素后确定可供分配金额计算调整项。涉及的相关计算调整项一经确认，不可随意变更，相关计算调整项及变更程序应当在基金招募说明书等文件中进行明确。将净利润调整为税息折旧及摊销前利润（EBITDA）需加回以下调整项：（一）折旧和摊销；（二）利息支出；（三）所得税费用；将税息折旧及摊销前利润调整为可供分配金额可能涉及的调整项包括：（一）当期购买基础设施项目等资本性支出；（二）基础设施项目资产的公允价值变动损益（包括处置当年转回以前年度累计调整的公允价值变动损益）；（三）基础设施项目资产减值准备的变动；（四）基础设施项目资产的处置利得或损失；（五）支付的利息及所得税费用；（六）应收和应付项目的变动；（七）未来合理相关支出预留，包括重大资本性支出（如固定资产正常更新、大修、改造等）、未来合理期间内的债务利息、运营费用等；涉及未来合理支出相关预留调整项的，基金管理人应当充分说明理由；基金管理人应当在定期报告中披露合理相关支出预留的使用情况；（八）其他可能的调整项，如基础设施基金发行份额募集的资金、处置基础设施项目资产取得的现金、金融资产相关调整、期初现金余额等。”由此可知，基金管理人应先将合并净利润调整为税息折旧及摊销前利润（EBITDA），再将息税折旧及摊销前利润（EBITDA）经过八项调整后调整成可供分配金额，再进行收益分配。

五、扩募

扩募是指基础设施公募基金成立后，扩大募集资金的规模并将资金用于投资的行为，而这个投资行为绝大部分和底层资产的认购有关。《发售业务》第五十一条规定：“基础设施基金扩募的，可以向原基础设施基金持有人配售份额，也可以向不特定对象或特定对象发售。”由此可知，公募 REITs 扩募类似于上市公司配股、公开增发与非公开发行股票（定增），是公募 REITs 的一种再融资手段。由于公募 REITs 的资金大部分是用于收购资产，因此扩募有助于优化投资组合、分散风险，并降低融资成本。以下针对扩募可能涉及的问题进行说明。

首先是关于扩募资产原始权益人的界定及要求的问题。扩募收购的资产是否必须是原始权益人的资产，或者可以是第三方公司的资产？如果扩募资金可以收购第三方公司的资产，第三方公司是否应界定为原始权益人？如果届定为原始权益人，则该第三方公司针对扩募部分的基金份额是否该进行战略配售？如果第三方公司不界定为原始权益人，是否该由原先的原始权益人针对扩募部分的基金份额进行战略配售？如果一个公募基金有两个原始权益人（一个是原先的原始权益人，一个是扩募资产的原始权益人），是否会造成基金治理问题的复杂化？这是未来需要进一步关注的问题。

有关于公募 REITs 扩募后的交易结构，可能会出现图 32. 2 以及图 32. 3 两种情形。图 32. 2 专项计划 A 是扩募前收购的资产，专项计划 B 是扩募后收购的资产。图 32. 3 项目公司 A 是扩募前收购的资产，项目公司 B 是扩募后收购的资产。

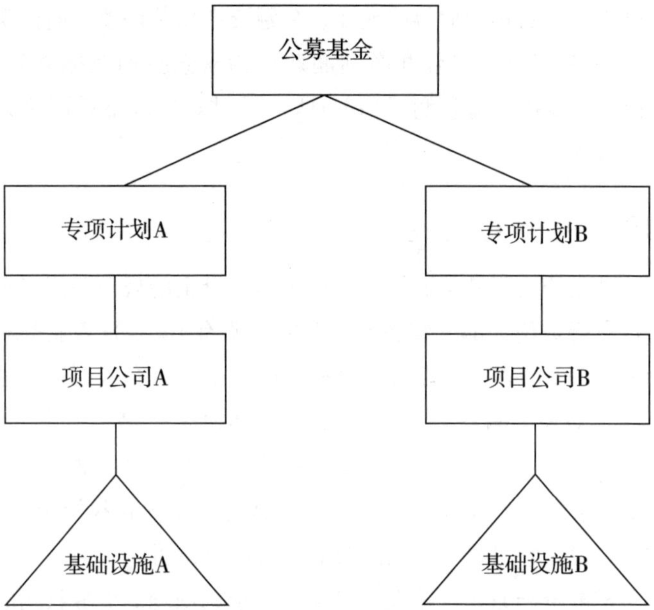

图 32. 2　扩募交易结构一

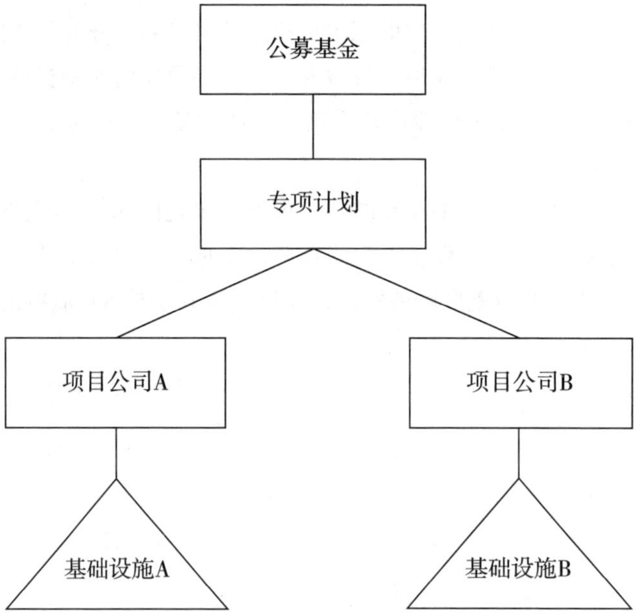

图 32. 3　扩募交易结构二

第三十三章　基础设施公募 REITs 资产端

——项目收购、对外借款、资产合规与相关税务问题

一、概述

有关基础设施公募 REITs 资产端要讨论的问题，是针对公募 REITs 募资完成后，进行资产收购的相关问题，其中包括：原始权益人如果是国有企业，公募 REITs 收购资产可能涉及国有资产处置的问题；资产收购的过程中专项计划对项目公司搭建股债结构时，公募 REITs 直接或是间接对外借入款项，用于收购资产有哪些合规性的要求；以及收购资产相关合规性的问题等。

二、公募 REITs 收购资产与国有资产处置

公募 REITs 募资完成后，通过资产支持专项计划对项目公司进行收购，如果项目公司的股东也就是原始权益人是国有企业，收购项目公司时可否豁免进场交易？有关这个问题，笔者想从以下两个层面讨论。第一，公募 REITs 通过产权交易市场进行交易所带来的矛盾；第二，公募 REITs 通过专项计划收购项目公司，豁免进场交易的法理基础。

由于公募 REITs 是一种资产 IPO 的制度，它的定价逻辑是先通过网下询价确定认购价格后再最终确认资产估值；而国有资产的产权交易，是先确定资产的估值，再以估值作为底价进行资产的招拍挂，因此两者的定价方式不同。另外公募 REITs 是通过证券化的手段，在资本市场进行交易，而国有资产是以资产的形态在产权市场进行交易，采取证券化的目的就是通过上市交易增加项目的流动性，而国有资产交易的形态无法达到前述目的。因此两者的制度目的存在一定的矛盾。

有关于证券交易程序与国有资产交易程序相互竞合时，该如何处理的问题。有观点认为国资委制定的《关于规范国有股东与上市公司进行资产重组有关事项的通知》，针对国有股东或潜在国有股东向上市公司注入、购买或置换资产并同时导致国有股东所持上市公司股份发生变化的情形，该通知将国有资产交易规则与上市公司重大资产重组程序进行了融合，并实际上排除了进场交易在此种情况下的适用①。

① 公众号“梧桐树下 V”文章：《上市公司重大资产重组与国资进场交易程序的竞合问题研究》。

同理可以将公募 REITs 视为上市公司，其通过专项计划收购项目公司，应认为可以通过证券交易程序替代国有资产交易程序而豁免进场交易。此外笔者认为，国有资产交易制度最主要的目的是希望国有资产交易对价公允，不要出现国有资产流失的情况，而证券交易制度同样可以达到交易对价公允的目的。证券交易制度的另一项功能是通过资本市场交易使证券自由流通，而国有资产交易制度却达不到此一目的，因此当两个制度相互竞合时，笔者认为应以证券交易制度优先适用。

三、公募 REITs 对外借款收购项目

《公开募集基础设施证券投资基金指引（试行）》第二十八条第二款、第三款规定："基础设施基金直接或间接对外借入款项，应当遵循基金份额持有人利益优先原则，不得依赖外部增信，借款用途限于基础设施项目日常运营、维修改造、项目收购等，且基金总资产不得超过基金净资产的 140%。其中，用于基础设施项目收购的借款应当符合下列条件：（一）借款金额不得超过基金净资产的 20%；（二）基础设施基金运作稳健，未发生重大法律、财务、经营等风险；（三）基础设施基金已持基础设施和拟收购基础设施相关资产变现能力较强且可以分拆转让以满足偿还借款要求，偿付安排不影响基金持续稳定运作；（四）基础设施基金可支配现金流足以支付已借款和拟借款本息支出，并能保障基金分红稳定性；（五）基础设施基金具有完善的融资安排及风险应对预案；（六）中国证监会规定的其他要求。基础设施基金总资产被动超过基金净资产 140% 的，基础设施基金不得新增借款，基金管理人应当及时向中国证监会报告相关情况及拟采取的措施等。"由此可知，公募 REITs 在符合一定条件下，可以对外借款进行项目的收购。另外，《商业银行并购贷款风险管理指引》第二十一条规定："并购交易价款中并购贷款所占比例不应高于 60%。"第二十二条规定："并购贷款期限一般不超过 7 年。"由此可知，公募 REITs 直接或是间接向商业银行借入款项，贷款金额不超过并购对价的 60%，贷款期限一般不超过七年。

其实公募 REITs 对外借款进行项目的收购，如果借款的利率低于权益投资者要求的收益率，则可通过财务杠杆提高权益投资者的整体收益率。假设公募基金拟投资标的资产价值为 100 元，标的资产预计年化收益率为 6%，即投资 1 年产生 6 元收益。若公募基金募集 100 元全额投资该资产，在不考虑其他费用的情况下，则对应 1 元份额的预期年化收益率也为 6%；若公募基金向外部借款 20 元（借款利率为 4%），同时募集 80 元投资该资产，在不考虑其他费用的情况下，向借款机构支付 0.8 元借款费用后，公募基金投资者可获得 5.2 元收益，则对应 1 元份额的预期年

化收益率为6.5%①。所以公募 REITs 利用借款的财务杠杆效应，是可以提升基金投资者的回报率的。

四、资产合规性的问题

由于公募 REITs 募集资金后，须收购专项计划的全部份额，再通过专项计划收购项目公司的全部股权，通过项目公司掌握基础设施项目的所有权或是经营权。公募 REITs 相关规则对于基础设施项目（也就是底层资产）、项目公司以及专项计划的基础资产都有合规性的要求。

（一）底层资产合规性要求

有关基础设施项目的要求，《公开募集基础设施证券投资基金指引（试行）》第八条规定："基础设施基金拟持有的基础设施项目应当符合下列要求：（一）原始权益人享有完全所有权或经营权利，不存在重大经济或法律纠纷，且不存在他项权利设定，基础设施基金成立后能够解除他项权利的除外；（二）主要原始权益人企业信用稳健、内部控制健全，最近 3 年无重大违法违规行为；（三）原则上运营 3 年以上，已产生持续、稳定的现金流，投资回报良好，并具有持续经营能力、较好增长潜力；（四）现金流来源合理分散，且主要由市场化运营产生，不依赖第三方补贴等非经常性收入；（五）中国证监会规定的其他要求。"上海证券交易所《公开募集基础设施证券投资基金（REITs）规则适用指引第 1 号——审核关注事项（试行）》（以下简称《审核关注事项》）第十三条规定："基础设施项目应当符合以下条件：（一）权属清晰，资产范围明确，并依照规定完成了相应的权属登记；（二）不存在法定或约定的限制转让或限制抵押、质押的情形，且转让已获得有效的审批手续（如适用）；（三）不存在抵押、质押等权利限制，基础设施基金成立后能够解除相关限制的除外；（四）基础设施资产已通过竣工验收，工程建设质量及安全标准符合相关要求，已按规定履行规划、用地、环评等审批、核准、备案、登记以及其他依据相关法律法规应当办理的手续；（五）基础设施资产的土地实际用途应当与其规划用途及其权证所载用途相符。如不一致，基金管理人和资产支持证券管理人聘请的律师应说明其实际用途的法律、法规及政策依据，基金管理人和资产支持证券管理人应当在相关文件中充分揭示风险，并设置相应的风险缓释措施；（六）基础设施资产涉及经营资质的，相关经营许可或者其他经营资质应当合法、有效。相关经营资质在基础设施基金和基础设施资产支持证券存续期内存在展期安排的，应当按照相关规定或主管部门要求办理展期手续，基金管理人和资产支

---

① 本案例摘录自公众号"新华基金"文章：《新华说 | 解读公募 REITs 核心指标之净现金流分派率（下）》。最后访问日期：2022 年 10 月 15 日。

持证券管理人应当在相关文件中披露具体安排；（七）中国证监会和本所规定的其他条件。”由此可知，基础设施项目须符合原始权益人的产权完整、原始权益人稳健合规、项目运营3年以上有持续经营能力、经营现金流合理分散主要由市场化运营产生、项目权属清晰明确、项目没有转让限制、项目没有抵押质押限制、项目没有权利限制、项目完成审批与竣工验收、土地用途合规、经营资质合法等与基础设施项目有关的要求。

有关PPP项目的要求，《审核关注事项》第十五条规定：“基础设施项目采用PPP模式的，除满足本指引第十三条、第十四条的规定外，还应当符合以下条件：（一）2015年以后批复实施的PPP项目，应符合国家关于规范有序推广PPP模式的规定；（二）2015年6月以后批复实施的特许经营项目，应符合《基础设施和公用事业特许经营管理办法》有关规定。此前采用BOT、TOT、股权投资等模式实施的特许经营项目，应符合当时国家关于固定资产投资建设、特许经营管理等相关规定；（三）收入来源以使用者付费（包括按照穿透原则实质为使用者支付的费用）为主。收入来源含地方政府补贴的，需在依法依规签订的PPP合同或特许经营协议中有明确约定；（四）PPP项目运营稳健、正常，未出现暂停运营等重大问题或重大合同纠纷；（五）中国证监会和本所规定的其他条件。”由此可知，PPP项目须符合相关PPP项目政策与相关法规的要求，收入来源须以使用者付费为主，且项目没有重大问题与纠纷。

有关项目运营情况的要求，《审核关注事项》第十七条规定：“基础设施项目运营情况应当符合以下条件：（一）具备成熟稳定的运营模式，运营收入有较好增长潜力；（二）运营时间原则上不低于3年，投资回报良好；（三）若为产业园、仓储物流、数据中心等依托租赁收入的基础设施项目，近3年总体出租率较高，租金收入较高，租金收缴情况良好，主要承租人资信状况良好、租约稳定，承租人行业分布合理；（四）如为收费公路、污水处理等依托收费收入的基础设施项目，近3年运营收入较高或保持增长，使用者需求充足稳定，区域竞争优势显著，运营水平处于行业前列；（五）中国证监会和本所规定的其他条件。”由此可知，基础设施项目运营模式要求成熟稳定、项目运营不低于3年、租金或收费收入现金流稳定等。

（二）项目公司合规性要求

有关项目公司的要求，《审核关注意事项》第十四条规定：“基础设施项目公司应当符合以下条件：（一）依法设立并合法存续；（二）财务会计制度和财务管理制度规范；（三）合法持有基础设施项目相关资产；（四）中国证监会和本所规定的其他条件。”由此可知，项目公司需合法存续、财务会计制度规范、合法持有项目资产等。

有关项目现金流的要求，《审核关注事项》第十六条规定："基础设施项目现金流应当符合以下条件：（一）基于真实、合法的经营活动产生，价格或收费标准符合相关规定；（二）符合市场化原则，不依赖第三方补贴等非经常性收入；（三）持续、稳定，近 3 年（不满 3 年的，自开始运营起，下同）未出现异常波动。存在异常波动的，需说明波动原因和合理性；（四）来源合理分散，直接或穿透后来源于多个现金流提供方。因商业模式或者经营业态等原因，现金流提供方较少的，重要现金流提供方应当资质优良，财务情况稳健；（五）近 3 年总体保持盈利或经营性净现金流为正；（六）中国证监会和本所规定的其他条件。"由此可知，项目现金流须真实合法、不依赖第三方补贴、近三年现金流没有异常波动、现金流来源合理分散、近三年盈利或经营性净现金流为正。另外，《审核关注事项》第二十条第二、三款规定："现金流来源集中度较高的，基金管理人和资产支持证券管理人应当进行风险提示，并披露重要现金流提供方的经营情况、财务状况。历史现金流波动较大的，基金管理人和资产支持证券管理人应当分析波动原因和合理性，充分揭示风险，并设置相应的风险缓释措施。"由此可知，对于现金流集中度高或是波动较大的，应进行风险提示并设置风险缓释措施。

（三）基础资产合规性要求

有关基础资产的要求，《审核关注事项》第二十三条规定："专项计划的基础资产应当符合以下条件：（一）界定清晰，具有明确的法律法规依据；（二）合法合规，涉及债权的，债权应当真实有效，符合法律法规规定。律师应当对债权的真实性、合法性及有效性进行核查，并发表明确意见；（三）权属清晰，系从第三方受让所得的，原始权益人应当已经支付转让对价，且转让对价公允，涉及的登记、批准、备案或其他手续（如需）应当已完成。律师应当就前述转让的公允性、合法性和有效性发表明确意见；（四）不存在抵押、质押等权利限制，但在专项计划成立后使用募集资金偿还，能够解除相关限制的除外；（五）不存在法定或约定的限制转让或限制抵押、质押的情形；（六）中国证监会和本所规定的其他条件。"由此可知，基础资产的权属应清晰合规，涉及债权的应真实合法有效，已支付转让对价且对价公允，不存在权利限制、转让限制以及抵押、质押限制等情形。

有关基础资产转让的要求，《审核关注事项》第二十四条规定："专项计划基础资产的转让应当符合以下条件：（一）转让应当合法、有效，存在附属权益的，应当一并转让；（二）法律法规规定基础资产转让应当办理批准、登记手续的，应当依法办理，法律法规没有要求办理登记或者暂时不具备办理登记条件的，应当采取有效措施，维护基础资产安全；（三）基础资产涉及债权的，应当按照有关法律规定将债权转让事项通知债务人；（四）结合基础设施基金询价、定价情况合理确定基础资产转让对价，确保转让对价公允；（五）中国证监会和本所规定的其他条件。”由此可知，基础资产转让需合法有效，依法办理批准登记手续，涉及债权转让的需通知债务人，转让对价应公允。

☆有关 REITs 线上收费课程，请见视频 33.1【基础设施公募 REITs 与类 REITs 实操分析——园区、仓储、高速公路、环保类等案例讨论】

五、相关税务问题讨论

2022 年 1 月 26 日财政部、税务总局出台的《关于基础设施领域不动产投资信托基金（REITs）试点税收政策的公告》，规范了有关基础设施公募 REITs 企业所得税的相关问题，笔者认为该公告的内容和过去相关规定的要求基本一致，并没有税收优惠的规定。以下将针对基础设施公募 REITs 相关的税务问题进行讨论。

（一）底层资产重组

为了避免入池资产的现金流和其他非入池资产的现金流发生混同的情形，并且基于破产隔离的考虑，原始权益人会将入池资产（即底层资产或是基础设施资产）单独“装入”项目公司之中，和其他非入池资产相互隔离，此即为资产隔离。至于如何将不动产“装入”项目公司，目前实践中较常采用的方式，是按《109 号文》的规定进行资产划转，因此原始权益人将其持有的资产划转到项目公司，并取得项目公司股权（其实可以视为实物出资）。《109 号文》第三条规定：“对 100% 直接控制的居民企业之间，以及受同一或相同多家居民企业 100% 直接控制的居民企业之间按账面净值划转股权或资产，凡具有合理商业目的、不以减少、免除或者推迟缴纳税款为主要目的，股权或资产划转后连续 12 个月内不改变被划转股权或资产原来实质性经营活动，且划出方企业和划入方企业均未在会计上确认损益的，可以选择按以下规定进行特殊性税务处理：1. 划出方企业和划入方企业均不确认所得。2. 划入方企业取得被划转股权或资产的计税基础，以被划转股权或资产的原账面净值确定。3. 划入方企业取得的被划转资产，应按其原账面净值计算折旧扣除。”由此可知，资产划转有特殊性税务处理的适用。

《关于基础设施领域不动产投资信托基金（REITs）试点税收政策的公告》第一条规定：“设立基础设施 REITs 前，原始权益人向项目公司划转基础设施资产相应取得项目公司股权，适用特殊性税务处理，即项目公司取得基础设施资产的计税基础，以基础设施资产的原计税基础确定；原始权益人取得项目公司股权的计税基础，以基础设施资产的原计税基础确定。原始权益人和项目公司不确认所得，不征收企业所得税。”由此可知，该规定基本上是再次重申了《109 号文》的规定。

此外，《国家税务总局公告 2015 年第 40 号——关于资产（股权）划转企业所得税征管问题的公告》第一条规定：“《通知》[①] 第三条所称‘100% 直接控制的居民企业之间，以及受同一或相同多家居民企业 100% 直接控制的居民企业之间按账面净值划转股权或资产’，限于以下情形：（一）100% 直接控制的母子公司之间，母公司向子公司按账面净值划转其持有的股权或资产，母公司获得子公司 100% 的股权支付。母公司按增加长期股权投资处理，子公司按接受投资（包括资本公积，下同）处理。母公司获得子公司股权的计税基础以划转股权或资产的原计税基础确定。（二）100% 直接控制的母子公司之间，母公司向子公司按账面净值划转其持有的股权或资产，母公司没有获得任何股权或非股权支付。母公司按冲减实收资本（包括资本公积，下同）处理，子公司按接受投资处理。（三）100% 直接控制的母子公司之间，子公司向母公司按账面净值划转其持有的股权或资产，子公司没有获得任何股权或非股权支付。母公司按收回投资处理，或按接受投资处理，子公司按冲减实收资本处理。母公司应按被划转股权或资产的原计税基础，相应调减持有子公司股权的计税基础。（四）受同一或相同多家母公司 100% 直接控制的子公司之间，在母公司主导下，一家子公司向另一家子公司按账面净值划转其持有的股权或资产，划出方没有获得任何股权或非股权支付。划出方按冲减所有者权益处理，划入方按接受投资处理。”由此可知《109 号文》中规定的划转限于前述的四种情形：第一，母子公司换股，或是母公司向子公司划转资产换取子公司股份；第二，母公司向子公司无偿划转[②]；第三，子公司向母公司无偿划转；第四，同一控制下的子公司向另一家子公司无偿划转。

基础设施资产划转到项目公司是否需要课征契税、增值税以及土地增值税的问题，如果划转的基础设施资产是无形资产而不是固定资产，由于会计上的无形资产对应法律上的概念为经营权或是特许经营权，这些权利性质上并非物权（即土地使用权及建筑物、构筑物的所有权）而比较类似于债权，因此无形资产的划转不会涉及土地使用权以及建筑物、构筑物所有权的变动，不需要课征契税、增值税以及土地增值税[③]。

---

① 这里的《通知》指的是《109 号文》。

② 特别要注意的是，在实践中第二类母公司向子公司无偿划转的会计处理，是存在一定的税收不确定性风险的。（公众号“大队长金融”文章《没那么简单丨深读 REITs 税收新规》）。最后访问日期：2022 年 10 月 15 日。

③ 公众号“公司金融法律评论”文章《关于基础设施领域不动产 REITs 税收政策的解读和特许经营权纳税》采取相同的观点。最后访问日期：2022 年 10 月 15 日。

（二）基础设施REITs收购项目公司股权

另外，《关于基础设施领域不动产投资信托基金（REITs）试点税收政策的公告》第二条第一款规定："基础设施REITs设立阶段，原始权益人向基础设施REITs转让项目公司股权实现的资产转让评估增值，当期可暂不缴纳企业所得税，允许递延至基础设施REITs完成募资并支付股权转让价款后缴纳。其中，对原始权益人按照战略配售要求自持的基础设施REITs份额对应的资产转让评估增值，允许递延至实际转让时缴纳企业所得税。"为何规定股权溢价应缴纳的企业所得税可以递延缴纳？笔者认为有以下几个理由：第一，笔者在本书第三十二章中有讨论到，由于基础设施公募REITs性质上属于权益型REITs，因此基础资产的最终估值是经过网下询价后再确定认购价格的。待认购价格确定后，再以表32.2的公式计算基础资产的估值，并非资产评估机构所评估的初始估值，所以必须进入到发售环节才能最终确定资产估值、才能确定资产转让的增值。第二，原始权益人转让项目公司股权时，如果基础设施REITs尚未完成资金的募集，可能也没有资金可以支付股权转让款，因此在原始权益人没有收到股权转让款的前提下缴交企业所得税，也违反了"纳税必要资金原则"。纳税必要资金原则是指企业没有收到可缴纳税负之现金或其他财产之前，暂缓征收或给予税收递延之待遇[①]。因此本条规定在公募REITs未完成募资之前，可以递延缴纳企业所得税。

第三十四章　基础设施公募REITs园区类案例讨论

——苏州产业园、张江光大园、中关村产业园、招商蛇口产业园

一、概述

基础设施公募REITs园区类案例目前已经发行上市的有四单，上海证券交易所发行的有"东吴苏州工业园区产业园封闭式基础设施证券投资基金"（以下简称东吴苏州产业园REITs）、"华安张江光大园封闭式基础设施证券投资基金"（以下简称华安张江光大园REITs）、"建信中关村产业园封闭式基础设施证券投资基金"（以下简称建信中关村产业园REITs）以及深圳证券交易所发行的"博时招商蛇口产业园封闭式基础设施证券投资基金"（以下简称博时招商蛇口产业园REITs）。以

① 雷霆：《企业并购重组税务实务》，法律出版社2015年8月版，第11页。

下将针对这四单公募 REITs 进行介绍，最后再针对园区类公募 REITs 进行比较。

二、东吴苏州产业园 REITs 案例讨论

（一）参与方

东吴苏州产业园 REITs（基金代码 SH508027）原始权益人（项目公司原股东）以及运营管理机构为苏州工业园区科技发展有限公司（以下简称科技公司）及苏州工业园区建屋产业园开发有限公司（以下简称建屋产业公司），基础设施项目分为国际科技园五期 B 区项目以及 2.5 产业园一期、二期项目，基金管理人是东吴基金管理有限公司（以下简称东吴基金）。项目公司为持有国际科技园五期 B 区项目的苏州工业园区科智商业管理有限公司（以下简称科智商管），科智商管全资股东为科技公司，科技公司控股股东为发起人苏州工业园区兆润投资控股集团有限公司（以下简称兆润控股），以及持有 2.5 产业园一期、二期项目的项目公司是苏州工业园区艾派科项目管理有限公司（以下简称园区艾派科），园区艾派科全资股东为建屋产业公司，建屋产业公司的实际控制人为发起人兆润控股。

（二）交易结构

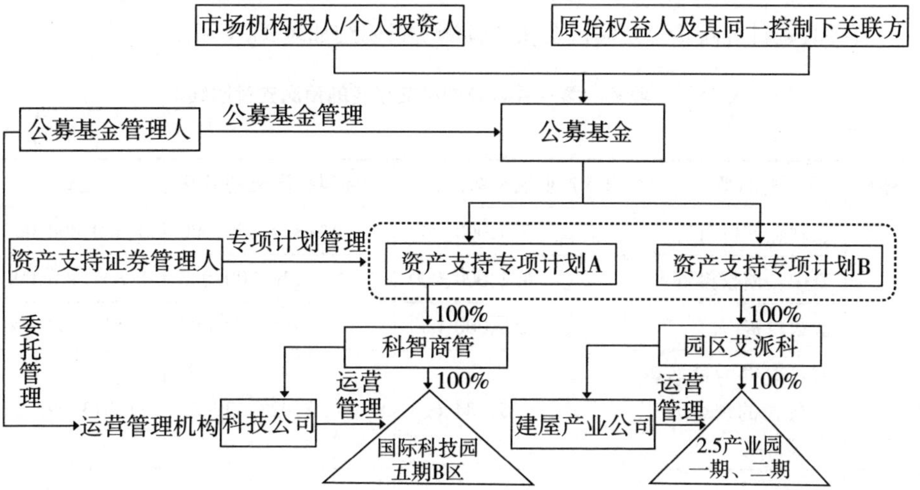

图 34.1　东吴苏州产业园 REITs 交易结构图①

东吴苏州产业园 REITs 交易结构如图 34.1 所示。本项目专项计划与项目公司搭建股债结构采取的是直接搭建的方式。

---

① 东吴苏州工业园区产业园封闭式基础设施证券投资基金招募说明书（更新）第 25 页。

本项目中项目公司形成存量债务的方式采用股东贷款，具体的操作为：科技公司是基础设施项目国际科技园五期B区的原始权益人。国际科技园五期B区项目经过资产重组由原基础设施持有人科技公司剥离至科智商管。科技公司持有科智商管100%股权及对科智商管57,170万元的债权，同时，科技公司股东苏州工业园区国有资本投资运营控股有限公司对科智商管享有37,300万元的债权，合计94,470万元的债权。根据本项目基础设施基金交易安排，专项计划将收购科智商管的100%股权，并向科智商管提供94,470万元借款，从而间接享有国际科技园五期B区的所有权，实现对国际科技园五期B区项目的投资。

此外，建屋产业公司是基础设施项目2.5产业园一期、二期项目的原始权益人。2.5产业园一期、二期项目已经过资产重组由原基础设施持有人建屋产业公司剥离至园区艾派科。建屋产业公司持有园区艾派科100%股权及对园区艾派科42,600万元的债权，同时，建屋产业公司唯一股东苏州新建元产业发展有限公司对园区艾派科享有43,600万元的债权，合计86,200万元的债权。根据本项目基础设施基金交易安排，专项计划将收购园区艾派科的100%股权，并向园区艾派科提供86,200万元的借款，从而间接享有2.5产业园一期、二期项目的所有权，实现对2.5产业园一期、二期项目的投资。

有关收购科智商管以及园区艾派科预测支付明细如表34.1所示。

表34.1 收购科智商管以及园区艾派科的预测支付明细①

单位：元

序号	明细	2.5产业园一期、二期	国际科技园五期B区	合计
1	以现金支付对价	1,520,000,000	1,830,000,000	3,350,000,000
	其中：债权投资	862,000,000	944,700,000	1,806,700,000
	股权投资	658,000,000	885,300,000	1,543,300,000
2	减：取得的被收购子公司的现金及现金等价物	15,384,658	5,928,439.27	21,313,092.27
3	取得子公司支付的现金净额	1,504,615,347	1,824,071,561	3,328,686,908

有关基金管理人的治理结构部分，基金管理人设运营管理委员会，对基础设施项目运营重大事项采取集体决策制度，运营管理委员会是基金管理人经营管理层下

① 东吴苏州工业园区产业园封闭式基础设施证券投资基金招募说明书（更新）第487页。

设的专门委员会，直接向管理层汇报，负责持有人大会决策事项之外、基金管理人有权自行决策的存续期事项中与重大运营相关的事项。

（三）证券端

本项目基金成立日为2021年6月7日，基金年限40年，发行规模为34.9亿元，发行份数9亿，认购单价为3.88元；本项目配售及认购比例为：原始权益人配售比例为30%、其他战略投资者认购比例为30%、网下投资者配售比例为30%、公众投资者认购比例为10%。本项目估值33.5亿元，资本化率2018年是3.91%、2019年是4.23%、2020年是2.94%，预测净现金流分派率为2021年4.5%、2022年4.54%。

（四）资产端

国际科技园五期B区项目入池物业资产的建筑面积合计330206.28平方米，项目用地性质为科研设计用地，收入主要为租金收入、物业费收入及停车费收入，历史平均出租率在86%以上，平均租金为每月41元/平方米。2.5产业园一期、二期项目建筑面积合计230,923.94平方米，项目用地性质为工业用地，收入主要为租金收入、物业费收入及停车费收入，历史平均出租率在64%以上，平均租金为每月61.2元/平方米。

有关国有资产转让合法性的问题，苏州工业园区国有资产监督管理办公室已于2020年7月2日作出了《园区国资办关于同意兆润控股对苏州工业园区产业园资产进行资产证券化（REITs）运作的批复》，同意科技公司、建屋产业公司向公募基金控制的特殊目的载体转让项目公司100%股权。苏州工业园区国有资产监督管理办公室于2020年10月30日出具《园区国资办关于对兆润控股拟申请试点发行公募REITs相关事项的回复意见》，“鉴于公募REITs的公募基金采取公开询价机制在证券交易所公开上市交易，支持原始权益人通过非公开协议转让的方式转让给公募基金控制的特殊目的载体。”因此，专项计划收购项目公司不需要进场交易。

三、华安张江光大园 REITs 案例讨论

（一）参与方

华安张江光大园REITs（基金代码SH508000）原始权益人为上海光全投资中心（有限合伙）（以下简称光全投资）和光控安石（北京）投资管理有限公司（以下简称光控安石），基础设施项目为张江光大园，基金管理人是华安基金管理有限公司（以下简称华安基金），被吸并公司是上海安恬投资有限公司（以下简称安恬投资），项目公司是上海中京电子标签集成技术有限公司（以下简称中京电子），基础设施运营管理机构为上海集挚咨询管理有限公司（以下简称集挚咨询）。中京电子的股东是安恬投资，安恬投资的股东是光全投资（持股99%）及光控安石（持股

1%)。上海张江集成电路产业区开发有限公司（以下简称张江集电）和光控安石是光全投资以及集挚咨询的共同控制方。

（二）交易结构

华安张江光大园REITs交易结构如图34.2所示。本项目专项计划与项目公司搭建股债结构的方式采取的是反向吸并。这里需要特别说明的是，专项计划收购安恬投资之前，安恬投资已经持有中京电子的股份。

本项目中被吸并公司安恬投资以及项目公司中京电子形成存量债务的方式为银行贷款，具体的操作为：安恬投资与中国工商银行股份有限公司上海市虹口支行（以下简称工商银行上海虹口支行）签署了编号为“10192000362”的《并购借款合同》[①]，并购借款负债为439,888,000元。中京电子以张江光大园为抵押物，向工商银行上海虹口支行提供抵押担保。就此，中京电子与工商银行上海虹口支行签署了编号为“10192000362201”的《抵押合同》，于2019年9月29日办理了相应的抵押登记，并取得了《不动产登记证明》（沪（2019）浦字不动产证明第14086029号）。根据编号为“10192000362301”的《质押合同》，安恬投资的股东光全投资作为出质人，将其持有的安恬投资99%股权出质给工商银行上海市虹口支行。

中京电子与工商银行上海虹口支行签署了编号为“10192000363”的《固定资产支持融资借款合同》，贷款负债为312,000,000元[②]。中京电子以张江光大园为抵押物，向工商银行上海虹口支行提供抵押担保。就此，中京电子与工商银行上海虹口支行签署了编号为“10194000363201”的《抵押合同》，于2019年9月29日办理了相应的抵押登记，并取得了《不动产登记证明》（沪（2019）浦字不动产证明第14086025号）。中京电子以张江光大园的租金收入为质押物，向工商银行上海虹口支行提供质押担保。就此，中京电子与工商银行上海虹口支行签署了编号为“10194000363301”的《质押合同》。根据编号为“10192000362302”的《质押合同》及国家企业信用信息公示系统的公示信息，中京电子的股东安恬投资作为出质人，将其持有的中京电子100%股权出质给工商银行上海市虹口支行。

针对上述存量负债及权利负担，安恬投资及中京电子已同工商银行上海市虹口支行进行沟通，专项计划设立后，专项计划管理人分别向安恬投资及中京电子发放借款，安恬投资和中京电子将分别以其获得的借款用于偿还存量负债并解除上述他项权利负担。

根据华安张江光大园REITs现金流预测数，募集资金规模为1,470,000,000元，其中

---

① 从本项目法律意见书第41页所示，该贷款用于置换上海银行存量并购贷款本金。而上海银行存量并购贷款，笔者推测可能是2016年12月安恬投资用于收购中京电子100%的股份。

② 从本项目法律意见书第44页所示，该笔借款用于张江光大园的运营支出。

用于收购安恬投资 100% 股权的资金是 397,926,285.5 元，分别向安恬投资及中京电子发放借款，偿还存量负债及其他用途，合计约为 1,039,365,635.38 元[①]（其中应包括向安恬投资及中京电子发放借款 439,888,000 + 312,000,000 = 751,888,000 元）。

本项目考虑到如果因各地区工商登记部门工作人员对反向吸收合并的理解和具体业务办理存在差异等原因导致反向吸收合并后续无法完成的，安恬投资与中京电子将继续存续，并按照《公司法》等法律法规及各自公司章程的规定进行公司治理。因安恬投资是专项计划 100% 持股的子公司，中京电子是安恬投资 100% 持股的子公司，且本基金持有专项计划的全部资产支持证券份额，最终由本基金管理人根据基金合同及相关协议约定直接或间接行使项目公司股东权利。

有关基金管理人的治理结构部分，基金管理人采取集体投资决策制度，并设置公募 REITs 投资决策委员会作为基金管理人内部公开募集基础设施证券投资基金的最高投资决策机构；此外，为进一步保障基础设施基金的专业化投资管理，基金管理人将聘请行业专家组建外部专家咨询委员会，就基础设施基金的产品扩募、项目资产收购、项目资产处置等重大事项提供建议及方案。

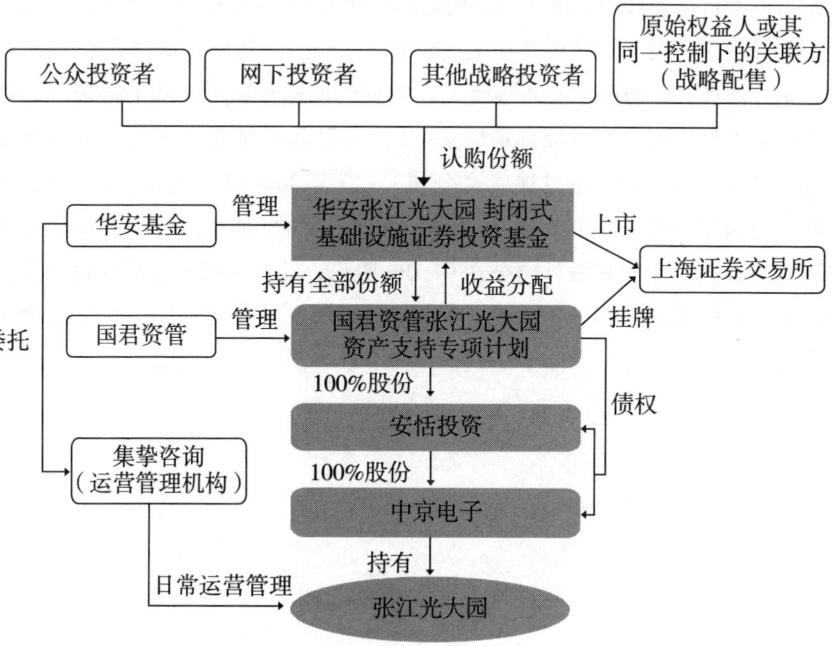

图 34.2　华安张江光大园 REITs 交易结构图[②]

① 华安张江光大园封闭式基础设施证券投资基金招募说明书（更新）第 779 页。
② 华安张江光大园封闭式基础设施证券投资基金招募说明书（更新）第 11 页。

（三）证券端

本项目基金成立日为2021年6月7日，基金年限20年，发行规模为14.95亿元，发行份数5亿，认购单价为2.99元，本项目配售及认购比例为：原始权益人配售比例为20%、其他战略投资者认购比例为35.33%、网下投资者配售比例为31.269%、公众投资者认购比例为13.401%，本项目估价14.7亿元，2020年资本化率4.73%，2021年和2022年的现金分派率预测值分别为4.74%和4.11%。

（四）资产端

张江光大园建筑面积50，947.31平方米，项目用地性质为工业－M1。项目主要收入为租金收入、管理费收入、车位收入以及其他收入，截至2020年年末，张江光大园出租率稳定在99.51%左右，平均租金为每天5.19元/平方米。另外，本项目不涉及国有资产处置的问题。

四、建信中关村产业园REITs案例讨论

（一）参与方

建信中关村产业园REITs（基金代码SH508099）原始权益人为北京中关村软件园发展有限责任公司（以下简称中关村软件园公司），基础设施项目包括互联网创新中心5号楼项目、协同中心4号楼项目和孵化加速器项目，基金管理人是建信基金管理有限责任公司（以下简称建信基金），项目公司是北京中发展壹号科技服务有限责任公司（以下简称中发展壹号公司）。截至2021年6月30日，项目公司中发展壹号公司唯一股东为中关村软件园公司，中关村发展集团有限公司（以下简称中发展集团）持有中关村软件园公司97.0%股份，北京海淀科技园建设股份有限公司持有中关村软件园公司3%股份，中发展集团为中关村软件园公司控股股东和实际控制人。

（二）交易结构

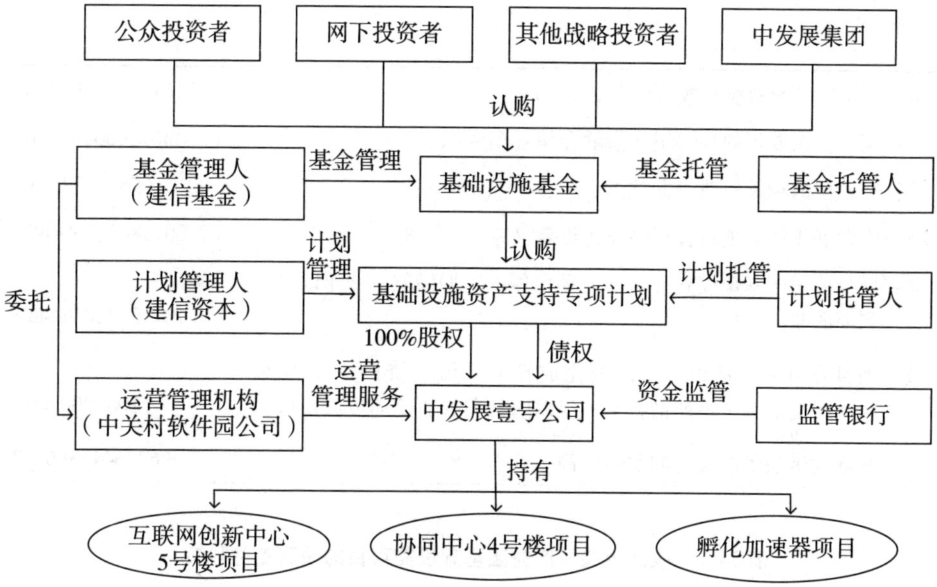

图 34.3　建信中关村产业园 REITs 交易结构图①

建信中关村产业园 REITs 交易结构如图 34.3 所示。本项目专项计划与项目公司搭建股债结构的方式采取的是直接搭建。

交通银行与项目公司中发展壹号公司签订了固定资产贷款合同；在本项目发行后，交通银行将在本基金项下的专项计划设立后两个工作日内向中发展壹号公司办理 4.61 亿元人民币固定资产支持融资业务（以经营性物业抵押）②，期限 15 年。贷款直接用途为偿还对中发展集团的债务。中发展壹号公司在贷款合同项下的债务向交通银行提供财产抵押担保。在专项计划设立后 3 个月内办理互联网创新中心 5 号楼的不动产抵押手续，抵押率不高于 70%。

本项目中项目公司形成存量债务的方式采用股东贷款，具体的操作为：2021 年 8 月 31 日，由中发展集团向中关村软件园公司提供的合计 20.03 亿元的借款对应的债务随标的基础设施项目资产一并剥入项目公司中发展壹号公司，形成 20.03 亿元的中发展壹号公司对中发展集团的负债，以实现股债结构的搭建。基础设施基金发行后，设立专项计划直接向中关村软件园公司收购中发展壹号公司股权，并由专项

---

① 建信中关村产业园封闭式基础设施证券投资基金招募说明书（更新）第 32 页。

② 本借款性质为公募 REITs 对外借款收购项目。

计划向中发展壹号公司发放借款，中发展壹号公司获取专项计划和银行提供的借款后，偿还对中发展集团的债务，中发展壹号公司对中发展集团的债务得到全部偿付。

本基金实际募集资金规模（附注六、1）	2,612,100,000.00
加：项目公司取得的外部银行借款金额（附注八、7）	461,000,000.00
减：需预留的相关税费（附注八、1（4））（a）	(534,838.71)
减：中发展集团对项目公司的委托贷款（附注八、8）	(2,002,887,750.49)
减：项目公司于基金成立日的（流动负债－短期借款－一年以内到期的非流动负债）（b）	(101,933,044.43)
减：项目公司于非货币资产出资完成日的（流动资产－流动负债＋应交税费＋短期借款＋一年以内到期的非流动负债）（c）	(100,000.00)
收购基础设施项目所支付的现金净额	967,644.366.37

表34.2 收购中关村产业园基础设施项目的预测支付明细①

有关基金管理人的治理结构部分，基金管理人采取集体投资决策制度，并设置了单独的基础设施投资决策委员会，基础设施投资决策委员会是公司基础设施基金投资管理的决策机构；另外成立运营咨询委员会对基金管理人提供专业意见。

（三）证券端

本项目基金成立日为2021年12月17日，基金年限45年，发行规模为28.8亿元，发行份数9亿，认购单价为3.2元；本项目配售及认购比例为：原始权益人配售比例为33.34%、其他战略投资者认购比例为36.76%、网下投资者配售比例为20.937%、公众投资者认购比例为8.973%。本项目互联网创新中心5号楼、协同中心4号楼及孵化加速器估值分别为15.48亿元、7.12亿元及8.13亿元，共30.73亿元。资本化率2022年是5.04%，预测净现金流分派率为2021年4.62%、2022年4.78%。

（四）资产端

本项目互联网创新中心5号楼项目对应的土地使用权的面积为29，619.62平方米，建筑面积为82，158.10平方米；协同中心4号楼项目对应的土地使用权的面积为10,183.67平方米，建筑面积为31，802.06平方米；孵化加速器项目对应的土地使用权的面积为40,428.20平方米，建筑面积为52,820.32平方米。本项目总共建筑面积

① 建信中关村产业园封闭式基础设施证券投资基金招募说明书（更新），附件三基金可供分配金额测算报告及审核报告第39页。

16.68 万平方米。收入主要包括研发办公用房的租金收入、产业配套用房的租金收入及车位的租金收入三部分，平均出租率如表 34.3 所示，平均租金如表 34.4 所示。

表 34.3　中关村产业园项目平均出租率①

标的基础设施项目平均出租率	截至 2021 年 6 月 30 日	第 1－2 年	第 3－10 年	免租期及空闲期
互联网创新中心 5 号楼项目－研发用房	90%	90%	90%	根据估价对象房地产所在地同类物业租赁市场的收益情况，新承租方进驻前必需的装修时间及免租期等因素存在，都有可能带来租金损失，根据对运营团队的访谈和对市场的调研，估价对象所有租户租赁期外市场租金每年有 8 天免租期及 3 天租赁空闲期
互联网创新中心 5 号楼项目－产业配套	100%	90%	90%	
协同中心 4 号楼项目	100%	100%	98%	根据估价对象房地产所在地同类物业租赁市场的收益情况，新承租方进驻前必需的装修时间及免租期等因素存在，都有可能带来租金损失，根据对运营团队的访谈和对市场的调研，估价对象所有租户租赁期外市场租金每年有 15 天的免租期及 3 天租赁空闲期
孵化加速器项目－研发用房	99%	85%	90%	根据估价对象所在地同类物业租赁市场的收益情况，新承租方进驻前必需的装修时间及免租期等因素存在，都有可能带来租金损失，根据对运营团队的访谈和对市场的调研，估价对象所有租户租赁期外市场租金每年有 30 天的免租期及 4 天租赁空闲期
孵化加速器项目产业配套	100%	85%	90%	

① 建信中关村产业园封闭式基础设施证券投资基金招募说明书（更新）第 185 页。

表 34.4 中关村产业园项目平均租金①

单位：元/平方米/月

标的基础设施项目市场租金	截至2021年6月30日已签约租赁合同平均租金水平	未来市场租金假设
互联网创新中心5号楼项目－研发用房（地上）	171.22	166.00
互联网创新中心5号楼项目－研发用房（地下）	109.88	107.90
互联网创新中心5号楼项目－产业配套（地上）	172.80	149.40
互联网创新中心5号楼项目－产业配套（地下）	36.81	37.35
协同中心4号楼项目（地上）	175.81	175.00
协同中心4号楼项目（地下）	143.87	143.50
孵化加速器项目－研发用房	180.03	160.00
孵化加速器项目－产业配套	53.17	40.00

有关国有资产转让合法性的问题，根据北京市人民政府于2020年12月7日出具的《北京市人民政府关于同意中关村发展集团申报基础设施领域不动产投资信托基金（REITs）试点相关事项的批复》，其中批复“原则同意中关村发展集团股份有限公司及北京中关村软件园发展有限责任公司将持有的中国国际服务外包新市场交易中心项目、中关村软件园国际交流与技术转移中心项目、中关村软件园孵化加速器研发楼项目，以100%股权转让方式发行基础设施领域不动产投资信托基金（REITs），并转让上述项目的土地使用权和房屋所有权”，本项目标的基础设施项目的土地使用权的转让已取得北京市人民政府的批准。②

另外，北京市人民政府于2010年4月1日向中关村科技园区管理委员会（以下简称“中关村管委会”）出具的《北京市人民政府关于重组设立北京中关村发展集团股份有限公司有关事宜的通知》（京政函〔2010〕25号）第四条规定，北京市人民政府“授权你委依法对中关村发展集团的国有资产进行监督管理”，因此，中关村管委会是中发展集团的国有资产管理部门。根据中关村管委会于2020年12月8日向中发展集团出具的《关于进一步支持中发展集团申报基础设施领域不动产投资信托基金（REITs）试点相关事项的函》，其中函复“同意你司基础设施公募REITs

① 建信中关村产业园封闭式基础设施证券投资基金招募说明书（更新）第184页。
② 建信中关村产业园封闭式基础设施证券投资基金招募说明书（更新）第255页、第256页。

所涉国有资产按照中国证监会公布的《公开募集基础设施证券投资基金指引（试行）》等证券监管制度要求，遵循等价有偿和公平公正的原则公开规范发行，无需另行履行国有资产交易程序”，中关村管委会已确认在本项目项下无需另行履行国有资产交易程序，通过产权交易机构公开进行国有资产交易属于国有资产交易程序的一部分。因此专项计划收购项目公司不需要进场交易。①

五、博时招商蛇口产业园 REITs 案例讨论

（一）参与方

博时招商蛇口产业园 REITs（基金代码 SZ180101）原始权益人为招商局蛇口工业区控股股份有限公司（以下简称招商蛇口），基础设施项目为在蛇口网谷产业园中的万融大厦和万海大厦，基金管理人为博时基金管理有限公司（以下简称博时基金），被吸并公司是由专项计划管理人所成立的 SPV（万海）以及 SPV（万融）两家公司，项目公司是由深圳市万融大厦管理有限公司（以下简称项目公司（万融）），以及深圳市万海大厦管理有限公司（以下简称项目公司（万海）），两家项目公司都是由招商蛇口 100% 出资。基础设施项目运营方为深圳市招商创业有限公司（以下简称招商创业）。

（二）交易结构

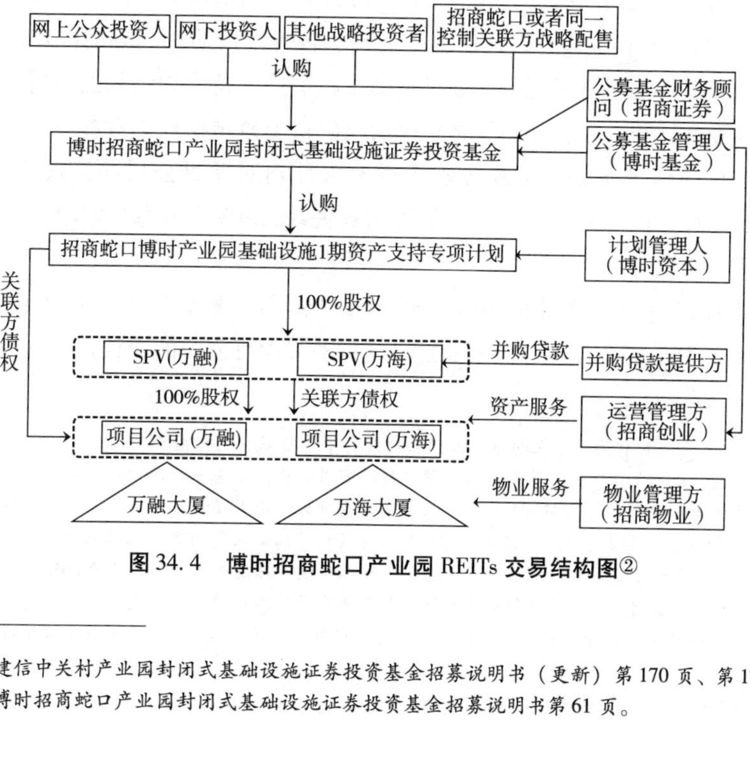

图 34.4　博时招商蛇口产业园 REITs 交易结构图②

---

① 建信中关村产业园封闭式基础设施证券投资基金招募说明书（更新）第 170 页、第 171 页。

② 博时招商蛇口产业园封闭式基础设施证券投资基金招募说明书第 61 页。

博时招商蛇口产业园REITs交易结构如图34.4所示。本项目专项计划与项目公司搭建股债结构的方式采取的是反向吸并。

SPV（万海）拟与招商银行深圳分行签署《借款合同》[1]，由招商银行深圳分行向SPV（万海）提供30,000万元的借款[2]，用于SPV（万海）向招商蛇口支付相应项目公司股权转让价款，并拟由SPV（万海）持有的对应项目公司股权、对应项目公司持有的基础设施项目为上述借款提供股权质押、不动产抵押。上述股权质押、不动产抵押应在招商银行深圳分行向SPV（万海）发放贷款之日起3个月内办理完成。SPV（万融）及SPV（万海）按照项目公司股权转让协议的相关约定分别受让原始权益人招商蛇口持有的项目公司100%的股权。股权转让的总对价为博时招商蛇口产业园封闭式基础设施证券投资基金的最终募集规模以及SPV（万海）根据贷款合同的约定从贷款银行取得的项目贷款扣减募集费用和需预留的全部费用和税费后的金额减去项目公司于交割日前一日经审计的（负债总额－递延所得税负债－流动资产）。

本项目中项目公司形成存量债务的方式采用会计政策变更调整形成应付股利，具体的操作为：被吸并公司受让项目公司股权后，项目公司（万融）和项目公司（万海）的投资性房地产由成本法计量转为公允价值计量，公允价值与账面价值的差额调整期初留存收益。项目公司依据相应股东届时作出的利润分配决定以会计政策变更形成的未分配利润向被吸并公司进行分配，分别形成对SPV（万融）和SPV（万海）的应付股利；被吸并公司依据相应股东届时作出的利润分配决定向基础设施资产支持专项计划进行分配，形成对基础设施资产支持专项计划的应付股利。专项计划、被吸并公司、项目公司签署相应债权确认及重组协议，对各方之间的债权债务关系进行确认及重组，最终分别形成专项计划对项目公司的债权债务关系、SPV（万融）对项目公司（万融）的债权债务关系、SPV（万海）对项目公司（万海）的债权债务关系。

根据博时招商蛇口产业园REITs现金流预测数，募集资金总计人民币222,950.00万元。募集资金拟用于向招商蛇口支付购买项目公司的股权转让款，通过资

---

① SPV（万海）拟作为借款人向招商银行深圳分行申请贷款，授信金额为4亿元，首次提款金额为人民币3亿元。且SPV（万海）实际贷款金额不超过下列金额：1. 基础设施项目（万海）所持基础设施项目的初始评估值（以《博时招商蛇口产业园封闭式基础设施证券投资基金招募说明书》披露的估值结果为准）的35%；2. SPV（万海）根据相应项目公司股权转让协议的约定受让对应项目公司股权的全部股权转让价款的60%；3. SPV（万海）提款金额合计不超过基础设施基金净资产的20%。前述贷款为并购贷款，用途限于支付项目公司股权交易对价。上述并购贷款的借款期限不超过5年，起止日期以借款借据（或招商银行深圳分行系统）的记载为准（博时招商蛇口产业园封闭式基础设施证券投资基金招募说明书第226页）。

② 本借款性质为公募REITs对外借款收购项目。

产支持专项计划以股东借款的形式投入项目公司以置换项目公司存量负债及预留本基金运行所必需的现金储备。

有关基金管理人的治理结构部分，基金管理人内设基础设施投资决策委员会，延续传统基金中投委会领导下的投研结合和基金经理负责制，对基础设施基金进行集体决策和治理。基础设施投资决策委员会成员由基金管理人依据内部相关制度任命。

（三）证券端

本项目基金成立日为 2021 年 6 月 7 日，基金年限 50 年，发行规模为 20.79 亿元，发行份数 9 亿，认购单价为 2.31 元；本项目配售及认购比例为：原始权益人配售比例为 32%、其他战略投资者认购比例为 33%、网下投资者配售比例为 24.5%、公众投资者认购比例为 10.5%。本项目万融大厦估值为 1,035,000,000 元，万海大厦估值为 1,493,000,000 元，合计估值为 2,528,000,000 元。预测资本化率 2021 年是 4.44%，预测净现金流分派率为 2021 年 4.10%、2022 年 4.16%。

（四）资产端

万融大厦土地面积 17,243.53 平方米，用地性质为工业用地，建筑面积 41,707.23 平方米，出租率与平均租金如表 35.5 所示。万海大厦土地面积 18,241.21 平方米，用地性质为工业用地，建筑面积 53,592.84 平方米。出租率与平均租金如表 35.6 所示。万融大厦与万海大厦营业收入主要包括：（1）产业研发办公物业租赁收入，即项目公司取得的其与相关方签署的相应租赁合同项下的租赁收入；（2）其他收入，即项目公司取得的基础设施管理收入、基础设施服务收入（含广告收入、物业管理费收入、车位收入、其他基础设施服务收入等）。营业收入主要为市场化运营产生，不依赖第三方补贴等非经常性收入。

表 34.5　项目公司（万融）出租率与平均租金

指标	2020 年年末	2019 年年末	2018 年年末
期末出租率（%）	84.08	81.13	84.25
期末平均租金（元/月/平方米）	127.92	131.09	125.78
期末租金收缴率（%）	99.77	99.46	99.74

表 34.6　项目公司（万海）出租率与平均租金

指标	2020 年	2019 年	2018 年
期末出租率（%）	94.36	81.06	85.26
期末平均租金（元/月/平方米）	145.74	154.1	137.2
期末租金收缴率（%）	99.79	99.05	99.08

对于本项目中涉及的国有资产交易的相关事宜，根据《32号令》等相关法律法规、国资监管部门的监管要求以及相关批复和审批文件等履行相应的国有资产交易流程。根据招商蛇口出具的承诺函，招商蛇口承诺就本次交易中涉及的国有资产交易的相关事宜，将根据《32号令》等相关法律法规、国资监管部门的监管要求以及相关批复和审批文件等及时履行和完成相应的国有资产交易审批流程。

六、园区类公募REITs案例比较

有关目前已经上市的园区类公募REITs，相关资讯笔者整理如表34.7所示。

表34.7 园区类公募REITs比较表

序号	比较	东吴苏州产业园（SH508027）	华安张江光大园（SH508000）	建信中关村产业园（SH508099）	博时招商蛇口产业园（SZ180101）
1	参与者				
	原始权益人	科技公司、建屋产业公司	光全投资、光控安石	中关村软件园公司	招商蛇口
	基金管理人	东吴基金	华安基金	建信基金	博时基金
2	交易结构				
	股债结构搭建方式	直接搭建	反向吸并	直接搭建	反向吸并
	外部借款	无	无	有	有
	存量债务	股东贷款	银行贷款	股东贷款	会计政策变更调整形成应付股利
	基金管理人治理结构	运营管理委员会	投资决策委员会、专家咨询委员会	投资决策委员会、运营咨询委员会	投资决策委员会
3	证券端				
	基金成立日	2021.6.7	2021.6.7	2021.12.17	2021.6.7
	基金存续期间	40年	20年	45年	50年
	发行规模	34.9亿元	14.95亿元	28.8亿元	20.79亿元
	发行份数	9亿	5亿	9亿	9亿
	认购价格	3.88元	2.99元	3.2元	2.31元

续表

序号	比较	东吴苏州产业园(SH508027)	华安张江光大园(SH508000)	建信中关村产业园(SH508099)	博时招商蛇口产业园(SZ180101)
	配售及认购比例（原始/其他战略/网下/公众）	30%/30%/30%/10%	20%/35.33%/31.269%/13.401%	33.34%/36.76%/20.937%/8.973%	32%/33%/24.5%/10.5%
	估值	33.5 亿元	14.7 亿元	30.73 亿元	25.28 亿元
	净现金流分派率	2022 年：4.54% 2021 年：4.5%	2022 年：4.11% 2021 年：4.74%	2022 年：4.78% 2021 年：4.62%	2022 年：4.16% 2021 年：4.10%
	资本化率	2020 年：2.94% 2019 年：4.23% 2018 年：3.91%	2020 年：4.73%	2020 年：5.04%	2021 年：4.44%
4	资产端				
	基础设施项目	1. 国际科技园五期 B 区项目 2. 2.5 产业园一期、二期项目	张江光大园项目	1. 互联网创新中心 5 号楼项目 2. 协同中心 4 号楼项目 3. 孵化加速器项目	1. 万融大厦 2. 万海大厦
	建筑面积	561,130.62 平方米	50,947.31 平方米	166,780.48 平方米	95,300.07 平方米
	履行相应的国有资产交易流程	国有资产交易	非公开协议转让	不涉及国有资产交易的问题	无须另行履行国有资产交易程序

第三十五章　基础设施公募REITs仓储类案例讨论

——中金普洛斯仓储物流、红土创新盐田港仓储物流

一、概述

基础设施公募REITs仓储类案例目前已经发行上市的有两单，上海证券交易所发行的有中金普洛斯仓储物流封闭式基础设施证券投资基金（以下简称中金普洛斯仓储物流REITs）以及深圳证券交易所发行的红土创新盐田港仓储物流封闭式基础设施证券投资基金（以下简称红土创新盐田港仓储物流REITs），以下将针对这二单REITs进行介绍，并且在最后针对仓储类公募REITs进行比较。

二、中金普洛斯仓储物流REITs案例讨论

（一）参与方

中金普洛斯仓储物流REITs（基金代码SH508056）原始权益人普洛斯中国控股有限公司（以下简称普洛斯中国），目标基础设施资产由7个仓储物流园组成，分布于京津冀、长三角、大湾区三大城市群，基金管理人为中金基金管理有限公司（以下简称中金基金）。本项目有5个标的项目公司，分别为昆山普淀仓储有限公司（以下简称昆山普淀）、苏州普洛斯望亭物流园开发有限公司（以下简称苏州普洛斯）、普洛斯（广州）保税仓储有限公司（以下简称广州保税普洛斯）、佛山市顺德区普顺物流园开发有限公司（以下简称佛山普顺）及北京普洛斯空港物流发展有限公司（以下简称北京普洛斯）。本项目有6个项目公司，除了前述5个标的项目公司之外，外加一个广州普洛斯仓储设施管理有限公司（以下简称广州设管普洛斯），广州设管普洛斯为广州保税普洛斯的全资子公司。外部管理机构是普洛斯投资（上海）有限公司（以下简称上海普洛斯）。5个标的项目公司均为外商独资企业，由注册在香港的普洛斯中国间接全资持有。

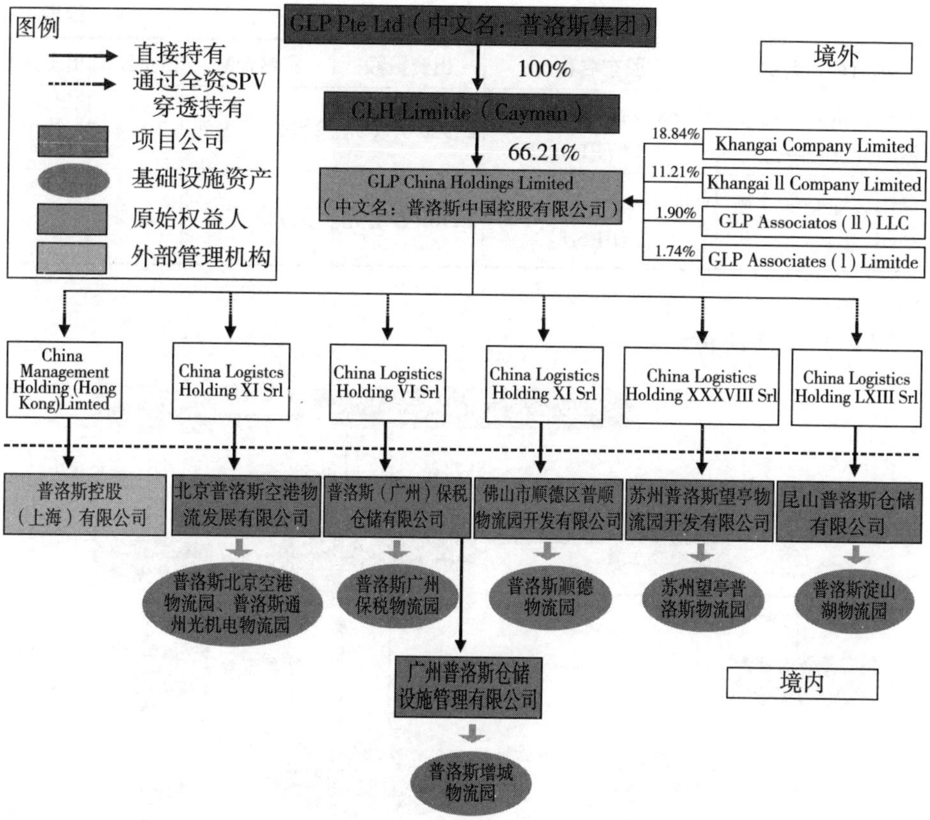

图 35.1　基金发行前项目公司股权结构图①

表 35.1　项目公司股东出资情况②

项目公司名称	股东名称	出资数额	实缴金额	出资比例	出资方式
北京普洛斯空港物流发展有限公司	China Logistics Holding XI Srl.	3,000 万美元	3,000 万美元	100%	货币
普洛斯（广州）保税仓储有限公司	China Logistics Holding VI Srl.	3,458.3976 美元	3,458.3976 万美元	100%	货币
广州普洛斯仓储设施管理有限公司	普洛斯（广州）保税仓储有限公司	5,000 万元	5,000 万元	100%	货币
佛山市顺德区普顺物流园开发有限公司	China Logistics Holding XL Srl.	1,653 万美元	1653 万美	100%	货币

① 中金普洛斯仓储物流封闭式基础设施证券投资基金招募说明书第 40 页。
② 中金普洛斯仓储物流封闭式基础设施证券投资基金招募说明书第 40 页。

续表

项目公司名称	股东名称	出资数额	实缴金额	出资比例	出资方式
苏州普洛斯望亭物流园开发有限公司	China Logistics Holding XXXVIII Srl.	2,980 万美元	2,980 万美元	100%	货币
昆山普淀仓储有限公司	China Logistics Holding LXIII Srl.	5,900 万美元	5,900 万美	100%	货币

（二）交易结构

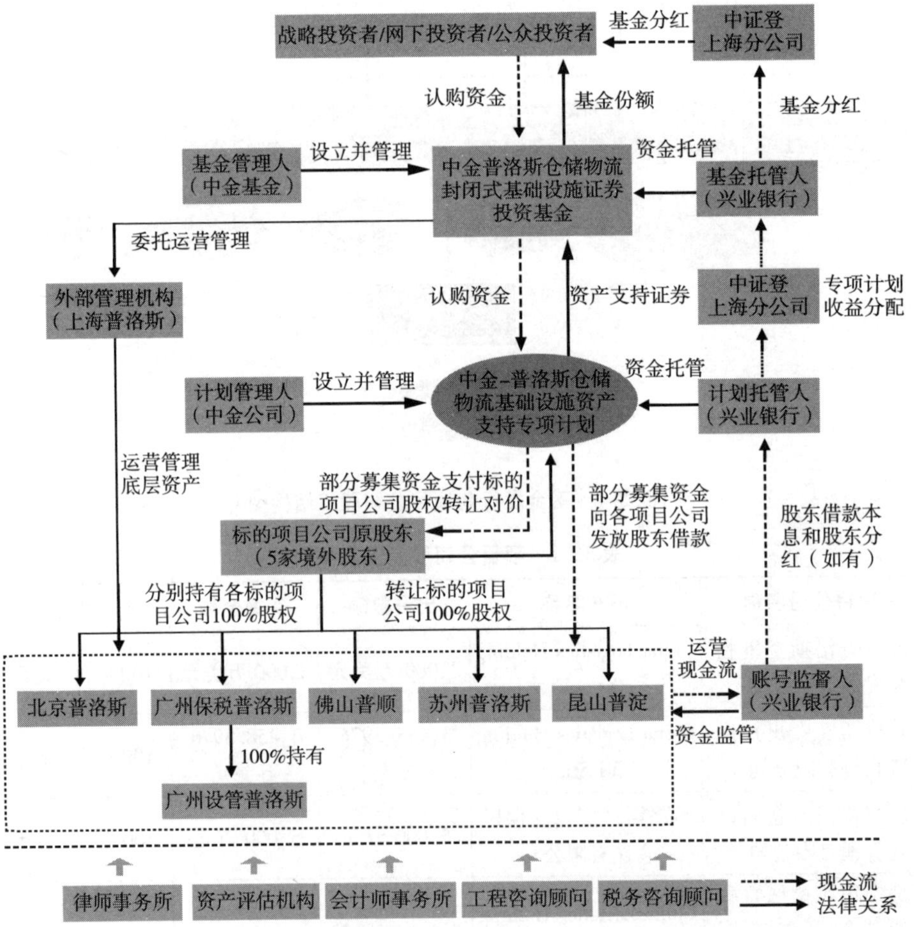

图 35.2　中金普洛斯仓储物流 REITs 交易结构图①

---

① 中金普洛斯仓储物流封闭式基础设施证券投资基金招募说明书第 27 页。

中金普洛斯仓储物流 REITs 交易结构如图 35.2 所示。本项目专项计划与项目公司搭建股债结构采取的是直接搭建的方式。基金合同生效后，本基金募集资金扣除募集期的认购资金利息以及基金成立初期必要税费外，全部投资于资产支持专项计划，基金管理人成为该资产支持证券单一持有人。而资产支持专项计划的投资安排为：有关债权投资的部分，计划管理人拟通过发放股东贷款的形式完成对各项目公司的债权投资，股东贷款包括计划管理人根据其与广州设管普洛斯签署的《股东借款合同》而向广州设管普洛斯发放的借款，定向用于：第一，项目公司向原股东支付分红款及预提所得税；第二，偿付项目公司借款本金及其应付利息。有关股权收购的部分，计划管理人拟向各项目公司境外股东收购标的项目公司全部股权。广州设管普洛斯为广州保税普洛斯的全资子公司，计划管理人通过收购广州保税普洛斯的 100% 股权间接取得广州设管普洛斯的 100% 股权。

本项目项目公司以形成存量债务的方式为股东贷款及通过会计政策变更调整形成应付股利。

有关股东贷款部分，截至 2020 年 12 月 31 日，除北京普洛斯存在一笔债权人为普洛斯中国的北京普洛斯特定债务，以及佛山普顺存在一笔债权人为佛山普顺境外股东的佛山普顺特定债务（佛山普顺特定债务与北京普洛斯特定债务统称为“项目公司特定债务”）外，其他项目公司不存在对外举借债务的情形。就上述项目公司特定债务，相应项目公司签署的《股东借款合同》约定，专项计划设立后，计划管理人向相应项目公司提供股东贷款，用于定向偿还项目公司特定债务以及支付相应项目公司应付股东分红款及预提所得税等合同约定用途。在相关项目公司偿还完毕相应的项目公司特定债务后，相应借款合同项下的债权债务关系将终止。根据相应项目公司签署的《股权转让协议》的约定，相应项目公司特定债务清偿完毕为计划管理人向对应项目公司境外股东支付股权转让价款的先决条件之一。除上述贷款外，基础设施项目不存在其他向金融机构举借有息负债的情况。6 家项目公司合并股东贷款金额如表 35.2 所示。

表 35.2　6 个项目公司合并财务报表贷款情况①

单位：元

项目	2020 年 12 月 31 日	2019 年 12 月 31 日	2018 年 12 月 31 日
短期借款			
信用借款—关联力委托借款	–	67,000,000.00	25,000,000.00

① 中金普洛斯仓储物流封闭式基础设施证券投资基金招募说明书第 243 页。

续表

项目	2020年12月31日	2019年12月31日	2018年12月31日
长期借款			
信用借款—关联方委托借款	229,539,601.80	233,150,001.80	54,905,600.00
合计	229,539,601.80	300,150,001.80	79,905,600.00

有关通过会计政策变更调整形成应付股利部分，假设项目公司将投资性房地产从成本模式计量改为公允价值模式计量形成未分配利润执行分配，具体包括计提盈余公积人民币274,191,917.98元，宣告利润分配人民币2,446,965,704.36元形成应付项目公司原始权益人的应付利润分配余额，其中包含代扣代缴的所得税人民币244,696,570.44元。

根据中金普洛斯仓储物流REITs的预测数，募集资金规模为5,618,000,000元，收购项目公司的金额明细如表35.3所示。

表35.3 中金普洛斯仓储物流REITs收购项目公司的金额明细①

	附注	2021年预测	2022年预测
三、筹资活动产生的现金流量： 吸收投资收到的现金	7.2（9）	5,618,000,000,00	-
筹资活动现金流入小计		5,618,000,000,00	-
偿还借款支付的现金	7.2（10）	(229,539,601.80)	-
向原始权益人分配股利支付的现金	7.2（11）	(2,446,965,704.36)	-
向本基金投资者分配股利支付的现金	7.2（12）	-	(250,102,048.00)
偿付利息支付的现金	7.2（13）	(10,805,431.91)	(7,867,881.77)
筹资活动现金流出小计		(2,687,310,738.07)	(257,969,929.77)
筹资活动使用的现金流量净额		2,930,689,261.93	(257,969,929.77)

① 中金普洛斯仓储物流封闭式基础设施证券投资基金招募说明书，附件五基金可供分配金额测算报告及审计报告第5页。

有关基金管理人的治理结构部分，基金管理人设立创新投资部负责基础设施基金的研究、投资及运营管理等，并设立 REITs 投委会负责对基础设施基金重大事项的审批决策。考虑到基础设施基金的产品创新性及仓储物流类资产运营管理的特殊性，基金管理人设立中金普洛斯基金运营咨询委员会，引入具备仓储物流行业投资或运营管理经验的资深人士及具备相关审计、法律、评估等专业能力的人士，为本基金的投资和运营提供专业咨询意见和建议，以作为基金管理人的决策参考。

（三）证券端

本项目基金成立日为 2021 年 6 月 7 日，基金年限 50 年，发行规模为 58.35 亿元，发行份数 15 亿，认购单价为 3.89 元。本项目配售及认购比例为：原始权益人配售比例为 20%、其他战略投资者认购比例为 52%、网下投资者配售比例为 19.6%、公众投资者认购比例为 8.4%。本项目估值 53.46 亿元，预测净现金流分派率为 2021 年 4.45%、2022 年 4.48%。

（四）资产端

目标基础设施资产由 7 个仓储物流园组成，分布于京津冀、长三角、大湾区三大城市群，建筑面积合计约 704,988 平方米，房产租赁收入为主要收入。截至 2020 年 12 月 31 日，目标基础设施资产合计平均出租率约 98.72%，合同租金及管理费平均约 40.04 元/月/平方米，估值合计约 53.46 亿元。另外，本项目不涉及国有资产处置的问题。

三、红土创新盐田港仓储物流 REITs 案例讨论

（一）参与方

红土创新盐田港仓储物流 REITs（基金代码 SZ180301），原始权益人为深圳市盐田港集团有限公司（以下简称盐田港集团），基础设施项目为现代物流中心，基金管理人为红土创新基金管理有限公司（以下简称红土创新）。被吸并公司为深圳市盐港现代物流运营有限公司（以下简称盐港现代运营），项目公司为深圳市盐港现代物流发展有限公司（以下简称盐港现代物流），外部管理机构为深圳市盐田港物流有限公司（以下简称盐田港物流）。盐田港集团是盐港现代运营及盐港现代物流的唯一股东。

（二）交易结构

红土创新盐田港仓储物流 REITs 交易结构如图 35.4 所示。本项目专项计划与项目公司搭建股债结构采取的是反向吸并方式。

有关被吸并公司的存量债务形成方式为股东贷款，具体操作方式为：2020 年 8 月 25 日，经盐田港集团董事会文件《关于无偿划转现代物流中心和世纪物流园的

决议》批准，同意盐田港现代物流中心 A 区 A 仓，B 区 B1 仓、B2 仓、B3 仓，一期综合楼和气瓶站等资产产权由盐田港集团无偿划转至项目公司。2021 年 5 月 7 日，盐田港集团与项目公司、被吸并公司签署《深圳市盐田港集团有限公司与深圳市盐港现代物流运营有限公司关于深圳市盐港现代物流发展有限公司之股权转让协议》，协议约定盐田港集团将项目公司 100% 的股权转让给被吸并公司。2021 年 5 月 10 日，盐田港集团向被吸并公司实缴 500,000 元并增资 567,840,000 元，其中，500,000 元计入实收资本，567,840,000 元计入资本公积。2021 年 5 月 11 日，盐田港集团向被吸并公司提供股东贷款，金额 1,136,660,000 元。根据《股权转让协议》，2021 年 5 月 11 日，被吸并公司完成了收购项目公司股权对价款的支付，完成了工商变更登记，项目公司股东由盐田港集团变更为被吸并公司。（500,000 + 567,840,000 + 1,136,660,000 = 1,705,000,000，此为基金募集资金的预测数）。

有关基金管理人的治理结构部分，基金管理人层面设置基础设施基金投资决策委员会。基础设施基金投委会设 7 名委员，由红土创新的 4 名委员、红土资管的 1 名委员和深创投不动产的 2 名委员组成。红土创新总经理担任基础设施基金投委会主任。

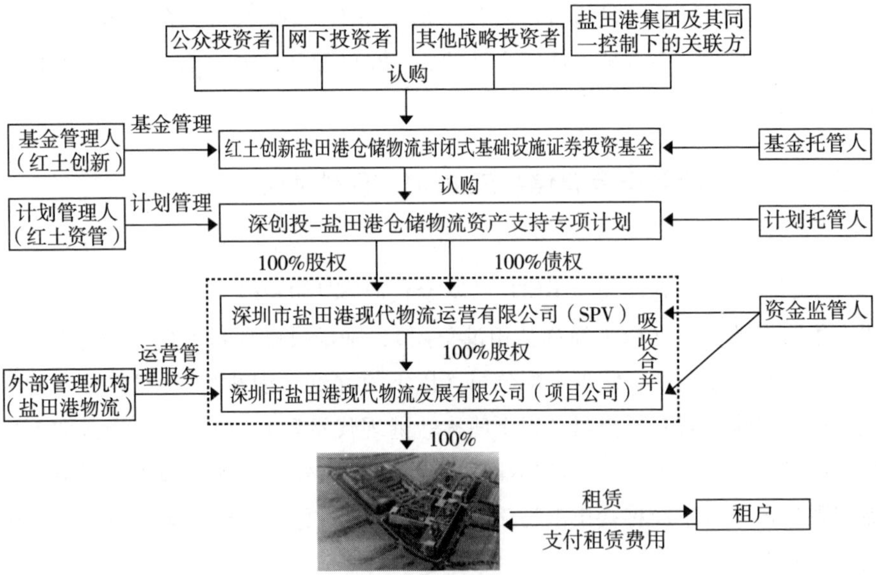

图 35. 3　红土创新盐田港仓储物流 REITs 交易结构图①

① 红土创新盐田港仓储物流封闭式基础设施证券投资基金招募说明书第 26 页。

（三）证券端

本项目基金成立日为 2021 年 6 月 7 日，基金年限 36 年，发行规模为 18.4 亿元，发行份数 8 亿，认购单价为 2.3 元，本项目配售及认购比例为：原始权益人配售比例为 20%、其他战略投资者认购比例为 40%、网下投资者配售比例为 28%、公众投资者认购比例为 12%，本项目估价 17.05 亿元，2021 年及 2022 年的现金分派率预测值分别为 4.47% 和 4.75%。

（四）资产端

本基金初始投资的基础设施项目为现代物流中心项目，项目位于深圳市盐田区盐田综合保税区北片区，邻近盐田港码头。项目包括 4 座仓库、1 栋综合办公楼及 1 座气瓶站，各仓库通过连廊和行车道相互连通，均为高标准多层坡道库，建筑面积为 320,446.22 平方米，基础设施项目的收入来源主要通过将基础设施项目进行市场化出租获得的持续、稳定的租金收入和综合管理服务费收入两部分。截至 2020 年 12 月 31 日，出租率为 100%。截至 2020 年 12 月 31 日，盐田港集团租用的仓储部分租赁价格为 37.5 元/平方米/月，项目由独立第三方承租人租赁的仓储部分的加权平均租金水平约为 39 元/平方米/月。盐田港集团租用的配套部分租赁价格为 50 元/平方米/月，项目由独立第三方承租人租赁的配套部分加权平均租金水平约为 50 元/平方米/月。

另外，有关国有资产交易合规性的问题，深圳市人民政府国有资产监督管理委员会于 2020 年 10 月 12 日出具的《深圳市国资委关于深圳市地铁集团有限公司、深圳市盐田港集团有限公司申请基础设施 REITs 试点的反馈意见》中提到："基础设施 REITs 是通过证券交易所公开发行的金融产品，项目所涉国有资产按照中国证监会公布的《公开募集基础设施证券投资基金指引（试行）》等证券监管制度要求，遵循等价有偿和公平公正的原则公开规范发行，无须另行履行国有资产交易程序。你公司与基金管理人等中介机构应严格按照证券监管制度要求，充分发挥公开市场配置资源作用，根据基础设施项目评估情况及基础设施 REITs 交易结构，按照市场化方式通过公开询价确定基金份额认购价格，进而确定基础设施项目交易价格，防止国有资产流失，实现国有资产保值增值。"前述反馈意见表明深圳市人民政府国有资产监督管理委员会同意按照市场化方式通过公开询价确定基金份额认购价格和基础设施项目交易价格，明确盐田港集团在本项目中无须另行履行国有资产交易程序。

四、仓储类公募 REITs 案例比较

有关目前已经上市的仓储类公募 REITs，相关资讯笔者整理如表 35.4 所示。

表 35.4 仓储类公募 REITs 比较表

序号	比较	中金普洛斯仓储物流（SH508056）	红土创新盐田港仓储物流（SZ180301）
1	参与者		
	原始权益人	普洛斯中国	盐田港集团
	基金管理人	中金基金	红土创新
2	交易结构		
	股债结构搭建方式	直接搭建	反向吸并
	外部借款	无	无
	存量债务	股东贷款、会计政策变更调整形成应付股利	股东贷款
	基金管理人治理结构	创新投资部、REITs 投委会、运营咨询委员会	投资决策委员会
3	证券端		
	基金成立日	2021. 6. 7	2021. 6. 7
	基金存续期间	50 年	36 年
	发行规模	58. 35 亿元	18. 4 亿元
	发行份数	15 亿	8 亿
	认购价格	3. 89 元	2. 3 元
	配售及认购比例（原始/其他战略/网下/公众）	20%/52%/19. 6%/8. 4%	20%/40%/28%/12%
	估值	53. 46 亿元	17. 05 亿元
	净现金流分派率	2022 年：4. 48% 2021 年：4. 45%	2022 年：4. 75% 2021 年：4. 47%
4	资产端		
	基础设施项目	由 7 个仓储物流园组成	现代物流中心
	建筑面积	704988 平方米	320446. 22 平方米
	国有资产交易	不涉及国有资产交易的问题	无须另行履行国有资产交易程序

第三十六章　基础设施公募REITs高速公路类案例讨论

——浙商杭徽高速、平安广州广河高速、华夏越秀高速

一、概述

基础设施公募REITs高速公路类案例目前已经发行上市的有三单，上海证券交易所发行的“浙商证券沪杭甬杭徽高速封闭式基础设施证券投资基金”（以下简称浙商杭徽高速REITs），以及深圳证券交易所发行的平安广州交投广河高速公路封闭式基础设施证券投资基金（以下简称平安广州广河高速REITs）、华夏越秀高速公路封闭式基础设施证券投资基金（以下简称华夏越秀高速REITs）。以下将针对这三单REITs进行介绍，并且在最后针对高速公路类公募REITs进行比较。

二、浙商杭徽高速REITs案例讨论

（一）参与方

浙商杭徽高速REITs（基金代码SH508001）原始权益人浙江沪杭甬高速公路股份有限公司（以下简称沪杭甬公司）、杭州市交通投资集团有限公司（以下简称杭州交通）、杭州市临安区交通投资有限公司（以下简称临安交通）和杭州余杭交通集团有限公司（以下简称余杭交通），沪杭甬公司是主要原始权益人也是运营管理机构，基础设施项目资产范围为杭徽高速公路浙江段及其相关构筑物资产组的收费权，基金管理人为浙江浙商证券资产管理有限公司（以下简称浙商资管）。项目公司为浙江杭徽高速公路有限公司（以下简称杭徽公司），杭徽公司各股东持股比例为沪杭甬公司持有公司88.6737%的股权，临安交通持有公司4.015%的股权，杭州交通持有公司5.4838%的股权，余杭交通持有公司1.8279%的股权。

（二）交易结构

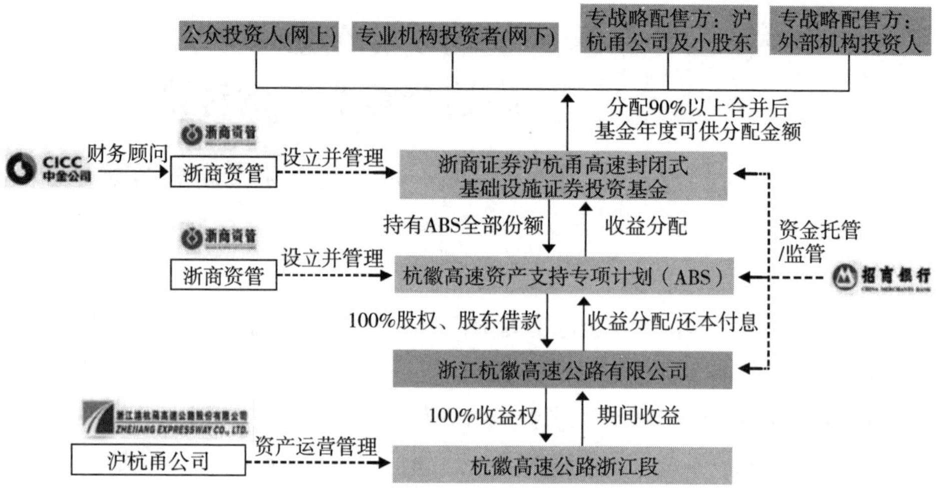

图 36.1 浙商杭徽高速 REITs 交易结构图①

浙商杭徽高速 REITs 交易结构如图 36.1 所示。本项目专项计划与项目公司搭建股债结构采取的是直接搭建的方式。

本项目中项目公司形成存量债务的方式采用项目公司减资，具体的操作为：根据项目公司 2020 年度第二次临时股东会决议，项目公司各股东均同意根据持股比例对项目公司同比例减资 210,000 万元，并在不晚于资产支持证券设立日当日向杭州市临安区市场监督管理局递交正式的减资申请相关文件，完成 21 亿元减资。项目公司没有足够资金支付减资款，形成应付减资款 21 亿元。

本基金的拟募集资金规模底数为 41.35 亿元（预测数），募集的资金主要用于认购拟成立的资产支持证券份额，资产支持证券设立后，资产支持证券管理人代表资产支持证券与基础设施项目公司原股东签署《关于浙江杭徽高速公路有限公司之股权转让协议》和《债权转让协议》并生效。资产支持证券向基础设施项目公司原股东支付股权转让款与债权转让对价，其中股权转让总价款约为 20.31 亿元，债权转让对价为 21 亿元。同时与项目公司签署《债权债务确认协议》，确认项目公司对资产支持证券债务共 21 亿元，至此完成项目公司股债结构的搭建。基础设施项目公司拥有杭徽高速公路（浙江段）的经营权，即本基金通过投资基础设施资产支持证券取得基础设施项目的经营权。

① 浙商证券沪杭甬高速封闭式基础设施证券投资基金招募说明书第 13 页。

有关基金的治理结构部分，基金管理人董事会设立关联交易控制委员会，履行关联交易控制和日常管理，基金管理人对基础设施项目运营重大事项采取集体决策制度，基金管理人设立运营管理委员会，进行基础设施项目运营的管理工作。

（三）证券端

本项目基金成立日为 2021 年 6 月 7 日，基金年限 20 年，发行规模为 43.6 亿元，发行份数 5 亿，认购单价为 8.72 元。本项目配售及认购比例为：原始权益人配售比例为 51%、其他战略投资者认购比例为 23.3%、网下投资者配售比例为 21.845%、公众投资者认购比例为 3.855%。本项目估值 45.63 亿元（募集资金预测数为 41.35 亿），预测净现金流分派率为 2021 年 12.34%、2022 年 10.45%，全周期 IRR 不低于 6%。

（四）资产端

基础设施项目资产范围为杭徽高速公路浙江段及其相关构筑物资产组的收费权，其中杭徽高速公路（浙江段）包含三段，分别为杭徽高速公路昌化至昱岭关段、杭徽高速公路汪家埠至昌化段和杭徽高速公路留下至汪家埠段，项目公司合法合规获得划拨用地，且土地实际用途与土地证要求一致，土地性质为公路用地。项目公司主要业务收入来源为高速公路收费，此外其他业务收入为服务区房屋及经营权租赁收入、通信管道租赁收入等。杭徽高速公路资产包括建设、运行、养护及管理的位于浙江境内的留汪段、汪昌段和昌昱段项目资产、附属设施以及持有的其占用范围内的土地使用权。杭徽高速公路长约 122.245 公里；其中昌昱段在临安区境内，工程起自临安区昌化镇西南，经龙岗、颊口和顺溪，终于浙皖两省交界昱岭关，路线全长 36.537 公里；汪昌段起自临安汪家埠，与留汪段终点相连，经青山、临安、玲珑、藻溪、於潜、太阳，终于昌化，与昌昱段起点相连，路线全长 67.41 公里；留汪段起点位于杭州市留下镇境内的杭州绕城高速公路，与绕城高速公路通过 Y 形枢纽互通相接，路线向西经过余杭区的闲林镇、中泰乡，终点止于余杭区与临安区交界的汪家埠，与杭徽高速公路临安段相连接，路线全长 18.298 公里。

有关国有资产转让合法性的问题，根据沪杭甬公司出具的《浙江沪杭甬高速公路股份有限公司关于项目公司股权转让的限制的承诺函》，沪杭甬公司将其持有的项目公司股权转让给基于基础设施 REITs 需要设立的特殊目的载体后，承诺将在基础设施 REITs 发行时认购本次基金发售比例的 51%，确保杭徽高速公路（浙江段）收费权的具有控股地位的股东不发生变化，并将对项目公司进行并表管理；并承诺在基金发行后，如减持导致杭徽高速公路（浙江段）收费权的具有控股地位的股东发生变化的，将依据现行有效的法律法规的规定履行相应的报批程序。项目公司原股东均已同意将所持股权转让给基于公募 REITs 需要设立的特殊目的载体，在杭徽高速公路（浙江段）收费权的具有控股地位的股东不发生变化的情况下，项目公司的股权转让无须报浙江省人民政府批准。此外，股权转让仍涉及国有资产转让，原始权益人转让项目公司股权应取得各上级国有资产管理部门的批复；原始权益人均已取得相关国资监管部门同意原始权益人将持有的项目公司的全部股权以非公开协议方式转让给基于公募 REITs 需要设立的特殊目的载体的有效批复，且原始权益人均已分别取得股权转让的有效内部授权；原始权益人根据《股权转让合同》进行的股权转让行为合法有效。

三、平安广州广河高速 REITs 案例讨论

（一）参与方

平安广州广河高速 REITs（基金代码 SZ180201）原始权益人为广州交通投资集团有限公司（以下简称广州交投），基础设施项目为广河高速（广州段），是广东省境内连接广州市、惠州市与河源市的广州至河源高速公路的广州段，基金管理人为平安基金管理有限公司（以下简称平安基金）。项目公司为广州交投广河高速公路有限公司（以下简称广河项目公司），本项目运营管理机构包括运营管理统筹机构及运营管理实施机构，其中运营管理统筹机构为广州交投，运营管理实施机构为广州高速运营管理有限公司（以下简称广州高速运营公司）。广州交投是广河项目公司的唯一股东。

（二）交易结构

广河高速项目资产原为广州交投全资子公司广州市高速公路有限公司（以下简称市高公司）所有，为完成以广河高速项目为底层资产的公募 REITs 项目，广州交投对广河高速项目进行资产重组，由广州交投注册成立全资子公司广河项目公司作为载体公司，取得广河项目资产及相关权益（包括相关债务、业务、人员等）。平安广州广河高速 REITs 交易结构如图 36.2 所示。本项目专项计划与项目公司搭建股债结构的方式采取的是直接搭建。

本项目中项目公司形成存量债务的方式为银行贷款，广河项目公司截至 2020 年 12 月 31 日的对外借款情况包括：第一，依据《固定资产借款合同（2020 年版）》［合同编号：0360200036－2020 年（庙支）字 00695 号］，广河项目公司欠付中国工商银行股份有限公司广州庙前直街支行的债务（以下简称工行债务）本金金额总计为人民币壹拾肆亿伍仟捌佰零壹万元整（小写：1,458,010,000 元）。第二，根据《固定资产借款合同》［合同编号：120HT2020209709］及《贷款主体变更协议》［合同编号：120HT2020209709 补］等文件，广河项目公司欠付招商银行股份有限公司广州分行的债务（简称招行债务）本金余额总计为人民币捌亿元整（小写：

800,000,000元）。第三，根据《固定资产贷款合同》［合同编号：82012020281154］及《贷款主体变更协议》［合同编号：82012020281154－1］等文件，广河项目公司欠付上海浦东发展银行股份有限公司广州分行的债务（以下简称浦发债务）本金余额总计为人民币壹拾叁亿陆仟柒佰柒拾捌万元整（小写：1,367,780,000元）。

基金合同生效及专项计划设立后，资产支持证券管理人将根据《借款协议》向广河项目公司发放股东贷款。广河项目公司获得上述股东贷款后将偿还招行债务及浦发债务的全部本金及利息，偿还工行债务的部分本金及利息。工行债务拟予以部分保留，留存的工行债务本金余额拟为人民币壹拾亿元整（小写：1,000,000,000元）。

根据《股权转让协议》[①]约定，股权的最终转让价款为基础设施基金募集资金总额扣除基础设施基金及专项计划需预留的全部资金和费用，并扣除债权转让价款。基础设施基金和专项计划需预留的全部资金和费用主要包括基础设施基金和专项计划的初始直接交易费用，预估为410万元。本基金预计募集资金约87亿元，债权转让价款预估为评估基准日2020年12月31日银行贷款余额36.26亿元扣除预计基金成立日后拟保留银行贷款10亿元，合计26.26亿元。本基金的股权转让价款约为60亿元，预计项目公司于收购日的货币资金余额约2亿元，因此专项计划拟以约58亿元净对价从原始权益人处取得项目公司100%的股权[②]。

有关基金的治理结构部分，基金管理人设立投资运营委员会，项目公司的重大事项需报投资运营委员会审批，投资运营委员会委员由不动产投资信托基金（REITs）投资中心分管领导、督察长、REITs投资中心负责人、风控部负责人、法律合规监察部负责人、基金经理一名、外部专家一名组成。

---

① 指资产支持证券管理人就受让基础设施项目公司股权与原始权益人签订的《股权转让协议》。就本基金拟以首次发售募集资金投资的基础设施项目而言，是指广州交投与资产支持证券管理人签订的《股权转让协议》及对该协议的任何有效修改、补充或更新，该等《股权转让协议》应于基金合同生效前签署。

② 详细金额请见浙商证券沪杭甬高速封闭式基础设施证券投资基金招募说明书，附件三基金可供分配金额测算报告第1、22、23页。

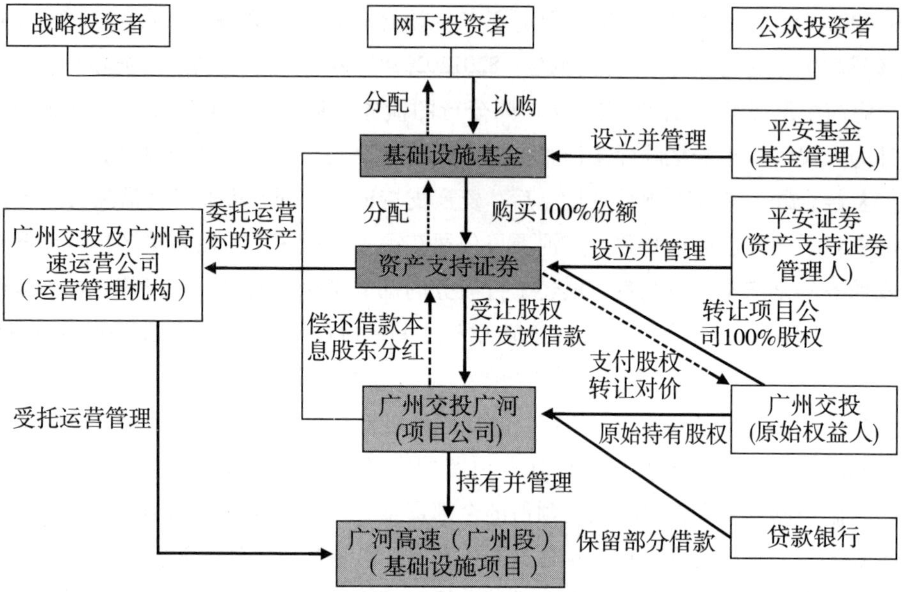

图36.2 平安广州广河高速REITs交易结构图①

（三）证券端

本项目基金成立日为2021年6月7日，基金年限99年，发行规模为91.14亿元，发行份数7亿，认购单价为13.02元。本项目配售及认购比例为：原始权益人配售比例为51%、其他战略投资者认购比例为27.97%、网下投资者配售比例为14.721%、公众投资者认购比例为6.309%。本项目估价543，341.67万元（募集资金预计数为87亿元），2021年和2022年的现金分派率预测值分别为6.19%和7.2%。

（四）资产端

广河高速（广州段）是广东省境内连接广州市、惠州市与河源市的广州至河源高速公路的广州段。广河高速（广州段）全长70.754公里，投资批准概算69.81亿元，于2011年12月30日开通，广河高速项目位于广州市东北部，路线呈东北走向，起于春岗立交与华南快速相交，终于九龙江大桥与广河高速（惠州段）相接。项目穿越广州市天河区、白云区、黄埔区、增城区，与广州市华南快速干线二期、三期，北二环高速公路，省道S116、S118及北三环高速，增从高速等多条干道相交，从增城区梳脑林场进入惠州市龙门县境内接广河高速（惠州段）。

① 平安广州交投广河高速公路封闭式基础设施证券投资基金招募说明书第24页。

表 36.1 广河高速项目基本概况①

项目基本情况	项目名称	广州至河源高速公路广州段项月
	所在地	起于广州市天河区龙洞春岗立交，对按华南快速干线（三期），与华南快速干线（二期）相交，路线呈东西走向，穿越广州市天河区、白云区、黄埔区（萝岗）、增城区，终丁增城区九龙江与广河高速公路惠州段相接。
	行业	高速公路
	建设规模	项目新建双向六车道高速公路，路线全长 70. 754 公里，全线设春岗、八斗、九龙、中新、二龙、腊圃、黄岭香、正果、梳脑河（预留）互通立交共 9 处。
	建设内容	广河高速（广州段）的特许经营权及基于特许经营权而投资建设和拥有的广河高速（广州段）资产。
	用地性质	高速公路用地
	开工时间	2008 年 4 月先行工程开工，2008 年 9 月全线开工
	交工时间	2011 年 12 月 17 日
	竣工日期	2015 年 12 月 29 日
	竣工决算	693,372. 27 万元
	收入来源	广河高速通行费收入等高速公路运营收入
	所有权人	广州交投广河高速公路有限公司

广河高速项目尚未办理土地使用证，所涉土地由中华人民共和国国土资源部及当地人民政府依据相关批复提供。2020 年 12 月 21 日，广州市规划和自然资源局作出了《广州市规自局复函》，复函载明，广州市规划和自然资源局对新设广河项目公司在特许经营期内合法使用广河高速划拨土地无异议。同时，广州交投与市高公司于 2020 年 10 月出具了《承诺函》，广州交投与市高公司承诺：市高公司未取得单独的用地批准书、划拨决定书等用地文件不影响市高公司就广河高速项目享有的特许经营权及项目占用范围内土地的使用权，市高公司尚未就上述事宜受到相关行政处罚或监管措施。2011 年 12 月 2 日，广州市交通委员会与市高公司签署了《初始特许经营协议》。2020 年 12 月 29 日，广州市交通运输局、市高公司、广河项目公司签署了《初始特许经营协议之补充协议》，《初始特许经营协议之补充协议》约定，广河项目公司就高速公路项目享有独占的、具有排他性的特许经营权（不含服务设施经营权、广告经营权），广河项目公司享有的特许经营权包括收取高速公

① 平安广州交投广河高速公路封闭式基础设施证券投资基金招募说明书第 154 页。

路项目车辆通行费的权利。

有关国有资产转让合法性的问题，2020年12月14日，广州市国资委作出了《关于交投集团基础设施REITs试点广河项目股权转让环节国有资产交易程序的复函》（穗国资函〔2020〕77号），出具意见如下：基础设施REITs是通过证券交易所公开发行的金融产品，执行中国证监会公布的《公开募集基础设施证券投资基金指引（试行）》等证券监管制度，遵循等价有偿和公开公平公正的原则公开规范发行，无须另行履行国有资产进场交易程序。

四、华夏越秀高速REITs案例讨论

（一）参与方

华夏越秀高速REITs（基金代码SZ180202）原始权益人为越秀（中国）交通基建投资有限公司（以下简称越秀中国），基础设施项目为汉孝高速，基金管理人为华夏基金管理有限公司（以下简称华夏基金）。被吸并公司为湖北越通交通投资有限责任公司，项目公司为湖北汉孝高速公路建设经营有限公司（以下简称汉孝公司），运营管理机构为广州越通公路运营管理有限公司（以下简称越通公司）。越秀中国于2020年11月17日设立被吸并公司。截至2021年8月19日，项目公司股权结构如图36.3所示。

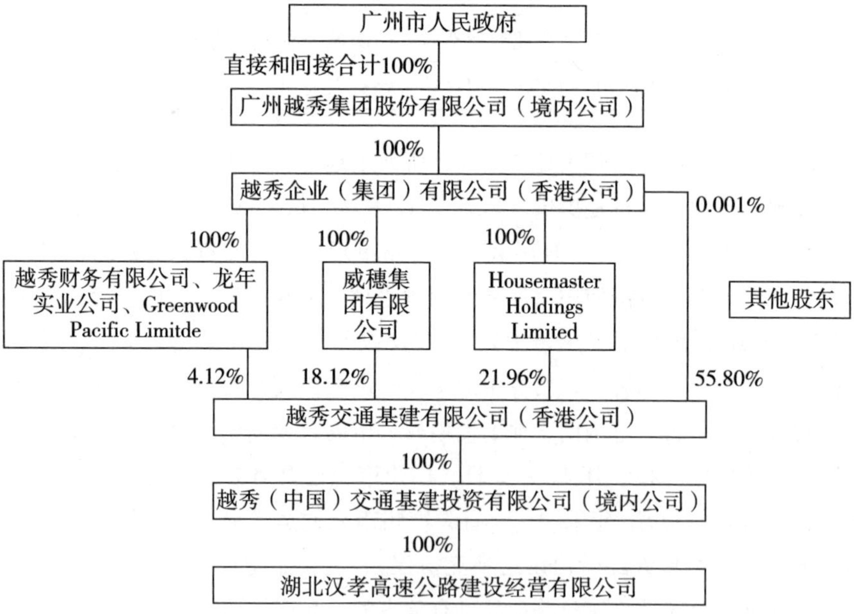

图36.3 汉孝公司股权结构图①

① 华夏越秀高速公路封闭式基础设施证券投资基金招募说明书第49页。

（二）交易结构

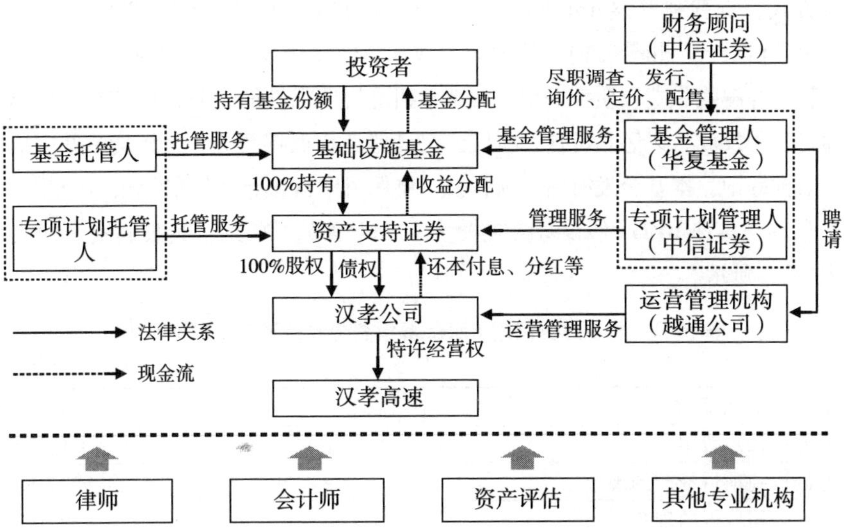

图 36.4 华夏越秀高速 REITs 交易结构图①

华夏越秀高速 REITs 交易结构如图 36.4 所示。本项目专项计划与项目公司搭建股债结构的方式采取的是反向吸并。

本项目中项目公司存量债务（为银行贷款）转为基金对外债务，具体内容如下：汉孝公司与招商银行股份有限公司广州富力中心支行（以下简称招商银行广州富力中心支行）于 2017 年 5 月 8 日签订了《固定资产借款合同》及相应的《质押合同》等协议，约定贷款金额为 2.5 亿元，贷款期限为 13 年，贷款期间汉孝公司以其合法享有的汉孝高速公路 100% 的收费权质押给招商银行广州富力中心支行，且已于 2017 年 5 月 10 日通过中国人民银行征信中心办理完毕相应的质押登记手续。汉孝公司与招商银行广州富力中心支行于 2017 年 5 月 8 日还签订了《委托贷款借款合同》及相应的《质押合同》等协议，招商银行广州富力中心支行接受广发证券资产管理（广东）有限公司的委托向汉孝公司发放资金委托贷款。合同约定贷款金额为 2.5 亿元，贷款期限为 13 年，贷款期间汉孝公司以其合法享有的汉孝高速公路 100% 的收费权质押给招商银行广州富力中心支行，且已于 2017 年 5 月 10 日通过中国人民银行征信中心办理完毕相应的质押登记手续。本基金发行前，上述两笔招商银行贷款剩余本金为 3.5 亿元。汉孝公司已与中信银行广州分行签署《固定资产贷款合同》，《固定资产贷款合同》约定的贷款金额为 3.5 亿元，具体用途为置换已投

① 华夏越秀高速公路封闭式基础设施证券投资基金招募说明书第 23 页。

入汉孝高速公路项目的存量融资。贷款期限为自首次提款之日起 15 年，担保方式为信用方式，贷款利率为五年期的贷款市场报价利率（LPR）下浮 122bps。在本基金发行前由中信银行广州分行向项目公司发放 3.5 亿元贷款，用以置换招商银行的 3.5 亿元贷款，并解除收费权质押登记。截至本招募说明书披露之日，中信银行广州分行已向项目公司发放 3.5 亿元贷款，项目公司已偿还招商银行 3.5 亿元贷款并完成解除收费权质押登记。本基金发行后，项目公司将保留中信银行 3.5 亿元银行贷款。

华夏越秀高速 REITs 假设募集规模为 1,954,985,100 元，其收购资产的支付明细如表 36.2 所示。

表 36.2　华夏越秀高速 REITs 募集资金收购资产支付明细①

单位：元

预计募集资金规模	1,954,985,100
基金与专项计划费用	-1,500,000
收购基础设施项目资产的现金	1,953,485,100
收购项目公司取得的现金	-39,143,358
收购基础设施项目资产的现金净额	1,914,341,742

有关基金管理人的治理结构部分，基金管理人采取集体投资决策制度，并设置了投资决策委员会、风险管理委员会等专业委员会，且为公募 REITs 业务开展设立了基础设施与不动产投委会。投资决策委员会是最高投资决策机构，负责资产配置和重大投资决策等。

（三）证券端

本项目基金成立日为 2021 年 12 月 14 日，基金年限 50 年，发行规模为 21.3 亿元，发行份数 3 亿，认购单价为 7.1 元。本项目配售及认购比例为：原始权益人配售比例为 30%、其他战略投资者认购比例为 40%、网下投资者配售比例为 21%、公众投资者认购比例为 9%。本项目估值为 228,600 万元（基金假设募集规模为 1,954,985,100 元）。本项目存续期内全周期 IRR 约为 6.80%，预测净现金流分派率为 2021 年 7.7%、2022 年 7.87%。

（四）资产端

汉孝高速公路全长 35.996 千米，分为主线与机场北连接线。有关汉孝高速主线部分为福银高速公路湖北境汉十高速公路的首段，主线全长 33.528 千米，投资 10.55 亿元，于 2006 年年底通车试运营。路线起于黄陂区桃园集，与岱（家山）黄（陂）公路相接，在武汉市黄陂区横店镇晏家湾与武汉绕城高速公路东北段相交，

① 详细金额请见华夏越秀高速公路封闭式基础设施证券投资基金招募说明书附件三：基金可供分配金额测算报告第 3、8、29 页。

经张家店，止于孝感市孝南区华楚湾，与孝襄高速公路相接。该公路全线设置 5 处互通立交，其中桃园集互通，接岱黄高速公路；横店互通跨武汉市绕城高速公路；张家店互通接孝天公路，设计速度 120 千米/小时。甘夏湾互通接机场北连接线、跃进互通接横天公路。有关机场北连接线部分是继汉孝高速公路通车运营后，为完善武汉天河机场综合交通枢纽功能而修建的又一重要交通项目，起于汉孝高速甘夏湾附近，止于武汉天河机场规划北门，全长 2.468 千米（收费里程为 4.968 千米，其中：主线里程 2.468 千米，甘夏湾互通、集散车道折算里程 2 千米，跃进互通折算里程 0.5 千米），2011 年 10 月 30 日开始试运营收费，收费期截止日同汉孝高速。

汉孝高速收入包括项目公司收取的车辆通行费收入、广告费收入、与服务设施等相关的租赁收入等各种经营收入，以及其他因标的公路以及标的公路权益的合法运营、管理和处置以及其他合法经营业务而产生的收入。对于汉孝高速主线路，2006 年 1 月 12 日，武汉市交通委（作为甲方）与汉孝公司（作为乙方）签署了《湖北武汉至孝感高速公路特许权协议》，该协议第四条、第五条、第六条、第七条分别约定，“乙方在特许期内依法享有的特许权是依托在公路、公路附属设施上的无形资产，包括：收费权、广告经营权、服务设施经营权”。对于机场北连接线，2010 年 9 月 3 日，武汉市交通委与汉孝公司签署了《〈湖北武汉至孝感高速公路特许权协议〉补充协议》，该补充协议约定，湖北汉孝高速公路建设经营有限公司为汉孝高速公路机场北连接线的合法投资主体及项目法人，由其依法出资、建设及经营汉孝高速公路（包括北连接线）。

有关国有资产转让合法性的问题，项目公司和被吸并公司由越秀中国 100% 持股，越秀中国为越秀集团实际控制企业，因此项目公司和被吸并公司的股权转让涉及企业国有产权转让。根据《企业国有资产交易监督管理办法》的规定，该等股权转让行为应履行企业国有产权转让的相关审批手续。2020 年 12 月 8 日，广州市国资委作出了《关于越秀集团基础设施 REITs 试点项目相关资产转让环节国有资产交易程序的复函》，出具意见如下：基础设施 REITs 是通过证券交易所公开发行的金融产品，执行中国证监会公布的《公开募集基础设施证券投资基金指引（试行）》等证券监管制度，遵循等价有偿和公开、公平、公正的原则公开规范发行，无须另行履行国有资产进场交易程序。

四、高速公路类公募 REITs 案例比较

有关目前已经上市的高速公路类公募 REITs，相关资讯笔者整理如表 36.3 所示。

表36.3 高速公路类公募REITs比较表

序号	比较	浙商杭徽高速（SH508001）	平安广州广河高速（SZ180201）	华夏越秀高速（SZ180202）
1	参与者			
	原始权益人	沪杭甬公司等	广州交投	越秀中国
	基金管理人	浙商资管	平安基金	华夏基金
2	交易结构			
	反向吸并	股债结构搭建方式	直接搭建	直接搭建
	外部借款	无	有（10亿元）	有（3.5亿元）
	存量债务	项目公司减资	银行贷款	转为基金对外债务
	基金管理人治理结构	关联交易控制委员会、运营管理委员会	投资运营委员会	投资决策委员会、风险管理委员会、基础设施与不动产投委会
3	证券端			
	基金成立日	2021.6.7	2021.6.7	2021.12.14
	基金存续期间	20年	99年	50年
	发行规模	43.6亿元	91.14亿元	21.3亿元
	发行份数	5亿元	7亿元	3亿元
	认购价格	8.72元	13.02元	7.1元
	配售及认购比例（原始/其他战略/网下/公众）	51%/23.3%/21.845%/3.855%	51%/27.97%/14.721%/6.309%	30%/40%/21%/9%
	估值	45.63亿元	54.33亿元	22.86亿元
	预测发行规模	41.35亿元	87亿元	19.55亿元
	净现金流分派率	2022年：10.45% 2021年：12.34%	2022年：7.2% 2021年：6.19%	2022年：7.87% 2021年：7.7%
	IRR	6%		6.8%

续表

序号	比较	浙商杭徽高速（SH508001）	平安广州广河高速（SZ180201）	华夏越秀高速（SZ180202）
4	资产端			
	基础设施项目	1. 杭徽高速公路浙江段及其相关构筑物资产组的收费权 2. 项目公司合法合规获得划拨用地	1. 广州至河源高速公路广州段 2. 项目公司享有特许经营权包括收取高速公路项目车辆通行费的权利	1. 汉孝高速公路 2. 收费权、广告经营权、服务设施经营权
	全长	122.245 公里	70.754 公里	35.996 公里
	国有资产交易	非公开协议转让	无须另行履行国有资产进场交易程序	无须另行履行国有资产进场交易程序

第三十七章　基础设施公募 REITs 环保类案例讨论

——富国首创水务、中航首钢生物质

一、概述

基础设施公募 REITs 环保类案例目前已经发行上市的有两单，上海证券交易所发行的“富国首创水务封闭式基础设施证券投资基金”（以下简称富国首创水务 REITs），以及深圳证券交易所发行的“中航首钢生物质封闭式基础设施证券投资基金”（以下简称中航首钢生物质 REITs）。以下将针对这两单 REITs 进行介绍，并且在最后针对环保类公募 REITs 进行比较。

二、富国首创水务 REITs 案例讨论

（一）参与方

富国首创水务 REITs（基金代码 SH508006）原始权益人及外部管理机构为北京首创股份有限公司（以下简称首创股份），基础设施项目资产为深圳项目及合肥项目，其中包括水质净化厂与污水处理厂，基金管理人富国基金管理有限公司（以下简称富国基金）。项目公司为深圳首创水务有限责任公司（以下简称深圳首创）和

合肥十五里河首创水务有限责任公司（以下简称合肥首创），深圳首创与合肥首创的唯一股东为首创股份。

（二）交易结构

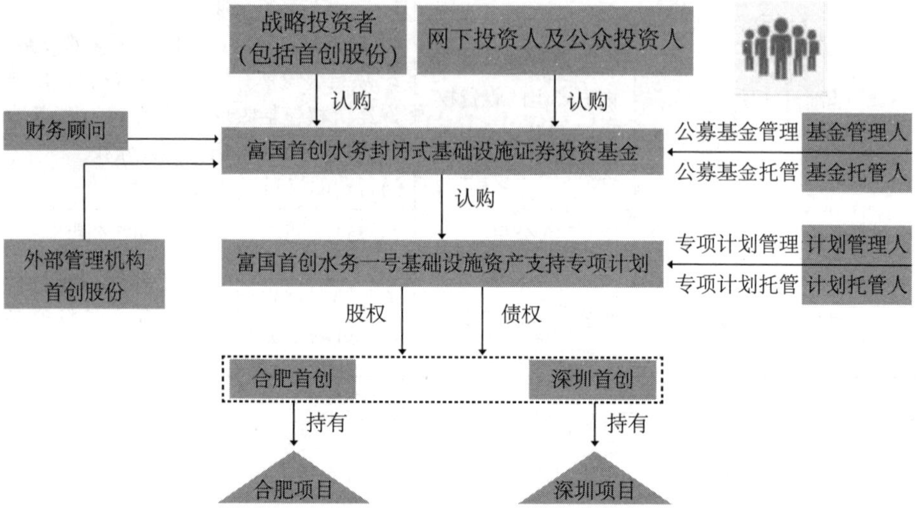

图 37.1　富国首创水务 REITs 交易结构图①

富国首创水务 REITs 交易结构如图 37.1 所示。本项目专项计划与项目公司搭建股债结构的方式采取的是直接搭建。本项目中项目公司形成存量债务的方式采用股东贷款，深圳首创对首创股份的债务为 29,403.93 万元②，合肥首创对首创股份的债务为 58,507 万元③。

根据富国首创水务 REITs 现金流预测数，募集资金总计人民币 1,836,000,000 元，专项计划募集资金以股东贷款、增资等形式投入项目公司，通过在项目公司层面预留资金的方式，预留资金用于偿还资产评估标的外的净负债，剩余专项计划募集资金将用于向原始权益人支付股权转让款 914,921,093.63 元④。项目公司与原始权益人首创股份之间的其他应收款拟最晚于专项计划设立前由首创股份完成清偿。除以上安排外，对项目公司交割日的账面应付账款、应缴税费、其他应付款（除首创股份往来款）等应付项目，以项目公司货币资金、应收账款、预付款项、其他应收款、其他非流动资产等按项目公司届时账面情况延续计量。自股权转让评估基准

---

① 富国首创水务封闭式基础设施证券投资基金招募说明书第 18 页。
② 富国首创水务封闭式基础设施证券投资基金招募说明书第 1003、1004 页。
③ 富国首创水务封闭式基础设施证券投资基金招募说明书第 1037、1066 页。
④ 富国首创水务封闭式基础设施证券投资基金招募说明书第 209 页。

日至交割日之间项目公司的损益变动由基金通过专项计划享有或承担。

有关基金管理人的治理结构部分，基金管理人对基础设施项目运营重大事项采取集体决策制度，基金管理人设立公募 REITs 运营管理委员会负责本基金的重大运营事项管理职责。

（三）证券端

本项目基金成立日为 2021 年 6 月 7 日，基金年限 26 年，发行规模为 18.5 亿元，发行份数 5 亿，认购单价为 3.7 元。本项目配售及认购比例为：原始权益人配售比例为 51%、其他战略投资者认购比例为 25%、网下投资者配售比例为 16.8%、公众投资者认购比例为 7.2%。截至资产评估基准日，深圳项目资产组的市场价值为 81,700 万元，其中公明水厂资产组的市场价值为 26,400 万元，福永水厂资产组的市场价值为 25,500 万元，松岗水厂资产组的市场价值为 29,800 万元。合肥项目资产组的市场价值为 92,900 万元。本项目估值共计 174,600 万元（假定募集规模总计为 183,600 万元）。预测净现金流分派率为 2021 年 8.74%、2022 年 9.15%，全周期 IRR 约为 6%。

（四）资产端

基础设施项目资产范围为深圳项目和合肥项目，基本情况如表 37.1 所示

表 37.1　深圳项目和合肥项目的基本情况①

<table>
<tr><td colspan="3">项目概况</td></tr>
<tr><td>资产范围</td><td colspan="2">基础设施项目包括深圳市福永、松岗、公明水质净化厂 BOT 特许经营项目及合肥市十五里河污水处理厂 PPP 项目 2 个子项目</td></tr>
<tr><td colspan="3">子项目 1：深圳项目</td></tr>
<tr><td>子项目（资产）名称</td><td colspan="2">深圳市福永、松岗、公明水质净化厂</td></tr>
<tr><td>所处行业</td><td colspan="2">水务行业，其具体子行业为污水处理行业</td></tr>
<tr><td>所在地</td><td colspan="2">广东省深圳市宝安区、光明区</td></tr>
<tr><td rowspan="3">项目具体地址</td><td>福永水厂</td><td>深圳市宝安区福海街道办新和村福永水厂</td></tr>
<tr><td>松岗水厂</td><td>深圳市宝安区燕罗街道办洋涌河南岸燕川大桥与洋涌闸之间松岗水厂</td></tr>
<tr><td>公明水厂</td><td>深圳市光明区玉塘街道玉律社区公明水厂</td></tr>
<tr><td>建设内容和规模</td><td colspan="2">福永水厂及提标改造工程，设计规模为 12.5 万吨日
松岗水厂及提标改造工程，设计规模为 15 万吨/日
公明水厂及提标改造工程，设计规模为 10 万吨/日</td></tr>
</table>

① 富国首创水务封闭式基础设施证券投资基金招募说明书第 94、95 页。

续表

用地性质	深圳首创无需持有土地使用权或办理相关手续，深圳项目用地由深圳市人民政府行政划拨给市水务局，土地使用权归市水务局所有，根据《特许经营协议》的约定由市水务局在特许经营期内将各水质净化厂厂区当期设施用地无偿交与项目公司使用。因此，深圳首创有权依据其签署的《特许经营协议》而使用深圳市水务局向其提供的土地 就用地性质，根据深圳项目已经取得之《深圳市建设项目选址意见书》，福永水质净化厂项目土地用途为“雨水、污水处理用地”、公明水厂项目土地用途为“雨水、污水处理用地”、松岗水厂项目土地用途为“雨水、污水处理用地”	
开工时间	福永水厂	2010年3月26日
	公明水厂	2012年10月25日
	松岗水厂	2010年3月20日
	福永水厂提标改造	2019年9月10日
	公明水厂提标改造	2019年1月7日
	松岗水厂提标改造	2019年1月13日
竣工时间	项目	竣工时间
	福永水厂	2014年7月31日
	公明水厂	2014年4月28日
	松岗水厂	2011年10月14日
	福永水厂提标改造	2020年5月8日
	公明水厂提标改造	2019年8月8日
	松岗水厂提标改造	2019年8月13日
决算总投资（如有）	暂未全部完成决算	
特许经营（或PPP）年限	项目	特许经营期限
	福永水厂	2009年2月10日－2031年2月9日
	公明水厂	2011年12月20日－2033年12月19日
	松岗水厂	2009年2月10日－2031年2月9日
产品或服务内容	提供污水处理及相关服务	
收入来源	深圳首创根据《特许经营协议》《特许经营项目补充协议》《深圳市福永污水处理厂（一期）提标改造补充协议》《深圳市公明污水处理厂（一期）提标改造补充协议》《深圳市松岗水质净化厂（一期）提标改造补充协议》支付的污水处理服务费，以及《垃圾渗滤液达标处理委托合同》收取的垃圾渗滤液处理服务费。	

续表

子项目 2：合肥项目		
子项目（资产）名称	合肥市十五里河污水处理厂 PPP 项目	
所处行业	水务行业，其具体子行业为污水处理行业	
所在地（明确到县区级）	安徽省合肥市包河区	
项目具体地址	西至天津路规划红线，北至大圩路规划中心线，东至山东路规划红线，南至济南路规划中心线	
建设内容和规模	一期项目设计规模为 5 万吨/日 二期项目设计规模为 5 万吨/日 三期项目设计规模为 10 万吨 1 日 四期项目设计规模为 10 万吨/日	
用地性质	合肥首创通过出让方式取得不动产权证皖（2021）合肥市不动产权第 11062053 号及不动产权证（皖（2019）合不动产权第 000078 号），用地性质为公用设施用地（污水处理厂）	
开工时间	项目	开工时间
	十五里河一期项目	2008 年 9 月 11 日
	十五里河二期项目	2013 年 6 月 20 日
	十五里河三期项目	2015 年 9 月 1 日
	十五里河四期项目	2019 年 3 月 3 日
竣工时间	项目	竣工时间
	十五里河一期项目	2009 年 12 月 22 日
	十五里河二期项目	2014 年 4 月 20 日
	十五里河三期项目	2017 年 10 月 8 日
	十五里河四期项目	2020 年 7 月 3 日
决算总投资（如有）	由于合肥项目一至三期为 TOT 模式，因原建设单位未移交决算报告等相关资料，且经前往档案馆查询亦未能获取相关资料：四期为 BOT 模式，于 2020 年 11 月 16 日完成竣工验收备案工作，决算报告目前暂未完成 根据《资产转让协议》合肥项目一至三期 TOT 模式转让对价 62,131.08 万元 综上，预计合肥项目的一期至四期项目投资规模约为 100,646 万元	
特许经营（或 PPP）年限	特许经营期为 2018 年 9 月 30 日 –2047 年 9 月 29 日	

续表

产品或服务内容	提供污水处理及相关服务
收入来源	合肥首创根据《特许权协议》《合肥市十五 里河污水处理厂 PPP 项目污水处理服务协议》以及《十五里河污水处理厂中水泵站运营管理服务协议》收取的污水处理服务费及中水处理服务费以及《合肥市十五里河污水处理厂污泥高干度脱水设施运营服务协议》收取的污泥处置服务费。

深圳与合肥项目近三年的核心运营数据如表37.2、表37.3所示。

表37.2　深圳项目近三年的核心运营数据①

福永水厂	2018年	2019年	2020年
污水处理结算量（万吨）	4,450.58	4,588.54	4.698.92
污水处理服务费含税单价（元/吨）	0.779	0.779	0.779 - 1.3713[1]
污水处理服务费回收率	100%	100%	100%
吨污水生产成本（元/吨）（电费、药剂费）	0.205	0.162	0.229
抽样出水水质达标率	100%	100%	100%
松岗水厂	2018年	2019年	2020年
污水处理结算量（万吨）	5,339.40	5,448.84	5,804.10
污水处理服务费含税单价（元/吨）	0.791	0.791 - 1.3267[2]	1.3267
污水处理服务费回收率	100%	100%	100%
吨污水生产成本（元/吨）（电费、药剂费）	0.212	0.193	0.215
抽样出水水质达标率	100%	100%	100%
公明水厂	2018年	2019年	2020年
污水处理结算量（万吨）	3,360.50	3,655.30	3,854.66
污水处理服务费含税单价（元/吨）	0.962	0.962 - 1.5068[3]	1.5068
污水处理服务费回收率	100%	100%	100%
吨污水生产成本（元/吨）（电费、药剂费）	0.183	0.146	0.217
抽样出水水质达标率	100%	100%	100%

① 富国首创水务封闭式基础设施证券投资基金招募说明书第97、98页。

表 37.3　合肥项目近三年的核心运营数据①

合肥项目	2018 年	2019 年	2020 年
污水处理结算量（万吨）	1,091.46	6,917.38	7,324.43
污水处理服务费含税单价（元/吨）	1.260	1.260	1.260
污水处理服务费回收率	100%	100%	100%
吨污水生产成本（元/吨）（电费、药剂费）	0.305	0.381	0.295
抽样出水水质合格率	100%	100%	100%

有关国有资产转让合法性的问题，根据富国首创水务 REITs 招募说明书记载："原始权益人为北京市国资委实际控制之国有企业，且项目公司为原始权益人之全资子公司。因此，本次发行涉及的项目公司股权转让事项需按照《国资管理办法》②《首创集团国资交易管理办法》《首创集团国资评估管理办法》等规定履行国有资产转让审批程序。根据《国资管理办法》第四十八条、《首创集团国资交易管理办法》第六条、第三十三条的规定，首创集团负责其各级子企业国有资产交易的管理，且针对首创集团内部实施资产重组，转让方和受让方均为首创集团及其各级国有、国有控股企业或实际控制企业，经首创集团审议决策，并在实施前由首创集团以报告形式上报北京市国资委备案的产权转让可以采取非公开协议方式进行。根据《北京首都创业集团有限公司董事会决议董事会二〇二〇年第六次会议》，项目公司股权转让事项已经首创集团董事会审议通过。由于首创股份拟认购公募基金51%的基金份额，项目公司股权转让事项已经首创集团董事会审议通过，于非公开协议转让的交易流程完成后即符合《国资管理办法》《首创集团国资交易管理办法》《首创集团国资评估管理办法》等规定的转让程序合规性，即项目公司股权转让于非公开协议转让的交易流程完成后项目公司股权转让合法、有效。"③

三、中航首钢生物质 REITs 案例讨论

（一）参与方

中航首钢生物质 REITs（基金代码 SZ180801）原始权益人为首钢环境产业有限公司（以下简称"首钢环境"），基础设施项目包括生物质能源项目、残渣暂存场项目、餐厨项目，基金管理人中航基金管理有限公司（以下简称"中航基金"）。被

① 富国首创水务封闭式基础设施证券投资基金招募说明书第 101 页。

② 为《企业国有资产交易监督管理办法》的简称，详见富国首创水务封闭式基础设施证券投资基金招募说明书第 17 页。

③ 富国首创水务封闭式基础设施证券投资基金招募说明书第 217 页。

吸并公司北京首锝管理咨询有限责任公司（以下简称“首锝咨询”），北京首钢基金有限公司（以下简称“首钢基金”）是首钢集团有限公司全资子公司、是首锝咨询唯一股东，项目公司为北京首钢生物质能源科技有限公司，原股权结构如图37.2所示，根据《项目公司股权转让协议》由被吸并公司首锝咨询取得项目公司100%的股权，运营管理机构是北京首钢生态科技有限公司（以下简称“北京生态”）。

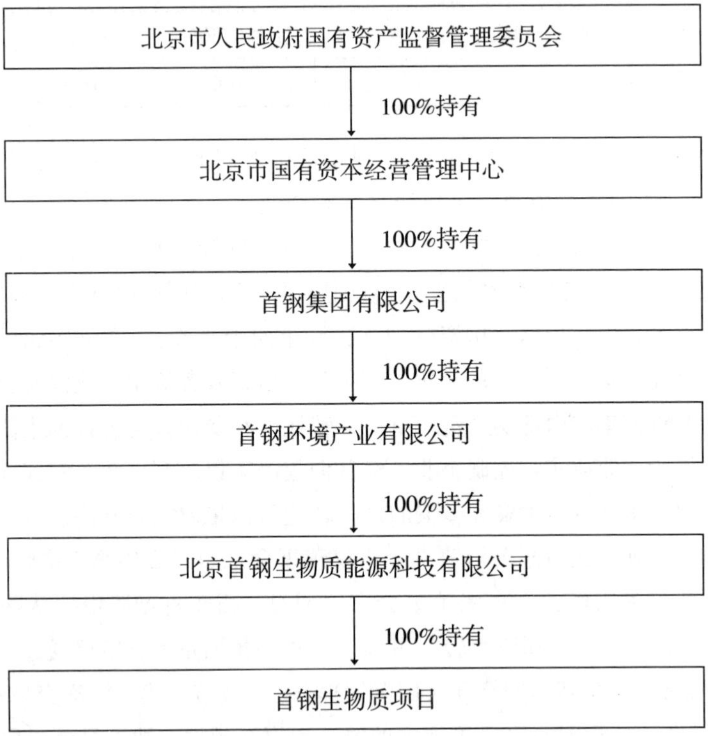

图37.2　项目公司北京首钢生物质能源科技有限公司股权结构①

（二）交易结构

中航首钢生物质REITs交易结构如图37.3所示。本项目专项计划与项目公司搭建股债结构的方式采取的是“递延支付债权转让价款模式”②。有关基金的治理结构部分，基金管理人没有另外设置委员会。

基础设施基金购买项目公司股权时，假定了垃圾处理服务期限届满后不再续期，并以此作为投资者购买基础设施基金支付交易对价的前提。垃圾处理服务期限

① 中航首钢生物质封闭式基础设施证券投资基金招募说明书第47页。

② 详细交易金额请见中航首钢生物质封闭式基础设施证券投资基金招募说明书第228页，可供分配金额测算报告及审核报告第3、42页。

届满后基础设施项目拥有的机器设备、厂房等属于专用设备，变现价值较低或无法直接变现。根据首钢基金、中航证券有限公司（专项计划管理人）、首锝咨询三方签署的《基础资产转让协议》，约定标的股权、基础资产的移交，即“在中航证券（代表专项计划）持有标的股权期间，如根据基础设施项目文件，项目公司就基础设施项目的服务期和/或收费期届满的，为确保按照基础设施项目文件约定完成基础设施项目的移交工作，首钢集团有限公司或其指定关联方有权优先无偿向中航证券受让标的股权和/或基础设施项目，中航证券（如届时以首钢生物质项目为底层基础设施项目发行基础设施领域不动产投资信托基金的，则应根据基础设施基金之基金管理人指示）向首钢集团有限公司或其指定关联方转让标的股权和/或基础设施项目”。

基金存续期内，如根据基础设施项目文件的约定，导致基础设施项目文件提前终止，且政府方书面要求项目公司移交基础设施项目的，项目公司应按照基础设施项目文件向政府方或其指定机构转让与移交基础设施项目（含项目公司股权、基础设施项目资产）。在基础设施项目的服务期、收费期届满后，除非按照基础设施项目文件并基于政府方书面要求向政府方或其指定机构移交基础设施项目（含项目公司股权、基础设施项目资产）外，自基础设施项目的服务期、收费期届满后的一年为移交期，在移交期内，首钢生态作为运营管理机构应协助基金管理人处理项目公司的流动资产和流动负债，协助催收应收款项等，解除基础设施项目资产上设置的任何抵押、质押等担保权益或所有权约束，以及任何种类和性质的索赔权（合称“移交前置事项”），移交期内收到的基础设施项目的服务期和/或收费期内的应收款项归属于基金。

自完成移交前置事项之日或移交期届满之日（孰早）起的一年为项目处置期，在项目处置期内，除非按照基础设施项目文件并基于政府方书面要求向政府方或其指定机构移交基础设施项目（含项目公司股权、基础设施项目资产）外，首钢生态应继续负责基础设施项目的运营管理，如首钢生态不再运营管理基础设施项目的，由基金管理人自行负责运营管理或按照基金合同约定程序聘请新的运营管理机构。在项目处置期的前 3 个月内（即“行权期”），首钢集团有限公司或其指定关联方有权按照基础设施项目届时状况优先无偿受让基础设施项目（包括项目公司股权、基础设施项目资产，且不论项目公司的流动资产和流动负债是否处置完毕），在首钢集团有限公司或其指定关联方行使优先收购权的，基础设施基金应按照前述安排进行转让和移交，无需召开基金份额持有人大会，且基础设施项目的服务期和/或收费期届满后新增的运营收入（如有）亦归属于首钢集团有限公司或其指定关联方。

如首钢集团有限公司或其指定的关联方未在行权期内行使优先收购权的，基金管理人有权在行权期届满之日起的项目处置期内通过市场化方式处分基础设施项目，如前述行为根据基金合同约定应召开基金份额持有人大会（比如金额超过基金净资产20%等），基金管理人应召集基金份额持有人大会，并根据基金份额持有人大会的决议实施。

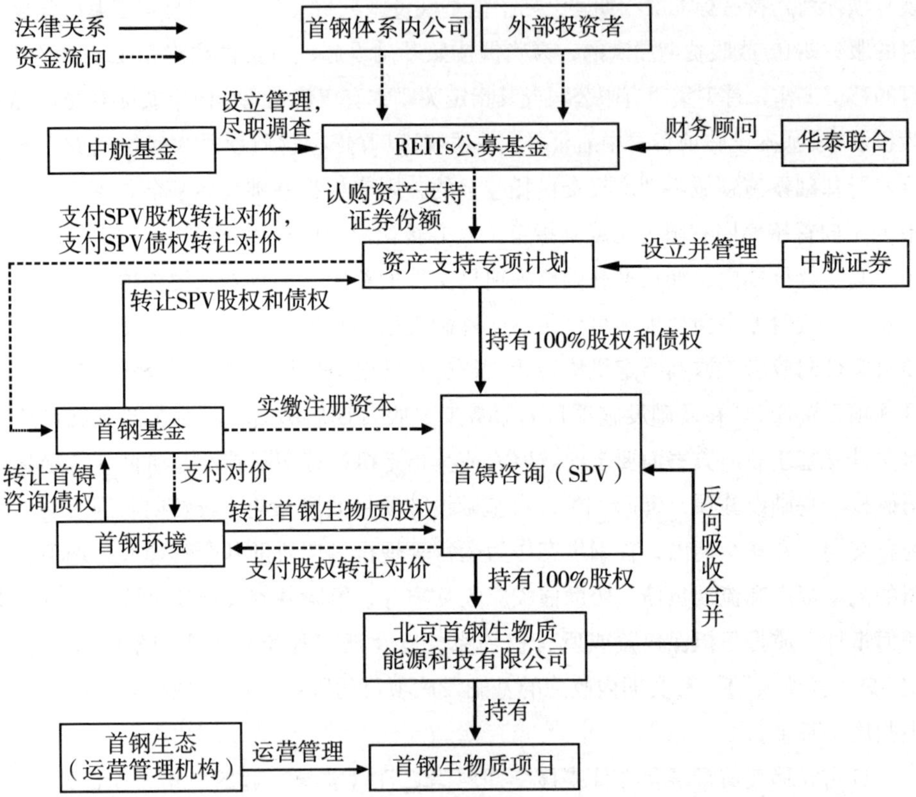

图37.3　中航首钢生物质REITs交易结构图①

（三）证券端

本项目基金成立日为2021年6月7日，基金存续期到2042年，发行规模为13.38亿元，发行份数1亿，认购单价为13.38元。本项目配售及认购比例为：原始权益人配售比例为40%、其他战略投资者认购比例为20%、网下投资者配售比例为28%、公众投资者认购比例为12%。本项目估值12.487亿元，2021年和2022年的现金分派率预测值分别为9.13%和8.17%。

（四）资产端

首钢生物质项目包括生物质能源项目、残渣暂存场项目、餐厨项目。生物质能

---

① 中航首钢生物质封闭式基础设施证券投资基金招募说明书第13页。

源项目日焚烧生活垃圾 3,000 吨，总建筑面积 69,933.43 平方米，包括焚烧厂房、汽机及主控厂房、沼气发电厂房、污泥脱水间等。

餐厨项目，总建筑面积 6,044.44 平方米，餐厨垃圾设计处理能力 100 吨/日，项目分为收运系统和处理系统两部分，建设内容包括综合水处理车间、餐厨垃圾预处理车间，建设规模 5,934.17 平方米。

残渣暂存场项目，总建筑面积 160.36 平方米，总库容 128 万立方米，设计残渣填埋能力 700 吨/日、渗沥液处理能力 35 吨/日，建设内容包括渗沥液检查井，渗沥液调节池，药剂储坑，储罐、除臭系统基础，地下水收集提升井，渗沥液收集提升井，渗沥液处理车间等。

首钢生物质项目收入来源为垃圾处理服务费、发电收入及餐厨垃圾收运、处置费。项目用地为划拨用地，由项目公司合法取得。

有关国有资产转让合法性的问题，北京市召开关于研究推进本市基础设施领域不动产投资信托基金有关工作的会议，参加会议的政府部门包括北京市国资委，并形成了包含以下内容的会议记录：①“关于国有资产转让进场交易问题。中国证监会已明确基础设施 REITs 在证券交易所公开发行，本市相关项目申报可按照规定，并参照外省市做法，豁免国有资产进场交易程序。”为确保此次国有资产转让的合规性，相关方仍会聘请相关机构进行国有资产评估。具体安排为，在被吸并公司与首钢环境完成项目公司股权交割和工商变更登记后，聘请拥有相关资质的国有资产评估机构以交割日为基准日进行国有资产评估，并将评估结果递交国资委相关部门或集团办理备案手续。

四、环保类公募 REITs 案例比较

有关目前已经上市的环保类公募 REITs，相关资讯笔者整理如表 37.4 所示。

表 37.4　环保类公募 REITs 比较表

序号	比较	富国首创水务 (SH508006)	中航首钢生物质 (SZ180801)
1	参与者		
	原始权益人	首创股份	首钢环境
	基金管理人	富国基金	中航基金

① 中航首钢生物质封闭式基础设施证券投资基金招募说明书第 19 页。

续表

序号	比较	富国首创水务(SH508006)	中航首钢生物质(SZ180801)
2	交易结构		
	股债结构搭建方式	直接搭建	递延支付债权转让价款模式
	外部借款	无	无
	存量债务	股东贷款	无
	基金管理人治理结构	运营管理委员会	没有另外设置委员会
3	证券端		
	基金成立日	2021.6.7	2021.6.7
	基金存续期间	26 年	基金存续期到 2042 年
	发行规模	18.5 亿元	13.38 亿元
	发行份数	5 亿	1 亿
	认购价格	3.7 元	13.38 元
	配售及认购比例（原始/其他战略/网下/公众）	51%/25%/16.8%/7.2%	40%/20%/28%/12%
	估值	17.46 亿元	12.487 亿元
	预测发行规模	18.36 亿元	12.487 亿元
	净现金流分派率	2022 年：9.15% 2021 年：8.74%	2022 年：8.17% 2021 年：9.13%
	IRR	6%	
4	资产端		
	基础设施项目	深圳项目及合肥项目，其中包括水质净化厂与污水处理厂	生物质能源项目、残渣暂存场项目、餐厨项目
	国有资产交易	非公开协议转让	豁免国有资产进场交易程序

第四部分

基建财务分析决策与建模

——以 PPP 项目为例

第八篇　财务分析基本问题讨论

第三十八章　PPP 模式项目评估与评价

——PPP 模式定性与定量分析、不推荐公式法的十大原因

一、PPP 模式项目评估与评价

项目评估是指在项目投资决策之前，由投资人委托专业的第三方组织，针对项目可行性研究报告中，项目建设的可能性、必要性，与产业政策及各项规划的符合性，建设方案的先进性与适用性，财务方案的可行性，经济、社会、资源及环境影响的外部效应，项目不确定性与风险等内容，进行全面分析评估归纳，综合判定项目实现的可能性。而项目评价是指对一个正在实施或是已经完成实施的项目，定期而有系统地分析在项目决策阶段所设定或评估的目标是否已经达成，或是有哪些评估事项在评估时是有所遗漏或是不足的，未来进行项目决策时应吸取教训避免相同的错误重演。

传统模式中的项目评估与评价，其内容与方法在学理上已经构建出一套相当完整的分析体系，目前已经普遍运用在各种项目投资决策程序中。但是反观 PPP 模式的项目评估与评价的内容，除了传统模式项目评估与评价所要求的内容外，是否应该基于 PPP 模式的性质，增加特别的评估与评价内容？或是对于目前已经增加特别的评估与评价内容，在学理与实践中进行更进一步的系统化梳理，这是本书所关心并且想要研究讨论的问题。

基于上述的观点，笔者认为，针对 PPP 模式特殊性质的项目评估与评价，可以从 PPP 模式的定性分析与定量分析两方面说起。PPP 模式的定性分析是指：第一，PPP 项目实施方案中交易结构的核心事项与边界条件是否明确？特别是针对项目的资产、合作期、付费机制与财务边界等边界条件是否明确？第二，PPP 项目实施方案中交易结构内容是否合规？即确认政府支出责任是否合规并且受到控制，以及项目产出是否更有效率，其审查的内容包括：（1）PPP 项目政府的支出责任是否构成隐性债务；（2）该项目是否适宜采用 PPP 模式；（3）除了完成项目一般前期投资决策程序外，是否针对 PPP 模式完成特别的前期决策程序，特别是物有所值评价与

财政承受能力论证的相关要求；（4）是否假借PPP模式通过平台公司进行变相融资；（5）PPP项目的股权结构是否发生明股实债、政府承诺回购股权或是政府保证最低收益等情形；（6）项目的运作方式是否体现了项目全生命周期集成以及风险合理分配的精神；（7）项目是否有明确的项目产出要求以及相应的绩效考核指标；（8）政府付费金额是否提前锁定与固化政府的支出责任；（9）社会资本方的选择程序是否经过充分的竞争等。

PPP模式的定量分析是指对于项目采取PPP模式时，评价该项目的财务方案内容是否符合相关要求，因此PPP模式的定量分析也可以称为PPP模式的财务分析，其分析的基本任务包括：（1）是否具备财务生存能力、偿债能力与获利能力；（2）是否通过物有所值评价；（3）是否通过财政承受能力论证；（4）分析成本组成以便未来进行物价波动时的调整；（5）在符合付费控制的整体要求下设置竞价参数，并根据竞价参数计算动态调整项目付费数额。

因此，PPP模式的边界条件设定、合规性审查与PPP模式的财务分析，是基于PPP模式的特殊性质，所增加的项目评估与评价内容，三者共同构成了PPP模式项目评估与评价的重要内容。由于篇幅的关系，本书第八篇至第十三篇将重点讨论PPP模式的边界条件设定以及PPP模式的财务分析。需要特别说明的是，本书为了更深入讨论财务分析的相关问题，笔者以“F市某PPP项目”作为案例，贯穿本书第八篇至第十三篇的各篇各章内容；此外，由于边界条件、财务模型与合同条款之间存在着很密切的关系，笔者为了说明方便，为F市案例特别编写了“附录一F市《合作协议》”以及“附录二F市《PPP项目合同》”，并且在相关章节中引用前述两份文件中的条文内容，请各位读者参照阅读。

二、PPP模式财务分析的意义与内涵

当项目采取PPP模式时，根据现行的PPP相关政策法规、会计准则及其相关规定和税法相关规定，通过对于项目现金流入与流出的预测，设置财务模型计算财务指标，并且根据计算出来的财务指标数值，分析项目是否有达到财务分析任务的要求，也就是分析项目是否具备财务生存能力、偿债能力、获利能力，是否通过物有所值评价及财政承受能力论证、计算调价参数，并且在考虑付费控制以及物价波动的因素之下，设置竞价参数动态调整项目付费金额。

由上述可知，财务分析的内涵可以从以下五个方面理解：第一，财务分析的依据：PPP相关政策法规、会计准则以及相关规定及税法相关规定；第二，财务分析的基础：预测项目现金流入与流出；第三，财务分析的方法：设置财务模型，计算财务指标；第四，财务分析的任务：通过计算出来的财务指标数值，判断项目是否

具备财务生存能力、偿债能力以及获利能力，是否通过物有所值和财政承受能力论证，以及计算调价参数；第五，财务分析的控制与调整：在考虑付费控制以及物价波动的前提下，设置竞价参数动态调整项目付费数额。

有关 PPP 项目的财务任务的内容，笔者将在本书后续内容中详细介绍。

三、本书建议使用财务分析法，而不推荐使用公式法的原因

计算 PPP 模式的付费金额时，实践中常用等额本金终值公式（也就是 21 号文公式）、等额本息计算公式以及等额本金计算公式。有人主张等额本金终值公式计算出来的运营补贴，导致补贴现金流前低后高，因而造成项目公司在运营初期因为现金流入不足，无法偿还银行贷款，所以如果改用等额本息计算公式或是等额本金计算公式，就可以克服补贴现金流前低后高的问题。笔者虽然同意前述主张，但也认为无论采取哪种计算公式，都无法改变公式法计算付费金额时存在的许多其他问题，具体内容说明如下：

1. 资金时间价值考虑不完全

财务分析法是以净现金流作为计算基础，而公式法是以工程总投资作为计算基础，虽然两种算法都考虑了资金的时间价值，但是财务分析法是从项目全生命周期考虑资金时间价值，而公式法只考虑了部分的资金时间价值，例如公式法没有考虑建设期的资金时间价值，也没有考虑运营期经营成本的资金时间价值，所以财务分析法更全面地考虑了资金的时间价值，计算的金额更为准确。

☆ 有关资金时间价值的相关问题，请见视频微观点 38.1【PPP 将每期政府付费金额简单相加是否正确?】

2. 建设期利息的计算充满了问题

公式法是以工程总投资作为计算基数（也就是 P 值），而工程总投资等于建设投资与建设期利息的总和，有关建设期利息的计算目前在实践中充满了各式各样的问题，例如：现在可研报告对于建设期利息的计算，没有考虑建设期利息的还款来源，此外，先用资本金再用贷款，或是资本金与贷款金额等比例使用，都会大大地影响建设期利息计算的金额，又或是未来工程竣工结算，审计单位会如何审计建设期利息，恐怕又是充满争议的；以上所述的问题，在财务分析法中都是可以得到解决，因为采用什么方法计算建设期利息，在财务模型中都是可以看得出来的，并且可以进一步验证金额的正确性。

3. 以工程总投资作为计算基数，少算很多成本

由于公式法的计算基数（也就是P值）采用工程总投资，而工程总投资的估算是以传统模式作为基础来计算的，所以估算金额会少算很多成本，例如：工程总投资中没有计算企业所得税、增值税、税金及附加费和运营期的融资利息等。但是财务分析法没有这方面的问题，因为在财务分析法中有利润表可以计算企业所得税，有营业收入、税金及附加表计算增值税、税金及附加费，有还本付息计划表计算融资利息，所以不会发生少算成本的问题。

4. 情势变更的调整

PPP合同在性质上属于长期合约，而长期合约最重要的性质是发生情势变更的可能性比一时性的合约大许多，也就是法律行为的基础发生变化的机会是比较大的，如果从财务的观点来看，可以进一步延伸为项目的财务模型的核心与边界发生变动，而变动的原因是不可预见且非双方的因素所造成的，这时候如果要进行财务上的调整，财务模型可以调整的范围肯定比公式法的范围大了许多，也就是发生情势变更的因素，必须是公式法上有的参数才能调整，如果不是公式法上的参数基本上就无法调整。但是在财务模型上任何一个财务的核心或边界的变动，都是可以调整的，所以财务分析法是更适合于长期合同进行财务调整的一种分析方法。

5. 付费利率i值的取值没有客观标准

公式法中的付费利率i值及财务分析法中的内部收益率，是两个完全不同的概念，不能画上等号；目前付费利率i值的取值没有客观标准，而内部收益率的取值有相对客观的标准，常见的取值方式是用融资前税后内部收益率和基准利率作比较，实践中很多人计算付费利率i值时因为没有取值标准，所以使用内部收益率推算付费利率i值，由此更可以证明付费利率i值是一个没有取值标准的计算参数。此外，笔者还要补充一个有关大数据的问题，有很多专家学者建议PPP主管部门对PPP项目的回报率进行大数据统计，目的是针对项目进行物有所值的大数据分析，并且希望可以进一步统计与比较不同行业类别PPP项目的回报率，但是有关回报率的统计需要使用相同基础的参数，才能进行比较与统计，如果项目可以选用付费利率i值作为回报率，也可以选用内部收益率作为回报率，这样统计出来的数据缺乏相同的基础，势必对大数据的分析造成一定程度的影响。

6. 付费利率i值与内部收益率IRR不存在对应关系

由于付费利率i值没有客观的取值标准，因此有些人就用内部收益率IRR推算付费利率i值，但这种推算是有问题的，因为两者之间不存在对应关系，以下笔者举个例子说明。例如：某个PPP项目总投资估算是8个亿，如果设定融资前税后内部收益率IRR为6%，推算出来等额本息年金公式的付费利率i值为8%，但是根据

笔者的经验，不论未来项目的竣工决算金额是7个亿还是9个亿，以付费利率i值为8%带入等额本息年金公式所计算出来的现金流入，推算融资前税后内部收益率的数额，基本上都会低于6%，简言之，投资人以为当付费利率i值为8%，对应的项目融资前税后内部收益率为6%，但是实际上根本不到6%，很多人误以为付费利率i值和内部收益率IRR存在对应关系，这个假设是错误而没有依据的。

7. 当项目采用单价计费时，公式法无法计算单价数额

单价计费又称为使用量付费，也就是以实际的使用量乘上PPP合同所约定的单价计算付费数额的一种计价方式，例如：污水处理厂的污水处理费的计算就是以污水处理单价乘上污水处理量；有关于服务单价的计算，目前只能用财务分析法计算，公式法无法计算服务单价。

8. 无法进行财务可行性评估

编写实施方案时方案中一般会包括财务分析，而财务分析的内容包括项目是否具备财务生存能力、偿债能力以及获利能力，而这些能力的评估需要制作财务模型计算财务指标才能进行判读。纯粹使用公式法计算政府运营补贴是不需要计算财务指标的，没有计算财务指标是没有办法进行财务分析的，这将势必回到财务分析方法才能进行分析。

9. 无法计算抛弃分红及剩余财产对于项目收益的影响

PPP项目中实施机构为达补贴目的，在投资项目公司时，通常会和社会资本方约定实施机构抛弃分红权或是抛弃剩余财产分配请求权，但实施机构抛弃权利也不是白白抛弃，而是为了补贴而抛弃，所以基于公平原则，如果实施机构采用抛弃分红权或是剩余财产分配请求权的方式补贴，在社会资本方税前内部收率不改变的前提下，则实施机构付款的运营补贴就该相应减少，有关减少金额的计算，需要通过社会资本方税前内部收益率这项财务指标才能达成。在实践中有人直接扣减工程总投资金额，试问实施机构抛弃分红的金额要如何抵减工程总投资？这是很不准确也没有依据的计算方法。

10. BOOT项目股权移交对于项目收益的影响

BOOT项目合作期间到期时，项目公司按约定要把项目的产权移转给实施机构以完成项目移交，而为了避开不动产转让所产生较大金额的税费，在交易结构设计上会采取股权转让替代项目产权转让，也就是社会资本方将其对于项目公司的股权无偿转让给政府方的出资代表，而间接达到项目产权转让的效果。这种移交方式虽然可以达到合法避税的效果，但是会将股本金以及法定盈余公积金一并移交出去，因而会对社会资本方的回报率产生一定的影响，如果要计算出影响程度，需要使用财务分析中的社会资本方内部收益率才能计算，公式法是无法计算的。

☆有关等额本金终值公式的相关问题，请见视频微观点 38.2【PPP 项目用 21 号文公式计算，银行贷款有困难】

☆☆有关等额本息公式问题，请见视频微观点 38.3【等额本息公式可否解决 21 号文公式的问题?】

四、PPP 模式财务分析的方法

PPP 模式财务分析的方法可以分为三个环节，分别是基础数据、财务模型与财务指标。基础数据是指项目的收入、成本和收益等三类和项目有关的基本数据；财务模型是指一系列由辅助财务报表与主要财务报表所组成，可以自动计算财务指标的电子文档；财务指标是指和项目财务有关的一系列由财务模型所计算出来的指标数据，这些指标数据可以供判读项目财务任务是否可以达成。

财务分析方法三个环节彼此之间的关系是：将搜集整理的基础数据，输入到设定的财务模型之中，并通过财务模型计算出各项财务指标，因此如果要得出正确的财务指标，其关键因素在于基础数据的内容和财务模型的设定，两者都必须正确无误、缺一不可。但是基础数据多如牛毛，再加上财务模型中的各项报表相当复杂，确保基础数据与财务模型的准确性是一件说起来容易做起来繁琐的一项工作，本书将在下一章节中说明如何做好基础数据与财务模型的管理。

第三十九章　基础数据与财务模型

——颜色管理、“2 +6 +6”架构、多个子项目的模型设置

一、基础数据的来源分类与颜色管理

本书在上一个章节中谈到有关财务分析方法的三个环节时，如果要判断一个项目的财务方案是否符合财务分析任务的要求时，必须计算出正确的财务指标并且进行判读，而计算正确的财务指标又受到两件事情的影响，分别是做好基础数据收集与整理，以及设置正确的财务模型。因此本章前半部分介绍如何做好基础数据的搜集与整理，后半部分讨论如何设置正确的财务模型。

有关如何做好基础数据的收集与整理，笔者认为可以从两个方面来着手，分别是做好基础数据的来源分类与基础数据的颜色管理。笔者将基数数据的来源分为原始数据、假设数据与整理数据三类，并将基础数据的颜色标示为黑、红、绿、橘、蓝等五种颜色。将不同的数据来源标示成不同的颜色，有助于提高数据来源准确性的掌握。

原始数据是指从可研报告、项目产出说明（或是说运营报告）等项目前期报告中所搜集而来的数据，一般这类的数据笔者填入财务模型时，会将数据标示成黑色。也就是说模型中黑色的数据，只要经核对没有发生数据抄写错误或是数据看错的情形，正确地引用前期报告中的数据，则可以认为黑色的数据就是正确的数据。

假设数据是指为了进行财务指标的计算，而预先假设的数据，未来会根据财务指标计算的结果，重新调整假设的数据，这类数据通常是竞价参数或是财务边界条件，例如说：合作期间、工程下浮率、运营成本下浮率、融资利率浮动率、项目付费数额、股权投资比例等。一般这类的数据笔者填入财务模型时，会将数据标示成红色，也就是说财务模型中红色的数据，会根据财务指标计算的结果，来回反复地进行调整，以得出最恰当的数值。

整理数据是指将原始数据与假设数据进行某种程度的整理与计算，整理到足以填写主要财务报表的程度。一般而言，这类的数字，还可以按照整理的方式再细分成三类：

1. 绿色数据

整理数据的过程中，有时需要在 EXCEL 单元格中设定公式计算数据，所以如

果单元格中的公式设定正确，这类数据计算的结果也会是正确的，这类数据笔者一般会标示成绿色，也就是说财务模型中标示为绿色的数据，如果计算的公式设定是正确的，则这类数据计算的结果应该也是正确的。

2. 橘色数据

整理的数据彼此之间相互引用，例如 C5 单元格的数据引用 B3 单元格的数据，这时我们会在 C5 单元格中设定“ = B3”，也就是 C5 单元格的数据等于 B3 单元格的数据，因此如果说被引用数据 B3 单元格的数据是正确的，引用数据 C5 单元格的数据也会是正确的，这类的数据一般笔者会将 C5 单元格中的数据标示成橘色。

3. 蓝色数据

有时计算数据时，需要用到 EXCEL 表中单变量求解或是迭代计算的功能，而单变量求解或是迭代计算所计算出来的数据，笔者一般会标示成蓝色。

二、财务模型的基本架构

设置财务模型时必须遵循一定的系统与逻辑，这个系统与逻辑笔者称为财务模型的基本架构，为何本书强调搭建财务模型必须遵循一定的基本架构，原因在于财务模型是要给大家使用的，而不只是给写报告的人用的，所以模型的内容不能只有设置模型的人自己可以看懂，还必须使第三人也可以轻易地看懂，因此设置模型的人要按照一定的基本架构搭建财务模型。这就好比我们要画一张地图，这张地图是要供大家使用的，所以不能只有画地图的人自己看得懂地图的内容，还必须让所有使用地图的人都可以看懂地图的内容，因此这张地图的绘制方式，例如地形地貌的标示、比例尺的使用、各项图示的使用都必须按照一定的方式进行绘制。

笔者在上一段提到“财务模型是给大家使用的，而不只是给写报告的人用的”，到底在 PPP 项目中有哪些人还会使用到财务模型？首先，我们之前提到，财务模型的正确性会直接影响计算财务指标的正确性，所以为了确保财务模型设置正确，笔者认为在两评一案的审批程序中，必须有第三人对财务模型的内容进行复核，这个第三人可以是编写报告人的上级主管、专家评审会的专家或是实施机构负责人，而这些复核财务模型的人都是会使用到财务模型的人。再次，笔者认为项目付费金额的动态调整，是在付费控制的前提下，以财务模型作为基础而进行调整的，所以本书认为实施机构委托咨询机构所编制的财务模型应该要公开，因为付费金额的计算和财务模型是挂钩的，所以财务模型应该要成为 PPP 合同的一部分，因此未来在 PPP 项目的履约阶段，履约双方都可能用到财务模型来调整项目付费金额。

财务模型基本架构的重要性阐释后，接下来要跟大家说明财务模型基本架构的内容。笔者认为财务模型基本架构可以分为三个部分，分别是第一部分 2 张总表，

第二部分 6 张辅助财务报表，第三部分 6 张主要财务报表，这样的基本架构笔者称之为“2 +6 +6”的财务模型基本架构。针对这 14 张报表的功能以及用途，简述如下：

第一部分总表部分，第一张总表是竞价参数汇总表，会将工程下浮率、运营成本下浮率、融资利率上浮率、项目付费数额、内部收益率等参数汇总在第一张总表中，作为投标人投标竞价时填写竞价参数的地方。第二张总表是财务指标汇总表，会将财务模型中所计算的各项财务指标汇总到第二张总表，以方便模型的检查与使用。有关这部分的内容将在本书第十篇中详细阐述。

第二部分辅助财务报表部分，总共有 6 张报表，分别是建设基础数据表、运营基础数据表、融资基础数据表、付费基础数据表、税金及附加表、利润表。这 6 张表的内容基本上就是在做各项基础数据的处理。有关这部分的内容将在本书第十一篇中详细阐述。

第三部分主要财务报表部分，总共有 6 张报表，分别是财务现金流量表、资产负债表、投资现金流量表、成本分析表、物有所值评价表、财政承受能力论证表。这 6 张表的内容基本上就是在做各项财务指标的计算。有关这部分的内容将在本书第十二篇中详细阐述。

三、如何设置正确的财务模型

由于财务模型基本上是由 14 张财务报表所组成，所以如果要确保财务模型的正确性，就必须先编制 14 张正确的财务报表内容，而确保财务报表内容正确的核心，在于掌握不同财务报表[①]中报表项目[②]间的勾稽关系，并且要掌握财务报表中关键单元格的内容。具体的操作原则是：第一，重视报表中合计的重要性：报表的纵向数字与横向数字都要进行合计，这些纵向与横向合计数字的作用在于，当不同报表之间相互引用报表项目数字时，可以利用这些合计数字核对相互引用数字的正确性。第二，厘清报表项目之间的勾稽关系[③]：不同报表之间相互引用报表项目时：(1) 如果被引用项目的报表在前，而引用项目的报表在后，且该被引用项目属于主要财务报表项目时，则笔者会将被引用项目的单元格底色标示成紫色，此外，汇总

---

① 一张财务报表是由三个部分所组成，分别是横轴的时间、纵轴的报表项目以及表格中的数字。

② 会计科目与会计报表项目是内容不同但是彼此之间互有联系的两个概念。会计科目是指对会计要素的具体内容进行分类核算的类目，它是以客观存在会计要素的具体内容为基础、根据核算和管理的需要设置的；而会计报表项目是根据各会计科目的账户余额与相关备抵科目的账户余额之差所填列，会计报表项目是对日常核算的资料进行汇总和综合反映。因此我们称资产负债表项目、损益表项目，而不能说是资产负债表科目。

③ 请见本书附录三财务报表与报表项目之间关系表。

到第二张总表的报表项目单元格，底色也标为紫色；（2）如果被引用项目的报表在前，而引用项目的报表在后，且该被引用项目属于辅助财务报表项目时，则笔者会将被引用项目的单元格字体标示成粗体黑色；（3）如果引用项目的报表在前，而被引用项目的报表在后，则引用项目单元格，笔者会将单元格字体标示成粗体红色，这些颜色标示，代表了不同报表项目之间具体的勾稽关系；第三，掌握关键单元格：每张财务报表，都会有几个关键的单元格，只要这些关键的单元格数据正确，则整张报表的数据基本上都是正确的，所以笔者会将这些关键的单元格底色标示成黄色。

简言之，有关报表项目间的各种勾稽关系，笔者会标示为底色紫色、字体粗体黑色以及粗体红色，分别表示不同财务报表间、项目相互引用的关系；报表中的关键单元格，笔者会标示为底色黄色，作为掌握财务报表关键单元格之用。

四、多个子项目如何设置财务模型

当一个PPP项目中，有多个子项目的时候，如果这些子项目的工期不一致，例如一个项目中，有的子项目工期是3年，有的子项目工期是2年；又或是这些子项目的类型不相同，可能行业主管部门也不相同，例如片区开发的项目，子项目中有污水处理厂，有市政道路，也有政府办公楼三种性质完全不同的子项目；又或是子项目成本结构不相同，例如子项目中有民生废水污水处理厂，也有工业废水污水处理厂等这种情形时，这时财务模型该如何设置，就会成为一个需要关注的问题。笔者认为不同子项目之间如果工期、类型或是成本结构不同，进而影响各种现金流的计算时，分析时应该要分开处理①，也就是说可能需要针对不同的子项目另外编写建设、运营、融资以及付费基础数据表，也要分开编写成本分析表；此外，编写成本分析表时，会涉及间接成本（各项税费及融资利息）及利润拆分的问题。（可参阅第六十九章视频69.3多个子项目如何做财务分析与财务后评价（进阶课程）——以G市项目为例）

☆有关多个子项目财务分析的问题，请见视频微观点39.1【四个影响财务分析的问题】

① 《企业会计准则第4号——固定资产》第五条规定："固定资产的各组成部分具有不同的使用寿命或者以不同方式为企业提供经济利益，适用不同折旧率或折旧方法的，应当分别将各组成部分确认为单项固定资产。"

第四十章　PPP项目现金流分析

——全面拆解PPP项目的三大现金流入与六大现金流出

一、财务分析的对象

在讨论财务分析的对象之前，有必要先说明有关会计基础的问题。会计基础是指会计事项的记账基础，也就是在编制财务报表时，为了判断收入和费用所归属的会计期间以及确认金额的一种原则。会计基础主要有两种，分别是收付实现制与权责发生制。权责发生制又称为应收应付制，其以收入和费用的权利义务发生的时间点来确认企业的收入以及费用；而收付实现制以现金实际收入和支出作为收入和费用的确认时点。[①] 上市公司所披露的财务现金流量表、资产负债表、利润表、所有者权益变动表四张报表中，只有财务现金流量表是用收付实现制编制的，其余的报表都是用权责发生制所编制的。

因此，利润表是按权责发生制所编制的，而财务现金流量表是按收付实现制所编制的，由于两者编制的会计基础不同，所以不能将“利润”与“现金”画上等号，也就是说有利润并不等同于有现金，例如实践中我们经常听到某家企业有很多应收账款，但是这些应收账款的钱都收不回来，这代表什么意思？代表某家企业的应收账款虽然很多，可能导致公司的利润大幅增长，但是钱都收不回来，代表的是公司没有现金，因此就成了有利润而没有现金的公司。由此可知利润和现金是两个不同的概念。

从投资或是股东权益的立场来看，现金和利润哪个对股东比较重要？可想而知当然是现金比较重要，因为现金是真金白银的钱，而利润只是账上的一个数字，因此我们经常听到，这是一个现金流为王的时代，现金流就好比企业的血液，血液要流得顺畅，企业才能健康发展。也因为从投资的立场而言，现金的重要性高于利润，因此我们在做财务分析的时候，是以现金流作为分析对象，而不是以利润作为分析对象。

---

① 参照企业会计准则编审委员会编著：《企业会计准则详解与实务》，人民邮电出版社2018年2月版，第3~4页。

二、政府发起PPP项目现金流分析

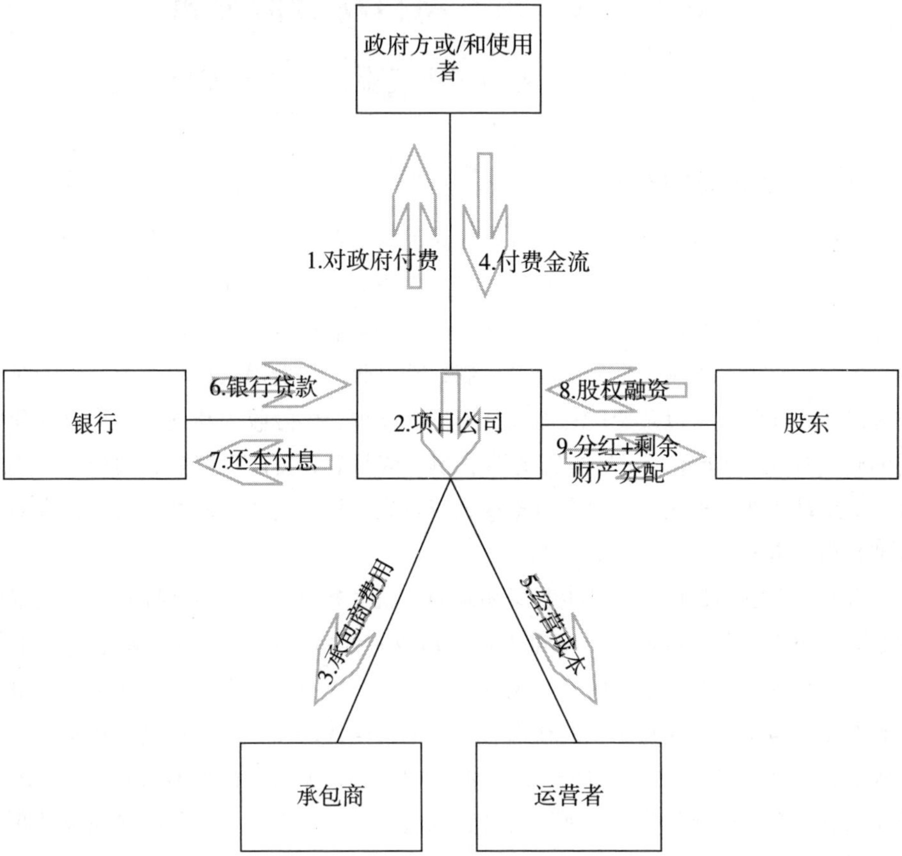

图40.1 政府发起PPP项目现金流分析图

有关政府发起PPP项目的现金流，可以从5个方面进行分类，分别是按现金流入与流出、辅助财务报表、建设投资、财务现金流量表、投资现金流量表所做的分类，具体内容说明如下：

（一）从现金流入与流出所做的分类：

从图40.1可以看出总共有9个现金流，其中包括了3个现金流入、6个现金流出，3个现金流入分别是：箭头4付费金流、箭头6银行贷款以及箭头8股权融资；6个现金流出：分别是箭头1对政府付费、箭头2项目公司费用、箭头3承包商费用、箭头5经营成本、箭头7还本付息、箭头9分红及剩余财产分配。需要特别说明的是，这9个现金流基本上没有处理项目公司支付增值税、税金及附加以及所得税，也就是各项税费的支出，请特别注意。

（二）从辅助财务报表角度的分类

财务模型的基本架构中，总共有6张辅助报表，这6张报表中有4张报表针对图40.1的现金流进行了整理与计算。建设基础数据表是在处理图中的红色现金流，这些红色现金流分别是：箭头1对政府付费、箭头2项目公司费用、箭头3承包商费用。运营基础数据表是在处理图中的橘色现金流，也就是箭头5经营成本。付费基础数据表是在处理图中的紫色现金流，也就是箭头4付费金流。融资基础数据表是在处理图中绿色与蓝色的现金流，绿色现金流和债权融资有关，分别是箭头6银行贷款与箭头7还本付息，蓝色现金流和股权融资有关，分别是箭头8股权融资与箭头9分红及剩余财产分配。

表40.1　辅助财务报表与金流类型对应表

辅助财务报表	金流颜色	箭头编号与金流类型
建设基础数据表	红色金流	箭头1对政府付费、箭头2项目公司费用、箭头3承包商费用
运营基础数据表	橘色金流	箭头5经营成本
付费基础数据表	紫色金流	箭头4付费金流
融资基础数据表	绿色及蓝色金流	绿色现金流和债权融资有关，分别是箭头6银行贷款与箭头7还本付息 蓝色现金流和股权融资有关，分别是箭头8股权融资与箭头9分红及剩余财产分配

（三）从建设投资角度的分类

有关建设投资包含了三项费用，分别是工程费用、建设工程其他费用和预备费。工程费用在实践中又称为1类费用，内容包括：建筑工程费、设备购置费和安装工程费。建设工程其他费用在实践中又称为2类费用，常见内容包括：建设用地费用（征地补偿费、土地使用权出让金）、建设管理费、前期工作咨询费、研究试验费、工程勘察设计费、招标代理费、工程监理费、环境影响评估费、场地准备及临时设施费、引进技术和设备其他费用、工程保险费、市政公用设施建设及绿化补偿费、超限设备运输特殊措施费、特殊设备安全监督检查费、联合试运转费、安全生产费用、专利及专有技术使用费、生产准备费、办公及生活家具购置费等。预备费包括基本预备费与涨价预备费，根据政府相关部门规定，目前我国投资项目的建设期价格上涨指数按零计取。①

☆有关建设投资的相关问题，请见视频微观点 40.1【项目总投资、工程总投资和建设投资有何不同?】

有关我国目前建设投资估算的规定，是按项目采取传统模式的方式进行估算，因此估算的内容会缺少项目公司管理费，针对目前这种不完善的情形，笔者建议可以按以下方式处理，第一，将项目公司管理费拆成建设期的项目公司管理费以及运营期的项目公司管理费，估算经营成本时应包括运营期的项目公司管理费，第二，将建设单位管理费数额对半拆分，一半作为建设期项目公司管理费，另一半作为建设期实施机构管理费。

建设投资中的 1 类费用与 2 类费用，和图 40.1 中的金流存在什么样的对应关系？首先，2 类费用可以再进一步拆分为三个部分，分别是箭头 1 对政府付费、箭头 2 项目公司费用，以及其他 2 类费用，所谓其他 2 类费用就是全部 2 类费用扣除对政府付费、项目公司费用后的剩余金额；其次，箭头 3 承包商费用等于 1 类费用和其他 2 类费用相加总的金额；再次，箭头 1 对政府付费中包括的 2 类费用有：前期相关报告费用、监理费（如果由实施机构聘请监理机构）、征地拆迁费以及建设期实施机构管理费；最后，箭头 2 项目公司费用中包括的 2 类费用有：建设期项目公司管理费、招标代理费等。

表 40.2　红色金流与建设投资的 1、2 类费用对应表

图 40.1 红色金流	对建设投资的 1、2 类费用
对政府付费	包括的 2 类费用有：前期相关报告费用、监理费（如果由实施机构聘请监理机构）、征地拆迁费以及建设期实施机构管理费
项目公司费用	包括的 2 类费用有：建设期项目公司管理费、招标代理费
承包商费用	1 类费用和其他 2 类费用相加总的金额

根据上述的讨论，有关政府发起 PPP 项目建设投资的计算公式是，建设投资 = 对政府付费 + 项目公司费用 + 承包商费用，而社会资本发起的 PPP 项目建设投资的计算公式不能直接援用，考虑到社会资本发起人的发起费用，计算公式应该要调整

① 全国咨询工程师（投资）执业资格考试参考教材编写委员会编著：《现代咨询方法与实务（2019 年版）》，中国统计出版社 2018 年 12 月版，第 207～212、214 页。

为，建设投资 = 对政府付费 + 社会资本发起人发起费用 + 项目公司费用 + 承包商费用。我们之所以把建设投资的金流和图 40.1 的金流进行了比对，是考虑到不同的费用发生的时间不同，增值税的税率也不相同，应该要分别处理，具体的处理细节，本书会在第五十六章中详细说明。

☆有关社会资本发起的相关问题，请见视频微观点 40.2【PPP 项目采用社会资本发起模式应该如何操作?】

（四）从财务现金流量表角度的分类

财务现金流量表将现金流分为三类，分别是经营活动现金流、投资活动现金流和筹资活动现金流，这三类现金流和图 40.1 现金流的对应关系是：第一，经营活动现金流是指箭头 4 付费金流、箭头 5 经营成本，另外再加上图 40.1 中没有标示的各项税费支出；第二，投资活动现金流是指箭头 1 对政府付费、箭头 2 项目公司费用、箭头 3 承包商费用，最后再加上建设期利息（也就是箭头 7 还本付息中的建设期利息，因为建设期利息资本化的关系）；第三，筹资活动现金流是指箭头 8 股权融资、箭头 6 银行贷款、箭头 7 还本付息但是要扣除建设期利息，以及箭头 9 中只有分红但是不含剩余财产分配。

表 40.3　财务金流与金流类型对应表

财务金流表金流	金流类型
经营活动现金流	箭头 4 付费金流、箭头 5 经营成本、各项税费支出
投资活动现金流	箭头 1 对政府付费、箭头 2 项目公司费用、箭头 3 承包商费用、建设期利息
筹资活动现金流	箭头 8 股权融资、箭头 6 银行贷款、箭头 7 还本付息但是要扣除建设期利息，箭头 9 中只有分红但是不含剩余财产分配

（五）从投资现金流量表角度的分类

投资现金流量表中包含有三个子表，分别是融资前项目现金流量表、融资后项目现金流量表以及社会资本方现金流量表。融资前项目现金流量表中的现金流是图 40.1 中紫色、红色以及橘色的现金流，也就是箭头 4 付费金流、箭头 1 对政府付费、箭头 2 项目公司费用、箭头 3 承包商费用、箭头 5 经营成本以及各项税费的支出。融资后项目现金流量表中的现金流除了包括融资前项目现金流量表中的所有现金流外，还要加上绿色的现金流，也就是箭头 6 银行贷款以及箭头 7 还本付息。社会资本方现金流量表中的现金流是图中蓝色的现金流，也就是箭头 8 股权融资以及箭头 9 分红及剩余财产分配，可以看得出和紫、红、黄、绿等颜色的现金流和社会资本方的现金流量表没有直接的关系。

表 40.4 投资金流表与金流类型对应表

投资金流表	金流颜色	金流类型
融资前项目现金流量表	紫、红、橘色金流及各项税费	箭头 4 付费金流、箭头 1 对政府付费、箭头 2 项目公司费用、箭头 3 承包商费用、箭头 5 经营成本以及各项税费的支出
融资后项目现金流量表	紫、红、橘色金流及各项税费，外加绿色金流	外加箭头 6 银行贷款、箭头 7 还本付息
社会资本方现金流量表	蓝色金流	箭头 8 股权融资、箭头 9 分红及剩余财产分配

☆有关现金流分析的相关问题，请见视频微观点 40.3【如何进行现金流分析及放弃分红的测算?】①

① 视频中的现金流分析，和本书图 40.1 虽然稍有不同，也就是笔者将视频中外包金流进一步拆分成图 40.1 中的承包商费用和经营成本，但是核心的内容是一样的。

第九篇 PPP 模式边界条件的设定

第四十一章 PPP 模式资产边界条件的设定

——建设期、运营期、移交缺陷责任期与期前移交、经营权对价

一、概述

有关于 PPP 模式的核心事项与边界条件①（以下简称边界条件）的设定，最主要就是搞清楚项目的范围有多大，什么是业主的事，什么是项目公司的事。有关于边界条件有几个关键的面向，其中包括：资产、时间、付费、成本、回报等，因此本书第九篇讨论边界条件，第四十一章讨论有关资产边界条件的问题，第四十二章讨论有关期间边界条件的问题，第四十三章至第五十章讨论有关付费机制的问题，第五十一章讨论“四成本、一付费、一回报与财承”等财务边界的问题。

本章将针对 PPP 模式资产边界条件中的建设期、运营期、移交缺陷责任期以及期前移交等资产边界的问题进行讨论。

二、建设期

（一）资产产权的归属

有关资产的意义，从不同的角度可能会得到不同的结果。如果从会计的角度，资产指的是“固定资产”或是“无形资产”；如果从法律的角度，资产指的是“物权”，如果是土地指的是土地使用权，如果是建筑物指的是所有权；《关于规范政府和社会资本合作合同管理工作的通知》第十八节中的“回购义务”和“回购补偿”所称的回购指的是 PPP 项目合同提前终止后，实施机构对项目公司进行会计意义上的资产回购，并非法律意义上的物权回购。但是在 PPP 项目合同中，“资产”使用会计上的概念，而未使用法律上的概念是否合适，笔者将在后续内容中进行讨论。

资产除了可以从会计和法律的角度解释其意义外，还可以从 PPP 项目合同的角

---

① 边界条件性质上属于《中华人民共和国民法典》第五百三十三条中所称“合同的基础条件”，相关合同条文内容请参见《附录二 F 市 PPP 项目合同》第 1.1.1.8 条、附件十五财务边界的规定。

度进行分析，资产可以区分为“建设工程”“项目资产”“项目设施”和“项目场地”①。“建设工程”是指还在施工、尚未完成竣工验收的工程，如果施工的程度未达到足以遮蔽风雨，并且不具备独立经济效果的程度，那么从法律的角度不会被认定为是不动产所有权，但是从会计的角度，不论在建工程施工到何种程度，在未完成竣工验收移交之前，在会计科目上都属于在建工程。

“项目资产”是指已经完成竣工验收并且移交的建筑物与构筑物，从法律的角度会被认定为是不动产所有权。根据物权法“房随地走”原则，项目资产的所有权归属于土地使用权人。因此，在PPP项目中如果土地使用权归属于实施机构（例如BOT模式），则项目资产的所有权自始归属于实施机构。项目公司经由PPP项目合同的约定，取得项目资产债权上的经营权，也就是项目公司可以无偿使用项目资产，并且经营项目资产所产生的收益都归项目公司所有②；而从会计的角度，实施机构取得固定资产，项目公司取得无形资产。在PPP项目中如果土地使用权归属于项目公司（例如BOOT模式），则项目资产的所有权自始归属于项目公司；从会计的角度，项目公司取得固定资产。实施机构没有取得任何法律意义上或是会计意义上的资产。

“项目设施”是指项目公司为完成运营服务所投资采购安装的设备、设施及其他相关资产。从法律的角度来看，项目设施属于动产，因此其产权在竣工验收移交前，原则上应属于项目公司所有，竣工验收移交后，项目设施的所有权即由项目公司转让给实施机构。一般而言，PPP项目设施数量及金额多寡，和项目的服务范围有关，如果项目属于非核心服务的PPP项目，则项目的服务内容多半只是资产的维修，不涉及提供进一步的服务；但是如果项目属于核心服务的PPP项目，项目设施的数量与金额会比较多，未来在PPP合同中，针对保险与验收程序都需要另外约定相应的配套条款。

至于“项目场地”的使用权归属则比较好判别，如果是政府划拨土地给实施机构，就由实施机构取得项目场地的使用权，如果是政府出让土地给项目公司，就由项目公司取得项目场地的使用权。

（二）保险范围

如果项目属于非核心服务的PPP项目，在建设期需要的保险有两种：一种是工程一切险，另一种是第三者责任险。但是如果项目属于核心服务的PPP项目，通常项目设施的数量与金额会比较多，应该针对项目设施另外增加运送、安装及财产等

① 相关合同条文内容请参见《附录二 F市PPP项目合同》第1.1.4.1~1.1.4.4条的规定。

② 相关合同条文内容请参见《附录二 F市PPP项目合同》第2.4条的规定。

相关保险①。

（三）竣工验收程序

如果项目属于非核心服务的 PPP 项目，由于项目设施的数量及金额较小，只需要通过静态的竣工验收程序（又称为竣工试验）以及行政验收程序即可完成竣工验收，也就是不需要进行单机空载试验以及少量投料的试运行。竣工验收程序合格后，由实施机构颁发工程接收证书，实际竣工日以工程接收证书所载的日期为准。

但是如果项目属于核心服务的 PPP 项目，除了静态的竣工验收程序以及行政验收程序之外，还需要动态的验收程序②，也就是要完成单机空载试验（又称为初步性能测试）以及少量投料的试运行。必须静态以及动态的竣工验收程序都完成后，才算是竣工验收合格，并且由实施机构颁发商业运营通知书，实际竣工日③以商业运营通知书所载的日期为准。

（四）工程移交与竣工缺陷责任

如果是非核心服务的 PPP 项目，项目公司必须将项目资产、项目设施与项目场地中涉及核心服务区域的占有移交给实施机构，并且于移交后对移交的项目资产以及项目设施负担竣工缺陷责任。至于非核心服务的区域，项目公司以法律上占有改定④的方式办理移交。

三、运营期

（一）维修、重置更新与提标改造

“维修”⑤ 是指根据项目资产与项目设施相关规范的要求，在既有资产的基础上进行维护与检修。由于维修是在业主所拥有所有权的动产与不动产上进行的，因

---

① 相关合同条文内容请参见《附录二　F 市 PPP 项目合同》附件十三保险清单。

② 相关合同条文内容请参见《附录二　F 市 PPP 项目合同》第 9 条。

③ 相关合同条文内容请参见《附录二　F 市 PPP 项目合同》第 1.1.3.9 条。

④ 法律上的动产移交分为直接交付与间接交付，所谓直接交付是指一种将对动产的直接管领力现实地移转于受让人的情形，间接交付是指让与人并未将动产实际交付于受让人，而是通过其他方式间接交付动产。间接交付又分为四种方式，分别是：简易交付、占有改定、指示交付以及拟制交付。简易交付是指受让人已经占有动产，当让与人与受让人双方于物权变动的合意成立时，视为交付；占有改定是指动产物权的让与人与受让人之间约定，标的物仍然由出让人继续占有，因此当物权让与的合意成立时，视为交付，受让人取得间接占有。指示交付是指动产由第三人占有时，出让人将其对于第三人的返还请求权让与受让人，以代替交付。拟制交付是指出让人将标的物的权利凭证（如仓单、提单）交给受让人，以代替物的现实交付。这时如果标的物仍由出让人或第三人占有时，受让人则取得对标的物的间接占有。

⑤ 相关合同条文内容请参见《附录二　F 市 PPP 项目合同》第 10.7.1 条。

此维修的材料和既有资产发生了法律上的附合①，产权仍由业主拥有。

“重置更新”② 是指项目设施的使用寿命达到一定的年限，已经无法再继续使用，因此将原先旧的设施移除后，更新购置安装新的设备。由于旧的设备移除后，新设备是有别于旧设备而具有独立产权的财产，如果实施机构在项目公司重置更新设备后随即办理验收移交，新设备的所有权即转让归属于实施机构所有；如果实施机构未及时办理验收移交，则可能需要等到期满移交或是期前移交，更新设备的所有权才会转让给实施机构。

“提标改造”是指原先的项目设施以及项目资产已无法满足未来的使用需求，需要将项目的产出标准提高，并且将项目设备与项目资产进行一定的改造，这些改造的行为通常会涉及增建项目资产与增购项目设施，因此会新增加独立的产权需要处理。一般而言，由于项目资产属于不动产，根据房随地走原则，土地使用权是谁的，增建的项目资产所有权就是谁的；项目设施属于动产，如果实施机构在项目公司增购项目设施后随即办理验收移交，增购设备的所有权即转让归属于实施机构所有。

（二）保险范围

如果项目属于非核心服务的 PPP 项目，在运营期只需要缴纳第三者责任险。但是如果项目属于核心服务的 PPP 项目，需要增加财产一切险、营业中断险以及机器损坏险等相关保险。

（三）期满移交

在项目属于核心服务的 BOT（建设（Build）－经营(Operate）－转让(Transfer))模式的前提下，期满移交的范围③包括：第一，占有的移交：项目场地、项目资产以及项目设施占有的移交；第二，所有权的转让以及占有的移交：更新重置后的项目设施、零配件和备品备件；第三，权利的转让：知识产权、担保、保证、保险的转让，合同的取消与转让，以及其他协议利益的转让；第四，移交清册、档案与文件：资产清册、备品清单、公司档案、会计财务档案、运营维护手册与记录等；第五，瑕疵担保责任：移交缺陷责任、无权利瑕疵；第六，其他：人员安置、人员培训、无环境问题、实施机构收回对于项目公司的经营权。

如果项目属于非核心服务的 BOT 模式，移交范围应不包含更新重置后的项目设施、零配件和备品备件所有权的转让以及占有的移交。如果项目属于 BOOT 模式，

① 附合是指不同所有人的财产密切结合在一起形成新的财产，虽然未混合但非经拆毁不能恢复原来的状态。

② 相关合同条文内容请参见《附录二 F 市 PPP 项目合同》第 10.6 条。

③ 相关合同条文内容请参见《附录二 F 市 PPP 项目合同》第 12.1 条。

移交范围还应包括项目场地、项目资产以及项目设施所有权的移交，基于节税的考虑，常见的移交方式有两种：第一，由社会资本方将其对项目公司的股权无偿转让给政府的出资代表；第二，采取定向减资退出的模式，项目公司办理减资后，社会资本方取回出资并退出。

四、移交缺陷责任期

缺陷责任期指的是项目公司对于其移交的资产负担约定的保修责任，可以区分为竣工缺陷责任和移交缺陷责任。竣工缺陷责任是指非核心服务的 PPP 项目，项目公司将资产核心服务区域，经竣工验收合格后移交给实施机构的部分，项目公司应对该部分负担保修责任；而移交缺陷责任①是指项目合作期间届至时，项目公司将资产移交给实施机构，并对移交的资产负担约定的保修责任。

表 41.1 BOT 模式资产核心服务项目与非核心服务项目边界条件的对比

	核心服务	非核心服务
1. 建设期		
1.1 项目设施	多	少
1.2 保险	工程一切险、第三者责任险、项目设施运送安装财产险	工程一切险、第三者责任险
1.3 验收	静态验收 + 动态验收 + 商业运营通知书	静态验收 + 工程接收证书
1.4 工程移交 + 竣工缺陷责任	占有改定	1. 核心服务区域：占有移交 + 竣工缺陷责任 2. 非核心服务区域：占有改定
2. 运营期		
2.1 资产维修、更新与改造	维修 + 重置更新 + 提标改造	维修
2.2 保险	第三者责任险、财产一切险、营业中断险、机器损坏险	第三者责任险
2.3 期满移交	包含更新重置后的项目设施、零配件和备品备件	不包含更新重置后的项目设施、零配件和备品备件
3. 移交缺陷责任	核心与非核心服务区域	非核心服务区域

① 相关合同条文内容请参见《附录二 F 市 PPP 项目合同》第 1.1.3.18 条、第 12.9 条。

表 41.2 BOT 模式与 BOOT 模式资产边界条件的对比

	BOT 模式	BOOT 模式
项目场地使用权	实施机构	项目公司
项目资产归属	1. 所有权、固定资产：实施机构 2. 经营权、无形资产：项目公司	所有权、固定资产：项目公司
期满移交	占有移交	股权转让或是定向减资退出

☆有关 BOT 模式资产边界的问题，请见视频微观点 41.1【BOT 模式资产边界条件的对比】

五、期前移交

有关于 PPP 项目的期前移交，通常会伴随 PPP 项目合同的提前终止，而合同提前终止所产生的基本法律效果包括：第一，已履约部分的结算①，未履约部分恢复原状②；第二，根据合同终止的原因，给予违约赔偿或是不可抗力补偿。需要特别讨论的是未履约部分恢复原状的问题，在 PPP 模式下项目公司为提供公共服务，取得资产所有权或是经营权，但是由于 PPP 项目合同提前终止，导致项目公司没有履约或是部分履约的情形下，项目公司在资产上的投入到底该如何处理？笔者会在后续内容中说明。

根据《PPP 项目合同指南》第十八节中的规定，合同提前终止有以下两个问题有待处理：第一，PPP 项目合同提前终止后，政府是否有回购义务？在项目公司违约导致项目提前终止的情形下，政府并没有回购的义务，而是享有回购的选择权，即政府可以选择是否回购该项目。但对于一些涉及公共安全和公众利益的、需要保障持续供给的 PPP 项目，即使在项目公司违约导致项目终止的情形下，政府行使回购权利裁量权的空间几乎为零。第二，是有关回购补偿的问题，依据《PPP 项目合同指南》的规定，根据不同的合同提前终止事由，回购补偿金额的计算如表 41.3 所示。

① 《民法典》第五百六十七条规定："合同的权利义务关系终止，不影响合同中结算和清理条款的效力。"

② 《民法典》第五百六十六条第一款规定："合同解除后，尚未履行的，终止履行；已经履行的，根据履行情况和合同性质，当事人可以请求恢复原状或者采取其他补救措施，并有权请求赔偿损失。"

表 41.3 《PPP 项目合同指南》回购补偿的计算

提前终止合同事由	回购补偿
政府方违约事件、政治不可抗力以及政府方选择终止	1. 项目公司尚未偿还的所有贷款；2. 股东在项目终止之前投资项目的资金总和；3. 项目提前终止所产生的第三方费用或其他费用（例如支付承包商的违约金、雇员的补偿金等）；4. 项目公司的利润损失。
项目公司违约事件	如果政府有义务回购或者选择进行回购时，政府需要就回购提供相应补偿。常见的回购补偿计算方法包括：市场价值法与账面价值法。
自然不可抗力	1. 补偿范围一般会包括未偿还融资方的贷款、项目公司股东在项目终止前投入项目的资金以及欠付承包商的款项；2. 补偿一般会扣除保险理赔金额，且不包括预期利润损失；3. 双方共同分摊风险。

《PPP 项目合同指南》中所称的回购，指的应该是会计上无形资产或是固定资产的回购，但是笔者认为在合同的领域，使用法律的概念会比较恰当；此外《PPP 项目合同指南》中的回购补偿制度，也没有和合同法中的违约赔偿以及不可抗力补偿等法律制度进行衔接；而且当实施机构已经开始对项目公司付款时，资产的价值该如何计算也没有进一步说明。因此有必要对此规定进行调整，具体内容如下。

第一，如果在 BOOT 模式的前提下，项目公司因投资所取得资产的法律性质为资产的所有权，所以当 PPP 项目合同尚未进入运营期，项目公司取得的资产所有权尚未投入使用，则实施机构可以对资产进行全部回购。但是如果项目进入运营期，项目公司取得的资产所有权已经投入使用，实施机构对项目公司已经进行付款，则实施机构只能对资产进行部分回购，至于部分回购的金额如何计算，笔者将于后续内容中说明。

第二，如果在 BOT 模式的前提下，项目公司所取得的资产，法律性质为类似于债法上的经营权，由于经营权不是物权，这时用资产回购的概念并不恰当，因此笔者提出“经营权对价”的概念①，也就是项目公司根据 PPP 合同对于项目资产与项目设施完成了投资，并且通过 PPP 合同在合作期间取得了实施机构经营权的授权，项目公司的“投资”就是取得“经营权对价”。如果 PPP 项目合同在建设期提前终止，项目公司只投资了部分金额但是没有取得任何的经营权，或是 PPP 项目合同在运营期提前终止，原本预计可以使用整个合作期间的经营权，项目公司只使用了部分的期间，则对于项目公司所投入的经营权对价，实施机构通过恢复原状法律关系，进行全部或是部分返还。

第三，笔者认为合同提前终止事由的分类，应该从“终止原因分类”改变为

① 相关合同条文内容请参见《附录二 F 市 PPP 项目合同》第 1.1.6.9 条。

“过错程度排序分类”。也就是实践中针对合同提前终止事由按终止原因分为：任意终止、违约终止、重大事项终止、不可抗力终止与合意终止等五类（如图41.1所示）。这五类事由中，任意终止是指由实施机构任意终止，如图41.1中A类终止事由所示；违约终止包括实施机构违约终止，如图41.1中A类终止事由所示，以及项目公司违约终止，如图41.1中B类终止事由所示；重大事项终止包括政策因素或是公益因素终止，如图41.1中C类终止事由所示；不可抗力终止包括自然不可抗力终止，如图41.1中C类终止事由所示，以及政治不可抗力终止，如图41.1中D类终止事由所示；合意终止，如图41.1中的E类终止事由。笔者认为合同终止事由的分类应该从原先按终止原因分类，改变为按过错程度排序重新分类，重新分类的原因在于合同提前终止的赔偿或是补偿金额的多寡应该和过错程度有关系。因此，笔者将终止事由分为ABCDE类终止事由，按过错程度重新排序，分为第一至第五类合同终止事由（如图41.1所示），第一类合同终止事由为A类终止事由，第二类合同终止事由为D类终止事由，第三类合同终止事由为C类终止事由，第四类合同终止事由为E类终止事由，第五类合同终止事由为B类终止事由。

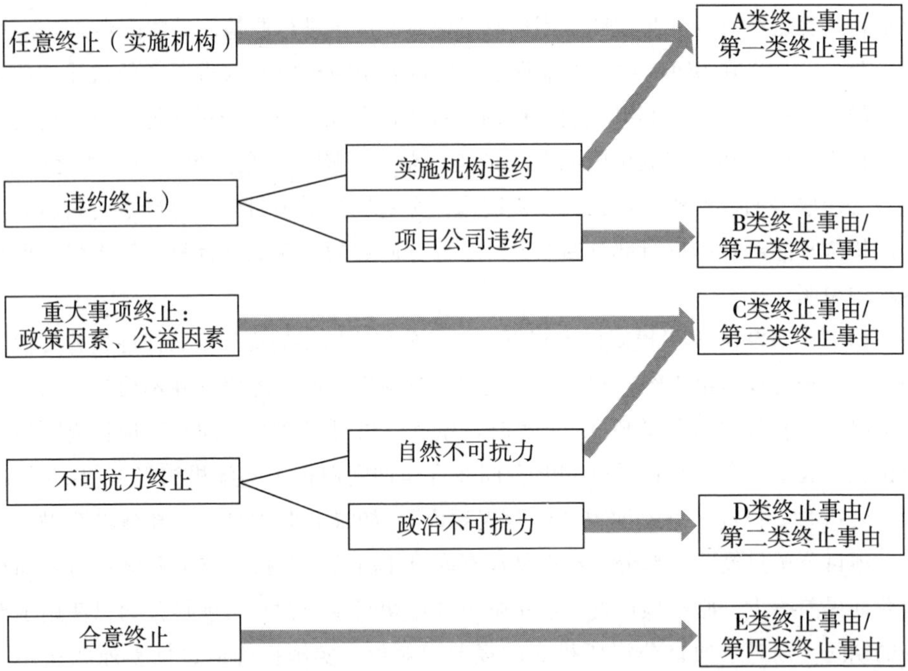

图41.1　合同提前终止事由的分类

第四，BOT项目合同提前终止后赔偿与补偿金额的计算，除了考虑前述合同终止事由重新排序的问题外，还需考虑：（1）合同终止的损害应与项目成本的类型有所挂钩，直接损害的计算方式应有明确的规定；（2）运营期项目进入付费之后，赔偿及补偿的范围应扣除付费中已经支付的成本费用。假设建设期政府没有补贴的前提下，笔者建议内容如下。

表 41.4　BOT 项目合同提前终止后赔偿与补偿金额的计算①

合同提前终止事由	期间	计算金额
第一类合同提前终止事由：政府违约、政府任意终止	建设期	1. 经审计认定的直接损害 2. 项目公司所产生的直接损害，包括建设成本、融资成本及相关税费 3. 赔偿金额 = 直接损害 × 赔偿系数 1.1
	运营期	1. 经审计认定的直接损害 2. 直接损害包括建设成本、运营成本、融资成本及相关税费 3. 付费数额中已支付的成本，包括建设、运营、融资及税金等成本，按静态方法计算 4. 赔偿金额 = （直损损害 - 付费数额中已支付的成本） × 赔偿系数 1.1
第二类合同提前终止事由：政治不可抗力	建设期	1. 经审计认定的直接损害 2. 项目公司所产生的直接损害，包括建设成本、融资成本及相关税费 3. 实施机构可以根据项目公司所产生的利润损失酌情给予补偿 4. 补偿金额 = （直接损害 - 保险理赔金额） × 补偿系数 1 + 酌情补偿利润损失
	运营期	1. 经审计认定的直接损害 2. 直接损害包括建设成本、运营成本、融资成本及相关税费 3. 付费数额中已支付的成本，包含建设、运营、融资及税金等成本，按静态方法计算 4. 实施机构可以根据项目公司因合同提前终止产生的利润损失酌情给予补偿 5. 补偿金额 = （直接损害 - 付费数额中已支付的成本 - 保险理赔金额） × 补偿系数 1 + 酌情补偿利润损失

① 相关合同条文内容请参见《附录二　F 市 PPP 项目合同》“附件十四：合同终止赔偿与终止补偿金额的计算”。

续表

合同提前终止事由	期间	计算金额
第三类合同提前终止事由：自然不可抗力、政策因素、公益因素	建设期	1. 经审计认定的直接损害 2. 项目公司所产生的直接损害，包括建设成本、融资成本及相关税费 3. 补偿金额 =（直接损害 - 保险理赔金额）×补偿系数0.5
	运营期	1. 经审计认定的直接损害 2. 直接损害包括建设成本、运营成本、融资成本及相关税费 3. 付费数额中已支付的成本，包括建设、运营、融资及税金等成本，按静态方法计算 4. 补偿金额 =（直接损害 - 付费数额中已支付的成本 - 保险理赔金额）×补偿系数0.5
第四类合同提前终止事由：合意终止	建设期	1. 经审计认定的直接损害 2. 项目公司所产生的直接损害，包括建设成本、融资成本及相关税费 3. 结算金额 = 直接损害或是合意金额
	运营期	1. 经审计认定的直接损害 2. 直接损害包括建设成本、运营成本、融资成本及相关税费 3. 付费数额中已支付的成本，包括建设、运营、融资及税金等成本，按静态方法计算 4. 结算金额 =（直接损害 - 付费数额已支付的成本）或是合意金额
第五类合同提前终止事由：项目公司违约	建设期	1. 经营权对价：息税后在建工程加上建设期利息 2. 实施机构所产生的损害，由实施机构举证，或是以经营权对价退还金额乘以系数0.2作为损害金额 3. 结算金额 （1）实施机构举证损害金额的：结算金额 = 经营权对价 - 实施机构所产生的损害 （2）实施机构未举证损害金额的：结算金额 = 经营权对价×结算系数0.8
	运营期	1. 经营权对价退还金额：经审计认定终止时无形资产净值 2. 实施机构所产生的损害，由实施机构举证，或是以经营权对价退还金额乘以系数0.2作为损害金额 3. 结算金额 （1）实施机构举证损害金额的：结算金额 = 终止时无形资产价值 - 实施机构所产生的损害 （2）实施机构未举证损害金额的：结算金额 = 终止时无形资产价值×结算系数0.8

第五，第一类合同提前终止事由中的赔偿系数为 1.1，是为了计算项目公司的直接损失与间接损失（即利润）的总和而设置的，这样设置的原因在于可以在某种程度减轻项目公司举证利润损失的责任。第五类终止事由中的结算系数为 0.8，是为了计算项目公司经营权对价减去实施机构所产生的损害而设置的，这样设置的原因在于可以在某种程度减轻实施机构举证利润损失的责任。第三类终止事由中的补偿系数为 0.5，第二类终止事由中的补偿系数为 1 并且可以酌情补偿利润损失，两者差异的原因在于自然不可抗力与政治不可抗力的风险分担原则不同，自然不可抗力的风险由双方公平负担，政治不可抗力的风险由政府承担。

第六，为何只有第五类合同提前终止事由使用了“经营权对价”，但其他事由中没有使用，这是因为两者使用了不同的法律安排，第五类合同提前终止事由是项目公司违约不是实施机构违约，从法律的立场分析对于项目公司而言，并没有发生违约所产生的损害，也没有不可抗力所产生的损害，所以在法律的安排上改用了“合同提前终止未履约部分恢复原状”的法律关系，由实施机构全部退还或是部分退还经营权对价。另外，除第五类以外的合同提前终止事由中，使用“直接损害”的概念，直接损害计算的金额实际上已经覆盖了经营权对价的金额，因此在处理项目公司投资的金额时，在法律上使用“直接损害”的法律概念已经足够，不需要再使用“经营权对价”的概念。

☆有关 PPP 模式提前终止问题，请见视频微观点 41.2【PPP 合同提前终止如何计算损害和办理结算?】

第四十二章　PPP 模式期日与期间边界条件的设定

——从 PPP 模式的五大期间分析

一、概述

“时间”在 PPP 模式边界条件的设定中是很重要的因素，因为时间就是金钱，时间越长项目的成本肯定会越高，确认了时间的长短，成本才能相应地确定下来。

在PPP模式中描述时间最常使用的两个概念就是“期日”与“期间”。所谓期日是指不可分割及视为不可分割的一定时间，例如：10月1日。期间是指由一特定时间到另一时间，也就是从某一期日到另一期日，例如自1月1日起至10月1日止，期日在观念上为时间过程中的某一个点，为静态的时间，期间则为线，为动态的时间。

接下来说明“合作期间①”与“合同期间”。“合作期间”一般是指PPP项目建设期加上运营期的期间，而“合同期间”可以区分为“广义的合同期间”与“狭义的合同期间”，“广义的合同期间”是指合作协议与PPP项目合同两项合同期间，具体是从签约期、准备期、建设期、运营期到移交缺陷责任期，而“狭义的合同期间”是指PPP项目合同的合同期间，具体是从准备期、建设期、运营期移交缺陷责任期。这里需要特别说明的是合作协议的合同期间是从合作协议签订之日起至移交缺陷责任期止②，PPP项目合同的合同期间是从PPP项目合同签订之日起，至移交缺陷责任期止。以下以核心服务的BOT项目为例，从广义的合同期间中的各项期间进行分析与说明。

二、签约期

“签约期”是指从合作协议生效日起至PPP项目合同生效日止，也就是自中标单位或中标联合体与实施机构签订合作协议起，至项目公司与实施机构签订PPP项目合同止。所以签约期进一步说就是准备签订PPP项目合同的筹备期间，在这段期间要完成以下几件事情：第一，确认是否引进基金，并向实施机构完成报备③；第二，签订股东协议④；第三，召开第一次股东大会，并且通过及签订公司章程⑤；第四，成立项目公司取得营业执照；第五，项目公司提交准备期以及建设期保函⑥；第六，中标单位或中标联合体要促使项目公司签订PPP项目合同⑦；第七，签订PPP项目合同。

① 相关合同条文内容请参见《附录二 F市PPP项目合同》第1.1.3.4条。
② 相关合同条文内容请参见《附录一 F市合作协议》第11.2.2、11.2.4条。
③ 相关合同条文内容请参见《附录一 F市合作协议》第5条。
④ 相关合同条文内容请参见《附录一 F市合作协议》第6.1条。
⑤ 相关合同条文内容请参见《附录一 F市合作协议》第6.2条。
⑥ 相关合同条文内容请参见《附录二 F市PPP项目合同》第5.1条。
⑦ 相关合同条文内容请参见《附录一 F市合作协议》第4.5.2.8条。

☆有关 PPP 合同如何签约的问题，请见视频微观点 42.1【PPP 合同签约时的灵魂拷问】

三、准备期

“准备期”① 是指 PPP 项目合同生效之日起至预定开工日止，也就是自项目公司与实施机构签订 PPP 项目合同之日起至监理单位通知开工之日止。准备期最主要就是要完成开工前准备工作②，例如：要完成图纸的审查、项目要取得相关的审批、实施机构要完成征地拆迁并提供项目场地、项目公司应完成融资备案、资本金第一期投资到位、取得开工许可等。

四、建设期——开工、缓冲期与验收期

“建设期”③ 简称为工期，是指自预定开工之日起至项目竣工验收合格之日止。一般而言开工日可以分为两种。一种是预定开工日④，一种是实际开工日，预定开工日是指工期开始起算的日期，一般是以监理单位的开工通知书所载的开工日期作为预定开工日，而实际开工日是指承包商实际进场施工的日期，一般是以承包商向监理单位提交管理人员名册以及开工报告之日作为实际开工日。

有关工期的计算又分为以下几种：第一，单一工期；第二，单一工期加上数个进度里程碑；第三，单一工期加上单位工程提前完成部分验收；第四，数个工期。有关于这四种工期的计算以及相关的合同效果并非本章想要讨论的重点，读者可以参阅相关书籍。通常贷款期限会区分为缓冲期、宽限期及偿还期。“缓冲期”是指银行贷款给予项目公司只需要还息不还本的期间，实践中缓冲期的长度会和建设期的长度一样。

如果是核心服务的 PPP 项目，通常在项目中会采购数量与金额较多的项目设施，因此验收程序相较于非核心服务的 PPP 项目会增加许多环节。如果是前者，会将验收程序区分为静态验收程序与动态验收程序，静态验收程序中包含竣工试验以

---

① 相关合同条文内容请参见《附录二　F 市 PPP 项目合同》第 1.1.3.5 条。

② 相关合同条文内容请参见《附录二　F 市 PPP 项目合同》第 7 条。

③ 相关合同条文内容请参见《附录二　F 市 PPP 项目合同》第 1.1.3.7 条。

④ 相关合同条文内容请参见《附录二　F 市 PPP 项目合同》第 1.1.3.6 条。

及行政验收①，动态验收程序中包括初步性能测试以及试运行，并以颁发运营通知书作为竣工验收合格的证明，且通知书中所载的日期为实际竣工日；如果是后者，验收程序只会有一个静态验收程序，并以工程移交证书作为竣工验收合格的证明，且证书中所载的日期为实际竣工日。

“验收期”是自工程已经施工完成，且项目公司申请验收之日起，至竣工验收合格之日止。而竣工日分为预定竣工日与实际竣工日②，预定竣工日是指建设期截止的日期，实际竣工日是指项目完成竣工验收之日。验收期包含于建设期中。一般而言，在实施机构颁发工程移交证书或是运营通知书之前，PPP 项目合同会要求项目公司提交运营期保函，并于项目竣工验收合格后退回建设期保函。

需要特别说明的是“竣工缺陷责任期”，“竣工缺陷责任期”是针对非核心服务的 PPP 项目，当项目竣工验收合格后，项目公司将核心服务区域移交给实施机构，项目公司应该要负担竣工缺陷责任，责任期间自实际竣工日起至竣工缺陷责任到期之日止。项目公司应该在实施机构颁发工程移交证书或是运营通知书之前，提交竣工缺陷责任保函，实施机构于项目竣工缺陷责任到期后退回竣工缺陷责任保函。

五、运营期（一）——试运营期、正式运营期、投产期、达产期、维修周期、重置更新周期、移交期

“试运营期”是指自开始运营之日起（即实际竣工日起）至试运营期截止之日止，一般而言常见约定为 1 ~ 3 年，而“正式运营期”是从试运营期截止日起至完成移交日止，通常试运营期只是小范围地进行运营，因此付费金额通常会打折扣，而正式运营通常没有这个问题。

“投产期”是指项目的实际生产负荷尚未达到设计标准的程度，“达产期”是指项目实际生产负荷已经达到设计标准的程度。通常前者的变动成本会和实际生产负荷的情况成正比，而后者变动成本会随着生产负荷达到最大值。

“维修周期”与“重置更新周期”是指项目设施根据规范，进行维修与重置更新的周期。维修周期与重置更新周期除了会影响现金流出的时间外，还会影响维修与重置更新折旧摊销的期间。一般而言，笔者会建议运营期的长短最好可以和维护周期和重置更新周期相互搭配，这样才不会留下残值造成成本的浪费。

“移交期”③ 是指运营期截止日前一年，移交期通常会完成以下工作：第一，

---

① 相关合同条文内容请参见《附录二 F 市 PPP 项目合同》第 9.1.1 条。

② 相关合同条文内容请参见《附录二 F 市 PPP 项目合同》第 1.1.3.8、1.1.3.9 条。

③ 相关合同条文内容请参见《附录二 F 市 PPP 项目合同》第 1.1.3.17 条。

期末大修①；第二，期末大修验收；第三，提交移交缺陷责任保函；第四，完成移交工作。

六、运营期（二）——付费周期、绩效考核周期、运营成本调整付费周期、重定价周期、还本期间

“付费周期”② 是指 PPP 项目合同中约定，项目公司清款的周期，常见的有按月付款或是按年付款两种。绩效考核可以分为定期绩效考核与临时绩效考核，定期绩效考核的周期③与临时绩效考核的次数，由双方当事人在 PPP 项目合同中约定，一般绩效考核成绩汇总的日期必须在请款日前一定时间完成④。

“运营成本调整付费周期”⑤ 是指运营成本进行物价调整的周期，“重定价周期”⑥ 是指 LPR 重新确定的周期，为了方便作业通常这两个周期会约定一致，常见的约定方式有运营期前两年不调整，往后每两年调整一次。“还本期间”是指银行贷款开始还本付息的期间。

七、移交缺陷责任期及其他期间与期日的问题

“移交缺陷责任期”⑦ 是指自移交完成日起至移交缺陷责任期截止日。“基准日”⑧ 是指运营成本调整付费、LPR、物价波动调整、法律变更与情势变更调整的基准日。“污水处理费基准日”⑨ 指中标污水处理单价的投标基准日期，一般日期定为预计开始商业运营日。“收到中标通知书日”是指中标人收到中标通知书的日期。

☆有关缺陷责任期的问题，请见视频微观点 42.2【竣工缺陷责任期与移交缺陷责任期有何不同？】

① 相关合同条文内容请参见《附录二　F 市 PPP 项目合同》第 12.3 条。
② 相关合同条文内容请参见《附录二　F 市 PPP 项目合同》第 15.1 条。
③ 相关合同条文内容请参见《附录二　F 市 PPP 项目合同》第 13.6.1、13.7.2 条。
④ 相关合同条文内容请参见《附录二　F 市 PPP 项目合同》第 13.6.1、15.1 条。
⑤ 相关合同条文内容请参见《附录二　F 市 PPP 项目合同》第 14.5.5 条。
⑥ 相关合同条文内容请参见《附录二　F 市 PPP 项目合同》第 14.6.1 条。
⑦ 相关合同条文内容请参见《附录二　F 市 PPP 项目合同》第 1.1.3.18 条。
⑧ 相关合同条文内容请参见《附录二　F 市 PPP 项目合同》第 1.1.3.1 条。
⑨ 相关合同条文内容请参见《附录二　F 市 PPP 项目合同》第 1.1.3.2 条。

第四十三章 PPP模式的付费类型

——六大类型、建设运营成本的对应关系与计算方式

一、财务边界与PPP模式付费机制

本书在第三十八章中谈到PPP财务分析的方法时，将其区分为三个环节，分别是基础数据、财务模型与财务指标。这三个环节彼此之间的关系是，有了正确的基础数据以及财务模型才能计算出正确的财务指标，有了正确的财务指标才能根据财务指标进行判读，由此判断该PPP项目是否具备财务合规性、财务生存能力、偿债能力以及获利能力。因此确保正确的基础数据以及财务模型，可以说是财务分析的基础。如何确保财务模型的正确性，本书在第三十九章中讨论了“2+6+6”的基本架构，以及财务模型的颜色管理；至于如何确保基础数据的正确性，本书在第四十章中提到基础数据的来源分类与颜色管理。

接下来的内容笔者将继续讨论与基础数据以及财务模型有关的另一个问题，就是“PPP项目的财务核心与边界条件”，简称为“财务边界”①，也就是在进行财务分析之前，必须先厘清该项目中和财务有关的各项核心与边界条件，而这些财务边界的设定和基础数据的搜集和整理，以及财务模型的设定存在非常紧密的关系，是进行财务分析之前一个非常重要的关键环节，因此本书的第九篇将讨论财务边界的设定。财务边界的内容包括项目的建设条件、运营条件、融资条件、付费机制、涉税条件以及获利条件，这六项财务边界的内容中，最复杂也是最核心的内容就是有关付费机制的问题，将占据本书第九篇80%以上的篇幅。而本章讨论设计付费机制时首先会碰到的三个问题，第一个是付费类型，第二个是付费类型与建设运营成本的对应关系，第三个是付费类型与付费金额计算方式的对应关系。

二、付费类型

有关PPP项目付费类型，根据PPP相关政策法规，将PPP项目的付费类型区分为：可用性付费、按实际使用量付费、绩效付费三种，笔者认为这样的分类方式还有调整的空间，因为将绩效付费和可用性付费及按实际使用量付费并列，可能会让

① 相关合同条文内容请参见《附录二 F市PPP项目合同》第1.1.1.8条的规定。

人误解为只有绩效付费需要进行绩效考核，其他的付费类型不需要进行绩效考核；笔者建议从付费金额的计费方式区分为单价付费及总价付费，单价付费是指按实际使用量计算付费金额，和实际使用量付费的概念比较接近，而总价付费是指不需要计算实际使用量，而是以一个总的金额作为计价的金额，和可用性付费的概念比较接近。

根据这样的分类，我们可以进一步延伸出三大类的计费方式，分别是单价付费系列、总价付费系列以及混合付费系列，这三大类的计费方式，每个大类中还可以细分出两小类，所以总共是六小类。单价付费系列可以细分为“单价付费”以及“单价 + 单价付费”，总价付费系列可以细分为“总价付费”以及“总价 + 总价付费”，混合付费系列可以细分为“总价 + 单价付费”以及“单价 + 总价付费”。

这里要补充说明的是，有关单价付费机制中的六个服务数量、三个服务单价以及多层次付费机制的问题。所谓六个服务数量是指单价付费项目中，所涉及的六种服务数量的概念，分别是：满载数量、预计数量、实际数量、超额数量、保底数量与不足数量①。“满载数量”是指项目设计可以容纳或是处理的最大服务数量，例如：某个污水处理厂设计的满载污水处理量为 10 万吨，如某天流入 20 万吨的废水，则超出该污水处理厂可以处理的最高废水量，该污水处理厂最多只能处理 10 万吨污水，这 10 万吨污水就是满载数量。“预计数量”是指某个项目预测将容纳与处理的服务数量，一般预测数量每年呈现递增的趋势，递增直到满载数量为止，例如：某个污水处理厂的设计数量为 10 万吨，第一年预测的水量为满载水量的 60%，也就是 6 万吨，第二年预测的水量为满载水量的 70%，也就是 7 万吨，一直到第五年达到满载数量，第一年的 6 万吨水量，第二年的 7 万吨水量一直到第五年的 10 万吨水量都是预计水量。“实际数量”是指某个项目实际容纳与处理的服务数量，例如：某污水处理厂第一年预测的水量为满载水量的 60%，也就是 6 万吨，但实际的进水量只有 5 万吨，5 万吨就是实际数量。“超额数量”是指当实际数量大于预计数量时，实际数量超出预计数量的差额数量，也就是实际数量扣除预计数量的差额，例如：某污水处理厂第一年预测的水量为满载水量的 60%，也就是 6 万吨，但实际的进水量有 7 万吨，则超额数量就是实际数量扣除预计数量的差额，也就是 7 - 6 = 1，所以超额数量就是 1 万吨。“保底数量”是指按 PPP 合同的约定，实施机构购买的最低服务数量，例如：某污水处理厂项目 PPP 合同约定实施机构购买的最低数量为 4 万吨，如果实际进水量为 3 万吨，则实施机构的付费金额为 4 万吨 × 污水处理单价，则 4 万吨为保底数量。“不足数量”是指实际数量不到保底数量时，保底数量

---

① 相关合同条文内容请参见《附录二　F 市 PPP 项目合同》第 1.1.5.6 ~ 1.1.5.10 条的规定。

扣除实际数量的差额，例如：某污水处理厂项目 PPP 合同约定保底数量是 3 万吨，如果实际进水量是 2 万吨，则 3 - 2 = 1，不足数量为 1 万吨。

接下来讨论三个服务单价的问题，所谓三个服务单价是指预计服务单价、固定成本服务单价以及变动成本服务单价①。所谓“预计服务单价”是指按预计数量推算出的服务单价，是由固定成本服务单价和变动成本服务单价相加总的金额，例如：预计服务单价为 1.2 元/吨，其中固定成本服务单价为 0.8 元/吨，变动成本服务单价为 0.4 元/吨。“固定成本服务单价”是指预计服务单价中不会随服务数量而变动的成本，一般使用在项目发生不足数量时，实施机构依约计算补贴，数额为固定成本服务单价 × 不足数量。“变动成本服务单价”是指预计服务单价中随服务数量而变动的成本，一般使用在项目发生超额数量时，实施机构依约计算补贴，数额为变动成本服务单价 × 超额数量。

☆有关单价计费的说明，请见视频微观点 43.1【PPP 项目常见使用量计费的问题】

常见的多层次付费机制有三层付费机制（图 43.1）以及双层付费机制（图 43.2）。三层付费机制②是指在服务数量与合作期间的坐标关系图中，由满载数量、预计数量和保底数量三条直线区分出三个付费区间，三个付费区间对应的预计现金流是不同的，第一层付费区间对应的预计现金流是银行贷款还本付息的现金流，第二层付费区间对应的预计现金流是合理利润现金流，第三层付费区间对应的预计现金流是超额收益的现金流。实际数量落在不同的区间，各区间的计费方式都不相同，各付费区间的计费方式请见表 43.1。

① 相关合同条文内容请参见《附录二 F 市 PPP 项目合同》第 1.1.5.11 ~ 1.1.5.13 条的规定。

② 相关合同条文内容请参见《附录二 F 市 PPP 项目合同》第 14.4.1 条的规定。

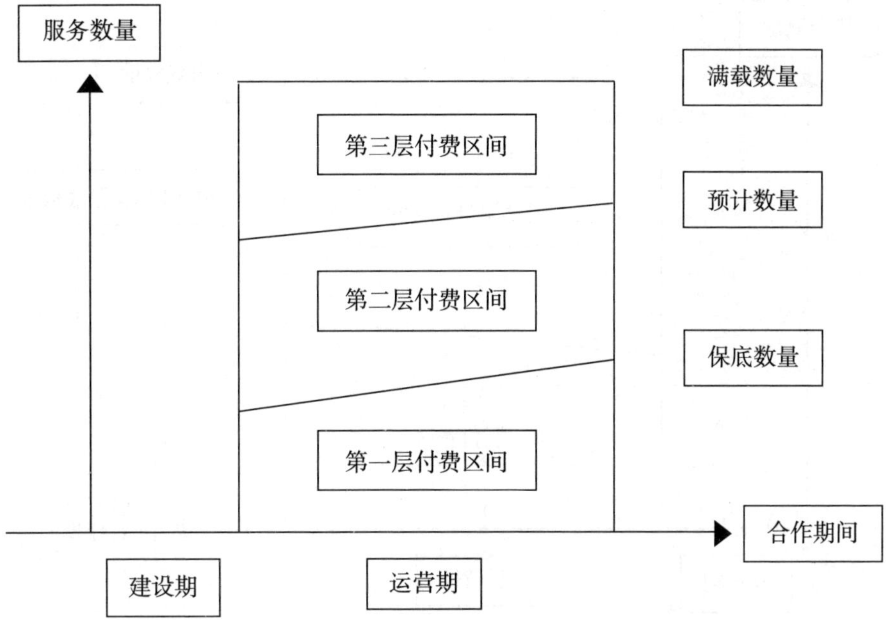

图 43.1　三层付费机制

表 43.1　三层付费机制各区间计费方式①

	计费方式
第一层付费区间	实际数量×预计服务单价+不足水量×固定成本服务单价
第二层付费区间	实际数量×预计服务单价
第三层付费区间	预计数量×预计服务单价+超额数量×变动成本服务单价

双层付费机制是指在服务数量与合作期间的坐标关系图中，设定预计数量等于保底数量的前提下，由满载数量和预计数量两条直线区分出两个付费区间，分别是第一层付费区间和第二层付费区间。第一层付费区间对应的预计现金流是合理利润现金流，第二层付费区间对应的预计现金流是超额收益的现金流。实际数量落在不同的区间，各区间的计费方式都不相同，各付费区间的计费方式请见表 43.2。

① 相关合同条文内容请参见《附录二　F 市 PPP 项目合同》第 14.4.2～14.4.4 条的规定。

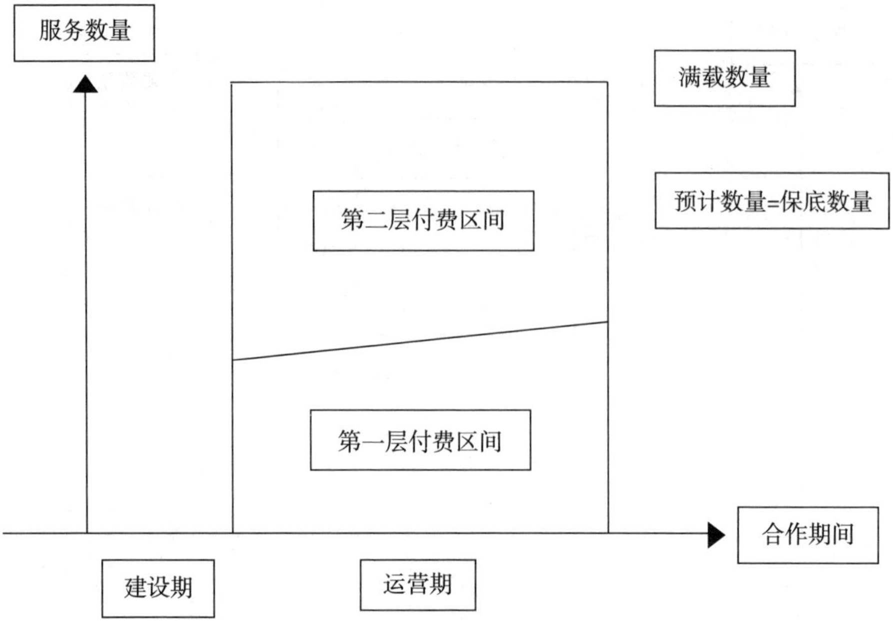

图 43.2 双层付费机制

表 43.2 双层付费机制各区间计费方式

	计费方式
第一层付费区间	实际数量×预计服务单价+不足水量×固定成本服务单价
第二层付费区间	预计数量×预计服务单价+超额数量×变动成本服务单价

☆有关分层付费机制的说明，请见视频微观点 43.2【如何设计多层次的付费机制?】

三、付费类型与建设运营成本的对应关系

PPP 项目的付费类型和建设运营成本的对应关系，可以区分为三大类，分别是：建设运营分开算、建设运营一起算、使用缺口分开算，具体内容说明如下：

（一）建设运营分开算

建设运营分开算是指计算付费金额，是由两个部分相加总而来，第一个部分是建设服务费，第二个部分是运营服务费，建设服务费的计算是由工程总投资（即建

设投资加上建设期利息的总和）带入公式法中的公式计算而来的，而运营服务费是由运营成本计算而来的，因此在计算付费金额时，其相对应的建设成本和运营成本是要分开计算的，付费类型中的“总价＋总价付费”及“总价＋单价付费”属于此一类型。

“总价＋总价付费”是指付费金额的计算是由两个总价相加而来的，第一个总价对应的是建设服务费，所以建设服务费是针对建设成本的补贴；而第二个总价是运营服务费，该数额的计算是由运营成本计算而来的，常见的计算方法是运营服务费＝运营成本×（1＋合理利润率），所以运营服务费可以说是针对运营成本的补贴。通常采用“总价＋总价付费”的项目，具备以下特性：第一，第一个“总价”采用公式法计算；第二，通常用在非经营性项目上。

“总价＋单价付费”是指付费金额的计算也是由两个部分相加而来的，第一个部分是采取总价付费的建设服务费，是针对建设成本的补贴；而第二个部分是采取单价付费的运营服务费，该数额的计算是以实际服务数量乘以约定的服务单价，计算单价数额时财务模型中对应的成本是运营成本，所以运营服务费可以说是针对运营成本的补贴。通常采用“总价＋单价付费”的项目，具备以下特性：第一，总价采用公式法计算，单价采用财务模型计算；第二，通常用在经营性项目上。

☆有关付费类型的说明，请见视频微观点 43.3【建设和运营成本一起付费还是分开付费?】

（二）建设运营一起算

建设运营一起算是相对于建设运营分开算的一种类型，计算付费金额，只有一个整体不区分为两个部分，所以计算数额时对应的建设成本和运营成本是一起计算的，不会区分开来。因此付费类型中“单价付费”及“总价付费”属于建设运营一起算的类型。“总价付费”及“单价付费”项目是采用财务模型计算付费数额的。

（三）使用缺口分开算

使用缺口分开算是指付费金额的计算是由两个部分加总而来，这两个部分分别是使用者付费加上资金缺口政府总价补助，也就是项目所有的现金流入扣除使用者付费数额后，剩余的资金缺口由政府以总价付费的方式加以补足。所以两个部分和建设成本以及运营成本不存在任何的对应关系，因此使用缺口分开算是一种“特殊形态的建设运营一起算”。常见的类型有“单价＋总价付费”及“单价＋单价付费”。

“单价 + 总价付费”项目在计算付费金额时，可以区分为两个部分，第一部分是单价付费，一般而言这里的单价付费属于使用者付费项目，金额的计算是实际服务数量乘以约定的服务单价；第二部分是总价付费，是针对项目的资金缺口，由政府在每个付费周期支付的总价金额。通常采用“单价 + 总价付费”的项目具备以下特性：第一，使用者付费金额已经远远超过运营成本，已经可以覆盖部分的建设投资；第二，总价采用财务模型计算付费数额。

“单价 + 单价付费”项目在计算付费金额时，同样也可以区分为两个部分，第一部分是单价付费，一般而言这里的单价付费属于使用者付费项目，金额的计算是以实际服务数量乘以约定单价；第二部分也是单价付费，是针对项目的资金缺口，由政府按实际服务数量乘以补贴单价支付补贴数额。通常采用“单价 + 单价付费”的项目，第二个单价一般采取财务模型计算付费数额，实践中以地铁项目居多。

四、付费类型与付费金额计算方式的对应关系

实践中有关付费金额的计算方式分为两大类，分别是按财务模型计算以及按公式法计算，此外在实践中还有一类计算方法是采取“财务模型 + 公式法”计算，也就是一部分的付费金额按财务模型计算，一部分的付费金额按公式法计算，所以总共可以分为三类。这三类计算方法和前述付费类型存在一定的对应关系，分别是：第一，按财务模型计算的付费类型有：“单价付费”中的单价金额、“总价付费”中的总价金额、“单价 + 总价”付费中的总价金额、“单价 + 单价付费”中的第二个单价金额；第二，按公式法计算的付费类型有：“总价 + 总价付费”中的第一个总价金额；第三，按“财务模型 + 公式法”计算的付费类型有：“总价 + 单价付费”中的单价金额以财务模型计算，总价金额以公式法计算。有关财务模型的设置本书会在后续的章节中说明，此处先针对公式法的计算进行说明。

实践中有关公式法的计算方式分为三类，分别是等额本息年金公式（表43.3），等额本金年金公式（表43.4）以及等额本金终值公式（表43.5），有关公式法的问题本书在第三十八章已有说明不再赘述。

表 43.3　等额本息年金公式①

$A_n = P\frac{i(1+i)^n}{(1+i)^n-1} + F_n(1+r)$
A_n值是指第 n 期付费金额
P 值为建设投资与建设期利息的总和
i 值是指付费利率，是指该区域同类项目，采用相同付费方式的市场平均付费利率
n 值是指第 n 期付费周期
F_n值是指第 n 期运营成本
r 值为运营合理利润率，应以商业银行中长期贷款利率水平为基准，充分考虑可用性付费、使用量付费、绩效付费的不同情景，结合风险等因素确定

表 43.4　等额本金年金公式

$A_n = \frac{p}{n} + (P - PC_n) * i + F_n(1+r)$
A_n值是指第 n 期付费金额
P 值为建设投资与建设期利息的总和
n 值是指第 n 期付费周期
PC_n值是指第 n 期已经支付的工程投资与建设期利息的总和
i 值是指付费利率，是指该区域同类项目，采用相同付费方式的市场平均付费利率
F_n值是指第 n 期运营成本
r 值为运营合理利润率，应以商业银行中长期贷款利率水平为基准，充分考虑可用性付费、使用量付费、绩效付费的不同情景，结合风险等因素确定

表 43.5　等额本金终值公式

$A_n = \frac{p}{n} * (1+i)^n + F_n(1+r)$
A_n值是指第 n 期付费金额
P 值为建设投资与建设期利息的总和
i 值是指付费利率，是指该区域同类项目，采用相同付费方式的市场平均付费利率
n 值是指第 n 期付费周期
F_n值是指第 n 期运营成本
r 值为运营合理利润率，应以商业银行中长期贷款利率水平为基准，充分考虑可用性付费、使用量付费、绩效付费的不同情景，结合风险等因素确定

① 相关合同条文内容请参见《附录二　F 市 PPP 项目合同》第 14.3 条的规定。

第四十四章　项目付费数额公式与付费控制

——六类现金流入的计算公式、三横四纵的付费控制体系

一、设计"项目付费数额公式"的基本要求

项目付费数额公式是指计算项目全部现金流入数额的计算公式。设计项目付费数额公式应该要考虑以下几个因素：第一，公式计算出来的现金流入必须覆盖所有预计的成本以及回报的要求；第二，公式计算出的现金流入必须满足财务分析任务的要求，亦即要符合财务合规性、财务生存能力、财务偿债能力以及财务获利能力的要求；第三，必须考虑项目在不同阶段，各项成本及回报可能的动态变化，例如：各项成本会因为投标竞价而出现变化，在建设投资各阶段会出现匡算、估算、概算、预算、结算和决算的变化，这些建设投资的变化包括预算的优化与细化、工程变更、物价波动、工程验收瑕疵的扣款、逾期违约金等，运营成本会因为物价波动或运营范围及内容的变更而出现变化，融资利率会因为贷款市场报价利率（LPR）的变动而出现变化，税费成本会因为广义的法律变更或是法律解释的风险而出现变化；第四、计算公式计算的数额必须扣除绩效考核违约金；第五、计算公式计算的数额必须符合付费控制的要求，而不只是投资控制的要求。

项目付费数额公式可以区分为两个大类，笔者将其称为第一类项目付费数额公式以及第二类项目付费数额公式。第一类项目付费数额公式如表44.1所示（以下简称第一类公式），该公式中基本服务费的计算，和付费类型中的"总价付费""总价+总价付费""单价+总价付费"等类型有关。第二类项目付费数额公式如表44.2所示（以下简称第二类公式），该公式中的服务费的计算，和付费类型中的"单价付费""单价+单价付费""总价+单价付费"等类型有关。

需要特别讨论的是，为何第一类公式中采用了基本服务费的概念，而第二类公式中却采用了服务费的概念而不是基本服务费呢？这是因为第一类公式的基本服务费这个概念是相对于调整付费而来的，也就是基本服务费的数额是不包含调整付费数额的，至于第二类公式的服务费这个概念中包含了运营成本调整付费，因此就不称为基本服务费而是称为服务费。此外，一般在进行财务分析时，会先假设绩效考核违约金的数额为零，因此在计算项目付费数额时，可以先不考虑绩效考核违约金，但是针对还本付息现金流进行敏感性分析时，就必须将绩效考核违约金的数额

考虑进来。

本章接下来的内容将介绍第一类公式基本服务费，以及第二类公式服务费的计算方式，至于运营成本调整付费以及贷款市场报价利率（LPR）调整付费的计算，将于本书后续内容中介绍。

表 44.1　第一类项目付费数额公式

1. 第一类项目付费数额 = 基本服务费 + 调整付费 - 绩效考核违约金
2. 调整付费 = 运营成本调整付费 + 贷款市场报价利率（LPR）调整付费

表 44.2　第二类项目付费数额公式

第二类项目付费数额 = 服务费 + 贷款市场报价利率（LPR）调整付费 - 绩效考核违约金

二、第一类项目付费数额公式中基本服务费的计算

（一）总价付费（第 1.1 类项目付费数额公式）

第一类付费公式中的基本服务费如果采取“总价付费”，则第一类付费公式可以调整成表 44.3 第 1.1 类项目付费数额公式，其中基本服务费的计算方式是将让利的建设成本、让利的运营成本、让利的融资利率、税费成本、内部收益率带入财务模型中所计算出来的数额。

表 44.3　第 1.1 类项目付费数额公式

1. 项目付费数额 = 基本服务费（总价付费）+ 调整付费 - 绩效考核违约金
2. 调整付费 = 运营成本调整付费 + 贷款市场报价利率（LPR）调整付费
3. 基本服务费：将让利的建设成本、让利的运营成本、让利的融资利率、税费成本、内部收益率带入财务模型所得的数额
4. 让利的建设成本 = 建设投资 ×（1 - 工程下浮率）
5. 让利的运营成本 = 运营成本 ×（1 - 运营成本下浮率）
6. 让利的融资利率 = 预定贷款市场报价利率（LPR）×（1 + 融资利率浮动率）

（二）总价 + 总价付费（第 1.2 类项目付费数额公式）

第一类付费公式中的基本服务费如果采取“总价 + 总价付费”，则第一类付费公式可以调整成表 44.4 第 1.2 类项目付费数额公式，第一类公式中的基本服务费，可以用建设服务费（总价）和运营服务费（总价）相加的总和。建设服务费是将让利的工程总投资、让利的付费利率 i 值以及付费周期 n 值代入等额本息年金公式（表 43.3）、等额本金年金公式（表 43.4）或是等额本金终值公式（表 43.5）中所

得的数额。

表 44.4　第 1.2 类项目付费数额公式

1. 项目付费数额 = 建设服务费（总价付费）+ 运营服务费（总价付费）+ 调整付费 - 绩效考核违约金
2. 调整付费 = 运营成本调整付费 + 贷款市场报价利率（LPR）调整付费
3. 建设服务费：将让利的工程总投资、让利的付费利率 i 值、付费周期 n 值代入表 43.3、表 43.4、表 43.5 的公式中所得的数额
4. 让利的工程总投资 = 建设投资 ×（1 - 工程下浮率）+ 建设期利息
5. 运营服务费 = 运营成本 ×（1 - 运营成本下浮率）

（三）单价 + 总价付费（第 1.3 类项目付费数额公式）

第一类付费公式中的基本服务费如果采取“单价 + 总价付费”，则第一类付费公式可以调整成表 44.5 第 1.3 类项目付费数额公式，原本第一类公式中的基本服务费，可以调整为使用者付费（单价付费）和政府缺口补助（总价付费）相加的总和。其中政府缺口补助的计算方式是将使用者付费、让利的建设成本、让利的运营成本、让利的融资利率、税费成本、内部收益率带入财务模型中，所计算出来的数额。

表 44.5　第 1.3 类项目付费数额公式

1. 项目付费数额 = 使用者付费（单价付费）+ 政府缺口补助（总价付费）+ 调整付费 - 绩效考核违约金
2. 调整付费 = 运营成本调整付费 + 贷款市场报价利率（LPR）调整付费
3. 使用者付费 = 服务单价 × 服务数量
4. 政府缺口补助：将使用者付费、让利的建设成本、让利的运营成本、让利的融资利率、税费成本、内部收益率带入财务模型中所得的数额
5. 让利的建设成本 = 建设投资 ×（1 - 工程下浮率）
6. 让利的运营成本 = 运营成本 ×（1 - 运营成本下浮率）
7. 让利的融资利率 = 预定贷款市场报价利率（LPR）×（1 + 融资利率浮动率）

三、第二类项目付费数额公式中服务费的计算

（一）单价付费（第 2.1 类项目付费数额公式）

第二类付费公式中的服务费如果采取“单价付费”，该公式可以调整成表 44.6 第 2.1 类项目付费数额公式，其中服务费的计算方式可以调整为服务单价乘上服务数量。服务单价是将建设成本、运营成本、服务数量、融资成本、税费成本、内部收益率带入财务模型所得的数额。

表 44.6 第 2.1 类项目付费数额公式

1. 项目付费数额 = 服务单价 × 服务数量（单价付费）+ 贷款市场报价利率（LPR）调整付费 - 绩效考核违约金
2. 预定融资利率 = 预定贷款市场报价利率（LPR）×（1 + 预定融资利率浮动率）

（二）单价 + 单价付费（第 2.2 类项目付费数额公式）

第二类付费公式中的服务费如果采取“单价 + 单价付费”，则第二类付费公式可以调整成表 44.7 第 2.2 类项目付费数额公式，原本第二类公式中的服务费，可以调整为使用者付费（单价付费）和政府缺口补助（单价付费）相加的总和。政府付费单价是将使用者付费、建设成本、运营成本、服务数量、融资成本、税费成本、内部收益率带入财务模型所得的数额。

表 44.7 第 2.2 类项目付费数额公式

1. 项目付费数额 = 使用者付费（单价付费）+ 政府缺口补助（单价付费）+ 贷款市场报价利率（LPR）调整付费 - 绩效考核违约金
2. 使用者付费 = 使用者付费服务单价 × 服务数量
3. 政府缺口补助 = 政府付费服务单价 × 服务数量
4. 预定融资利率 = 预定贷款市场报价利率（LPR）×（1 + 预定融资利率浮动率）

（三）总价 + 单价付费（第 2.3 类项目付费数额公式）

第二类付费公式中的服务费如果采取“总价 + 单价付费”，则第二类付费公式可以调整成表 44.8 第 2.3 类项目付费数额公式，第二类公式中的服务费，可以调整为建设服务费和运营服务费相加的总和。建设服务费是将让利的工程总投资、让利的付费利率 i 值以及付费周期 n 值带入等额本息年金公式（表 43.3）、等额本金年金公式（表 43.4）或是等额本金终值公式（表 43.5）中所得的数额。

表 44.8 第 2.3 类项目付费数额公式

1. 项目付费数额[①] = 建设服务费（总价付费）+ 运营服务费（单价付费/使用者付费）+ 贷款市场报价利率（LPR）调整付费 - 绩效考核违约金
2. 建设服务费：让利的工程总投资、让利的付费利率 i 值、付费周期 n 值代入表 43.3、表 43.4、表 43.5 的公式中所得的数额
3. 让利的工程总投资 = 建设投资 ×（1 - 工程下浮率）+ 建设期利息
4. 运营服务费 = 服务单价 × 服务数量
5. 预定融资利率 = 预定贷款市场报价利率（LPR）×（1 + 预定融资利率浮动率）

① 相关合同条文内容请参见《附录二 F 市 PPP 项目合同》第 14.2 条的规定。

四、为何提出“PPP模式的付费控制”?

本书在第三十八章简述财务分析基本任务时，提到其中一项任务为“符合付费控制的整体要求下设置竞价参数，并且根据竞价参数计算及动态调整项目付费数额”，也就是说，财务分析应在付费控制的前提下进行，因此财务分析在计算及动态调整项目付费数额时，必须运用一系列的方法进行控制。因此可以看出，笔者认为PPP模式的支出的控制对象，应该是针对“项目付费数额”进行“付费控制”，而不是现行制度针对“项目总投资”进行“投资控制”①。在阐述理由之前，笔者先就以下几个概念进行说明，分别是“竞价参数”“政府投资”“投资控制”与“付费控制”。此外，笔者会在解释付费控制时，同时论述PPP项目为何要进行付费控制而不是投资控制。

“竞价参数”是指计算项目付费数额时，涉及成本、利润或是付费金额的部分，应该要接受市场竞争，也就是在招采程序中，衡量投资人让利的指标，例如：工程下浮率、运营成本下浮率、融资利率浮动率、内部收益率、付费利率等。

何谓“政府投资”?《政府投资条例》第二条规定：“本条例所称政府投资，是指在中国境内使用预算安排的资金进行固定资产投资建设活动，包括新建、扩建、改建、技术改造等。”由此规定可知，政府投资有以下几个特征：第一，使用政府财政资金；第二，针对固定资产进行新建、扩建、改建、技术改造等，也就是针对项目的建设，基本上不包括运营。换言之，用了政府的钱去投资工程建设，称之为政府投资。

何谓“投资控制”? 本书所谈的投资控制是指适用于政府投资项目的投资控制，因此投资控制应该是指合理地使用政府的钱去投资工程建设，不可以多花或是错花政府的财政资金；所以如何合理使用财政资金进行投资的一套控制方法，称之为投资控制。投资控制过去都是使用在传统模式的领域，以“项目总投资”作为控制的对象，以“审批”及“预算”作为控制的手段，也就是说“项目总投资”要经过政府审批；而且实际花费的金额不能超过审批金额，如有需要应重新审批或是调整审批。

最后要说明的是“付费控制”，笔者认为PPP项目要控制的对象，是项目付费

---

① 《关于依法依规加强PPP项目投资和建设管理的通知》(发改投资规〔2019〕1098号)中规定：“……(四)PPP项目要严格执行《政府投资条例》、《企业投资项目核准和备案管理条例》，依法依规履行审批、核准、备案程序。采取政府资本金注入方式的PPP项目，按照《政府投资条例》规定，实行审批制。列入《政府核准的投资项目目录》的企业投资项目，按照《企业投资项目核准和备案管理条例》规定，实行核准制。……”由此规定可知，发改委对于PPP项目是从投资的角度进行管理的。

数额，而不只是投资数额，因此笔者提出付费控制的概念，最主要的原因在于：第一，付费控制的范围应该要包含政府付费与使用者付费，政府花的每一分钱，必须接受一定的管控不能随意乱花，而使用者付费的金额，必须要普罗大众都可以负担得起，因此政府付费与使用者付费的付费金额都应该接受一定的控制，所以付费控制的范围应该要同时包括政府付费与使用者付费。第二，付费控制相较于投资控制，控制的内容更加完整，因为 PPP 项目在计算项目付费数额时，其中所涉及的数额除了项目总投资外，还包括运营期的融资利息①、维护成本、运营成本②、投资回报等，这些数据在传统模式中都是不受管控的，也就是说可研报告管了项目总投资，其他的数据都没有管；为何可研报告不管这些数据？因为可研报告是从传统固定资产投资的角度编写的，而这些数据和传统的固定资产投资没有关系。第三，从 PPP 合同的对价关系：PPP 项目中的项目付费数额，其对价来自项目公司提供了公共服务，而不是项目公司进行了建设投资，虽然财政部规定政府支出责任要进行财政承受能力分析，但是财政承受能力分析的重点在于政府是否有能力负担，和项目付费数额是否合规、可行、必要是没有关系的，因此笔者提出“PPP 模式的付费控制”涵盖 PPP 模式评估与评价的缺口。

五、PPP 模式付费控制的体系

付费控制是以项目付费数额作为控制对象，控制的方式可以区分为横向付费控制以及纵向付费控制。所谓横向付费控制所关心的问题是，付费数额中投资人让利的程度；而纵向付费控制所关心的问题，在于项目不同阶段数据的动态变化对于付费数额的影响。具体内容说明如下：

（一）横向付费控制

PPP 模式横向付费控制，是针对投资人竞价程度的一种控制手段，换言之，横向付费控制关心的是，付费数额中投资人投标时让利到什么程度的问题。一般而言，实施机构会在招标文件中设置一些竞价参数，用来衡量投资人投标竞价的程度，并且还会设置投资人让利的底线，要求投资人投标让利的程度必须高于底线。

---

① 可研报告计算项目总投资的数额中包括建设期利息，但是不少可研报告在计算建设期利息时，经常发生考虑不周全的地方：首先，报告中计算建设期利息时，没有考虑建设期利息的还款来源；其次，项目先用资本金再使用贷款，或是资本金和贷款按比例同时使用时，所计算出来的建设期利息金额是不一样的。

② 可能有人会说项目总投资的计算包括铺底流动资金，而计算铺底流动资金前需要先计算经营成本，所以经营成本在投资控制中并没有漏算，笔者认为这种说法恐怕有所欠周全：首先，可研报告中计算铺底流动资金的前提是经营性项目，非经营性项目可研报告是不会计算运营成本的；其次，大部分的可研报告都是做成“工可”，也就是工程可研报告，所以报告中不会处理任何有关运营的问题，包括运营成本。

有关横向付费控制的方法可以区分为三种类型，分别是：成本回报控制、计价控制与混合控制。

1. 成本回报控制

成本回报控制，是针对计算项目付费数额时所需要的建设成本、运营成本、融资成本以及投资回报（包括内部收益率、付费利率i值）进行控制，进而达到控制项目付费数额的目的。由于成本回报控制的控制方式是以付费数额作为基础数据，也就是从项目的成本以及回报进行控制，因此在所有控制方法中，是控制最为完整和直接的。成本回报控制一般可以适用的付费类型为："总价付费""总价+总价付费"以及"单价+总价付费"三个类型。

成本回报控制针对不同的成本，其控制方法可以再区分为两个环节，一个是定价基准，另一个是竞价参数。其中建设成本的定价基准是项目各阶段的建设投资数额，竞价参数是工程下浮率；运营成本的定价基准是预定的运营成本，竞价参数是运营成本下浮率（或是运营服务的合理利润率）；融资成本的定价基准是贷款市场报价利率（LPR），竞价参数是融资利率浮动率（或是加点，加点可以为负数）。至于回报的控制环节，只需要设置竞价参数即可达到目的，如果付费类型的计算方式采用的是公式法，则竞价参数应选择的是付费利率i值，如果付费类型采用的是财务分析法，则竞价参数应选择的是内部收益率。

2. 计价控制

计价控制是以付费数额的计价方式作为控制的手段，一般适用于"单价付费"以及"单价+单价付费"等付费类型。由于计价控制是以服务单价作为控制对象，因此对于项目成本与回报是一种间接的控制，它无法像前述的"成本回报控制"可以直接控制到项目中的每一项成本与回报，因此在项目决算阶段，计价控制无法针对工程决算金额进行付费调整，所以在控制价阶段，它对于项目设计深度的要求会比较高。

在计价控制的控制环节，只需要以付费单价作为竞价参数即可；如果项目付费数额公式中对于贷款市场报价利率（LPR）进行调整付费，控制对象还必须包括融资成本，此时计价控制的环节需分为两个部分：第一，定价基准采用贷款市场报价利率（LPR）；第二，竞价参数是融资利率浮动率或是加点（加点可以为负数）。

3. 混合控制

混合控制是项目付费中部分采取计价控制，部分采取成本回报控制的一种控制方法，一般适用于"总价+单价付费"类型。也就是总价部分采用成本回报控制，单价部分采用计价控制。总价部分的控制对象是建设成本与投资回报，单价部分的控制对象是付费单价，如果项目付费数额公式中对于贷款市场报价利率（LPR）进行调整付费，控制对象还必须包括融资成本。

表 44.9　横向付费控制的控制对象及控制环节

横向控制类型	控制对象	控制环节	
		竞价参数	定价基准
成本回报控制	建设成本	工程下浮率	各阶段建设投资数额
	运营成本	运营成本下浮率（or 运营服务的合理利润率）	预定运营成本
	融资成本	融资利率浮动率（or 加点）	贷款市场报价利率（LPR）
	投资回报	付费利率 i 值（公式法）、内部收益率（财务分析法）	
计价控制	服务单价	付费单价	
	融资成本	融资利率浮动率（or 加点）	贷款市场报价利率（LPR）
混合控制	建设成本	工程下浮率	各阶段建设投资数额
	融资成本	融资利率浮动率（or 加点）	贷款市场报价利率（LPR）
	服务单价	付费单价	
	投资回报	付费利率 i 值	

☆有关竞价参数的说明，请见视频微观点 44.1【PPP 项目中需要参与投标竞价的数据和财务指标】

（二）纵向付费控制

从项目的时间轴来看，本书将 PPP 项目区分为四个阶段，分别是：控制价阶段、签约价阶段、决算价阶段以及调整价阶段，横向付费控制中的竞价参数以及定价基准在四个阶段会呈现动态的变化，因此计算出的项目付费数额也会有所变化，但是不管如何变化，理论上这四个阶段所计算的项目付费数额只会越来越少，因此才能达到控制的效果。

纵向付费控制所关心的四个问题包括：第一，招标上限；第二，投标竞价；第三，成本的细化与最终计算；第四，价格调整。这四个问题和纵向控制四个阶段的关系是，在控制价阶段设定一个招标上限；在签约价阶段选取合适的竞价参数，让投资人可以充分竞价；在决算价阶段针对建设成本进行细化与适当的调整，调整包括工程变更的调整、物价波动的调整、验收瑕疵扣款和逾期违约金扣款的调整等，以及准确的最终计算；调整价阶段是指项目进入运营期后，项目的运营成本随物价波动进行调整，融资利率随贷款市场报价利率（LPR）进行调整。

限于篇幅的关系，本书将于第四十五章阐述贷款市场报价利率（LPR）取代贷款基准利率后，对于项目付费数额公式的影响；第四十六章中阐述建设成本中竞价参数以及定价基准的动态变化对于项目付费数额的影响；第四十七章中阐述运营成本、融资成本以及投资回报中，竞价参数以及定价基础的动态变化对于项目付费数额的影响，并且还会进一步说明税费成本的动态变化对于项目付费数额的影响。第四十八章中阐述服务单价的动态变化对于项目付费数额的影响。

☆有关付费控制的说明，请见视频微观点44.2【谈控制价、投标价和中标价】

第四十五章　贷款市场报价利率（LPR）对于项目付费数额的影响

——全面换锚、定向降息

一、全面换锚、定向降息政策

2019年8月16日中国人民银行出台了一份《中国人民银行公告〔2019〕第15号》[①]，该公告内容是有关于改善和完善贷款市场报价利率（以下简称LPR）形成机制，这份公告内容有以下几个重点：第一，利率的公告：自2019年8月20日起，中国人民银行授权全国银行间同业拆借中心（以下简称拆借中心）于每月20日公布LPR；第二，利率的报价与计算：报价行应于每月20日，按公开市场操作利率［主要指中期借贷便利（以下简称MLF）利率］加点形成的方式，向拆借中心报价，拆借中心去掉最高和最低报价后，按算术平均的方式计算得出LPR；第三，利率的种类与贷款定价：LPR由原有1年期一个期限品种，扩大至1年期和5年期以

① http://www.pbc.gov.cn/zhengcehuobisi/125207/125213/125440/3876551/3876490/index.html，最后访问日期：2022年4月27日。

上两个期限品种。银行的 1 年期和 5 年期以上贷款参照相应期限的 LPR 定价，1 年期以内、1－5 年期贷款利率由银行自主选择参考的期限品种定价；第四，新增浮动利率贷款合同应参考 LPR 定价：自 2019 年 8 月 16 日起，各银行应在新发放的贷款中主要参考 LPR 定价，并在浮动利率贷款合同中采用 LPR 作为定价基准。

2019 年 12 月 28 日中国人民银行针对存量浮动利率贷款的定价基准转换为 LPR 事宜，出台了一份《中国人民银行公告〔2019〕第 30 号》①，该公告内容有以下几个重点：第一，存量浮动利率贷款的定义：2020 年 1 月 1 日前金融机构已发放的和已签订合同但未发放，参考贷款基准利率定价的浮动利率贷款（不包括公积金个人住房贷款）；第二，不得参考贷款基准利率：自 2020 年 1 月 1 日起，各金融机构不得签订参考贷款基准利率定价的浮动利率贷款合同；第三，转换利率定价方式：金融机构应与存量浮动利率贷款客户就定价基准转换条款进行协商，将原合同约定的利率定价方式转换为以 LPR 为定价基准加点形成（加点可为负值），加点数值在合同剩余期限内固定不变，也可转换为固定利率；第四，加点数值的协商：存量浮动利率贷款定价基准转换为 LPR，除商业性个人住房贷款外，加点数值由借贷双方协商确定；第五，商业性个人住房贷款加点数值的确定方式：商业性个人住房贷款的加点数值应等于原合同最近的执行利率水平与 2019 年 12 月发布的相应期限 LPR 的差值；第六，重定价周期与重定价日：金融机构与客户协商定价基准转换条款时，可重新约定重定价周期和重定价日，其中商业性个人住房贷款重新约定的重定价周期最短为一年。

上述两份有关于 LPR 的政策文件，笔者认为可以用一句话总结，就是“全面换锚，定向降息”；“换锚”的意思是，贷款利率的定价基准由原先的贷款基准利率转换为 LPR；而“全面换锚”的意思是不管是新增浮动利率贷款还是存量浮动利率贷款，定价基准全部都要换成 LPR；至于“降息”的意思，我们从 2019 年 8 月所公布的 LPR 可以看出整体趋势都是降息的，所以贷款利率的定价基准变更后，实质上有降息的效果；那为何又说是“定向降低”，因为这个降息的效果只针对商业性个人住房贷款以外的贷款，原因在于商业性个人住房贷款通过加点数值的规定，维持了原先的贷款利率，但是 PPP 项目的贷款实质上可以享受全面降息的效果。

二、竞价参数的选用

PPP 项目融资成本的定价基础由基准利率转换为 LPR 之后，其竞价参数可以选择融资利率浮动率或加点数值，这两个数值可以是正数也可以负数。融资利率浮动

① http：//www.gov.cn/xinwen/2019－12/28/content_5464697.htm，最后访问日期：2022 年 4 月 27 日。

率是PPP项目投标常用的竞价参数，如果项目采用融资利率浮动率是指在LPR的基础上再增加或是减少多少百分比的融资利率，例如：LPR是4.8%，融资利率浮动率如果是15%，计算出来让利的融资利率就是4.8%×（1+15%）=5.52%。加点数值是银行常用的利率定价方式，如果项目采用加点数值作为竞价参数，一个基点（basis point）是0.01%，如果LPR是4.8%，加点数额如果是50个基点，计算出来让利的融资利率就是4.8%+（0.01%×50）=5.3%。

三、融资利率的动态变化对于“基本服务费”以及“服务费”计算的影响

融资利率的横向付费控制有两个环节，第一，就是以LPR作为定价基准，第二，以融资利率浮动率或是基点作为竞价参数。这两个环节会随着纵向付费控制的前三个阶段而有所变化，如表45.1所示，将两者带入第1.1类公式（表44.3）中的第6条、第1.3类公式（表44.5）中的第7条【让利的融资利率=预定贷款市场报价利率（LPR）×（1+融资利率浮动率）】，第2.1类公式（表44.6）中的第2条、第2.2类公式（表44.7）中的第4条、第2.3类公式（表44.8）中的第5条【预定融资利率=预定贷款市场报价利率（LPR）×（1+预定融资利率浮动率）】，可以计算出各个阶段的“让利的融资利率”以及“预定融资利率”。

表45.1 对于融资利率的动态变化的控制

	第1.1公式	第1.2公式	第1.3公式	第2.1公式	第2.2公式	第2.3公式
	基本服务费	总价+总价	政府缺口补助	服务单价	政府付费单价	服务单价
控制价阶段	预定LPR×（1+预定融资利率浮动率）	X	预定LPR×（1+预定融资利率浮动率）	预定LPR×（1+预定融资利率浮动率）	预定LPR×（1+预定融资利率浮动率）	预定LPR×（1+预定融资利率浮动率）
签约价阶段	预定LPR×（1+中标融资利率浮动率）	X	预定LPR×（1+中标融资利率浮动率）	X	X	X
决算价阶段	预定LPR×（1+中标融资利率浮动率）	X	预定LPR×（1+中标融资利率浮动率）	X	X	X

续表

	第 1.1 公式	第 1.2 公式	第 1.3 公式	第 2.1 公式	第 2.2 公式	第 2.3 公式
调整价阶段	预定 LPR ×（1 + 中标融资利率浮动率）	X	预定 LPR ×（1 + 中标融资利率浮动率）	X	X	X

当项目进入调整价阶段，也就是项目进入运营期时，LPR 的变动导致融资利率的波动，为何表 45.1 中的调整价阶段的 LPR 仍然是“预定 LPR”，而没有任何的调整？这是因为第一类公式（表 44.1）以及第二类公式（表 44.2），放在公式“市场贷款报价利率（LPR）调整付费”的概念中调整，笔者将在接下来的内容中说明。

四、市场贷款报价利率（LPR）调整付费

由于 LPR 机制每个月的 20 日都会公布最新的 LPR，因此在新制度下该如何认定 LPR 的变动导致融资利率的变动？笔者认为应在 PPP 合同中约定重定价周期与重定价日，并于重定价周期以及重定价日重新计算调整的融资利率。第一类公式（表 44.1）第 2 条以及第二类公式（表 44.2）中的“市场贷款报价利率（LPR）调整付费”如表 45.2 所示。

表 45.2　市场贷款报价利率（LPR）调整付费计算公式①

1. $P_n = L_n \times K_n$
2. $K_n = \dfrac{(i_n - i_0)\ R}{i_0}$
3. P_n是指第 n 期市场贷款报价利率（LPR）调整付费数额②
4. L_n是指第 n 期尚未偿还的贷款数额
5. K_n是指第 n 期利率调整系数
6. i_n是指第 n 期贷款市场报价利率
7. i_0是指签约时或是投标基准日贷款市场报价利率③
8. R 是指签约时或是投标基准日让利的融资利率
让利的融资利率 = 签约时或投标基准日贷款市场报价利率（LPR）×（1 + 中标的融资利率浮动率）

① 相关合同条文内容请参见《附录二　F 市 PPP 项目合同》第 14.6.3 条的规定。
② 相关合同条文内容请参见《附录二　F 市 PPP 项目合同》第 1.1.5.14 条的规定。
③ 相关合同条文内容请参见《附录二　F 市 PPP 项目合同》第 1.1.6.10 条的规定。

市场贷款报价利率（LPR）调整付费是指按PPP合同约定的重定价周期以及重定价日LPR调整后的某付款周期尚未偿还的银行贷款金额乘以利率调整系数所得数额。此处有几个问题需要讨论，PPP项目中有关融资的风险，基本上应由社会资本方承担，但是社会资本方所承担融资风险的范围是否包括LPR变动的风险？笔者认为LPR和社会资本方的融资利率，这两个概念虽然互有联系但是又相对独立。互有联系是指实践中很多贷款合同中约定，当约定的重定价周期以及重定价日LPR调整时，融资利率应相应地调整，所以融资利率的调整和LPR的变化是有关系的；而相互独立是指人民银行发布LPR时，与个别贷款人的资力和条件无关，但是银行给特定贷款人放款时，银行的放款条件（包括融资利率）会考虑个别贷款人的资力与条件，所以LPR的变动和社会资本方本身的条件没有直接关系的，由社会资本方承受LPR变动的风险，实践中有人认为恐有讨论的余地，因此当LPR发生变动时，很多项目是给予调整项目付费数额的机会的。

此外，表45.2中的L_n是指第n期尚未偿还的贷款数额，这里的贷款数额是如何进行认定，实践中有的项目规定通过审计程序认定尚未还贷的数额，笔者认为这样的规定似有不妥，因为项目公司对于资金的使用是否有效率，是审计无法判断的，所以建议以财务模型中的还本付息计划表所计算的未还款贷款金额作为第n期尚未偿还的贷款数额，所以将财务模型列为PPP合约的一部分是有必要的①。

☆有关贷款市场报价利率的问题，请见视频微观点45.1【MLF利率下调，PPP融资利率是否会跟着下行?】

第四十六章　成本回报控制与纵向付费控制（一）

——建设成本的动态变化对于项目付费数额计算的影响

一、概述

本章延续第四十四章的内容，将继续讨论的问题是在纵向付费控制的四个阶段

① 相关合同条文内容请参见《附录二　F市PPP项目合同》第1.1.1.9条的规定。

建设成本的动态变化会如何影响以下数额的计算：第一，第 1.1 类公式（表 44.3）中的第 4 条，以及第 1.3 类公式（表 44.5）中的第 5 条“让利的建设成本”；第二，第 1.2 类公式（表 44.4）中的第 4 条，以及第 2.3 类公式（表 44.8）中的第 3 条“让利的工程总投资”。

可能读者会有疑问，为何只讨论第一类公式以及第 2.3 类公式，而第 2.1 类公式（表 44.6）以及第 2.2 类公式（表 44.7）都不在本章的讨论范围内？这是因为第 2.1 类公式以及第 2.2 类公式横向付费控制的方式，采用的是计价控制而非采用成本回报控制，所以本章暂不讨论。此外需要特别说明的是，建设成本的动态变化只发生在纵向付费控制的前三个阶段，由于调整价阶段已经进入项目的运营期，建设成本的最终计算在决算价阶段已经完成，因此建设成本的动态变化只发生在前三个阶段。

在传统模式中对于建设成本的变化，实践中采用“投资控制”以及“造价管理”作为管理手段。一般所谈的投资控制是指政府投资①项目的投资控制，所以投资控制是指合理地使用政府的钱去投资工程建设，不可以多花或是错花政府的财政资金，因此如何合理使用政府财政资金进行投资的一套控制方法，称之为投资控制。投资控制过去都是使用在传统模式的领域，以“工程总投资”作为控制的对象，以“审批”及“概算”作为控制的手段，也就是说“工程总投资”要经过政府审批，而且实际花费的金额不能超过审批金额，如有需要必须重新审批或是调整审批。

造价管理是指传统模式中对建设工程价格进行控制的一种管理方式，所以造价管理与投资控制同属于建设成本控制的手段，但是投资控制适用于招投标及履约阶段，造价管理适用于决策阶段。笔者认为传统模式中的投资控制与造价管理，在 PPP 模式中针对成本的动态变化也同样适用，以下就传统模式中的投资控制及造价管理的管理内容进行说明。

二、传统模式的投资控制

建设工程项目可以区分为六个阶段，从前期到后期依次是：项目建议书阶段、可行性研究报告阶段、初步设计阶段、施工图阶段、竣工验收阶段、审计阶段，每

---

① 何谓“政府投资”?《政府投资条例》第二条规定：“本条例所称政府投资，是指在中国境内使用预算安排的资金进行固定资产投资建设活动，包括新建、扩建、改建、技术改造等”由此规定可知，政府投资有以下几个特征：第一，使用政府财政资金，第二，针对固定资产进行新建、扩建、改建、技术改造等，也就是针对项目的建设，基本上不包括运营。换言之，用了政府的钱去投资工程建设，称之为政府投资。

个阶段都有相应深度的图纸，而每个阶段的图纸，也有相应计算深度的投资金额，详细的对应关系如表46.1所示。项目越靠前的阶段（也就是越靠近项目建议书的阶段），图纸深度以及投资金额的计算深度就越粗略，项目越靠后的阶段（也就是越靠近竣工阶段），图纸深度以及投资金额的计算深度越细致。

表46.1 投资计算深度对应表

项目各阶段	图纸深度	投资金额计算深度
项目建议书	初步图纸	匡算
可行性研究报告	方案设计图纸	估算
初步设计	初步设计图纸	概算
施工图设计	施工图设计图纸	预算
竣工验收	竣工图	结算
审计阶段	竣工图	决算

各阶段投资计算深度除了前述从粗略到细致的关系之外，前阶段投资计算金额也是后阶段投资计算金额不能超越的屋顶，例如：《政府投资条例》第十二条第一款规定："经投资主管部门或者其他有关部门核定的投资概算是控制政府投资项目总投资的依据。"第二十三条第一款规定："政府投资项目建设投资原则上不得超过经核定的投资概算。"由此可知，"概算"是政府投资项目建设投资不能超过的屋顶。

但是由于项目需要考虑的因素太多，很多时候项目在前阶段该考虑的因素没考虑到，到了后阶段才考虑，因此在实践中经常会发生后阶段投资金额超了前阶段投资金额的情形，这时候项目管理该如何处理?《政府投资条例》第十二条第二款规定："初步设计提出的投资概算超过经批准的可行性研究报告提出的投资估算10%的，项目单位应当向投资主管部门或者其他有关部门报告，投资主管部门或者其他有关部门可以要求项目单位重新报送可行性研究报告。"由此可知，概算超过估算10%，要重批可研报告。第二十三条第二款前段规定："因国家政策调整、价格上涨、地质条件发生重大变化等原因确需增加投资概算的，项目单位应当提出调整方案及资金来源，按照规定的程序报原初步设计审批部门或者投资概算核定部门核定；……"由此可知，调整投资概算，需提出调整方案与资金来源，由原审批单位重新办理核定。

最后需要说明的是"决算"的问题，《政府投资条例》第二十五条规定："政府投资项目建成后，应当按照国家有关规定进行竣工验收，并在竣工验收合格后及时办理竣工财务决算。政府投资项目结余的财政资金，应当按照国家有关规定缴回国库。”由此可知，审计单位针对工程项目办理财务决算，是从预算行政管理的角度，对于政府投资金额进行最终确认。

三、传统模式的造价管理

传统模式的管理除了在项目决策阶段，需要一套投资控制的方法之外，当项目进入招投标程序及履约阶段，还需要一套建设工程造价管理的方法，来落实项目决策阶段所审批的投资金额屋顶，也就是如何将投资控制在概算范围内。造价管理也分为不同阶段，其中包括：招标阶段、投标阶段、中标阶段、签约阶段、履约阶段、竣工验收阶段，各阶段有相对应的造价类型，具体的对应关系请见表 46.2。每个造价类型都有其造价管理上的意义，而且和投资控制是相衔接的，所以接下来本书将一一介绍各阶段造价类型的意义与功能。

表 46.2　各阶段造价管理对应表

招标及履约阶段	造价类型
招标阶段	招标控制价、标底
投标阶段	投标价
中标阶段	中标价
签约阶段	签约合同价
履约阶段	合同价款调整
竣工验收阶段	竣工结算价

何谓“招标控制价”？根据《建设工程工程量清单计价规范》（GB0500－2013）（以下简称《13 版工程量清单计价规范》）第 2.0.45 条对招标控制价所下的定义为：“招标人根据国家或省级、行业建设主管部门颁布的有关计价依据和办法，以及拟定的招标文件和招标工程量清单，结合工程具体情况编制的招标工程的最高投标限价。”第 6.1.5 条规定：“投标人的投标报价高于投标控制价的应予废标。”由此可知，招标控制价是投标人投标报价的上限，如果超过招标控制价，将予以废标。此外，第 5.1.5 条规定：“当招标控制价超过批准的概算时，招标人应将其报原概算审批部门审核。”由此可知，招标人在编制招标控制价时，不得超过批准的概算，因此招标控制价可以保证最终中标金额限制在概算范围内。

何谓“标底”？就是招标人认为合理的最低工程造价，在招投标程序中，招标控制价是对外公开的，而标底是秘密不公开的。标底的功能在于衡量投标人的投标报价是否存在过低的情形，《13 版工程量清单计价规范》有类似的规定。《13 版工程量清单计价规范》第 2.0.10 条对工程成本所下的定义为：承包人为实施工程并达到质量标准，在确保全施工的前提下，必须消耗或使用的人工、材料、工程设备、施工机械台班及其管理等方面发生的费用和按规定缴纳的规费和税金。第6.1.3条规定："投标报价不得低于工程成本。"

接下来有三个概念需要一起介绍，即"投标价""中标价"与"签约合同价"，因为三者存在紧密的关系。在采用经评审的最低投标价法的项目中，最低投标价=中标价=签约合同价，在采用综合评估法评审的项目中，综合评分最高投标人的投标价=中标价=签约合同价。何谓"投标价"？《13版工程量清单计价规范》第2.0.46条对投标价所下的定义为"投标人投标时响应投标文件要求所报出的对已标价工程量清单汇总后标明的总价"。何谓"中标价"？如果采用经评审的最低投标价法评审的项目，原则上就是最低投标价为中标价；如果是综合评估法的项目，就是综合评分最高的投标人报价为中标价，一般而言，中标金额会记载于中标通知书中。何谓"签约合同价"？《13版工程量清单计价规范》第2.0.46条对签约合同价所下的定义为"发承包双方在工程合同中约定的工程造价，即包括了分部分项工程费、措施项目费、其他项目费、规费和税金的合同总金额"。一般而言，签约合同价的金额等于中标价的金额。

何谓"合同价款调整"？《13版工程量清单计价规范》第2.0.50条对合同价款调整所下的定义"在合同价款调整因素出现后，发承包方根据合约约定，对合同价款进行变动的提出、计算和确认"。所以签约合同价并非一成不变的，履约过程中如果遇到业主因素或是非双方因素而导致损害，承包商有理由要求调整合同价款。

何谓"竣工结算价"？《13版工程量清单计价规范》第2.0.51条对竣工结算价所下的定义："发承包双方依据国家有关法律、法规和标准规定，按照合同约定确定的，包括在履行合同过程中按合同约定进行的合同价款调整，是承包人按合同约定完成了全部承包工作后，发包人应付给承包人的合同总金额。"由此可知，竣工结算价包括合同价款的调整，有关竣工结算价的计价方式分为：总价合同、单价合同以及成本加酬金合同。

四、PPP模式建设成本的动态变化对于项目付费数额计算的影响

建设成本的横向付费控制有两个环节，第一，就是以建设投资作为定价基准，第二，以工程下浮率作为竞价参数。这两个环节会随着纵向付费控制的四个阶段有所变化。首先在控制价阶段，如果实施机构的工程设计深度做到方案设计的深度，则作为定价基准的建设投资达到估算深度，如果实施机构的工程设计深度做到初步设计的深度，则建设投资达到概算深度，此时，竞价参数是由实施机构在招标前先行确定的预定工程下浮率。在签约价阶段，此时的定价基准和控制价阶段相同，但

是竞价参数则应该以中标人投标时所提出的工程下浮率作为基础。在决算价阶段以及调整价阶段，此时的定价基准应以决算的建设投资作为基础，而竞价参数应以中标的工程下浮率为基础。

表 46.3　对于建设成本动态变化的控制

	定价基准（建设投资）	竞价参数（工程下浮率）
控制价阶段	估算（或概算）	预定工程下浮率
签约价阶段	估算（或概算）	中标工程下浮率
决算价阶段	决算	中标工程下浮率
调整价阶段	决算	中标工程下浮率

至于建设成本的动态变化会如何影响前述四个数额的计算，是笔者接下来要讨论的问题。请将表 46.3 各阶段建设投资以及工程下浮率数额带入，第一，第 1.1 类公式（表 44.3）中的第 4 条，以及第 1.3 类公式（表 44.5）中的第 5 条【让利的建设成本 = 建设投资 ×（1 - 工程下浮率）】；第二，第 1.2 类公式（表 44.4）中的第 4 条，以及第 2.3 类公式（表 44.8）中的第 3 条【让利的工程总投资 = 建设投资 ×（1 - 工程下浮率）+ 建设期利息】，可以计算出各阶段的"让利的建设成本"以及"让利的工程总投资"。

第四十七章　成本回报控制与纵向付费控制（二）

——运营成本、投资回报以及税费成本的动态变化对于项目付费数额计算的影响

一、概述

本章延续第四十四章的内容，从运营成本、投资回报、税费成本等三项费用的动态变化，并区分纵向付费控制的四个阶段，讨论三项费用对于项目付费数额计算的影响。本章内容和第四十六章内容的差别在于传统模式中对于建设成本的动态变化，采取了"投资控制"以及"造价控制"等管理手段，使得 PPP 模式在建设成本的动态变化管理上有可以借鉴的地方，但是本章所讨论的三项费用并没有相关的管理手段可兹参考，因此 PPP 项目对于这三项费用的动态变化该如何进行管理，就成为很值得研究的问题，也是本章想要进一步探讨的。

二、运营成本的动态变化对于项目付费数额计算的影响

（一）运营成本的意义与竞价参数的选用

运营成本分为广义的运营成本以及狭义的运营成本，这两个概念的关系如表47.1中的公式所示。从表47.1的公式我们可以看出来，广义的运营成本包含了运营服务的合理利润，而狭义的运营成本不包含运营服务的合理利润。由于表47.1公式中所列“运营服务的合理利润率”是指当项目公司将运营服务外包给运营商时，运营商应得的合理利润，而从项目公司的立场而言，运营商的合理利润就是项目公司的运营成本，因此从项目公司的角度而言，应该采用广义的运营成本，从运营商的角度而言，应该采用狭义的运营成本。

表47.1 广义与狭义的运营成本

广义的运营成本 = 狭义的运营成本 ×（1 + 运营服务的合理利润率）

等额本息年金公式（表43.3）、等额本金年金公式（表43.4）以及等额本金终值公式（表43.5），这三个公式中所规定的运营成本，不包含运营服务的利润，所以应该属于狭义的运营成本，而本书第四十四章中第1.1类公式（表44.3）第5条、第1.2类公式（表44.4）第5条、第1.3类公式（表44.5）第6条中所规定的“运营成本”是从项目公司角度所作的规定，应属于广义的运营成本。

此外，需要说明的是有关于竞价参数选用的问题，如果采用广义的运营成本，竞价参数应选用运营成本下浮率，如果采用狭义的运营成本，实践中选用的竞价参数为运营服务的合理利润率。笔者认为这两个竞价参数的选用，运营成本下浮率优于运营服务的合理利润率，原因在于运营成本下浮率将狭义的运营成本以及运营服务利润都进行竞价，但是运营服务的合理利润率却只就运营服务的合理利润进行竞价，因此运营成本下浮率竞价的范围较为完整，是比较好的竞价参数，也因此本书认为采用“广义的运营成本”概念优于使用狭义的概念，所以笔者如果没有特别说明的情况下，所称的运营成本皆属于广义的运营成本。

（二）运营成本的动态变化

运营成本的横向付费控制有两个环节，第一，以运营成本作为定价基准；第二，以运营成本下浮率作为竞价参数。运营成本及运营成本下浮率在各阶段的数额变化如表47.2所示，因此将两者带入第1.1类公式（表44.3）中的第5条、第1.3类公式（表44.5）中的第6条【让利的运营成本 = 运营成本 ×（1 − 运营成本下浮率）】，以及第1.2类公式（表44.4）中的第5条【运营服务费 = 运营成本 ×（1 − 运营成本下浮率）】，可以计算出各阶段的“让利的运营成本”以及“运营服务费”。

表 47.2 对于运营成本动态变化的控制

	定价基准（运营成本）	竞价参数（运营成本下浮率）
控制价阶段	预定运营成本	预定运营成本下浮率
签约价阶段	预定运营成本	中标运营成本下浮率
决算价阶段	预定运营成本	中标运营成本下浮率
调整价阶段	预定运营成本	中标运营成本下浮率

当项目进入调整价阶段，也就是项目进入运营期时，物价波动导致运营成本的波动，为何表 47.2 中的调整价阶段的运营成本仍然是“预定运营成本”，而没有任何的调整？这是因为第 1.1 类公式（表 44.3）、第 1.2 类公式（表 44.4）以及第 1.3 类公式（表 44.5），在调整价阶段发生物价波动导致运营成本波动的调整，是放在公式“运营成本调整付费”的概念中调整，笔者将在接下来的内容中说明。

（三）运营成本调整付费的计算公式

第 1.1 类公式（表 44.3）、第 1.2 类公式（表 44.4）、第 1.3 类公式（表 44.5）中第 2 条“运营成本调整付费”的计算公式如表 47.3 所示。

表 47.3 运营成本调整付费计算公式

1. $P_{n-0}=(P_n-P_0)\times(1+V)$
2. $P_n=P_0\times K_n$
3. $K_n=a+b\times(L_n/L_0)+c\times(E_n/E_0)+d(M_n/M_0)+\cdots\cdots$
4. P_{n-0}运营成本调整付费（含增值税）
5. V是运营成本适用的增值税税率
6. P_n

（1）在第 1.1 类公式及第 1.3 类公式是指第 n 期调整后让利的运营成本（不含增值税）

（2）在第 1.2 类公式是指第 n 期调整后的运营服务费（不含增值税）

7. K_n是第 n 期的运营成本调整系数
8. P_0

（1）在第 1.1 类公式及第 1.3 类公式是指签约价阶段让利的运营成本（不含增值税）

（2）在第 1.2 类公式是指签约价阶段的运营服务费（不含增值税）

9. a 是指某项不予调整的运营成本要素（不含增值税）在总价付费数额（不含增值税）中所占的比例；b、c、d……是指各项调整的运营成本要素（不含增值税）在总价付费数额（不含增值税）中所占的比例；$a+b+c+d+\cdots\cdots=1$
10. L_n、E_n、M_n……是指第 n 期成本指数或是参考价格
11. L_0、E_0、M_0……是指签约时或是投标基准日的成本指数或是参考价格

三、投资回报与税费成本对于项目付费数额计算的影响

投资回报的横向付费控制，只需要设置竞价参数不需要再设置定价基准。投资回报在各阶段的数额变化如表 47.4 所示，因此将内部收益率带入以财务分析法计算的项目付费数额公式，其中包括第 1.1 类公式、第 1.3 类公式、第 2.1 类公式、第 2.2 类公式；将付费利率 i 值代入以公式法计算的项目付费数额公式，其中包括第 1.2 类公式、第 2.3 类公式。

表 47.4　对于投资回报动态变化的控制

	使用公式法计算的竞价参数	使用财务分析法计算的竞价参数
控制价阶段	预定付费利率 i 值	预定内部收益率
签约价阶段	中标付费利率 i 值	中标内部收益率
决算价阶段	中标付费利率 i 值	中标内部收益率
调整价阶段	中标付费利率 i 值	中标内部收益率

最后要讨论的是税费成本动态变化的问题，税费成本的动态变化基本上和纵向付费控制的四个阶段没有直接关系，税费成本的动态变化在性质上可以区分为两种情况：第一，广义的法律变更；第二，广义的法律解释不明确所产生的风险。所谓广义的法律变更是指税法相关法律法规、文件，和投标基准日的规定相比发生了变化，例如原本在投标基准日的增值税税率为 11%，在项目履约过程中变更为 9%；至于广义的法律解释不明确所产生的风险是指对于某一税法相关法律法规和文件该如何适用解释不明确的情形，例如：某一个应税行为，该增值税税率应为 9% 的税率还是 6% 的税率，在投标基准日税务主管部门没有给出一个清楚的解释，因此双方当事人约定先用 6% 进行计算，如果未来税务主管部门认定税率为 9% 时，项目付费数额再按税率 9% 进行调整。一般而言，这种税费成本的动态变化，导致项目付费数额的调整只能通过财务分析进行计算，无法通过公式法进行计算，计算方式如表 47.5 所示。

表 47.5　税费变动调整付费计算公式

第 n 期税费变动调整付费 = 税费变动调整后的第 n 期项目付费数额 − 税费变动调整前的第 n 期项目付费数额

第四十八章　计价控制与纵向付费控制

——单价付费系列的动态变化对于项目付费数额的影响

一、概述

本章延续第四十四章的内容，从横向付费控制中的计价控制，以及纵向付费控制的四个阶段，讨论单价付费系列数额的动态变化对于项目付费数额计算的影响。本章内容和第四十七章内容的差别在于，第四十七章的内容是对于成本回报进行直接控制，而本章是从计价的角度，对于成本回报进行间接控制，就好比我们要看小明是好学生还是坏学生，第一种方法就是看他各科的成绩是多少分数，第二个方法就是看他的综合排名是全班第几名，第一种方法就和成本回报控制的内涵是一样的，而第二种方法和计价控制的内涵是一样的。

二、单价付费系列的动态变化

单价付费系列的横向付费控制，有以下两个环节：第一，以服务数量作为定价基准，第二，以服务单价作为竞价参数。服务数量与服务单价在各阶段数额的变化如表 48.1 所示，因此将两者带入第 2.1 类公式（表 44.6）第 1 条【项目付费数额 = 服务单价 × 服务数量 + LPR 调整付费 - 绩效考核违约金】，以及第 2.2 类公式（表 44.7）中的第 3 条【政府缺口补助 = 政府付费服务单价 × 服务数量】。

表 48.1　对于运营成本动态变化的控制

	定价基准（服务数量）	竞价参数（服务单价）
控制价阶段	预定服务数量	预定服务单价
签约价阶段	预定服务数量	中标服务单价
决算价阶段	预定服务数量	中标服务单价
调整价阶段	实际服务数量	调整服务单价

需要特别说明的是，在控制价阶段第 2.1 类公式（表 44.6）中的第 1 条“服务单价”，以及第 2.2 类公式（表 44.7）中的第 3 条“政府付费服务单价”该如何计算的问题？将表 48.2 中的各项预计成本与回报代入财务模型中，计算出来的服务单价就是预定服务单价。

表 48.2 控制价阶段预定服务单价的计算

各项预计成本与回报	计算或取值方式
预计建设成本	预计建设成本 = 估概算建设投资 ×（1 - 预定工程下浮率）
预计运营成本	各项预计运营固定成本以及变动成本
预计融资利率	预计融资利率 = LPR ×（1 + 融资利率浮动率）
预定税费成本	投标基准日各项税费
预定投资回报	预计内部收益率

三、调整价阶段调整服务单价的计算公式

第 2.1 类公式（表 44.6）中的第 1 条“服务单价”，如何计算“调整后的服务单价”；第 2.2 类公式（表 44.7）中的第 3 条“政府付费服务单价”，如何计算“调整后的政府付费单价”；第 2.3 类公式（表 44.8）中的第 4 条“服务单价”如何计算“调整后的服务单价”如表 48.3 所示。

表 48.3 调整服务单价的计算公式①

1. $P_n = P_n \times (1 + V)$
2. $P_n = P_0 \times K_0$
3. $K_n = a + b \times (L_n/L_0) + c \times (E_n/E_0) + d\ (M_n/M_0) + \cdots\cdots$
4. P_n是第 n 期调整后的服务单价
（1）第 2.1 类公式是指第 n 期调整后的服务单价（含增值税）
（2）第 2.2 类公式是指第 n 期调整后的政府付费单价（含增值税）
5. P_0
（1）第 2.1 类公式是指服务单价基准日②的中标服务单价（不含增值税）
（2）第 2.2 类公式是指服务单价基准日的中标政府付费单价（不含增值税）
6. V 是服务单价适用的增值税税率
7. K_n是第 n 期的服务单价调整系数
8. a 是指某项不予调整的成本要素（不含增值税）在单价付费数额（不含增值税）中所占的比例；b、c、d……是指各项调整的成本要素（不含增值税）在单价付费数额（不含增值税）中所占的比例：$a + b + c + d + \cdots\cdots = 1$
9. L_n、E_n、M_n……是指第 n 期成本指数或是参考价格
10. L_0、E_0、M_0是指签约时或是投标基准日的成本指数或是参考价格

---

① 相关合同条文内容请参见《附录二 F 市 PPP 项目合同》第 1.1.3.2 条的规定。

② 相关合同条文内容请参见《附录二 F 市 PPP 项目合同》第 14.5 条的规定。《“金准 IRR 调价法”之原理、方法和应用建议》一文中提到提价需要考虑不能超过中标时的 IRR，因此建议调价公式应设为 $P_i = K \times P_0$，$K = C_i\ (\emptyset_{ij-1}) + 1$，笔者认为具有相当的参考价值。

此外，有关运营成本调整的计算，还会涉及自然年①与顺延年的问题。所谓自然年是指每年的 1 月 1 日起至 12 月 31 日止，但是如果签约日期是 2019 年 3 月 1 日，合约约定以签约日作为自然年的起算日，则签约后的第一个自然年是指 2019 年 3 月 1 日起至 2019 年 12 月 31 日止，第二个自然年是指 2020 年 1 月 1 日起至 2020 年 12 月 31 日。而顺延年是指从起算日开始往后顺延 12 个月，也就是说如果签约日是 2019 年 10 月 1 日，合约约定以签约日作为顺延年的起算日，则签约后的第一个顺延年是指 2019 年 10 月 1 日起至 2020 年 9 月 30 日止。当 PPP 项目进入运营期后，有关运营期限的计算常见以顺延年的方式计算，例如：工程验收合格的时间在 2019 年 9 月 30 日，则运营期会从 2019 年 10 月 1 日起算，而运营期第一年是指 2019 年 10 月 1 日起至 2020 年 9 月 30 日止。

至于运营成本的调整周期②，实践中常见 PPP 合同中采用自然年的算法，和运营期以顺延年的计算方式不一样，如何协调彼此的冲突，必须就具体的情况个别处理。此外，这里还有个问题需要讨论的是，各级政府发布统计年鉴都是以自然年整年度为单位发布的，但是发布的时间通常会稍晚几个月，例如：2020 年 3 月发布 2019 年全年的统计年鉴，如果 2020 年 1 月 1 日刚好是运营成本的调整周期，这个时候 2019 的统计年鉴还没发布，该如何进行运营成本的调整？有关这个问题，可以在 PPP 合约中这样约定："1. 每次调价工作自价格调整当年统计年鉴数据发布之日开始，六十日内确定调整后的服务单价，调整后的服务单价自价格调整当年的 1 月 1 日起执行。2. 调整后的服务单价确定后，应将当年 1 月 1 日至调价完成期间，所对应应调整运营服务费差额款项，在调价完成后支付运营服务费时，一次性结清并支付完毕。"

☆有关自然年和顺延年的相关问题，请见视频微观点 48.1【自然年与顺延年有何区别?】

---

① 相关合同条文内容请参见《附录二　F 市 PPP 项目合同》第 1.1.3.13 条的规定。

② 请读者思考一下以下几个概念的内涵：建设期、运营期、合作期间、付费周期、调整周期、自然年、顺延年、重定价周期。

第四十九章　总价付费系列付费控制案例讨论

——市政道路、学校项目、项目付费数额公式纵向整理（一）

一、概述

本书进入第九篇后，内容会有比较多的概念及公式，读者可能觉得比较抽象不好理解，因此本章将针对各种付费类型所涉及付费控制的相关问题，以案例的方式进行说明。笔者之前介绍的付费类型总共有六类，除了“单价＋单价付费”类型在实践中较少使用外，其余五种付费类型如何进行付费控制，本书都会进行案例介绍。“单价＋总价付费”收费公路案例、“单价付费”类型污水处理厂案例，本书将于第五十章中说明；“总价＋单价付费”F市乡镇污水处理厂案例，本书将于第五十四章中说明。本章将针对总价付费系列，即“总价＋总价付费”市政道路案例，以及“总价付费”学校项目如何进行付费控制进行案例说明，此外笔者还会将这两类付费类型的项目付费数额公式，按纵向付费控制的四个阶段进行整理。

二、“总价＋总价付费”的付费控制案例1——市政道路

（一）项目概况

某市政道路PPP项目，合作期间12年，其中建设期2年、运营期10年，可研报告中的建设投资金额为5.5亿元，签约或投标基准日LPR为4.7%，运营期项目公司针对市政道路进行维护和小修，运营成本为每年1,000万元；本项目性质为非经营性项目，付费主体是政府，计费类型采用“总价＋总价付费”，计算方式为等额本息年金公式，付费周期为进入运营期后，每顺延年年底付费；运营期前两年不调整付费，之后每两年进行一次调整付费。基于计算方便的考虑，调价暂不考虑增值税的问题。

（二）付费控制

由于本案例采用“总价＋总价付费”，项目付费数额公式应该采用第1.2类公式（表44.4），横向付费控制采用成本回报控制，竞价参数为工程下浮率、运营成本下浮率、付费利率i值、融资利率浮动率，假设绩效考核违约金为零的前提下，项目付费数额公式如表49.1.1所示。

表 49.1.1　"总价 + 总价"项目付费数额公式

1. 项目付费数额 = 建设服务费（总价付费）+运营服务费（总价付费）+调整付费
2. 调整付费 = 运营成本调整付费 + 贷款市场报价利率（LPR）调整付费

（三）控制价阶段

表 49.1.1"总价 + 总价"项目付费数额公式控制价阶段应调整如下：

表 49.1.2　"总价 + 总价"项目付费数额公式（控制价阶段）

1. 控制价项目付费数额 = 建设服务费（总价付费）+运营服务费（总价付费）
2. 建设服务费：将让利的工程总投资、预定付费利率 i 值、付费周期 n 值代入表 43.3、表 43.4 或表 43.5 的公式中所得的数额
3. 让利的工程总投资 = 估算或概算建设投资 ×（1 - 中标工程下浮率）+建设期利息
4. 运营服务费 = 预定运营成本 ×（1 - 预定运营成本下浮率）

本案例中建设投资估算为 5.5 亿元，预定融资利率浮动率为 15%，计算出来的建设期利息为 0.2331 亿元，预定工程下浮率 2%，得出让利的工程总投资为 5.6231 亿元；预定付费利率 i 值为 8%、运营期间 10 年，代入等额本息年金公式后，计算出来的控制价建设服务费数额为 0.8380 亿元；预定运营成本每年为 1,000 万元，预定运营成本下浮率 2%，计算出来的控制价运营服务费为 0.0980 亿元；控制价建设服务费和控制价运营服务费两者相加，计算出来各期控制价项目付费数额为 0.9360 亿元。

本案例的竞价参数控制价如果设定为预定工程下浮率 2%、预定运营成本下浮率 2%、预定付费利率 i 值 8%、预定融资利率浮动率 15%，因此投标人投标时，填写工程下浮率及运营成本下浮率不得低于 2%，填写付费利率 i 值时不得高于 8%，融资利率浮动率不得高于 15%，所以按投标人的竞价参数代入表 49.1.2 公式计算出来的各期项目付费数额不高于 0.9360 亿元。

表 49.1.3　案例 1 各期控制价项目付费数额

	计价项目		数额
1a	建设投资估算（亿元）		5.5000
1b	建设期利息		0.2331
1c	<u>预定</u>工程下浮率		2.0000%
1d	让利工程总投资（亿元）	1d = 1a ×（1 - 1c）+1b	5.6231
1f	<u>预定</u>付费利率 i 值		8.0000%
1g	期间（年）		10.0000

续表

	计价项目	数额
1h	**控制价建设服务费（亿元）** 1h = －PMT（1f，1g，1d）	0.8380
2a	预定运营成本（亿元）	0.1000
2b	预定运营成本下浮率	2.0000%
2c	**控制价运营服务费（亿元）** 2c = 2a ×（1 － 2b）	0.0980
3	**控制价项目付费数额** 3 = 1h + 2c	0.9360

（四）签约价阶段

表49.1.1“总价 + 总价”项目付费数额公式签约价阶段应调整如下：

表49.1.4 “总价 + 总价”项目付费数额公式（签约价阶段）

1. 签约价项目付费数额 = 建设服务费（总价付费） + 运营服务费（总价付费）
2. 建设服务费：让利的工程总投资、中标付费利率 i 值、付费周期 n 值代入表43.3、表43.4或表43.5的公式中所得的数额
3. 让利的工程总投资 = 估算或概算建设投资 ×（1 － 预定工程下浮率） + 建设期利息
4. 运营服务费 = 预定运营成本 ×（1 － 中标运营成本下浮率）

本案例投资人中标的竞价参数为：中标工程下浮率3%、中标付费利率 i 值7%、中标融资利率浮动率10%、中标运营成本下浮率3%，皆符合控制价阶段竞价参数的要求。

建设投资估算为5.5亿元，中标融资利率浮动率为10%，计算出来的建设期利息0.2207亿元，中标工程下浮率3%，得出让利的工程总投资5.5557亿元；中标付费利率 i 值为7%、运营期间10年，代入等额本息年金公式后，计算出来的签约价建设服务费数额为0.7910亿元。

预定运营成本每年为1,000万元，中标运营成本下浮率3%，计算出来的签约价运营服务费为0.097亿元；签约价建设服务费和签约价运营服务费相加，计算出来各期签约价项目付费数额为0.8880亿元。由此可以看出，各期签约价项目付费数额为0.8880亿元，未超出各期控制价项目付费数额0.9360亿元，付费数额受到控制。

表49.1.5 案例1各期签约价项目付费数额

	计价项目	数额
1a	建设投资估算（亿元）	5.5000
1b	建设期利息	0.2207

续表

	计价项目		数额
1c	中标工程下浮率		3.0000%
1d	让利工程总投资（亿元）	1d = 1a ×（1 - 1c）+ 1b	5.5557
1f	中标付费利率 i 值		7.0000%
1g	期间（年）		10.0000
1h	**签约价建设服务费（亿元）**	1h = - PMT（1f，1g，1d）	0.7910
2a	预定运营成本（亿元）		0.1000
2b	中标运营成本下浮率		3.0000%
2c	**签约价运营服务费（亿元）**	2c = 2a ×（1 - 2b）	0.0970
3	**签约价项目付费数额**	3 = 1h + 2c	0.8880

（五）决算价阶段

表 49.1.1“总价 + 总价”项目付费数额公式决算价阶段应调整如下：

表 49.1.6　“总价 + 总价”项目付费数额公式（决算价阶段）

1. 决算价项目付费数额 = 建设服务费（总价付费）+ 运营服务费（总价付费） 2. 建设服务费：让利的工程总投资、中标付费利率 i 值、付费周期 n 值代入表 43.3、表 43.4 或表 43.5 的公式中所得的数额 3. 让利的工程总投资 = 决算建设投资 ×（1 - 中标工程下浮率）+ 建设期利息 4. 运营服务费 = 预定运营成本 ×（1 - 中标运营成本下浮率）

建设投资决算为 5 亿元，中标融资利率浮动率为 10%，计算出来的建设期利息 0.2006 亿元，中标工程下浮率 3%，得出让利的工程总投资 5.0506 亿元；中标付费利率 i 值为 7%、运营期间 10 年，带入等额本息年金公式后，计算出来的决算价建设服务费数额为 0.7191 亿元。

预定运营成本每年为 1,000 万元，中标工程下浮率 3%，计算出来的决算价运营服务费为 0.097 亿元；决算价建设服务费和决算价运营服务费相加，计算出来的案例 1 决算价阶段各期决算价项目付费数额为 0.8161 亿元。由此可以看出，各期决算价项目付费数额为 0.8161 亿元，未超出各期控制价项目付费数额 0.9360 亿元，付费数额受到控制。

表 49.1.7 案例 1 各期决算价项目付费数额

	计价项目	数额
1a	建设投资估算（亿元）	5.0000
1b	建设期利息	0.2006
1c	中标工程下浮率	3.0000%
1d	让利工程总投资（亿元） 1d = 1a ×（1 - 1c）+ 1b	5.0506
1f	中标付费利率 i 值	7.0000%
1g	期间（年）	10.0000
1h	**决算价建设服务费（亿元）** 1h = - PMT（1f，1g，1d）	0.7191
2a	预定运营成本（亿元）	0.1000
2b	中标运营成本下浮率	3.0000%
2c	**决算价运营服务费（亿元）** 2c = 2a ×（1 - 2b）	0.0970
3	**决算价项目付费数额** 3 = 1h + 2c	0.8161

（六）调整价阶段

表 49.1.1 "总价 + 总价" 项目付费数额公式调整价阶段应调整如下：

表 49.1.8 "总价 + 总价" 项目付费数额公式（调整价阶段）

1. 调整价项目付费数额 = 决算价项目付费数额 + 调整付费
2. 调整付费：运营成本调整付费 + 贷款市场报价利率（LPR）调整付费

本案例有关运营服务费调整数额的计算，签约价运营服务费 0.0970 亿元，假设第三年运营成本调整付费系数为 1.8，计算出来的第三年调整后运营服务费为 0.1746 亿元，第三年运营服务费调整数额 0.0776 亿元；第五年运营成本调整付费系数为 2，计算出来的第五年调整后运营服务费为 0.1940 亿元，第五年运营服务费调整数额为 0.0970 亿元。

有关 LPR 调整付费数额的计算，签约时 LPR 为 4.7%，中标融资利率浮动率为 10%，计算出来的融资利率为 5.17%，假设第三年的 LPR 为 5.1%，则第三年利率调整系数为 0.44%，第三年未还款金额 3.57 亿元，计算出第三年 LPR 调整付费数额为 0.0157 亿元；假设第五年的 LPR 为 5.5%，则第五年利率调整系数为 0.88%，第五年未还款金额 2.9136 亿元，计算出第五年 LPR 调整付费数额为 0.0256 亿元。

各期调整价项目付费数额的计算：决算价项目付费数额 0.8161 亿元，加上第三年运营成本调整付费，以及第三年 LPR 调整付费，第三年调整价项目付费数额为 0.9094 亿元；决算价项目付费数额 0.8161 亿元，加上第五年运营成本调整付费，再加上第五年 LPR 调整付费数额，第五年调整价项目付费数额为 0.9387 亿元。

第五年调整价项目付费数额 0.9387 亿元，已经超过控制价项目付费数额 0.9360 亿元，理论上预定运营成本以及预定 LPR 的控制价应该要重新调整及审批，但是目前制度是调整财政承受能力。

表 49.1.9 案例 1 各期调整价项目付费数额

	调整价付费计算		数额
1a	签约价运营服务费（亿元）		0.0970
1b	第三年运营成本调整付费系数		1.8000
1c	第五年运营成本调整付费系数		2.0000
1d	第三年调整后运营服务费（亿元）	1d = 1a × 1b	0.1746
1f	第五年调整后运营服务费（亿元）	1f = 1a × 1c	0.1940
1g	**第三年运营成本调整付费数额（亿元）**	1g = 1d − 1a	0.0776
1h	**第五年运营成本调整付费数额（亿元）**	1h = 1f − 1a	0.0970
2a	签约时 LPR		4.7000%
2b	第三年 LPR		5.1000%
2c	第五年 LPR		5.5000%
2d	中标融资利率浮动率		10.0000%
2e	融资利率	2e = 2a ×（1 + 2d）	5.1700%
2f	第三年利率调整系数	2f =（（2b − 2a）/2a）× 2e	0.4400%
2g	第五年利率调整系数	2g =（（2c − 2a）/2a）× 2e	0.8800%
2h	第三年未还款金额（亿元）		3.5740
2i	第五年未还款金额（亿元）		2.9136
2j	**第三年 LPR 调整付费数额（亿元）**	2j = 2f × 2h	0.0157
2k	**第五年 LPR 调整付费数额（亿元）**	2k = 2g × 2i	0.0256
3a	决算价项目付费数额		0.8161
3b	**第三年调整价项目付费数额**	3b = 3a + 1g + 2j	0.9094
3c	**第五年调整价项目付费数额**	3c = 3a + 1h + 2k	0.9387

表 49.1.10　1.2 类付费公式横向付费控制四阶段的调整

	建设成本		运营成本		融资成本	
付费公式 表 49.1	建设投资	工程下浮率	运营成本	运营成本 下浮率	LPR	融资利率 浮动率
控制价表 49.2	估概算	预定	预定	预定	×	预定
签约价表 49.4	估概算	中标	预定	中标	×	中标
决算价表 49.6	决算	中标	预定	中标	×	中标
调整价 表 49.8 表 49.9 表 49.10	决算	中标	预定	中标	×	中标

三、“总价付费”的付费控制案例 2——学校项目

（一）项目概况

某市学校 PPP 项目，合作期间 15 年，其中建设期 3 年、运营期 12 年，签约或投标基准日 LPR4.7%，可研报告中的建设投资金额为 25 亿元，运营期项目公司针对学校进行维护和小修，运营成本为每年 3000 万元；本项目性质为非经营性项目，付费主体是政府，计费类型采用“总价付费”，计算方式采用财务模型，付费周期为进入运营期后，每顺延年年底付费；运营期前两年不调整付费，之后每两年进行一次调整付费。基于计算方便的考虑，调价暂不考虑增值税的问题。

（二）付费控制

由于本案例采用“总价付费”，项目付费数额公式应该采用第 1.1 类公式（表 44.3），横向付费控制采用成本回报控制，竞价参数为工程下浮率、运营成本下浮率、内部收益率、融资利率浮动率，假设绩效考核违约金为零的前提下，项目付费数额公式如表 49.2.1 所示。

表 49.2.1　“总价”项目付费数额公式

1. 项目付费数额 = 基本服务费（总价付费）+ 调整付费
2. 调整付费 = 运营成本调整付费 + 贷款市场报价利率（LPR）调整付费

需要特别说明的是，如果内部收益率选用的是融资后税后内部收益率，则融资利率浮动率只用于调价，如果内部收益率选用的是社会资本方税前内部收益率，则融资利率浮动率同时用于计算项目付费数额及调价。

（三）控制价阶段

表 49.2.1　“总价”项目付费数额公式控制价阶段应调整如下：

表 49.2.2　“总价”项目付费数额公式（控制价阶段）

1. 控制价项目付费数额 = 基本服务费（总价付费）
2. 基本服务费：让利的建设成本、让利的运营成本、让利的融资利率、税费成本、预定内部收益率①带入财务模型所得的数额
3. 让利的建设成本 = 估算或概算建设投资 ×（1 - 预定工程下浮率）
4. 让利的运营成本 = 预定运营成本 ×（1 - 预定运营成本下浮率）
5. 让利的融资利率 = 签约时或投标基准日贷款市场报价利率（LPR）×（1 + 预定融资利率浮动率）

本案例中建设投资估算为 25 亿元、预定运营成本 3000 万元、预定工程下浮率 2%、预定运营成本下浮率 2%、预定融资利率浮动率为 20%、预定融资前税后内部收益率为 6.5%，带入财务模型后，计算出来各期控制价项目付费数额为 3.604 亿元。投标人投标时，填写工程下浮率及运营成本下浮率不得低于 2%，填写融资利率浮动率时不得高于 20%，填写融资前税后内部收益率不得高于 6.5%，所以投标人填写的竞价参数计算出来项目付费数额不得高于 3.604 亿元。

（四）签约价阶段

表 49.2.1“总价”项目付费数额公式签约价阶段应调整如下：

表 49.2.3　“总价”项目付费数额公式（签约价阶段）

1. 签约价项目付费数额 = 基本服务费（总价付费）
2. 基本服务费：让利的建设成本、让利的运营成本、让利的融资利率、税费成本、中标内部收益率带入财务模型所得的数额
3. 让利的建设成本 = 估算或概算建设投资 ×（1 - 中标工程下浮率）
4. 让利的运营成本 = 预定运营成本 ×（1 - 中标运营成本下浮率）
5. 让利的融资利率 = 签约时或投标基准日贷款市场报价利率（LPR）×（1 + 中标融资利率浮动率）

本案例在签约价阶段，中标工程下浮率 3%、中标运营成本下浮率 3%、中标融资利率浮动率 17%、中标融资前税后内部收益率为 5.77%，带入财务模型后，计

① 为何除了税费成本及内部收益率之外，建设成本、运营成本、融资利率全都加上“让利的”？会在概念前加上“让利的”，是因为该概念的横向付费控制有定价基准和竞价参数，而内部收益率只有竞价参数而没有定价基准，所以概念前不加上“让利的”，直接加上“预定”或“中标”，至于税费成本不参与竞价，所以概念前不加上任何的形容词。

算出来的签约价项目付费额为3.37亿元。由此可以看出，各期签约价阶段项目付费数额为3.37亿元，未超出各期控制价项目付费数额3.604亿元，付费数额受到控制。

（五）决算价阶段

表49.2.1“总价”项目付费数额公式决算价阶段应调整如下：

表49.2.4 “总价”项目付费数额公式（决算价阶段）

1. 决算价项目付费数额=基本服务费（总价付费）
2. 基本服务费：让利的建设成本、让利的运营成本、让利的融资利率、税费成本、中标内部收益率带入财务模型所得的数额
3. 让利的建设成本=决算建设投资×（1-中标工程下浮率）
4. 让利的运营成本=预定运营成本×（1-中标运营成本下浮率）
5. 让利的融资利率=签约时或投标基准日贷款市场报价利率（LPR）×（1+中标融资利率浮动率）

本案例在决算价阶段，建设投资决算为20亿元、中标工程下浮率3%、中标运营成本下浮率3%、中标融资利率浮动率17%、中标融资前税后内部收益率为5.77%，带入财务模型后，计算出来的决算价项目付费额为2.756亿元。由此可以看出，各期决算价控制价项目付费数额为2.756亿元，未超出各期控制价项目付费数额为3.604亿元，付费数额受到控制。

（六）调整价阶段

表49.2.1“总价”项目付费数额公式调整价阶段应调整如下：

表49.2.5 “总价”项目付费数额公式（调整价阶段）

1. 调整价项目付费数额=决算价项目付费数额+调整付费
2. 调整付费：运营成本调整付费+贷款市场报价利率（LPR）调整付费

本案例有关运营成本调整数额的计算，预计运营成本0.3亿元，假设第五年运营成本调整付费系数为1.4，计算出来的第五年调整后让利的运营成本0.4074亿元，第五年运营成本调整付费数额0.1164亿元；假设第七年运营成本调整付费系数为1.8，计算出来的第七年调整后让利的运营成本0.5238亿元，第七年运营成本调整付费数额0.2328亿元。

有关LPR调整付费数额的计算，签约时LPR为4.7%，中标融资利率浮动率17%，计算出来的融资利率为5.499%，第五年利率调整系数为0.234%，第五年未还款金额14.34亿元，计算出第五年LPR调整付费数额为0.0335亿元，第七年利率调整系数为0.585%，第七年未还款金额12.05亿元，计算出第七年LPR调整付费数额为 0.0705 亿元。

各期调整价项目付费数额的计算：决算价项目付费数额 2.756 亿元，加上第五年运营成本调整付费，以及第五年 LPR 调整付费，第五年调整价项目付费数额为 2.9059 亿元；决算价项目付费数额 2.756 亿元，加上第七年运营成本调整付费，以及第七年 LPR 调整付费数额，第七年调整价项目付费数额为 3.0593 亿元。调整价项目付费数额未超出控制价阶段项目付费数额为 3.604 亿元，付费数额受到控制。

表 49.2.6　案例 2 各期调整价项目付费数额

	调整价付费计算		数额
1a	预计运营成本（亿元）		0.3000
1b	中标运营成本下浮率		3.0000%
1c	让利的运营成本	1c = 1a ×（1 − 1b）	0.2910
1d	第五年运营成本调整系数		1.4000
1f	第七年运营成本调整系数		1.8000
1g	第五年调整后让利的运营成本（亿元）	1g = 1c × 1d	0.4074
1h	第七年调整后让利的运营成本（亿元）	1h = 1c × 1f	0.5238
1i	**第五年运营成本调整付费数额（亿元）**	1i = 1g − 1c	0.1164
1j	**第七年运营成本调整付费数额（亿元）**	1j = 1h − 1c	0.2328
2a	LPR		4.7000%
2b	第五年调整后 LPR		4.9000%
2c	第七年调整后 LPR		5.2000%
2d	中标融资利率浮动率		17.0000%
2e	融资利率	2e = 2a ×（1 + 2d）	5.4990%
2f	第五年利率调整系数	2f =（（2b − 2a）/2a）× 2e	0.2340%
2g	第七年利率调整系数	2g =（（2c − 2a）/2a）× 2e	0.5850%
2h	第五年未还款金额（亿元）		14.34
2i	第七年未还款金额（亿元）		12.05
2j	**第五年 LPR 调整付费数额（亿元）**	2j = 2f × 2h	0.0335
2k	**第七年 LPR 调整付费数额（亿元）**	2k = 2g × 2i	0.0705
3a	决算价项目付费数额（亿元）		2.7560
3b	**第五年调整价项目付费数额**	3b = 3a + 1i + 2j	2.9059
3c	**第七年调整价项目付费数额**	3c = 3a + 1j + 2k	3.0593

表 49.2.7　1.1 类付费公式横向付费控制四阶段的调整

	建设成本		运营成本		融资成本		投资回报
付费公式 表 49.2.1	建设投资	工程 下浮率	运营 成本	运营成本 下浮率	LPR	融资利率 浮动率	内部收益率
控制价 表 49.2.2	估概算	预定	预定	预定	预定	预定	预定
签约价 表 49.2.3	估概算	中标	预定	中标	预定	中标	中标
决算价 表 49.2.4	决算	中标	预定	中标	预定	中标	中标
调整价 表 49.2.5 表 49.2.6 表 49.2.7	决算	中标	预定	中标	预定	中标	中标

第五十章　单价+总价付费、单价付费类型付费控制案例讨论

——收费公路、污水处理厂项目、项目付费数额公式纵向整理（二）

一、概述

“单价+总价付费”类型的付费公式是第 1.3 类项目付费数额公式（表 44.5），所采取的横向付费控制方式为成本回报控制。“单价付费”类型的付费公式是第 2.1 类项目付费数额公式（表 44.6），所采取的横向付费控制方式为计价控制。本章将延续前一章的内容，针对“单价+总价付费”收费公路案例、“单价付费”类型污水处理厂案例，如何进行付费控制进行说明。此外笔者还会将这两类付费类型的项目付费数额公式，按纵向付费控制的四个阶段进行整理。

二、“单价+总价付费”的付费控制案例 3——收费公路

（一）项目概况

某收费公路 PPP 项目，合作期间 30 年，其中建设期 3 年、运营期 27 年，签约

或投标基准日的 LPR 为 4.7%，可研报告中的建设投资金额为 33 亿元，运营期项目公司针对公路进行维护和小修，运营成本为每年 2,000 万元，预测每年使用者付费数额 5,000 万元；本项目性质为可行性缺口补助项目，付费主体是政府及使用者，计费类型采用"单价 + 总价付费"，计算方式采用财务模型，付费周期为进入运营期后，每顺延年年底付费。基于计算方便的考虑，调价暂不考虑增值税的问题。

（二）付费控制

由于本案例采用"单价 + 总价付费"，项目付费数额公式应该采用第 1.3 类公式（表 44.5），横向付费控制采用成本回报控制，竞价参数为工程下浮率、运营成本下浮率、内部收益率、融资利率浮动率，在假设绩效考核违约金为零的前提下，项目付费数额公式如表 50.1.1 所示。

表 50.1.1　"单价 + 总价"项目付费数额公式

1. 项目付费数额 = 使用者付费（单价付费）+ 政府缺口补助（总价付费）+ 调整付费
2. 调整付费 = 运营成本调整付费 + 贷款市场报价利率（LPR）调整付费

（三）控制价阶段

表 50.1.1"单价 + 总价"项目付费数额公式控制价阶段应调整如下：

表 50.1.2　"单价 + 总价"项目付费数额公式（控制价阶段）

1. 控制价项目付费数额 = 使用者付费（单价付费）+ 政府缺口补助（总价付费）
2. 使用者付费 = 预定服务单价 × 预定服务数量
3. 政府缺口补助：使用者付费、让利的建设成本、让利的运营成本、让利的融资利率、税费成本、预定内部收益率带入财务模型中所得的数额
4. 让利的建设成本 = 估算或概算建设投资 ×（1 − 预定工程下浮率）
5. 让利的运营成本 = 预定运营成本 ×（1 − 预定运营成本下浮率）
6. 让利的融资利率 = 签约时或投标基准日贷款市场报价利率（LPR）×（1 + 预定融资利率浮动率）

本案例中建设投资估算为 33 亿元、预定运营成本 2,000 万元、预测每年使用者付费数额 5,000 万元、预定工程下浮率 2%、预定运营成本下浮率 2%、预定融资利率浮动率为 15%、预定融资前税后内部收益率为 6.5%，带入财务模型后，计算出来各期控制价政府缺口补助数额为 2.905 亿元。投标人投标时，填写工程下浮率及运营成本下浮率不得低于 2%，填写融资利率浮动率时不得高于 15%，填写预定融资前税后内部收益率不得高于 6.5%，所以投标人填写的竞价参数计算出来政府缺口补助数额不可以高于 2.905 亿元。

（四）签约价阶段

表 50.1.1"单价 + 总价"项目付费数额公式签约价阶段应调整如下：

表 50.1.3 “单价 + 总价”项目付费数额公式（签约价阶段）

1. 签约价项目付费数额 = 使用者付费（单价付费）+政府缺口补助（总价付费）
2. 使用者付费 = 预定服务单价 × 预定服务数量
3. 政府缺口补助：使用者付费、让利的建设成本、让利的运营成本、让利的融资利率、税费成本、中标内部收益率带入财务模型中所得的数额
4. 让利的建设成本 = 估算或概算建设投资 ×（1 - 中标工程下浮率）
5. 让利的运营成本 = 预定运营成本 ×（1 - 中标运营成本下浮率）
6. 让利的融资利率 = 签约时或投标基准日贷款市场报价利率（LPR）×（1 + 中标融资利率浮动率）

本案例在签约价阶段，中标工程下浮率3%、中标运营成本下浮率3%、中标融资利率浮动率12%、中标融资前税后内部收益率为6.21%，带入财务模型后，计算出来的各期签约价政府补助数额为2.725 亿元。由此可以看出，各期签约价政府缺口补助数额为2.725 亿元，未超出各期控制价政府缺口补助数额2.905 亿元，付费数额受到控制。

（五）决算价阶段

表50.1.1“单价 + 总价”项目付费数额公式决算价阶段应调整如下：

表 50.1.4 “单价 + 总价”项目付费数额公式（决算价阶段）

1. 决算价项目付费数额 = 使用者付费（单价付费）+政府缺口补助（总价付费）
2. 使用者付费 = 预定服务单价 × 预定服务数量
3. 政府缺口补助：使用者付费、让利的建设成本、让利的运营成本、让利的融资利率、税费成本、中标内部收益率带入财务模型中所得的数额
4. 让利的建设成本 = 决算建设投资 ×（1 - 中标工程下浮率）
5. 让利的运营成本 = 预定运营成本 ×（1 - 中标运营成本下浮率）
6. 让利的融资利率 = 签约时或投标基准日贷款市场报价利率（LPR）×（1 + 中标融资利率浮动率）

本案例在决算价阶段，建设投资决算为30 亿元、中标工程下浮率3%、中标运营成本下浮率3%、中标融资利率浮动率12%、中标融资前税后内部收益率为6.21%，带入财务模型后，计算出来的各期决算价政府缺口补助数额为2.45 亿元。由此可以看出，各期决算价政府缺口补助数额为2.45 亿元，未超出各期控制价政府缺口补助数额2.905 亿元，付费数额受到控制。

（六）调整价阶段

表50.1.1“单价 + 总价”项目付费数额公式调整价阶段的调整和表49.2.5、表49.2.6相同，此不赘述。

本案例有关运营成本调整数额的计算，预计运营成本0.2 亿元，假设第五年运营成本调整付费系数为 1.4，计算出来的第五年调整后让利的运营成本 0.2716 亿元，第五年运营成本调整付费数额 0.0776 亿元；假设第七年运营成本调整付费系数为 1.8，计算出来的第七年调整后让利的运营成本 0.3492 亿元，第七年运营成本调整付费数额 0.1552 亿元。

有关 LPR 调整付费数额的计算，签约时 LPR 为 4.7%，中标融资利率浮动率为 12%，计算出来的融资利率为 5.264%；第五年调整后的 LPR 为 4.9%，利率调整系数为 0.224%，第五年未还款金额为 23.65 亿元，计算出第五年 LPR 调整付费数额为 0.053 亿元；第七年调整后的 LPR 为 5%，利率调整系数为 0.336%，第七年未还款金额 22.67 亿元，计算出第七年 LPR 调整付费数额为 0.0762 亿元。

调整价政府缺口补助数额的计算：决算价政府缺口补助数额 2.45 亿元，加上第五年运营成本调整付费，以及第五年 LPR 调整付费，第五年调整价政府缺口补助数额为 2.5806 亿元；决算价政府缺口补助数额为 2.45 亿元，加上第七年运营成本调整付费，以及第七年 LPR 调整付费数额，第七年调整价政府缺口补助数额为 2.6814 亿元。各期调整价政府缺口补助数额未超出各期控制价政府缺口补助数额 2.905 亿元，付费数额受到控制。

表 50.1.5　案例 3　各期调整价政府缺口补助数额

	调整价付费计算		数额
1a	预计运营成本（亿元）		0.2000
1b	中标运营成本下浮率		3.0000%
1c	让利的运营成本	1c = 1a ×（1 − 1b）	0.1940
1d	第五年运营成本调整系数		1.4000
1f	第七年运营成本调整系数		1.8000
1g	第五年调整后让利的运营成本（亿元）	1g = 1c × 1d	0.2716
1h	第七年调整后让利的运营成本（亿元）	1h = 1c × 1f	0.3492
1i	**第五年运营成本调整付费数额（亿元）**	1i = 1g − 1c	0.0776
1j	**第七年运营成本调整付费数额（亿元）**	1j = 1h − 1c	0.1552
2a	LPR		4.7000%
2b	第五年调整后 LPR		4.9000%
2c	第七年调整后 LPR		5.0000%
2d	中标融资利率浮动率		12.0000%
2e	融资利率	2e = 2a ×（1 + 2d）	5.2640%
2f	第五年利率调整系数	2f =（（2b − 2a）/2a）× 2e	0.2240%

续表

	调整价付费计算	数额
2g	第七年利率调整系数 $2g=((2c-2a)/2a)\times 2e$	0.3360%
2h	第五年未还款金额（亿元）	23.65
2i	第七年未还款金额（亿元）	22.67
2j	**第五年 LPR 调整付费数额（亿元）** $2j=2f\times 2h$	0.0530
2k	**第七年 LPR 调整付费数额（亿元）** $2k=2g\times 2i$	0.0762
3a	决算价阶段政府缺口补助数额（亿元）	2.4500
3b	**第五年调整价政府缺口补助数额** $3b=3a+1i+2j$	2.5806
3c	**第七年调整价政府缺口补助数额** $3c=3a+1j+2k$	2.6814

表 50.1.6　1.3 类付费公式横向付费控制四阶段的调整

	建设成本		运营成本		融资成本	
付费公式 表 50.1.1	建设投资	工程 下浮率	运营 成本	运营成本 下浮率	LPR	融资利率 浮动率
控制价 表 50.1.2	估概算	预定	预定	预定	预定	预定
签约价 表 50.1.3	估概算	中标	预定	中标	预定	中标
决算价 表 50.1.4	决算	中标	预定	中标	预定	中标
调整价 表 49.2.5 表 49.2.6 表 50.1.5	决算	中标	预定	中标	预定	中标

☆视频微观点 50.1【从收费公路项目以及学校项目谈单价 + 总价及总价两种付费机制】

三、“单价付费”的付费控制案例 4——城市污水处理厂

（一）项目概况

某城市污水处理厂 PPP 项目，合作期间 30 年，其中建设期 3 年、运营期 27 年，

按自然年计算，初步设计概算 7 亿元，运营期项目公司进行污水处理及设施维护，满载水量每年运营成本为 1,200 万元；本项目性质为使用者付费项目，计费类型采用单价付费，满载水量 10 万元吨/天，生产负荷为第 4 年 0.5、第 5 年 0.55、第 6 年 0.6、逐步递增至第 14 年满载，计算方式采用财务模型，付费周期为进入运营期后每自然月付费。基于计算方便的考虑，调价暂不考虑增值税的问题。

（二）付费控制

由于本案例采用"单价付费"，项目付费数额公式应该采用第 2.1 类公式（表 44.6），横向付费控制采用计价控制，竞价参数为服务单价与融资利率浮动率，假设绩效考核违约金与贷款市场报价利率（LPR）调整付费为零的前提下，项目付费数额公式如表 50.2.1 所示。

表 50.2.1　"单价项目"付费数额公式

项目付费数额 = 服务单价 × 服务数量

（三）控制价阶段

表 50.2.1"单价项目"付费数额公式控制价阶段应调整如下：

表 50.2.2　"单价项目"付费数额公式（控制价阶段）

1. 控制价项目付费数额 = 预定服务单价 × 预定服务数量 2. 预定服务单价：将预定建设成本、预定运营成本、预定融资利率、税费成本、预定内部收益率，带入财务模型中所得的数额

本案例中建设投资概算为 7 亿元、预定运营成本 1,200 万元、预定融资利率 5.41%（签约时或投标基准日 LPR4.7%、预定融资利率浮动率为 15%）、预定融资前税后内部收益率为 6.5%，满载水量 10 万元吨/天，生产负荷为第 4 年 0.5、第 5 年 0.55、第 6 年 0.6、逐步递增至第 14 年满载，第 5 年预计水量 2,007.5 万元吨/年，带入财务模型后，计算出来预定服务单价为 2.745 元/吨，第 5 年控制价项目付费数额为 5,510.59 万元。投标人投标时，填写服务单价不得高于 2.745 元/吨。

（四）签约与决算价阶段

表 50.2.1"单价项目"付费数额公式签约与决算价阶段应调整如下：

表 50.2.3　"单价项目"付费数额公式（签约与决算价阶段）

签约与决算价项目付费数额 = 中标服务单价 × 预定服务数量

本案例在签约与决算价阶段，中标服务单价 2.64 元/吨，中标融资利率浮动率 12%，第 5 年预计水量 2,007.5 万元吨/年，计算出来的第 5 年签约与决算价项目付

费额为5,299.8万元。由此可以看出，第5年签约与决算价项目付费数额为5,299.8万元，未超出第5年控制价项目付费数额5,510.59万元，付费数额受到控制。

（五）调整价阶段

表50.2.2“单价项目”付费数额公式调整价阶段应调整如下：

表50.2.4 “单价项目”付费数额公式（调整价阶段）

调整价项目付费数额 = 调整后的服务单价 × 实际服务数量

本案例在调整价阶段，假设第5年调整后的服务单价为2.72元/吨，实际服务数量2,020万元吨/年，计算出来的第5年调整价项目付费额为5,494.4万元。由此可以看出，第5年调整价项目付费数额为5,494.4万元，未超出第5年控制价项目付费数额为5,510.59万元，付费数额受到控制。

表50.2.5 2.1类付费公式横向付费控制四阶段的调整

	计价控制	
付费公式表50.2.1	服务数量	服务单价
控制价表50.2.2	预定	预定
签约价表50.2.3	预定	中标
决算价表50.2.3	预定	中标
调整价表50.2.4	实际	调整

☆视频微观点50.2【污水处理厂项目的两种付费机制】

第五十一章 如何设定PPP项目财务边界

——以F市某PPP项目为例

一、概述

本书在第三十八章中提到财务分析的三个环节，分别是：基础数据、财务模型与财务指标，读者可能会追问，到底该收集或整理哪些基础数据，财务模型中项目的现金流入与流出该如何安排，这些都涉及PPP项目财务的核心与边界条件（以下简称财务边界）如何设定的问题，本书拟从“四成本、一付费、一回报与财承”的角度分析财务边界该如何设定。“四成本”是指建设成本、运营成本、融资成本与税费成本，“一付费”是指付费机制，“一回报与财承”是指投资回报与政府方六年内的一般公共预算支出，本书从第九篇第四十三章到第五十章已经讨论了如何设定付费机制的问题，本章将针对此问题，进行最后的小结。

此外，财务分析是一门实操的学问，如果学习这门学问只是听听相关财务观念，而没有亲自进入实操环节，是无法掌握这门学问的。笔者在编写本书时，也考虑到学习财务模型的实操特性，所以拟讲解一个贯穿各章节的大案例，也就是“F市某PPP项目”，当然这个大案例会拆分为好几个环节，这些环节和各章节的内容都是相互对应的，当笔者讲述各章节的主旨内容后，随即会讲解大案例的相关环节，希望通过这样的安排可以达到比较好的学习效果。基于上述大案例讲解的安排，在进入如何编写财务报表的章节前，有必要针对F市某PPP项目的背景以及财务边界做一个完整的说明。

需要特别说明的是，PPP模式的项目评价与评估是贯穿项目全生命周期的，从纵向付费控制的四个阶段观察，由于PPP项目的成本呈现动态变化，所以不同阶段的评价与评估结果都不相同，其意义自然也不一样。本书如果没有特别说明，都是以控制价阶段作为PPP模式项目评价的时间点。

二、如何设定PPP项目财务边界

（一）建设成本、运营成本的财务边界设定

有关建设成本财务边界的设定涉及以下几个方面的问题：第一，政府方发起或是社会资本方发起，此涉及前期费用是支付给政府方还是支付给发起的社会资本

方；第二，政府所提供设计图纸的深度如何，此涉及对政府付费的金额应该是多少；第三，监理费用由实施机构支付还是由项目公司支付；第四，如何拆分建设投资为：对政府付费、项目公司建设期费用以及承包商费用，此涉及费用发生的时间以及增值税进项税率；第五，如何拆分承包商费用为一类费用加上预备费，以及其他二类费用，此涉及承包商的增值税进项税率是多少；第六，承包商的预付款、进度款以及质保金的付款条件如何设定；第七，无形资产的摊销年限是多少；第八，建设期有多久；第九，工程下浮率设定多少。

有关运营成本财务边界条件的设定涉及以下几个方面的问题：第一，如何将运营成本拆分为：维护成本、服务成本及运营期项目公司管理费；第二，确认维护成本中的小修、中修、期中大修、期末大修的金额、周期与摊销年限；第三，确认服务成本中的固定成本、变动成本以及生产负荷；第四，运营期有多久，是按自然年计算还是按顺延年计算；第五，运营成本下浮率设定多少。

（二）融资成本的财务边界设定

有关融资成本财务边界条件的设定涉及以下几个方面的问题：第一，项目资本金占工程总投资的比例是多少；第二，项目资本金一次到位还是分批到位；第三，贷款期限与还款宽限期有多长，还款方式采取等额本金还是等额本息；第四，是否引入基金，如果引入基金的股权投资比例是多少；第五，政府是否出资，如果政府出资，政府出资代表的股权比例是多少，政府出资代表是否抛弃分红或是剩余财产分配请求权；第六，联合体各成员的出资比例各是多少，彼此之间是否有股权回购的约定；第七，签约时或是投标基准日的LPR设定多少；第八，融资利率浮动率设定多少。

（三）付费机制的财务边界设定

有关付费机制的财务边界条件设定涉及以下几个方面的问题：第一，是否符合会计准则规定的政府补贴；第二，是否属于中央财政补贴不收增值税，是否符合所得税不征税收入、免征及减征的税收优惠。有关付费机制财务边界条件所涉及的问题，如表51.1所示。

表51.1　付费机制相关问题汇总表

1. 付费系列		总价付费系列		单价付费系列		混合付费系列	
2. 付费类型		总价	总价+总价	单价	单价+单价	总价+单价	单价+总价
3. 建设运营成本对应关系	建设运营分开算		√			√	
	建设运营一起算	√		√			
	使用缺口分开算				√		√

续表

4. 付费主体	政府付费	√	√	√			
	使用者付费			√			
	混合付费				√	√	√
5. 付费金额计算方式	公式		√				
	模型	√		√	√		√
	混合					√	
6. 项目付费公式	第一类公式	1.1 类	1.2 类				1.3 类
	第二类公式			2.1 类	2.2 类	2.3 类	
7. 横向付费控制	成本回报控制 4	√	√				√
	计价控制 2			√	√		
	混合控制 4					√	

（四）税费成本的财务边界设定

有关税费成本财务边界条件的设定涉及以下几个方面的问题：第一，“总价 + 总价付费”“总价 + 单价付费”以及“单价 + 总价付费”类型，增值税销项税率是一同认定还是分别认定；第二，其他付费类型的增值税销项税率是多少；第三，EPC 承包商及其他外包商的进项税率是多少；第四，项目所在地是在市级还是县级，此涉及附加税税率是多少；第五，是否因股权转让要课征所得税；第六，是否要课征房产税、土地使用税；第七，项目资产是否有转让所有权的情形，是否因此要课征契税、增值税以及土地增值税；第八，在应纳企业所得税税额的计算中，收入总额是否要扣除不征税收入（例如专项用途财政资金）、免税收入（例如三免三减半）以及各项扣除，是否要弥补五个年度内的亏损。

（五）投资回报与财政承受能力的财务边界

有关投资回报与财政承受能力财务边界条件的设定涉及以下几个方面的问题：第一，确认投资回报的竞价参数采用付费利率 i 值、融资前税后内部收益率，或是税前社会资本方内部收益率；第二，政府方六年内的一般公共预算支出是多少。

三、财务边界的设定——以 F 市某 PPP 项目为例

（一）项目背景说明

本案例名称为“F 市乡镇污水处理厂 PPP 项目”，F 市政府打算将其所管辖九个区县中的多个处理生活废水的污水处理厂打包成一个 PPP 项目，F 市政府这样做的原因在于这多个污水处理厂如果单个来做项目规模太小，在市场上找不到合适的

投资人，也担心银行不愿意贷款；此外，这九个区县都刚好位于贯穿F市的U河流域的区域内，为了做好U河流域的整治工作，有必要由F市统筹管理这多个污水处理厂，因此才会将这些小项目打包成一个PPP项目。F市市政府授权该市住建局为实施机构，项目合作期间为20年，建设期3年、运营期17年。

（二）建设成本的财务边界

（1）本项目由政府发起；（2）前期由政府主导的图纸设计已达到方案设计的深度；（3）建设期，由实施机构聘请监理单位对该项目进行监管；（4）建设投资估算金额为415,177.15万元，其中二类费用金额46,976.77万元。双方于PPP项目合同中约定，项目公司在PPP合同签订后30天内，应按约定对政府付费，付费内容包括前期报告费用344.97万元、征地拆迁费22,421.82万元、监理费用4,128.02万元以及建设单位管理费金额的一半（建设单位管理费金额为5,141.48万元，双方约定对半平分）；（5）项目公司和承包商签订的设计施工总承包合同中，双方约定工程款中预付款占合约金额的10%、进度款占合约金额的87%、质量保证金占合约金额的3%，缺陷责任期2年，质量保证金2年内每年各退还一半金额；（6）无形资产的摊销年限为17年；（7）建设期3年；（8）预计工程下浮率为3%。

（三）运营成本的财务边界

（1）本项目约定在合作期间第12年进行期中大修，第20年进行期末大修；（2）本项目生产负荷第4年0.6、第5年0.7、第6年0.8、第7年0.9、第8年~第20年达到满负荷；年满载水量运营成本为：年药剂费118.76万元（含税）、年电费686.99万元（含税）、年污泥处置费121.76万元（含税）、年紫外线灯管更换费18.65万元（含税）、职工工资与福利费691.2万元（含税）、年计提大修修理费1,785.57万元（含税）、其他费用含管理费170.21万元（含税）；（3）运营期间为17年。

（四）融资成本的财务边界

（1）项目公司注册资本为工程总投资的20%；（2）银行要求资本金必须于合作期间第一年全部到位；（3）贷款期限20年，还款宽限期3年，还款方式采用等额本息还款；（4）基金出资比例为注册资本的50%；（5）政府方出资比例为注册资本的20%，政府出资方代表同意放弃分红权以及剩余财产分配请求权；（6）承包商出资比例为注册资本的30%；（7）投标基准日LPR为4.8%；（8）融资利率浮动率为10%。

（五）付费机制的财务边界

（1）项目使用环保先进设备，按照相关规定政府建设期每年补助6,000万元，实施机构每年建设期支付建设期补贴1,000万元；（2）本项目进入运营期后增值税即征即返70%；（3）项目付费类型采用“总价+单价付费”类型，实施机构每月支付水厂管网建设服务费，付费金额按等额本息年金公式计算，公式中的现值为工程总投资、期数（n 值）为 204 个月（17×12=204），本项目每月可以收取污水处理费，付费方式为使用者单价付费；（4）日满载水量为 8.35 万吨，实施机构和项目公司双方没有约定保底水量①。

（六）税费成本的财务边界

（1）本项目增值税销项税率：建设期补贴 1,000 万元税率 9%，水厂管网建设服务费税率 9%，污水处理费税率 13%，环保设备政府每年补贴 6,000 万元没有销项税额。（2）本项目增值税进项税率：建设部分，承包商费用中，一类费用和预备费税率为 9%，二类费用税率为 6%，对政府付费及建设期项目公司管理费用没有进项税额；运营部分：药剂费税率 13%、电费税率 13%、污泥处置费税率 13%、紫外线灯管更换费税率 13%、大修费用税率 13%，职工工资与福利费及其他费用含管理费没有进项税额。（3）附加费税率：城建税税率 7%、教育费附加税率 3%、地方教育费附加税率 2%；印花税税率：营业账簿税率 0.0005×0.5、借款合同税率 0.00005、建筑工程安装承包合同税率 0.0003。（4）所得税税率 25%。

（七）投资回报与财承能力的财务边界

（1）预定融资前税后内部收益率为 6.5%；（2）F 市一般公共预算支出：2014 年 45 亿元，2015 年 38 亿元，2016 年 56 亿元，2017 年 61 亿元，2018 年 63 亿元，2019 年 64 亿元。本项目是 F 市第一个 PPP 项目，目前没有其他 PPP 项目。

☆有关边界条件线上收费课程，请见视频 51.1【基建投资边界条件的设定与风险防范——以 PPP 模式为例】

① 没有约定保底水量，请问本项目的资产性质是无形资产还是金融资产？

第十篇 PPP模式财务分析总表篇

第五十二章 竞价参数的选定与财务分析的任务

——如何编制竞价参数表（总表1）以及
财务指标汇总表（总表2）

一、如何编制竞价参数表（总表1）

本书第三十九章内容曾介绍过“2+6+6”的财务模型基本架构，也就是财务模型中有2张总表，6张辅助报表以及6张主要报表，而本书进入到第十篇后，将讨论PPP模式财务分析总表如何编制的问题。PPP模式财务模型基本架构中的2张总表，第一张是竞价参数表，笔者将此表编号为总表1，第二张是财务指标汇总表，笔者将此表编号为总表2。

有关于竞价参数表的编制，在编制之前必须经过以下几个步骤：第一，先确定PPP项目的付费类型，至于如何确定付费类型，本书的第四十三章有详细说明；第二，再确定横向付费控制方法，PPP模式横向付费控制，是针对投资人竞价程度的一种控制手段，换言之，横向付费控制关心的是，付费数额中投资人投标时让利到什么程度的问题，本书的第四十四章有详细说明；第三，最后确定竞价参数，竞价参数是指用来衡量投资人投标竞价让利程度的一种指标，而基于横向付费控制方法的不同，所选择的竞价参数也有所不同，具体的对应关系可以参阅本书表44.9的内容。经过上述三个步骤之后，将选定的竞价参数汇总到财务模型的总表1，就完成竞价参数汇总表的编制。

一般而言，在竞价参数汇总表中各项竞价参数，应该要设置投资人让利的底线，而投资人在填写竞价参数汇总表中的竞价参数时，让利的程度不可以少于设置的底线，而表中的竞价参数会连动到后续辅助报表中数额的计算，本书第五十四章将以案例具体说明竞价参数汇总表如何编制。

二、如何编制财务指标汇总表（总表2）

由于不同主体之间关注的财务问题也有所不同，因此在讨论财务分析的任务时，应该先问“你所说的财务分析任务，是站在谁的立场讨论的”。如果站在政府方立场讨论财务分析任务，其关注的问题是财务方案是否合规、付费金额是否合理、政府是否可以负担得起；如果站在银行的立场讨论财务分析任务，银行关心的问题是项目可否正常还款；如果站在投资人的立场讨论财务分析任务，投资人关心的问题是项目是否可以获利。虽然出于各方立场关注的问题都不相同，但是一个PPP项目要能够落地，肯定必须兼顾各方的核心需求，因此本书讨论的财务分析任务，综合了各方的需求与立场，区分为以下几个方面：第一，财务模型正确性；第二，财务方案合规性；第三，财务生存能力；第四，财务偿债能力；第五，财务获利能力；第六，计算成本要素比例。

既然是财务分析，每项财务任务都该有对应的财务指标，并且根据这些财务指标进行判读是否达成任务目标，因此“任务－指标－判读”三位一体缺一不可。财务模型的总表2财务指标汇总表，主要是汇总和财务任务有关的财务指标，以下将针对各项任务的财务指标进行说明。

三、财务模型正确性

所有的财务指标都是从财务模型计算出来的，因此必须先确认财务模型的正确性，才能确保计算财务指标的正确性，之后对于财务指标的判读才会正确，所以财务分析的第一项任务，就是先确认财务模型的正确性。其相对应的指标有以下三个：第一，看资产负债表是否平衡，如果报表是平衡的，会得出每一年的“资产－负债－所有者权益=0”；第二，看税后利润是否可以采用间接法[①]调整成经营活动现金流，如果可以调整成经营活动现金流，则“税后利润调整后的现金流－经营活动现金流=0”；第三，看融资后税后内部收益率是否大于社会资本方税前内部收益率。

表52.1 财务模型正确性指标1

资产－负债－所有者权益=0

有关资产负债表是否平衡的指标，是将资产负债表最后一行栏位中的平衡数据拉到总表2中，如果每一年的平衡数据等于零，代表“资产－负债－所有者权益=0”，可以推论模型中相关数据是正确的。

① 企业会计准则编审委员会编著：《企业会计准则详解与实务》，人民邮电出版社2018年2月版，第576～577页。

表52.2 财务模型正确性指标2

税后利润调整现金流 - 经营活动现金流 = 0

而税后利润调整成经营活动现金流的计算，是将财务现金流量表中的第三张子表，也就是将利润调整表中最后一个栏位的数据拉到总表2中，该栏位如果计算出“每一年利润调整后的现金流 - 经营活动现金流 = 0”，代表每一年的利润调整后的数据和经营活动现金流相等，可以推论模型中相关数据正确。

表52.3 财务模型正确性指标3

融资后税后内部收益率 > 社会资本方税前内部收益率

此外，为何融资后税后内部收益率会大于社会资本方税前内部收益率？这是因为项目公司的账上会有一笔累计相当于资本金加上法定盈余公积金的沉淀资金，到了最后项目公司清算解算后才能取回，因此从项目公司的角度这笔沉淀资金是逐年取回，但是从社会资本方的角度是最后一年才能取回，因此在正常的情况下，融资后税后内部收益率会大于社会资本方税前内部收益率。

笔者要特别提醒的是，上述三个指标只能确保财务模型大部分是正确的，但是不能保证全部是正确的，如果要确保整个财务模型的正确性，就必须一格一格的检查，因此对财务模型进行复核是有必要的。

四、财务方案合规性

财务方案合规性是指实施方案中涉及财务的部分，必须符合PPP模式相关政策法规的要求，而目前财务合规性的要求，基本上都集中在物有所值、财政承受能力以及使用者付费比例等几个方面，其相对应的财务指标有以下几个方面：第一，物有所值VFM = PSC - PPP要大于零；第二，有关财政承受能力方面，《关于推进政府和社会资本合作规范发展的实施意见》规定：“……1. 财政支出责任占比超过5%的地区，不得新上政府付费项目。……”由此可知，新上政府付费项目，财承不可以超过5%，其他类型项目，财承不可以超过10%。第三，《关于推进政府和社会资本合作规范发展的实施意见》第二条第二项规定：“……将新上政府付费项目打捆、包装为少量使用者付费项目，项目内容无实质关联、使用者付费比例低于10%的，不予入库。”由此可知，财承占比超过5%以上的区域，可行性缺口补助项目使用者付费比例不得低于10%，笔者针对这个要求设计了一个“使用者付费目标值 = 使用者付费静态总额 - 项目付费数额静态总额 × 10%”的公式，如果大于等于零代表符合要求，如果小于零代表使用者付费比例不足10%。有关使用者付费目标值是从付费基础数据表中拉来总表2的数据。

表 52.4　财务方案合规性指标 1

VFM = PSC − PPP > 0

表 52.5　财务方案合规性指标 2

新上政府付费项目，财政支出责任占比≤5% 其他类型项目，财政支出责任占比≤10%

表 52.6　财务方案合规性指标 3

使用者付费目标值 = 使用者付费静态总额 − 项目付费数额静态总额 × 10% ≥0

五、财务生存能力

现金流相对于企业，就像是血液相对于人，人如果没有了血液就很难生存下去，企业现金流不充足，也无法生存下去，因此财务生存能力是指项目公司的现金流是否充足，相对应的财务指标就是财务现金流量表的期末现金或现金等价物净余额。如果余额大于等于零代表有财务生存能力，如果余额为负数代表现金不够，没有财务生存能力。

表 52.7　财务生存能力指标

每年期末现金或现金等价物净余额≥0

六、财务偿债能力

财务偿债能力是指项目公司对于银行贷款有没有还本付息的能力，相对应的财务指标有：第一，资产负债率，也就是负债占资产的比例，如果这个指标越低，代表负债占资产的比例越低，公司偿债能力越高，而相反的，如果这个指标越高，代表项目公司的偿债能力越低，一般银行比较希望项目公司的资产负债率不高于85%。有关资产负债率的计算是放在资产负债表中，因此将计算数额拉到总表 2 中。第二，偿债备付率，就是计算“当期可用于还本付息的现金流”除以“当期还本付息金额”所得的数额，如果数额大于 1，代表可用于还款的现金流大于还款金额，项目公司有偿债能力，如果数额小于 1，代表可用于还本付息的现金流不足以还款，项目公司可能不具备偿债能力，但是项目公司可以使用公司的沉淀资金，或是使用未分配利润进行债务偿还，所以当偿债备付率小于 1 时，还应该要看当期的期末现金余额是否大于零，如果大于零代表有其他的资金可以偿还债务，如果小于零代表其他的现金流也无法偿还债务。

有关偿债备付率的计算是在财务现金流量表中的第2个子表——偿债备付率计算表中，将计算的数额拉到总表2中。

表52.8 财务偿债能力指标1

资产负债率≤85%

表52.9 财务偿债能力指标2

偿债备付率≥1

七、财务获利能力

财务获利能力是指该项目是否具有获取收益的能力，其相对应的财务指标为内部收益率、净现值等，谈到获利必须考虑获利区块以及各方立场的问题，所以财务获利能力是个比较复杂的问题，笔者预计于第五十三章中专门说明。

八、成本要素比例

所谓成本要素比例是指成本要素占总价付费或是单价付费的比例，也就是表47.3运营成本调整付费计算公式，以及表48.3调整服务单价的计算公式中的a、b、c、d……数值。计算成本要素比例的目的是当项目进入运营期、进行物价波动调整时，计算调整系数K_n值时所需要的参数。

☆请见视频微观点52.1【财务可行性评估的三大内容】

第五十三章 从各方立场判读财务获利能力

——内部收益率、获利区块及各方立场判读

一、内部收益率概述

有关获利能力的讨论和内部收益率之间有很紧密的关系，因此本章先从内部收益率开始说起。内部收益率是指某一段时间的平均回报率，如果从现值的立场来

看，内部收益率是指净现值为零时的折现率，而如果从终值的立场来看，是指净终值为零时的复利率。我们知道如果净现值或是净终值≥0，代表折现率或是复利率大于等于预期回报率，则项目可以投资；如果净现值或是净终值<0，代表折现率或是复利率小于预期回报率，则项目不可以投资。所以我们可以进一步推论，如果你的预期回报率小于等于内部收益率时，代表项目可以投资。

表 53.1 内部收益率与预期回报率的关系

内部收益率≥预期回报率，代表项目可以投资

☆请见视频微观点 53.1【用什么财务指标来判断 PPP 投资项目的获利能力?】

内部收益率相对于净现值而言，其优点在于不需要考虑折现率的取值问题，是一个实践中比较通用的财务指标，但是每个财务指标都有其局限性，内部收益率也不例外，它的问题在于：第一，计算内部收益率必须是前低后高的规律现金流，如果是不规律的现金流，数学计算式会得出两个解，但是在投资回报只能有一个数额的前提下，数学计算式计算出来的数值不能作为内部收益率的数值，这时只能使用净现值作为财务指标；第二，内部收益率只能反映获利能力，不能反映获利规模，所以如果一个项目回报率低而总的回报数额较高时，就不能只看内部收益率，而必须辅以净现值一起判读；第三，内部收益率有个基本假设，就是中间年度所回收的资金，必须再投资一个相同回报率的新项目直到原项目期限届至为止，原项目的整体回报率才会等于是内部收益率，如果中间年度再投资新项目的回报率低于原项目，财务指标上就必须采用“修正的内部收益率（MIRR)”。

☆请见视频微观点 53.2【内部收益率在使用中须注意的三大问题】

二、内部收益率的类型

（一）税前及税后内部收益率

内部收益率可以区分为税前内部收益率与税后内部收益率，有的情况我们会使用税前指标，有的情况我们会使用税后指标。使用税前内部收益率的条件一般为：

第一，考虑到不同的投资主体所使用的所得税税种不一样，例如：企业投资课征企业所得税、合伙企业投资不另外课征所得税，个人投资课征个人所得税，为了要排除不同税种对于回报率的影响，我们会使用税前的内部收益率；第二，从表 53.1 内部收益率与预期回报率的关系，我们可以知道，内部收益率≥预期回报率，代表项目可以投资，为了统一比较的基础，所以如果预期回报率使用的是税前的回报率，则内部收益率也会使用税前的内部收益率。

接下来我们谈几个实际运用的问题。一般在看项目是否发挥财务杠杆效果时，有两个指标可以观察：一个是看融资前税前内部收益率 > 银行贷款利率，一个是看融资后税后内部收益率 > 融资前税后内部收益率。可能读者会问我为何一个看的是税前一个看的是税后？首先回答第一个指标的问题，融资前税前内部收益率 > 银行贷款利率，为何要使用税前指标？原因在于银行利息的分配顺位优先于政府所得税税收，所以应该以融资前税前内部收益率和银行贷款利率进行比较，如果比较的结果前者大于后者，代表的税前的股权和债权的综合回报率大于债权税前的回报率，因此可以产生财务杠杆的效果。至于第二个指标的问题，融资后税后内部收益率 > 融资前税后内部收益率，为何要使用税后指标？如果融资后税后内部收益率 > 融资前税后内部收益率，代表的税后的股权回报 > 税后的股债的综合回报，因此可以认定发挥了财务杠杆的效果。

表 53.2 财务杠杆指标

融资前税前内部收益率 > 银行贷款利率 融资后税后内部收益率 > 融资前税后内部收益率

另外一个要讨论的是有关社会资本方内部收益率的问题，一般使用社会资本方内部收益率会采用税前的指标而不是税后指标，最主要的原因在于社会资本方的内部各投资人的类型不同，使用的税种也可能不一样，投资人有可能是合伙型的基金，也可能是一般的公司，所以社会资本方内部收益率应该要采用税前指标而不是税后指标。

（二）息前及息后内部收益率

息前及息后内部收益率两者区别在于计算内部收益率时是否要考虑银行贷款，如果不考虑银行贷款所计算的内部收益率称为广义的融资前内部收益率，如果考虑银行贷款所计算的内部收益率是融资后内部收益率。广义的融资前内部收益率还可以再区分为融资前内部收益率以及修正的融资前内部收益率。以下将针对融资前内部收益率、融资后内部收益率以及修正的融资前内部收益率三种收益率进行说明。

融资前内部收益率是指不考虑银行融资，而假设所有的资金都是自有资金所计算的内部收益率，也就是以融资前项目现金流量表的现金流所计算的内部收益率，融资前项目现金流量表中的现金流包括：表 40.1 中紫色、红色以及橘色的现金流，也就是箭头 4 付费金流、箭头 1 对政府付费、箭头 2 项目公司费用、箭头 3 承包商费用、箭头 5 经营成本以及外加各项税费的支出。

融资后内部收益率是指考虑银行融资所计算的内部收益率，也就是以融资后项目现金流量表的现金流所计算的内部收益率，融资后项目现金流量表中的现金流除了包括融资前项目现金流量表中的所有现金流外，还要加上表 40.1 中绿色的现金流，也就是箭头 6 银行贷款以及箭头 7 还本付息。

融资前税后内部收益率和融资后税后内部收益率除了前者不考虑银行贷款，后者考虑银行贷款外，前者使用的是调整所得税，后者使用的是所得税。这里需要说明的是，有关“修正的融资前税后内部收益率”的问题。所谓修正的融资前税后内部收益率是对于融资前税后内部收益率的一种修正，有人认为计算融资前税后内部收益率的目的是要计算股权融资与债权融资的综合回报率，而实际上政府不可能收取金额较高的调整所得税，这样计算出来的综合回报率是失准的，所以有人主张融资前税后内部收益率应该要使用所得税而不是调整所得税，笔者称为“修正的融资前税后内部收益率”。

有人将融资前内部收益率称为项目投资内部收益率，而将融资后内部收益率称为资本金内部收益率，笔者认为将融资后内部收益率称为资本金内部收益率是有不妥的，因为资本金内部收益率的现金流量表省略了银行贷款作为现金流入，省略了建设投资及建设期利息作为现金流出，而直接以项目资本金作为现金流出，这样的问题在于在项目实际运行的过程中银行贷款与资本金的进出都是不确定的，所以如果直接以项目资本金作为现金流出，将不利于项目进行后评价，而且当项目建设期有补贴的时候，也不利于贷款金额的调整，因此建议大家制作融资后项目现金流量表时，一定要将银行贷款、建设投资、建设期利息这几个现金流加到表里去。

有的投资人投资 PPP 项目不是为了获取投资回报，而是以获取施工利润为目的，其可能不要求项目发生财务杠杆的效果，也不要求获取投资回报，他只要求回收资本金，此时采用的财务指标是融资后税后内部收益率≥0。

表 53.3 股权投资不亏钱的财务指标

融资后税后内部收益率≥0

（三）社会资本方及投资人内部收益率

社会资本方内部收益率是指以广义的社会资本方作为一个群体所计算的内部收益率，而广义的社会资本方是指联合体成员以及引入的基金，基本上是以广义的社会资本方和项目公司之间的现金流入及流出计算内部收益率，现金流包括分红、减资、分配剩余财产、股权投资。这里的内部收益率基本上使用税前社会资本方内部收益率。

投资人内部收益率是指从单一投资人的角度计算内部收益率，也是最贴近投资人的真实回报率，其中还可以区分为狭义的投资人内部收益率以及广义的投资人内部收益率。狭义的投资人内部收益率是指以投资人和项目公司之间现金的流入与流出所计算的内部收益率，现金流包括：分红、减资、股权转让、分配剩余财产、股权投资；广义的投资人内部收益率除了投资人与项目公司之间的现金流入与流出外，还包括投资人和项目有关的其他现金流入与流出，包括：牵头费、股权维持费、基金管理费等。

很多人认为进行 PPP 项目谈判时，由于每个投资人条件都不相同，有的公司信用良好，有的人可以提供担保，有的人资金充裕不需要贷款贷到满，所以银行给每个人的贷款条件都不尽相同，因此基于公平原则，谈判时不需要考虑银行贷款对于回报率的影响，应该以“融资前税后内部收益率”作为谈判基础。笔者认为如果政府出资方代表不抛弃分红，也不抛弃剩余财产分配请求权，前述的观点应该是没有问题的，但是如果遇到政府出资方代表抛弃分红或是剩余财产分配请求权，融资前税后内部收益率是无法看出政府出资方代表抛弃分红及剩余财产分配请求权对于内部收益率的影响，这个时候应该要辅以社会资本方内部收益率作为财务指标，至于具体要如何使用社会资本方内部收益率，笔者举个例子给各位说明。

假设有某个 PPP 项目，在政府出资方代表不抛弃分红，也不抛弃剩余财产分配请求权的前提下，计算出来的融资前税后内部收益率为 7%，社会资本方税前内部收益率为 6.1%，政府每年的付费金额为 1.1 亿元；这时我们调整财务模型为政府出资方代表抛弃分红以及剩余财产分配请求权，并且维持社会资本方税前内部收益率为 6.1% 的前提下，可能计算出来的融资前税后内部收益率为 6.3%，政府每年的付费金额为 1 亿元。这代表的是在社会资本方内部收益率维持不变的前提下，政府出资方代表从不抛弃转变为抛弃时，政府的每年的付费金额应该要调降多少钱。所以政府的出资方代表抛弃分红以及剩余财产分配请求权，也不是白白抛弃的，换取的是政府的付费金额相应的减少，而社会资本方获取的回报是没有改变的。因此笔者的看法是，在政府出资方代表抛弃分红以及剩余财产分配请求权时，所使用的财务指标除了融资前内部收益率外，还必须辅以税前社会资本方内部收益率。

☆请见视频微观点53.3【内部收益率的类型】

三、获利区块及相关财务指标

获利区块是指一个PPP项目中所获取的收益可以区分为几个部分，其中包括：投资回报、施工利润、运营利润以及融资收益。以下针对这几个部分说明如下：

（一）投资回报及相关财务指标

谈到投资回报可以从很多角度解释，我们从最广义的角度一直谈到狭义的角度：第一，如果从现金流的角度来看，则投资回报某种程度可以看成是税前经营活动现金流，税前经营活动现金流分别由政府、银行、投资人三方所分配，而分配顺位依序是：银行利息、政府税收、银行本金、股东分红；第二，如果从整个项目的角度来看，投资回报如果不考虑财务杠杆，而假设项目所有的资金都来自自有资金，这时所采用的财务指标是“融资前税后内部收益率”；第三，还有一种说法是对于融资前税后内部收益率的计算方法提出了修正，有人认为税前经营活动现金流分别由政府、银行、投资人三方所分配，实际上政府所分配的是所得税，不可能是调整所得税，因此如果要计算股权融资与债权融资的综合回报，计算收益率时应该要使用所得税而不是用调整所得税，笔者称这种主张所计算出的内部收益率是“修正的融资前税后内部收益率”；第四，如果从项目公司的角度来看，投资回报是指股权融资所得的回报，此时的回报会受到财务杠杆的影响，计算收益率时，采用的是“融资后税后内部收益率”；第五，如果从社会资本方的角度来看，不考虑政府出资方代表的收益，而是将所有的投资人看成是一个整体来计算收益，此时所采用的指标是“社会资本方税前内部收益率”；第六，如果从单一投资人的角度来看投资回报，此时所采用的指标是“投资人税前内部收益率”。

投资回报还可以区分为预定的投资回报与实际的投资回报两种，预定的投资回报是指以预定收入以及预定成本所计算出来的收益；实际投资回报是指以实际收入以及实际成本所计算出来的收益。预定投资回报与实际投资回报产生差距的原因很多，有可能是项目公司成本控制的好，导致实际投资回报大于预定投资回报，也有可能是项目公司成本控制的不好，或是发生不可抗力以及情势变更的情况，导致实际投资回报小于预定投资回报。需要特别讨论的是，预定投资回报与实际投资回报发生差距，其中有一种情况是发生了发包差价的问题，例如在PPP合同中建设投资的来价（即实施机构给的价格）是工程下浮率2%，但是项目公司的发包价工程下浮率是5%，这时中间就有3%的工程发包差价，理论上这3%的发包差价是实际投资回报的一部分，但是目前实操中很多人将这个发包差价隐藏到施工利润中，再由承包商通过材料采购或是工程分包，将发包差价返回给项目的牵头人，因此有人称发包差价为牵头费。

（二）施工利润

施工利润是指承包商通过工程施工可以获取的收益。有关衡量施工利润所使用的指标，实践中经常使用工程下浮率作为衡量指标，但是笔者发现，当有些投资人同时也是承包商，在计算回报率时，为了投资决策的方便，将施工利润与投资回报合并计算出了一个内部收益率，并以此收益率的高低作为投资决策的依据。笔者认为，将两部分的收益合并后计算出一个内部收益率是否有必要？是值得讨论的问题，毕竟施工利润和投资回报两种收益的性质并不相同，施工利润在工程验收结算后就可以实现，但是投资回报的实现必须看投资回收期，一般投资回收期都比较长，此外，施工利润一般大家习惯用工程下浮率衡量，现在如果全部换成内部收益率，可能就和市场惯例不相符合。

还有几个承包商关心的财务指标一并提出讨论，分别是：建安费比例、收益投资覆盖率、投资工程撬动比。建安费比例是指建筑工程费以及安装工程费的总和占建设投资的比例，一般承包商会要求建安费比例不得低于80%；收益投资覆盖率是指施工利润是否可以覆盖股权投资的金额，这个指标的意义在于，如果未来项目出现了风险，股权投资的金额收不回来，则原先在施工上所获取的利润，可否覆盖股权投资的金额，一般承包商会要求收益投资覆盖率要超过1.2；而投资工程撬动比是指承包人投入股权投资之后，到底可以带动多少工程规模，例如：股权投资1亿元，工程规模12亿元，计算出来的工程投资撬动比是1∶12，一般承包商要求投资工程撬动比不低于1∶10。

（三）运营利润与融资收益

运营利润的衡量标准比较多元，有人看运营成本下浮率、也有人看合理利润率。至于融资收益的衡量标准，有人是以融资利率浮动率，也就是银行的融资利率偏离LPR的程度作为衡量指标，有的人是看财务投资人和项目公司之间的现金流入或流出计算内部收益率。

四、从各方立场判读财务指标

（一）共同关心的指标

有几个不管什么立场的人都会非常关心的财务指标是：第一，财务模型正确性指标，也就是表52.1的平衡数据要为零，表52.2的税后利润调整现金流和经营活动现金流数额可以相等，表 52.3 融资后税后内部收益率大于社会资本方税前内部收益率；第二，财务方案合规性指标，也就是 VFM >0，新上政府付费项目，财政支出责任占比≤5%，其他类型项目，财政支出责任占比≤10%，使用者付费目标值≥0；第三，财务生存能力指标，每年期末现金或现金等价物净余额≥0；第四，财务偿债能力指标，资产负债率≤85%，偿债备付率≥1。

第四个指标财务偿债能力指标是银行会特别关注的，也是各方立场的人都会关心的问题，因为如果银行不愿意对项目进行融资，项目就无法落地，所以 PPP 项目中银行具有相当大的话语权，项目交易结构设计时，对于银行的意见都是必须密切关注的，有关偿债备付率计算时需要关注的问题，笔者会在本书第六十一章财务现金流量表中进行详细的说明。

（二）从实施机构立场

从实施机构立场希望参与投标的投资人，在四大获利区块能够得到充分而合理的竞争，因此笔者建议实施机构可以关注以下指标：第一，财务杠杆指标：融资前税前内部收益率 > 银行贷款利率，融资后税后内部收益率 > 融资前税后内部收益率。第二，投资回报指标，如果政府的出资方代表没有抛弃分红以及剩余财产分配请求权时，可以考虑以融资前税后内部收益率作为投资回报的竞价指标；如果政府的出资方代表抛弃分红以及剩余财产分配请求权时，可以考虑以社会资本方内部收益率作为投资回报的竞价指标。第三，施工利润、运营利润以及融资收益，分别以工程下浮率、运营成本下浮率以及融资利率浮动率作为竞价指标。

（三）从股权投资人立场

股权投资人关注的就是股权回报，因此上述的财务杠杆指标以及投资回报指标是股权投资人特别关心的，这类投资人一般会希望如果政府的出资方代表在没有抛弃分红以及剩余财产分配请求权时，融资后税后内部收益率落在 6% ~8%。

（四）从承包商立场

如果承包商同时也是投资人时，承包商对于各获利区块关心的程度，施工利润部分会大于投资回报部分，因此希望工程可以象征性下浮、建安费比例不低于 80%、收益投资覆盖率大于 1.2、投资工程撬动比 1∶10。

（五）从财务投资人立场

有些非银行体系的金融机构，在投资 PPP 项目时，会同时对项目进行股权融资以及债权融资，这些财务投资人一般要求股权的内部收益率是 10% ~12%，债权的内部收益率是 8% ~10%。

第五十四章　F市某PPP项目总表1、总表2的编制

——兼论“总价+单价付费”类型付费控制案例讨论

一、“总价+单价付费”的付费控制案例5——乡镇污水处理厂、F市某PPP项目总表1的编制

（一）概述

五种付费类型中的四种付费类型：“总价付费”“总价+总价付费”“单价+总价付费”“单价付费”所涉及付费控制的问题，本书在第九篇中已经以案例的方式完成介绍。可能读者心里会浮现一个疑问，为何本书将“总价+单价付费”类型放在第十篇中说明？笔者之所以这样安排的原因在于，总表1所编制的内容主要是针对竞价参数进行汇总，而竞价参数和PPP模式付费控制体系中的横向付费控制，以及纵向付费控制有着很紧密的关系，因此本书想通过F市乡镇污水处理厂PPP项目这一案例来说明总表1与付费控制体系的关系。而“F市乡镇污水处理厂PPP项目”的付费类型属于“总价+单价”的付费类型，因此将“总价+单价付费”类型的付费控制案例放在本章中一同说明。有关“F市乡镇污水处理厂PPP项目”的项目概况以及财务边界条件的说明，请各位读者参见第五十一章的介绍。

（二）付费控制

从本案例付费机制的财务边界条件可知，本项目选用的付费类型是“总价+单价付费”，项目付费数额公式应该采用第2.3类公式（表44.8），而横向付费控制采用混合控制，也就是总价部分采用成本回报控制，单价部分采用计价控制，竞价参数为工程下浮率、融资利率浮动率、服务单价、付费利率i值，假设绩效考核违约金与贷款市场报价利率（LPR）调整付费为零的前提下，项目付费数额公式如表54.1所示。

表54.1　“总价+单价”项目付费数额公式

项目付费数额=建设服务费（总价付费）+运营服务费（单价付费/使用者付费）

（三）控制价阶段

表54.1“总价+单价”项目付费数额公式控制价阶段应调整如下：

表 54.2　“总价 + 单价”项目付费数额公式（控制价阶段）

1. 控制价项目付费数额 = 建设服务费（总价付费） + 运营服务费（单价付费）
2. 建设服务费：让利的工程总投资、预定付费利率 i 值、付费周期 n 值代入表 43.3、表 43.4、表 43.5 的公式中所得的数额
3. 让利的工程总投资 = 估算或概算建设投资 ×（1 − 预定工程下浮率） + 建设期利息
4. 运营服务费（单价付费） = 预定服务单价 × 预定服务数量
5. 预定服务单价：预定运营成本、预定的融资利率、税费成本、预定内部收益率，带入财务模型中所得的数额
6. 预定的融资利率 = 签约时或投标基准日贷款市场报价利率（LPR） ×（1 + 预定融资利率浮动率）

先假设政府出资方代表没有放弃分红以及剩余财产分配请求权（以下简称不抛弃版）的前提下，计算控制价项目付费金额。本案例建设投资估算为 415,177.15 万元，预定融资利率浮动率为 10%，计算出来的建设期利息 23,118.17 万元，预定工程下浮率 3%，得出让利的工程总投资 426,723.97 万元；预定月付费利率 i 值为 0.615%①、运营期间 17 年，带入等额本息年金公式后，计算出来的每月控制价建设服务费数额为 3,677.05 万元，每年控制价建设服务费数额为 44,124.55 万元。

本案例中年满载水量的固定成本与变动成本和为 1,807.57 万元、预定融资利率 5.28%（签约时或投标基准日 LPR4.8%、预定融资利率浮动率为 10%）、预定融资前税后内部收益率为 6.5%，预定服务单价为 1.85 元/吨，满载水量 8.35 万吨/天，生产负荷为第 4 年 0.6、第 5 年 0.7、第 6 年 0.8、逐步递增至第 8 年满载，带入财务模型后，计算出来第 8 年的年运营服务费（污水处理费）为 5,638.34 万元。

每年控制价建设服务费和第 8 年的年运营服务费两者相加总，计算出的第 8 年控制价项目付费数额为 49,762.88 万元。本案例竞价参数控制价如果设定为预定工程下浮率 3%、预定融资利率浮动率 10%、预定月付费利率 i 值为 0.615%、服务单价为 1.85 元/吨，因此投标人投标时，填写工程下浮率不得低于 3%，填写月付费利率 i 值不得高于 0.615%，融资利率浮动率不得高于 10%，服务单价不得高于 1.85 元/吨，所以按投资人的竞价参数带入表 54.2 公式以及财务模型计算出来第 8 年项目付费数额不得高于 49,762.88 万元。不抛弃版下控制价阶段的竞价参数汇总表——总表 1，如表 54.3 所示。

① 预定月付费利率 i 值可以预定融资前税后内部收益率 6.5%，带入财务模型后回推出来的数值。

表 54.3 总表1——竞价参数汇总表（控制价阶段/不抛弃版）

1	竞价参数汇总表	
	工程下浮率	3%
	污水处理单价	1.85
	融资利率浮动率	10%
	I值（每月）	0.6150%
2	融资前税前 IRR	8.17%
	融资前税后 IRR	6.50%
	融资后税后 IRR	12.56%
	社会资本方税前 IRR	7.37%

接下来按照案例的要求，将财务模型设定为政府出资方代表放弃分红以及剩余财产分配请求权（以下简称抛弃版），并且维持社会资本方税前内部收益率7.37%的前提下，计算付费利率i值，经计算月付费利率i值调整为0.5388%，计算出来的第8年控制价项目付费数额为47,073.74万元。因此本案例竞价参数限价为工程下浮率不低于3%、付费利率i值不高于0.5388%、服务单价不高于1.85元/吨、融资利率浮动率不高于10%，抛弃版控制价阶段的竞价参数汇总表——总表2，如表54.4所示，在投标人投标时，在限价范围内针对四个竞价参数进行填写即可。

表 54.4 总表1——竞价参数汇总表（控制价阶段/抛弃版）

1	竞价参数汇总表	
	工程下浮率	3%
	污水处理单价	1.85
	融资利率浮动率	10%
	I值（每月）	0.5388%
2	融资前税前 IRR	7.42%
	融资前税后 IRR	5.89%
	融资后税后 IRR	10.44%
	社会资本方税前 IRR	7.37%

（四）签约价阶段

表54.1“总价+单价”项目付费数额公式签约价阶段应调整如下：

表 54.5　“总价 + 单价”项目付费数额公式（签约价阶段）

1. 签约价项目付费数额 = 建设服务费（总价付费）+运营服务费（单价付费） 2. 建设服务费：让利的工程总投资、中标付费利率 i 值、付费周期 n 值代入表 43.3、表 43.4、表 43.5 的公式中所得的数额 3. 让利的工程总投资 = 估算或概算建设投资 ×（1 - 预定工程下浮率）+建设期利息 4. 运营服务费（单价付费）= 中标服务单价 × 预定服务数量 5. 让利的融资利率 = 签约时或投标基准日贷款市场报价利率（LPR）×（1 + 中标融资利率浮动率）

本项目中标工程下浮率为 3.5%、中标服务单价为 1.7 元/吨、中标融资利率浮动率为 9%、中标月付费利率 i 值为 0.51%，将中标竞价参数带入表 54.5 以及财务模型后计算出来第 8 年签约价项目付费数额为 45,409.65 万元，未超出第 8 年控制价项目付费数额 47,073.74 万元，付费数额受到控制。

（五）决算价阶段

表 54.1“总价 + 单价”项目付费数额公式决算价阶段应调整如下：

表 54.6　“总价 + 单价”项目付费数额公式（决算价阶段）

1. 决算价项目付费数额 = 建设服务费（总价付费）+运营服务费（单价付费） 2. 建设服务费：让利的工程总投资、中标付费利率 i 值、付费周期 n 值代入表 43.3、表 43.4、表 43.5 的公式中所得的数额 3. 让利的工程总投资 = 估算或概算建设投资 ×（1 - 预定工程下浮率）+建设期利息 4. 运营服务费（单价付费）= 中标服务单价 × 预定服务数量 5. 让利的融资利率 = 签约时或投标基准日贷款市场报价利率（LPR）×（1 + 中标融资利率浮动率）

本案例建设投资决算为 400,000 万元，本项目中标工程下浮率为 3.5%、中标服务单价为 1.7 元/吨、中标融资利率浮动率为 9%、中标月付费利率 i 值为 0.51%，将中标竞价参数带入表 54.6 以及财务模型后计算出来第 8 年决算价项目付费数额为 43,943.01 万元，未超出第 8 年控制价项目付费数额 47,073.74 万元，付费数额受到控制。

（六）调整价阶段

表 54.1“总价 + 单价”项目付费数额公式调整价阶段应调整如下：

表 54.7 “总价 + 单价”项目付费数额公式（调整价阶段）

1. 调整价项目付费数额 = 建设服务费（总价付费）+ 运营服务费（单价付费）
2. 建设服务费：让利的工程总投资、中标付费利率 i 值、付费周期 n 值代入表 43.3、表 43.4、表 43.5 的公式中所得的数额
3. 让利的工程总投资 = 估算或概算建设投资 ×（1 - 预定工程下浮率）+ 建设期利息
4. 运营服务费（单价付费）= 调整后服务单价 × 实际服务数量
5. 让利的融资利率 = 签约时或投标基准日贷款市场报价利率（LPR）×（1 + 中标融资利率浮动率）

本案例在调整价阶段，假设第 8 年调整后的服务单价为 1.78 元/吨（基于计算的方便，调价暂不考虑增值税），实际服务数量 2,895.36 万吨/年，计算出来的第 8 年调整价项目付费额为 43,915.58 万元。由此可以看出，第 8 年调整价项目付费数额为 43,915.58 万元，未超出第 8 年控制价项目付费数额 47,073.74 万元，付费数额受到控制。

二、F 市某 PPP 项目总表 2 的编制

有关“F 市乡镇污水处理厂 PPP 项目”抛弃版控制价阶段的总表 2——财务指标汇总表，内容包括六个部分：(1) 财务模型正确性指标；(2) 财务方案合规性指标；(3) 财务生存能力指标；(4) 财务偿债能力指标；(5) 财务获利能力指标；(6) 成本要素比例。

表 54.8 模型正确、方案合规、生存能力、偿债能力汇总表

	财务指标汇总表	合计	1	2	3	4	5	6	7	8
1	财务模型正确指标	-								
1.1	资产负债平衡	0.00	0.00	0.00	0.00	0.00	0.00	0.00	0.00	0.00
1.2	利润调整	0.00	0.00	0.00	0.00	0.00	0.00	0.00	0.00	0.00
1.3	融资后税后内部收益率	>社会资本方税前内部收益率								
	10.44%	7.37%								
2	财务方案合规性指标	-								
2.1	物有所值（VFM）	13,504.30								
2.2	财政承受能力	-	3.54%	0.97%	0.91%	5.34%	5.06%	4.79%	4.53%	4.28%
2.3	使用者付费目标值	6,324.79								
3	财务生存能力指标	-								
	财务金流	1,235,436.46	0.00	0.00	0.00	8,748.10	17,032.20	30,397.45	43,186.38	55,403.66
4	财务偿债能力指标									
4.1	资产负债率	12.15	52.85%	71.59%	79.94%	79.02%	77.95%	77.06%	76.05%	74.87%
4.2	偿债备付率	29.25	2.93	0.91	0.51	1.54	1.55	1.57	1.57	1.58

续表

9	10	11	12	13	14	15	16	17	18	19	20
0.00	0.00	0.00	0.00	0.00	0.00	0.00	0.00	0.00	0.00	0.00	0.00
0.00	0.00	0.00	0.00	0.00	0.00	0.00	0.00	0.00	0.00	0.00	0.00
4.00%	3.74%	3.49%	3.27%	3.05%	2.85%	2.67%	2.49%	2.33%	2.18%	2.03%	1.90%
66,924.02	77,625.15	86,504.09	91,809.02	84,291.80	89,368.08	93,482.38	96,583.91	98,619.19	99,531.92	99,262.84	96,666.25
73.51%	71.95%	70.10%	67.87%	65.24%	62.00%	57.95%	52.76%	45.89%	36.39%	22.44%	0.00%
1.58	1.54	1.51	1.45	1.49	1.45	1.44	1.43	1.42	1.41	1.39	1.00

表 54.9　财务获利能力汇总表

5	财务获利能力指标	
5.1	财务杠杆	
5.1.1	融资前税前内部收益率	>融资利率
	7.42%	5.28%
5.1.2	融资后税后内部收益率	>融资前税后内部收益率
	10.44%	5.89%
5.2	内部收益率	
	融资前税前 IRR	7.42%
	融资前税后 IRR	5.89%
	融资后税后 IRR >0	10.44%
	社会资本方税前 IRR	7.37%

表 54.10　成本要素比例汇总表

6	成本要素	比例
	年药剂费 13%	2.44%
	电费 13%	14.13%
	污泥处置费 13%	2.50%
	紫外线灯管更换费 13%	0.38%
	职工工资与福利费（192×3.6）（固定）	17.07%

续表

	年修理费（设备投资5%）（大修）13%	39.03%
	其他（含管理）（固定）	4.20%
	税金及附加（运营）	0.60%
	所得税（运营）	4.82%
	利润（运营）	14.80%
	合计	100.00%

为了更加清楚地表示竞价参数汇总表（总表1）与其他报表之间的关系，本书整理表54.11供各位读者参考。

表54.11　竞价参数汇总表（总表1）与其他报表之间的关系

竞价参数汇总表（总表1）	其他报表	
-	【子表1】建设投资分解表	建设基础数据表
费用项目：工程下浮率	费用项目：工程下浮率	
-	【子表1】基础数据汇整表	融资基础数据表
费用项目：融资利率浮动率	费用项目：融资利率浮动率	
	【子表2】付费类型分析表	付费基础数据表
费用项目：污水处理单价	费用项目：年污水处理单价	
	【子表2】付费类型分析表	
费用项目：付费利率i值	费用项目：付费利率i值	

为了更加清楚地表示财务指标汇总表（总表2）与其他报表之间的关系，本书整理表54.12供各位读者参考。

表54.12　财务指标汇总表（总表2）与其他报表之间的关系

财务指标汇总表（总表2）	其他报表	
-	-	资产负债表
费用项目：资产负债平衡	费用项目：平衡	
-	-	
费用项目：资产负债率	费用项目：资产负债率	

续表

-	【子表 3】利润调整表	财务现金流量表
费用项目：利润调整	费用项目：相等	
-	【子表 1】现金流计算表	
费用项目：财务金流	费用项目：期末现金或现金等价物净余额	
-	【子表 2】偿债备付率计算表	
费用项目：偿债备付率	费用项目：偿债备付率	
-	【子表 1】融资前项目现金流量表	投资现金流量表
费用项目：融资前税前内部收益率	费用项目：融资前内部收益率税前 IRR	
-	【子表 1】融资前项目现金流量表	
费用项目：融资前税后内部收益率	费用项目：融资前内部收益率税后 IRR	
-	【子表 2】融资后项目现金流量表	
费用项目：融资后税后内部收益率	费用项目：融资后内部收益率税后 IRR	
-	【子表 3】社会资本方税前现金流量表	
费用项目：社会资本方税前内部收益率	费用项目：社会资本方内部收益率税前 IRR	
-	【子表 4】成本要素组成比例表	成本分析表
费用项目：成本要素	费用项目：成本比例	
-	【子表 1】基础参数表	物有所值评价表
费用项目：物有所值（VFM）	费用项目：VFM 值	
-	【子表 7】使用者付费底线计算表	付费基础数据表
费用项目：使用者付费目标值	费用项目：使用者付费目标值	

第十一篇　PPP模式财务分析辅助报表

第五十五章　建设基础数据表

——如何正确安排建设投资现金流，区分息后税前在建工程以及息税后在建工程

一、概述

由于建设成本占项目所有成本的比例最大，因此谈到PPP项目的成本分析时，最关键、最重要的是建设成本的分析，而“建设基础数据表”就是在整理建设成本相关数据，其重要性不言而喻。“建设基础数据表”分为两部分各3张子表，总共6张子表，第一部分的3张子表和建设投资有关，分别是：子表1——“建设投资分解表”、子表2——“建设投资计算表”、子表3——“建设投资含税未税计算表”；第二部分的3张子表和在建工程及无形资产有关，分别是：子表4——“息后税前在建工程计算表”、子表5——“息税后在建工程计算表”、子表6——“摊销金额计算表”。在对6张子表的内容进行讨论之前，笔者先说明一下“建设投资”与“在建工程”两者在概念上的区别。

“建设投资”是指建设项目时所需的资金，而“在建工程”是指正在建设尚未竣工投入使用的建设项目，所以前者指的是投资项目的资金，后者指的是工程的价值。这两个概念的差别，可用以下案例说明。某个项目建设投资金额为7,500万元，建设期3年，缺陷责任期1年，预付款比例为建设投资的8%，金额为600万元，质保金比例为建设投资的12%，金额为900万元，因此每年的建设投资的金额与息后税前在建工程金额的计算如表55.1所示，我们从表中可以看得出来，项目第一年投资金额为2,600万元，第二年投资金额为2,000万元，第三年投资金额为2,000万元，第四年投资金额为900万元；至于工程价值第一年至第三年金额均为2,500万元，计算方法是“进度款2,000万元+相应部分的预付款200万元+质保金扣款300万元=息后税前在建工程2,500万元”。

表 55.1 建设投资 VS 息后税前在建工程①计算表

期间	第一年	第二年	第三年	第四年	小结
1. 建设投资					
预付款	600 万元				
进度款	2,000 万元	2,000 万元	2,000 万元		
质保金				900 万元	
小结	2,600 万元	2,000 万元	2,000 万元	900 万元	7,500 万元
2. 息后税前在建工程	2,500 万元	2,500 万元	2,500 万元		7,500 万元

二、子表 1——“建设投资分解表”

“建设投资分解表”顾名思义，就是将建设投资进行拆解的表格，根据表 40.1 中的红色金流，以及“表 40.3 红色金流与建设投资的 1、2 类费用对应表”，我们可以知道，建设投资应该拆分为三个部分：第一，对政府付费；第二，项目公司费用；第三，承包商费用。而承包商费用可以再进一步细分为一类费用及其他二类费用，也可以细分成预付款、进度款以及质保金。这样区分的原因是考虑了以下几点因素：第一，这些现金流发生的时间都不一样，例如：对政府付费金额是第一年发生，而项目公司费用是假设平均发生，承包商费用中的预付款是第一年发生，进度款是假设平均发生，质保金是在缺陷责任期发生；第二，这些现金流的税率都不一样，对政府付费没有进项税额，项目公司费用基本上以工资居多，基本上也没有进项，承包商费用中有一类费用和其他二类费用，这些税率也都不一样，所以应该要分开计算；第三，对政府付费金额是不下浮的，其他二类费用才需要下浮，因此计算下浮金额时，也要分开计算。

“F 市乡镇污水处理厂 PPP 项目”建设投资估算金额为 415,177.15 万元，其中二类费用金额 46,976.77 万元，预计工程下浮率为 3%。对政府付费的付费内容包括：前期报告费用 344.97 万元、征地拆迁费 22,421.82 万元、监理费用 4,128.02 万元以及建设单位管理费金额的一半（建设单位管理费金额为 5,141.48 万元，双方约定对半分）。项目公司和承包商签订的设计施工总承包合同中，双方约定工程款中预付款占合约金额的 10%、进度款占合约金额的 87%、质保金占合约金额的 3%。有关 F 市项目抛弃版控制价阶段“建设基础数据表”中子表 1“建设投资分

① 由于建设投资是含税的金额，而在建工程是未税含利息的金额，为了让两者在同一个基础上比较，因此在建工程要调整为含税不含利息的金额，所以是以“息后税前在建工程”金额进行比较。

解表”的内容如下：

表55.2 F市项目“建设基础数据表”中的子表1——“建设投资分解表”

单位：万元

1	建设投资分解表	原金额	下浮金额
1.1	建设投资	415,177.15	403,605.80
1.2	对政府付费（不下浮）	29,465.55	29,465.55
	报告费用	344.97	344.97
	征地拆迁费	22,421.82	22,421.82
	监理费用	4,128.02	4,128.02
	业主管理费	2,570.74	2,570.74
1.3	建设期项目公司管理费	2,570.74	2,493.62
	建设单位管理费	5,141.48	
1.4	承包商费用	383,140.86	371,646.63
1.4.1	预付款10%	*38,314.09*	37,164.66
	进度款87%	*333,332.55*	323,332.57
	质保金3%	*11,494.23*	11,149.40
1.4.2	2类费用合计	46,976.77	
	其他2类费用6%	14,940.48	14,492.27
	1类费用+预备费9%	368,200.38	357,154.37
1.5	工程下浮率	3.00%	

三、子表2——“建设投资计算表”

编制“建设投资计算表”最主要的目的是计算三项数据：第一，计算每一年的建设投资金额：“投资现金流量表”中的子表1“融资前项目现金流量表”中每年的“建设投资”单元格；第二，计算每一年购置无形资产所支付的现金：计算这项金额的目的是要将数据引用到“财务现金流量表”子表1“现金流量计算表”中，每年的“购置无形资产支付的现金”单元格，以及“物有所值计算表”的子表2“PSC值计算表”中每年的“建设成本”单元格，有关购置无形资产金额的计算方式为【购置无形资产支付的现金=建设投资+建设期利息】；第三，计算建设期每年的投资比例：计算这项数据的目的在于，如果你的项目资本金和银行贷款是按工程进度一同到位的，例如：如果本期工程投资金额为1,000万元，资本金按20%到位200万元，银行贷款就同时按80%到位800万元，在“融资基础数据表”的子表

2“资金筹措计划表”中计算每年“实收资本”时，需要用到每年建设投资比例这项数据。

“F市乡镇污水处理厂PPP项目”建设期3年、质保期2年，质保金分两年退还，本案例抛弃版控制价阶段“建设基础数据表”中子表2“建设投资计算表”的内容如下：

表55.3 F市项目“建设基础数据表”中的子表2—“建设投资计算表”

单位：万元

2	建设投资计算表	合计	1	2	3	4	5
2.1	对政府付费	29,465.55	29,465.55				
2.2	建设期项目公司管理费	2,493.62	831.21	831.21	831.21		
2.3	承包商费用	371,646.63	144,942.19	107,777.52	107,777.52	5,574.70	5,574.70
	预付款	37,164.66	37,164.66				
	进度款	323,332.57	107,777.52	107,777.52	107,777.52		
	质保金	11,149.40				5,574.70	5,574.70
2.4	每年建设投资金额	403,605.80	175,238.94	108,608.73	108,608.73	5,574.70	5,574.70
	建设期建设投资金额	392,456.40					
2.5	建设期建设投资比例	100.00%	44.65%	27.67%	27.67%		
	建设期利息	23,118.17	2,271.06	7,443.50	13,403.61		
2.6	购置无形资产支付的现金	426,723.97	177,510.00	116,052.23	122,012.34	5,574.70	5,574.70

四、子表3——“建设投资含税未税计算表”

“建设投资含税未税计算表”是针对建设投资含税与未税的金额进行计算，根据表40.1中的红色金流，以及“表40.3红色金流与建设投资的1、2类费用对应表”，本书将建设投资区分为三个部分，分别是：对政府付费、建设期项目公司管理费、承包商费用。有关对政府付费部分，由于项目公司付费给政府，政府不会对项目公司开发票，因此不会产生进项税额；此外，由于建设期项目公司管理费中大部分费用都是管理人员工资，因此基本上没什么进项税额；而承包商费用中，其他2类费用税率是6%，1类费用+预备费的税率是9%。

有关“F市乡镇污水处理厂PPP项目”抛弃版控制价阶段“建设基础数据表”中子表3“建设投资含税未税计算表”的内容如下：

表55.4　F市项目“建设基础数据表”中的子表3——“建设投资含税未税计算表”

单位：万元

3	建设投资含税未税计算表	含税	未税	税金
3.1	对政府付费	29,465.55	29,465.55	0.00
3.2	建设期项目公司管理费	2,493.62	2,493.62	0.00
3.3	承包商费用	371,646.63	341,336.51	30,310.13
	其他2类费用6%	14,492.27	13,671.95	820.32
	1类费用+预备费9%	357,154.37	327,664.56	29,489.81
3.4	合计	403,605.80	373,295.67	30,310.13

五、子表4——“息后税前在建工程计算表”

由于子表4、5、6的编制和在建工程的计算有关，因此接下来笔者先讨论三个和在建工程有关的概念，分别是“息税后在建工程”“息后税前在建工程”“在建工程”。“息税后在建工程”的金额是指未含税、未含建设期利息的建设工程金额，“息后税前在建工程”是指含税、未含建设期利息的建设工程金额，而“在建工程”是指未含税、含建设期利息的建设工程金额。这需要特别说明的是，一般在税法上习惯的称法，含税未税是指金额含增值税或是未含增值税，而税前税后是指金额含企业所得税，或是企业所得税已经扣除。但是这里的息税后在建工程与息后税前在建工程，所称的税前与税后指的是增值税而不是所得税，这样称呼的原因是为了和息前息后的用语一致，所以才会使用和习惯上不相同的称呼方法，特此说明。

“息后税前在建工程计算表”最主要是为了计算以下三项数据：第一，计算每年的预付账款：这项数据是“资产负债表”中，每年的“预付账款”单元格需要引用的数据。第二，计算每年的应付账款：这项数据是“资产负债表”中，每年的“应付账款”单元格需要引用的数据。第三，计算每年息后税前在建工程金额：这项数据是“税金表”中子表1“增值税计算表”每年的“息后税前在建工程”单元格需要引用的数据。

有关“F市乡镇污水处理厂PPP项目”抛弃版控制价阶段“建设基础数据表”中子表4“息后税前在建工程计算表”的内容如下：

表 55.5　F 市项目“建设基础数据表”中的子表 4——“息后税前在建工程计算表”

单位：万元

4	息后税前在建工程计算表	合计	1	2	3	4	5
4.1	对政府付费	29,465.55	29,465.55				
4.2	建设期项目公司管理费	2,493.62	831.21	831.21	831.21		
4.3	承包商费用	371,646.63	123,882.21	123,882.21	123,882.21		
4.4	每年息后税前在建工程	403,605.80	154,178.97	124,713.42	124,713.42		
	预付款扣款金额	37,164.66	12,388.22	12,388.22	12,388.22		
	质保金保留金额	11,149.40	3,716.47	3,716.47	3,716.47		
4.5	预付账款	37,164.66	24,776.44	12,388.22	0.00		
	应付账款	27,873.50	3,716.47	7,432.93	11,149.40	5,574.70	0.00

这里需要特别说明的是有关预付账款及应付账款的计算问题。每年预付账款的计算，计算方式为【前一年预付账款 - 当年的预付款扣款金额 = 当年的预付账款】，以 F 市项目第一年为例，第一年预付账款的计算是以预付款的总金额（因为没有前一年的预付账款，所以以预付款的总金额计算），扣除第一年预付款扣款金额，因而得到第一年预付款账款金额为 37,164.66 万元 - 12,388.22 万元 = 24,766.44万元，以此类推。

至于每年应付账款的计算，计算方式为【前一年应付账款金额 + 当年质保金保留金额 - 当年支付的质保金 = 当年的应付账款】，以 F 市项目第二年为例，第二年应付账款的计算是以第一年应付账款加上第二年质保金保留金额，第二年没有支付质保金所以减去金额为零，因而得到第二年应付账款金额为 3,716.47 万元 + 3,716.47万元 - 0 = 7,432.94 万元。我们再以 F 市项目第四年为例，第四年应付账款的计算是以第三年应付账款加上第四年质保金保留金额（本案例中第四年没有质保金保留金额，所以数据为零），减去第四年支付质保金金额，因而得到第四年应付账款金额为 11,149.4 万元 + 0 - 5,574.7 万元 = 5,574.7 万元，以此类推。

六、子表5——“息税后在建工程计算表”

“息税后在建工程计算表”最主要是在计算以下三项数据，第一，计算每年的在建工程：这项数据是“资产负债表”中每年的“在建工程”单元格引用的数据。第二，计算每年息税后在建工程金额：这项数据是“税金表”中子表1“增值税计算表”每年的“息税后在建工程”单元格引用的数据。第三，计算每年息税后在建工程金额：这项数据是“成本分析表”中的子表2“建设与运营成本占比计算表”中的“息税后在建工程（建设成本）”单元格需要引用的数据。

有关“F市乡镇污水处理厂PPP项目”抛弃版控制价阶段“建设基础数据表”中子表5“息税后在建工程计算表”的内容如下：

表55.6　F市项目“建设基础数据表”中的子表5——“息税后在建工程计算表”

单位：万元

5	息税后在建工程计算表	合计	1	2	3
5.1	对政府付费	*29,465.55*	29,465.55		
5.2	建设期项目公司管理费	*2,493.62*	831.21	831.21	831.21
5.3	承包商费用	*341,336.51*	113,778.84	113,778.84	113,778.84
5.4	每年息税后在建工程	*373,295.67*	144,075.59	114,610.04	114,610.04
	建设期利息	*23,118.17*	2,271.06	7,443.50	13,403.61
5.5	每年在建工程	*396,413.85*	146,346.65	122,053.54	128,013.65
	在建工程	*811,160.69*	146,346.65	268,400.19	396,413.85

七、子表6——“摊销金额计算表”

“摊销金额计算表”最主要计算两项数据：第一，每年在建工程摊销金额：这项数据在“运营基础数据表”中的子表“总成本费用表”以及子表“无形资产计算表”中的每年“建设工程摊销”需要引用这项数据；以及在“财务现金流量表”中的子表3“利润调整表”中的每年“建设工程摊销”需要引用这项数据。第二，每年建设期利息摊销：这项数据在“利润表”子表1“利润计算表”中的每年“建设期利息摊销”需要引用这项数据；以及在“财务现金流量表”中的子表3“利润调整表”中的每年“建设期利息摊销”需要引用这项数据。有关“F市乡镇污水处理厂PPP项目”抛弃版控制价阶段“建设基础数据表”中子表6“摊销金额计算表”的内容如下：

表 55.7　F 市项目“建设基础数据表”中的子表 6——“摊销金额计算表”

单位：万元

6	摊销金额计算表	
	在建工程	396,413.85
	建设期利息	23,118.17
	摊销年限	17
	每年在建工程摊销	23,318.46
	每年建设期利息摊销	1,359.89

八、四个需要特别讨论的问题

（一）项目公司资产的性质

接下来有几个问题需要特别讨论，第一个问题是工程竣工验收后，项目公司在资产负债表上所形成的资产，在性质上是固定资产①、无形资产②还是金融资产③？有关这个问题，应区分为两种模式说明，如果项目采取的是 BOOT 模式，在土地使用权归属于项目公司的前提下，依据房随地走原则，建筑物或是构筑物的所有权应归属于项目公司，所以在会计上应认定项目公司取得固定资产。至于 BOT 模式项目公司投资所形成的资产是金融资产还是无形资产，可以参见本书第六十七章的内容。由于“F 市乡镇污水处理厂 PPP 项目”采用 BOT 模式，实施机构并未对项目公司承诺保底水量，项目公司的收入无法确定，所以资产在性质上应属于无形资产。

（二）折旧摊销年限

第二个要讨论的问题，是有关于折旧摊销年限的问题，《中华人民共和国企业所得税法实施条例》第六十条第一款规定：“除国务院财政、税务主管部门另有规

---

① 《企业会计准则第 4 号——固定资产》第三条第一款规定：“固定资产，是指同时具有下列特征的有形资产：（一）为生产商品、提供劳务、出租或经营管理而持有的；（二）使用寿命超过一个会计年度。”

② 《企业会计准则第 6 号——无形资产》第三条第一款规定：“无形资产，是指企业拥有或者控制的没有实物形态的可辨认非货币性资产。”

③ 《企业会计准则第 22 号——金融工具确认和计量》第三条规定：“金融资产，是指企业持有的现金、其他方的权益工具以及符合下列条件之一的资产：（一）从其他方收取现金或其他金融资产的合同权利。（二）在潜在有利条件下，与其他方交换金融资产或金融负债的合同权利。（三）将来须用或可用企业自身权益工具进行结算的非衍生工具合同，且企业根据该合同将收到可变数量的自身权益工具。（四）将来须用或可用企业自身权益工具进行结算的衍生工具合同，但以固定数量的自身权益工具交换固定金额的现金或其他金融资产的衍生工具合同除外。其中，企业自身权益工具不包括应当按照《企业会计准则第 37 号——金融工具列报》分类为权益工具的可回售工具或发行方仅在清算时才有义务向另一方按比例交付其净资产的金融工具，也不包括本身就要求在未来收取或交付企业自身权益工具的合同。”

定外，固定资产计算折旧的最低年限如下：（一）房屋，建筑物，为20年；……”第六十七条第二款规定：“无形资产的摊销年限不得低于10年。”F市项目采用BOT模式，项目公司取得为无形资产，折旧年限为17年符合前述规定。

（三）建设期利息资本化开始与结束

第三个要讨论的问题，是有关建设期利息资本化开始与结束的时间，《企业会计准则第17号——借款费用》第五条规定：“借款费用同时满足下列条件的，才能开始资本化：（一）资产支出已经发生，资产支出包括为购建或者生产符合资本化条件的资产而以支付现金、转移非现金资产或者承担带息债务形式发生的支出；（二）借款费用已经发生；（三）为使资产达到预定可使用或者可销售状态所必要的购建或者生产活动已经开始。”由此可知，当资产支出及借款费用已经发生，购建活动已经开始时，借款利息应该要开始资本化。此外，第十二条第一款规定：“购建或者生产符合资本化条件的资产达到预定可使用或者可销售状态时，借款费用应当停止资本化。……”由此可知，当购建达到预定可使用状态，换言之，也就是当项目竣工验收结算时，借款利息应该要停止资本化。

（四）多个子项目建设期利息资本化

最后要讨论的是多个子项目建设期利息资本化的问题，《借款费用企业会计准则第17号——借款费用》第十四条规定：“购建或者生产的符合资本化条件的资产的各部分分别完工，且每部分在其他部分继续建造过程中可供使用或者可对外销售，且为使该部分资产达到预定可使用或可销售状态所必要的购建或者生产活动实质上已经完成的，应当停止与该部分资产相关的借款费用的资本化。购建或者生产的资产的各部分分别完工，但必须等到整体完工后才可使用或者可对外销售的，应当在该资产整体完工时停止借款费用的资本化。”因此，如果多个子项目使用上不可分，则需等整体完工才停止资本化，如果多个子项目可以分别使用，则当各个子项目分别完工后，停止该部分资产借款费用的资本化。

为了更加清楚地表示建设基础数据表与其他报表之间的关系，本书整理表55.8供各位读者参考。

表 55.8　建设基础数据表与其他报表之间的关系

建设基础数据表	其他报表	
【子表 2】建设投资计算表	【子表 1】现金流计算表	财务现金流量表
费用项目：购置无形资产支付的现金	费用项目：购置无形资产支付的现金	
【子表 6】摊销金额计算表	【子表 3】利润调整表	
费用项目 1：每年建设期利息摊销	费用项目 1：建设期利息摊销	
费用项目 2：每年在建工程摊销	费用项目 2：建设工程摊销	
【子表 4】息后税前在建工程计算表	–	资产负债表
费用项目 1：预付账款	费用项目 1：预付账款	
费用项目 2：应付账款	费用项目 2：应付账款	
【子表 5】息税后在建工程计算表	–	
费用项目：在建工程	费用项目：在建工程	
【子表 2】建设投资计算表	【子表 1】融资前项目现金流量表	投资现金流量表
费用项目：每年建设投资金额	费用项目：建设投资	
【子表 5】息税后在建工程计算表	【子表 2】建设与运营成本占比计算表	成本分析表
每年息税后在建工程	费用项目：息税后在建工程（建设成本）	
【子表 2】建设投资计算表	【子表 2】PSC 值计算表	物有所值评价表
费用项目：购置无形资产支付的现金	费用项目：建设成本（资产购置）	
【子表 6】摊销金额计算表	【子表 5】总成本费用表 【子表 6】无形资产计算表	运营基础数据表
费用项目：每年在建工程摊销	费用项目：建设工程摊销	
【子表 2】建设投资计算表	【子表 2】资金筹措计划表	融资基础数据表
费用项目：建设期建设投资比例	应用于费用项目：实收资本	
【子表 4】息后税前在建工程计算表	【子表 1】增值税计算表	税金表
费用项目：每年息后税前在建工程	费用项目：息后税前在建工程	
【子表 5】息税后在建工程计算表	【子表 1】增值税计算表	
费用项目：每年息税后在建工程	费用项目：息税后在建工程	
【子表 6】摊销金额计算表	【子表 1】利润计算表	利润表
费用项目：每年建设期利息摊销	费用项目：建设期利息摊销	

☆视频微观点55.1【无形资产编制建设基础数据表的六大内容】

第五十六章　运营基础数据表

——计算核心服务与非核心服务项目运营成本的差异

一、概述

PPP项目的运营方式一般可以分为两大类，分别是核心服务与非核心服务。核心服务是指项目公司对基础设施的使用者直接提供公共服务的一种运营方式，非核心服务是指项目公司对基础设施的使用者没有直接提供公共服务，而是对基础设施进行基础的维护与保养，也就是一般常见的“四保”，其中包括：保安、保洁、保修与保绿。一般采用核心服务的项目，大部分属于使用者付费项目或是可行性缺口补助项目，而非核心服务的项目，常见为政府付费项目，因此在进行财务分析时，须先确定项目的运营属于哪一种类型，而运营类型的确定同时也某种程度确定了项目的付费方式。

“运营基础数据表”最主要是进行运营成本的分析，当项目的运营方式确定后，运营成本的范围也大致框定，“运营基础数据表”中的6个子表，分别针对不同类型的运营成本进行数据的整理，这些子表分别是：子表1——“生产负荷表”、子表2——“成本费用分析表”、子表3——“经营成本含税表”、子表4——“经营成本未税表”、子表5——“总成本费用表”、子表6——“无形资产计算表”，以下针对各子表的功能以及内容进行说明。

二、子表1——“生产负荷表”

生产负荷是指某一年度的预计产能和项目的年设计产能之比。项目运营方式如果采取的是非核心服务，由于运营中没有变动成本，所以不需要生产负荷的数据，只有在项目运营方式采用核心服务时，才需要生产负荷的数据。通常这些数据是从可研报告或是通过调研得到的，每一年的生产负荷影响着以下几个方面的计算：第一，运营成本中的固定成本不会受到生产负荷的影响，但是变动成本会受到生产负荷的影响，并且成正比关系，计算方式为【每年变动成本 = 满载变动成本 × 生产负荷】；第二，单价付费的项目在计算付费数额时，需要使用预计使用数量，而预计使用数量的计算和生产负荷有关，并且成正比关系，计算方式为【每年预计数量 = 每年项目设计满载数量 × 生产负荷】。

“F 市乡镇污水处理厂 PPP 项目”抛弃版控制价阶段“运营基础数据表”中的子表 1“生产负荷表”的内容如下：

表 56.1　F 市项目“运营基础数据表”中的子表 1——“生产负荷表”

1	生产负荷表	合计	1	2	3	4	5	6	7	8
						0.60	0.70	0.80	0.90	1.00

9	10	11	12	13	14	15	16	17	18	19	20
1.00	1.00	1.00	1.00	1.00	1.00	1.00	1.00	1.00	1.00	1.00	1.00

三、子表 2——“成本费用分析表”

一个项目的成本费用可以区分为三类，分别是经营成本、利息费用、折旧与摊销，而经营成本可以再区分为固定成本、变动成本与期末大修成本。这里需要特别说明的是有关大修成本的问题，笔者将大修区分为两类，一类是期中大修，另一类是期末大修，或是称为恢复性大修。《中华人民共和国企业所得税法》第十三条规定：“在计算应纳税所得额时，企业发生的下列支出作为长期待摊费用，按照规定摊销的，准予扣除：……（三）固定资产的大修理支出；……”《企业所得税法实施条例》第六十九条第二款规定：“企业所得税法第十三条第（三）项规定的支出，按照固定资产尚可使用年限分期摊销。”由此可知，期中大修的支出应予资本化，并且在剩余的使用年限内计提折旧摊销，本书将该部分的计算放在子表 6——“无形资产表”中处理。至于期末大修发生在合作期间的最后一年，由于没有机会资本化后再计算折旧摊销费用，因此该费用应作为营业外支出并且当期费用化，本书该部分的计算放在子表 3——“经营成本含税表”以及子表 4——“经营成本未税表”中处理。

成本费用分析表的目的在计算经营成本中，有多少固定成本、变动成本以及大修成本，并且进行含税及未税金额的计算。“F 市乡镇污水处理厂 PPP 项目”期中大修安排在合作期间第十二年，期末大修安排在合作期间的第二十年，则抛弃版控制价阶段“运营基础数据表”中的子表 2“成本费用分析表”的内容如下：

表 56.2 F市项目“运营基础数据表”中的子表 2——“成本费用分析表”

单位：万元

2	成本费用分析表	（含税）	（未税）	（税金）
2.1	年满载污水处理成本			
	年药剂费 13%（变动）	118.76	105.10	13.66
	电费 13%（变动）	686.99	607.96	79.03
	污泥处置费 13%（变动）	121.76	107.75	14.01
	紫外线灯管更换费 13%（变动）	18.65	16.50	2.15
	职工工资与福利费（192×3.6）（固定）	691.20	691.20	0.00
	年修理费（设备投资 5%）（大修）13%	1,785.57	1,580.15	205.42
	其他（含管理）（固定）	170.21	170.21	0.00
	小计	*3,593.14*	*3,278.87*	*314.27*
2.2	年固定成本	861.41	861.41	0.00
	年变动成本	946.16	837.31	108.85
	大修成本	15,177.35	13,431.28	1,746.07
2.3	运营期间	17.00		
	第一次大修摊销费用	*1,678.91*		
	摊销年限	8		

四、子表 3——“经营成本含税表”、子表 4——“经营成本未税表”

计算含税的经营成本，主要是为了将数据使用在以下几个方面：计算每年的经营成本，计算这项金额的目的是将数据引用到：第一，“财务现金流量表”子表 1“现金流量计算表”中，经营活动产生的现金流中每年的“经营成本”单元格，第二，“投资现金流量表”中的子表 1“融资前项目现金流量表”中每年的“经营成本含税”单元格，第三，“物有所值评价表”子表 2“PSC 值计算表”中的每年“经营成本含税”单元格，第四，“税金表”子表 1“增值税计算表”中的每年“经营成本含税”单元格。

至于计算未税经营成本是为了：第一，将数据引用到“税金表”子表 1“增值税计算表”中的每年“经营成本未税”单元格，第二，将数据引用到“成本分析表”子表 2“建设与运营成本占比计算表”中的“经营成本未税（运营成本）”单元格。

经营成本中包含固定成本、变动成本以及期末大修成本三个部分，其中变动成本的计算和生产负荷有关，已说明如前，此不再赘述。有关“F 市乡镇污水处理厂 PPP 项目”抛弃版控制价阶段“运营基础数据表”中的子表 3“经营成本含税表”、子表 4“经营成本未税表”的内容如下：

表 56.3　F 市项目“运营基础数据表”中的子表 3——“经营成本含税表”

单位：万元

3	经营成本含税表	合计	1	2	3	4	5	6	7	8	9	10	11	12	13	14	15	16	17	18	19	20
	固定成本	14,643.97				861.41	861.41	861.41	861.41	861.41	861.41	861.41	861.41	861.41	861.41	861.41	861.41	861.41	861.41	861.41	861.41	861.41
	变动成本	15,138.56				567.70	662.31	756.93	851.54	946.16	946.16	946.16	946.16	946.16	946.16	946.16	946.16	946.16	946.16	946.16	946.16	946.16
	营业外支出——恢复性大修	15,177.35																				15,177.35
	经营成本含税合计	44,959.88				1,429.11	1,523.72	1,618.34	1,712.95	1,807.57	1,807.57	1,807.57	1,807.57	1,807.57	1,807.57	1,807.57	1,807.57	1,807.57	1,807.57	1,807.57	1,807.57	16,984.92

表 56.4　F 市项目“运营基础数据表”中的子表 4——“经营成本未税表”

单位：万元

4	经营成本未税表	合计	1	2	3	4	5	6	7	8	9	10	11	12	13	14	15	16	17	18	19	20
	固定成本	14,643.97				861.41	861.41	861.41	861.41	861.41	861.41	861.41	861.41	861.41	861.41	861.41	861.41	861.41	861.41	861.41	861.41	861.41
	变动成本	13,396.96				502.39	586.12	669.85	753.58	837.31	837.31	837.31	837.31	837.31	837.31	837.31	837.31	837.31	837.31	837.31	837.31	837.31
	营业外支出——恢复性大修	13,431.28																				13,431.28
	经营成本未税合计	41,472.20				1,363.80	1,447.53	1,531.26	1,614.99	1,698.72	1,698.72	1,698.72	1,698.72	1,698.72	1,698.72	1,698.72	1,698.72	1,698.72	1,698.72	1,698.72	1,698.72	15,130.00

五、子表 5——“总成本费用表”

“总成本费用表”基本上分为三个部分，分别是经营成本未税、利息费用以及折旧摊销费用，而折旧摊销费用又可以分为建设工程部分的折旧摊销以及期中大修的折旧摊销。利息费用是指项目在运营期发生的利息费用，必须等“融资基础数据表”编制完成后，才可以把数据引用到“总成本费用表”中，因此笔者将利息费用单元格标示成红色。建设工程部分的折旧摊销，是项目进入运营期后开始计提，而大修的折旧摊销是大修完成后的次年开始计提。计算总成本费用的目的，是为了将数据引用到“利润表”子表 1“利润计算表”中每年的“总成本费用”单元格。有关“F市乡镇污水处理厂PPP项目”的期中大修是在第十二年完成，因此期中大修的折旧摊销是在第十三年年底开始计提，本案例抛弃版控制价阶段“运营基础数据表”中子表5“总成本费用表”的内容如下：

表56.5 F市项目“运营基础数据表”中的子表5——“总成本费用表”

单位：万元

5	总成本费用表	合计	1	2	3	4	5	6	7	8
	经营成本未税	41,472.20				1,363.80	1,447.53	1,531.26	1,614.99	1,698.72
	利息费用	168,234.60				16,462.34	15,840.66	15,186.16	14,497.10	13,771.66
	建设工程摊销	396,413.85				23,318.46	23,318.46	23,318.46	23,318.46	23,318.46
	大修摊销	13,431.28								
	总成本费用合计	619,551.93	0.00	0.00	0.00	41,144.60	40,606.65	40,035.88	39,430.55	38,788.84

总成本费用表	9	10	11	12	13	14	15	16	17	18	19	20
经营成本未税	1,698.72	1,698.72	1,698.72	1,698.72	1,698.72	1,698.72	1,698.72	1,698.72	1,698.72	1,698.72	1,698.72	15,130.00
利息费用	13,007.91	12,203.84	11,357.31	10,466.09	9,527.81	8,539.99	7,500.01	6,405.12	5,252.42	4,038.85	2,761.22	1,416.12
建设工程摊销	23,318.46	23,318.46	23,318.46	23,318.46	23,318.46	23,318.46	23,318.46	23,318.46	23,318.46	23,318.46	23,318.46	23,318.46
大修摊销					1,678.91	1,678.91	1,678.91	1,678.91	1,678.91	1,678.91	1,678.91	1,678.91
总成本费用合计	38,025.09	37,221.02	36,374.49	35,483.27	36,223.90	35,236.08	34,196.10	33,101.21	31,948.51	30,734.95	29,457.31	41,543.49

六、子表6——“无形资产计算表”

编制“无形资产计算表”的目的是计算每一年无形资产的净值，并且引用于“资产负债表”每年“无形资产”的单元格中。而“F市乡镇污水处理厂PPP项目”的无形资产包括建设工程部分和大修部分，有关本案例抛弃版控制价阶段“运营基础数据表”中的子表6“无形资产计算表”的内容如下：

表56.6 F市项目“运营基础数据表”中的子表6——“无形资产计算表”

单位：万元

6	无形资产计算表	合计	1	2	3	4	5	6	7	8
	建设工程入账	3,614,734.10				*396,413.85*	373,095.39	349,776.92	326,458.46	303,140.00
	大修入账	13,431.28								
	建设工程摊销	396,413.85				23,318.46	23,318.46	23,318.46	23,318.46	23,318.46
	大修摊销	13,431.28								
	无形资产净值	3,218,320.26				373,095.39	349,776.92	326,458.46	303,140.00	279,821.54

无形资产计算表	9	10	11	12	13	14	15	16	17	18	19	20
建设工程入账	279,821.54	256,503.08	233,184.62	209,866.15	186,547.69	174,981.60	149,984.23	124,986.86	99,989.49	74,992.11	49,994.74	24,997.37
大修入账					13,431.28							
建设工程摊销	23,318.46	23,318.46	23,318.46	23,318.46	23,318.46	23,318.46	23,318.46	23,318.46	23,318.46	23,318.46	23,318.46	23,318.46
大修摊销					1,678.91	1,678.91	1,678.91	1,678.91	1,678.91	1,678.91	1,678.91	1,678.91
无形资产净值	256,503.08	233,184.62	209,866.15	186,547.69	174,981.60	149,984.23	124,986.86	99,989.49	74,992.11	49,994.74	24,997.37	0.00

为了更加清楚地表示运营基础数据表与其他报表之间的关系，本书整理表56.7

供各位读者参考。

表 56.7 运营基础数据表与其他报表之间的关系

运营基础数据表	其他报表	
【子表 3】经营成本含税表	【子表 1】现金流计算表	财务现金流量表
费用项目：经营成本含税合计	费用项目：经营成本含税	
【子表 6】无形资产计算表	–	资产负债表
费用项目：无形资产净值	费用项目：无形资产	
【子表 3】经营成本含税表	【子表 1】融资前项目现金流量表	投资现金流量表
费用项目：经营成本含税合计	费用项目：经营成本	
【子表 4】经营成本未税表	【子表 2】建设与运营成本占比计算表	成本分析表
费用项目：经营成本未税合计	费用项目：经营成本未税（运营成本）	
【子表 3】经营成本含税表	【子表 2】PSC 值计算表	物有所值评价表
费用项目：经营成本含税合计	费用项目：经营成本含税	
【子表 3】经营成本含税表	【子表 1】增值税计算表	税金表
费用项目：经营成本含税合计	费用项目：经营成本含税	
【子表 4】经营成本未税表	【子表 1】增值税计算表	
费用项目：经营成本未税合计	费用项目：经营成本未税	
【子表 5】总成本费用表	【子表 1】利润计算表	利润表
费用项目：总成本费用合计	费用项目：总成本费用	

☆视频微观点 56.1【财务分析应该注意哪些运营成本?】

第五十七章　融资基础数据表

——如何精算贷款金额与建设期利息

一、概述

有关融资基础数据的整理与计算，实践中存在最多争论是贷款金额以及建设期利息计算的问题。例如合同中约定，建设期实施机构向项目公司支付补贴的项目，常见的不准确贷款金额计算方式，是将工程总投资扣除建设期补贴，再乘上贷款比例（一般常见的贷款比例是80%）所得的金额作为贷款金额，这样计算的问题在于概算的贷款金额，是否考虑了每年的财务金流充足与否的问题；又例如以建设投资作为基数，乘以贷款比例所得到的数额作为贷款金额，这样计算的问题在于算出的贷款金额，是否考虑了建设期利息的还款来源？这些问题笔者会在本章中解答。

"融资基础数据表"总共有6张子表，分别是：子表1——"基础数据汇整表"、子表2——"资金筹措计划表"、子表3——"还本付息计划表"、子表4——"利息计算表"、子表5——"股权投资表"、子表6——"分红比例计算表"，下面针对各子表的功能以及内容进行说明。

二、子表1—"基础数据汇整表"

子表1——"基础数据汇整表"中有三项数据是从子表2"资金筹措计划表"中所引用过来的，这三项数据分别是建设期利息、不贷款金额以及贷款金额，有关这三项数据的具体计算方式，笔者将于稍后介绍子表2的编制时再行说明。子表1由三个部分组成，分别是：第一，工程总投资；第二，注册资本金以及贷款金额；第三，融资利率。有关"F市乡镇污水处理厂PPP项目"抛弃版控制价阶段"融资基础数据表"中子表1的"基础数据汇整表"内容如下：

表57.1　F市项目"融资基础数据表"中的子表1——"基础数据汇整表"

单位：万元

1	基础数据汇整表	
1.1	建设投资（下浮）	403,605.80
	建设期利息	23,118.17
	工程总投资（下浮）	426,723.97

续表

1.2	项目资本金 20%	85,344.79
	不贷款金额	18,443.00
	贷款金额	311,786.79
1.3	LPR 利率	4.80%
	融资利率浮动率	10.00%
	融资利率	5.28%

三、子表 2——“资金筹措计划表”

编制“资金筹措计划表”最主要的目的，在于计算每一年的贷款金额、不贷款金额以及建设期利息。有关这三项数据的计算，笔者直接以“F 市乡镇污水处理厂 PPP 项目”进行说明。子表 2 的计算原理可以分为以下几个部分：

（一）子表 2 的融资公式

子表 2 的融资公式如表 57.2 所示，即每期的建设期投资加上每期的建设期利息之和，等于每期实收资本加上每期贷款金额再加上每期不贷款金额之和，表 57.2 本书的融资公式和表 57.3 传统融资公式，有以下几点不同之处：第一，表 57.3 的传统融资公式是按投资总数计算，而表 57.2 的融资公式是按每期计算；第二，表 57.2 本书的融资公式增加了一个不贷款金额，这个不贷款的金额是根据“财务现金流量表”子表 1“现金流量计算表”中的期末现金余额，进行不贷款金额调整的，如果期末现金余额 >0 时，则可以增加不贷款金额（也就是减少贷款的意思），如果期末现金余额 <0 时，则不贷款金额可以以负数表示（也就是增加贷款的意思），所以不贷款金额是针对期末现金余额是否充足的一个调整阀门；第三，表 57.3 的传统融资公式中设有铺底流动资金，而表 57.2 的融资公式没有设置铺底流动资金，没有设置铺底流动资金的原因在于，项目的建设工程使用的是长期贷款，而铺底流动资金使用的是短期贷款，因此两者的贷款和利息应该要分开计算，而且实践中铺底流动资金的数额都很少，应该可以忽略不计。

表 57.2　本书的融资公式

第 n 期建设投资 + 第 n 期建设期利息 = 第 n 期的实收资本 + 第 n 期的贷款金额 + 第 n 期不贷款金额

表 57.3　传统融资公式

建设投资 + 建设期利息 + 铺底流动资金 = 项目资本金 + 贷款金额

（二）项目资本金到位方式

有关项目资本金金额的计算方式为【项目资本金 = 工程总投资 × 项目资本金比例】，实践中常见的项目资本金比例为20%，项目资本金的到位方式有两种：一种是一次到位，资金的筹措计划是先用项目资本金，后用银行贷款；另一种是分次到位，资金的筹措计划是项目资本金与银行贷款，同时按贷款比例配资使用，例如项目资本金到位1,000万元，银行贷款按比例配资4,000万元。如果采用的是分批到位，则每期到位项目资本金的计算方式【每期项目资本金 = 项目资本金 × 每期建设期建设投资比例】。

以"F市乡镇污水处理厂PPP项目"为例，如果采取项目资本金一次到位，则项目资本金的现金流安排如表57.4所示。如果是采取项目资本金分次到位，则项目资金85,645.36万元分别乘上表55.3每年建设期建设投资比例，第一年44.65%、第二年27.67%、第三年27.67%，计算结果第一年到位项目资本金为38,242.21万元，第二年和第三年到位项目资本金为23,701.57万元，如表57.5所示。由于本案例采取项目资本金一次到位的方式，所以子表2"资金筹措计划表"的内容应以表57.4的内容为准。

表57.4 F市项目"融资基础数据表"中的子表2——"资金筹措计划表"（资本金一次到位）

单位：万元

	B	C	D	E	F	G	H	I
13	2	资金筹措计划表1	合计	1	2	3	4	5
14	2.1	工程总投资	428,226.78	177,668.35	116,544.31	122,864.71	5,574.70	5,574.70
15		建设投资	403,605.80	175,238.94	108,608.73	108,608.73	5,574.70	5,574.70
16		建设期利息	24,620.97	2,429.41	7,935.58	14,255.98		
17	2.2	实收资本	85,645.36	85,645.36	0.00	0.00		
18		不贷款金额	0.00	0.00	0.00	0.00		
19		当期借款	331,432.02	92,023.00	116,544.31	122,864.71		
20	2.3	累计贷款金额	632,022.33	92,023.00	208,567.31	331,432.02		
21		建设期利息	24,620.97	2,429.41	7,935.58	14,255.98		
22	2.4	财务金流		6,140.17	12,291.54	18,442.92	26,387.75	33,965.61

表57.5 F市项目"融资基础数据表"中的子表2——"资金筹措计划表"（资本金分次到位）

单位：万元

2	资金筹措计划表2	合计	1	2	3	4	5
2.1	工程总投资	432,330.67	178,953.73	118,542.09	123,685.45	5,574.70	5,574.70
	建设投资	403,605.80	175,238.94	108,608.73	108,608.73	5,574.70	5,574.70
	建设期利息	28,724.86	3,714.78	9,933.36	15,076.72		
2.2	实收资本	85,645.36	38,242.21	23,701.57	23,701.57		
	不贷款金额	0.00	0.00	0.00	0.00		
	当期借款	335,535.91	140,711.51	94,840.52	99,983.88		
2.3	累计贷款金额	711,799.46	140,711.51	235,552.03	335,535.91		
	建设期利息	28,724.86	3,714.78	9,933.36	15,076.72		

（三）建设期利息的计算

有关建设期利息的计算，一般采用的是表 57.6 的计算公式，有关这个公式有三个问题需要说明：第一个问题，为何第 j 期的贷款金额在计算利息时要除以二？有关这个问题有两种解释，第一种解释认为第 j 期的贷款是年中放款不是年初放款，因此对于利息计算的影响，就相当于贷款金额除以二；第二种解释认为银行贷款是在第 j 期平均放款，其对于利息计算的影响，相当于贷款金额除以二。

第二个问题，实践中常见有人简单地以各期建设投资金额，乘上贷款比例（一般是 80%）后的数额作为各期的贷款金额，带入表 57.6 的公式中计算建设期利息，这样计算的问题在于没有考虑建设期利息的还款来源。因此笔者认为应该使用表 57.2 的融资公式计算的贷款金额，如果假设每年不贷款金额为零，则每年的贷款金额等于每年的工程总投资减去每年的实收资本，则计算出来的每年的贷款金额为表 57.4 中的当期借款金额所示。

第三个问题，当我们使用表 57.2 的融资公式计算贷款金额时，会将表 57.4 设定为 E16 单元格 = E21 单元格、F16 单元格 = F21 单元格、G16 单元格 = G21 单元格，这时候 EXCEL 表格会显示建设期利息循环计算的蓝色箭头，如表 57.7 所示，这时可以启用 EXCEL 的迭代计算功能，蓝色箭头就会消失，并且 EXCEL 会开始自动计算建设期利息。

表 57.6　建设期利息计算公式

$$Q_j = (P_{j-1} + \frac{A_j}{2}) \times i$$

Q_j：第 j 期的建设期利息

A_j：第 j 期的贷款金额

p_{j-1}：第 j－1 期累计的贷款金额

i：贷款利率

表 57.7　F 市子表 2——“资金筹措计划表”（资本金一次到位）公式循环计算

2	资金筹措计划表1	合计	1	2	3	4	5
2.1	工程总投资	*428,226.78*	177,668.35	116,544.31	122,864.71	5,574.70	5,574.70
	建设投资	*403,605.80*	175,238.94	108,608.73	108,608.73	5,574.70	5,574.70
	建设期利息	*24,620.97*	2,429.41	7,935.58	14,255.98		
2.2	实收资本	*85,645.36*	85,645.36	0.00	0.00		
	不贷款金额	*0.00*	0.00	0.00	0.00		
	当期借款	*331,432.02*	92,023.00	116,544.31	122,864.71		
2.3	累计贷款金额	*632,022.33*	92,023.00	208,567.31	331,432.02		
	建设期利息	*24,620.97*	2,429.41	*7,935.58*	*14,255.98*		
2.4	财务金流		6,140.17	12,291.54	18,442.92	26,387.75	33,965.61

☆视频微观点57.1【计算建设期利息如何克服循环计算的问题】

☆视频微观点57.2【PPP项目建设期利息该如何审计决算?】

(四)如何计算不贷款金额

从表57.4可以看出表格中的序号“2.4财务金流”单元格标示为红色，代表这里的数据要等到“财务现金流量表”子表1“现金流量计算表”中制作完成后，才能将“现金流量计算表”中的期末现金余额数据引用到表57.4中。而从表57.4中可以看出第一年期末现金余额为6,140.17万元，第二年为12,291.54万元，第三年为18,442.92万元从这些数据可以看出有多余的资金没有使用，所以可以减少贷款金额。至于如何计算不贷款金额，可以在表57.8建设期期间内，输入每年的不贷款金额，直到将财务金流的剩余资金调整成零为止。因此计算出本案例的建设期利息为23,118.17万元，贷款金额为311,786.79万元，不贷款金额为18,443万元。所以“F市乡镇污水处理厂PPP项目”本案例抛弃版控制价阶段“融资基础数据表”中的子表2“资金筹措计划表”的最终内容如下：

表57.8 F市项目“融资基础数据表”中的子表2——“资金筹措计划表”(最终版)

单位：万元

2	资金筹措计划表1	合计	1	2	3	4	5
2.1	工程总投资	426,723.97	177,510.00	116,052.23	122,012.34	5,574.70	5,574.70
	建设投资	403,605.80	175,238.94	108,608.73	108,608.73	5,574.70	5,574.70
	建设期利息	23,118.17	2,271.06	7,443.50	13,403.61		
2.2	实收资本	85,344.79	85,344.79	0.00	0.00		
	不贷款金额	18,443.00	6,140.24	6,151.38	6,151.38		
	当期借款	311,786.79	86,024.97	109,900.85	115,860.97		
2.3	累计贷款金额	593,737.57	86,024.97	195,925.82	311,786.79		
	建设期利息	23,118.17	2,271.06	7,443.50	13,403.61		
2.4	财务金流		0.00	0.00	0.00	8,748.10	17,032.20

☆视频微观点 57.3【如何正确计算贷款金额?】

四、子表 3——“还本付息计划表”

“还本付息计划表”最主要的功能在于计算每期还本付息的金额，一般这张表可以区分为建设期和运营期两个部分，通常在建设期是贷款宽限期，只需支付利息不需还本，而进入到运营期后，则需还本付息。有关还本付息的方式又可以分为两种，一种是等额本息，另一种是等额本金，两者区别在于，前者每期还款金额相等，而后者每期还款本金相等，前者前期还款本金比例低，利息比例高，到了后期还款本金比例高，利息比例低，而后者总的利息支出金额比较少。

表 57.9“还本付息计划表”和其他报表之间的关系如下：(1) 表中的每年的“当期借款”，将应用于“财务现金流量表”子表 1“现金流量计算表”中，每年的“吸收借款所收到的现金”单元格，以及“投资现金流量表”子表 2“融资后项目现金流量表”中每年的“当期借款”单元格；(2) 表中每年的“还本付息”，将应用于“投资现金流量表”子表 2“融资后项目现金流量表”中的每年的“还本付息”单元格；(3) 表中运营期每年的“付息”金额应用于“财务现金流量表”子表 1“现金流量计算表”中，每年的“偿付利息支付的现金”单元格，“物有所值评价表”子表 2“PSC 值计算表”每年的“利息费用”单元格，以及“运营基础数据表”子表 5“总成本费用表”中每年的“利息费用”单元格；(4) 表中的“还本”金额将应用于“财务现金流量表”子表 1“现金流量计算表”中，每年的“偿还债务支付的现金”单元格；(5) 表中的“期末借款”将应用于“资产负债表”中每年的“长期借款”单元格。

有关“F 市乡镇污水处理厂 PPP 项目”贷款期限为 20 年，贷款宽限期为 3 年，采取等额本息方式还款，本案例抛弃版控制价阶段“融资基础数据表”中的子表 3“还本付息计划表”的内容如下：

表 57.9　F 市项目“融资基础数据表”中的子表 3——“还本付息计划表”

单位：万元

3	还本付息计划表	合计	1	2	3	4	5	6	7	8
	期初借款	3,468,212.11	0.00	86,024.97	195,925.82	311,786.79	300,012.58	287,616.69	274,566.30	260,826.85
	当期借款	311,786.79	86,024.97	109,900.85	115,860.97					
	还本付息	503,139.56	2,271.06	7,443.50	13,403.61	28,236.55	28,236.55	28,236.55	28,236.55	28,236.55
	付息	191,352.77	2,271.06	7,443.50	13,403.61	16,462.34	15,840.66	15,186.16	14,497.10	13,771.66

续表

	还本	311,786.79	0.00	0.00	0.00	11,774.21	12,395.89	13,050.39	13,739.45	14,464.89
	期末借款	3,468,212.11	86,024.97	195,925.82	311,786.79	300,012.58	287,616.69	274,566.30	260,826.85	246,361.95

9	10	11	12	13	14	15	16	17	18	19	20
246,361.95	231,133.31	215,100.60	198,221.36	180,450.89	161,742.15	142,045.58	121,309.04	99,477.60	76,493.47	52,295.77	26,820.43
28,236.55	28,236.55	28,236.55	28,236.55	28,236.55	28,236.55	28,236.55	28,236.55	28,236.55	28,236.55	28,236.55	28,236.55
13,007.91	12,203.84	11,357.31	10,466.09	9,527.81	8,539.99	7,500.01	6,405.12	5,252.42	4,038.85	2,761.22	1,416.12
15,228.64	16,032.71	16,879.24	17,770.46	18,708.74	19,696.57	20,736.55	21,831.43	22,984.13	24,197.70	25,475.34	26,820.43
231,133.31	215,100.60	198,221.36	180,450.89	161,742.15	142,045.58	121,309.04	99,477.60	76,493.47	52,295.77	26,820.43	0.00

五、子表4——“利息计算表”

PPP项目的借款利息，可以区分为建设期利息以及运营期利息，区分的实益在于建设期利息须资本化，而运营期利息须当期费用化，因此两者应分别计算加总的金额，以便后续引用数据时，可以核对使用。有关“F市乡镇污水处理厂PPP项目”抛弃版控制价阶段“融资基础数据表”中的子表4“利息计算表”的内容如下：

表57.10 F市项目“融资基础数据表”中的子表4——“利息计算表”

单位：万元

4	利息计算表	
	建设期利息	23,118.17
	利息费用	168,234.60

六、子表5——“股权投资表”

编制“股权投资表”的目的是计算每一个股东每一期出资的金额，以及项目公司每期的实收资本，当然计算这些数据和项目公司的资本金到位的方式有关。我们以“F市乡镇污水处理厂PPP项目”为例，如果银行的贷款条件要求资本金要一次到位，则“股权投资表”的内容如表57.11所示，如果银行的贷款条件要求资本金分次到位，则“股权投资表”的内容如表57.12所示。由于本案例采取资本金一次到位，所以应该以表57.11为准。

表 57.11　F 市项目"融资基础数据表"中的子表 5——"股权投资表"（一次到位）

单位：万元

5	股权投资表 1	合计	1	2	3
5.1	政府出资方代表 20%	17,068.96	17,068.96		
5.2	社会资本方 80%	68,275.84	68,275.84		
	承包商 30%	25,603.44	25,603.44		
	基金 50%	42,672.40	42,672.40		
5.3	每年实收资本	85,344.79	85,344.79		
	累计实收资本	85,344.79	85,344.79		

表 57.12　F 市项目"融资基础数据表"中的子表 5——"股权投资表"（分次到位）

单位：万元

5	股权投资表 2	合计	1	2	3
5.1	政府出资方代表 20%	17,068.96	7,621.60	4,723.68	4,723.68
5.2	社会资本方 80%	68,275.84	30,486.41	18,894.71	18,894.71
	承包商 30%	25,603.44	11,432.40	7,085.52	7,085.52
	基金 50%	42,672.40	19,054.00	11,809.20	11,809.20
5.3	每年实收资本	85,344.79	38,108.01	23,618.39	23,618.39
	累计实收资本	185,179.20	38,108.01	61,726.40	85,344.79

表 57.11 中社会资本方的每年出资金额，将应用于"投资现金流量表"子表 3"社会资本方税前现金流量表"中每年的"社会资本方实收资本"单元格；表中的"每年实收资本"将应用于"财务现金流量表"子表 1"现金流量计算表"中，每年的"吸收投资收到的现金"单元格，以及"税金表"中的子表 2"税金及附加计算表"每年的"实收资本"单元格；表中的"累计实收资本"将应用于"资产负债表"中每年的"实收资本"单元格。

七、子表 6——"分红比例计算表"

"分红比例计算表"的目的是计算"利润表"子表 1"利润计算表"中"分配利润"单元格每一个股权的分红比例以及"投资现金流量表"子表 3"社会资本方税前现金流量表"中剩余财产分配请求权比例。以"F 市乡镇污水处理厂 PPP 项目"为例，抛弃版控制价阶段"融资基础数据表"中的子表 6"分红比例计算表"的内容如下：

表 57.13 F市项目“融资基础数据表”中的子表6——“分红比例计算表”

6	分红比例计算表	
	政府出资方代表	0.00%
	承包商	37.50%
	基金	62.50%
	社会资本方	100.00%

为了更加清楚地表示融资基础数表与其他报表之间的关系，本书整理表57.14供各位读者参考。

表 57.14 融资基础数据表与其他报表之间的关系

融资基础数据表	其他报表	
【子表3】还本付息计划表	【子表1】现金流计算表	财务现金流量表
费用项目1：当期借款	费用项目1：吸收借款收到的现金	
费用项目2：付息	费用项目2：偿付利息支付的现金	
费用项目3：还本	费用项目3：偿还债务支付的现金	
【子表5】股权投资表	【子表1】现金流计算表	
费用项目：每年实收资本	费用项目：吸收投资收到的现金	
【子表3】还本付息计划表	【子表2】负债	资产负债表
费用项目：期末借款	费用项目：长期借款	
【子表5】股权投资表	【子表3】所有者权益	
费用项目：累计实收资本	费用项目：实收资本	
【子表3】还本付息计划表	【子表2】融资后项目现金流量表	投资现金流量表
费用项目：当期借款	费用项目：当期借款	
【子表3】还本付息计划表	【子表2】融资后项目现金流量表	
费用项目：还本付息	费用项目：还本付息	
【子表5】股权投资表	【子表3】社会资本方税前现金流量表	
费用项目：社会资本方实收资本	费用项目：社会资本方实收资本	
【子表6】分红比例计算表	【子表3】社会资本方税前现金流量表	
费用项目：社会资本方分红比例	费用项目：剩余财产分配	

续表

融资基础数据表	其他报表	
【子表 3】还本付息计划表	【子表 2】PSC 值计算表	物有所值评价表
费用项目：付息	费用项目：利息费用	
【子表 5】股权投资表	【子表 3】PPP 值计算表	
费用项目：政府出资方代表实缴出资	费用项目：股权投资	
【子表 2】资金筹措计划表	【子表 2】建设投资计算表	建设基数数据表
费用项目：建设期利息	费用项目：建设期利息	
【子表 3】还本付息计划表	【子表 5】总成本费用表	运营基础数据表
费用项目：利息（运营期）	费用项目：利息费用	
【子表 5】股权投资表	【子表 2】税金及附加计算表	税金表
费用项目：每年实收资本	费用项目：实收资本	
【子表 6】分红比例计算表	【子表 1】利润计算表	利润表
费用项目：分红比例	费用项目：分配利润	

第五十八章　付费基础数据表

——政府补助的会计及税务处理

一、概述

PPP 项目的现金流入分为三类，分别是付费金流、股权融资与银行贷款，股权融资与银行贷款是融资而产生的现金流入，而付费金流是经营活动而产生的现金流入，由于付费金流充足与否会决定项目是否拥有财务生存能力、偿债能力与获利能力的关键因素，因此付费金流是这三类现金流入中最为重要的现金流入，而“付费基础数据表”就是整理与计算付费数据的基础表格，其重要性不言而喻。“付费基础数据表”总共包含七张子表，分别是：子表 1——“服务数量表”、子表 2——“付费类型分析表”、子表 3——“营业收入含税计算表”、子表 4——“营业收入未税计算表”、子表 5——“利润表收入计算表”、子表 6——“经营活动现金流入计算表”、子表 7——“使用者付费底线计算表”。以下先针对政府补助的会计及税务问题进行说明，再针对各子表的功能以及内容进行说明。

二、政府补助的会计及税务处理

（一）概述

有关于政府补助的会计与税务处理的问题，本书按以下四个步骤处理：第一，是否符合“政府补助”的特征：先识别政府付费是否符合《企业会计准则第16号——政府补助》所规定的政府补助特征，需要特别说明的是，政府付费和政府补助不能画上等号，通常政府付费的范围会大于政府补助的范围；第二，确认政府补助类型并进行会计处理：如果符合政府补助特征的，笔者会再进一步确认政府补助的类型，并根据不同的类型，进行不同的会计处理；第三，增值税与所得税的税务处理：确认是否属于增值税的应税行为，以及是否符合所得税不征税收入、免征及减征等税收优惠；第四，政府补助的列报：将政府付费中的各种付费进一步区分，哪些属于营业收入、哪些属于利润表的收入、哪些属于财务现金流量表的现金流入，并进行不同报表的列报处理。以下针对这四个步骤的具体内容进行说明。

（二）政府补助的特征

有关政府补助的特征，可以分为以下几点说明：

1. 来源于政府的经济资源

根据《企业会计准则第16号——政府补助》第三条第一项规定：“政府补助具有下列特征：（一）来源于政府的经济资源。对于企业收到的来源于其他方的补助，有确凿证据表明政府是补助的实际拨付者，其他方只起到代收代付作用的，该项补助也属于来源于政府的经济资源。”由此可知，政府补助必须来源于政府的经济资源。

2. 政府补助是无偿的

《企业会计准则第16号——政府补助》第三条第二项规定：“（二）无偿性。即企业取得来源于政府的经济资源，不需要向政府交付商品或服务等对价。”由此可知，政府补助并非基于合同的对价关系，因此在PPP项目中实施机构根据PPP合同所为的政府付费或是可行性缺口补助，和项目公司提供公共服务是对价关系，因此不属于上述规定无偿的政府补助。

3. 政府补助是有条件的

根据《企业会计准则第16号——政府补助》第六条第一项规定：“政府补助同时满足下列条件的，才能予以确认：（一）企业能够满足政府补助所附条件。”由此可知，虽然政府补助是无偿，但是不代表没有条件，常见的条件包括：（1）政策条件：企业须符合政策规定，才有资格申请政府补助；（2）使用条件：企业必须按照政策规定的用途使用政府补助①。

4. 政府资本性投入不属于政府补助

《企业会计准则第 16 号——政府补助》第五条第二款规定："政府以投资者身份向企业投入资本，享有相应的所有者权益，不适用本准则。"由此可知，政府以投资者的身份向企业投入资本，并享有企业所有权的，性质上属于资本性投入，不属于政府补助。

（三）政府补助的类型与会计处理

1. 会计处理方式

政府补助有两种会计处理方法：第一，总额法：在确认政府补助时，政府补助全额确认为收益，而不是作为相关资产正面价值或者费用的扣减；第二，净额法：将政府补助作为相关账面价值或所补偿费用的扣减②。针对不同的政府补助类型，这些会计处理方法具体的运用方式说明如下。

2. 与资产相关的政府补助

《企业会计准则第 16 号——政府补助》第八条第一款规定："与资产相关的政府补助，应当冲减相关资产的账面价值或确认为递延收益。与资产相关的政府补助确认为递延收益的，应当在相关资产使用寿命内按照合理、系统的方法分期计入损益。按照名义金额计量的政府补助，直接计入当期损益。"由此可知，与资产相关的政府补助如果确认为是递延收益，采用的会计处理方法就是总额法，如果冲减资产账面价值，采用的会计处理方法就是净额法。一般车购税的政府补助，属于与资产相关的政府补助。

3. 与收益相关的政府补助

《企业会计准则第 16 号——政府补助》第九条第二项规定："与收益相关的政府补助，应当分情况按照以下规定进行会计处理：……（二）用于补偿企业已发生的相关成本费用或损失的，直接计入当期损益或冲减相关成本。"由此可知，与收益相关的政府补助如果直接计入当期损益，采用的会计处理方法就是总额法，如果冲减相关成本，采用的会计处理方法就是净额法。一般增值税即征即退的政府补助，属于与收益相关的政府补助。

（四）政府补助的税务处理

1. 增值税的税务处理

有关政府补助增值税的税务处理，重点在于具体的政府补助是否构成税法规定的增值税应税行为。国家税务总局《关于中央财政补贴增值税有关问题的公告》中

---

① 中华人民共和国财政部编著：《企业会计准则应用指南》，立信会计出版社 2018 年版，第 64 页。

② 中国注册会计师协会组织编著：《会计》，中国财政经济出版社 2019 年 3 月版，第 341 页。

规定："按照现行增值税政策，纳税人取得的中央财政补贴，不属于增值税应税收入，不征收增值税。"由此可知，如果政府补助属于中央财政补贴不征收增值税，例如：增值税即征即退或是车购税补贴。

需要特别说明的是，国家税务总局《关于取消增值税扣税凭证认证确认期限等增值税征管问题的公告》第八条规定："本公告第一条自2020年3月1日起施行，第二条至第七条自2020年1月1日起施行。此前已发生未处理的事项，按照本公告执行，已处理的事项不再调整。《国家税务总局关于中央财政补贴增值税有关问题的公告》（2013年第3号）、《国家税务总局关于国内旅客运输服务进项税抵扣等增值税征管问题的公告》（2019年第31号）第五条自2020年1月1日起废止。……"以及关于《国家税务总局关于取消增值税扣税凭证认证确认期限等增值税征管问题的公告》的解读①："《中华人民共和国增值税暂行条例》第六条明确'销售额为纳税人销售货物或者应税劳务向购买方收取的全部价款和价外费用'，由于中央财政补贴不属于向'购买方收取'，《国家税务总局关于中央财政补贴增值税有关问题的公告》（2013年第3号）明确'纳税人取得的中央财政补贴，不属于增值税应税收入，不征收增值税'。"2017年年底，《国务院关于废止〈中华人民共和国营业税暂行条例〉和修改〈中华人民共和国增值税暂行条例〉的决定》对《中华人民共和国增值税暂行条例》进行了修改，将第六条修改为"销售额为纳税人发生应税销售行为收取的全部价款和价外费用"。因此，纳税人取得的财政补贴收入，是与其销售货物、劳务、服务、无形资产、不动产的收入或者数量直接挂钩的，应按规定计算缴纳增值税。纳税人取得的其他情形的财政补贴收入，不属于增值税应税收入，不征收增值税。由此可知，《关于中央财政补贴增值税有关问题的公告》已经废止，但是增值税即征即退，或是车购税补贴等财政补贴收入，如果没有与其销售货物、劳务、服务、无形资产、不动产的收入或者数量直接挂钩的，依然不属于增值税应税收入。

☆视频微观点58.1【PPP项目涉及中央财政补贴是否要缴交增值税?】

2. 企业所得税的税务处理

有关政府补助企业所得税的税务处理，重点在于是否符合所得税不征税收入、

① http://www.chinatax.gov.cn/chinatax/n810219/n810744/n4016641/n4016666/c5143582/content.html，最后访问日期：2022年4月27日。

免征及减征等税收优惠。财务部和国家税务总局于 2011 年 9 月 7 日公布的《关于专项用途财政性资金企业所得税处理问题的通知》第一、二条规定："一、企业从县级以上各级人民政府财政部门及其他部门取得的应计入收入总额的财政性资金，凡同时符合以下条件的，可以作为不征税收入，在计算应纳税所得额时从收入总额中减除：（一）企业能够提供规定资金专项用途的资金拨付文件；（二）财政部门或其他拨付资金的政府部门对该资金有专门的资金管理办法或具体管理要求；（三）企业对该资金以及以该资金发生的支出单独进行核算。二、根据实施条例第二十八条的规定，上述不征税收入用于支出所形成的费用，不得在计算应纳税所得额时扣除；用于支出所形成的资产，其计算的折旧、摊销不得在计算应纳税所得额时扣除。"由此可知，财政资金如果有专项用途的资金拨付文件，有专门的资金管理办法和要求，并且对该资金的支出单独进行核算的，可以作为不征税收入，这些支出所形成的费用或形成资产的折旧摊销，不得在计算应纳所得税额时扣除，因此采用的会计处理方法是净额法，但是不管用总额法还是净额法，计算的结果是一样的。

此外，根据国家税务总局于 2009 年 4 月 16 日公布的《关于实施国家重点扶持的公共基础设施项目企业所得税优惠问题的通知》中规定："一、对居民企业（以下简称企业）经有关部门批准，从事符合《公共基础设施项目企业所得税优惠目录》（以下简称《目录》）规定范围、条件和标准的公共基础设施项目的投资经营所得，自该项目取得第一笔生产经营收入所属纳税年度起，第一年至第三年免征企业所得税，第四年至第六年减半征收企业所得税。……二、本通知所称第一笔生产经营收入，是指公共基础设施项目建成并投入运营（包括试运营）后所取得的第一笔主营业务收入。……"由此可知，目录范围内的项目，从第一笔生产经营收入起，享有企业所得税三免三减半的税收优惠。

（五）政府补助在利润表以及财务现金流量表的列示

1. 政府补助在利润表的列示

根据《企业会计准则第 16 号——政府补助》第十一条规定："与企业日常活动相关的政府补助，应当按照经济业务实质，计入其他收益或冲减相关成本费用。与企业日常活动无关的政府补助，应当计入营业外收支。"以及《关于政府补助准则有关问题的解读》①："通常情况下，若政府补助补偿的成本费用是营业利润之中的项目，或该补助与日常销售等经营行为密切相关（如增值税即征即退等），则认为该政府补助与日常活动相关。……"由此可知，增值税即征即退属于与企业日常活动相关的政府补助，应计入其他收益或冲减相关成本费用。

---

① http://www.gov.cn/zhengce/2018-02/22/content_5268063.htm，最后访问日期：2022 年 4 月 27 日。

2. 政府补助在财务现金流量表的列示

由于与资产有关的政府补助，采用的是总额法进行会计处理，将补助确认为递延收益，因此和实际的现金流入时间是有差距的，在安排财务现金流量表的现金流时，应该以实际的现金流入时间安排现金流。

三、子表1——“服务数量表”

单价付费的PPP项目，需要计算服务数量后，才能计算出整个项目的付费数额，而其中涉及的服务数量概念有六个，分别是：满载数量、预计数量、实际数量、超额数量、保底数量与不足数量，这六个概念本书已于第四十三章中说明，此不赘述。而服务数量表最主要是计算预计数量与保底数量，其中预计数量的计算和生产负荷有密切的关系，预计数量的计算方式是以每个计算周期的生产负荷乘上每个周期的满载数量，得出每个周期的预计数量。至于保底数量的计算是采用现金流倒推的方式，也就是根据图43.1第一层付费区间所对应的现金流是银行贷款还本付息的现金流，以该现金流倒推每个计算周期的保底数量。

“F市乡镇污水处理厂PPP项目”日满载水量为8.35万吨，PPP合约中没有约定保底水量，则本案例抛弃版控制价阶段“付费基础数据表”中子表1“服务数量表”的内容如下：

表58.1 F市项目“付费基础数据表”中的子表1——“服务数量表”

单位：万元

1	服务数量表									
1.1	日满载水量（万吨）	8.35								
	年满载水量（万吨）	3,047.75								
1.2	每年预计水量	合计	1	2	3	4	5	6	7	8
	生产负荷					0.60	0.70	0.80	0.90	1.00
	每年预计水量计算	48,764.00				1,828.65	2,133.43	2,438.20	2,742.98	3,047.75

9	10	11	12	13	14	15	16	17	18	19	20
1.00	1.00	1.00	1.00	1.00	1.00	1.00	1.00	1.00	1.00	1.00	1.00
3,047.75	3,047.75	3,047.75	3,047.75	3,047.75	3,047.75	3,047.75	3,047.75	3,047.75	3,047.75	3,047.75	3,047.75

四、子表2——“付费类型分析表”

编制“付费类型分析表”的目的在于将付费进行分类，并根据分类进行不同的处理，以便后续可以将数据引入“营业收入含税未税计算表”“利润表收入计算表”以及“经营活动现金流入计算表”等子表。本书将付费类型进行三个层次的分类：第一层区分为政府付费以及使用者付费；第二层将政府付费区分为非政府补助以及政府补助；第三层将政府补助区分为与收益相关的政府补助以及与资产相关的政府补助。这里需要说明的是，与资产相关的政府补助中的递延收益数据，是“资产负债表”中“递延收益”单元格需要引用的数据。

“F 市乡镇污水处理厂 PPP 项目”付费类型中建设服务费以及实施机构每年建设期支付建设期补贴 1,000 万元，性质上属于非政府补助，即征即退的增值税性质上属于与收益相关的政府补助，项目使用环保先进设备政府建设期每年补贴 6,000 万元性质上属于与资产相关的政府补助，污水处理费性质上属于与收益相关的政府补贴所以本案例抛弃版控制价阶段“付费基础数据表”中子表 2“付费类型分析表”的内容如下：

表 58.2　F 市项目“付费基础数据表”中的子表 2——“付费类型分析表”

单位：万元

2	付费类型分析表	
2.1	政府付费	
2.1.1	不符特征	
2.1.1.1	年建设期补贴	1,000.00
2.1.1.2	年水厂管网建设服务费	41,435.40
	月水厂管网建设服务费	3,452.95
	i 值	0.539%
	n	204.00
	工程总投资（下浮）	426,723.97

2.1.2	符合特征									
2.1.2.1	增值税即征即返 70%	合计	1	2	3	4	5	6	7	8
		23,270.80	0.00	0.00	0.00	0.00	0.00	0.00	0.00	0.00
2.1.2.2	资产相关政府补助	合计	1	2	3	4	5	6	7	8
	当期流入	18,000.00	6,000.00	6,000.00	6,000.00					
	递延收益	180,000.00	6,000.00	12,000.00	18,000.00	16,941.18	15,882.35	14,823.53	13,764.71	12,705.88
	当期确认收益	18,000.00				1,058.82	1,058.82	1,058.82	1,058.82	1,058.82
2.2	使用者付费									
	年污水处理费单价	1.85								

9	10	11	12	13	14	15	16	17	18	19	20
0.00	0.00	760.49	2,772.76	1,550.51	2,772.76	2,772.76	2,772.76	2,772.76	2,772.76	2,772.76	1,550.51
9	10	11	12	13	14	15	16	17	18	19	20
11,647.06	10,588.24	9,529.41	8,470.59	7,411.76	6,352.94	5,294.12	4,235.29	3,176.47	2,117.65	1,058.82	0.00
1,058.82	1,058.82	1,058.82	1,058.82	1,058.82	1,058.82	1,058.82	1,058.82	1,058.82	1,058.82	1,058.82	1,058.82

五、子表3——“营业收入含税计算表”、子表4——“营业收入未税计算表”

编制“营业收入含税与未税计算表”的目的，在于计算符合增值税应税行为含税与未税的收入，未来将数据引用于“税金表”中含税与未税的营业收入。“F市乡镇污水处理厂PPP项目”的营业收入包括：1,000万元的建设期补贴、建设服务费、污水处理费三项收入，即征即退增值税以及项目使用环保先进设备政府建设期每年补贴6,000万元，并非增值税应税行为，所以不课征增值税。因此抛弃版控制价阶段“付费基础数据表”中子表3——“营业收入含税计算表”、子表4——“营业收入未税计算表”的内容如下：

表58.3　F市项目“付费基础数据表”中的子表3——“营业收入含税计算表”

单位：万元

3	营业收入含税表	合计	1	2	3	4	5	6	7	8
	年建设期补贴	3,000.00	1,000.00	1,000.00	1,000.00					
	年水厂管网建设服务费	704,401.88				41,435.40	41,435.40	41,435.40	41,435.40	41,435.40
	年污水处理费	90,213.40				3,383.00	3,946.84	4,510.67	5,074.50	5,638.34
	营业收入含税合计	797,615.28	1,000.00	1,000.00	1,000.00	44,818.41	45,382.24	45,946.07	46,509.91	47,073.74

营业收入含税表	9	10	11	12	13	14	15	16	17	18	19	20
年建设期补贴												
年水厂管网建设服务费	41,435.40	41,435.40	41,435.40	41,435.40	41,435.40	41,435.40	41,435.40	41,435.40	41,435.40	41,435.40	41,435.40	41,435.40
年污水处理费	5,638.34	5,638.34	5,638.34	5,638.34	5,638.34	5,638.34	5,638.34	5,638.34	5,638.34	5,638.34	5,638.34	5,638.34
营业收入含税合计	47,073.74	47,073.74	47,073.74	47,073.74	47,073.74	47,073.74	47,073.74	47,073.74	47,073.74	47,073.74	47,073.74	47,073.74

表58.4　F市项目“付费基础数据表”中的子表4——“营业收入未税计算表”

单位：万元

4	营业收入未税表	合计	1	2	3	4	5	6	7	8
	年建设期补贴9%	2,752.29	917.43	917.43	917.43					
	年水厂管网建设服务费9%	646,240.26				38,014.13	38,014.13	38,014.13	38,014.13	38,014.13
	年污水处理费13%	79,834.87				2,993.81	3,492.78	3,991.74	4,490.71	4,989.68
	营业收入未税合计	728,827.42	917.43	917.43	917.43	41,007.94	41,506.91	42,005.88	42,504.84	43,003.81

营业收入未税表	9	10	11	12	13	14	15	16	17	18	19	20
年建设期补贴9%												
年水厂管网建设服务费9%	38,014.13	38,014.13	38,014.13	38,014.13	38,014.13	38,014.13	38,014.13	38,014.13	38,014.13	38,014.13	38,014.13	38,014.13
年污水处理费13%	4,989.68	4,989.68	4,989.68	4,989.68	4,989.68	4,989.68	4,989.68	4,989.68	4,989.68	4,989.68	4,989.68	4,989.68
营业收入未税合计	43,003.81	43,003.81	43,003.81	43,003.81	43,003.81	43,003.81	43,003.81	43,003.81	43,003.81	43,003.81	43,003.81	43,003.81

六、子表 5——“利润表收入计算表”

编制“利润表收入计算表”的目的是将最终计算的数据，引用于“利润表”中的“收入”单元格。“F 市乡镇污水处理厂 PPP 项目”的收入包括：未税的营业收入、增值税即征即退以及当期的确认收益，因此抛弃版控制价阶段“付费基础数据表”中子表 5“利润表收入计算表”的内容如下：

表 58.5　F 市项目“付费基础数据表”中的子表 5——“利润表收入计算表”

单位：万元

5	利润表收入计算表	合计	1	2	3	4	5	6	7	8
	营业收入未税	728,827.42	917.43	917.43	917.43	41,007.94	41,506.91	42,005.88	42,504.84	43,003.81
	增值税即征即返	23,270.80	0.00	0.00	0.00	0.00	0.00	0.00	0.00	0.00
	当期确认收益	18,000.00	0.00	0.00	0.00	1,058.82	1,058.82	1,058.82	1,058.82	1,058.82
	利润表收入合计	770,098.22	917.43	917.43	917.43	42,066.76	42,565.73	43,064.70	43,563.67	44,062.64

利润表收入计算表	9	10	11	12	13	14	15	16	17	18	19	20
营业收入未税	43,003.81	43,003.81	43,003.81	43,003.81	43,003.81	43,003.81	43,003.81	43,003.81	43,003.81	43,003.81	43,003.81	43,003.81
增值税即征即返	0.00	0.00	760.49	2,772.76	1,550.51	2,772.76	2,772.76	2,772.76	2,772.76	2,772.76	2,772.76	1,550.51
当期确认收益	1,058.82	1,058.82	1,058.82	1,058.82	1,058.82	1,058.82	1,058.82	1,058.82	1,058.82	1,058.82	1,058.82	1,058.82
利润表收入合计	44,062.64	44,062.64	44,823.12	46,835.39	45,613.15	46,835.39	46,835.39	46,835.39	46,835.39	46,835.39	46,835.39	45,613.15

七、子表 6——“经营活动现金流入计算表”

编制“经营活动现金流入计算表”的目的在于，第一，将计算的数据引用于“财务现金流量表”子表 1“现金流量计算表”中的“经营活动现金流入”单元格，以及“投资现金流量表”子表 1“融资前项目现金流量表”中的“经营活动现金流入”单元格；第二，将计算的数据引用于“物有所值评价表”中子表 3“PPP 值计算表”中的“运营补贴”单元格。“F 市乡镇污水处理厂 PPP 项目”的现金流入包括：营业收入含税、增值税即征即退、项目使用环保先进设备政府建设期每年补贴 6,000 万元的当期流入。因此抛弃版控制价阶段“付费基础数据表”中子表 6“经营活动现金流入计算表”的内容如下：

表 58.6　F 市项目“付费基础数据表”中的子表 6——“经营活动现金流入计算表”

单位：万元

6	经营活动现金流入计算表	合计	1	2	3	4	5	6	7	8
	营业收入含税	797,615.28	1,000.00	1,000.00	1,000.00	44,818.41	45,382.24	45,946.07	46,509.91	47,073.74
	增值税即征即返	23,270.80	0.00	0.00	0.00	0.00	0.00	0.00	0.00	0.00
	当期流入	18,000.00	6,000.00	6,000.00	6,000.00					
	经营活动现金流入合计	838,886.08	7,000.00	7,000.00	7,000.00	44,818.41	45,382.24	45,946.07	46,509.91	47,073.74

续表

9	10	11	12	13	14	15	16	17	18	19	20
47,073.74	47,073.74	47,073.74	47,073.74	47,073.74	47,073.74	47,073.74	47,073.74	47,073.74	47,073.74	47,073.74	47,073.74
0.00	0.00	760.49	2,772.76	1,550.51	2,772.76	2,772.76	2,772.76	2,772.76	2,772.76	2,772.76	1,550.51
47,073.74	47,073.74	47,834.23	49,846.50	48,624.25	49,846.50	49,846.50	49,846.50	49,846.50	49,846.50	49,846.50	48,624.25

八、子表 7——“使用者付费底线计算表”

根据财金〔2019〕10 号文的规定，可行性缺口补助项目，使用者付费金额不可以低于10%，因此本书设计了一个指数叫做“使用者付费目标值”，它的计算方法是：使用者付费目标值 = 使用者付费金额 − 经营活动现金流合计 ×0.1 >0，也就是使用者付费的金额必须大于经营活动现金流的 10%。关于财金〔2019〕10 号文的规定，使用者付费金额不可以低于10%，计算这个 10% 的分母究竟是指可行性缺口补助还是总的付费金额？财金〔2019〕10 号文并未规定，本书采取了最为严格的解释，将分母采用了总的付费金额。“F 市乡镇污水处理厂 PPP 项目”抛弃版控制价阶段“付费基础数据表”中子表 7“使用者付费底线计算表”的内容如下：

表 58.7　F 市项目“付费基础数据表”中的子表 7——“使用者付费底线计算表”

单位：万元

7	使用者付费底线计算表	
	使用者付费 10% 底线	83,888.61
	使用者付费目标值	6,324.79

为了更加清楚地表示付费基础数据表与其他报表之间的关系，本书整理表 58.8 供各位读者参考。

表 58.8　付费基础数据表与其他报表之间的关系

<table>
<tr><th>付费基础数据表</th><th colspan="2">其他报表</th></tr>
<tr><td>【子表 6】经营活动现金流入计算表</td><td>【子表 1】现金流计算表</td><td rowspan="2">财务现金流量表</td></tr>
<tr><td>费用项目：经营活动现金流入合计</td><td>费用项目：经营活动现金流入</td></tr>
<tr><td>【子表 2】付费类型分析表</td><td>资产负债表/负债</td><td rowspan="2">资产负债表</td></tr>
<tr><td>费用项目：递延收益</td><td>费用项目：其他流动负债</td></tr>
<tr><td>【子表 6】经营活动现金流入计算表</td><td>【子表 1】融资前项目现金流量表</td><td rowspan="2">投资现金流量表</td></tr>
<tr><td>费用项目：经营活动现金流入合计</td><td>费用项目：经营活动现金流入</td></tr>
</table>

续表

融资基础数据表	其他报表	
【子表 3】营业收入含税计算表	【子表 3】PPP 值计算表	物有所值评价表
费用项目：营业收入含税合计	费用项目：营业收入含税	
【子表 2】付费类型分析表	【子表 3】PPP 值计算表	
费用项目：当年流入	费用项目：政府补助	
【子表 3】营业收入含税计算表	【子表 1】增值税计算表	税金表
费用项目：营业收入含税合计	费用项目：营业收入含税	
【子表 4】营业收入未税计算表	【子表 1】增值税计算表	
费用项目：营业收入未税合计	费用项目：营业收入未税	
【子表 5】利润表收入计算表	【子表 1】利润计算表	利润表
费用项目：利润表收入合计	费用项目：收入	
【子表 7】使用者付费底线计算表	—	总表二
使用者付费目标值	使用者付费目标值	

☆视频微观点 58.2【企业所得税与政府补贴】

第五十九章　增值税、税金及附加表

——如何自动计算留抵税额与实缴税额

一、概述

“增值税、税金及附加表”简称为“税金表”，除了计算增值税之外，税金及附加最主要是核算企业经营活动发生的消费税、城市维护建设税、资源税、教育费附加及房产税、土地使用税、车船使用税、印花税等相关税费，因此本书将针对 PPP 项目经常用到的增值税、城市维护建设税、教育费附加以及印花税等四项税费进行说明。这里有个概念需要特别解释的是，由于增值税的性质属于价外税，也就是商品的销售价格是不包含增值税的，因此在“利润表”中所引用的数据都是未税数据，但是由于“财务现金流量表”“投资现金流量表”看的是实际的现金流出，因此表中的数据都是含税数据。“增值税、税金及附加表”总共有三个子表，分别是：子表1——“增值税计算表”、子表2——“税金及附加计算表”、子表3——“各项税费合计表”。以下将针对各子表的功能和内容进行说明。

二、子表1——“增值税计算表”

有关“增值税计算表”的编写，有以下几个重点需要注意：第一，有关销项税额的计算：政府付费中符合政府补助特征的，这些政府补助是否构成增值税的应税行为，是必须优先判断的，在PPP项目实践中，一般中央专项资金的补助，是不需要课征增值税的，而其他的政府付费是需要课征增值税，此外，如果是建设运营分开算的付费类型，建设服务费和运营服务费可能会分别适用不同种类的销项税率；第二，有关进项税额的计算：建设投资要进行必要的拆分和分类，本书的拆分方式是将建设投资拆分为对政府付费、建设期项目公司管理费以及承包商费用，其中对政府付费以及建设期项目公司管理费没有进项税额，而承包商费用再进一步区分为一类费用和二类费用，一类费用的进项税率采用9%，而二类费用的进项税率采用6%；第三，有关实缴税额的计算：这个数据将引用于“成本分析表”子表3“静态成本合计表”中的“增值税”单元格；第四，如何自动计算留抵税额与实缴税额：笔者讲课时，经常被学员问到的问题是，如何将EXCEL表设定为可以自动计算留抵税额以及实缴税额，有关这个问题具体的设定方式如表59.1所示；此外，计算的留抵税额将应用于“资产负债表”中的“其他非流动资产”单元格；第五，增值税金流调整：项目公司所收到的销项税额并不一定全部支付给税务部门，至于有多少销项税额支付出去了，有多少留在项目公司的账上，这个计算涉及“财务现金流量表”子表3“利润调整表”中，如何将“利润”调整成“经营活动现金流入”的问题，增值税金流调整的计算是：销项税额－经营成本进项税额－减去实缴税额＝销项税额中没有支付出去的金额。

表59.1 如何自动计算留抵税额与实缴税额

		1	2	3
A	当期留抵税或税额	销项－进项	销项－进项	销项－进项
B	当期留抵税或税额＋前期留抵	＝A1＋0	＝A2＋C1	＝A3＋C2
C	留抵税额	＝IF（B1＜0,B1,0）	＝IF（B2＜0,B2,0）	＝IF（B3＜0,B3,0）
D	实缴税额	＝IF（B1＞0,B1,0）	＝IF（B2＞0,B2,0）	＝IF（B3＞0,B3,0）

“F 市乡镇污水处理厂 PPP 项目”抛弃版控制价阶段“税金表”中子表 1“增值税计算表”的内容如下：

表 59.2　F 市项目“税金表”中的子表 1——“增值税计算表”

单位：万元

1	增值税计算表	合计	1	2	3	4	5	6	7	8
1.1	销项									
	营业收入含税	797,615.28	1,000.00	1,000.00	1,000.00	44,818.41	45,382.24	45,946.07	46,509.91	47,073.74
	营业收入未税	728,827.42	917.43	917.43	917.43	41,007.94	41,506.91	42,005.88	42,504.84	43,003.81
	销项税额小计	68,787.86	82.57	82.57	82.57	3,810.47	3,875.33	3,940.20	4,005.06	4,069.93
1.2	进项									
	息后税前在建工程	418,783.15	154,178.97	124,713.42	124,713.42					
	息税后在建工程	386,726.95	144,075.59	114,610.04	114,610.04					
	税额	32,056.19	10,103.38	10,103.38	10,103.38					
	经营成本含税	44,959.88				1,429.11	1,523.72	1,618.34	1,712.95	1,807.57
	经营成本未税	41,472.20				1,363.80	1,447.53	1,531.26	1,614.99	1,698.72
	税额	3,487.67				65.31	76.20	87.08	97.97	108.85
	进项税额小计	35,543.86	10,103.38	10,103.38	10,103.38	65.31	76.20	87.08	97.97	108.85
1.3	当期留抵或税额	33,244.00	-10,020.81	-10,020.81	-10,020.81	3,745.16	3,799.14	3,853.12	3,907.10	3,961.08
	当期留抵或税额+前期留抵	-129,646.40	-10,020.81	-20,041.61	-30,062.42	-26,317.26	-22,518.13	-18,665.01	-14,757.91	-10,796.83
	留抵税额　IF	-162,890.40	-10,020.81	-20,041.61	-30,062.42	-26,317.26	-22,518.13	-18,665.01	-14,757.91	-10,796.83
	实缴税额　IF	33,244.00	0.00	0.00	0.00	0.00	0.00	0.00	0.00	0.00
1.4	增值税金流调整	32,056.19	82.57	82.57	82.57	3,745.16	3,799.14	3,853.12	3,907.10	3,961.08

1	增值税计算表	9	10	11	12	13	14	15	16	17	18	19	20
1.1	销项												
	营业收入含税	47,073.74	47,073.74	47,073.74	47,073.74	47,073.74	47,073.74	47,073.74	47,073.74	47,073.74	47,073.74	47,073.74	47,073.74
	营业收入未税	43,003.81	43,003.81	43,003.81	43,003.81	43,003.81	43,003.81	43,003.81	43,003.81	43,003.81	43,003.81	43,003.81	43,003.81
	销项税额小计	4,069.93	4,069.93	4,069.93	4,069.93	4,069.93	4,069.93	4,069.93	4,069.93	4,069.93	4,069.93	4,069.93	4,069.93
1.2	进项												
	息后税前在建工程					15,177.35							
	息税后在建工程					13,431.28							
	税额					1,746.07							
	经营成本含税	1,807.57	1,807.57	1,807.57	1,807.57	1,807.57	1,807.57	1,807.57	1,807.57	1,807.57	1,807.57	1,807.57	16,984.92
	经营成本未税	1,698.72	1,698.72	1,698.72	1,698.72	1,698.72	1,698.72	1,698.72	1,698.72	1,698.72	1,698.72	1,698.72	15,130.00
	税额	108.85	108.85	108.85	108.85	108.85	108.85	108.85	108.85	108.85	108.85	108.85	1,854.92
	进项税额小计	108.85	108.85	108.85	108.85	1,854.92	108.85	108.85	108.85	108.85	108.85	108.85	1,854.92
1.3	当期留抵或税额	3,961.08	3,961.08	3,961.08	3,961.08	2,215.01	3,961.08	3,961.08	3,961.08	3,961.08	3,961.08	3,961.08	2,215.01
	当期留抵或税额+前期留抵	-6,835.75	-2,874.67	1,086.41	3,961.08	2,215.01	3,961.08	3,961.08	3,961.08	3,961.08	3,961.08	3,961.08	2,215.01
	留抵税额　IF	-6,835.75	-2,874.67	0.00	0.00	0.00	0.00	0.00	0.00	0.00	0.00	0.00	0.00
	实缴税额　IF	0.00	0.00	1,086.41	3,961.08	2,215.01	3,961.08	3,961.08	3,961.08	3,961.08	3,961.08	3,961.08	2,215.01
1.4	增值税金流调整	3,961.08	3,961.08	2,874.67	0.00	1,746.07	0.00	0.00	0.00	0.00	0.00	0.00	0.00

三、子表2——“税金及附加表”

“税金及附加表”是计算城市维护建设税、教育费附加以及印花税三项税费的计算表，其中“税金及附加合计”的数据将应用于“利润表”子表1“利润计算表”中“税金及附加”单元格，以及应用于“成本分析表”子表3“静态成本合计表”中的“税金及附加”单元格，“F市乡镇污水处理厂PPP项目”抛弃版控制价阶段“税金表”中子表2“税金及附加表”的内容如下：

表59.3　F市项目“税金表”中的子表2——“税金及附加表”

单位：万元

2	税金及附加计算表	合计	1	2	3	4	5	6	7	8
2.1	城建税7%	2,327.08	0.00	0.00	0.00	0.00	0.00	0.00	0.00	0.00
	教育费附加3%	997.32	0.00	0.00	0.00	0.00	0.00	0.00	0.00	0.00
	地方教育费附加2%	664.88	0.00	0.00	0.00	0.00	0.00	0.00	0.00	0.00
	小计	3,989.28	0.00	0.00	0.00	0.00	0.00	0.00	0.00	0.00
2.2	印花税	0.00								
	实收资本	85,344.79	85,344.79							
	税率0.0005×0.5	21.34	21.34							
	银行贷款0.00005	15.59	15.59							
	承包商0.0003	111.49	111.49							
	小计		148.42							
2.3	税金及附加合计	4,137.70	148.42	0.00	0.00	0.00	0.00	0.00	0.00	0.00

2	税金及附加计算表	9	10	11	12	13	14	15	16	17	18	19	20
2.1	城建税7%	0.00	0.00	76.05	277.28	155.05	277.28	277.28	277.28	277.28	277.28	277.28	155.05
	教育费附加3%	0.00	0.00	32.59	118.83	66.45	118.83	118.83	118.83	118.83	118.83	118.83	66.45
	地方教育费附加2%	0.00	0.00	21.73	79.22	44.30	79.22	79.22	79.22	79.22	79.22	79.22	44.30
	小计	0.00	0.00	130.37	475.33	265.80	475.33	475.33	475.33	475.33	475.33	475.33	265.80
2.2	印花税												
	实收资本												
	税率0.0005×0.5												
	银行贷款0.00005												
	承包商0.0003												
	小计												
2.3	税金及附加合计	0.00	0.00	130.37	475.33	265.80	475.33	475.33	475.33	475.33	475.33	475.33	265.80

四、子表3——“各项税费合计表”

“各项税费合计表”是为了计算两项合计金额：第一，增值税、税金及附加的合计金额，这项数据将应用于“投资现金流量表”子表1“融资前项目现金流量表”以及子表2“融资后项目现金流量表”中的“增值税、税金及附加”单元格；第二，支付的各项税费合计金额，也就是所得税、增值税、税金及附加的合计金额，这项数据将应用于“财务现金流量表”子表1“现金流计算表”中的“支付各项税费”单元格，以及“物有所值评价表”子表2“PSC 值计算表”中的“竞争性中立调整值”单元格。“F 市乡镇污水处理厂 PPP 项目”抛弃版控制价阶段“税金表”中子表3“各项税费合计表”的内容如下：

表 59.4　F 市项目“税金表”中的子表3——“各项税费合计表”

单位：万元

3	各项税费计算表	合计	1	2	3	4	5	6	7	8	9	10	11	12	13	14	15	16	17	18	19	20
	增值税、税金及附加	37,381.70	148.42	0.00	0.00	0.00	0.00	0.00	0.00	0.00	0.00	0.00	1,216.78	4,436.41	2,480.82	4,436.41	4,436.41	4,436.41	4,436.41	4,436.41	4,436.41	2,480.82
	所得税	33,194.07	192.25	229.36	229.36	0.00	0.00	0.00	516.64	659.22	754.69	1,710.40	2,079.57	2,719.20	2,280.86	2,781.00	3,040.99	3,314.71	3,602.89	3,906.28	4,225.69	950.96
	支付的各项税费	70,575.77	340.67	229.36	229.36	0.00	0.00	0.00	516.64	659.22	754.69	1,710.40	3,296.35	7,155.61	4,761.68	7,217.41	7,477.40	7,751.12	8,039.30	8,342.69	8,662.10	3,431.78

为了更加清楚地表示税金表与其他报表之间的关系，本书整理表59.5供各位读者参考。

表 59.5　税金表与其他报表之间的关系

税金基础数据表	其他报表	
【子表1】增值税计算表	【子表3】利润调整表	财务现金流量表
费用项目：增值税金流调整	费用项目：增值税金流调整	
【子表3】各项税费合计表	【子表1】现金流计算表	
费用项目：支付的各项税费	费用项目：支付的各项税费	
【子表1】增值税计算表	资产	资产负债表
费用项目：留抵税额	费用项目：其他非流动资产	
【子表3】各项税费合计表	【子表1、2】融资前、融资后项目现金流量表	投资现金流量表
费用项目：增值税、税金及附加	费用项目：增值税、税金及附加	
【子表1】增值税计算表	【子表3】静态成本合计表	成本分析表
费用项目：实缴税额	应用于费用项目：增值税（运营）	
【子表2】税金及附加表	【子表3】静态成本合计表	
费用项目：税金及附加合计	应用于费用项目：税金及附加（运营）	
【子表3】各项税费合计表	【子表2】PSC 值计算表	物有所值评价表
费用项目：支付的各项税费	费用项目：竞争性中立调整值	

续表

融资基础数据表	其他报表	
【子表1】增值税计算表	【子表2】付费类型分析表	付费基础数据表
费用项目：实缴税额	应用于费用项目：增值税即征即返	
【子表2】税金及附加表	【子表1】利润计算表	利润表
费用项目：税金及附加合计	费用项目：税金及附加	

☆视频微观点59.1【如何计算PPP项目增值税?】

☆视频微观点59.2【PPP项目税金及附加四大问题】

第十二篇　PPP模式财务分析主要报表

第六十章　利润表

——构建利润体系与精算法定公积金

一、概述

由于笔者在全国各地巡讲PPP项目财务测算课程，和上课的学员交流时，经常有学员问我，为何笔者将三大财务报表中的“利润表”归类在财务分析辅助报表系列中，而不是财务分析主要财务报表系列？“利润表”究竟应该归类为主要报表还是辅助报表，最重要的原因在于报表的产出数据是不是总表2所需要的数据，由于利润表的产出数据中没有总表2所需要的数据，所以笔者将其归类为辅助报表。“利润表”总共有2张子表，分别是：子表1——“利润计算表”、子表2——“法定盈余公积金计算表”，报表的功能与内容具体说明如下。

二、子表 1——“利润计算表”

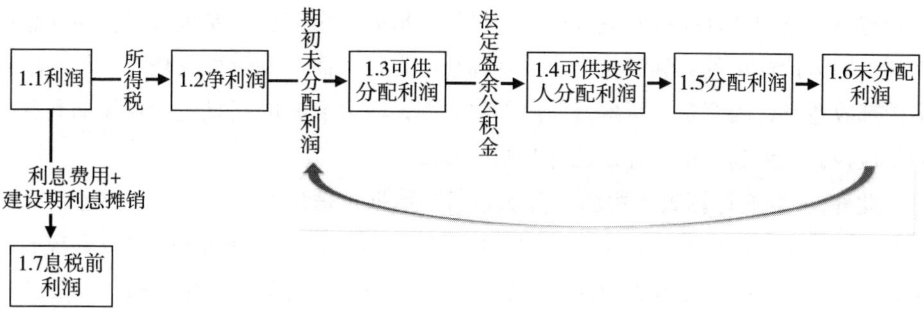

图 60.1　利润计算表体系

“利润计算表”可以分为七个区块，分别是：利润、净利润、可供分配利润、可供投资人分配利润、利润分配、未分配利润和息税前利润，其中除了可供投资人分配利润和分配利润两个区块必须为正数外，其他区块的利润可能是正数也可能是负数（利润为负数代表亏损的意思）。以下针对此七个区块一一说明。

第一，“利润”是指税前利润，利润的计算是以“付费基础数据表”所计算的“利润表收入”，扣除“运营基础数据表”中的“总成本费用”，再扣除“税金表”中的“税金及附加”后所得的金额就是利润，公式为：利润总额 = 利润表收入 - 总成本费用 - 税金及附加。

第二，“净利润”是指税后利润，是利润扣除所得税后所得的金额。而所得税的计算方法是以企业所得税应纳税所得额乘以25%后的金额，而应纳所得税税额的计算是以利润表收入扣除不征税收入（例如专项用途财政资金）、免税收入（例如三免三减半）、各项扣除和弥补五个年度内的亏损后所得的金额，公式为：企业所得税应纳税所得额 = 利润表收入 - 不征税收入 - 免税收入 - 各项扣除 - 五个年度内的亏损数额；所得税 = 企业所得税应纳税所得额 ×25%。

第三，“可供分配利润”是指税后利润加上了前期未分配利润（或是弥补了前期亏损）后的金额，公式为：可供分配利润 = 净利润 + 初期未分配利润。

第四，“可供投资人分配利润”是指可供分配利润扣除了法定盈余公积金后的金额，如何精算法定盈余公积金，本书会在后续内容中说明。

第五，“分配利润”是指股东会决议分配的利润金额。

第六，“未分配利润”是指可供投资人分配利润扣除分配利润后剩余的金额，公式为未分配利润 = 可供投资人分配利润 - 分配利润。

第七，“息税前利润”是指利润加上利息费用以及建设期利息摊销金额后所得的金额，公式为：息税前利润＝利润＋利息费用＋建设期利息摊销；这里需要特别说明的是，息税前利润是利润加上利息的金额，而这个利息金额除了利息费用外，是否包括建设期利息摊销？笔者认为从财务分析的立场应该是要包括建设期利息摊销的，因为计算息税前利润是为了计算调整所得税，而调整所得税是为了计算融资前内部收益率，既然是计算融资前内部收益率，所以所有的利息包括建设期利息摊销都应该调整到利润中，并以此计算调整所得税。

此外，“利润计算表”中的“分配利润”数据，是为了要应用于“财务现金流量表”子表1“现金流计算表”中“分配利润支付的现金”单元格、“投资现金流量表”子表3“社会资本方税前现金流量表”中的“利润分配”单元格，以及“成本分析表”中子表3“静态成本合计表”中“利润”单元格；“利润计算表”中的“未分配利润”数据是为了要应用于“资产负债表”中的“未分配利润”单元格；“利润计算表”中的“所得税”是为了要应用于“投资现金流量表”中的子表2“融资后项目现金流量表”以及“税金表”中子表3“各项税费合计表”的“所得税”单元格；“调整所得税”是为了要应用于“投资现金流量表”中的子表1“融资前项目现金流量表”中的“调整所得税”单元格。

有关“F市乡镇污水处理厂PPP项目”抛弃版控制价阶段“利润表”中子表1“利润计算表”的内容如下：

表60.1　F市项目“利润表”中的子表1——“利润计算表”

单位：万元

1	利润计算表	合计	1	2	3	4	5	6	7	8
1.1	收入	770,098.22	917.43	917.43	917.43	42,066.76	42,565.73	43,064.70	43,563.67	44,062.64
	总成本费用	619,551.93	0.00	0.00	0.00	41,144.60	40,606.65	40,035.88	39,430.55	38,788.84
	税金及附加	4,137.70	148.42	0.00	0.00	0.00	0.00	0.00	0.00	0.00
	利润总额	146,408.59	769.01	917.43	917.43	922.16	1,959.08	3,028.82	4,133.12	5,273.80
1.2	弥补前年度亏损 IF－V	0.00	0.00	0.00	0.00	0.00	0.00	0.00	0.00	0.00
	应纳所得税税额 IF	146,408.59	769.01	917.43	917.43	922.16	1,959.08	3,028.82	4,133.12	5,273.80
	所得税	33,194.07	192.25	229.36	229.36	0.00	0.00	0.00	516.64	659.22
	净利润	113,214.51	576.76	688.07	688.07	922.16	1,959.08	3,028.82	3,616.48	4,614.57
1.3	期初未分配利润 V	0.00	0.00	0.00	0.00	0.00	0.00	0.00	0.00	0.00
	可供分配利润☆	113,214.51	576.76	688.07	688.07	922.16	1,959.08	3,028.82	3,616.48	4,614.57
1.4	提取法定盈余公积金	11,321.45	57.68	68.81	68.81	92.22	195.91	302.88	361.65	461.46
	可供投资者分配利润 IF＋	101,893.06	519.08	619.27	619.27	829.95	1,763.17	2,725.94	3,254.83	4,153.11
1.5	分配利润＋	101,893.06	519.08	619.27	619.27	829.95	1,763.17	2,725.94	3,254.83	4,153.11

续表

	政府出资代表	0.00	0.00	0.00	0.00	0.00	0.00	0.00	0.00	0.00
	承包商	38,209.90	194.66	232.22	232.22	311.23	661.19	1,022.23	1,220.56	1,557.42
	基金	63,683.16	324.43	387.04	387.04	518.72	1,101.98	1,703.71	2,034.27	2,595.70
1.6	未分配利润 IF V	0.00	0.00	0.00	0.00	0.00	0.00	0.00	0.00	0.00
1.7	利息费用	168,234.60				16,462.34	15,840.66	15,186.16	14,497.10	13,771.66
	建设期利息摊销	23,118.17				1,359.89	1,359.89	1,359.89	1,359.89	1,359.89
	息税前利润	337,761.36	769.01	917.43	917.43	18,744.40	19,159.64	19,574.87	19,990.11	20,405.35
	调整应纳所得税税额 IF	337,761.36	769.01	917.43	917.43	18,744.40	19,159.64	19,574.87	19,990.11	20,405.35
	调整所得税	84,440.34	192.25	229.36	229.36	4,686.10	4,789.91	4,893.72	4,997.53	5,101.34

9	10	11	12	13	14	15	16	17	18	19	20
44,062.64	44,062.64	44,823.12	46,835.39	45,613.15	46,835.39	46,835.39	46,835.39	46,835.39	46,835.39	46,835.39	45,613.15
38,025.09	37,221.02	36,374.49	35,483.27	36,223.90	35,236.08	34,196.10	33,101.21	31,948.51	30,734.95	29,457.31	41,543.49
0.00	0.00	130.37	475.33	265.80	475.33	475.33	475.33	475.33	475.33	475.33	265.80
6,037.54	6,841.62	8,318.26	10,876.79	9,123.45	11,123.99	12,163.96	13,258.85	14,411.55	15,625.12	16,902.75	3,803.85
0.00	0.00	0.00	0.00	0.00	0.00	0.00	0.00	0.00	0.00	0.00	0.00
6,037.54	6,841.62	8,318.26	10,876.79	9,123.45	11,123.99	12,163.96	13,258.85	14,411.55	15,625.12	16,902.75	3,803.85
754.69	1,710.40	2,079.57	2,719.20	2,280.86	2,781.00	3,040.99	3,314.71	3,602.89	3,906.28	4,225.69	950.96
5,282.85	5,131.21	6,238.70	8,157.59	6,842.58	8,342.99	9,122.97	9,944.14	10,808.67	11,718.84	12,677.07	2,852.89
0.00	0.00	0.00	0.00	0.00	0.00	0.00	0.00	0.00	0.00	0.00	0.00
5,282.85	5,131.21	6,238.70	8,157.59	6,842.58	8,342.99	9,122.97	9,944.14	10,808.67	11,718.84	12,677.07	2,852.89
528.29	513.12	623.87	815.76	684.26	834.30	912.30	994.41	1,080.87	1,171.88	1,267.71	285.29
4,754.57	4,618.09	5,614.83	7,341.84	6,158.33	7,508.69	8,210.68	8,949.73	9,727.80	10,546.95	11,409.36	2,567.60
4,754.57	4,618.09	5,614.83	7,341.84	6,158.33	7,508.69	8,210.68	8,949.73	9,727.80	10,546.95	11,409.36	2,567.60
0.00	0.00	0.00	0.00	0.00	0.00	0.00	0.00	0.00	0.00	0.00	0.00
1,782.96	1,731.78	2,105.56	2,753.19	2,309.37	2,815.76	3,079.00	3,356.15	3,647.92	3,955.11	4,278.51	962.85
2,971.60	2,886.31	3,509.27	4,588.65	3,848.95	4,692.93	5,131.67	5,593.58	6,079.87	6,591.85	7,130.85	1,604.75
0.00	0.00	0.00	0.00	0.00	0.00	0.00	0.00	0.00	0.00	0.00	0.00
13,007.91	12,203.84	11,357.31	10,466.09	9,527.81	8,539.99	7,500.01	6,405.12	5,252.42	4,038.85	2,761.22	1,416.12
1,359.89	1,359.89	1,359.89	1,359.89	1,359.89	1,359.89	1,359.89	1,359.89	1,359.89	1,359.89	1,359.89	1,359.89
20,405.35	20,405.35	21,035.47	22,702.77	20,011.14	21,023.86	21,023.86	21,023.86	21,023.86	21,023.86	21,023.86	6,579.87
20,405.35	20,405.35	21,035.47	22,702.77	20,011.14	21,023.86	21,023.86	21,023.86	21,023.86	21,023.86	21,023.86	6,579.87
5,101.34	5,101.34	5,258.87	5,675.69	5,002.79	5,255.97	5,255.97	5,255.97	5,255.97	5,255.97	5,255.97	1,644.97

三、子表 2——“法定盈余公积金计算表”

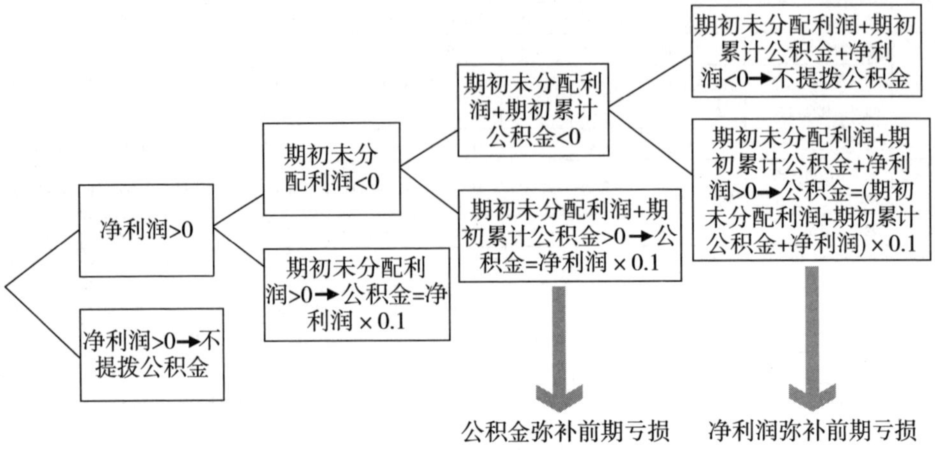

图 60.2　法定公积金计算逻辑

《公司法》第一百六十六条第一、二款规定：“公司分配当年税后利润时，应当提取利润的百分之十列入公司法定公积金。公司法定公积金累计额为公司注册资本的百分之五十以上的，可以不再提取。公司的法定公积金不足以弥补以前年度亏损的，在依照前款规定提取法定公积金之前，应当先用当年利润弥补亏损。”由此规定可知，如果以前年度发生亏损时，先用法定公积金弥补亏损，不足以弥补亏损时，再用当年利润弥补亏损，如弥补亏损后还有剩余的利润，再以剩余的利润提取法定公积金。因此，如果不考虑前期是否发生亏损，而直接以净利润为基数提拨法定公积金，这是不准确的，有关法定公积金的计算逻辑请见图 60.2 所示。

此外，“法定公积金计算表”中的“期末累计法定盈余公积金”将应用于“资产负债表”中的“盈余公积”单元格。有关于“F 市乡镇污水处理厂 PPP 项目”抛弃版控制价阶段“利润表”中子表 2“法定盈余公积金计算表”的内容如下所示：

表 60.2　F 市项目“利润表”中的子表 2——“法定盈余公积金计算表”

单位：万元

2	法定盈余公积金计算表	合计	1	2	3	4	5	6	7	8
2.1	净利润	113,214.51	576.76	688.07	688.07	922.16	1,959.08	3,028.82	3,616.48	4,614.57
2.2	期初未分配利润	0.00	0.00	0.00	0.00	0.00	0.00	0.00	0.00	0.00
2.3	期初累计法定盈余公积金	70,669.50	0.00	57.68	126.48	195.29	287.51	483.41	786.30	1,147.94
2.4	2.2+2.3	70,669.50	0.00	57.68	126.48	195.29	287.51	483.41	786.30	1,147.94
2.5	2.1+2.2+2.3	183,884.01	576.76	745.75	814.56	1,117.45	2,246.59	3,512.23	4,402.77	5,762.52

续表

2.6	法定盈余公积金	11,321.45	57.68	68.81	68.81	92.22	195.91	302.88	361.65	461.46
2.7	期末累计法定盈余公积金	81,990.95	57.68	126.48	195.29	287.51	483.41	786.30	1,147.94	1,609.40

9	10	11	12	13	14	15	16	17	18	19	20
5,282.85	5,131.21	6,238.70	8,157.59	6,842.58	8,342.99	9,122.97	9,944.14	10,808.67	11,718.84	12,677.07	2,852.89
0.00	0.00	0.00	0.00	0.00	0.00	0.00	0.00	0.00	0.00	0.00	0.00
1,609.40	2,137.69	2,650.81	3,274.68	4,090.44	4,774.70	5,608.99	6,521.29	7,515.71	8,596.57	9,768.46	11,036.16
1,609.40	2,137.69	2,650.81	3,274.68	4,090.44	4,774.70	5,608.99	6,521.29	7,515.71	8,596.57	9,768.46	11,036.16
6,892.25	7,268.90	8,889.50	11,432.27	10,933.02	13,117.68	14,731.97	16,465.43	18,324.37	20,315.41	22,445.52	13,889.05
528.29	513.12	623.87	815.76	684.26	834.30	912.30	994.41	1,080.87	1,171.88	1,267.71	285.29
2,137.69	2,650.81	3,274.68	4,090.44	4,774.70	5,608.99	6,521.29	7,515.71	8,596.57	9,768.46	11,036.16	11,321.45

为了更加清楚地表示利润表与其他报表之间的关系，本书整理表60.3供各位读者参考。

表60.3　利润表与其他报表之间的关系

利润表	其他报表	
【子表1】利润计算表	【子表1】现金流计算表	财务现金流量表
费用项目：分配利润	费用项目：分配利润支付的现金	
【子表1】利润计算表	所有者权益	资产负债表
费用项目：未分配利润	费用项目：未分配利润	
【子表2】法定盈余公积金计算表	所有者权益	
费用项目：期末累计法定盈余公积金	费用项目：盈余公积	
【子表1】利润计算表	【子表2】融资后项目现金流量表	投资现金流量表
费用项目：所得税	费用项目：所得税	
【子表1】利润计算表	【子表3】社会资本方税前现金流量表	
费用项目：分配利润	费用项目：利润分配	
【子表1】利润计算表	【子表1】融资前项目现金流量表	
费用项目：调整所得税	费用项目：调整所得税	
【子表1】利润计算表	【子表3】静态成本合计表	成本分析表
费用项目：分配利润	应用于费用项目：利润	
【子表1】利润计算表	【子表3】各项税费合计表	税金表
费用项目：所得税	费用项目：所得税	

☆视频微观点60.1【损益表的基本结构】

第六十一章　财务现金流量表

——资金链是否断裂以及精算偿债备付率

一、概述

本篇内容主要讨论如何编制六张主要财务报表，这六张主要财务报表的计算结果，都是要汇整到总表2的数据，而汇整到总表2的数据最主要和财务分析的基本任务有关。这六张主要财务报表中的第一张表“财务现金流量表”的主要功能是：第一，计算期末现金是否大于零，如果大于零代表现金充足；第二，利润是否可以调整成经营活动现金流，如果可以调整一致代表模型的设置正确；第三，计算偿债备付率是否大于1，如果大于1代表项目具有偿债能力。常被读者咨询的问题是，这六张主要报表为何有的报表数据使用含税数据，有的报表使用未税数据？这里有个比较简便的判断方法：只要是涉及现金流，都要使用含税金额，因为现金流量的编制是以实际现金流的流出或流入作为基础，而实际的现金流基本上都是含税的金额，因此，在编制财务现金流量表时，应该使用含增值税的数据。

“财务现金流量表”总共有三张子表，分别是：子表1——“现金流量计算表”、子表2——“偿债备付率计算表”、子表3——“利润调整表”，以下将针对各子表的内容及功能说明如下。

二、子表1——“现金流量计算表”

“现金流量计算表”主要是由三个部分的现金流组成，分别是：经营活动现金流、投资活动现金流以及筹资活动现金流。这些现金流的产生都和企业活动有关，这些企业活动分别是经营活动、投资活动以及筹资活动。所谓经营活动是指企业投资活动和筹资活动以外的所有交易和事项，投资活动是指企业长期资产的构建和不包括在现金等价物范围内的投资及其处置活动，而筹资活动是指企业资本及债务规模和构成发生变化的活动①。

在经营活动现金流中，PPP 项目常用到的报表项目有“经营活动现金流入”“经营成本”以及“支付的各项税费”，经营活动现金流入的数据应引用“付费基础数据表”中子表6——“经营活动现金流入计算表”中的每年合计数据，而“经营成本”应引用“运营基础数据表”中子表3——“经营成本含税表”的每年合计数据，“支付的各项税费”应引用“税金表”中子表3“各项税费计算表”的每年“支付的各项税费”单元格。

在投资活动现金流中，PPP 项目常用到的报表项目只有一个现金流出，就是“购置资产所支付的现金”，具体的计算方式为含税的建设投资金额加上建设期利息的合计：资产购置所支付的金额 = 含税建设投资 + 建设期利息，可以引用“建设基础数据表”中子表2的“建设投资计算表”中的每年“购置无形资产支付的现金”单元格，此外还有一点需要特别注意的是，期中大修所形成的资产也要放入投资活动现金流出中。

在筹资活动现金流中，常用到的报表项目有五个，分别是“吸收投资收到的现金”“吸收借款收到的现金”“偿还债务支付的现金”“分配利润支付的现金”以及“偿付利息支付的现金”。这五项数据除了“分配利润支付的现金”是引用“利润表”中子表1“利润计算表”的每年“分配利润”单元格外，其余四项数据都是引用“融资基础数据表”中的数据。“吸收投资收到的现金”引用的是子表5——“股权投资表”中“每年实收资本”，而“吸收借款收到的现金”“偿还债务支付的现金”以及“偿付利息支付的现金”引用的数据是子表3——“还本付息计划表”中每年的“当期借款”“还本”以及“付息”单元格的数据。

“现金流计算表”最后一个报表项目“期末现金或现金等价物净余额”将应用于“资产负债表”的每年“货币资金”单元格。有关于“F 市乡镇污水处理厂 PPP 项目”本案例抛弃版控制价阶段“财务现金流量表”中子表1“现金流计算表”的内容如下：

表 61.1 F 市项目“财务现金流量表”中的子表 1——“现金流量计算表”

单位：万元

1	现金流计算表	合计	1	2	3	4	5	6	7	8
1.1	经营活动产生的现金流									
1.1.1	经营活动现金流入	838,886.08	7,000.00	7,000.00	7,000.00	44,818.41	45,382.24	45,946.07	46,509.91	47,073.74
1.1.2	经营成本含税	44,959.88	0.00	0.00	0.00	1,429.11	1,523.72	1,618.34	1,712.95	1,807.57

① 参照企业会计准则编审委员会编著：《企业会计准则详解与实务》，人民邮电出版社 2018 年 2 月版，第 573 ~ 574 页。

续表

	支付的各项税费	*<u>70,575.77</u>*	340.67	229.36	229.36	0.00	0.00	0.00	516.64	659.22
	经营活动现金流出小计	*<u>115,535.65</u>*	340.67	229.36	229.36	1,429.11	1,523.72	1,618.34	2,229.59	2,466.79
1.1.3	经营活动产生的现金流净额	*<u>723,350.43</u>*	6,659.33	6,770.64	6,770.64	43,389.30	43,858.52	44,327.74	44,280.31	44,606.95
1.2	投资活动产生的现金流									
	购置无形资产支付的现金	*<u>-441,901.32</u>*	-177,510.00	-116,052.23	-122,012.34	-5,574.70	-5,574.70			
1.3	筹资活动产生的现金流									
1.3.1	吸收投资收到的现金	*<u>85,344.79</u>*	85,344.79							
	吸收借款收到的现金	*<u>311,786.79</u>*	86,024.97	109,900.85	115,860.97					
	筹资活动现金流入小计	*<u>397,131.58</u>*	171,369.76	109,900.85	115,860.97					
1.3.2	偿还债务支付的现金	*<u>311,786.79</u>*	0.00	0.00	0.00	11,774.21	12,395.89	13,050.39	13,739.45	14,464.89
	分配利润支付的现金	*<u>101,893.06</u>*	519.08	619.27	619.27	829.95	1,763.17	2,725.94	3,254.83	4,153.11
	偿付利息支付的现金	*<u>168,234.60</u>*	0.00	0.00	0.00	16,462.34	15,840.66	15,186.16	14,497.10	13,771.66
	筹资活动现金流出小计	*<u>581,914.45</u>*	519.08	619.27	619.27	29,066.50	29,999.72	30,962.49	31,491.38	32,389.67
1.3.3	筹资活动产生的现金流净额	*<u>-184,782.87</u>*	170,850.68	109,281.58	115,241.70	-29,066.50	-29,999.72	-30,962.49	-31,491.38	-32,389.67
1.4	现金或现金等价物净增加额	*<u>96,666.25</u>*	0.00	0.00	0.00	8,748.10	8,284.10	13,365.25	12,788.93	12,217.28
	期初现金或现金等价物净余额	*<u>1,138,770.21</u>*	0.00	0.00	0.00	0.00	8,748.10	17,032.20	30,397.45	43,186.38
	期末现金或现金等价物净余额	*<u>1,235,436.46</u>*	0.00	0.00	0.00	8,748.10	17,032.20	30,397.45	43,186.38	55,403.66

9	10	11	12	13	14	15	16	17	18	19	20
47,073.74	47,073.74	47,834.23	49,846.50	48,624.25	49,846.50	49,846.50	49,846.50	49,846.50	49,846.50	49,846.50	48,624.25
1,807.57	1,807.57	1,807.57	1,807.57	1,807.57	1,807.57	1,807.57	1,807.57	1,807.57	1,807.57	1,807.57	16,984.92
754.69	1,710.40	3,296.35	7,155.61	4,761.68	7,217.41	7,477.40	7,751.12	8,039.30	8,342.69	8,662.10	3,431.78
2,562.26	3,517.97	5,103.92	8,963.18	6,569.25	9,024.98	9,284.97	9,558.69	9,846.87	10,150.26	10,469.67	20,416.69
44,511.48	43,555.77	42,730.31	40,883.32	42,055.01	40,821.52	40,561.53	40,287.81	39,999.63	39,696.24	39,376.83	28,207.56
				-15,177.35							
15,228.64	16,032.71	16,879.24	17,770.46	18,708.74	19,696.57	20,736.55	21,831.43	22,984.13	24,197.70	25,475.34	26,820.43
4,754.57	4,618.09	5,614.83	7,341.84	6,158.33	7,508.69	8,210.68	8,949.73	9,727.80	10,546.95	11,409.36	2,567.60
13,007.91	12,203.84	11,357.31	10,466.09	9,527.81	8,539.99	7,500.01	6,405.12	5,252.42	4,038.85	2,761.22	1,416.12
32,991.12	32,854.64	33,851.38	35,578.39	34,394.88	35,745.24	36,447.23	37,186.28	37,964.35	38,783.51	39,645.91	30,804.15

续表

-32,991.12	-32,854.64	-33,851.38	-35,578.39	-34,394.88	-35,745.24	-36,447.23	-37,186.28	-37,964.35	-38,783.51	-39,645.91	-30,804.15
11,520.36	10,701.13	8,878.94	5,304.93	-7,517.22	5,076.28	4,114.30	3,101.53	2,035.28	912.73	-269.08	-2,596.60
55,403.66	66,924.02	77,625.15	86,504.09	91,809.02	84,291.80	89,368.08	93,482.38	96,583.91	98,619.19	99,531.92	99,262.84
66,924.02	77,625.15	86,504.09	91,809.02	84,291.80	89,368.08	93,482.38	96,583.91	98,619.19	99,531.92	99,262.84	96,666.25

三、子表 2——“偿债备付率计算表”

偿债备付率这项指标是很多融资机构相当重视的财务指标，因为它代表项目是否具备偿债能力，因此不管是 PPP 项目还是专项债项目，偿债备付率都是银行或是证券公司非看不可的财务指标，甚至连财政部最新的全国 PPP 综合信息新平台都要求必须计算并填写项目的偿债备付率，其重要性可见一斑。有关偿债备付率的计算，过去文献上多采用表 61.2 的传统公式，笔者认为传统公式有很多问题没有考虑清楚，因此提出表 61.3 的调整公式替代传统公式，原因在于：第一，计算息税前利润的目的，是为了计算融资前税后内部收益率的调整所得税，由于融资前税后内部收益率是假设项目没有任何的融资，全部资金都是在自有资金的前提下计算项目的内部收益率，因此项目不会产生任何的建设期利息，所以笔者认为在 PPP 项目财务分析的领域，息税前利润中的利息除了利息费用外，还应该包含建设期利息摊销；因此当息税前利润加上折旧摊销时，就会发生建设期利息摊销金额重复计算的情形，所以要将重复的部分加以扣除。第二，是有关政府补助的问题，政府补助在会计的处理上是要做成递延收入的，因此就会产生利润表收入与现金流入的差异，所以必须要进行调整，调整方式就是加上当期流入减去当期确认收益。第三，是有关增值税调整的问题，也就是当期的销项税额减去当期的经营成本进项税额所得到的增值税，并不一定全额都支付出去，有可能会因为前期的留抵税额，而留下一部分的现金流，这个时候应该要把这部分的现金流给加回去。第四，有许多读者曾咨询过笔者，为何计算可用于还本付息的现金流时需要扣除所得税，这是因为税前经营活动现金流的还款顺位：第一顺位是利息、第二顺位是所得税、第三顺位是本金、第四顺位是股东分红如表 61.4 所示，因为所得税的分配顺位在本金之前，所以在计算偿债备付率的时候，经营活动现金流应该扣除所得税后的金额，才能用于偿还银行本金。

表 61.2　偿债备付率传统公式

偿债备付率 = 可用于还本付息的现金流/还本付息的金额 = （息税前利润 + 折旧摊销 - 所得税）/还本付息的金额

表 61.3 偿债备付率调整公式

偿债备付率 = 可用于还本付息的现金流/还本付息的金额 = 经营活动现金流净额/还本付息的金额 = （息税前利润 + 折旧摊销 - 建设期利息摊销 - 所得税 + 当期流入 - 当期确认收益 + 增值税金流调整）/还本付息的金额

表 61.4 经营活动现金流（税前）的还款顺位

经营活动现金流（税前）1. 利息 2. 所得税 3. 本金 4. 股东分红

有关于“F 市乡镇污水处理厂 PPP 项目”，本案例抛弃版控制价阶段“财务现金流量表”中子表 2“偿债备付率计算表”的内容如下，其中有几项内容需要特别说明的。本项目第 2 年、第 3 年的偿债备付率均小于 1，但是这些都不影响还款，原因在于第 2 年以及第 3 年还在建设期，建设期利息的还款来源不是来自经营活动现金流，而是来自一定比例项目资本金，以及银行贷款金额，因此即便此时的偿债备付率小于 1 也不会发生无法还款的问题。

表 61.5 F 市项目“财务现金流量表”中的子表 2——“偿债备付率计算表”

单位：万元

2	偿债备付率计算表	合计	1	2	3	4	5	6	7	8
	经营活动产生的现金流净额	723,350.43	6,659.33	6,770.64	6,770.64	43,389.30	43,858.52	44,327.74	44,280.31	44,606.95
	还本付息	503,139.56	2,271.06	7,443.50	13,403.61	28,236.55	28,236.55	28,236.55	28,236.55	28,236.55
	偿债备付率	29.25	2.93	0.91	0.51	1.54	1.55	1.57	1.57	1.58

9	10	11	12	13	14	15	16	17	18	19	20
44,511.48	43,555.77	42,730.31	40,883.32	42,055.01	40,821.52	40,561.53	40,287.81	39,999.63	39,696.24	39,376.83	28,207.56
28,236.55	28,236.55	28,236.55	28,236.55	28,236.55	28,236.55	28,236.55	28,236.55	28,236.55	28,236.55	28,236.55	28,236.55
1.58	1.54	1.51	1.45	1.49	1.45	1.44	1.43	1.42	1.41	1.39	1.00

☆视频微观点 61.1【偿债备付率公式的拆解（上）】

☆视频微观点61.2【偿债备付率公式的拆解（下）】

☆视频微观点61.3【无形资产模式如何计算偿债备付率】

☆视频微观点61.4【增值税对于计算偿债备付率的影响】

☆视频微观点61.5【三个有关计算偿债备付率的问题】

四、子表3——“利润调整表”

“利润调整表”是将利润调整成经营活动现金流，这样调整的目的是了解“利润”与“经营活动现金流”之间的差异，理论上通过调整利润可以将利润调整成经营活动现金流入，如果在编制的过程中发现调整出现问题，代表财务模型在计算数据时，某些环节可能发生错误的情形，可以利用这个信息去查找财务模型发生错误的地方，并进一步纠正模型的错误，因此“利润调整表”计算的数据可以当成一项财务模型正确性指标。具体的调整公式如表61.6所示。

表61.6　利润调整计算公式

1. 息税前利润＋建设工程摊销＋大修摊销－建设期利息摊销－所得税＋当期流入－当期确认收益＋增值税金流调整－经营活动现金流净额＝0
2. 息税前利润＝税前利润＋利息费用＋建设期利息摊销
3. 增值税金流调整＝销项税额－经营成本的进项税额－实缴税额

这个公式的核心就是将利润调整成现金流的过程，因此要根据是否发生金流的

情形进行数字调整，有关这个公式有几点需要说明：第一，息税前利润之所以要加上建设工程摊销以及大修摊销，最主要的原因在于摊销金额不是现金流出，必须把它加回来，而扣除建设期利息摊销的原因在于，本书计算息税前利润是包含建设期利息摊销的，由于建设工程摊销金额中也有建设期利息摊销，因此出现重复计算的情形，这个重复计算的数额要予以扣除；第二，息税前利润扣除所得税的原因，是因为要将息税前利润调整成税后的经营活动现金流，所以要扣除所得税；第三，息税前利润加上当期流入减去当期确认收益的原因，是因为政府补助在会计账上做成递延收入，该收入并非真实的现金流入所以需要调整，调整方法为当期流入是真实的现金流入所以要加回来，而当期确认收益只是会计账上认列收益，并不是真实的现金流入所以要加以扣除；第四，息税前利润加上增值税税金调整是因为要加回进项税额中，因为前期留抵税额的原因而没有支付出去的税额；第五，为何计算增值税金流调整时，只扣除经营成本的进项税额，而不扣除所有的进项税额？这是因为建设工程的进项税额如果因为留抵税额而没有支付出去，这部分的现金流会归类为投资活动所产生的现金流，而不是归类为经营活动的现金流。由于此处利润调整是将利润调整成经营活动现金流，因此在计算增值税金流调整时，不能把投资活动的现金流计算进来。

有关于“F市乡镇污水处理厂PPP项目”，本案例抛弃版控制价阶段“财务现金流量表”中子表3“利润调整表”的内容如下：

表61.7　F市项目“财务现金流量表”中的子表3——“利润调整表”

单位：万元

3	利润调整表	合计	1	2	3	4	5	6	7	8
3.1	息税前利润	337,761.36	769.01	917.43	917.43	18,744.40	19,159.64	19,574.87	19,990.11	20,405.35
	建设工程摊销	396,413.85	0.00	0.00	0.00	23,318.46	23,318.46	23,318.46	23,318.46	23,318.46
	大修摊销	13,431.28	0.00	0.00	0.00	0.00	0.00	0.00	0.00	0.00
	建设期利息摊销	23,118.17				1,359.89	1,359.89	1,359.89	1,359.89	1,359.89
	所得税	33,194.07	192.25	229.36	229.36	0.00	0.00	0.00	516.64	659.22
	小计	691,294.24	576.76	688.07	688.07	40,702.97	41,118.20	41,533.44	41,432.04	41,704.69
3.2	当期流入	18,000.00	6,000.00	6,000.00	6,000.00					
	当期确认收益	18,000.00	0.00	0.00	0.00	1,058.82	1,058.82	1,058.82	1,058.82	1,058.82
	增值税金流调整	32,056.19	82.57	82.57	82.57	3,745.16	3,799.14	3,853.12	3,907.10	3,961.08
	小计	32,056.19	6,082.57	6,082.57	6,082.57	2,686.33	2,740.31	2,794.29	2,848.28	2,902.26
3.3	相等	0.00	0.00	0.00	0.00	0.00	0.00	0.00	0.00	0.00

9	10	11	12	13	14	15	16	17	18	19	20
20,405.35	20,405.35	21,035.47	22,702.77	20,011.14	21,023.86	21,023.86	21,023.86	21,023.86	21,023.86	21,023.86	6,579.87
23,318.46	23,318.46	23,318.46	23,318.46	23,318.46	23,318.46	23,318.46	23,318.46	23,318.46	23,318.46	23,318.46	23,318.46

续表

0.00	0.00	0.00	0.00	1,678.91	1,678.91	1,678.91	1,678.91	1,678.91	1,678.91	1,678.91	1,678.91
1,359.89	1,359.89	1,359.89	1,359.89	1,359.89	1,359.89	1,359.89	1,359.89	1,359.89	1,359.89	1,359.89	1,359.89
754.69	1,710.40	2,079.57	2,719.20	2,280.86	2,781.00	3,040.99	3,314.71	3,602.89	3,906.28	4,225.69	950.96
41,609.22	40,653.51	40,914.47	41,942.14	41,367.76	41,880.35	41,620.35	41,346.63	41,058.45	40,755.06	40,435.65	29,266.38
1,058.82	1,058.82	1,058.82	1,058.82	1,058.82	1,058.82	1,058.82	1,058.82	1,058.82	1,058.82	1,058.82	1,058.82
3,961.08	3,961.08	2,874.67	0.00	1,746.07	0.00	0.00	0.00	0.00	0.00	0.00	0.00
2,902.26	2,902.26	1,815.85	(1,058.82)	687.24	(1,058.82)	(1,058.82)	(1,058.82)	(1,058.82)	(1,058.82)	(1,058.82)	(1,058.82)
0.00	0.00	0.00	0.00	0.00	0.00	0.00	0.00	0.00	0.00	0.00	0.00

为了更加清楚地表示财务现金流量表与其他报表之间的关系，本书整理表61.8供各位读者参考。

表61.8 财务现金流量表与其他报表之间的关系

<table>
<tr><th>财务现金流量表</th><th colspan="2">其他报表</th></tr>
<tr><td>【子表3】利润调整表</td><td>财务模型正确指标</td><td rowspan="6">总表2</td></tr>
<tr><td>费用项目：相等</td><td>费用项目：利润调整</td></tr>
<tr><td>【子表1】现金流计算表</td><td>财务生存能力指标</td></tr>
<tr><td>费用项目：期末现金或现金等价物净余额</td><td>费用项目：财务金流</td></tr>
<tr><td>【子表2】偿债备付率计算表</td><td>财务偿债能力指标</td></tr>
<tr><td>费用项目：偿债备付率</td><td>费用项目：偿债备付率</td></tr>
<tr><td>【子表1】现金流计算表</td><td>资产</td><td rowspan="2">资产负债表</td></tr>
<tr><td>费用项目：期末现金或现金等价物净余额</td><td>费用项目：货币资金</td></tr>
<tr><td>【子表1】现金流计算表</td><td>【子表2】建设投资计算表</td><td rowspan="2">建设基础数据表</td></tr>
<tr><td>费用项目：购置无形资产支付的现金</td><td>费用项目：购置无形资产支付的现金</td></tr>
<tr><td>【子表1】现金流计算表</td><td>【子表3】经营成本含税表</td><td rowspan="2">运营基础数据表</td></tr>
<tr><td>费用项目：经营成本含税</td><td>费用项目：经营成本含税合计</td></tr>
</table>

续表

财务现金流量表	其他报表	
【子表1】现金流计算表	【子表5】股权投资表	融资基础数据表
费用项目：吸收投资收到的现金	费用项目：每年实收资本	
【子表1】现金流计算表	【子表3】还本付息计划表	
费用项目：吸收借款收到的现金	费用项目：当期借款	
【子表1】现金流计算表	【子表3】还本付息计划表	
费用项目：偿还债务支付的现金	费用项目：还本	
【子表1】现金流计算表	【子表3】还本付息计划表	
费用项目：偿付利息支付的现金	费用项目：付息	
【子表1】现金流计算表	【子表6】经营活动现金流入计算表	付费基础数据表
费用项目：经营活动现金流入	费用项目：经营活动现金流入合计	
【子表3】利润调整表	【子表1】增值税计算表	税金表
费用项目：增值税金流调整	费用项目：增值税金流调整	
【子表1】现金流计算表	【子表3】各项税费计算表	
费用项目：支付的各项税费	费用项目：支付的各项税费	
【子表1】现金流计算表	【子表1】利润计算表	利润表
费用项目：分配利润支付的现金	费用项目：分配利润	

第六十二章　资产负债表

——报表做不平，代表你的模型有问题

一、概述

PPP项目主要财务报表的第二张报表是“资产负债表”，编制“资产负债表”有以下几个目的：第一，做平财务报表：所谓做平财务报表指编制资产负债表要符合会计恒等式的要求，也就是资产等于负债加上所有者权益，做平财务报表代表你的财务模型具有一定程度的正确性，这个部分的财务正确性指标将引用到总表2；第二，计算资产负债率：计算资产负债率的目的是要确认项目是否具备有偿债能力，一般要求资产负债率低于85%，该指标也将引用到总表2；第三，计算不同时期的资产账面价值：一般PPP合同都会规定合同终止后，实施机构需“退还经营权对价”（财政部PPP项目合同指南的用语是资产“回购”，有关本书“经营权对价的退还”的说明详见第四十一章的内容），而经营权对价的退还涉及合同终止时资产的账面价值，资产负债表上将每个时期的资产账面价值都进行了计算，有助于不同时期经营权对价价值的计算。

“资产负债表”一般包括了“资产”“负债”以及“所有者权益”三个部分，因此本书将从这三个部分，说明该如何编制“资产负债表”。

二、资产

“资产负债表”中的资产部分，有五个报表项目，分别是：“货币资金”“预付账款”“在建工程”“无形资产”以及“其他非流动资产”。每年的“货币资金”单位格中的数据是引用“财务现金流量表”子表1“现金流计算表”中的“期末现金或现金等价物净余额”；每年的“预付账款”单位格中的数据是引用“建设基础数据表”子表4“息后税前在建工程计算表”中的“预付账款”；每年的“在建工程”单位格中的数据是引用“建设基础数据表”子表5“息税后在建工程计算表”中的“在建工程”；每年的“无形资产”单位格中的数据是引用“运营基础数据表”子表6“无形资产计算表”中的“无形资产净值”；每年的“其他非流动资产”单位格中的数据是引用“税金表”子表1“增值税计算表”中的“留抵税额”绝对值数额。

这里需要特别说明的是，增值税的留抵税额在资产负债表上该如何列示？《增值税会计处理规定》中规定：“……三、财务报表相关项目列示‘应交税费’科目下的‘应交增值税’、‘未交增值税’、‘待抵扣进项税额’、‘待认证进项税额’、‘增值税留抵税额’等明细科目期末借方余额应根据情况，在资产负债表中的‘其他流动资产’或‘其他非流动资产’项目列示……”因此，留抵税额应在“资产负债表”上的“其他非流动资产”项目列示。

三、负债与所有者权益

“资产负债表”中的负债部分，有三个报表项目，分别是：“应付账款”“长期借款”以及“其他流动负债”。每年的“应付账款”单位格中的数据是引用“建设基础数据表”子表4“息后税前在建工程计算表”中的“应付账款”；每年的“长期借款”单位格中的数据是引用“融资基础数据表”子表3“还本付息计划表”中的“期末借款”；每年的“其他流动负债”单位格中的数据是引用“付费基础数据表”子表2“付费类型分析表”中的“递延收益”。

“资产负债表”中的所有者权益部分，有三个报表项目，分别是：“实收资本”

“盈余公积”以及“未分配利润”。每年的“实收资本”单位格中的数据是引用“融资基础数据表”子表5“股权投资表”中的“累计实收资本”；每年的“盈余公积”单位格中的数据是引用“利润表”子表2“法定盈余公积金计算表”中的“期末累计法定盈余公积金”；每年的“未分配利润”单位格中的数据是引用“利润表”子表1“利润计算表”中的“未分配利润”。

有关于“F市乡镇污水处理厂PPP项目”本案例抛弃版控制价阶段“资产负债表”的内容如下：

表62.1 F市项目“资产负债表”

单位：万元

1	资产负债表	合计	1	2	3	4	5	6	7	8
1.1	资产									
	货币资金	1,235,436.46	0.00	0.00	0.00	8,748.10	17,032.20	30,397.45	43,186.38	55,403.66
	预付账款	37,164.66	24,776.44	12,388.22	0.00					
	在建工程	811,160.69	146,346.65	268,400.19	396,413.85					
	无形资产	3,218,320.26	0.00	0.00	0.00	373,095.39	349,776.92	326,458.46	303,140.00	279,821.54
	其他非流动资产	162,890.40	10,020.81	20,041.61	30,062.42	26,317.26	22,518.13	18,665.01	14,757.91	10,796.83
	资产合计	5,464,972.46	181,143.90	300,830.03	426,476.27	408,160.75	389,327.25	375,520.92	361,084.29	346,022.03
1.2	负债	0.00								
	应付账款	27,873.50	3,716.47	7,432.93	11,149.40	5,574.70	0.00			
	长期借款	3,468,212.11	86,024.97	195,925.82	311,786.79	300,012.58	287,616.69	274,566.30	260,826.85	246,361.95
	其他流动负债	180,000.00	6,000.00	12,000.00	18,000.00	16,941.18	15,882.35	14,823.53	13,764.71	12,705.88
	负债合计	3,676,085.61	95,741.43	215,358.75	340,936.18	322,528.45	303,499.04	289,389.83	274,591.55	259,067.83
1.3	所有者权益	0.00								
	实收资本	1,706,895.90	85,344.79	85,344.79	85,344.79	85,344.79	85,344.79	85,344.79	85,344.79	85,344.79
	盈余公积	81,990.95	57.68	126.48	195.29	287.51	483.41	786.30	1,147.94	1,609.40
	未分配利润	0.00	0.00	0.00	0.00	0.00	0.00	0.00	0.00	0.00
	所有者权益合计	1,788,886.85	85,402.47	85,471.28	85,540.09	85,632.30	85,828.21	86,131.09	86,492.74	86,954.20
1.4	平衡	0.00	0.00	0.00	0.00	0.00	0.00	0.00	0.00	0.00
	资产负债率	12.15	52.85%	71.59%	79.94%	79.02%	77.95%	77.06%	76.05%	74.87%

9	10	11	12	13	14	15	16	17	18	19	20
66,924.02	77,625.15	86,504.09	91,809.02	84,291.80	89,368.08	93,482.38	96,583.91	98,619.19	99,531.92	99,262.84	96,666.25
256,503.08	233,184.62	209,866.15	186,547.69	174,981.60	149,984.23	124,986.86	99,989.49	74,992.11	49,994.74	24,997.37	0.00
6,835.75	2,874.67	0.00	0.00	0.00	0.00	0.00	0.00	0.00	0.00	0.00	0.00
330,262.85	313,684.43	296,370.24	278,356.71	259,273.40	239,352.31	218,469.24	196,573.39	173,611.30	149,526.67	124,260.21	96,666.25
231,133.31	215,100.60	198,221.36	180,450.89	161,742.15	142,045.58	121,309.04	99,477.60	76,493.47	52,295.77	26,820.43	0.00
11,647.06	10,588.24	9,529.41	8,470.59	7,411.76	6,352.94	5,294.12	4,235.29	3,176.47	2,117.65	1,058.82	0.00

续表

242,780.37	225,688.83	207,750.77	188,921.48	169,153.91	148,398.52	126,603.15	103,712.89	79,669.94	54,413.42	27,879.26	0.00
85,344.79	85,344.79	85,344.79	85,344.79	85,344.79	85,344.79	85,344.79	85,344.79	85,344.79	85,344.79	85,344.79	85,344.79
2,137.69	2,650.81	3,274.68	4,090.44	4,774.70	5,608.99	6,521.29	7,515.71	8,596.57	9,768.46	11,036.16	11,321.45
0.00	0.00	0.00	0.00	0.00	0.00	0.00	0.00	0.00	0.00	0.00	0.00
87,482.48	87,995.60	88,619.47	89,435.23	90,119.49	90,953.79	91,866.09	92,860.50	93,941.37	95,113.25	96,380.96	96,666.25
0.00	0.00	0.00	0.00	0.00	0.00	0.00	0.00	0.00	0.00	0.00	0.00
73.51%	71.95%	70.10%	67.87%	65.24%	62.00%	57.95%	52.76%	45.89%	36.39%	22.44%	0.00%

☆视频微观点 62.1【资产负债表为何总是平不了?】

☆视频微观点 62.2【法定公积金的计算不能简单用税后利润乘以 10%】

为了更加清楚地表示资产负债表与其他报表之间的关系，本书整理表 62.2 供各位读者参考。

表 62.2　资产负债表与其他报表之间的关系

资产负债表	其他报表	
资产负债表	财务模型正确指标	总表 2
费用项目：1.4 平衡	费用项目：资产负债平衡	
资产负债表	财务偿债能力指标	
费用项目：1.4 资产负债率	费用项目：资产负债率	
资产负债表 - 资产	【子表 1】现金流计算表	财务现金流量表
费用项目：货币资金	费用项目：期末现金或现金等价物净余额	
资产负债表 - 资产	【子表 4】息后税前在建工程计算表	建设基础数据表
费用项目：预付账款	费用项目：预付账款	
资产负债表 - 负债	【子表 4】息后税前在建工程计算表	
费用项目：应付账款	费用项目：应付账款	
资产负债表 - 资产	【子表 5】息税后在建工程计算表	
费用项目：在建工程	费用项目：在建工程	

续表

资产负债表	其他报表	
资产负债表－资产	【子表6】无形资产计算表	运营基础数据表
费用项目：无形资产	费用项目：无形资产净值	
资产负债表－负债	【子表3】还本付息计划表	融资基础数据表
费用项目：长期借款	费用项目：期末借款	
资产负债表－所有者权益	【子表5】股权投资表	
费用项目：实收资本	费用项目：累计实收资本	
资产负债表－负债	【子表2】付费类型分析表	付费基础数据表
费用项目：其他流动负债	费用项目：递延收益	
资产负债表－资产	【子表1】增值税计算表	税金表
费用项目：其他非流动资产	费用项目：留抵税额	
资产负债表－所有者权益	【子表2】法定盈余公积金计算表	利润表
费用项目：盈余公积	费用项目：期末累计法定盈余公积金	
资产负债表－所有者权益	【子表1】利润计算表	
费用项目：未分配利润	费用项目：未分配利润	

第六十三章　投资现金流量表

——获利能力指标以及社会资本方内部收益率的计算

一、概述

PPP项目主要财务报表的第三张报表是“投资现金流量表”，编制该表的目的是计算五项获利能力指标，分别是：子表1“融资前项目现金流量表”计算融资前税前内部收益率、融资前税后内部收益率，子表2“融资后项目现金流量表”计算融资后税前内部收益率、融资后税后内部收益率，子表3“社会资本方税前现金流量表”计算社会资本方税前内部收益率，这五项指标计算的结果都要汇总到总表2，作为判断项目是否具备获利能力的依据。有关获利能力指标如何进行判读，各位读者可以参考本书第五十三章，此处不再赘述。

二、子表 1——“融资前项目现金流量表”

“融资前项目现金流量表”主要是由三个部分组成，分别是现金流入、现金流出与调整所得税。现金流入主要的报表项目是“经营活动现金流入”，由“付费基础数据表”中子表6“经营活动现金流入计算表”中的“经营活动现金流入合计”的数据所引入。现金流出主要的报表项目有三项，分别是：第一，“建设投资”，是由“建设基础数据表”中子表2“建设投资计算表”中的“每年建设投资金额”的数据所引入；第二，“经营成本”，是由“运营基础数据表”中子表2“经营成本含税表”中的“经营成本含税合计”的数据所引入；第三，“增值税、税金及附加”，是由“税金表”中子表3“各项税费计算表”中的“增值税、税金及附加”的数据所引入。最后的“调整所得税”是由“利润表”子表1“利润计算表”中“调整所得税”的数据所引入。

“F 市乡镇污水处理厂 PPP 项目”抛弃版控制价阶段“投资现金流量表”中子表 1“融资前项目现金流量表”的内容如下：

表 63.1 F 市项目“投资现金流量表”中的子表 1——“融资前项目现金流量表”

单位：万元

1	融资前项目现金流量表	合计	1	2	3	4	5	6	7	8
1.1	现金流入									
	经营活动现金流入	838,886.08	7,000.00	7,000.00	7,000.00	44,818.41	45,382.24	45,946.07	46,509.91	47,073.74
1.2	现金流出									
	建设投资	403,605.80	175,238.94	108,608.73	108,608.73	5,574.70	5,574.70			
	经营成本	44,959.88	0.00	0.00	0.00	1,429.11	1,523.72	1,618.34	1,712.95	1,807.57
	增值税税金及附加	37,381.70	148.42	0.00	0.00	0.00	0.00	0.00	0.00	0.00
	现金流出小计	485,947.37	175,387.36	108,608.73	108,608.73	7,003.81	7,098.42	1,618.34	1,712.95	1,807.57
1.3	税前净现金流	352,938.70	-168,387.36	-101,608.73	-101,608.73	37,814.60	38,283.82	44,327.74	44,796.95	45,266.17
	调整所得税	84,440.34	192.25	229.36	229.36	4,686.10	4,789.91	4,893.72	4,997.53	5,101.34
	税后净现金流	268,498.36	-168,579.62	-101,838.09	-101,838.09	33,128.50	33,493.91	39,434.02	39,799.43	40,164.84
	融资前内部收益率税前 IRR	7.42%								
	融资前内部收益率税后 IRR	5.89%								

9	10	11	12	13	14	15	16	17	18	19	20
47,073.74	47,073.74	47,834.23	49,846.50	48,624.25	49,846.50	49,846.50	49,846.50	49,846.50	49,846.50	49,846.50	48,624.25

续表

1,807.57	1,807.57	1,807.57	1,807.57	1,807.57	1,807.57	1,807.57	1,807.57	1,807.57	1,807.57	1,807.57	16,984.92
0.00	0.00	1,216.78	4,436.41	2,480.82	4,436.41	4,436.41	4,436.41	4,436.41	4,436.41	4,436.41	2,480.82
1,807.57	1,807.57	3,024.35	6,243.98	4,288.39	6,243.98	6,243.98	6,243.98	6,243.98	6,243.98	6,243.98	19,465.73
45,266.17	45,266.17	44,809.88	43,602.52	44,335.87	43,602.52	43,602.52	43,602.52	43,602.52	43,602.52	43,602.52	29,158.52
5,101.34	5,101.34	5,258.87	5,675.69	5,002.79	5,255.97	5,255.97	5,255.97	5,255.97	5,255.97	5,255.97	1,644.97
40,164.84	40,164.84	39,551.01	37,926.83	39,333.08	38,346.55	38,346.55	38,346.55	38,346.55	38,346.55	38,346.55	27,513.55

三、子表2——“融资后项目现金流量表”

很多人称“融资后项目现金流量表”为“项目资本金现金流量表”，并且在安排现金流时做了简化的现金流安排，也就是现金流入部分是以项目资本金作为现金流入，而不是银行贷款作为现金流入，建设投资以及还本付息作为现金流出。简化安排存在问题的原因有：第一，银行贷款流入不是均值的，建设投资以及建设期利息的还款现金流的流出也不是均值的，因此流入减去流出的金额不一定是均值的项目资本金流出；第二，银行贷款的审批额度全部用完，但是实际上不是这样的，模型中需考虑不贷款金额（不贷款金额在第五十七章有详细说明）；第三，简化的现金流不利于做项目后评价。

如何合理编制“融资后项目现金流量表”？笔者的建议是以“融资前项目现金流量表”为基础进行修改，第一，现金流入部分加上“当期借款”，现金流出部分加上“还本付息”；第二，“调整所得税”换成“所得税”；第三，表格中剩下的部分全部跟“融资前项目现金流量表”的内容一致即可。

“F市乡镇污水处理厂PPP项目”抛弃版控制价阶段“投资现金流量表”中子表2“融资后项目现金流量表”的内容如下：

表63.2 F市项目“投资现金流量表”中的子表2——“融资后项目现金流量表”

单位：万元

2	融资后项目现金流量表	合计	1	2	3	4	5	6	7	8
2.1	现金流入									
	经营活动现金流入	838,886.08	7,000.00	7,000.00	7,000.00	44,818.41	45,382.24	45,946.07	46,509.91	47,073.74
	当期借款	311,786.79	86,024.97	109,900.85	115,860.97					
	现金流入小计	1,150,672.86	93,024.97	116,900.85	122,860.97	44,818.41	45,382.24	45,946.07	46,509.91	47,073.74
2.2	现金流出	0.00								
	建设投资	403,605.80	175,238.94	108,608.73	108,608.73	5,574.70	5,574.70			
	经营成本	44,959.88	0.00	0.00	0.00	1,429.11	1,523.72	1,618.34	1,712.95	1,807.57
	增值税税金及附加	37,381.70	148.42	0.00	0.00	0.00	0.00	0.00	0.00	0.00

续表

	还本付息	503,139.56	2,271.06	7,443.50	13,403.61	28,236.55	28,236.55	28,236.55	28,236.55	28,236.55
	现金流出小计	989,086.93	177,658.42	116,052.23	122,012.34	35,240.36	35,334.97	29,854.89	29,949.51	30,044.12
2.3	税前净现金流	161,585.93	(84,633.45)	848.62	848.63	9,578.05	10,047.27	16,091.18	16,560.40	17,029.62
	所得税	33,194.07	192.25	229.36	229.36	0.00	0.00	0.00	516.64	659.22
	税后净现金流	128,391.86	(84,825.71)	619.26	619.27	9,578.05	10,047.27	16,091.18	16,043.76	16,370.40
	融资后内部收益率税前IRR	11.76%								
	融资后内部收益率税后IRR	10.44%								

9	10	11	12	13	14	15	16	17	18	19	20
47,073.74	47,073.74	47,834.23	49,846.50	48,624.25	49,846.50	49,846.50	49,846.50	49,846.50	49,846.50	49,846.50	48,624.25
47,073.74	47,073.74	47,834.23	49,846.50	48,624.25	49,846.50	49,846.50	49,846.50	49,846.50	49,846.50	49,846.50	48,624.25
1,807.57	1,807.57	1,807.57	1,807.57	1,807.57	1,807.57	1,807.57	1,807.57	1,807.57	1,807.57	1,807.57	16,984.92
0.00	0.00	1,216.78	4,436.41	2,480.82	4,436.41	4,436.41	4,436.41	4,436.41	4,436.41	4,436.41	2,480.82
28,236.55	28,236.55	28,236.55	28,236.55	28,236.55	28,236.55	28,236.55	28,236.55	28,236.55	28,236.55	28,236.55	28,236.55
30,044.12	30,044.12	31,260.90	34,480.53	32,524.94	34,480.53	34,480.53	34,480.53	34,480.53	34,480.53	34,480.53	47,702.28
17,029.62	17,029.62	16,573.33	15,365.97	16,099.31	15,365.97	15,365.97	15,365.97	15,365.97	15,365.97	15,365.97	921.97
754.69	1,710.40	2,079.57	2,719.20	2,280.86	2,781.00	3,040.99	3,314.71	3,602.89	3,906.28	4,225.69	950.96
16,274.93	15,319.22	14,493.76	12,646.77	13,818.45	12,584.97	12,324.98	12,051.25	11,763.08	11,459.69	11,140.28	(28.99)

四、子表3——“社会资本方税前现金流量表”

“社会资本方税前现金流量表”主要是由两个部分组成，分别是现金流入以及现金流出。现金流入主要的报表项目有两项，分别是：第一，“利润分配”，是由“利润表”中子表1“利润计算表”中社会资本方分配利润合计的数据所引入；第二，“剩余财产分配”是由“财务现金流量表”子表1“现金流计算表”最后一年的“期末现金或现金等价物净余额”数据乘以“融资基础数据表”子表6“分红比例计算表”中的社会资本方比例。现金流出主要的报表项目是“社会资本方实收资本”，由“融资基础数据表”中子表5“股权投资表”中的“社会资本方”的数据所引入。

“F市乡镇污水处理厂PPP项目”抛弃版控制价阶段“投资现金流量表”中子表3“社会资本方税前现金流量表”的内容如下：

表 63.3　F市项目“投资现金流量表”中的子表3——“社会资本方税前现金流量表”

单位：万元

3	社会资本方税前现金流量表	合计	1	2	3	4	5	6	7	8
3.1	现金流入									
	利润分配	101,893.06	519.08	619.27	619.27	829.95	1,763.17	2,725.94	3,254.83	4,153.11
	剩余财产分配	96,666.25								
	现金流入小计	198,559.31	519.08	619.27	619.27	829.95	1,763.17	2,725.94	3,254.83	4,153.11
3.2	现金流出									
	社会资本方实收资本	68,275.84	68,275.84							
3.3	税前净现金流	130,283.47	-67,756.75	619.27	619.27	829.95	1,763.17	2,725.94	3,254.83	4,153.11
	社会资本方内部收益率税前IRR	7.37%								

3	社会资本方税前现金流量表	9	10	11	12	13	14	15	16	17	18	19	20
3.1	现金流入												
	利润分配	4,754.57	4,618.09	5,614.83	7,341.84	6,158.33	7,508.69	8,210.68	8,949.73	9,727.80	10,546.95	11,409.36	2,567.60
	剩余财产分配												96,666.25
	现金流入小计	4,754.57	4,618.09	5,614.83	7,341.84	6,158.33	7,508.69	8,210.68	8,949.73	9,727.80	10,546.95	11,409.36	99,233.85
3.2	现金流出												
	社会资本方实收资本												
3.3	税前净现金流	4,754.57	4,618.09	5,614.83	7,341.84	6,158.33	7,508.69	8,210.68	8,949.73	9,727.80	10,546.95	11,409.36	99,233.85

☆视频微观点 63.1【基金参与PPP项目进行财务分析应该要注意的事项】

☆视频微观点 63.2【如何编制社会资本方、投资人现金流量表？】

为了更加清楚地表示投资现金流量表与其他报表之间的关系，本书整理表63.4供各位读者参考。

表 63.4　投资现金流量表与其他报表之间的关系

投资现金流量表	其他报表	
【子表 1】融资前项目现金流量表	财务获利能力指标－财务杠杆	总表 2
费用项目：融资前税前内部收益率	费用项目：融资前税前内部收益率	
【子表 1】融资前项目现金流量表	财务获利能力指标－财务杠杆	
费用项目：融资前税后内部收益率	费用项目：融资前税后内部收益率	
【子表 2】融资后项目现金流量表	财务获利能力指标－财务杠杆	
费用项目：融资后税后内部收益率	费用项目：融资后税后内部收益率	
【子表 3】社会资本方税前现金流量表	财务获利能力指标－内部收益率	
费用项目：社会资本方税前内部收益率	费用项目：社会资本方税前内部收益率	
【子表 3】社会资本方税前现金流量表	【子表 1】现金流计算表	财务现金流量表
费用项目：剩余财产分配	费用项目：最后一年期末现金或现金等价物净余额×社会资本方分红比例	
【子表 1】融资前项目现金流量表	【子表 2】建设投资计算表	建设基础数据表
费用项目：建设投资	费用项目：每年建设投资金额	
【子表 1】融资前项目现金流量表	【子表 3】经营成本含税表	运营基础数据表
费用项目：经营成本	费用项目：经营成本含税合计	
【子表 2】融资后项目现金流量表	【子表 3】还本付息计划表	融资基础数据表
费用项目：当期借款	费用项目：当期借款	
【子表 2】融资后项目现金流量表	【子表 3】还本付息计划表	
费用项目：还本付息	费用项目：还本付息	
【子表 3】社会资本方税前现金流量表	【子表 5】股权投资表	
费用项目：社会资本方实收资本	费用项目：社会资本方	
【子表 1】融资前项目现金流量表	【子表 6】经营活动现金流入计算表	付费基础数据表
费用项目：经营活动现金流入	费用项目：经营活动现金流入合计	
【子表 1】融资前项目现金流量表	【子表 3】各项税费计算表	税金表
费用项目：增值税、税金及附加	费用项目：增值税、税金及附加	

续表

投资现金流量表	其他报表	
【子表1】融资前项目现金流量表	【子表1】利润计算表	利润表
费用项目：调整所得税	费用项目：调整所得税	
【子表2】融资后项目现金流量表	【子表1】利润计算表	
费用项目：所得税	费用项目：所得税	
【子表3】社会资本方税前现金流量表	【子表1】利润计算表	
费用项目：利润分配	费用项目：社会资本方利润加总	

第六十四章　成本分析表

——物价波动运营成本的调整与成本要素比例的计算

一、概述

PPP项目主要财务报表中的第四张报表是“成本分析表”，编制“成本分析表”主要目的在于计算“运营成本调整数额”，以及计算“调整服务单价”时，需要计算各期的调整系数。而计算各期的调整系数，又需要基期成本指数、各期成本指数，以及成本要素比例等各项数值。基期及各期成本指数可以通过各地方的统计年鉴取得数值，但是成本要素比例则需要通过“成本分析表”的计算求得数值。本章内容先从运营成本调整数额、调整付费单价的计算以及相关问题开始说起，然后再进一步说明如何编制“成本分析表”。

二、运营成本调整数额、调整付费单价及相关问题的讨论

有关物价波动运营成本的调整相关问题，本书第四十七章介绍了第一类公式如何计算运营成本调整数额，以及第四十八章介绍了第二类公式如何计算调整服务单价。本章将重新回顾一下之前所说的内容，并且进一步整理相关问题的讨论。

第1.1类公式（表44.3）、第1.2类公式（表44.4）、第1.3类公式（表44.5）中第2条“运营成本调整付费”的计算公式如表64.1所示。

表 64.1　运营成本调整付费计算公式（同表 47.3）

1. $P_{n-0}=(P_n-P_0)\times(1+V)$
2. $P_n=P_0\times K_n$
3. $K_n=a+b\times(L_n/L_0)+c\times(E_n/E_0)+d(M_n/M_0)+\cdots\cdots$
4. P_{n-0}运营成本调整付费（含增值税）
5. V是运营成本适用的增值税税率
6. P_n
（1）第 1.1 类公式及第 1.3 类公式是指第 n 期调整后让利的运营成本（不含增值税）
（2）第 1.2 类公式是指第 n 期调整后的运营服务费（不含增值税）
7. K_n 是第 n 期的运营成本调整系数
8. P_0
（1）在第 1.1 类公式及第 1.3 类公式是指签约价阶段让利的运营成本（不含增值税）
（2）在第 1.2 类公式是指签约价阶段的运营服务费（不含增值税）
9. a 是指某项不予调整的运营成本要素（不含增值税）在总价付费数额（不含增值税）中所占的比例；b、c、d……是指各项调整的运营成本要素（不含增值税）在总价付费数额（不含增值税）中所占的比例；$a+b+e+d+\cdots\cdots=1$
10. L_n、E_n、M_n……是指第 n 期成本指数或是参考价格
11. L_0、E_0、M_0……是指签约时或是投标基准日的成本指数或是参考价格

第 2.1 类公式（表 44.6）中的第 1 条“服务单价”，如何计算“调整后的服务单价”；第 2.2 类公式（表 44.7）第 3 条“政府付费服务单价”如何计算“调整后的政府付费单价”；第 2.3 类公式（表 44.8）第 4 条“服务单价”如何计算“调整后的服务单价”，如表 64.2 所示。

表 64.2　调整服务单价的计算公式（同表 48.3）

1. $P_{n'}=P_n\times(1+V)$
2. $P_n=P_0\times K_n$
3. $K_n=a+b\times(L_n/L_0)+c\times(E_n/E_0)+d(M_n/M_0)+\cdots\cdots$
4. $P_{n'}$是第 n 期调整后的服务单价
（1）第 2.1 类公式是指第 n 期调整后的服务单价（含增值税）
（2）第 2.2 类公式是指第 n 期调整后的政府付费单价（含增值税）
5. P_0
（1）第 2.1 类公式是指服务单价基准日①的中标服务单价（不含增值税）
（2）第 2.2 类公式是指服务单价基准日的中标政府付费单价（不含增值税）
6. V是服务单价适用的增值税税率
7. K_n是第 n 期的服务单价调整系数

① 相关合同条文内容请参见《附录二　F 市 PPP 项目合同》第 1.1.3.2 条的规定。

续表

8. a 是指某项不予调整的成本要素（不含增值税）在单价付费数额（不含增值税）中所占的比例；b、c、d……是指各项调整的成本要素（不含增值税）在单价付费数额（不含增值税）中所占的比例；$a+b+c+d+\cdots\cdots=1$
9. L_n、E_n、M_n……是指第 n 期成本指数或是参考价格
10. L_0、E_0、M_0……是指签约时或是投标基准日的成本指数或是参考价格

根据表64.1及表64.2的计算公式，有几个问题讨论如下：第一，成本指数基本上都是参照各地方政府所颁布的统计年鉴，统计年鉴的内容是以“自然年”为单位公布的，而非以“顺延年”为单位公布，所以调整周期势必要以自然年为准，但是如果运营期的计算方式采用顺延年，或是付费周期采用顺延年，这些期间计算上的冲突该如何处理，需要每个PPP合同就具体情况分别处理。第二，公式中的成本要素比例a值，性质上是属于不予调整的成本要素，如果是在第1.1类公式总价付费，以及第2.1类公式单价付费的情况下，a值很可能包含建设成本，因为建设成本物价波动的调整，在工程决算时已经调整过一次，如果这里再列入各项调整的成本要素时，就会出现重复调整的情况；此外，a值中也应该包含税费，最主要的税费调整是依据PPP合同中法律变更的规定进行调整，和成本物价指数没有关系，不同税费税率又不相同，很难用一个指数进行调整，应该在财务模型上进行调整才是。第三，各级政府发布统计年鉴都是以自然年整年度为单位发布的，但是发布的时间通常会稍晚几个月，例如，2020年3月发布2019年全年的统计年鉴，如果2020年1月1日刚好是运营成本的调整周期，这个时候2019的统计年鉴还没发布，该如何进行运营成本的调整呢？关于这个问题，可以在PPP合约中这样约定：“1. 每次调价工作自价格调整当年统计年鉴数据发布之日开始，六十日内确定调整后的服务单价，调整后的服务单价自价格调整当年的1月1日起执行。2. 调整后的服务单价确定后，应将当年1月1日至调价完成期间，所对应应调整运营服务费差额款项在调价完成后，第一次支付运营服务费时一次性结清并支付完毕。”第四，成本要素比例的计算是按照预计成本要素金额进行计算的，并不是按照履约过程中实际的成本要素金额进行计算的，一旦经过招投标及PPP合同谈判程序，将数值确定下来之后，合作期间是不允许改变的，但是如果预计的成本要素比例与实际的成本要素比例发生严重的偏差，导致项目公司的成本大为增加，而且偏差的原因如果是因为不可抗力或是情势变更等非项目公司因素造成的，一般在PPP合同中会约定双方可以协商重新调整成本要素比例。

三、如何编制“成本分析表”、子表 1——“生产负荷表”以及子表 2——“建设与运营成本占比计算表”

“成本分析表”总共有四个子表，分别是子表 1——“生产负荷表”、子表 2——“建设与运营成本占比计算表”、子表 3——“静态成本合计表”以及子表 4——“成本要素组成比例表”。子表 1——“生产负荷表”的数字是为了表示项目投产的程度，由于经营成本中变动成本的多寡和项目投产程度成正比，因此需要编制“生产负荷表”作为计算变动成本的基础。至于子表 2——“建设与运营成本占比计算表”编制的目的在于，在“F 市乡镇污水处理厂 PPP 项目”的案例中，付费类型为“总价 + 单价”模式，该付费类型性质上属于建设成本分开算，也就是总价对应建设成本，单价对应运营成本，所以为了要拆分间接成本（主要是税金及利润，没有利息费用的原因是，该项目的融资全都用在建设期、没有用在运营期），所以要利用建设和运营的直接成本比例拆分间接成本，计算的方法就是以息税后在建工程以及未税经营成本的总和作为分母，然后分别再以息税后在建工程以及未税经营成本作为分子，就可以分别计算出建设成本占比以及运营成本占比。

关于“F 市乡镇污水处理厂 PPP 项目”，本案例抛弃版控制价阶段“成本分析表”中子表 1“生产负荷表”、子表 2“建设与运营成本占比计算表”的内容如下：

表 64.3　F 市项目“成本分析表”中子表 1——“生产负荷表”

单位：万元

1	生产负荷表	合计	1	2	3	4	5	6	7	8
						0.60	0.70	0.80	0.90	1.00

9	10	11	12	13	14	15	16	17	18	19	20
1.00	1.00	1.00	1.00	1.00	1.00	1.00	1.00	1.00	1.00	1.00	1.00

表 64.4　F 市项目“成本分析表”中子表 2——“建设与运营成本占比计算表”

单位：万元

2	建设与运营成本占比计算表	金额	比例
	息税后在建工程（建设成本）	373,295.67	90.00%
	经营成本未税（运营成本）	41,472.20	10.00%
	合计	414,767.88	

四、子表 3——“静态成本合计表”

编制“静态成本合计表”的目的，是要计算“F 市乡镇污水处理厂 PPP 项目”的两类数据：第一类，计算运营成本未税的总金额，以及各成本要素未税的总金额，计算方式是将各年的未税成本静态相加；第二类，计算静态水价，就是以静，除以合作期间的总水量的金额，这里需要特别注意的是，究竟项目该使用静态水价还是动态水价，这个涉及使用者付费目标值是否达标的问题，如果使用静态水价计算使用者付费目标值无法达标时，就必须改用动态水价来计算。

“F市乡镇污水处理厂PPP项目”，本案例抛弃版控制价阶段“成本分析表”中子表3——“静态成本合计表”的内容如下：

表64.5 F市项目“成本分析表”中子表3——“静态成本合计表”

单位：万元

3	静态成本合计表									
3.1	年满载污水处理成本（未税）	合计	1	2	3	4	5	6	7	8
	年药剂费13%（变动）	1,681.56				63.06	73.57	84.08	94.59	105.10
	电费13%（变动）	9,727.29				364.77	425.57	486.36	547.16	607.96
	污泥处置费13%（变动）	1,724.04				64.65	75.43	86.20	96.98	107.75
	紫外线灯管更换费13%（变动）	264.07				9.90	11.55	13.20	14.85	16.50
	职工工资与福利费（192×3.6）（固定）	11,750.40				691.20	691.20	691.20	691.20	691.20
	年修理费（设备投资5%）（大修）13%	26,862.56				1,580.15	1,580.15	1,580.15	1,580.15	1,580.15
	其他（含管理）（固定）	2,893.57				170.21	170.21	170.21	170.21	170.21
3.2	税金及附加（运营）	413.72	14.84	0.00	0.00	0.00	0.00	0.00	0.00	0.00
	所得税（运营）	3,319.04	19.22	22.93	22.93	0.00	0.00	0.00	51.66	65.92
	利润（运营）	10,188.18	51.90	61.92	61.92	82.99	176.30	272.56	325.45	415.27
	静态成本利润合计（未税）	68,824.43								
3.3	总水量	48,764.00								
	静态平均水价（未税）	1.41								
	静态平均水价（含税）13%	1.59								
	动态水价（未税）	1.64								
	动态水价（含税）13%	1.85								

	9	10	11	12	13	14	15	16	17	18	19	20
年药剂费13%（变动）	105.10	105.10	105.10	105.10	105.10	105.10	105.10	105.10	105.10	105.10	105.10	105.10
电费13%（变动）	607.96	607.96	607.96	607.96	607.96	607.96	607.96	607.96	607.96	607.96	607.96	607.96
污泥处置费13%（变动）	107.75	107.75	107.75	107.75	107.75	107.75	107.75	107.75	107.75	107.75	107.75	107.75
紫外线灯管更换费13%（变动）	16.50	16.50	16.50	16.50	16.50	16.50	16.50	16.50	16.50	16.50	16.50	16.50
职工工资与福利费（192×3.6）（固定）	691.20	691.20	691.20	691.20	691.20	691.20	691.20	691.20	691.20	691.20	691.20	691.20
年修理费（设备投资5%）（大修）13%	1,580.15	1,580.15	1,580.15	1,580.15	1,580.15	1,580.15	1,580.15	1,580.15	1,580.15	1,580.15	1,580.15	1,580.15
其他（含管理）（固定）	170.21	170.21	170.21	170.21	170.21	170.21	170.21	170.21	170.21	170.21	170.21	170.21
税金及附加（运营）	0.00	0.00	13.04	47.53	26.58	47.53	47.53	47.53	47.53	47.53	47.53	26.58
所得税（运营）	75.46	171.02	207.93	271.89	228.06	278.07	304.07	331.43	360.25	390.58	422.52	95.09
利润（运营）	475.40	461.76	561.42	734.10	615.76	750.79	820.98	894.87	972.67	1,054.58	1,140.81	256.73

五、子表4——“成本要素组成比例表”

编制“成本要素组成比例表”最主要是为了计算各项成本要素未税总金额占运营成本未税总金额的比例，计算出来的比例就是表64.1及表64.2公式中的a、b、c、d……值。“F市乡镇污水处理厂PPP项目”，本案例抛弃版控制价阶段“成本分析表”中子表4“成本要素组成比例表”的内容如下：

表64.6　F市项目“成本分析表”中子表4——“成本要素组成比例表”

4	成本要素组成比例表（未税）	成本要素比例	静态水价组成	动态水价组成
	年药剂费13%	2.44%	0.03	0.04
	电费13%	14.13%	0.20	0.23
	污泥处置费13%	2.50%	0.04	0.04
	紫外线灯管更换费13%	0.38%	0.01	0.01
	职工工资与福利费（192×3.6）（固定）	17.07%	0.24	0.28
	年修理费（设备投资5%）（大修）13%	39.03%	0.55	0.64
	其他（含管理）（固定）	4.20%	0.06	0.07
	税金及附加（运营）	0.60%	0.01	0.01
	所得税（运营）	4.82%	0.07	0.08
	利润（运营）	14.80%	0.21	0.24
	合计	100.00%	1.42	1.64

为了更加清楚地表示成本分析表与其他报表之间的关系，本书整理表64.7供各位读者参考。

表64.7　成本分析表与其他报表之间的关系

成本分析表	其他报表	
【子表4】成本要素组成比例表	成本要素	总表2
费用项目：成本要素比例	费用项目：成本要素比例	
【子表2】建设与运营成本占比计算表	【子表5】息税后在建工程计算表	建设基础数据表
费用项目：息税后在建工程	费用项目：每年息税后在建工程合计	
【子表2】建设与运营成本占比计算表	【子表4】经营成本未税表	运营基础数据表
费用项目：经营成本未税	费用项目：经营成本未税合计	
【子表3】静态成本合计表	【子表2】税金及附加计算表	税金表
费用项目：税金及附加	费用项目：税金及附加合计	

续表

成本分析表	其他报表	
【子表3】静态成本合计表	【子表1】利润计算表	利润表
费用项目：所得税	费用项目：所得税	
【子表3】静态成本合计表	【子表1】利润计算表	
费用项目：利润	费用项目：分配利润	

第六十五章　物有所值评价表

——财务合规性指标之一

一、概述

编制“物有所值评价表”的目的最主要是要计算VFM值是否大于零，如果计算结果大于零代表项目定量分析的结果达到物有所值的要求，而项目是否达到物有所值的目标是项目合规性要求的一部分，因此在投资决策时，对于项目是否推动具有一票否决的地位。物有所值评价表是财务主要报表中的第五张报表，其中有三张子表，分别是：子表1——“基础参数表”、子表2——“PSC值计算表”以及子表3——“PPP值计算表”，以下将针对各子表的内容及功能说明如下。

二、子表1——“基础参数表”

子表1“基础参数表”最主要就是假设一些基础参数，用来计算PSC值以及PPP值，内容包括：折现率、全部风险比例、可移转风险比例、自留风险比例、VFM值，在假设折现率、全部风险比例、可移转风险比例、自留风险比例数值时，应考虑以下两个因素：第一，最终计算VFM值要大于零；第二，在假设折现率、全部风险比例、可移转风险比例、自留风险比例的数值时，必须符合财政部《关于印发〈PPP物有所值评价指引（试行）〉的通知》[①] 的要求。“F市乡镇污水处理厂PPP项目”本案例抛弃版控制价阶段“物有所值评价表”中子表1——“基础参数

① 《关于印发〈PPP物有所值评价指引（试行）〉的通知》第四十条规定：“本指引自印发之日起施行，有效期2年。”虽然该指引有效期已经届满，但在新指引出台前，目前实践中与相关学者普遍认为在进行PPP项目物有所值评价工作时，仍应参照该指引执行。

表”的内容如下：

表 65.1　F 市项目“物有所值评价表”中的子表 1——“基础参数表”

1	基础参数表	
	折现率	4.00%
	全部风险比例	5.00%
	可转移风险比例	98.00%
	自留风险比例	2.00%
	VFM 值	13,504.30

三、子表 2——“PSC 值计算表”

《关于印发〈PPP 物有所值评价指引（试行）〉的通知》第二十八条规定：“PSC 值是以下三项成本的全生命周期现值之和：（一）参照项目的建设和运营维护净成本；（二）竞争性中立调整值；（三）项目全部风险成本。”这里需要特别讨论的问题有两项，第一个问题是这里的建设净成本包含了哪些内容？《物有所值评价指引》第二十九条第二款规定：“建设净成本主要包括参照项目设计、建造、升级、改造、大修等方面投入的现金以及固定资产、土地使用权等实物和无形资产的价值，并扣除参照项目全生命周期内产生的转让、租赁或处置资产所获的收益。”由此可知，建设净成本是包括了设计建造大修全面投入的“现金”以及无形资产价值，所以笔者认为建设净成本应该要含增值税以及建设期利息，此外笔者基于资产是否资本化的考虑，将期中大修放入建设净成本，期末大修放入运营维护净成本。

第二个问题，这里的运营维护净成本包括了哪些内容？《关于印发〈PPP 物有所值评价指引（试行）〉的通知》第二十九条第三款规定：“运营维护净成本主要包括参照项目全生命周期内运营维护所需的原材料、设备、人工等成本，以及管理费用、销售费用和运营期财务费用等，并扣除假设参照项目与 PPP 项目付费机制相同情况下能够获得的使用者付费收入等。”由此可知，运营维护净成本应该包括了运营维护的所需成本，以及运营期财务费用，并且应该要扣除使用者收费金额，因此笔者认为运营维护净成本应该要包括增值税金额以及利息费用。

“PSC 值计算表”中包含建设成本、运营成本、项目全部风险成本以及竞争性中立调整值等四项报表项目，如何引用数据分别说明如后。第一，建设成本的数据应引用“财务现金流量表”子表 1——“现金流计算表”中“购置无形资产所支付的现金”数值的绝对值。第二，运营成本的计算应该是含税的经营成本加上利息费用减去污水处理费，含税经营成本数据应引用“运营基础数据表”子表 2——“经营成本含税表”的“经营成本含税合计”；利息费用应引用“融资基础数据表”子表3——“还本付息计划表”中运营期的“付息”数据；污水处理费应引用“付费基础数据表”子表3“营业收入含税表”中的“年污水处理费”。第三，项目全部风险成本是各期建设成本和运营成本的合计乘以全部风险比例。第四，竞争性中立调整值的数据应引用“税金表”子表3——“各项税费计算表”中的“支付的各项税费”。本案例抛弃版控制价阶段“物有所值评价表”中子表2——“PSC值计算表”的内容如下：

表65.2 F市项目“物有所值评价表”中的子表2——“PSC值计算表”

2	PSC值计算表	合计	1	2	3	4	5	6	7	8
2.1	建设成本（资产购置）	441,901.32	177,510.00	116,052.23	122,012.34	5,574.70	5,574.70	0.00	0.00	0.00
2.2	运营成本	122,981.07	0.00	0.00	0.00	14,508.45	13,417.55	12,293.83	11,135.55	9,940.89
	经营成本含税	44,959.88	0.00	0.00	0.00	1,429.11	1,523.72	1,618.34	1,712.95	1,807.57
	利息费用	168,234.60				16,462.34	15,840.66	15,186.16	14,497.10	13,771.66
	污水处理费	90,213.40	0.00	0.00	0.00	3,383.00	3,946.84	4,510.67	5,074.50	5,638.34
2.3	项目全部风险成本	28,244.12	8,875.50	5,802.61	6,100.62	1,004.16	949.61	614.69	556.78	497.04
2.4	竞争性中立调整值	70,575.77	340.67	229.36	229.36	0.00	0.00	0.00	516.64	659.22
2.5	合计	663,702.28	186,726.17	122,084.20	128,342.32	21,087.30	19,941.86	12,908.52	12,208.97	11,097.16
	现值	554,308.77	179,544.40	112,873.71	114,095.85	18,025.51	16,390.76	10,201.79	9,277.81	8,108.59
	PSC值	554,308.77								

2	PSC值计算表	9	10	11	12	13	14	15	16	17	18	19	20
2.1	建设成本（资产购置）	0.00	0.00	0.00	0.00	15,177.35	0.00	0.00	0.00	0.00	0.00	0.00	0.00
2.2	运营成本	9,177.14	8,373.07	7,526.54	6,635.32	5,697.04	4,709.22	3,669.24	2,574.35	1,421.65	208.09	-1,069.55	12,762.70
	经营成本含税	1,807.57	1,807.57	1,807.57	1,807.57	1,807.57	1,807.57	1,807.57	1,807.57	1,807.57	1,807.57	1,807.57	16,984.92
	利息费用	13,007.91	12,203.84	11,357.31	10,466.09	9,527.81	8,539.99	7,500.01	6,405.12	5,252.42	4,038.85	2,761.22	1,416.12
	污水处理费	5,638.34	5,638.34	5,638.34	5,638.34	5,638.34	5,638.34	5,638.34	5,638.34	5,638.34	5,638.34	5,638.34	5,638.34
2.3	项目全部风险成本	458.86	418.65	376.33	331.77	1,043.72	235.46	183.46	128.72	71.08	10.40	-53.48	638.13
2.4	竞争性中立调整值	754.69	1,710.40	3,296.35	7,155.61	4,761.68	7,217.41	7,477.40	7,751.12	8,039.30	8,342.69	8,662.10	3,431.78
2.5	合计	10,390.69	10,502.13	11,199.22	14,122.69	26,679.78	12,162.08	11,330.10	10,454.19	9,532.03	8,561.18	7,539.07	16,832.61
	现值	7,300.36	7,094.86	7,274.80	8,820.99	16,023.18	7,023.30	6,291.20	5,581.58	4,893.49	4,226.04	3,578.36	7,682.18

四、子表3——“PPP值计算表”

“PPP值计算表”中包含股权投资、运营补贴、自留风险承担与配套投入等四项报表项目，如何引用数据分别说明如后。第一，股权投资应引用“融资基础数据表”中子表5——“股权投资表”中“政府出资方代表”的出资数额。第二，运营补贴，在F市的案例中包含了两项补贴，营业收入（含税）以及政府补助，这二项数据都引用自“付费基础数据表”子表3——“营业收入含税表”中的“营业收入含税合计”，以及子表2——“付费类型分析表”中的“当期流入”。第三，自留风险承担的计算方式是各期项目全部风险乘以自留风险比例。本案例抛弃版控制价阶段“物有所值评价表”中子表3——“PPP值计算表”的内容如下：

表 65.3　F 市项目“物有所值评价表”中的子表3——“PPP值计算表”

单位：万元

3	PPP值计算表	合计	1	2	3	4	5	6	7	8
3.1	股权投资	*17,068.96*	17,068.96							
	股权投资现值	*16,412.46*	16,412.46							
3.2	运营补贴	*815,615.28*	7,000.00	7,000.00	7,000.00	44,818.41	45,382.24	45,946.07	46,509.91	47,073.74
	营业收入（含税）	*797,615.28*	1,000.00	1,000.00	1,000.00	44,818.41	45,382.24	45,946.07	46,509.91	47,073.74
	政府补助	*18,000.00*	6,000.00	6,000.00	6,000.00					
	运营补贴现值	*523,901.40*	6,730.77	6,471.89	6,222.97	38,310.96	37,300.89	36,311.85	35,343.71	34,396.32
3.3	自留风险承担	*564.88*	177.51	116.05	122.01	20.08	18.99	12.29	11.14	9.94
	自留风险承担现值	*490.62*	170.68	107.30	108.47	17.17	15.61	9.72	8.46	7.26
3.4	配套投入	*0.00*	0.00	0.00	0.00	0.00	0.00	0.00	0.00	0.00
	配套投入现值	*0.00*	0.00	0.00	0.00	0.00	0.00	0.00	0.00	0.00
3.5	各期合计	*833,249.12*	24,246.47	7,116.05	7,122.01	44,838.49	45,401.23	45,958.37	46,521.04	47,083.68
	现值合计	*540,804.48*	23,313.91	6,579.19	6,331.44	38,328.13	37,316.50	36,321.57	35,352.17	34,403.59
	PPP值	540,804.48								

9	10	11	12	13	14	15	16	17	18	19	20
47,073.74	47,073.74	47,073.74	47,073.74	47,073.74	47,073.74	47,073.74	47,073.74	47,073.74	47,073.74	47,073.74	47,073.74
47,073.74	47,073.74	47,073.74	47,073.74	47,073.74	47,073.74	47,073.74	47,073.74	47,073.74	47,073.74	47,073.74	47,073.74
33,073.39	31,801.33	30,578.21	29,402.12	28,271.27	27,183.91	26,138.38	25,133.06	24,166.40	23,236.92	22,343.20	21,483.84
9.18	8.37	7.53	6.64	20.87	4.71	3.67	2.57	1.42	0.21	(1.07)	12.76
6.45	5.66	4.89	4.14	12.54	2.72	2.04	1.37	0.73	0.10	-0.51	5.82
0.00	0.00	0.00	0.00	0.00	0.00	0.00	0.00	0.00	0.00	0.00	0.00
0.00	0.00	0.00	0.00	0.00	0.00	0.00	0.00	0.00	0.00	0.00	0.00
47,082.92	47,082.12	47,081.27	47,080.38	47,094.62	47,078.45	47,077.41	47,076.32	47,075.16	47,073.95	47,072.67	47,086.50
33,079.83	31,806.99	30,583.09	29,406.26	28,283.81	27,186.63	26,140.42	25,134.43	24,167.13	23,237.03	22,342.69	21,489.67

为了更加清楚地表示物有所值评价表与其他报表之间的关系，本书整理表65.4供各位读者参考。

表 65.4　物有所值评价表与其他报表之间的关系

物有所值评价表	其他报表	
【子表1】基础参数表	财务方案合规性指标	总表2
费用项目：VFM值	费用项目：物有所值（VFM）	

续表

<table>
<tr><th>物有所值评价表</th><th colspan="2">其他报表</th></tr>
<tr><td>【子表2】PSC值计算表</td><td>【子表1】现金流计算表</td><td rowspan="2">财务现金流量表</td></tr>
<tr><td>费用项目：建设成本（资本购置）</td><td>费用项目：购置无形资产支付的现金（绝对值）</td></tr>
<tr><td>【子表2】PSC值计算表</td><td>【子表3】经营成本含税表</td><td rowspan="2">运营基础数据表</td></tr>
<tr><td>费用项目：经营成本含税</td><td>费用项目：经营成本含税合计</td></tr>
<tr><td>【子表2】PSC值计算表</td><td>【子表3】还本付息计划表</td><td rowspan="4">融资基础数据表</td></tr>
<tr><td>费用项目：利息费用</td><td>费用项目：（运营期的）付息</td></tr>
<tr><td>【子表3】PPP值计算表</td><td>【子表5】股权投资表</td></tr>
<tr><td>费用项目：股权投资</td><td>费用项目：政府出资方代表</td></tr>
<tr><td>【子表2】PSC值计算表</td><td>【子表3】营业收入含税表</td><td rowspan="6">付费基础数据表</td></tr>
<tr><td>费用项目：污水处理费</td><td>费用项目：年污水处理费</td></tr>
<tr><td>【子表3】PPP值计算表</td><td>【子表3】营业收入含税表</td></tr>
<tr><td>费用项目：营业收入（含税）</td><td>费用项目：营业收入含税合计</td></tr>
<tr><td>【子表3】PPP值计算表</td><td>【子表2】付费类型分析表</td></tr>
<tr><td>费用项目：政府补助</td><td>费用项目：当期流入</td></tr>
<tr><td>【子表2】PSC值计算表</td><td>【子表3】各项税费计算表</td><td rowspan="2">税金表</td></tr>
<tr><td>费用项目：竞争性中立调整值</td><td>费用项目：支付的各项税费</td></tr>
</table>

第六十六章　财政承受能力论证表

——系统如何计算平均增长率

一、概述

“财政承受能力论证表”是财务分析主要报表的最后一张表，也是最重要的一张报表，因为财政承受能力论证是PPP项目中的硬指标，具有一票否决权，也就是财政承受能力如果过不了关，按规定项目就没法做。实践中常常听到有人说财政承受能力额度不够用项目没法做，因此财政承受能力论证的重要性可见一斑。“财政承受能力论证表”总共有两张子表，分别是子表1——“一般公共预算支出增长率计算表”以及子表 2——“财承能力计算表”，以下将针对各子表的内容及功能说明如下。

二、子表 1“一般公共预算支出增长率计算表”

“一般公共预算支出增长率计算表”编制的目的就是要计算一般公共预算支出的增长率，《政府和社会资本合作项目财政承受能力论证指引》第二十七条规定：“在进行财政支出能力评估时，未来年度一般公共预算支出数额可参照前五年相关数额的平均值及平均增长率计算，并根据实际情况进行适当调整。”该条文中“前五年相关数额的平均值”以及“前五年相关数额的平均增长率”到底该如何解释？一般公共预算支出增长率的计算方式，在实践中一直存在多种方法，笔者将以财政部“全国 PPP 综合信息新平台系统”的系统设定方式，说明一般公共预算支出增长率的计算方式。

根据目前财政部“全国 PPP 综合信息新平台系统”的系统设定方式，可以分为以下几个部分：第一，假设申请项目入库的年度是第七年，系统会要求填入第一年到第七年的一般公共预算支出，第一年到第五年的决算数是过去已经填写过的数据，第六年的决算数是你现在要填写的数据，也就是在第七年申请入库时，应该要在系统中填写第六年的决算数，此时系统会根据第一年到第六年填写的一般公共预算支出的决算数，算出第一年到第六年横跨五年期间每一年度的一般公共预算支出的增长率，并且再算出这五年期间增长率的平均值，本书称这五年期间系统自动计算的平均增长率为“系统更新计算的平均增长率”。第二，接下来系统会要求填写第六年到第七年的增长率，以及之后年度或是期间的增长率，笔者称为“自行填写的预测增长率”，可以按照“系统更新计算的平均增长率”填写，也可以按该地区人民政府自行评估的增长率进行填写，但是必须附上评估的说明，并经省级财政厅审核。第三，系统会要求你填写第七年一般公共预算支出的预算数，基本上是根据第七年财政部门所编制的预算金额填写。

“F 市乡镇污水处理厂 PPP 项目”，假设是 2020 年申请入库，此时只有 2020 年的预算数没有决算数，关于一般公共预算支出增长率的计算，请见本案例抛弃版控制价阶段“财政承受能力论证表”中子表 1——“一般公共预算支出增长率计算表”的内容如下：

表 66.1 F 市项目“财政承受能力论证表”中的子表 1——“一般公共预算支出增长率计算表”

单位：万元

1	一般公共预算支出增长率计算表	1	2	3	4	5	6	7
	年度	2014	2015	2016	2017	2018	2019	2020

续表

	一般公共预算支出	450,000.00	440,000.00	560,000.00	610,000.00	630,000.00	640,000.00	684,800.00
	同比增长		-2.22%	27.27%	8.93%	3.28%	1.59%	7.00%
	系统更新计算的平均增长率（14~19）	7.77%						
	自行填写的平均增长率	7.00%						

三、子表2——“财承能力计算表”

通过子表1——“一般公共预算支出增长率计算表”计算出来一般公共预算支出的平均增长率后，接下来就要开始计算财政承受能力，计算方式就是：第一，根据“系统更新计算的平均增长率或该地区人民政府自行评估的平均增长率”推算各年度的一般公共预算支出的预测值；第二，各年度该地区所有PPP项目的财政支出责任除以该年度预测的一般公共预算支出数额，就可以计算出财政占比。

计算出财承占比后该如何使用这个指标，有三个数值需要注意，分别是10%、7%以及5%。10%是指政府对于该辖区内的所有PPP项目的财政支出责任，每年都不可以超出该年一般公共预算支出的10%，如果财政支出责任占比超过7%的地区必须进行风险提示，财政支出责任占比超过5%的地区，不得新上政府付费项目。

假设“F市乡镇污水处理厂PPP项目”为F市本级的第一个项目，有关于本案例抛弃版控制价阶段“财政承受能力论证表”中子表2——“财承能力计算表”的内容如下：

表66.2 F市项目“财政承受能力论证表”中的子表2——“财承能力计算表”

单位：万元

2	财承能力计算表	1	2	3	4	5	6	7	8
	年份	2020	2021	2022	2023	2024	2025	2026	2027
	预测值	684,800.00	732,736.00	784,027.52	838,909.45	897,633.11	960,467.43	1,027,700.14	1,099,639.16
	PPP值	24,246.47	7,116.05	7,122.01	44,838.49	45,401.23	45,958.37	46,521.04	47,083.68
	财承占比	3.54%	0.97%	0.91%	5.34%	5.06%	4.79%	4.53%	4.28%

9	10	11	12	13	14	15	16	17	18	19	20
2028	2029	2030	2031	2032	2033	2034	2035	2036	2037	2038	2039
1,176,613.90	1,258,976.87	1,347,105.25	1,441,402.62	1,542,300.80	1,650,261.86	1,765,780.19	1,889,384.80	2,021,641.74	2,163,156.66	2,314,577.62	2,476,598.06
47,082.92	47,082.12	47,081.27	47,080.38	47,094.62	47,078.45	47,077.41	47,076.32	47,075.16	47,073.95	47,072.67	47,086.50
4.00%	3.74%	3.49%	3.27%	3.05%	2.85%	2.67%	2.49%	2.33%	2.18%	2.03%	1.90%

第十三篇 PPP 模式财务分析其他问题

第六十七章 项目公司投资所形成资产的性质

——如何确认为金融资产、无形资产或是混合资产

一、金融资产与混合资产的确认条件

《企业会计准则解释第 2 号》（第五点已废止）中规定："……项目公司未提供实际建造服务，将基础设施建造发包给其他方的，不应确认建造服务收入，应当按照建造过程中支付的工程价款等考虑合同规定，分别确认为金融资产或无形资产。……"项目公司投资在何种条件下应确认为金融资产或是无形资产？

《企业会计准则解释第 2 号》中规定："……（1）合同规定基础设施建成后的一定期间内，项目公司可以无条件地自合同授予方收取确定金额的货币资金或其他金融资产的；或在项目公司提供经营服务的收费低于某一限定金额的情况下，合同授予方按照合同规定负责将有关差价补偿给项目公司的，应当在确认收入的同时确认金融资产，并按照《企业会计准则第 22 号——金融工具确认和计量》的规定处理。……"由此规定可知，如果要将项目公司投资确认为金融资产可能的情况是：第一，无条件收取确定金额的货币；第二，收费低于某一限定金额，政府方将有关差价补偿给项目公司。

此外，《企业会计准则第 22 号——金融工具确认和计量》第十六条第一款规定："企业应当根据其管理金融资产的业务模式和金融资产的合同现金流量特征，将金融资产划分为以下三类：（一）以摊余成本计量的金融资产。（二）以公允价值计量且其变动计入其他综合收益的金融资产。（三）以公允价值计量且其变动计入当期损益的金融资产。"由此规定可知，金融资产分为三个类型，每个类型的判断标准皆不相同，PPP 模式项目公司的投资如果要确认为金融资产，应该属于哪种金融资产？笔者认为项目公司投融资活动所形成建设工程，比较接近会计准则中所称的"摊余成本计量的金融资产"，其判断标准在于：第一，管理金融资产的业务模式，即企业所管理的金融资产的现金流量的来源为收取合同现金流量；第二，符合金融资产的合同现金流量特征，而这个标准还可以再区分为两个条件：（1）应当与基本贷款安排相一致，及相关金融资产在特定日期产生的合同现金流仅为对本金

和以未偿付本金金额为基础的利息的支付，其中本金是指金融资产在初始确认时的公允价值，利息包括对货币时间价值、与特定时期为偿付本金金额相关的信用风险以及其他基本借贷风险、成本和利润对价；（2）其中，货币时间价值是利息要素中仅因为时间流逝而提供的对价，不包括为所持有金融资产的其他风险或成本提供的对价。

另外，《企业会计准则解释第 2 号》中规定："……（2）合同规定项目公司在有关基础设施建成后，从事经营的一定期间内有权利向获取服务的对象收取费用，但收费金额不确定的，该权利不构成一项无条件收取现金的权利，项目公司应当在确认收入的同时确认无形资产。建造过程如发生借款利息，应当按照《企业会计准则第 17 号——借款费用》的规定处理。……"由此规定可知，如果要将项目公司投资确认为无形资产可能的情况是收费金额不确定，该权利不构成一项无条件收取现金的权利。而混合资产是指同时兼具金融资产以及无形资产性质的资产，也就是项目公司投资后所取得的权利，一部分对应的是无条件收取确定金额的权利，确认为金融资产，另一部分对应的是收费金额不确定的权利，确认为无形资产。

2021 年 1 月 26 日财政部出台的《企业会计准则解释第 14 号》废止《企业会计准则解释第 2 号》第五点，并针对关于社会资本方对政府和社会资本合作（PPP）项目合同的会计处理进行了解释，由内容可以看出《企业会计准则解释第 14 号》针对资产性质的规定，只是针对《企业会计准则解释第 2 号》的描述进行了调整，而认定资产性质的原则并未改变。

《企业会计准则解释第 14 号》中规定："4. 社会资本方根据 PPP 项目合同约定，在项目运营期间，有权向获取公共产品和服务的对象收取费用，但收费金额不确定的，该权利不构成一项无条件收取现金的权利，应当在 PPP 项目资产达到预定可使用状态时，将相关 PPP 项目资产的对价金额或确认的建造收入金额确认为无形资产，并按照《企业会计准则第 6 号——无形资产》的规定进行会计处理。5. 社会资本方根据 PPP 项目合同约定，在项目运营期间，满足有权收取可确定金额的现金（或其他金融资产）条件的，应当在社会资本方拥有收取该对价的权利（该权利仅取决于时间流逝的因素）时确认为应收款项，并按照《企业会计准则第 22 号——金融工具确认和计量》的规定进行会计处理。社会资本方应当在 PPP 项目资产达到预定可使用状态时，将相关 PPP 项目资产的对价金额或确认的建造收入金额，超过有权收取可确定金额的现金（或其他金融资产）的差额，确认为无形资产。6. 社会资本方不得将本解释规定的 PPP 项目资产确认为其固定资产。"由此可知，第一，PPP 项目资产确认为无形资产的条件是，根据 PPP 项目合同社会资本方的收费金额不确定的，该权利不构成一项无条件收取现金的权利；第二，PPP 项目资产确认为金融资产的条件是，社会资本方根据 PPP 项目合同约定，在项目运营期间，满足有权收取可确定金额的现金；第三，PPP 项目资产确认为混合资产①的条件是，社会资本方根据 PPP 项目合同的约定，超过有权收取可确定金额的现金（或其他金融资产）的差额，确认为无形资产，未超过的部分确认为金融资产。

根据前述的规定，在 PPP 模式之下如果采用政府付费与总价付费模式，项目公司的投资应确认为金融资产还是无形资产？实践中一直存在两种主张：甲说认为应确认为无形资产，主要的理由在于 PPP 项目的付费并非无条件付费，因为政府付费必须先通过绩效考核分数达标才支付费用，如果绩效考核的结果没有达标，则应按照缺失的程度予以扣款；此外根据《政府会计准则第 10 号——政府和社会资本合作项目合同》答记者问②中提到“…… 在 PPP 项目资产运营期间，政府方按月对该 PPP 项目资产计提折旧（摊销）的，……这种会计处理方法，不同于 IPSAS32③ 中根据不同付费方式分别确认金融负债或（和）递延收益的规定，具有典型的中国特色。之所以作出这样的规定，主要考虑以下两方面原因：一是根据党中央、国务院关于政府债务管理的有关文件精神和现行 PPP 管理制度规定，地方政府不得对社会资本方承诺保底收益、固定回报等，必须依据绩效考核情况支付政府付费，因此，政府方在初始确认 PPP 项目资产时不应存在国际准则中所谓的‘无条件支付款项的义务’，即依法依规签订的 PPP 项目合同不会也不应增加政府债务；二是在有关 PPP 项目合同中，政府方对社会资本方的一系列付费其实质是购买社会资本方提供的公共产品和服务，其金额包括社会资本方建设和运营成本回收和合理回报，政府方在初始确认 PPP 项目资产的同时，很难从对社会资本方的付款义务中拆分出与 PPP 项目资产成本相关的金额，因此也不符合政府负债的确认条件”倾向于认定项目公司投资所形成的资产是无形资产而不是金融资产。

另有观点认为，政府最终付费的金额应包含两个部分，一个是总价付费的金额，另一个是绩效考核违约金的部分，总价付费的金额是固定付费，绩效考核违约金只是跟总价付费的金额相互抵销，但是这并不影响总价付费的金额是固定付费的性质；此外，总价付费的金额中应该包括项目所提供建设、融资、运营等服务对价，如果运营服务没有达标，运营绩效考核违约金全额扣光，应该还有融资与建设服务部分对价要支付，这部分对价理论上应该属于一个固定的基本金额，不至于全

---

① 将项目公司投资所形成的资产，拆分成金融资产以及无形资产，是个不好处理的问题。

② http://www.gov.cn/zhengce/2019-12/24/content_5463631.htm，最后访问日期：2022 年 4 月 27 日。

③《国际公共部门会计准则第 32 号——服务特许权协议：授予方》（IPSAS32）。

额扣除，因此这些固定的基本付费性质上应该属于金融资产。笔者的看法倾向于乙说①，但是甲说是目前的主流看法。

在 PPP 模式之下如果采用单价付费模式，并且政府与项目公司约定了保底服务数量，则项目公司的投资应确认为金融资产还是无形资产？笔者认为项目公司投资所形成的资产应确认为混合资产，因为保底服务数量对应的服务金额是固定金额，性质上属于金融资产，而超过保底服务数量的服务数量，对应的服务金额是不固定的，性质上属于无形资产。但是如果采用单价付费模式，双方没有约定保底服务数量时相应的服务金额不固定，所以项目公司投资所形成的资产，应确认为无形资产。

☆视频微观点 67.1【根据最新会计准则应用指南，PPP 项目政府支出责任是政府隐性债务吗?】

二、金融资产与无形资产在会计处理上有哪些不同?

如果将项目公司投资所形成的资产确认为金融资产时，解释上可以认为项目公司对于建设工程所投入的含税资金，是类似于项目公司对于实施机构的融资，未来实施机构应该要连本带利地返还给项目公司，在这个基础上我们可以推论金融资产在会计上的几个特性。

金融资产的价值相当于项目公司对于实施机构融资的本金，所以融资的本金只有还本金的问题，没有折旧摊销的问题；此外，金融资产的价值认定应该为项目“息后税前在建工程的金额”，融资本金是含增值税的金额，但是该部分的进项税额不能抵扣；至于建设期利息不属于金融资产价值的一部分，不能进行资本化，而是要当期费用化；项目付费数额应该要拆成还本金额，以及还息金额，还本金额不属于项目公司的营业收入，还息金额属于项目公司的营业收入。

基于上述金融资产的几个特性，接下来比较一下金融资产与无形资产在会计处理上的不同之处，如表 67.1 所示。

---

① 有关笔者的完整观点请见公众号文章《从 BOT 合同的对价关系，谈绩效考核及项目公司资产的会计处理》。

表 67.1　金融资产与无形资产在会计处理上的差异

	金融资产	无形资产
收入	项目付费数额拆分成还本金额与还息金额，只能将还息金额认定为营业收入	项目付费全额基本上可以认定为是营业收入
建设期利息	可以当期费用化	必须资本化
折旧摊销	金融资产只有还本，没有折旧摊销	无形资产要做摊销
净经营活动现金流金额的计算	EBIT + 还本金额 − 所得税 + 当期流入 − 当期确认收益 + 增值税金流调整	EBIT + 折旧摊销 − 建设期利息摊销 − 所得税 + 当期流入 − 当期确认收益 + 增值税金流调整
增值税抵扣	还本金额的进项税额不能抵扣，所以建设期的进项税额是零	进项税额可以抵扣
EBIT 的计算	EBIT = 利润 + 建设期利息 + 利息费用	EBIT = 利润 + 建设期利息摊销 + 利息费用
财务现金流量表/资产购置支付的现金	税前建设投资金额	税前建设投资金额 + 建设期利息
资产负债表/在建工程与资产价值	息后税前在建工程金额	息税后在建工程金额 + 建设期利息

☆视频微观点 67.2【PPP 项目资产性质】

☆视频微观点 67.3【金融资产的七大性质】

☆视频微观点 67.4【金融资产和混合资产的价值如何计算?】

☆视频微观点 67.5【金融资产和混合资产的资产的营业收入如何计算?】

☆视频微观点 67.6【金融资产模式如何计算偿债备付率?】

第六十八章　敏感性分析与PPP合同终止索赔计算

一、敏感性分析

敏感性分析是指从不确定因素的变化程度，计算出不确定因素对于项目某项财务指标的影响程度，其中包括：第一，计算敏感度系数，也就是项目效益指数变化的百分率与不确定因素变化的百分率之比，敏感度系数越高，表示项目效益对该不确定因素敏感程度高，计算公式如表68.1所示；第二，计算临界点，也就是某项不确定因素变化到什么程度，会导致某项财务指标从可行变为不可行。敏感性分析的步骤如下：第一，选取不确定因素；第二，确定不确定因素变化程度；第三，选取分析指标；第四，计算敏感性分析指标；第五，敏感性分析结果表述。在PPP项目中一般融资银行进行财务分析时，会特别看重敏感性分析，因此本章将以偿债备付率作为分析指标，计算哪些不确定因素会严重影响偿债备付率。

表68.1　敏感度系数计算公式

$$E = \frac{\triangle A/A}{\triangle F/F}$$

E：评价指标A对于不确定因素F的敏感系数，E>0表示评价指标与不确定因素同方向变化，E<0表示评价指标与不确定因素反方向变化，E的绝对值越高，代表对应的不确定因素的敏感度越高

△A/A：不确定因素F发生△F/F变化时，评价指标A的相应变化率（%）

△F/F：不确定因素F的变化率（%）

以F市项目为例，如果针对偿债备付率进行敏感性分析，选取F市项目的不确定因素，其中包括：建设投资、融资利率、年预计水量等三项不确定因素，不确定因素变化率取正负10%，经计算各项敏感度系数与临界点（临界点的基准偿债备付率为1）计算如表68.2所示，由计算结果可知，建设投资的变化最敏感，融资利率的变化次之。

表68.2　F市敏感度系数与临界点计算

序号	不确定因素	不确定因素变化率	第19年偿债备付率	敏感度系数	临界点
1	基本方案	0	1.39		
2	建设投资变化	10%	1.28	-0.79	51%
		-10%	1.53	-1.01	
3	融资利率	10%	1.34	-0.36	123%
		-10%	1.45	-0.43	
4	年预计水量	10%	1.41	-0.14	285%
		-10%	1.38	-0.07	

二、PPP合同终止索赔的计算

PPP项目履约过程是有一定风险的，根据国外的统计大约有十分之一的项目会面临合同提前终止的问题，而在PPP项目的索赔案件中，PPP项目合同终止的索赔是最不容易进行量化计算的。一般PPP项目合同的成本可以区分为四类，分别是建设成本、运营成本、融资成本以及相关税费；而当项目面临提前终止时，应将项目区分为：第一，已履约部分的合同应办理结算，包括经营权对价的计算；第二，基于合同提前终止事由的赔偿或是补偿。本书假设五种合同提前终止的情况，并且以F市及其财务模型为例，一一分析这五种情况的赔偿或是补偿金额该如何进行量化计算。需特别说明的是，表41.4与下述的计算方法有两点不同之处：第一，表41.4是假设建设期没有政府补贴，而下述的案例建设期政府是有补贴的；第二，表41.4有关间接损害的计算是采取约定的损害赔偿计算方式，而下述的间接损害是以财务模型进行了测算，而计算出的金额。

（一）第一类合同提前终止事由：政府违约、政府任意终止

1. 建设期

F市项目的建设期三年，如果项目在建设期第二年年末的时候因为政府违约而终止，则项目公司可以向实施机构请求以下费用：

第一，已履约部分的结算：以F市项目而言，实施机构在建设期前两年支付了

使用环保先进设备补助共12,000万元，建设期补贴2,000万元，总金额为14,000万元，从财务模型中可以看出项目公司前两年取得的公司利润为1,138.35万元，因此可以推论出实施机构所支付的14,000万元中，利润占1,138.35万元，成本占12,861.65万元。

第二，直接损害的计算：以F市项目而言，是指项目公司在建设期两年所发生的建设成本、融资成本与相关税费；而两年内已发生的建设成本具体是指建设投资金额，其中包括：对政府付费、项目公司管理费以及承包商费用，金额为283,847.67万元；两年内已发生的融资成本具体是指建设期利息、建设期保函成本以及相关融资费用，金额为9,714.56万元；两年内已经发生的税费成本包括：增值税、税金及附加以及所得税，金额为570.03万元，经计算项目公司支出金额总计为294,132.26万元，减去实施机构已经付出的成本12,861.65万元，项目公司的直接损害为281,270.61万元。

第三，间接损害的计算：是指PPP项目如果可以正常履约完毕，项目公司可以获得的利润，以F市项目而言，项目公司每年可以获得的利润静态计算总计为101,893.06万元，如表68.3所示，由于实施机构在第一年及第二年已经支付了利润1,138.35万元，并且考虑资金的时间价值，按五年期定存利率2.75%折现计算后，项目公司的利润损失现值总计为73,438.47万元。

表68.3　F市项目间接损害的计算1

单位：万元

	合计	1	2	3	4	5	6	7	8
项目公司每年分配的利润	101,893.06	519.08	619.27	619.27	829.95	1,763.17	2,725.94	3,254.83	4,153.11
按银行定存利率2.75%折现	73,438.47			602.69	786.12	1,625.36	2,445.62	2,841.97	3,529.25

9	10	11	12	13	14	15	16	17	18	19	20
4,754.57	4,618.09	5,614.83	7,341.84	6,158.33	7,508.69	8,210.68	8,949.73	9,727.80	10,546.95	11,409.36	2,567.60
3,932.22	3,717.13	4,398.45	5,597.40	4,569.43	5,422.28	5,770.52	6,121.59	6,475.71	6,833.10	7,193.99	1,575.63

第四，小结：实施机构针对两年内完成的工程进行竣工验收，并且项目公司移交已完成工程后，实施机构应支付直接损害281,270.61万元，加上间接损害73,438.47万元，总损害为354,709.08万元。

2. 运营期

F市项目的运营期十七年，如果项目在运营期第五年年末（也就是合作期第八年年末）的时候因为政府违约而终止，则项目公司可以向实施机构请求以下费用：

第一，已履约部分的结算：以F市项目而言，实施机构在建设期三年支付了使用环保先进设备补助共18,000万元，建设期补贴3,000万元；实施机构运营期五年支付了水厂管网建设服务费共207,177.02万元，污水处理费共22,553.35万元；整个合作期间实施机构总计支付 250,730. 37 万元，其中利润占了 14,484. 62 万元，成本占 236,245. 75 万元。

第二，直接损害的计算：以 F 市项目而言，是指项目公司在合作期间八年所发生的建设成本、融资成本、运营成本与相关税费；而已发生的建设成本具体是指建设投资金额，其中包括：对政府付费、项目公司管理费以及承包商费用，金额为 403，605. 80 万元；已发生的运营成本金额为 8,091. 69 万元；已发生的融资成本具体是指融资利息、建设期保函成本、运营期保函成本以及相关融资费用，金额为 98,876. 1 万元；已经发生的税费成本包括：增值税、税金及附加以及所得税，金额为 1,975. 25 万元，经计算项目公司总共支出金额为 512,548. 84 万元，减去实施机构已经付出的成本 236,245. 75 万元项目公司的直接损害为 276,303. 09 万元。

第三，间接损害的计算：是指 PPP 项目如果可以正常履约完毕，项目公司可以获得的利润，以 F 市项目而言，项目公司每年可以获得的利润静态计算总共为 101,893. 06万元，如表 68. 4 所示，由于前八年的利润实施机构已经支付 14,484. 62 万元，并且考虑资金的时间价值，按五年期定存利率 2. 75% 折现计算后，项目公司的利润损失现值总计为 72,497. 71 万元。

表 68. 4　F 市项目间接损害的计算 2

单位：万元

	合计	1	2	3	4	5	6	7	8	9	10	11	12	13	14	15	16	17	18	19	20
项目公司每年分配的利润	101,893. 06	519. 08	619. 27	619. 27	829. 95	1,763. 17	2,725. 94	3,254. 83	4,153. 11	4,754. 57	4,618. 09	5,614. 83	7,341. 84	6,158. 33	7,508. 69	8,210. 68	8,949. 73	9,727. 80	10,546. 95	11,409. 36	2,567. 60
按银行定存利率 2. 75% 折现	72,497. 71									4,627. 31	4,374. 20	5,175. 96	6,586. 84	5,377. 17	6,380. 77	6,790. 57	7,203. 69	7,620. 41	8,040. 97	8,465. 67	1,854. 15

第四，小结：项目公司移交项目后，实施机构应支付直接损害 276,303. 09 万元，加上间接损害 72,497. 71 万元，总损害为 348,800. 8 万元。

（二）第二类合同提前终止事由：政治不可抗力

1. 建设期

F 市项目的建设期三年，如果项目在建设期第二年年末的时候因为中央出台新政策要求所有工程项目立即停工，保险公司理赔 200,000 万元，则项目公司可以向实施机构请求以下费用：

第一，已履约部分的结算：以 F 市项目而言，实施机构在建设期前两年支付了使用环保先进设备补助共 12,000 万元，建设期补贴 2,000 万元，总共金额为 14,000 万元，从财务模型中可以看出项目公司前两年取得的公司利润为 1,138. 35 万元，因此可以推论出实施机构所支付的 14,000 万元中，利润占 1,138. 35 万元，成本占

12,861.65万元。

第二，直接损害的计算：以F市项目而言，是指项目公司在建设期两年所发生的建设成本、融资成本与相关税费；而两年内已发生的建设成本具体是指建设投资金额，其中包括：对政府付费、项目公司管理费以及承包商费用，金额为283,847.67万元；两年内已发生的融资成本具体是指建设期利息、建设期保函成本以及相关融资费用，金额为9,714.56万元；两年内已经发生的税费成本包括：增值税、税金及附加以及所得税，金额为570.03万元，经计算项目公司总共支出金额为294,132.26万元，减去实施机构已经付出的成本12,861.65万元项目公司的直接损害为281,270.61万元。

第三，间接损害的计算：是指PPP项目如果可以正常履约完毕，项目公司可以获得的利润，以F市项目而言，项目公司每年可以获得的利润静态计算总共为101,893.06万元，如表68.3所示，由于实施机构在第一年及第二年已经支付了利润1,138.35万元，并且考虑资金的时间价值，按五年期定存利率2.75%折现计算后，项目公司的利润损失现值总计为73,438.47万元，实施机构酌情补偿10,000万元。

第四，小结：实施机构针对项目公司两年内完成的工程进行竣工验收，并且项目公司移交已完成工程后，实施机构应支付直接损害281,270.61万元，加上酌情补偿的间接损害10,000万元，扣除保险理赔金额200,000万元，实施机构应支付项目公司补偿金额为91,270.61万元。

2. 运营期

F市项目的运营期十七年，如果项目在运营期第五年年末（也就是合作期第八年年末）的时候因为中央出台新政策要求所有工程项目立即停工，保险公司理赔200,000万元，则项目公司可以向实施机构请求以下费用：

第一，已履约部分的结算：以F市项目而言，实施机构在建设期三年支付了使用环保先进设备补助共18,000万元，建设期补贴3,000万元；实施机构运营期五年支付了水厂管网建设服务费共207,177.02万元，污水处理费共22,553.35万元；整个合作期间实施机构总共支付250,730.37万元利润占了14,484.62万元，成本占236,245.75万元。

第二，直接损害的计算：以F市项目而言，是指项目公司在合作期间八年所发生的建设成本、融资成本、运营成本与相关税费；而已发生的建设成本具体是指建设投资金额，其中包括：对政府付费、项目公司管理费以及承包商费用，金额为403,605.8万元；已发生的运营成本，金额为8,091.69万元；已发生的融资成本具体是指融资利息、建设期保函成本、运营期保函成本以及相关融资费用，金额为98,876.1万元；已经发生的税费成本包括：增值税、税金及附加以及所得税，金额为 1,975.25 万元，经计算，项目公司总共支出金额为 512,548.84 万元，减去实施机构已经付出的成本 236,245.75 万元，项目公司的直接损害为 276,303.09 万元。

第三，间接损害的计算：是指 PPP 项目如果可以正常履约完毕，项目公司可以获得的利润，以 F 市项目而言，项目公司每年可以获得的利润静态计算总共为 101,893.06万元，如表 68.4 所示，由于前八年的利润实施机构已经支付 14,484.62 万元，并且考虑资金的时间价值，按五年期定存利率 2.75% 折现计算后，项目公司的利润损失现值总计为 72,497.71 万元，实施机构酌情补偿 7,000 万元。

第四，小结：项目公司移交已完成工程后，实施机构应支付直接损害 276,303.09万元，加上酌情补偿的间接损害 7,000 万元，扣除保险理赔金额 200,000 万元，实施机构应支付项目公司补偿金额为 83,303.09 万元。

（三）第三类合同提前终止事由：自然不可抗力、政策因素与公益因素

1. 建设期

F 市项目的建设期三年，如果项目在建设期第二年年末的时候因为发生地震而终止，保险公司理赔 200,000 万元，则项目公司可以向实施机构请求以下费用：

第一，已履约部分的结算：以 F 市项目而言，实施机构在建设期前两年支付了使用环保先进设备补助共 12,000 万元，建设期补贴 2,000 万元，总共金额为 14,000 万元，从财务模型中可以看出项目公司前两年取得的公司利润为 1,138.35 万元，因此可以推论出实施机构所支付的 14,000 万元中，利润占 1,138.35 万元，成本占 12,861.65万元。

第二，直接损害的计算：以 F 市项目而言，是指项目公司在建设期两年所发生的建设成本、融资成本与相关税费；而两年内已发生的建设成本具体是指建设投资金额，其中包括：对政府付费、项目公司管理费以及承包商费用，金额为283,847.67 万元；两年内已发生的融资成本具体是指建设期利息、建设期保函成本以及相关融资费用，金额为 9,714.56 万元；两年内已经发生的税费成本包括：增值税、税金及附加以及所得税，金额为 570.03 万元，经计算项目公司总共支出金额为294,132.26 万元，减去实施机构已经付出的成本 12,861.65 万元项目公司的直接损害为 281,270.61万元。

第三，小结：实施机构针对项目公司两年内完成的工程进行竣工验收，并且项目公司移交已完成工程后，实施机构应支付直接损害 281,270.61 万元，扣除保险理赔金额 200,000 万元，双方公平分配一半损失后，实施机构应支付项目公司补偿金额为 40,635.305 万元。

2. 运营期

F 市项目的运营期十七年，如果项目在运营期第五年年末（也就是合作期第八

年年末）的时候因为发生地震而终止，保险公司理赔200,000万元，则项目公司可以向实施机构请求以下费用：

第一，已履约部分的结算：以F市项目而言，实施机构在建设期三年支付了使用环保先进设备补助共18,000万元，建设期补贴3,000万元；实施机构运营期五年支付了水厂管网建设服务费共207,177.02万元，污水处理费共22,553.35万元；整个合作期间实施机构总计支付250,730.37万元，其中利润占了14,484.62万元，成本占236,245.75万元。

第二，直接损害的计算：以F市项目而言，是指项目公司在合作期间八年所发生的建设成本、融资成本、运营成本与相关税费；而已发生的建设成本具体是指建设投资金额，其中包括：对政府付费、项目公司管理费以及承包商费用，金额为403,605.8万元；已发生的运营成本，金额为8,091.69万元；已发生的融资成本具体是指融资利息、建设期保函成本、运营期保函成本以及相关融资费用，金额为98,876.1万元；已经发生的税费成本包括：增值税、税金及附加以及所得税，金额为1,975.25万元，经计算项目公司总共支出金额总共为512,548.84万元，减去实施机构已经付出的成本236,245.75万元，项目公司的直接损害为276,303.09万元。

第三，小结：项目公司移交已完成工程后，实施机构应支付直接损害276,303.09万元，扣除保险理赔金额200,000万元，双方公平分配一半损失后，实施机构应支付项目公司补偿金额为38,151.545万元。

（四）第四类合同提前终止事由：合意提前终止

1. 建设期

F市项目的建设期三年，如果项目在建设期第二年年末的时候因双方合意而终止，则项目公司可以向实施机构请求以下费用：

第一，已履约部分的结算：以F市项目而言，实施机构在建设期前两年支付了使用环保先进设备补助共12,000万元，建设期补贴2,000万元，总共金额为14,000万元，从财务模型中可以看出项目公司前两年取得的公司利润为1,138.35万元，因此可以推论出实施机构所支付的14,000万元中，利润占1,138.35万元，成本占12,861.65万元。

第二，直接损害的计算：以F市项目而言，是指项目公司在建设期两年所发生的建设成本、融资成本与相关税费；而两年内已发生的建设成本具体是指建设投资金额，其中包括：对政府付费、项目公司管理费以及承包商费用，金额为28,3847.67万元；两年内已发生的融资成本具体是指建设期利息、建设期保函成本以及相关融资费用，金额为9,714.56万元；两年内已经发生的税费成本包括：增值税、税金及附加以及所得税，金额为570.03万元，经计算项目公司总共支出金额为294,132.26万元，减去实施机构已经付出的成本12,861.65万元，项目公司的直接损害为281,270.61万元。

第三，小结：实施机构针对两年内完成的工程进行竣工验收，并且项目公司移交已完成工程后，实施机构应支付直接损害281,270.61万元。但既然是双方合意终止合同的，双方自得合意一定数额，作为支付金额。

2. 运营期

F市项目的运营期十七年，如果项目在运营期第五年年末（也就是合作期第八年年末）的时候因双方合意而终止，则项目公司可以向实施机构请求以下费用：

第一，已履约部分的结算：以F市项目而言，实施机构在建设期三年支付了使用环保先进设备补助共18,000万元，建设期补贴3000万元；实施机构运营期五年支付了水厂管网建设服务费共207,177.02万元，污水处理费共22,553.35万元；整个合作期间实施机构总计支付250,730.37万元，其中利润占了144,84.62万元，成本占236,245.75万元。

第二，直接损害的计算：以F市项目而言，是指项目公司在合作期间八年所发生的建设成本、融资成本、运营成本与相关税费；而已发生的建设成本具体是指建设投资金额，其中包括：对政府付费、项目公司管理费以及承包商费用，金额为403, 605.8万元；已发生的运营成本8,091.69万元；已发生的融资成本具体是指融资利息、建设期保函成本、运营期保函成本以及相关融资费用，金额为98,876.1万元；已经发生的税费成本包括：增值税、税金及附加以及所得税，金额为1,975.25万元，经计算项目公司总共支出金额为512,548.84万元，减去实施机构已经付出的成本236,245.75万元，项目公司的直接损害为276,303.09万元。

第三，小结：项目公司移交已完成工程后，实施机构应支付直接损害276,303.09万元，或是双方合意的金额。

（五）第五类合同提前终止事由：项目公司违约

1. 建设期

F市项目的建设期三年，如果项目在建设期第二年年末的时候因为项目公司违约而终止，则本项目的提前终止结算包含以下费用：

第一，经营权对价的计算：所谓经营权的对价指的是在建工程的价值，以F市项目而言，从财务模型中的资产负债表中可以看出，项目公司两年内所形成的在建工程价值金额为268,400.19万元。

第二，已履约部分的结算：以F市项目而言，实施机构在建设期前两年支付了使用环保先进设备补助共12,000万元，建设期补贴2,000万元，总共金额为14,000万元，一般合同约定实施机构有权要求退还。

第三，实施机构的损害：假设项目公司的违约造成实施机构的损害为 10,000 万元。

第四，小结：实施机构针对两年内完成的工程进行竣工验收，并且项目公司移交已完成工程后，实施机构应支付经营权对价为 268,400.19 万元，扣除实施机构建设期付款 14,000 万元，扣除实施机构的损害为 10,000 万元，实施机构应支付给项目公司的金额为 244,400.19 万元。

2. 运营期

F 市项目的运营期十七年，如果项目在运营期第五年年末（也就是合作期第八年年末）的时候因为项目公司违约而终止，则本项目的提前终止结算包含以下费用：

第一，经营权对价的计算：所谓经营权的对价指的是无形资产的价值，以 F 市项目而言，从财务模型中的资产负债表中可以看出，项目公司所形成的无形资产价值金额为 373,095.39 万元。第八年无形资产的价值为 279,821.54 万元（扣除折旧后的金额）。

第二，已履约部分的结算：以 F 市项目而言，实施机构在建设期三年支付了使用环保先进设备补助共 18,000 万元，建设期补贴 3,000 万元，总共金额为 21,000 万元，一般合同约定实施机构有权要求退还。

第三，实施机构的损害：假设项目公司的违约造成实施机构的损害为 30,000 万元。

第四，小结：项目公司移交已完成工程后，实施机构应支付经营权对价 279,821.54万元，扣除实施机构建设期付款 21,000 万元，扣除实施机构的损害为 30,000 万元，实施机构应支付给项目公司的金额为 228,821.54 万元。

根据以上的计算，笔者整理 F 市合同终止补偿或赔偿金额如下：

表 68.5　F 市项目合同终止补偿或赔偿金额计算表

事由	金额
第一类合同提前终止事由：政府违约、政府任意终止	建设期：实施机构应支付直接损害 281,270.61 万元，加上间接损害 73,438.47万元，总金额为 354,709.08 万元。
	运营期：实施机构应支付直接损害 276,303.09 万元，加上间接损害 72,497.71万元，总金额为 348,800.80 万元。
第二类合同提前终止事由：政治不可抗力	建设期：实施机构应支付直接损害 281,270.61 万元，加上酌情补偿的间接损害 10,000 万元，扣除保险理赔金额 200,000 万元，实施机构应支付项目公司补偿金额为 91,270.61 万元。
	运营期：实施机构应支付直接损害 276,303.09 万元，加上酌情补偿的间接损害 7,000 万元，扣除保险理赔金额 200,000 万元，实施机构应支付项目公司补偿金额为 83,303.09 万元。

续表

事由	金额
第三类合同提前终止事由：自然不可抗力、政策因素与公益因素	建设期：实施机构应支付直接损害 281,270.61 万元，扣除保险理赔金额 200,000 万元，双方公平分配一半损失后，实施机构应支付项目公司补偿金额为 40,635.305 万元。
	运营期：实施机构应支付直接损害 276,303.09 万元，扣除保险理赔金额 200,000 万元，双方公平分配一半损失后，实施机构应支付项目公司补偿金额为 38,151.545 万元。
第四类合同提前终止事由：合意提前终止	建设期：实施机构应支付直接损害 281,270.61 万元，或是双方合意的金额。
	运营期：实施机构应支付直接损害 276,303.09 万元，或是双方合意的金额。
第五类合同提前终止事由：项目公司违约	建设期：实施机构应支付经营权对价为 268,400.19 万元，扣除实施机构建设期付费 14,000 万元，扣除实施机构的损害为 10,000 万元，实施机构应支付给项目公司的金额为 244,400.19 万元。
	运营期：实施机构应支付经营权对价 279,821.54 万元，扣除实施机构建设期付款 21,000 万元，扣除实施机构的损害为 30,000 万元，实施机构应支付给项目公司的金额为 228,821.54 万元。

第六十九章　公益版 F 市 PPP 合同参考文本使用说明

一、编制缘由

《公益版 F 市污水处理 PPP 项目合同参考文本》（以下简称《公益版 PPP 合同参考文本》），包括本书“附录一　F 市合作协议”以及“附录二　F 市 PPP 项目合同”，是由余文恭律师团队以 F 市案例的边界条件为基础，在财政部《关于印发污水处理和垃圾处理领域 PPP 项目合同示范文本的通知》（以下简称“《合同示范文本》”）的基础上所做的调整[①]。由于 PPP 项目的边界条件、财务分析与合同条款

① 财政部 2020 年 2 月 21 日出台《关于印发污水处理和垃圾处理领域 PPP 项目合同示范文本的通知》，根据《合同示范文本》使用说明第三点适用范围（三）规定：“……鉴于项目的具体情况各有不同，各地在参照使用本示范文本时，应根据实际情况对本示范文本的相应条款加以选择适用、细化和补充的原则。但是合同约定不得违反 PPP 适用法律的相关规定，……”

之间有着很密切的关系，因此本书在讲解相关知识点时，都会对照《公益版 PPP 合同参考文本》的合同条文进行说明。笔者团队在编写《公益版 PPP 合同参考文本》时，不但参考了《合同示范文本》，也借鉴了许多行业内通行合同版本的内容，所以《公益版 PPP 合同参考文本》不只是本团队的心血，同时也集结了许多前人的结晶，因此笔者同意公众可在非商业使用的前提下使用《公益版 PPP 合同参考文本》的内容。由于笔者能力有限，《公益版 PPP 合同参考文本》的内容如有错误，希望各位能提供宝贵的意见，以便未来可以再进一步完善。有关《公益版 PPP 合同参考文本》的使用说明如下。

二、《公益版 PPP 合同参考文本》针对新出台政策法规进行修订

（一）取消贷款基准利率，改采贷款市场报价利率

2019 年 8 月 16 日中国人民银行出台了一份《中国人民银行公告〔2019〕第 15 号》，其内容是有关于改善和完善贷款市场报价利率（以下简称“LPR”）形成机制；2019 年 12 月 28 日中国人民银行针对存量浮动利率贷款的定价基准转换为 LPR 事宜，发布《中国人民银行公告〔2019〕第 30 号》，上述两份有关于 LPR 的政策文件，将浮动利率贷款的定价基准由原先的贷款基准利率转换为 LPR 定价。为此《公益版 PPP 合同参考文本》也作出相应的调整，具体条文包括 PPP 项目合同第 1. 1. 5. 14 条、第 5. 6 条、第 9. 5. 2. 1 条、第 14. 6 条、第 15. 2 条等，以取代《合同示范文本》中关于贷款基准利率的约定。

此外，由于全国银行间同业拆借中心每个月的 20 日（遇节假日顺延）都会公布最新的 LPR，因此，如 LPR 的变动带动 PPP 项目的融资利率发生波动并超出一定范围时，PPP 合同的付费该如何相应的调整？也是值得关注的问题。《公益版 PPP 合同参考文本》在 PPP 项目合同中约定了重定价周期、重定价日以及贷款市场报价利率调整付费计算公式，进而对付费金额做出相应的调整。

（二）PPP 项目合作协议与 PPP 项目合同是行政协议，不适用仲裁争议处理程序

2019 年 11 月 27 日，最高人民法院发布《关于审理行政协议案件若干问题的规定》，该规定自 2020 年 1 月 1 日起施行后，已将 PPP 项目合作协议与合同定性为行政协议，并以行政程序作为争议处理程序，显然《合同示范文本》中关于仲裁的争议处理程序已不适用，故《公益版 PPP 合同参考文本》就此作出修订。

（三）项目绩效指标体系的设置

2020 年 3 月 16 日，财政部发布《政府和社会资本合作（PPP）项目绩效管理操作指引》，该操作指引明确 PPP 项目需在全生命周期开展绩效目标与指标管理、

绩效监控、绩效评价及结果应用等项目管理活动，为通过合同确立 PPP 项目的绩效管理制度，提高公共服务供给量和效率，根据操作指引的规定，《公益版 PPP 合同参考文本》作相应的约定。

此外，2020 年 10 月 23 日，山东省财政厅与山东省住房和城乡建设厅根据《政府和社会资本合作（PPP）项目绩效管理操作指引》，在污水处理（PPP）项目上，进一步明确、细化污水处理（PPP）项目绩效管理制度的具体内容，并印发《关于印发山东省污水处理行业政府和社会资本合作（PPP）项目绩效指标体系和山东省黑臭水体治理行业政府和社会资本合作（PPP）项目绩效指标体系的通知》；2020 年 10 月 28 日，财政部政府和社会资本合作中心亦表示山东省成为全国首个出台分行业 PPP 项目绩效指标体系的省份，并说明山东省污水处理行业政府和社会资本合作（PPP）项目绩效指标体系对全省乃至全国 PPP 项目绩效管理具有里程碑意义①。为此，本《公益版 PPP 合同参考文本》借鉴山东省污水处理行业政府和社会资本合作（PPP）项目绩效指标体系，编制具体、相应的绩效指标体系，并收录于 PPP 项目合同中。

三、《公益版 PPP 合同参考文本》合同体系的调整、细化与补充

（一）将运营维护服务协议中的条款调整纳入 PPP 项目合同中

《合同示范文本》中运营维护服务协议的内容，与 PPP 项目合同的内容在定义、有效期、暂停、违约责任、协议的变更与终止等内容上有大量的重复条款，而专属于运营维护内容的篇幅并不多；此外，运营维护协议与 PPP 项目合同在合同体系上应协同作业，不应存在各自独立履约的情况，为避免运营维护协议与 PPP 项目合同在合同谈判、签约及履约时发生脱钩的情形，因此本《公益版 PPP 合同参考文本》将运营维护服务协议的内容，并入 PPP 项目合同中，以免未来适用上发生歧义。

（二）联合体与项目公司的签约方式做出相应的调整

有关于 PPP 项目联合体与项目公司的签约方式，相关政策法规中规定可以采取承继协议模式，也可以采取分别签约模式。承继协议模式，就是由实施机构与联合体共同签订 PPP 项目合同合作协议、PPP 项目合同，待项目公司完成设立后，再由项目公司与联合体、实施机构三方签署 PPP 项目承继协议，由项目公司概括承继联合体在前述 PPP 项目合同下的权利义务，《合同示范文本》采取此一签约方式。而所谓分别签约模式是指由实施机构与联合体签署 PPP 项目合作协议，待项目公司成立后另由实施机构与项目公司签署 PPP 项目合同，《公益版 PPP 合同参考文本》采

① https：//www. cpppc. org/sd/999506. jhtml，《山东省率先出台污水处理、黑臭水体治理行业 PPP 项目绩效指标体系》，最后访问日期：2021 年 3 月 5 日。

取此签约方式。

《公益版PPP合同参考文本》为何采取分别签约方式，主要是考虑以下几点原因：

首先，在《合同示范文本》的体系下，若项目公司未依法成立，无法签署承继协议时，联合体依约仍需履行PPP项目合同中的权利与义务，但是如果联合体无法依PPP项目合作协议约定成立项目公司，显然有其存在的重大问题或有资金未到位的情形，若继续由联合体履行PPP项目合同，不但存在风险，影响项目后续的建设、运营、移交，也易产生法律纠纷；而在《公益版PPP合同参考文本》的体系下，联合体非PPP项目合同当事人，无此履约的疑虑。

其次，在PPP项目的合同体系中，联合体的权利与义务与项目公司的权利与义务有本质上的区别，如果联合体与项目公司不分别签约，而是在联合体签约后由项目公司继受其合同中的地位，容易发生联合体与项目公司权利义务发生混淆的情形。虽然《合同示范文本》通过具体的条文约定，试图处理此一问题，但是采用分别签约模式相对于前者的方式可以更加清晰的区分两者的权利与义务。

再次，在《合同示范文本》的体系下，联合体在PPP项目合同生效日起约定的数日内即应向实施机构提交建设期履约保函或保证金，但此部分金额庞大，联合体为避免占用自己保函额度或造成资金紧张，实践中经常出现迟延提交的情况，实施机构无任何的合同手段可以处理此一问题，导致出现履约担保的空窗期；而《公益版PPP合同参考文本》在设计上是由项目公司提出履约保函或保证金，且在PPP项目合作协议中约定："联合体在项目公司未履行提交建设期保函或保证金义务前，不退还联合体先前所提交的投标保证金，确保履约担保无空窗期的情形。"

最后，从《合同示范文本》体系整体观察，实施机构最终是要让项目公司负责项目的建设、运营与移交，此目的可直接借由项目公司签署PPP项目合同而达成，毋庸通过此复杂法律架构实现。

四、《公益版PPP合同参考文本》针对PPP项目合作协议的重要调整、细化与补充

（一）引入基金的合同机制

联合体能否顺利筹措资本金将直接影响PPP项目是否顺利实施，《公益版PPP合同参考文本》在PPP项目合作协议第5条约定联合体在签订PPP项目合作协议，并经实施机构报备后，有权在项目公司成立前引入依法设立的基金对项目公司进行一定股权比例的股权投资，以便利联合体完成资金筹措的责任。另外，《公益版PPP合同参考文本》还规定当无法引入基金或引入的基金未能按照合作协议约定履

行缴款义务时，联合体即负有按照合作协议的约定承担项目公司除政府方出资代表认缴比例外全部股权的出资义务。

（二）政府出资代表或其委派董事的一票否决权的设置

PPP 项目通常涉及公共利益事项，与一般公司经营业务形态不同，所以应该在特定情况以及董事会、股东会决议事项对于社会公益有重大影响时，赋予政府出资方代表或其委派的董事享有一票否决权的权利，直接介入董事会、股东会决议的权利，以避免危及社会公众及损害社会公益。详见《公益版 PPP 合同参考文本》PPP 项目合作协议第 6.2.4 条约定。

（三）细化、补充项目公司组建的内容

项目公司的组建是 PPP 项目合作协议的一项重点，《合同示范文本》未设置具体条款内容，《公益版 PPP 合同参考文本》提供从股权结构、股东协议草案内容的协商与审查、股东协议的签署、项目公司章程草案的协商与审查、章程通过、出资等组建项目公司的相应细化条款，以供合同双方参考。详见《公益版 PPP 合同参考文本》PPP 项目合作协议第 4.4 条、第 6 条、第 7 条。

五、《公益版 PPP 合同参考文本》针对 PPP 项目合同文件的调整与补充

（一）合同文件内容调整

中标通知书涉及合同价格的关键内容，属于双方合意的重要文件，应将其纳入合同文件中；而采购文件、响应文件仅是招、投标阶段的文件，属于要约邀请与要约，非合同的一部分，不宜纳入合同文件之中；另外，实践中将谈判备忘录的内容直接改入合同之中，为免累赘也不将其内容以附件方式放入 PPP 合同文件内；最后，规范与图纸内容涉及建设的重要内容，应该将其纳入 PPP 项目合同文件之中。

（二）合同附件增加财务边界条件以及财务模型

情势变更原则是 PPP 合同再谈判的重要根据，《民法典》第五百三十三条的规定正式将情势变更原则纳入民法典之中，情势变更原则强调合同的基础发生了合同签约时无法预见的重大变化，因此有必要在合同中注明签约时的合同基础，未来才能据此判断合同的基础是否发生了不可预见的变化，而 PPP 项目财务的边界条件以及财务模型属于合同基础的关键内容之一，因此《公益版 PPP 合同参考文本》将财务边界条件以及财务模型列为合同的内容之一。

六、《公益版 PPP 合同参考文本》针对 PPP 项目合同章节的调整

我国法律体系采用大陆法系，特别强调合同的体系安排，与英美法采用判例体系截然不同，大陆法的合同体系遵循先抽象后具体、先一般后特殊、先主体后客

体、先履约后违约的原则。《公益版PPP合同参考文本》为符合上述四项原则，在PPP项目合同的章节上做出相应的调整，将各章节区分为通用规定，合同主体，合同履约，介入、违约与终止，以及其他五个部分。其中，通用规定方面包含前言、一般条款、合作范围的相应条款；合同主体方面包含政府方、社会资本方的权利与义务的相应条款；合同履约方面包含项目运作方式、付费机制、合同风险（风险与保险、法律变更、不可抗力）的相应条款；介入、违约与终止方面包含政府方介入权、融资方介入权与公众监督、违约及提前终止的相应条款；其他部分则包含行政区划调整与合同变更、转让、争议处理、合同附则。

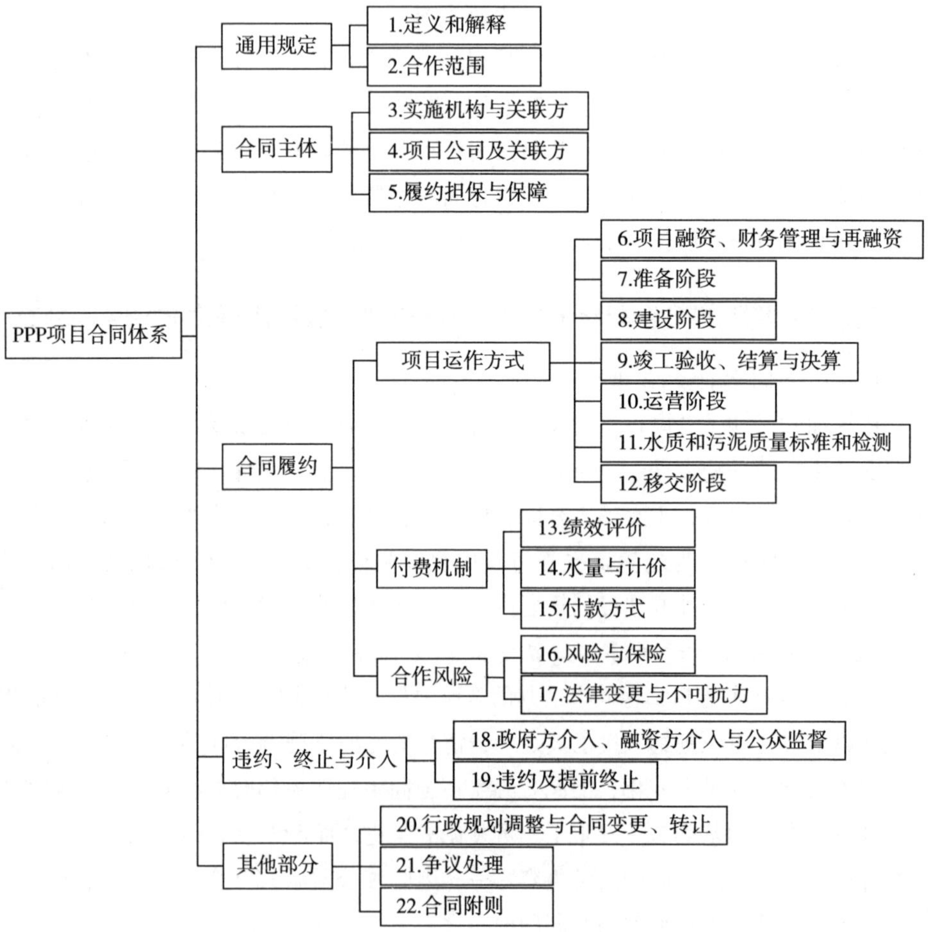

图69.1 PPP项目合同体系

七、《公益版 PPP 合同参考文本》针对 PPP 项目合同条款的调整、细化与补充

（一）自然年（月）与顺延年（月）的相关条文

计算合同期间的方式可分自然年（月）与顺延年（月），二者并不相同，一般 PPP 项目中虽依顺延年计算年（月）的周期，但基于污水处理 PPP 项目的特性，在运营期、运营计划的提交、付费周期与调价周期，都应该以自然年（月）计算。目前，各级政府公布的统计年鉴中统计数据的期间是当年 1 月 1 日起至 12 月 31 日止（自然年），因此，调价周期自然应该与其一致。《公益版 PPP 合同参考文本》已在相应的条款上细化、补充自然年（月）与顺延年（月）的区别，确保在适用上不产生疑义。

（二）总价＋单价的付费机制

项目服务费的计算是 PPP 项目合同的一项重点，《合同示范文本》未设置具体条款内容，由合同双方自行约定。由于污水项目的付费机制实践中常见采用单价计费（即使用者付费），或是总价＋单价计费（即可用性付费＋使用者付费）两种计费方式；而总价＋单价计费方式是这两种计费方式中最为复杂的计费方式，因此《公益版 PPP 合同参考文本》采用了总价＋单价的计费方式，如具体项目采用单价计费，只需要把《公益版 PPP 合同参考文本》中的总价规定加以删除即可。此外污水处理费的调价基准以预计开始商业运营日作为调价基准日。

（三）多层级付费机制

根据污水处理 PPP 项目风险分配机制的特点，合同中一般会设立多层级的付费机制，因此本《公益版 PPP 合同参考文本》在 PPP 项目合同中补充多层级付费机制，并且在具体条文中增加了 6 个服务数量（满载数量、预计数量、实际数量、超额数量、保底数量与不足数量）以及 3 个服务单价（预计服务单价、固定成本服务单价以及变动成本服务单价）的约定。

（四）贷款市场报价利率调整付费的计算公式

当贷款市场报价利率发生变动时，应给予调整项目付费数额的机会。详见《公益版 PPP 合同参考文本》PPP 项目合同第 14.6 条。

（五）融资方介入权的行使

为保障融资方的债权合法合规受偿以及项目的顺利推进，实施机构、项目公司以及融资方三方可以签订融资方介入权协议，并在协议中约定可以采用债转股、寻找具有相同条件的第三方收购项目公司、注入资金或是其他合适的方式、条件或时间行使介入权。

（六）合同终止与经营权对价的问题

合同终止条文有以下几个关键问题需要考虑：第一，考虑到合同双方的过错程度，合同终止的赔偿与补偿范围的约定，应有所递增或是递减；第二，合同终止的损害应与项目成本的类型应有所挂钩，直接损害的计算方式应有明确的规定；第三，运营期项目进入付费之后，赔偿及补偿的范围应扣除付费中已经支付的成本费用；第四，特许经营权或是经营权性质上属于债权而非物权，在合同终止后应为经营权对价款的退还（法律性质上属于不当得利），而不属于资产回购。《公益版PPP合同参考文本》针对上述问题进行了相应的约定。

（七）A条款与B条款的编制说明

为了满足项目的个别需求，参考文本在编制时针对相关条文编制了A条款以及B条款，供使用者参考选用。

八、为何《公益版PPP合同参考文本》未采用厂网一体的模式

为提高污水处理的管理效率，厂网一体模式一直是近年来许多污水处理PPP项目所采取的方式之一，但是经过一段时间的实践，厂网一体模式的缺点也慢慢浮现出来。例如：管网的埋设属于地下工程，容易遭遇不可预见的地质条件，需要进行一定程度工艺上的变更；管网的施工场域很大，很难明确估算管网的施工数量，造成投资控制上的困难；又或者管网与用户的出水管道进行衔接时，由于民众的配合意愿低落，可能需要政府公权力的介入等因素，使得污水处理管网的建设与运营是否该适于采用PPP模式的范围，有了更多的讨论。由于实践中针对管网的建设与运营所涉及的PPP项目合同条款目前未见有成熟的内容，可能需要更多研究与实践才有可能解决此一问题，为此《公益版PPP合同参考文本》暂时不将管网的建设运营纳入文本范围。

九、《公益版PPP合同参考文本》可作为其他类型项目合同的借鉴参考

《公益版PPP合同参考文本》属于污水处理的PPP项目合同，在PPP合同的类型上属于“BOT+核心服务模式”，可作为PPP合同中的典型合同，因此其他类的PPP项目合同，例如：BOT+非核心服务模式、BOOT模式、ROT模式、TOT模式等项目的合同，在不违背项目性质的前提下，可借鉴《公益版PPP合同参考文本》的体系、原理和原则，针对项目的特殊安排，增补或删减相应条款，完成项目合同相关内容的编制。

十、结语

鉴于污水处理PPP项目的重要性，我们已克尽所能制定完善、详细的参考文本

内容，以减少、防止合同纠纷的发生。但因各项目的具体情况仍有不同，所以在参照《公益版 PPP 合同参考文本》内容时，犹应注意根据各项目实际情况，对合同的相应条款加以选择适用、细化和补充。另外，亦应随时注意法律的修正，一旦有新的法律法规范性文件施行，即应更新或调整《公益版 PPP 合同参考文本》的相关约定。

☆有关财务分析的初阶课程，请见线上收费视频 69.1【基建财务分析决策与建模（初阶课程）——以 P 市项目为例】

☆有关公益版 F 市 PPP 合同的使用，请见线上收费视频 69.2【如何使用公益版 F 市 PPP 合同参考文本?】

☆有关财务分析的进阶课程，请见线上收费视频 69.3【基建财务后评价以及多个子项目如何进行财务分析（进阶课程）——以 G 市项目为例】

附　录

附录一：F 市《合作协议》

政府和社会资本合作（PPP）污水处理项目《合作协议》

（公益版）

实施机构：________________

社会资本：________________

签约时间：________________

合作协议

目　录

前　言

为有效加强水环境污染防治以及完善流域污水收集处理问题，进一步落实以PPP模式推进公共服务的精神，F市人民政府决定以PPP模式实施【×】污水处理项目。

投资审批和立项：(1)【×年×月×日】，市建委编写项目建议书拟以PPP模式推进项目并报请市政府批准，市政府同意以PPP模式实施本项目，并授权市建委为实施机构开展项目前期工作；(2)【×年×月×日】市建委组织编写本项目可行性研究报告，市发改委以发改字【×】号批准同意实施该项目。

PPP项目准备阶段：【×年×月×日】，市建委通过公开招标方式为本项目采购PPP项目咨询单位负责编制本项目实施方案、物有所值评价报告、财政承受能力报告（两评一案），【×年×月×日】，市政府【×】会议审批通过由【×】公司编制的项目两评一案。

PPP项目采购阶段：(1) 实施机构通过公开招标程序依法进行社会资本采购工作，根据【×年×月×日】发出的【×】号中标通知书，【×社会资本（联合体）】为本项目中标社会资本方。(2)【×年×月×日】中标社会资本联合体与实施机构就本项目签订《合作协议》就项目公司设立前各方权利义务进行约定。

实施机构与中标社会资本方本着公平、公正、诚信的基本原则，就本项目项目公司的设立、股权出资、PPP项目合同的签订等问题协商一致，并根据相关法律规定，共同达成协议如后。

1. 一般规定

1.1 定义

1.1.1 项目和合同

1.1.1.1 项目或本项目：是指“【×污水处理 PPP 项目】”。

1.1.1.2 本协议：全称为《×污水处理 PPP 项目合作协议》，是根据法律规定和合同当事人约定签署的具有法律约束力的文件，未尽事项签订的补充协议视为本协议的一部分，相互冲突的条款以新签订的协议为准。

1.1.1.3 PPP 合同或 PPP 项目合同：全称为【《×污水处理 PPP 项目合同》】，是由联合体根据本协议成立的项目公司与实施机构签订的用于约定本项目合作期内建设、运营、融资、移交义务的合同书。

1.1.2 各方人员

1.1.2.1 政府方：指授权实施机构按政府和社会资本合作模式实施本项目的县级以上人民政府，本项目的政府方为【×】。

1.1.2.2 实施机构：指经政府方授权代表政府方履行本协议权利义务的政府部门或事业单位，本项目的实施机构为【×】市住建委。

1.1.2.3 实施机构代表：指本协议第 11.4.1 条列明的，由实施机构任命并派驻项目现场，作为实施机构的代表，在授权范围内履行本协议中权利与义务的人。

1.1.2.4 政府出资方代表：是指【×】有限公司，其全权代表政府方对项目公司进行股权投资，并且履行项目公司股东权利与义务的法人或其他组织（授权文件详见附件二：政府出资方代表授权文件）。政府出资方代表在对政府未授权事项作出相应决策时应取得政府批准。

1.1.2.5 联合体：指由中标通知书所在载明的，由投资人所组成的联合单位。若中标社会资本方未组成联合体，则本协议所称联合体、联合体牵头人、联合体各方皆指中标社会资本方即【×】公司。

1.1.2.6 联合体牵头人：指【×】公司。

1.1.2.7 项目公司：指由投资人、基金，及政府出资方代表共同出资设立的，负责完成本项目建设、运营、移交等合同内容的独立法人。

1.1.2.8 融资方：指融资文件中的贷款人或项目融资资金的提供人。

1.1.3 投融资

1.1.3.1 工程总投资：指根据招标公告确定的本项目工程建设投资与建设期利息之和，本项目建设投资为【×】建设期利息为【×】工程总投资为【×】。

1.1.3.2 注册资本金：指政府方与联合体对项目公司的股权投资金额，注册资本金为工程总投资的【×元】。

1.1.3.3 贷款金额：贷款金额为工程总投资的【×元】。

1.1.3.4 基金：指为本项目提供股权融资的有限合伙基金或契约型基金。

1.1.4 其他

1.1.4.1 污水处理服务：指项目公司在运营期为本项目提供的生活污水处理服务。

1.1.4.2 协议生效日：指实施机构和联合体的法定代表人或其委托代理人在合同上签字并加盖单位公章的日期。

1.1.4.3 采购文件：指【×××】PPP项目采购文件。

1.2 解释

有关本协议的解释方法，包括：

（a）本协议个别条文的标题仅供参考，不应影响具体条文的解释。

（b）除另有约定外，本协议所指的"一方"、"他方"、"该方"、"双方"或"各方"是指签署本协议的一方、他方、该方、双方或各方，并且包括经允许受让或替代的人。

（c）本协议所称的日、星期、月和年，均指按公历计算的日、星期、月和年。

（d）本协议所称的"包括"是指包括但是不限于。

（e）本协议所称的"以上"、"以内"、"以前"、"以下"、"内"均含本数在内，"超过"、"以外"均不含本数。

（f）任何文件或协议，包括修订、更新、补充或替代后的文件或合同。

（g）"元"指"人民币元"，为中华人民共和国法定货币。

（h）若本协议规定支付任何款项、交任何书面材料或其他相关规定的截止日期之日不是工作日，则应在该日期后的第一个工作日支付或提交。

（i）除非上下文另有规定，所有"通知"、"同意"或"批准"均指"书面通知"、"书面同意"或"书面批准"。

（j）除非另有表述，时间应被解释为北京时间。

（k）本协议所称"备案"是指对提交的文件只做形式审查，不进行任何的实质审查。

2. 合作范围

2.1 合作模式

根据政府方批准的实施方案，本项目采取PPP之DBFOT模式实施，由联合体在合作期间内按照采购文件要求组建项目公司，由项目公司完成本项目的初步设计、施工图设计、投融资、工程建设工作，并在运营期间提供污水运营服务，并于合作期间到期依据本项目PPP项目合同约定，对运营期项目公司所占有的资产、设备、资料（不含人员）等完成无偿移交。

2.2 合作期限

本项目的合作期间【×】年，其中建设期【×】年，运营期【×】年。

2.3 回报机制

2.3.1 付费机制

项目付费机制为【使用者付费加政府可行性缺口补助】。

合作期内的使用者付费为项目公司完成PPP合同范围内的污水处理工作，由排污主体缴纳的污水处理费。项目公司有权从接受并处理污水之日起按PPP项目合同约定收取污水处理费，项目污水处理费由政府方向排污单位或个人征收后支付给项目公司，污水处理费的实际征收价格小于中标通知书确定价格的部分由实施机构负责补足。

除污水处理运营收入，实施机构还应就项目的建设部分向项目公司按照中标通知书约定的条件支付建设服务费，作为项目使用者付费不足以弥补项目建设成本的可行性缺口补助。

2.3.2 政府支出责任

政府方在运营期的支出责任按PPP合同所约定的方式进行计算，项目工程建设部分按照工程经过竣工结算审计后的金额并以中标函中确定的【工程下浮率、运营成本下浮率、融资利率上浮率、社会资本方税后内部收益率等】指标进行动态调整。

2.4 投融资结构

本项目工程总投资为【×】万元，资金来源包括项目公司股权融资和银行贷款两部分。

项目公司注册资本金金额为【×】万元。其中：（1）政府出资方代表以股权投资比例为【×（建议20%）】，股权投资金额约为【×】万元，政府方抛弃该股权部分的分红权及剩余财产分配请求权；（2）社会资本方联合体股权投资比例为【×（建议80%）】，股权投资金额为【×】万元，联合体各成员的出资比例、出资金额、时间按照本协议第4.4. 条约定执行。

本项目的银行贷款为工程总投资减去注册资本金的余额为【×】万元，由联合体负责按照本协议第7条的约定执行。

3. 政府方与实施机构

3.1 实施机构的承诺

3.1.1 合法取得授权

根据政府方关于本项目实施机构的授权文件（附件一：实施机构授权文件），政府方授权实施机构为本项目的实施机构（本协议中统称为“实施机构”），就本项目与社会资本方签订合作协议和 PPP 合同等其他法律文件。

3.1.2 本项目已经获得合法批复

本项目已取得可行性研究报告及其批复，PPP 项目物有所值评价报告、PPP 项目财政承受能力论证报告、PPP 项目实施方案（以下简称“两评一案”）已经获得本级人民政府批复，实施机构已经根据两评一案完成本项目的社会资本方采购工作。

3.2 政府出资方代表

3.2.1 取得合法批复

根据政府方关于本项目政府出资方代表的授权文件（附件二：政府出资方代表授权文件），本项目的政府出资方代表为【×】，政府出资方代表将代表政府方对本项目的项目公司进行股权投资，并参与项目公司法人治理，依照法律及章程的规定行使股东权利。

3.2.2 出资比例与出资金额

根据政府方关于本项目政府出资方代表的授权文件（附件二：政府出资方代表授权文件），政府出资方代表对项目公司的股权投资金额为【×】，占项目公司全部股权的【×】。

3.3 实施机构的权利与义务

3.3.1 实施机构的权利

3.3.1.1 实施机构有权通过政府出资方代表对本项目的项目公司进行股权投资，并参与项目公司法人治理，依照法律及章程的规定行使股东权利。

3.3.1.2 实施机构依本协议第 6.1.2 条对股东协议草案的审查、提出修改意见权限。

3.3.1.3 实施机构依本协议第 6.2 条对项目公司章程草案的审查、提出修改意见等权限。

3.3.1.4 实施机构依本协议第 6.2.5 条对项目公司行使知情权。

3.3.1.5 实施机构依本协议第 6.2.6 条有权依 PPP 项目合同内关于缺陷责任期的约定对联合体行使权利。

3.3.1.6 实施机构依本协议第6.2.7条对项目公司股东股权转让的同意权限。

3.3.1.7 实施机构依本协议第8.2条兑现联合体投标保证金的权利。

3.3.1.8 实施机构依本协议约定的其他权利。

3.3.2 实施机构的义务

3.3.2.1 实施机构依本协议第3.1.1条、第3.1.2条取得合法授权、合法批复。

3.3.2.2 实施机构应确保政府出资方代表依本协议第6条约定与联合体协商股东协议草案、项目公司章程草案。

3.3.2.3 实施机构应确保政府出资方代表同意依本协议第6.2.6条约定放弃分红和剩余财产分配。

3.3.2.4 实施机构应确保政府出资方代表依本协议第7.2条完成出资。

3.3.2.5 实施机构依本协议第8条约定签订PPP项目合同。

4. 社会资本方与联合体

4.1 中标社会资本

根据编号为【×】号的中标通知书（附件三：中标通知书），本项目中标人为【×】联合体，联合体将按招标要求在合作期间内负责本项目的投融资及组建项目公司等工作。

4.2 联合体的承诺（如果有）

4.2.1 签订联合体协议

联合体已就本协议的履行内部之间各方的权利义务分配与责任承担事宜已在投标前根据采购人的要求签署《联合体协议》（附件四：联合体协议）。

4.2.2 联合体都是合法存续的公司

联合体作为本项目的中标社会资本，系根据《中华人民共和国政府采购法》等相关法律之规定，在本协议有效期内合法存续，且具有相应履约能力的公司法人。

4.3 联合体牵头人

联合体牵头人的出资比例不应小于项目公司全部注册资本的【×%】，联合体牵头人应当对本项目的股权与债权融资无法满足总投资需求的部分承担补足责任。

4.4 项目公司股权结构

（a）名称：暂定为【×】，经实施机构同意后报市场监督管理部门核名。

（b）注册地址：【×】。

（c）经营范围：【×】（应当涵盖本项目的合作范围）。

（d）注册经营期限：【×】年（不低于本项目合作期）。

（e）组织形式：有限责任公司。

（f）注册资本：人民币【×】万元，股东股权比例如下：

股东名称	出资方式	出资金额（万元）	股权比例
	货币		
	货币		
	货币		
	货币		
合计	货币		100%

4.5 联合体的权利和义务

4.5.1 联合体的权利

4.5.1.1 联合体有权依本协议第5.1条约定引入依法设立的基金对项目公司进行股权投资。

4.5.1.2 联合体依本协议约定的其他权利。

4.5.2 联合体的义务

4.5.2.1 联合体依本协议第4.2.1条签订联合体协议。

4.5.2.2 联合体应依本协议第5.2条履行补足股权出资义务，并确保基金依本协议第5.3条约定提交资金资料给实施机构备案。

4.5.2.3 联合体应依本协议第6条各款约定与政府方出资代表协商、向实施机构提交股东协议草案、项目公司章程草案、并确保签署股东协议及通过公司章程。

4.5.2.4 联合体依本协议第6.2.6条承担项目公司原本在PPP合同关于缺陷责任期内的所有责任与义务。

4.5.2.5 联合体应确保项目公司股东不得违反本协议第6.2.7条股权转让限制。

4.5.2.6 联合体依本协议第7.1条取得项目公司的营业执照，并确保项目公司符合约定内容。

4.5.2.7 联合体依本协议第7.3条完成出资。

4.5.2.8 联合体确保项目公司已履行本协议第8.1条、第8.2条约定事项的义务。

4.5.2.9 联合体依本协议第8.3条（A条款）负连带责任（如果有）。

4.5.2.10 联合体依本协议约定的其他义务。

4.5.3 投标保证金

4.5.3.1 联合体同意项目公司依据PPP合同的约定提交准备阶段与建设期保函后，始得取回投标保证金。

4.5.3.2 联合体同意将投标保证金作为PPP合同签约之前，本协议联合体义务的担保。

5. 引入基金

5.1 引入基金代替部分投资的比例

联合体有权在签订本协议后，按照投标文件中有关融资的规定，并经实施机构报备后，在项目公司成立前引入依法设立的基金对项目公司进行股权投资；但基金所占项目公司的股权比例不得高于项目公司全部注册资本的【×】。

5.2 引入基金的效果

如项目无法成功引入基金对项目公司的股权投资，或基金在认缴项目公司股权后无法按本协议约定的期限实缴到位，则联合体应按照本协议的约定承担项目公司除政府出资方代表认缴比例外的全部股权出资义务。

5.3 基金资料提交备案

基金应当自基金完成登记后 3 日内将与本项目有关的基金募集方案、基金合同等文件报实施机构备案。

6. 股东协议和公司章程

6.1 股东协议草案的协商与审查

6.1.1 股东协议草案的协商

联合体应在本协议生效日就股东协议草案征求各股东及政府出资方代表的意见，草案内容应包括股东的出资金额、出资时间、未依约出资的法律后果、政府出资方代表行使一票否决权的事由、利润分配方式、董事会席位的分配与派任、公司董事长总经理及财务总监的派任方式与权限、股东会职权与决议方式、董事会职权与决议方式等。

实施机构应确保政府出资方代表进行本条股东协议草案的协商。

6.1.2 股东协议草案的审查

联合体牵头人应与联合体及政府出资方代表协商股东协议草案内容，股东协议草案应在本协议生效后 3 日内提交实施机构审查。实施机构有权对股东协议草案中违反本协议内容的部分提出修改意见，联合体应当接受并调整。

6.1.3 股东协议的签署

联合体应按照本协议约定的条件拟定股东协议草案，并应于协议生效日起 7 日内完成股东协议的签署，股东协议的内容应与本协议保持一致。

6.2 公司章程草案的协商与审查

联合体牵头人应根据本协议及调整后股东协议草案，起草项目公司章程草案，并与联合体成员及政府出资方代表协商项目公司章程草案内容；实施机构应确保政府出资方代表进行本条项目公司章程草案的协商。

联合体牵头人应将项目公司章程草案提交实施机构审查。实施机构有权对项目公司章程草案中违反本协议内容的部分提出修改意见，联合体应当接受并调整。

6.2.1 董事提名权

项目公司董事会设有5名董事，由政府出资方代表提名董事1席，由【×】提名董事1席，由【×】提名1席位，由【×】提名1席位，经代表项目公司二分之一表决权的股东同意选举产生；公司设职工代表董事1名，由联合体牵头方提名，经公司职工通过职工代表大会、职工大会或者其他形式民主选举产生；董事任期3年，可以连选连任。

6.2.2 监事会主席提名权

监事会设主席1人。监事会主席由政府出资方代表提名并经全体监事过半数选举产生。

项目公司监事会设有监事3名。其中，股东代表监事2人，由【×】提名，股东会选举产生和更换；职工代表监事1人，由公司职工通过职工代表大会、职工大会或者其他形式民主选举产生。

监事的任期每届为3年。监事任期届满，连选可以连任。监事辞职或者任期届满，应向监事会办理交接手续。

6.2.3 职工以外监事提名权

职工代表监事之外的监事，由政府投资方代表提名1人，联合体提名1人，由股东会选举产生和更换。

6.2.4 政府出资代表一票否决权（A条款）

股东协议和项目公司章程中应当明确政府出资方代表及其委派的董事享有董事会、股东会一票否决权的权利，事由包括但不限于：

（a）项目公司合并、分立、变更公司组织形式、决定歇业、停业、破产、解散和清算等事项；

（b）对项目公司占有的资产、土地使用权等进行任何形式的处置行为；

（c）制定和修改项目公司的公司章程、增加或减少项目公司经营范围；

（d）决定项目公司的融资限额及负债规模、对外担保事宜；

（e）项目公司就已届清偿期的债务未结清前，联合体决定分配项目公司经营利润；

（f）项目公司转投资其他项目；

（g）政府出资方代表认为对于社会公益有明显而重大影响的决议。

项目公司股东会或董事会做出决议后 2 日内，应将决议内容通知政府出资方代表，政府出资方代表应于收到决议内容通知后 10 日内，回复是否行使一票否决权，但涉及在 10 日内无法确定是否行使一票否决权的重大复杂事项，政府出资方代表应在 10 日内书面告知联合体需要延期回复以及延长的期限，政府出资方代表行使一票否决权的时间以实际延期的时间为准。

6.2.5 政府出资代表一票否决权（B 条款）

6.2.6 实施机构与政府出资方代表的知情权

项目公司章程中应当明确记载实施机构、政府出资方代表有权查阅、复印项目公司章程、股东名册、股东会会议记录、董事会会议记录、监事会会议决议、合同、财务会计报告；查阅、复印公司会计账簿，会计账簿包括会计原始凭证及电子化账册；以及其他必要的文件。

行使查阅权，应当提前 30 日向项目公司提出书面请求，说明目的及查阅范围，项目公司不得拒绝。

实施机构、政府出资方代表可以委托他人或任何专业人士行使。

6.2.7 放弃分红和剩余财产分配

项目公司章程应明确记载：

（a）政府出资方代表同意在本项目合作期内，不参与项目公司分红，其股权部分对应的分红由联合体之间协商分配。

（b）本项目合作期限届满后，项目公司应依法办理清算注销手续，政府出资方代表在清算时不参与项目公司剩余财产的分配。

实施机构应确保政府出资方代表同意前款关于放弃分红和剩余财产分配的约定。

项目公司在 PPP 项目合同所约定的移交缺陷责任期间内，依上述（b）情形办理清算注销手续后，联合体同意承担项目公司原本在移交缺陷责任期内的所有责任与义务，实施机构亦有权依 PPP 项目合同内关于移交缺陷责任期的约定对联合体行使权利。

6.2.8 股权转让的限制

本项目合作期间，项目公司股东股权转让应受下列限制，并载明于项目公司章程内：

（a）在 PPP 项目合同的建设期内以及 PPP 项目合同的运营期第 1 年、第 2 年期间内，项目公司除政府出资方代表以外的所有股东，包括联合体以及对联合体承担替代出资责任的基金均不得于股东之间或对股东以外的第三人为全部或者部分股权转让行为。

（b）但于（a）期间内，前项（a）所述股东因资产证券化、公开募集基础设施证券投资基金（REITs）或类不动产信托基金（类REITs）的需求，且经实施机构的事先书面同意，及评估股权转让对项目的运营不产生影响后，可以依法转让所持有项目公司股权。

（c）在PPP项目合同的运营期第3年起，前项（a）所述股东提出的股权受让方符合采购文件规定或具备项目实施所必需的技术能力、财务实力、资格信用、运营经验等基本条件，并已以书面形式明示，在其成为项目公司股东后，承继股权转让方在本协议项下的义务，同时督促并确保项目公司继续承担《PPP项目合同》等合同文件项下的义务，且经实施机构的事先书面同意及评估股权转让对项目的运营不产生影响后，可以依法转让所持有项目公司股权。

联合体应确保项目公司股东不得违反本条股权转让限制约定的义务。

6.2.9 公司章程的内容

项目公司章程应当载明下列事项：公司名称和住所、公司性质、营业期限、公司经营范围、公司注册资本、股东的姓名或者名称、股东的出资方式、出资额和出资时间、公司的机构及其产生办法、职权、议事规则、政府出资方代表一票否决权事由与行使方式、公司法定代表人、其他法规规定应记载事项，以及股东会会议认为需要规定的其他事项。

6.2.10 公司章程的通过

联合体应于本协议生效日起15日内促使项目公司通过公司章程，并由各股东完成签名和盖章，公司章程的内容应与实施机构审查通过的公司章程草案保持一致。

7. 项目公司的组建

7.1 项目公司完成注册登记取得营业执照的时间

联合体应于协议生效日后25日内取得项目公司的营业执照，并确保项目公司符合以下全部条件：

（a）项目公司的注册资本为【×】万元。

（b）联合体以及基金应以货币方式，按本协议第7.3条的约定，将约定的出资额汇入项目公司银行账户。

（c）联合体应委托实施机构所指定的会计师事务所出具验资报告并将验资报告提交实施机构审查备案。

7.2 政府出资方代表完成出资的时间与金额

政府出资方代表应于联合体以及基金股权出资金额全部实缴到位后30日内按

本协议第4.4条约定的比例和金额实缴全部股权出资金额，并汇入项目公司账户。

实施机构应确保政府出资方代表完成前款出资。

7.3 联合体完成出资时间与金额（A条款）

联合体以及基金应于签署本协议后10日内，按本协议第4.4条约定的比例和金额，以货币方式完成全部资本金的出资。

7.4 联合体完成出资时间与金额（B条款）

本项目出资方式采取分批出资，各期联合体以及基金出资金额以及资金到位时间如下：

8. 签订PPP项目合同

8.1 签订PPP项目合同的前提要件

项目公司在签署PPP合同前，应完成以下各项约定义务，使其具备签约条件：

（a）本协议第7.1条的各项义务；

（b）通过的公司章程的内容与实施机构审查通过的公司章程草案保持一致；

（c）项目公司按PPP项目合同附件四的要求，向实施机构出具准备阶段与建设期保函。

8.2 完成签署的时间以及未完成的效果

项目公司应当在收到中标通知书后30日内完成本项目PPP项目合同的签署，因联合体原因没有签署PPP项目合同的，实施机构有权兑现投标保证金作为惩罚性违约金，并有权要求联合体按照本协议约定承担违约责任。

8.3 对项目公司的经营行为负担连带责任（A条款）

项目公司仅仅是为实施本项目而设立的具体负责运作的公司，联合体及联合体各成员对项目公司的经营行为，即项目公司依PPP项目合同下的各项合同责任和义务，承担不可撤销的连带责任。

8.4 对项目公司的经营行为不负担连带责任（B条款）

联合体组建项目公司，但对项目公司的经营行为不负担连带责任。

8.5 签订PPP项目合同不会导致本协议失效

本项目PPP项目合同与本协议具有同等法律效力，PPP项目合同系本协议的延续、补充和细化，实施机构、联合体以及项目公司各方均应按照本协议和PPP项目合同的约定完全履行己方义务。

9. 违约责任与本协议终止

9.1 实施机构违约事由

下列各项情形，为实施机构的违约事由

（a）违反本协议第3.3.2.1条、第3.3.2.3条、第3.3.2.4条、第3.3.2.5条。

（b）无正当理由而违反本协议第3.3.2.2条。

（c）其他违反本协议约定，情节严重之事项。

9.2 联合体违约事由

下列各项情形，为联合体的违约事由

（a）违反本协议第4.5.2条各项联合体义务。

（b）联合体在项目建设期内抽回、侵占或挪用项目资金及其他建设资金。

（c）其他违反本协议约定，情节严重之事项。

9.3 实施机构违约的效果

实施机构出现本协议第9.1条违约事由时，联合体应先通知实施机构责令改善；改善期限届至，仍未改善或未达改善效果，联合体有权单方面发出解除本协议通知，与实施机构解除本协议，并请求损害赔偿。

9.4 联合体的违约效果

联合体出现第9.2条违约事由时，实施机构应先通知联合体责令改善；改善期限届至，仍未改善或未达改善效果，实施机构有权单方面发出解除本协议通知，与联合体解除本协议，直接兑现或没收投标保证金，作为惩罚性违约金，并有权另请求损害赔偿。

9.5 责令改善的程序与方式

一方对于他方出现违约情形之日起10日内，向违约的他方送达书面责令改善通知书，通知书应载明需要改善的违约情形、限期改善的期限、改善后应达到的效果、在限期内未改善或改善未达到效果的违约责任或赔偿方式等内容。

10. 不可抗力

10.1 不可抗力的情形

10.1.1 不可抗力需同时符合以下三个条件：

（a）在投标基准日时不能合理预见的；

（b）声称遭受不可抗力影响的一方对该事件及其后果不能克服的且不能避免的客观情况；

（c）不能归因于合同任何一方的。

10.1.2 政治不可抗力事件包括：

（a）全国性、地区性或行业性罢工；

（b）政府行为：指因公共利益需要，政府部门或实施机构依法对项目或其任何部分实行的征收、征用、国有化。

（c）可控的法律变更与不可控的法律变更；

（d）其他双方不能合理预见和控制的政治不可抗力情形；

10.1.3 自然不可抗力事件包括：

（a）雷电、干旱、地震、火山爆发、陨石撞击、山崩、山滑坡、水灾、暴风雨、海啸、洪水、台风、龙卷风、地隆、地陷或任何其他天灾；

（b）大规模流行病、饥荒或瘟疫；

（c）战争行为（无论是宣战的或未宣战的）、入侵、武装冲突或敌对行为、封锁、暴乱、恐怖行为或军事力量的使用；

（d）其他双方不能合理预见和控制的自然不抗力情形。

10.2 不可抗力的通知与处理

10.2.1 通知

声称受到不可抗力影响的一方应在发生不可抗力或知道发生不可抗力之后，即时以书面通知另一方，并详细描述不可抗力的发生情况和可能导致的后果，包括该不可抗力发生的时间和预计停止的时间，以及对该方履行在本协议项下义务的影响，并在另一方合理要求时提供证明。

10.2.2 处理

10.2.2.1 受到不可抗力影响的一方应尽合理的努力并采取相应的措施减少不可抗力对其造成的影响。双方应协商制订并实施补救计划及合理的替代措施以消除不可抗力的影响，并决定为尽量减少不可抗力给每一方带来的损失应采取的合理的手段。

10.2.2.2 声称受到不可抗力影响的一方在不可抗力的影响消除之后应尽快恢复履行本合同项下的义务。

10.3 不可抗力的效果

10.3.1 因不可抗力致使一方不能履行本协议的，根据不可抗力的影响可全部或部分免除该方在本协议项下的相应义务，但该方未及时采取相应措施减少不可抗力造成影响的，应就扩大的损失负赔偿责任。

10.3.2 因不可抗力致使本协议无法按期履行或不能履行的，在不可抗力事件持续期间，受影响方无须为其中止履约或履约延误承担违约责任。

11. 争议处理与其他

11.1 争议处理

11.1.1 争议处理的方式

双方因履行本协议产生的争议，可以采取友好协商、调解、争议评审和诉讼方式进行处理。

11.1.2 友好协商

实施机构和联合体在履行本协议时发生争议的，可以友好协商解决。

除非双方届时另有约定，若在尝试友好协商解决后30日内该争议、分歧或索赔未能得到解决，则可以选择适用本协议条款第11.1.3条、第11.1.4条、第11.1.5条约定。

11.1.3 调解

合同当事人可以就争议请求建设行政主管部门、行业协会或其他第三方进行调解，调解达成协议的，经双方签字并盖章后作为合同补充文件，双方均应遵照执行。

11.1.4 争议评审

采取争议评审方式解决争议以及评审规则的，按下列约定执行：

11.1.4.1 争议评审小组的确定

（a）本协议当事人可以共同选择1名或3名争议评审员，组成争议评审小组。协议当事人应当自本协议签订后28天内，或者争议发生后14天内，选定争议评审员。

（b）选择1名争议评审员的，由协议当事人共同确定；选择3名争议评审员的，各自选定1名，第3名成员为首席争议评审员，由协议当事人共同确定或由协议当事人委托已选定的争议评审员共同确定。

（c）评审员报酬由实施机构和联合体各承担一半。

11.1.4.2 争议评审小组的决定

争议评审小组作出的书面决定经协议当事人签字确认后，对双方具有约束力，双方应遵照执行。任何一方当事人不接受争议评审小组决定或不履行争议评审小组决定的，双方可选择采用其他争议解决方式。

11.1.5 诉讼

实施机构和联合体在履行本协议中发生争议的，双方同意交由实施机构所在地人民法院管辖。

11.2 本协议的生效及终止

11.2.1 生效

本协议经实施机构和联合体的法定代表人或其委托代理人在合同上签字并加盖单位公章之日生效。

11.2.2 终止

除本协议另有约定外，本协议应在PPP项目合同移交缺陷责任期届满后终止。

11.2.3 提前终止

若 PPP 项目合同提前终止的，除非双方另有约定，则本协议应在 PPP 项目合同签约各方已履行完成提前终止相关责任义务后，方可终止。

11.2.4 移交缺陷责任由联合体承担

本项目合作期间期满项目公司清算解散的，经实施机构同意后可由联合体依据 PPP 合同的规定，提交移交缺陷责任期保函并承担移交缺陷责任。

11.3 其他

11.3.1 适用法律

关于本协议的订立、生效、解释以及争议的解决均适用中华人民共和国法律。

11.3.2 修改

本协议任何修改、补充或变更只有以书面形式并由协议各方授权代表签字加盖公章并报市人民政府批准方可生效。

11.3.3 争议处理期间的履行

在争议、分歧和索赔作出最终裁决前，各方应继续履行其在本协议项下的所有义务并继续享有其在本协议项下的所有权利，联合体不得以发生争议为由，停止履行本协议，在最终裁决作出后按裁决进行最终调整。

11.4 通知

11.4.1 通知方式

本协议项下的通知（含争议处理的送达地址），通过专人递交、快递、邮寄、传真或电子邮件按下述地址送达实施机构或联合体：

实施机构：

地址：

邮编：

实施机构代表：

传真：

电子邮箱：

联合体（联合体牵头人）：

地址：

邮编：

收件人：

传真：

电子邮箱：

联合体（联合体成员）：
地址：
邮编：
收件人：
传真：
电子邮箱：

联合体（联合体成员）：
地址：
邮编：
收件人：
传真：
电子邮箱：

下列情况应视为已送达：

（a）若采用专人提交或邮寄方式（挂号、要求回执），在寄送至上述地址时；

（b）如采用电子邮件形式，在准确发送至上述电子邮箱即为送达；

（c）如果一方的地址或收件人或电子邮箱更改时，应在新地址或新收件人或新电子邮箱启用【7】日前以上述通知方式通知另一方，否则应仍以原地址、原收件人和原电子邮箱为准。

11.4.2 协议文字与份数

本协议以中文订立，正本一式【×】份各方各执【×】份。

11.4.3 保密义务

双方对本协议及合作过程中的所有商业机密资料承担保密义务，未经他方书面许可或依适用法律规定，不得对任何其他第三方泄露和传播。

（以下无正文）

实施机构：
法定代表人：
年 月 日
社会资本（联合体牵头人）：
法定代表人：
年 月 日
社会资本（联合体成员）：
法定代表人：
年 月 日
社会资本（联合体成员）：
法定代表人：
年 月 日

合作协议附件

附件一：实施机构授权文件

附件二：政府出资方代表授权文件

附件三：中标通知书

附件四：联合体协议

附录二：F 市《PPP 项目合同》

政府和社会资本合作（PPP）污水处理项目《PPP 项目合同》

（公益版）

实施机构：________________________

项目公司：________________________

签约时间：________________________

合同条款

目　　录

前　言

为有效加强水环境污染防治以及完善流域污水收集处理问题，进一步落实以PPP模式推进公共服务的精神，市人民政府决定以PPP模式实施【×】污水处理项目。

投资审批和立项：(1)【×年×月×日】，市建委编写项目建议书拟以PPP模式推进项目并报请市政府批准，市政府同意以PPP模式实施本项目，并授权市建委为实施机构开展项目前期工作；(2)【×年×月×日】市建委组织编写本项目可行性研究报告，市发改委以发改字【×】号批准同意实施该项目。

PPP项目准备阶段：【×年×月×日】，市建委通过公开招标方式为本项目采购PPP项目咨询单位负责编制本项目实施方案、物有所值评价报告、财政承受能力报告（两评一案)，【×年×月×日】，市政府【×】会议审批通过由【×】公司编制的项目两评一案。

PPP项目采购阶段：(1) 实施机构通过公开招标程序依法进行社会资本采购工作，根据【×年×月×日】发出的【×】号中标通知书，【×社会资本（联合体)】为本项目中标社会资本方。(2)【×年×月×日】中标社会资本联合体与实施机构就本项目签订《合作协议》就项目公司设立前各方权利义务进行约定。

鉴于，各方已经根据《合作协议》的约定完成项目公司的设立工作，现实施机构与项目公司本于公平、公正、诚信的基本原则，就本项目融资、建设、运营、移交等事宜协商一致，根据相关法律的规定，签订本合同条款，约定具体权利与义务如后。

1. 定义和解释

1.1 定义

除非本合同特别说明，或双方另有约定外，本合同下列词语的定义如下：

1.1.1 项目与合同

1.1.1.1 项目：是指【×】

1.1.1.2 合同或本合同：指由实施机构和项目公司所签订的《×》，构成本合同的文件包括：中标通知书、合同条款、规范、图纸、合同附件，以及日后签署本合同之补充协议，均视为本合同组成部分。

1.1.1.3 合同条款：指构成本合同的一部分且由实施机构和项目公司共同签署的称为“合同条款”的书面文件。

1.1.1.4 中标通知书：指构成合同的一部分且由实施机构通知联合体中标的书面文件。

1.1.1.5 规范：指适用于本项目一切国家规范、行业规范、项目所在地的地方性规范、双方另行约定的规范以及相应的标准或相关文件，包括但不限于设计规范、施工规范、运营规范，以及其他相关的规范。

1.1.1.6 图纸：指构成合同的图纸，包括由实施机构按照合同约定提供的图纸，或由项目公司提供经实施机构批准的图纸。

1.1.1.7 合同附件：指构成合同的一部分，文件名称为附件一至附件十六的文件。

1.1.1.8 财务边界：指本项目于基准日进行财务分析时的核心与边界条件，法律性质参照《中华人民共和国民法典》第533条中所称“合同的基础条件”，文件名称为附件十五：财务边界。

1.1.1.9 财务模型：以财务边界为基础，针对本项目进行财务分析可以自动计算的EXCEL电子档案，文件名称为附件十六：财务模型。

1.1.1.10 合作协议：指由实施机构和中标联合体所签订的名称为【×】的协议。

1.1.1.11 融资方介入权协议：指由实施机构、项目公司以及融资方针对融资方行使介入权的时机以及方式等所签订的三方协议。

1.1.2 各方人员

1.1.2.1 政府方：指授权实施机构对本项目实施政府和社会资本合作模式的县级以上人民政府，本项目的政府方为【×】。

1.1.2.2 实施机构：指经政府方授权代表政府方履行本合同权利义务的政府部门或事业单位，本项目的实施机构为【×】。

1.1.2.3 实施机构代表：是指由实施机构任命并派驻项目现场，作为实施机构的代表，在授权范围内履行合同中权利与义务的工作人员，实施机构代表基本信息如第22.5.1条所示。

1.1.2.4 监督员：指实施机构指定的监督项目设施运行和维护的工作人员。

1.1.2.5 政府出资方代表：指代表政府方对项目公司进行股权投资，并履行股东权利与义务的法人或其他组织。本项目政府出资方代表为【×】公司。

1.1.2.6 监理机构：指受实施机构委托，按照法律规定以及本合同的约定对本项目工程进行监督和管理的企业法人。

1.1.2.7 总监理工程师：指经由监理机构任命，并经实施机构同意，派驻项目现场，在监理机构授权范围内依法对承包商工作范围进行监理的负责人。

1.1.2.8 检测机构：指实施机构委托对水质进行独立检测的第三方专业检测机构。

1.1.2.9 联合体：指在中标通知书中载明的，由投资人所组成并就本合同的履行与项目公司共同负担连带责任的联合单位。若中标社会资本方未组成联合体，则本合同所称联合体、联合体牵头人、联合体各方皆指中标社会资本方即【×】公司。

1.1.2.10 投资人：指组成联合体对项目公司进行股权投资的法人或其他组织。

1.1.2.11 基金：指由联合体的牵头方按照合作协议的约定引入并对项目公司进行股权投资的有限合伙型法人。

1.1.2.12 项目公司：指由投资人、基金（如果有），及政府出资方代表共同出资设立的，负责完成本项目建设运营移交等合同内容的独立法人。

1.1.2.13 项目公司代表：指由项目公司任命并派驻项目现场，代表项目公司履行合同权利与义务的工作人员，项目公司代表基本信息如第 22.5.2 条所示。

1.1.2.14 融资方：指融资文件中的资金出借方或项目融资资金的提供方。

1.1.3 期日、期间与期限

1.1.3.1 基准日：指投标截止日前的 28 日，具体日期为【×】。

1.1.3.2 污水处理费基准日：指中标污水处理单价的投标基准日期，具体日期为预计开始商业运营日。

1.1.3.3 合同生效日：实施机构与项目公司的法定代表人或其委托代理人在合同上签字并盖单位章后，合同中所载明的合同生效日期。

1.1.3.4 合作期间：指项目建设期与运营期的合计期间，除按本合同约定顺延或双方另有约定外，本项目合作期间为【×】年。

1.1.3.5 准备阶段：自合同生效日起至预计开工日止之期间，合同双方应在此期间内完成开工前的准备工作。

1.1.3.6 预计开工日：是指由监理机构发出的开工通知中所载明的日期，或由双方书面认可的其他日期。

1.1.3.7 建设期：指从预计开工日起算至项目公司完成工程建设，并经实施机构竣工验收合格的预定期间，包括按合同约定且经实施机构同意的建设期顺延，本项目尚未顺延的预定建设期为【×】年。

1.1.3.8 预计竣工日：是指建设期到期之日。

1.1.3.9 实际竣工日：指实施机构签发的商业运营通知书中载明的实际完成竣

工验收合格的日期。

1.1.3.10 开始试运行日：指项目公司在收到初步性能测试完成通知书后，向实施机构申请并经实施机构同意进行试运行的日期。

1.1.3.11 开始商业运营日：指实施机构签发的开始商业运营通知书中载明的实际完成竣工验收合格的日期。

1.1.3.12 运营期：指从开始商业运营日起算，由项目公司提供运营服务的期间，本项目未顺延的预定运营期为【×】年。

1.1.3.13 运营年：指运营期内任一自然年期间。第一个运营年应在开始商业运营日开始，至该年度的12月31日结束；最后一个运营年应在该年的1月1日开始，至合作期间截止日。

1.1.3.14 运营月：指运营期内任一个自然月。第一个运营月应在开始商业运营日开始，至当月的最后一个日历日结束，最后一个运营月应该在该月的1日开始，至运营期截止日。

1.1.3.15 运营日：指运营期内，每日从00：00时开始至同日24：00时结束的24小时。

1.1.3.16 移交日：指合作期间截止的最后一天，项目公司应当完成项目资产、设施、场地的移交。

1.1.3.17 移交期：指移交日前的12个月。

1.1.3.18 移交缺陷责任期：指从移交日次日起计算的24个月内的期间。

1.1.4 项目运作方式

1.1.4.1 工程/建设工程：指本合同建设范围内的临时工程和永久工程。

1.1.4.2 项目资产：指本项目建设工程竣工验收后形成的建筑物或构筑物等不动产。

1.1.4.3 项目设施：指由项目公司为完成运营服务所投资采购安装的设备、设施及其他相关资产。

1.1.4.4 项目场地：指由实施机构移交给项目公司使用，以用于建设运营的场所，具体范围如附件一：平面配置图所示。

1.1.4.5 进水：指项目公司从接收点接收的待处理的污水。

1.1.4.6 接收点：指由实施机构提供污水到达污水处理厂的指定地点。

1.1.4.7 出水：指经项目公司处理后排出的污水。

1.1.4.8 交付点：指经项目公司按本合同规定将处理后的污水排放至实施机构的指定地点。

1.1.4.9 污泥含水率：指项目公司应达到的在污泥采样点采集到的24小时连续

采集的污泥混合样的含水率。其中，24 小时连续采集是指每周 7 天、一天 24 小时连续进行污泥取样，每个连续的 24 小时内取样间隔为 8 小时。

1. 1. 5 计量与计价

1. 1. 5. 1 建设服务费：指项目公司为建设符合适用法律及本合同规定的竣工验收标准的污水处理厂而获得的运营期服务收入。该服务费的实际支付数额与绩效评价结果挂钩。

1. 1. 5. 2 污水处理服务费，指项目公司通过符合竣工验收标准的污水处理厂，提供本项目污水处理服务而获得的服务收入。该服务费的实际支付数额与出水水质及污水处理厂绩效评价结果挂钩。

1. 1. 5. 3 运营月付费数额：指实施机构每个运营月支付给项目公司的付费数额。运营月付费数额按合同条款第 14. 2 条约定计算。

1. 1. 5. 4 运营月建设服务费：指实施机构每个运营月支付给项目公司的依合同条款第 14. 3 条计算的建设服务费。

1. 1. 5. 5 运营月污水处理费：指实施机构每个运营月支付给项目公司的依合同条款第 14. 4 条计算的污水处理费。

1. 1. 5. 6 运营月预计水量：指合同内，双方所预测的每个月的出水量，具体水量，如合同条款第 14. 1. 2 条所示。

1. 1. 5. 7 运营月实际水量：指运营期内经测量实际的出水量。但进水量若低于出水量时，则实际水量以出水量为准。

1. 1. 5. 8 运营月保底水量：为补贴污水处理费中固定成本所计算的出水量，具体水量，如合同条款第 14. 1. 1 条所示。

1. 1. 5. 9 运营月超额水量：指当运营月实际水量超过运营月预计水量时，以运营月实际水量扣除运营月预计水量后的差额。

1. 1. 5. 10 运营月不足水量：指当运营月实际水量低于运营月保底水量时，以运营月保底水量扣除实际水量后的差额。

1. 1. 5. 11 污水处理单价：指中标通知书确定的处理污水所须支付的单价，元/吨。当实际水量大于预定水量时，针对预计水量所须支付的处理污水单价，以及当实际水量小于保底水量时，针对实际水量所须支付的处理污水单价。

1. 1. 5. 12 变动成本污水处理单价：指合同条款第 14. 5. 4 条计算的，针对超额水量所支付的处理污水单价。

1. 1. 5. 13 固定成本污水处理单价：指合同条款第 14. 5. 3 条计算的，针对不足水量所支付的处理污水单价。

1. 1. 5. 14 贷款市场报价利率调整付费：根据合同条款第 14. 6. 3 条计算的，因贷款市场报价利率变动所增减的调整金额。

1.1.5.15 违约金：指根据合同条款第14.7条计算的惩罚性违约金额以及合同约定的其他违约金。

1.1.6 其他

1.1.6.1 适用法律：指中华人民共和国境内（香港特别行政区、澳门特别行政区和台湾地区除外）所有适用的法律、行政法规、司法解释、地方性法规、规章、政府部门颁布的标准、规范或其他适用的强制性要求，以及有法律约束力的其他规范性文件等。

1.1.6.2 法律变更：是指各级人民代表大会、常务委员会、人民政府或政府部门，于基准日后颁布新的法律；或是对于基准日前所颁布的法律进行修订、废止或对其解释有任何变动的情况。

1.1.6.3 不可抗力：指本合同各方不能预见、不能避免、不能克服的客观情况。

1.1.6.4 审慎运营惯例：指根据适用法律的规定应遵守的运营惯例和在中国的大部分污水处理厂运营者为运营维护同类污水处理厂工程所通常采用或接受的惯例、方法和做法以及通行的国际惯例和方法。谨慎工程和运营惯例：指可以合理期望的对同一项业务在相同或类似情形下熟练和有经验的承包商或操作者的技能、勤勉、谨慎和预见能力的惯例标准。就本项目而言，谨慎工程和运营惯例应包括但不限于采取合理的步骤，以确使：（a）在满足正常条件下及合理预测的非正常条件下本项目拥有所需要的充足材料、资源和供应品；（b）拥有足够数量、充足经验并经过适当培训的工作人员，以恰当有效地按照相应的手册和技术规范运营本项目并能够处理紧急情况；（c）由有知识并受过培训和有经验的人员进行预防性日常和非日常维护和修理，以确使本项目长期、可靠和安全地运营。

1.1.6.5 批准：指为了使项目公司能够履行其在本合同项下的义务和行使其在本合同项下的权利，项目公司必须或希望从政府机关依法获得的所需要的任何许可、执照、同意、授权、批准、免除或相同及类似的文件。

1.1.6.6 融资文件：指与项目或其任何一部分的建设、运营相关的长期、短期融资或再融资文件，包括但不限于贷款协议、担保协议和其他文件等，但本合同约定的履约担保、股东作出的出资承诺除外。

1.1.6.7 融资交割：指项目融资所需的有关资信、协议、担保或承诺等文件已签署并提交政府方，且融资文件要求获得首笔资金的前提条件已得到满足或被豁免。

1.1.6.8 再融资：指运营期内为维持项目正常运作和保障现金流，在初始融资完成后对融资条件和工具进行调整的融资活动。

1.1.6.9 经营权对价款：是指项目公司为取得本项目的经营权，通过完成建设投资的方式，作为支付经营权对价款的手段。经营权在本项目的会计处理为无形资产，该资产价值在建设期是指在建工程经审计后的价值，在运营期是指无形资产经审计后的净值。

1.1.6.10 贷款市场报价利率（LPR）：指由中国人民银行授权全国银行间同业拆借中心于每月 20 日（遇节假日顺延）9 时 30 分公布的贷款市场报价利率。本合同所称的贷款市场报价利率，是指基准日当月公布的五年期以上 LPR，贷款市场报价利率每 12 个月调整一次，第一次贷款市场报价利率的调整时间为预计开工日当月后的第 12 个月。本合同基准日当月公布的五年期以上贷款市场报价利率为【×%】。

1.2 解释

（a）合同个别条文的标题仅供参考，不应影响具体条文的解释。

（b）除另有约定外，合同所指的“一方”、“他方”、“该方”、“双方”或“各方”是指签署本合同的一方、他方、该方、双方或各方，并且包括经允许受让或替代的人。

（c）合同所称的日、星期、季、月和年均指按公历计算的日、星期、季、月和年，星期六日、假日或是其他休息日均应计入。

（d）合同所称的“包括”是指包括但是不限于。

（e）合同所称的“以上”、“以内”、“以前”、“以下”、“内”均含本数在内，“超过”、“以外”均不含本数。

（f）任何文件或合同，包括修订、更新、补充或替代后的文件或合同。

（g）“元”指“人民币元”，为中华人民共和国法定货币。

（h）本合同并不限制或以其他方式影响实施机构及其他政府部门行使其法定行政职权。

（i）若合同规定支付任何款项、提交任何书面材料或其他相关规定的截止日期之日不是工作日，则应在该日期后的第一个工作日支付或提交。

（j）除非上下文另有规定，所有“通知”、“同意”或“批准”均指“书面通知”、“书面同意”或“书面批准”。

（k）除非另有表述，时间应被解释为北京时间。

1.3 合同文件与解释顺位

合同由以下文件组成，合同的各项文件应相互解释互为说明，如内容发生不一致或是相互冲突时，除合同另有约定外，合同文件解释的优先顺序如下：

（a）合同条款（含补充协议）

(b) 中标通知书

(c) 规范

(d) 图纸

(e) 合同附件

1.4 基本原则

双方均同意秉着诚信、守法、公平、合理等原则履行本合同，并基于兼顾双方权利之立场，尽可能以协商方式解决各种争议。

2. 合作范围

2.1 项目概况

(根据项目可研报告、可研批复、项目实施方案等内容编制)

2.2 工程总投资、注册资本金与贷款金额

(根据项目可研报告、可研批复、项目实施方案等内容编制)

2.3 合作模式与经营权内容

本项目采取DBFOT模式实施，实施机构负责项目建议书与可行性研究报告的编制和立项工作；项目公司负责项目勘察、初步设计、施工图设计以及工程施工和设备采购工作，并负责在运营期提供污水处理服务。

运营期到期后由项目公司移交项目资产、项目设施、项目场地（范围见附件一：平面配置图）给实施机构，项目公司在运营期内按照本合同约定向实施机构收取费用。

实施机构已获得本级人民政府的授权，通过与项目公司签订本合同的方式，将本项目的经营权授予项目公司，即由项目公司负责新建污水处理厂项目资产及项目设施的【投融资/建设/运营维护/移交】工作，并享有获取污水处理服务费及相关收入的权利。

2.4 产权归属

项目场地的土地使用权经划拨方式由实施机构取得，项目场地上的资产和设施的所有权归属于实施机构所有。项目公司针对项目场地、项目资产、项目设施拥有经营权。

2.5 其他经营性业务

未经实施机构事先书面同意，项目公司不得开展其他经营性业务，否则实施机构有权扣除或提取履约担保的全部金额。

本合同履行期间，项目公司利用本项目设施开展本合同约定内容以外的经营性业务的，必须事先报经实施机构书面同意。因此产生的收益分配等事宜由双方另行

书面约定，项目公司应确保经营性业务不得影响本项目的实施或影响公共利益或公共安全，否则视为项目公司违约，实施机构有权扣除或提取履约担保的全部金额。

2.6 合作期间

本项目合作期间自【×】至【×】，合计【×】年，其中建设期【×】年，运营期为【×】年。

2.7 延长合作期间

由于下列原因导致建设期或运营期受到延误，项目公司有权向实施机构要求延长相应的建设期或运营期：

（a）合同变更；

（b）由于实施机构或实施机构相关人员的因素所造成的任何建设期或运营期的延误；

（c）因不可抗力、情势变更或法律变更。

2.8 合作期间期满的处理

本项目合作期间期满时，项目公司应向实施机构无偿移交所有项目设施及相关权利。实施机构有权依照届时适用法律规定选择其他项目公司，如项目公司在上述合作期间内履约记录良好，实施机构有权依约延长双方合作期间。

项目公司应保证在合作期间期满时清偿其所有债务，解除在项目设施及相关权益上设置的任何担保。在合作期间期满后不论是否继续经营本项目，其债权债务均由项目公司享有和承担，与实施机构无关。

3. 实施机构及关联方

3.1 实施机构的声明

3.1.1 资格和能力

实施机构已经充分理解本合同的背景和目的，具有依法签署和履行本合同以及有关其他文件的资格和能力，确保严格按照本合同约定履行相关义务，本项目不存在其他未披露的可能影响本项目实施的诉讼、仲裁等争议。

3.1.2 取得授权

实施机构根据附件二：授权文件已经获得政府方的授权签署和履行本合同，因此实施机构具有签署和履行本合同的资格和权利，并有权就本项目授予项目公司经营权。

3.1.3 取得合法批复

实施机构根据附件三：项目合法批复文件保证项目符合适用法律的规定。实施机构已于本合同签订之前完成了本项目的物有所值评价、财政承受能力评价以及

PPP 项目实施方案，并已依法取得本合同签订前应当获得的全部审批、核准、备案等文件或手续。

3.2 实施机构的义务

3.2.1 付费义务

实施机构应根据本合同的约定如期支付运营月付费数额给项目公司，其中有关运营月污水处理费的付费方式为政府向使用者代收款项后通过政府的预算程序拨付给项目公司。

3.2.2 中期财政规划与预算管理

实施机构应按照本合同及相关 PPP 政策的要求，将合同中实施机构的跨年度支出责任提交给财政部门纳入中期财政规划，并由财政部门逐年编列预算并提交人大审议。

3.2.3 协助融资义务

实施机构应对项目公司提供以下项目融资协助：

（a）如融资方需要，实施机构应出具书面说明，并于说明中载明实施机构在符合合同约定的条件下，将逐年编列预算，并遵守合同约定的付款义务。实施机构出具之说明函性质为安慰函，仅作为项目公司办理融资之用，政府方与实施机构不因此增加任何义务。说明函的具体内容与格式应参考融资方要求，由实施机构与项目公司协商办理；

（b）实施机构同意项目公司将其在本合同下的应收账款质押给融资方；

（c）项目公司同意，如果本项目融资方有要求，实施机构同意在符合合同约定条件下对项目公司的所有付款，全额汇入项目公司在融资方所开设的还款专户。

3.2.4 提供项目场地

实施机构应配合项目公司的施工进度，完成征地拆迁以及地下管线的迁移，并使项目公司及其承包商的相关人员、施工设备，在不受干扰以及阻碍的情况下，进入项目场地进行施工。

3.2.5 唯一性义务

本项目合作期间内投资建设运营服务专属由项目公司提供，实施机构同意在该地区可研报告所规划的设计水量范围内，不再引进第三人提供同类或是同性质的服务。

3.2.6 前期工作成果的移交

本项目在基准日前，项目公司已经取得实施机构在可研报告阶段所编制的完整的图纸、勘察、现状资料及相关前期工作成果。

3.2.7 提供相邻设施

实施机构应在可能的范围内向项目公司提供施工场地的相邻设施，以及与该相邻设施相关的现状资料。

3.2.8 免费运送污水

合作期间内，实施机构应负责将污水免费输送至项目设施的接收点。

3.2.9 其他义务

实施机构根据本合同或是依据项目性质应履行的相关义务。

3.3 实施机构的权利

3.3.1 领取前期费用权利

实施机构有权要求项目公司于本合同生效10日内支付前期费用及相关费用共计【×】元，其中包括征地拆迁费、监理费【×】元、前期报告编制【×】元，建设单位管理费【×】元，等其他费用……，实施机构领取上述款项时无须提供发票，但应协调财政部门提供相关收款凭证。

3.3.2 受领服务的权利

实施机构有权要求项目公司提供符合合同约定的服务，其中包括但不限于在交付点提供符合本合同约定标准的出水。

3.3.3 对工程建设进行监管的权利

实施机构、实施机构代表、监理机构有权通过本合同对项目公司以及承包商的设计、施工、勘察工作进行监管，实施机构并有权聘请第三方审计机构对全过程进行独立审计。

3.3.4 对污水处理进行监管的权利

实施机构、实施机构代表、监督员有权在任何时候进入本项目设施，针对本项目污水处理及相关运营事项，实施采样、调取资料、检查、提问或任何必要的监管措施等，但不得干涉、延误或干扰项目公司履行其在合同项下的义务。

3.3.5 监督项目公司运作的权利

实施机构有权通过实施机构代表、监理机构以及监督员，依据合同以及相关法律的规定，针对项目公司履行合同义务、工程的重点环节以及项目公司所提供的服务进行必要的监督。

3.3.6 提问检查权

实施机构、实施机构代表、监理机构，以及监督员对于发现与本项目投资、设计、勘察、施工、运营、移交等相关的问题，均有权向项目公司提问并要求限期回答，项目公司在指定的时间内必须回复。

3.3.7 资料调取与知情权

项目公司在合作期间有义务在实施机构、实施机构代表、监理机构及监督员的要求下，提交本项目建设及运营报告、项目公司财务报告、已经对外签署和即将对外签署合同及相关文件、资金往来证明以及其他必要的文件，实施机构代表、监理机构、监督员应对项目公司所提交的文件进行审阅并存档备查。

3.3.8 绩效评价及中期评估权

实施机构或政府方指定机构或其委托的第三方机构，有权对项目公司的投资、建设、经营、管理、安全、质量、服务状况等进行绩效评价及中期评估，并有权将评价结果和评估结果向社会公布，接受公众监督。

3.3.9 介入权

实施机构有权依本合同第 18.1 条规定行使介入权。

3.3.10 不免责条款

实施机构、实施机构代表、监理机构或监督员对本项目所行使的任何监督、审查、备案、检查、检验或是类似行为，并不免除项目公司的本合约的所有义务与责任。

3.3.11 指示的适用顺位

实施机构、实施机构代表、监理机构及监督员根据合约的授权范围所做的监管、确定、表示等相关指示如发生冲突，应按照以下顺位优先适用：

(a) 实施机构

(b) 实施机构代表

(c) 监理机构

(d) 总监理工程师

(e) 监理人员

(f) 监督员

3.4 实施机构代表、监理机构与总监理工程师

3.4.1 实施机构代表的任命与替换

实施机构任命的实施机构代表被视为具有实施机构在合同中的全部权利。实施机构代表可以指派助手协助其执行任务，但不得将实施机构所赋予的权利再授权给任何第三人。如实施机构替换实施机构代表，应在不少于 14 日前，将替换人选的人员信息以及任命日期通知项目公司，并变更合同条款第 22.5.1 条实施机构代表的基本信息。

3.4.2 实施机构代表的职责

实施机构代表由实施机构任命并派驻项目现场后，即有权代表实施机构履行合同中所有的权利与义务。

3.4.3 监理机构的职责

监理机构受实施机构的委托，负责工程质量的监管，就关于工程质量的监管事项，所发出的任何指示，视为得到实施机构的批准，与实施机构发出的指示具有同

等效力。监理机构并无改合同权限。

3.4.4 总监理工程师、监理人员的职责

总监理工程师由实施机构任命并派驻项目现场，监理机构和项目公司均同意并授权总监理工程师，有权对项目公司及其分包商的工作进行监理。

总监理工程师可以授权其他监理人员负责执行其指派的一项或多项工作。总监理工程师应将被授权监理人员的姓名及其授权范围通知项目公司。被授权的监理人员在授权范围内发出的指示视为已经得到总监理工程师的批准，与总监理工程师发出的指示具有同等效力。总监理工程师撤销监理人员或仅某项授权时，应将撤销授权的决定即时通知实施机构和项目公司。

3.4.5 对承包商进行监管的权利

项目公司同意实施机构、实施机构代表与监理机构通过本合同有权对项目公司的承包商进行监管，且同意在项目公司与承包商签订建设工程总承包合同内，在不违背建设工程合同性质的前提下，将本合同内容纳为建设工程总承包合同的一部分，并载明承包商同意接受实施机构、实施机构代表与监理机构的监督、管理的条款。

3.5 联合体

3.5.1 连带责任

联合体各方应共同与实施机构签订合作协议，联合体各方应对合作协议承担连带责任。联合体各方应对项目公司于本合同中的义务承担连带责任。

3.5.2 联合体牵头人

联合体牵头人或联合体授权的代表负责与实施机构和监理机构联系，并接受指示，负责组织联合体各成员和项目公司共同履行本合同。

3.6 确定

合同双方对本项目任何事项进行商定或确定时，实施机构代表或总监理工程师应当会同合同双方尽量通过协商达成一致，不能达成一致的，由实施机构代表或总监理工程师按照合同约定审慎做出公正的确定。

实施机构代表或总监理工程师应将确定，连同合同依据以及详细理由以书面形式通知项目公司。项目公司对于确定没有异议的，双方应按照确定的内容执行。项目公司有异议的，应于收到通知后 14 日内向实施机构发出通知，并按照合同约定的争议解决程序处理。

争议解决前，合同双方应按实施机构代表或总监理工程师确定的内容执行，项目公司不得停止履行合同义务；争议解决后，争议解决的结果与实施机构代表或总监理工程师的确定不一致的，按照争议解决的结果执行，由此造成的损失由责任人承担。

4. 项目公司及关联方

4.1 项目公司声明

4.1.1 项目公司成立的合法性

项目公司已经依据中华人民共和国法律、《合作协议》正式成立并完成注册，具有签署和履行本合同的法人资格和能力，并已获得为该等签署和履行所需的政府部门的所有批准。

4.1.2 项目公司签署合同的合法性

项目公司已经取得了与签署和履行合同有关的一切内部、外部的授权和许可，合同一经签署，即对项目公司具有完全的法律约束力。签署合同和履行合同的义务不会导致项目公司违反法律法规、行政决定、生效判决和仲裁裁决的强制性规定，不会违反其与第三方合同的条款、条件和承诺，也不会引致任何利益冲突。

4.2 项目公司的义务

4.2.1 支付前期费用

项目公司应当于本合同生效10日内向实施机构支付前期费用及相关费用共计【×】元，其中包括征地拆迁费【×】元、监理费【×】元、前期报告编制【×】元，建设单位管理费【×】元，等……，实施机构领取上述款项时不提供发票，仅协调财政部门提供相关收款凭证。

4.2.2 提供履约保函

项目公司应当按照合同条款第5条的约定向实施机构提交各项保函。

4.2.3 取得开工许可

项目公司负责按法律法规的相关要求及时办理工程报建和审批程序，包括但不限于申请并获得项目的建设用地规划许可证、建设工程规划许可证和建设工程施工许可证等工作，并承担相应费用，费用已纳入项目总投资。

4.2.4 完成融资义务

项目公司应在本合同生效日起90日内与贷款融资方签订正式贷款合同，并将与贷款合同原件一致的复印件提交实施机构完成备案。项目公司应确保签署的贷款合同能够满足本合同中资金的需求，以及保证按照进度要求提供项目建设资金。

4.2.5 完成本项目设计工作

项目公司应完成实施机构工作范围之外的设计工作，并根据合同第7.5.4条约定的期限提交实施机构审查。

4.2.6 完成本项目建设

项目公司应当按照规范的要求完成本项目的工程建设，确保符合运营的使用要求，并于移交缺陷责任期内承担缺陷责任。

4.2.7 针对项目设施及资产进行必要维护

项目公司应当在合作期间内对项目设施和资产履行必要的养护和看管义务，确保项目设施和资产始终维持符合规范及运营标准的要求。

4.2.8 提供污水处理服务

项目公司有义务按照合同约定为项目提供污水处理服务，并于交付点交付符合处理标准的出水。

4.2.9 完成移交

项目公司应根据实施机构审核通过的移交方案，在移交期内向实施机构或其指定的第三人移交其占有及使用的项目资产、项目设施（包含履约过程中更新的设备）、项目场地、六个月的备品、转让相关运营维护保修合约以及相关档案等。

4.2.10 购买保险

合作期间内，项目公司应根据适用法律和谨慎运营惯例，自费购买和维持合同的保险。

4.2.11 遵守安全标准和环境保护责任

项目公司应始终遵守法律关于公共卫生和安全的规定，避免对项目场地和周边环境造成污染，保障本项目各参与方人员的安全，并采取有效措施避免或减少对周边居民的干扰。

4.2.12 股权转让限制（A 条款）

项目公司股东办理股权转让，应按照《合作协议》中的约定办理。如果股东违反《合作协议》的约定转让股权的，视为项目公司违约，项目公司应就此承担连带责任。

4.2.12 股权转让的限制（B 条款）

4.2.13 合同转让限制

本合同履行期间，项目公司就本合同或与本项目有关的其他协议的转让应符合合同条款第 20.2.2 条规定。

4.2.14 经营权处分限制

除本合同另有约定外，未经实施机构事先书面同意，项目公司在项目合作期间内不得将经营权出租或以任何形式转让、承包给第三人。包括但不限下列事项：

（a）禁止劳务分包

运营期内，项目公司应当根据合同条款的约定，与全体实际参与项目服务的员工建立签订书面劳动合同、建立工资及养老关系，但项目公司作为用工单位接收符合法定数额的劳务派遣人员除外。

（b）禁止运营服务转包或分包

运营期内，项目公司未经实施机构同意，不得就运营范围及服务内容对外进行任何形式的转包或分包，项目公司以下行为视为项目公司对外转包或分包：

i. 项目公司将全部或部分运营服务内容转给其他单位（包括中标社会资本）或个人完成的；

ii. 任何参与项目服务的人员，没有订立劳动合同且没有建立劳动关系和社会养老保险关系，项目公司不能进行合理解释并提供相应证明材料的；

iii. 其他任何单位或个人代项目公司履行本合同约定的运营义务，项目公司无法进行合理解释并提供相应证明材料的；

iv. 项目公司与任何单位或个人，采取互助合作、环保志愿者等其他形式或名义为本项目提供运营服务，直接或变相将本合同约定的运营义务转由其他单位或个人提供的；

v. 项目公司收到项目付费总额款项后，又将款项转拨给其他单位和个人，无法进行合理解释并提供相应证明材料的。

4.2.15 转投资禁止

项目公司的项目资本金、银行贷款金额及本项目的所有收费金额，必须专款用于本项目，合作期间内非经实施机构的同意，不得将资金转投资，或是将资金用于其他与本项目无关的项目。

4.2.16 合法取得知识产权义务

项目公司承诺因履行合同所使用之知识产权均以合法方式取得，如因非法取得知识产权，致使第三人对于实施机构提出赔偿，项目公司应负担相关之费用及责任。

4.2.17 项目公司用人责任

项目公司因履行合同所聘用、委任、指派第三人履约的，项目公司应对第三人的行为承担责任。

4.2.18 报告义务

项目公司应当在下列事项发生后7日内，向实施机构提交书面报告：

（a）项目公司变更名称、地址及法定代表人，须经实施机构同意。

（b）股东对于项目公司的股权发生转让的。

（c）股东持股或股东组成有变更的。

（d）项目公司代表、高级管理人员的确定或变更。

（e）项目公司的登记事项或是公司章程有变更的。

（f）与融资方签订的贷款合同内容有变更的。

（g）项目公司履行合同有重大影响的事项。

（h）实施机构代表或政府出资方代表对项目公司要求和指示的事项。

4.2.19 接受监管义务

项目公司在履行合同过程中应遵守法律并接受实施机构、实施机构代表、监理机构、监督员的监管，履行对社会公益性事业应尽的合同义务。

4.2.20 守法纳税义务

项目公司在履行合同过程中应遵守法律，按照相关法律规定纳税。

4.2.21 其他义务

项目公司应履行合同约定的其他义务。

4.3 项目公司的权利

4.3.1 请求付款

项目公司有权向实施机构请求按合同约定支付运营月付费数额。

4.3.2 免费使用场地

项目公司在合作期间有无偿使用项目场地的权利。

4.3.3 免费使用项目资产

对于本项目的项目资产，项目公司在合作期间内有无偿使用的权利。

4.4 项目公司代表

项目公司授权项目公司代表根据合同履约，项目公司代表被视为具有合同约定全部项目公司的权利。如项目公司替换项目公司代表，应在不少于14日前，将替换人选的人员信息以及任命日期通知实施机构，并变更合同条款第22.5.2条项目公司代表的基本信息。

4.5 两招并一招

为加快建设进度本项目采取两招并一招模式，即本项目建设承包商应为联合体成员以及项目公司股东，并经本项目社会资本采购的公开招标程序，审查承包商具备本项目所需的建设资质，并依据《招标投标法实施条例》的规定不需再经过工程招标程序，由项目公司与承包商直接签订建设工程总承包合同，并向建设工程合同备案机关完成备案程序。

5. 履约担保与保障

根据本项目合约文件规定的要求，履约担保是指准备阶段与建设期保函、运营期保函、移交缺陷责任期保函，具体约定如下：

5.1 准备阶段与建设期保函

5.1.1 提交准备阶段与建设期保函

项目公司应于合同签署前，按照附件四：准备阶段与建设期保函的格式提交银行出具的见索即付的准备阶段与建设期保函，准备阶段与建设期保函金额为【×】万元。

5.1.2 准备阶段与建设期保函范围

准备阶段与建设期保函有效期间自合同生效日起至开始商业运营日止，担保范围为项目公司于保函有效期间内应履行的合同义务。

5.1.3 解除准备阶段与建设期保函责任

项目公司应在收到试运行合格通知书后7日内提交运营期保函，实施机构应在项目公司开始商业运营日后返还准备阶段与建设期保函给项目公司，表明解除项目公司准备阶段与建设期保函的责任。

5.2 运营期保函

5.2.1 提交运营期保函

项目公司应于收到实施机构签发试运行合格通知书后7日内，应按照附件五：运营期保函的格式提交银行出具的见索即付的运营期保函，运营期保函金额为【×】万元。

5.2.2 运营期保函范围

运营期保函有效期间为运营期，担保范围为运营期项目公司的所有履约义务。

5.2.3 解除运营期保函责任

本项目移交完成后，实施机构应返还运营期保函给项目公司，表明解除项目公司运营期保函的责任。

5.3 移交缺陷责任期保函

5.3.1 提交移交缺陷责任期保函

项目公司或社会资本方应于项目合作期间期满前30日内按照附件六：移交缺陷责任期保函的格式提交银行出具的见索即付的移交缺陷责任期保函，移交缺陷责任期保函金额为【×】万元。

5.3.2 移交缺陷责任期保函范围

移交缺陷责任期保函有效期间为自合作期间期满的次日起2年，担保范围为项目公司对其建设工程、项目资产和项目设施应当承担的缺陷责任义务。

5.3.3 解除移交缺陷责任期保函责任

本项目移交缺陷责任期到期后，实施机构应返还移交缺陷责任期保函给项目公司，表明解除项目公司移交缺陷责任期保函的责任。

5.3.4 合作期间期满项目公司清算解散的

本项目合作期间期满项目公司清算解散的，经实施机构同意后可由联合体依据本合同的规定，提交移交缺陷任期保函并承担移交缺陷责任。

5.4 保函的兑现

本项目发生保函的兑现事由后，实施机构有权请求银行兑现保函，银行应立即全额支付保函金额，不需要经过任何诉讼等其他相关法律程序。

5.5 恢复保函数额

若实施机构在合作期间内根据本合同的规定兑取履约保函项下的金额，项目公司应在兑取之日起5个工作日之内将履约保函金额补充至第5.1条、第5.2条、第5.3条中约定的金额，并向实施机构出示其已经恢复履约保函金额的证据。

项目公司未在前述期限内补足或恢复履约保函项下相应金额的，实施机构有权发出催告，项目公司应在5个工作日内予以补足；项目公司在前述期限内仍未补足的，则实施机构有权提前终止本合同。

5.6 不当兑取履约保函

如果实施机构兑取履约保函中的相应金额之后确定实施机构属不当兑取，实施机构应及时向项目公司退还兑取的款项，并支付该款项自兑取之日至退还之日的利息，利息按全国银行间同业拆借中心公布的一年期LPR自兑取之日起分段计算至实施机构实际退还之日止。

6. 项目融资、财务管理与再融资

6.1 项目投融资结构

6.1.1 本项目总投资为【×】元。

6.1.2 本项目的项目资本金为【×】元。

6.1.3 本项目总投资和项目资本金之间的差额由项目公司通过融资方贷款等方式予以解决，以满足项目建设资金需求。

6.2 融资责任

6.2.1 项目公司应按照本合同约定及双方确定的融资计划和方案要求自本合同生效日起【×】日内完成融资交割，并负责项目资金的及时筹措；实施机构应为项目公司开展项目融资工作提供必要的协助，包括依法提供与项目融资有关的批复、证明、说明及相关文件等。

6.2.2 项目公司未按照本合同的约定及双方确定的融资计划和方案要求在约定期限内完成融资交割或实现项目资金及时足额筹集到位的，联合体应当按照《合作协议》的相关约定承担相应责任。

6.3 融资担保

6.3.1 为本项目融资之目的，经实施机构书面同意，项目公司可在其按约定享有所有权的项目设施、项目收益权或其他权益上设置抵押、质押等方式进行融资，相关融资文件应及时提交实施机构备案。

6.3.2 如经实施机构书面同意项目公司在合作期间内设置项目设施抵押或项目收益权等权利质押的，项目公司应在移交日前解除全部项目设施的抵押和项目收益权等权利的质押或担保措施。

6.4 融资及担保的限制

6.4.1 除因本项目设计、建设、运营维护所需之目的外，项目公司不得以本项目进行融资。

6.4.2 除为本项目融资并经实施机构书面同意外，项目公司不得将项目设施或项目收益权进行抵押或质押、出售、转让、出租或以任何其他方式交由第三人使用或设定权利负担。

6.5 项目融资文件

项目公司应在本合同生效日后【×】日内将为本项目融资签署的所有融资文件报经实施机构备案。

为保障本项目顺利实施，项目公司应确保融资文件中包含融资方承诺的下列条款：

6.5.1 只要本合同（含附件）有效，融资方不得采取任何行动影响、干扰、损害或终止实施机构在本合同项下的权利或以其他方式对本合同造成不利影响。

6.5.2 如融资文件包含融资方介入权，则融资方行使介入权时应履行本条约定的如下程序。本条所指介入权是指当项目公司违反融资文件或项目公司出现重大经营或财务风险，威胁或侵害融资方利益时，融资方可以行使其作为债权人的权利，要求项目公司改善管理、增加投入，或请求实施机构认可的合格机构接管本项目。融资方行使介入权时应履行的程序包括：

（a）融资方通过书面方式将项目公司在融资文件项下的违约事件通知实施机构。

（b）给予项目公司在收到上述通知后【×】日内纠正此类违约的权利。

（c）在上述纠正期间不行使融资方对违约事件的任何权利或补救。

（d）纠正期满时，项目公司违约事件持续的，融资方行使权利应以不妨害和损害实施机构在本合同项下的权利和项目的正常运营为前提。如在纠正期内，触发融资方直接介入的重大风险解除或者项目公司提供融资方能接受的补充担保措施后，融资方应停止介入。

6.5.3 其他约定：【×】。

6.6 项目资金使用管理

6.6.1 双方在此确认，在本合同生效日后，为确保项目资金专款专用，项目公司应按规定及时开设项目资金专用账户，在不影响项目建设和运营的前提下，实施机构有权对专用账户中的项目资金使用情况进行监督和检查，项目公司应予以配合。

6.6.2 项目公司对工程相关单位的款项支付，须按相关合同的约定执行，不得违约拖欠。对支付情况，实施机构有权核实。对不按时支付又无正当理由的，经实施机构书面告知后仍不支付影响项目进度的，实施机构有权从其履约担保中扣除相应金额并代项目公司支付，不足部分将从应向项目公司支付的服务费中扣除。

6.6.3 项目公司应独立进行建设期和运营期的资金使用和财务核算，项目资金不得用于与本项目无关的经济活动。

6.7 再融资

6.7.1 再融资

经实施机构书面同意，项目公司可通过股权、债权、应收债款、项目收益证券化、资产证券化、REITs等方式进行再融资。

6.7.2 再融资的条件

项目公司进行再融资，应当同时满足以下条件：

（a）为本项目融资之目的，且所融资资金用于本项目。

（b）应增加项目收益或者降低项目成本且不影响项目的实施及实施机构的权益。

（c）签署再融资协议前须取得实施机构书面同意。

6.7.3 其他约定

双方关于再融资的其他约定：【×】。

7. 准备阶段

7.1 准备阶段期间的计算

自合同生效日起至预计开工日止为准备阶段，项目公司应在此期间内完成开工前的准备工作。

7.2 实施机构在准备期间应完成的工作

实施机构应当于预计开工日前完成项目场地的征地拆迁与安置，向项目公司交付符合开工条件的项目场地。

7.3 项目公司在准备期间或之前应完成的工作

（a）按合同第4.2.1条支付前期费用；

（b）按合同第4.2.4条与融资方签署融资协议并完成备案；

（c）按合同第4.2.3条取得开工许可；

(d) 按合同第5.1.1条提交履约保函；

(e) 按合同第7.5条完成本项目设计工作，并至少于预计开工日前3个月提交实施机构审查。

7.4 前期工作与前期费用

实施机构于基准日前已移交前期工作成果，项目公司应当依据合同条款第4.2.1条支付前期费用，以上前期工作成果的知识产权归属于实施机构，项目公司可以在本项目范围内无偿使用。

7.5 设计工作

7.5.1 设计工作的范围

除实施机构在基准日前已完成的设计工作外，项目公司应当负责完成包括但不限于初步设计和施工图设计在内的所有设计工作。

7.5.2 设计工作的要求

项目公司应按照法律规定、国家、行业和地方的规范和标准，以及本合同的要求完成设计工作。

项目公司除应按前款规定完成设计施工图外，设计内容还需符合已完成审查的初步设计图纸的要求。

7.5.3 设计工作的进度

项目公司应当按照本合同的要求提交设计进度计划，经过实施机构批准后执行，项目公司应当按照批准后的设计进度计划开展设计工作。

7.5.4 设计审查

项目公司完成设计图纸后应于预计开工日之前3个月提交实施机构审查，实施机构应于收到设计图纸后一定时间内邀请相关政府部门或聘请第三方机构完成联合审查。项目公司设计的图纸与合同约定有偏离的，或是实施机构不同意项目公司设计的图纸，实施机构应该以书面形式通知项目公司，并说明不符合合同约定的具体理由，项目公司应根据实施机构的书面说明对图纸进行修改，并将修改后的图纸重新报送实施机构，由实施机构重新办理联合审查。

图纸没有完成联合审查前，项目公司不应开展任何工程施工工作。

7.5.5 取得工程规划许可证及施工许可证

项目公司应当按照法律规定取得报建手续，包括但不限于建设用地规划许可证、建设工程规划许可证、建设工程施工许可证、施工所需临时用水、临时用电、中断道路交通、临时占用土地等许可和批准。实施机构应当提供协助。

7.5.6 提送概算与预算进行审查

项目公司应按本合同约定的条件完成初步设计概算和施工图预算，并提交实施机构和财政部门进行审查，设计概算金额不得超过可研报告估算金额，施工图预算金额不得超过已经审批通过的设计概算金额。

8. 建设阶段

8.1 建设基本要求

项目公司应按照以下基本要求完成项目建设：

8.1.1 按照法律规定、规范及合同要求完成本项目的建设工作；

8.1.2 项目公司应按照合同的要求建立质量保证体系，监理机构有权对项目公司的质量保证进行审查。

8.1.3 项目公司应按照合同约定和进度要求编制施工组织和实施计划，并对所有的施工作业和施工方法以及全部工程的完备性和可靠性负责。

8.1.4 项目公司应按照合同的约定编制详细的总体进度计划，并提交监理机构审查；项目公司应当按照审查后的总体进度计划，针对工程的各阶段编制分项进度计划并提交监理机构审批，项目公司应根据审批后的总体进度计划和分项进度计划进行施工。

8.1.5 项目公司应按照合同的约定采取施工安全措施，确保工程、人员、材料的安全，防止因施工造成人身和财产损失，并且项目公司应负责项目场地周边生态的保护工作。

8.2 工程质量

8.2.1 工程质量要求

工程质量标准必须符合法律规定、现行国家有关工程施工质量规范和标准，以及合约的要求。

8.2.2 质量保证措施

8.2.2.1 实施机构的质量管理

实施机构应按照法律规定及合同约定完成与工程质量有关的各项工作。

8.2.2.2 项目公司的质量管理

项目公司按照合同条款第8.4.1条的约定向监理机构提交工程质量保证体系及措施文件，建立完善的质量检查制度，并提交相应的工程质量文件。

项目公司应按照法律规定和监理机构的要求，对材料、项目设备以及工程的所有部位及其施工工艺进行全过程的质量检查和检验，并作详细记录，编制工程质量报表，报送监理机构审查。此外，项目公司应按照法律规定和监理机构的要求，进行施工现场取样试验、工程复核测量和设备性能检测，提供试验样品、提交试验报告和测量成果以及其他工作。

8.2.3 隐蔽工程检查

8.2.3.1 项目公司自检

项目公司应当对工程隐蔽部位进行自检，并经自检确认是否具备覆盖条件。

8.2.3.2 检查程序

除另有约定外，工程隐蔽部位经项目公司自检确认具备覆盖条件的，项目公司应在共同检查前48小时书面通知监理机构进行检查，通知中应载明隐蔽检查的内容、时间和地点，并应附有自检记录和必要的检查资料。

监理机构应按时到场并对隐蔽工程及其施工工艺、材料和项目设备进行检查。经监理机构检查确认质量符合隐蔽要求，并在验收记录上签字后，项目公司才能进行覆盖。经监理机构检查质量不合格的，项目公司应在监理机构指示的时间内完成修复，并由监理机构重新检查，由此增加的费用和（或）延误的工期由项目公司承担。

8.2.3.3 重新检查

项目公司覆盖工程隐蔽部位后，实施机构或监理机构对质量有疑问的，可要求项目公司对已覆盖的部位进行钻孔探测或揭开重新检查，项目公司应遵照执行，并在检查后重新覆盖恢复原状。经检查证明工程质量符合合同要求的，由实施机构承担由此增加的费用和（或）延误的工期，并支付项目公司合理的利润；经检查证明工程质量不符合合同要求的，项目公司应在监理机构指示的时间内完成修复，并由监理机构重新检查，由此增加的费用和（或）延误的工期由项目公司承担。

8.2.3.4 项目公司私自覆盖

项目公司未通知监理机构到场检查，私自将工程隐蔽部位覆盖的，监理机构有权指示项目公司钻孔探测或揭开检查，无论工程隐蔽部位质量是否合格，由此增加的费用和（或）延误的工期均由项目公司承担。

8.2.4 不合格工程的处理

因项目公司原因造成工程不合格的，实施机构或监理机构有权随时要求项目公司采取补救措施，直至达到合同要求的质量标准，由此增加的费用和（或）延误的工期由项目公司承担。

8.3 安全文明施工与环境保护

8.3.1 安全文明施工

项目公司应当遵守国家和工程所在地有关安全生产及文明施工的要求，建立安全生产责任制度，落实安全文明施工。

在工程实施期间或移交缺陷责任期内发生危及工程安全的事件，项目公司应当立即进行抢救并通知监理机构，项目公司不立即执行的，实施机构或监理机构有权雇佣其他人员进行抢救，费用由项目公司承担。

8. 3. 2 职业健康

项目公司应按照法律规定保障现场施工人员的劳动安全，并提供劳动保护，并应按国家有关劳动保护的规定，采取有效的防止粉尘、降低噪声、控制有害气体和保障高温、高寒、高空作业安全等劳动保护措施。项目公司雇佣人员在施工中受到伤害的，项目公司应立即采取有效措施进行抢救和治疗。

8. 3. 3 环境保护

项目公司应采取有效措施，避免因施工造成的地质灾害，并按国家饮用水管理标准定期对饮用水源进行监测，防止施工活动污染饮用水源，以及加强对噪声、粉尘、废气、废水和废油的控制，努力降低噪声，控制粉尘和废气浓度，做好废水和废油的治理和排放。

8. 4 工期与进度

8. 4. 1 施工组织设计

8. 4. 1. 1 施工组织设计应包含以下内容：

（a）施工方案；

（b）施工现场平面布置图；

（c）施工进度计划和保证措施；

（d）劳动力及材料供应计划；

（e）施工机械设备的选用；

（f）质量保证体系及措施；

（g）安全生产、文明施工措施；

（h）环境保护、成本控制措施；

（i）合同当事人约定的其他内容。

8. 4. 1. 2 施工组织设计的提交和修改

项目公司应在合同生效日后 14 天内向监理机构提交详细的施工组织设计，并由监理机构报送实施机构。监理机构应在收到施工组织设计后一定时间内确认或提出修改意见。项目公司应按照监理机构同意备案的施工组织计划进行施工。

8. 4. 2 施工进度计划

施工进度计划的编制应当符合国家法律规定和一般工程实践惯例，施工进度计划经监理机构报实施机构批准后实施。施工进度计划是控制工程进度的依据，监理机构有权按照施工进度计划检查工程进度情况。

8. 4. 3 开工与竣工

8. 4. 3. 1 开工准备

项目公司应在合同生效日后的 14 天内向监理机构提交工程开工报审表，经监理机构报实施机构批准后执行。开工报审表应详细说明按施工进度计划正常施工所需的施工道路、临时设施、材料、项目设备、施工设备、施工人员等落实情况以及工程的进度安排。

8.4.3.2 开工通知

实施机构应按照法律规定获得工程施工所需的许可。经实施机构同意后，由监理机构发出开工通知，开工通知应载明预计开工日。

8.4.3.3 竣工

项目公司应在建设期内完成合同约定的设计与建设工作，实际竣工日为实施机构签发的商业运营通知书中载明的实际竣工验收合格的日期。

8.4.4 逾期违约金

因项目公司原因使实际竣工日落后于预定竣工日的，项目公司应支付逾期违约金，项目公司每逾期一天应按建设投资的千分之一支付逾期违约金，支付上限为百分之十。实施机构有权根据项目公司的逾期情况，在竣工结算、决算时或在运营期将项目公司应支付的逾期违约金金额从付费中扣除。

8.5 材料与项目设备

8.5.1 材料与项目设备的确定与采购

项目公司负责采购材料、项目设备的，应按照设计和有关标准要求采购，并提供产品合格证明及出厂证明，对材料、项目设备质量负责。

8.5.2 材料与项目设备的验收、接收与拒收

项目公司提供的材料和项目设备，应保证产品质量合格，项目公司应在材料和项目设备到货前24小时通知实施机构代表和监理机构检验。项目公司进行永久设备、材料的制造和生产的，应符合相关质量标准，并向实施机构代表和监理机构提交材料的样本以及有关资料，并应在使用该材料或项目设备之前获得监理机构同意。

项目公司采购的材料和项目设备不符合设计或有关标准要求时，项目公司应在实施机构代表或监理机构要求的合理期限内将不符合设计或有关标准要求的材料、项目设备运出施工现场，并重新采购符合要求的材料、项目设备，由此增加的费用和（或）延误的工期，由项目公司承担。

8.5.3 材料与项目设备的保管与使用

项目公司采购的材料和项目设备由项目公司妥善保管，保管费用由项目公司承担。法律规定材料和项目设备使用前必须进行检验或试验的，项目公司应按实施机构代表或监理机构的要求进行检验或试验，检验或试验费用由项目公司承担，不合格的不得使用。

实施机构代表或监理机构发现项目公司使用不符合设计或有关标准要求的材料

和项目设备时，有权要求项目公司进行修复、拆除或重新采购，由此增加的费用和（或）延误的工期，由项目公司承担。

8.5.4 禁止使用不合格的材料与项目设备

8.5.4.1 实施机构代表或监理机构有权拒绝项目公司提供的不合格材料或项目设备，并要求项目公司立即进行更换。监理机构应在更换后再次进行检查和检验，由此增加的费用和（或）延误的工期由项目公司承担。

8.5.4.2 实施机构代表或监理机构发现项目公司使用了不合格的材料和项目设备，项目公司应按照监理机构的指示立即改正，并禁止在工程中继续使用不合格的材料和项目设备。

8.5.5 同等品的替代

8.5.5.1 出现下列情况需要使用替代材料和项目设备的，项目公司应按照合同条款第8.5.5.2条约定的程序执行：

（a）基准日后生效的法律规定禁止使用的；

（b）实施机构要求使用替代品的；

（c）因其他原因必须使用替代品的。

8.5.5.2 项目公司应在使用替代材料和项目设备28天前书面通知监理机构，并附下列文件：

（a）被替代的材料和项目设备的名称、数量、规格、型号、品牌、性能、价格及其他相关资料；

（b）替代品的名称、数量、规格、型号、品牌、性能、价格及其他相关资料；

（c）替代品与被替代产品之间的差异以及使用替代品可能对工程产生的影响；

（d）替代品与被替代产品的价格差异；

（e）使用替代品的理由和原因说明；

（f）监理机构要求的其他文件。

8.5.5.3 监理机构应在收到通知后一定期间内向项目公司发出经实施机构同意的书面指示。

8.5.5.4 因同等品替代导致施工费用增加或减少的，双方应就此另行协商处理。

8.6 试验与检验

8.6.1 适用范围

合同条款的适用范围是指竣工试验前的试验和检验。

8.6.2 试验设备

项目公司根据合同约定或监理机构指示进行的现场材料试验，应由项目公司提供试验场所、试验人员、试验设备以及其他必要的试验条件。监理机构在必要时可以使用项目公司提供的试验场所、试验设备以及其他试验条件，进行以工程质量检查为目的的材料复核试验，项目公司应予以协助。

8.6.3 取样

试验应由实施机构代表和监理机构共同取样，也可由项目公司的试验人员在实施机构代表和监理机构共同的监督下取样。

8.6.4 材料、项目设备与工程的试验和检验

材料、工程设备、工程应由实施机构代表、监理机构、和项目公司代表共同进行试验和检验，由项目公司负责提供必要的试验资料和原始记录。

8.6.5 现场工艺试验

项目公司应按实施机构代表和监理机构的指示进行现场工艺试验。对大型的现场工艺试验，实施机构代表和监理机构认为必要时，项目公司应根据监理机构提出的工艺试验要求，编制工艺试验措施计划，报送监理机构审查。

8.7 工程变更

8.7.1 变更权

实施机构可以提出变更、监理机构可以提出变更建议。未经许可，项目公司不得擅自对工程的任何部分进行变更。

8.7.2 变更指示与变更建议的提出

8.7.2.1 实施机构提出变更指示

实施机构提出变更的，应通过监理机构向项目公司发出变更指示，变更指示应说明计划变更的工程范围和变更的内容。项目公司收到变更指示后，方可实施变更。

8.7.2.2 监理机构提出变更建议

监理机构提出变更建议的，需要向实施机构以书面形式提出变更计划，说明计划变更工程范围和变更的内容、理由，以及实施该变更对合同价格和工期的影响。实施机构同意变更的，由监理机构向项目公司发出变更指示，项目公司收到变更指示后，方可实施变更。实施机构不同意变更的，监理机构无权擅自发出变更指示。

8.7.2.3 项目公司提出变更建议

项目公司在开工日后，认为需要对项目建设进行变更的，应书面通知实施机构并经其书面同意后方可实施，否则不得实施变更。项目公司提出的工程变更要求，必须是出于合理化建议、节省开支等合理或经济性考虑，且不得降低安全质量和建设标准。

8.7.3 工程变更的效果

8.7.3.1 工程变更造成项目成本增减问题

因工程变更引起成本增加时，若变更理由是由实施机构的因素导致，由实施机

构承担相应费用；若变更理由是由项目公司的因素导致，由项目公司承担相应费用；若变更理由是由非出于双方因素导致，有关费用的承担由双方另行协商。

8.7.3.2 减轻损失的义务

项目公司应始终尽一切合理的努力，以减轻或降低因变更而花费的支出和发生的损失。

8.7.3.3 因工程变更所致的延误

因工程变更而导致建设期迟延，若变更理由是由实施机构因素导致，项目公司有权要求实施机构延长建设期；若变更理由是由于非双方因素导致，由项目公司与实施机构具体协商延长建设期的天数。

8.8 跟踪审计

实施机构应委托合法并相应资质的审计机构，就本项目进行全周期的跟踪审计，确保符合法律规范、政策及本合同的约定。

跟踪审计费用由项目公司负担。

9. 竣工验收、结算与决算

9.1 竣工试验

9.1.1 政府部门的竣工试验

项目公司应根据适用法律以及合同的规定，在全部建设工程以及有关工作均已完成并达到法律及合同要求的，应组织验收并通过电力、消防、环保、劳动卫生等政府部门的法定验收，并取得相关部门签发的法定验收合格通知书。

9.1.2 实施机构的竣工试验

项目公司完成建设工程及项目设施的建设后，应汇整并编制竣工试验文件提交给监理机构审查。监理机构认为符合竣工试验条件的，由实施机构和监理机构组织相关人员进行竣工试验。经竣工实验审查合格后，由实施机构签发竣工试验合格通知书。

9.1.3 编制竣工资料

项目公司应按照适用法律编制竣工资料，并在申请竣工试验日前向监理机构、实施机构及其他相关政府部门提交，应包括：

（a）相关项目设施的施工文件和竣工文件，包括作为该等文件一部分试验或该等文件附件的所有图纸、表格、计算式、技术参数、规程和程序、竣工图纸、工程数量的计算文件以及建设过程中的试验与检验的文件资料，并应同时提交书面文本和电子文件；

（b）所有相关项目设施的技术资料和图纸，包括厂区工艺平面图、局部剖面图、结构图、说明书、质量保证书、安装记录、测试记录、质量监督和验收记录等；

（c）实施机构合理要求的与相关建设工程有关的其他技术文件或资料，包括书面文本和电子文件（如有）。

9.2 初步性能测试

9.2.1 初步性能测试的程序

（a）当竣工试验完成后，项目公司应至少在预计的初步性能测试日前20个工作日向实施机构发出书面通知，告知项目预计开始进行初步性能测试的日期。实施机构在收到上述通知后，应当派代表参加由项目公司按照本合同和适用法律组织进行的初步性能测试的全部过程。

（b）初步性能测试包括以下内容：管道的闭水实验和通畅检验，构筑物的满水试验，设备单机空载试车，设备单机负载试车，设备负载并网试车，清水联动试车。

（c）如果初步性能测试表明项目设施不符合本合同或适用法律的要求，实施机构项有权向项目公司发出书面通知要求整改，项目公司应在收到实施机构书面通知后3个工作日内立即开展整改工作。

9.2.2 合格及不合格的处理

如果初步性能测试合格的，实施机构应当向项目公司签发初步性能测试通知书。如果初步性能测试不合格，并且实施机构按合同条款第9.2.1条发出书面通知后，项目公司应采取所有必要的改正措施补救不合格的情况，并应至少提前5个工作日向实施机构发出书面通知，再次组织性能测试。

9.2.3 初步性能测试完成

如果按照合同条款第9.2.1条款进行初步性能测试后，或根据第9.2.2条进行重复性能测试后，确认项目设施符合本合同和适用法律的要求，则实施机构应当于10个工作日内以书面形式通知项目公司确认项目性能测试完成。

9.3 试运行

9.3.1 试运行的程序

初步性能测试完成后，开始商业试运行的程序：

9.3.1.1 在初步性能测试完成后，项目公司应至少提前7天向实施机构和同级环保行政主管部门发出开始试运行的书面申请，告知预计的开始试运行的日期，并提交能够说明项目设施已具备开始试运行条件的书面材料。

9.3.1.2 实施机构应自接到开始试运行申请之日后一定期间内书面通知项目公司是否同意开始试运行。除非由于项目公司原因或其他第三方原因或不可抗力或意外事件，导致项目设施不具备开始试运行条件，实施机构应同意试运行开始。项目公司在收到实施机构不同意开始试运行的书面通知后，应按照实施机构的意见，尽快纠正其存在的问题，并按照前述规定重新申请试运行。

9.3.2 试运行合格的标准

实施机构同意开始试运行后，项目设施试运行已经超过三个月且已经给连续稳定运行30日或以上，并且连续7日出水达标，经实施机构测试合格后应发商业试运行合格通知书。

9.4 竣工验收

9.4.1 竣工验收的条件

本项目通过竣工试验、初步性能测试，以及商业试运行后，项目公司可以申请竣工验收。

9.4.2 竣工验收的程序

在满足第9.4.1条款规定的条件下，项目公司在提交法定验收合格通知书，竣工试验合格通知书、初步性能测试合格通知书、试运行合格通知书后，向监理机构申请竣工验收。监理机构在收到申请文件后应报请实施机构共同进行审查，认为具备竣工验收的条件，应签发开始商业运营通知书，并在开始商业运营通知书中载明竣工验收合格日期。

9.4.3 开始商业运营

在竣工验收合格后，项目公司开始商业运营并收取费用。

9.4.4 备案

在竣工验收结束后，项目公司应将实施机构及监理机构要求的相关竣工补充资料提交给实施机构及其他相关政府部门备案。

9.5 竣工决算

9.5.1 竣工决算的方式与标准

根据实际按【总价结算/单价结算/成本价酬金】，【工程量清单结算/定额结算】。

本合同按实际工程数量以及定额办理决算，本项目采用的定额标准如下：

(a)【×】

(b)【×】

(c)【×】

9.5.2 建设期利息的决算

9.5.2.1 预计建设期利息

(a) 建设期利息贷款利率＝贷款市场报价利率×（1＋中标利率浮动率）；

（b）建设期利息贷款本金为经审计确认的竣工结算金额扣除项目资本金的金额，建设期各年投资占比为【×】；

（c）还款方式采取【等额本金/本额本息】方式还款；

（d）贷款市场报价利率自基准日当月开始每12个月调整一次直至建设期结束，调整后的贷款市场报价利率等于调整前12个月贷款市场报价利率的算数平均值。

9.5.2.2 实际建设期利息

项目公司应就实际建设期利息向实施机构提出实际缴交的单据，实施机构以项目公司实际缴交的金额确认实际建设期利息，但是总金额不得超过根据合同条款第9.5.2.1条标准所计算的预计建设期利息金额。

9.5.3 竣工决算的程序

竣工验收合格后，项目公司应向监理机构提交竣工决算申请单，监理机构应报请实施机构、财政部门对本项目进行投资审计。

10. 运营阶段

10.1 运营准备

10.1.1 运营准备工作

项目公司应当在收到试运行合格通知书起至实际竣工日止，完成以下运营准备工作：

（a）取得相关运营资质及运营许可、排污许可以及其他合法运营所需的许可；

（b）项目公司应提交运营维护计划和运营维护手册，由实施机构完成备案；

（c）按照合同条款第5.2.1条款提交运营期保函。

10.1.2 运营维护计划

运营维护计划编制的主要内容：包括设备、材料、人员和资金需求计划、运营维护时间计划、小修计划、大中修计划、工作安排等。

10.1.3 运营维护手册

10.1.3.1 运营维护手册的编制

（a）在开始商业运行日之前，项目公司应根据适用法律和谨慎运营惯例并且按不低于初步设计的内容和要求预测主要设备进行更新或重置的时点、设置更新或重置的标准，并编制污水处理厂工程的运营维护手册；运营维护手册经实施机构同意后遵照执行。

（b）运营维护手册在运营期内应根据污水处理厂运营和维护的实际情况随时进行修改、补充和完善，并经实施机构批准后遵照执行。

10.1.3.2 运营维护手册的内容

（a）运营维护手册应包括污水处理厂进行定期和年度检查、日常运行维护、大修维护的程序和计划，以及调整和改进检验及维护安排的程序和计划，并制定应对突发事件的应急服务预案。

（b）运营维护手册应列明污水处理厂正常运营所需的消耗性备品备件和事故抢修的备品备件。

（c）污水处理厂的运营与维护应符合适用法律和中国国家行业规范、标准，以及《城市污水处理厂运行、维护及其安全技术规程（CJJ60－2011）》的要求，项目公司应建立污水处理厂正常运行的生产管理制度、安全生产制度、水质检验制度。

10.2 运营服务的标准

项目公司应确保在整个运营期内，始终根据下列规定运营并维护项目设施：

（a）适用法律；

（b）本合同的规定；

（c）经备案同意的运营维护计划、运营维护手册；

（d）与项目设施有关的设备的制造商提供的一切有关手册、指导和建议；

（e）谨慎运营惯例，除非另有规定。

10.3 实施机构应完成事项

10.3.1 提供进水与接收出水

实施机构应确保整个运营期内为项目公司在接收点提供进水；并在交付点接收污水处理厂处理后的出水。

10.3.2 按时付费

实施机构应确保整个运营期内按合同条款的约定及时向项目公司支付运营月污水付费数额。

10.3.3 运营监管

实施机构有权派出实施机构代表或监督员在任何时候进入项目设施，以监察项目设施的运营和维护，实施机构代表或监督员的进入不得干涉、延误或干扰项目公司履行其在本合同项下的权利和义务。

实施机构的监督员或实施机构代表发现问题时有提问和要求回答的权利，并有权检查项目公司生产记录、设备检修和检测记录。

10.4 运营服务内容

10.4.1 污水处理

除经实施机构同意的暂停服务外，从开始商业运行日起，项目公司应每日24小时，每年365日（闰年366日）连续接收并处理污水，将从接收点接入的进水经处理达出水质量标准后，排放至交付点。

10.4.2 提交运营记录

自开始商业运行日后第2个月起，项目公司应于每月5日前向实施机构提交按附件七：运营记录报表格式填写的污水处理厂上一月份的运营记录。

10.4.3 提交财务报表

项目公司应在下述材料具备提供条件后5日内向实施机构提交全面反映其经营情况各个方面的下列财务报表和其他报表：

（a）按适用法律和普遍认可的中国会计制度、准则和惯例编制的经审计的年度财务报告，包括资产负债表、损益表、现金流量表及附注；

（b）项目公司每月成本表和人工、能源及化学品消耗量；

（c）实施机构要求的有关项目公司财务状况的其他资料。

10.4.4 提交临时报告

发生特殊或紧急情况时，项目公司应提交临时报告。

10.4.5 保证运营安全

项目公司应根据有关公共卫生和安全的适用法律以及本合同的规定，确保项目设施的安全管理、运营及维护。

10.5 运营服务范围和内容的变更

实施机构有权在运营期就运营范围及服务内容做出变更的书面通知，项目公司在收到上述通知后15日内就变更后事项向实施机构提交运营服务变更计划，经实施机构审核后实施。除非实施机构的变更要求超过项目设计处理能力且或构成对本合同的实质性变更的，项目公司应当接受。有关运营服务范围和内容的变更导致的污水处理成本的增减由双方另行协商。

10.6 资产重置

项目公司应在运营阶段，根据适用法律和谨慎运营惯例并且不低于设计内容和要求，预测主要设备进行更新或重置的时点、设置更新或重置的标准，并写入合同条款第10.1条约定运营维护手册。项目设施在合作期间内应当根据运营维护手册的要求完成至少一次的重置。

合作期间内，设施的更新和重置费用由项目公司承担，如项目公司未按合同约定进行更新、重置，实施机构可直接兑取运营期保函进行更新、重置，不足部分应由项目公司承担。

10.7 暂停服务

10.7.1 计划内暂停服务

（a）项目公司应于每年12月31日之前提交下一运营年的维护计划，将其重大维护和更新的计划通知实施机构和项目实施地环保部门。如果有计划内暂停服务，项目公司应至少提前 30 天将暂停服务的预定日期通知实施机构和环保部门。实施机构应在预定日期之前至少 7 天确认批准或不批准提议的计划内暂停服务。

（b）除非本合同另有规定或经实施机构和环保部门事先书面同意，项目设施在计划内暂停服务期间实际处理水量应不低于保底水量的 50%，并且项目设施每一运营年计划内暂停服务累计不得超过 18 日。

10.7.2 计划外暂停服务

（a）实施机构因重大公共利益和公共安全等原因要求项目公司全部或部分暂停污水处理服务时，项目公司应在接到实施机构通知后立即全部或部分暂停。

（b）由于不可抗力事件、进水水质超标以及未经通知之供电中断导致暂停服务时，项目公司应在污水处理全部或部分计划外暂停后立即书面通知实施机构，并尽快处理突发事件，使项目设施尽快恢复正常运行。

（c）由于项目公司的原因，导致污水处理全部或部分计划外暂停服务，项目公司应立即将此情况通知实施机构。项目公司应尽其最大努力在发现或通知暂停服务后 24 小时内恢复正常运营。

（d）实施机构因项目公司的原因导致暂停服务而受有损害，项目公司应负损害赔偿责任。

11. 水质和污泥质量标准和检测

11.1 污水进水标准

本项目的污水进水水质主要指标参照下表：

编号	项目	单位	进水水质
1	生化需氧量 BOD5	mg/L	≤115
2	化学需氧量 CODcr	mg/L	≤560
3	总悬浮物 SS	mg/L	≤480
4	总磷 TP	mg/L	≤4.5
5	总氮 TN	mg/L	≤62
6	氨氮	mg/L	≤46

表中未列出污染物指标遵照《污水排入城市下水道水质标准 CJ343 - 2010》A 级标准执行。

11.2 污水出水标准

本项目的污水出水水质主要指标参照下表：

编号	项目	单位	出水水质
1	生化需氧量 BOD5	mg/L	≤10
2	化学需氧量 CODcr	mg/L	≤40
3	总悬浮物 SS	mg/L	≤10
4	总氮 TN	mg/L	≤15
5	氨氮（以N计）	mg/L	≤2
6	总磷 TP	mg/L	≤0.5
7	PH值		6-9
8	粪大肠杆菌	（个/L）	≤103

污染物指标遵照《城镇污水处理厂污染物排放标准》（GB18918-2002）一级A标准执行。

11.3 污水处理厂污染物排放标准

污水处理厂厂界恶臭污染物浓度应符合《城镇污水处理厂污染物排放标准》（GB18918-2002）表4二级标准和《恶臭污染物排放标准》（GB14554-93）的要求。

污水处理厂厂界噪声应符合《工业企业厂界环境噪声排放标准》（GB12348-2008）中1类标准要求。建设期噪声应满足《建筑施工场界噪声限值》（GB12523-90）标准要求。

11.4 水质检测

11.4.1 检测义务

任一运营日项目公司均应对项目设施的进出水水质进行在线监测和人工检测。在线监测出水水质至少监测COD、氨氮、水量和总磷四项指标，人工检测按照附件八：水质检测报表中列明的项目和周期进行。

11.4.2 在线监测

11.4.2.1 在项目设施交付点处安装的在线监测装置由项目公司负责，并应符合环保部门要求。该装置应至少具备监测COD、氨氮、水量和总磷四项指标的功能。项目公司应按照国家标准和国家相关技术规范使用计量认证合格的在线监测设备对出水水质和水量进行监测和计量，并与环保部门联网。

11.4.2.2 项目公司应当按照国家有关规定和监测规范，对所排放的水污染物自行监测，并保存原始监测记录，监测费用及在线监测装置的维护费用由项目公司承担。

11.4.2.3 项目公司不得擅自拆除、闲置或损毁在线监测装置。如在线监测装置出现故障，并且无法合理追溯确认水质监测结果时，水质监测结果以人工检测结果为准。同时，必须立即启动运行应急服务预案，并在两小时内报告实施机构和环保部门以及相关部门。

11.4.3 人工检测

11.4.3.1 水样采集

（a）进水水样和出水水样均应每日连续 24 小时使用自动采样设备采集水样。自动采样设备每日上午 9：00 开始采样，采样间隔为 2 小时。项目公司于每日上午 9：30 提取自动采样设备采集的混合水样。

（b）每日提取的混合水样应分装 A 和 B 两瓶，A 瓶用于项目公司自行检测，B 瓶留作备用水样。每瓶备用水样应不少于 2000 毫升，瓶上须明确标明采样人、采样日期和采样点，进水和出水的备用水样须分开在 4℃保存，保存时限为 48 小时。

（c）用于检测水质的进水水样和出水水样应分别在接收点和交付点采集。

（d）水样的采集应满足国家标准《水质采样方案设计技术规定》（HJ 495－2009）和国家标准《水质采样技术指导》（HJ494－2009）以及《地表水和污水监测技术规范》（HJ/T91－2002）的要求，今后发生法律变更时应满足按照当时适用法律规定要求。

（e）水样储存应满足国家标准《水质采样样品的保存和管理技术规定》（HJ493—2009）的要求，今后发生法律变更时应满足按照当时适用法律规定要求。

11.4.3.2 指标检测

（a）各种水质指标的检测分析方法现按《城镇污水处理厂污染物排放标准》（GB18918－2002）规定进行，今后发生法律变更时按照届时适用法律规定进行；

（b）项目公司应按合同生效日现行国家标准对水质检测设备进行校验，今后发生法律变更时按照当时适用法律规定进行校验。

11.4.4 水质检测结果

11.4.4.1 在线检测指标的数据收集于每日上午 9：00 开始，每隔二（2）小时收集一次，计算每日收集的 CODcr、氨氮和水量三项指标的 12 组数据的平均值，以该五项指标的平均值作为该日该五项指标的在线检测结果。

11.4.4.2 检测机构将按照实施机构的要求将收集到的在线检测指标数据发送到实施机构及其指定机构的监测平台。

11.4.4.3 除 CODcr、氨氮和水量三项指标之外的其他水质检测指标的检测结果以人工检测所得的检测结果为准。

11.4.4.4 水质检测应按附件八：水质检测报表规定的格式填写，作为该日水质检测结果，且在任何出水水质指标超标或进水水质指标超标时，项目公司应立即通知实施机构。

11.4.5 实施机构与政府相关部门的核实与抽查

11.4.5.1 实施机构/相关政府部门有权指定代表在任何时候对项目公司的监测程序、结果、设备和仪器进行现场检查和监测。

11.4.5.2 实施机构/相关政府部门有权随时亲自或委托一家具有正式资格的水质监测机构在采样点自行采取水样，对合同中列明的指标进行抽查，以核实项目公司提供的结果。实施机构/主管部门抽查采样时须有项目公司人员在场。经通知后，项目公司人员拒不到场的，不影响抽查结果的有效性。

11.4.5.3 项目公司出具的水质检测结果只能作为其企业管理依据，实施机构/相关政府部门核实或抽查的结果与项目公司自检结果不一致且双方无法达成一致意见时，双方应共同委托有资质的独立的第三方专业检测机构进行检测，该检测结果双方均应认可。

11.4.5.4 实施机构/相关政府部门或受其委托的检验机构进行上述核实、抽查或检查的费用应由实施机构/相关政府部门承担，但是如果核实、抽查或检查的结果表明项目公司的检测程序不符合规定、检测设备超出允许误差或其检测结果不真实，则项目公司应负担该等费用。同时项目公司应立即纠正其不符合要求的检测程序，和/或调整检测设备。对核实或抽查结果表明项目公司违反了本合同中规定的义务的，按本合同规定的违约责任规定处理。

11.4.5.5 实施机构/相关政府部门按上述规定对项目公司的水质数据不定期抽查，由具有在线监测设备维护资质的单位对在线监测设备进行校核。

11.5 进水水质超标

11.5.1 进水水质超标10%时的处理。

进水中除pH值以外的任何一种进水主要水质指标超过本协议合同条款第11.1条规定的进水质量标准10%以内（含10%），视为此种超标在污水处理厂正常处理范围之内，项目公司有义务保证出水水质符合合同条款第11.2条规定的出水质量标准。

11.5.2 进水水质超标11%以上-20%以内时的处理。

进水中除pH值以外的任何一种进水主要水质指标超过本合同条款第11.1条规定的进水质量标准11%以上-20%以内（含20%），项目公司应处理收到的污水，并有义务保证出水水质符合本条规定的出水质量标准。

进水超标11%以上-20%以内情况下，出水的质量标准参数如下表：

编号	参数	单位	进水污染物含量	出水质量标准
1	生物需氧量（BOD5）	mg/l	126~138	20
2	化学需氧量（COD）	mg/l	616~672	60
3	悬浮物SS	mg/l	528~576	20
4	氨氮	mg/l	50~55	5

其他水质指标不考核。

11.5.3 进水水质超标21%以上的处理

污水进水中除pH值以外的任何一种进水主要水质指标超过合同条款第11.1条规定的进水质量标准21%以上时：

11.5.3.1 进水超标21%以上情况下，出水的质量标准如下：

序号	参数	单位	进水污染物含量	出水质量标准（去除率）
1	生物需氧量（BOD5）	mg/l	>138	>60%
2	化学需氧量（CODCr）	mg/l	>672	>60%
3	悬浮物SS	mg/l	>576	>70%
4	氨氮	mg/l	>55	>70%

11.5.3.2 项目公司应尽最大努力使出水符合本条规定的出水质量标准，如仍然无法达到该标准，实施机构不就此向项目公司收取违约金。

11.5.3.3 如污水进水中除PH值以外的任何一种进水主要水质指标连续30日以上超过合同条款第11.1条规定的进水质量标准21%以上，项目公司应与实施机构就修改出水质量标准、工况调整、设备改造及有关的费用或修改进水质量标准进行协商。如在协商期间，进水质量恢复至合同条款第11.1条规定的标准，则双方应按原规定执行。

11.5.4 进水水质超标的赔偿

在合作期间内，若进水水质中任何一项指标超出合同条款第11.1条所列标准，则视为进水水质超标。若进水水质超标，则项目公司因进水水质超标而为达标排放之目的相应增加的成本给予相应的合理补偿。

11.6 出水水质超标

11.6.1 出水水质超标和超标日数的计算

如果任何一种出水水质指标超过出水质量标准，当日出水应视为超标，出水水质超标日数应按1日计算。

11.6.2 水质超标的通知

项目公司在水质监测中发现任何一种进水水质指标超标，或任何一种出水水质指标超标，应立即书面通知实施机构。上述通知应包括所有有关测试结果以及就此等超标情况所作的其他有关调查的结果的详情，还应包括项目公司对超标情况可能持续的期限所作的最佳预测，以及引起此等状况的原因，包括项目公司声称的任何有关不可抗力的详情和所采取的补救措施的详细描述。

11.7 出水水质超标的违约金

11.7.1 污染物当量值的计算

出水水质超标，以污染物排放量和污染物的当量值为标准进行计算。某一污染物当量数的计算：污染当量数 = 该污染物排放量（千克） ÷ 该污染物的污染当量值（千克）。以上公式中：污染物的排放量 = （出水污染物的实际浓度 - 出水水质允许达标排放的浓度） × 当日出水水量

序号	污染物	污染当量值（千克）
1	化学需氧量（CODcr）	1
2	生物需氧量（BOD5）	0.5
3	悬浮物（SS）	4
4	氨氮	0.8
5	总磷	0.25

11.7.2 出水水质超标违约金

出水水质超标违约金 = 5 × 污水处理运营服务费单价 × 四项污染物的污染当量数之和

其中：化学需氧量（COD）、生物需氧量（BOD5）只计算这两项中污染物当量数最高的一项。

11.7.3 违约金的支付

项目公司根据合同条款第15.1条向实施机构开具当期付款申请书时，应对项目公司根据合同条款第14.7条承担的违约金做相应扣减。若某月的付费数额不足

以抵扣违约金，则实施机构有权从履约保函中兑取不足部分。

11.8 污泥处理

项目公司应按照适用法律的规定对所有产生的污泥进行污泥脱水处理，脱水后的污泥含水率应小于【×（建议 80%）】，并出具相应的检测报告报实施机构备案。在运营期内，项目公司负责将项目设施产生的污泥运到实施机构指定的地点。污泥运输费用由项目公司负责。项目公司处理后的污泥所有权归实施机构所有。项目公司不承担污泥处置费用，也不享有污泥处置收益（如果有）。

11.9 出水处理

除本合同另有约定外，出水的调度、使用等处置权应归属于实施机构，未经实施机构书面同意，项目公司不得擅自或委托第三方调度、使用出水。

11.10 环保部门的处罚

因项目公司原因导致出水超标而承担本合同项下的责任的，不免除其因适用法律或第三方合同项下应承担的其他责任，包括环保部门根据适用法律的规定进行的处罚。

11.11 对污泥、噪音、臭气的抽查

实施机构、相关政府部门有权指定代表在任何时候对项目公司运营时的污泥、噪音及臭气指标进行抽检，以核实项目公司提供的结果。

抽查程序准用本合同第 11.4.5 条约定。如检测的结果表明项目公司的检测程序不符合规定、检测设备超出允许误差或其检测结果显示不达标的，则项目公司应按照实施机构要求立即予以纠正。

11.12 其他约定

本章节条款及第 10 条运营阶段章节条款有未尽事宜者，依据相关国家或行业所颁布的运营维护规范或是审慎运营惯例办理。

12. 移交阶段

12.1 移交范围

12.1.1 项目设施和权益

在移交日，项目公司应向实施机构完好无偿移交：

（a）项目用地及项目资产的占有；

（b）项目公司对项目设施的占有，包括设备、机器、装置、零部件、备品备件、化学品，设备及其他资产；

（c）合同条款第 10.6 条约定的设备重置；

（d）与项目设施相关的所有尚未到期的保证、保险和其他协议的利益（只要这些是可以转让的)；

(e) 与项目相关的知识产权，包括专利、商标、技术诀窍、商业秘密等；

(f) 实施机构或其指定机构合理要求的其他物品与资料。

12.1.2 零配件和备品备件

在移交日，项目公司应向实施机构或其指定机构无偿移交足够6个月使用的消耗性备品备件和事故抢修的备品备件。所有零配件、备品备件应至少具有与本合同生效日时取得的备件相同的质量和标准并符合相同规范的要求。

12.1.3 保证的转让

移交时，项目公司应将所有项目设施的承包商、制造商和供应商提供的尚未期满的担保及保证，全部无偿转让给实施机构或其指定机构。

12.1.4 合同的取消、转让

项目公司应依实施机构的要求，取消项目公司与第三人签订的、于移交时仍有效的设备合同、供货合同和任何其他合同，如果是采购类合同且标的所有权尚未转移的，则取消合同不应对污水处理设备产生影响。实施机构对于项目公司所为取消合同所发生的任何费用不负责任。但实施机构认为继续履行上述合同将有利于项目的运营和维护，项目公司应取得合同相对方同意，将该等合同权利义务转让至实施机构或其指定机构，但是合同转让前的债权债务由项目公司享有和承担，合同转让后的债权债务由实施机构享有和承担。

12.1.5 技术和知识产权转让

项目公司应在移交日将届时使用的运营和维护项目设施所需要的所有技术和与项目相关的知识产权（包括以任何许可方式取得专利、商标、技术诀窍、商业秘密等)，全部无偿转让及移交给实施机构或其指定机构，并确保实施机构或其指定机构不会因使用这些技术或知识产权而遭受侵权索赔。如果上述技术和与项目相关知识产权的使用权到移交日已期满，项目公司有义务协助实施机构或其指定机构以不高于项目公司取得此等技术和知识产权时所付出的代价取得这些技术和知识产权的使用权。

12.2 移交清册、档案与文件

12.2.1 移交清册、档案与文件

在移交日，项目公司应向实施机构移交以下资料和文件：

(a) 项目公司资产清册，资产清册应当包括以下内容：品名、编号、购置时间、购置金额、折旧年限、使用手册、合同文件、保修文件、相关文件、备品清单。

(b) 可供移交日后6个月使用的备品清单。

(c) 项目公司自成立日起的全部公司档案和文件、会计账册，于移交日一并移交给实施机构。

(d) 项目公司应当保留全部自成立日起的运营和维护项目设施所必需的技术文件，以及实施机构或其指定机构合理要求的运营手册、运营记录、移交记录、设计图纸、文件和其他资料，以使其能够直接或经由其指定机构继续运营和维护项目设施；

(e) 移交项目设施占有所需的资料；

(f) 由实施机构或其他机构合理要求的其他档案或文件。

12.3 恢复性大修

12.3.1 恢复性大修时间

项目公司应在不早于移交日之前9个月，对项目设施进行一次大修，但此大修应不迟于移交日之前6个月完成。大修的具体时间和内容应由移交工作组确定。

12.3.2 未恢复性大修的后果

如果项目公司未按合同约定进行最后恢复性大修，实施机构可以兑取运营期保函金额自行进行大修，不足部分应由项目公司承担。

12.3.3 恢复性大修的标准

大修后的项目设施性能应保持良好状况，应不低于能够满足移交日适用法律规定出水水质处理等要求的性能参数。

12.4 移交标准

在移交日，项目公司应确保项目设施均处于良好状况，以使项目设施在依适用法律和谨慎运营惯例运行的情况下，能够继续稳定可靠地运行。通过最后恢复性大修，项目公司应确保污水处理厂关键性设备的整体完好率（性能指标）达到100%、其他设备的整体完好率（性能指标）达到95%、污水处理厂厂内构筑物不存在重大破损。

12.5 移交准备

12.5.1 成立移交工作组

合作期间期满前1年，项目公司和实施机构应成立移交工作组，移交工作组由双方各选派3名授权代表组成。

12.5.2 评估与检验

与项目运营有关的资产或设备在移交后，实施机构应当进行评估或实验，确定相应的资产或设备处于可用状态，并符合移交标准。

12.5.3 提交移交缺陷责任期保函

项目公司应当根据合同条款第5.3.1条的约定向实施机构提供金额为【×】元的移交缺陷责任期保函用于担保移交缺陷责任期的维修义务，保函的期限应包括移交缺陷责任期间。

12.5.4 人员安置

项目公司应于移交前180天向实施机构或政府指定机构提交一份当时项目公司雇佣的雇员名单，包括每个雇员的资格、职位、收入和福利等的详细资料。项目公司同时须说明在移交日之后哪些雇员将可供实施机构或政府指定机构聘用，未被聘用的员工，由项目公司负责安置，实施机构不承担任何责任。

12.5.5 无权利瑕疵

移交不应附带任何负债或违约、侵权责任。所有与移交的设施、权益、文件等有关的负债或违约、侵权责任，应由项目公司在移交前全部清偿或赔偿完毕。

项目公司在签订涉及项目资产出租、抵押或质押类等合同时，合同的履行截止日期应保证在合作期间期满前。项目公司应确保上述移交不应附带任何负债或违约、侵权责任。所有与移交的设施、权益、文件等有关的银行贷款或负债、违约、侵权责任等，已由项目公司全部清偿或赔偿完毕，但不得以移交的设施、权益、文件作为清偿客体。

12.5.6 无环境问题

实施机构和项目公司应当确保移交不会对环境保护造成影响。

12.5.7 移交清册

项目公司应当按照合同第12.2条的约定完成移交清册和档案文件的整理，并于移交日按时移交。

12.5.8 人员培训

实施机构或政府指定机构有权在移交日之前派驻人员到项目公司所在地进行培训或学习，但不迟于移交日前180日向项目公司说明情况及拟派驻人员名单并提供详细简历。项目公司免费负责为上述人员提供一次培训。

12.6 移交程序

12.6.1 移交范围清单

移交工作组应在成立后30日内举行会谈并商定项目设施移交的详尽程序以及按照合同第12.2条约定的移交范围的详细清单。

12.6.2 移走项目公司物品

项目公司应于移交日后30日内，自费从项目设施场地移走项目公司所属所有物品。移走的物品仅限于项目公司雇员的个人用品以及与项目设施的运营和维护无关的可移动的物品。如项目公司未在上述期间内移走该等物品，视为项目公司已抛弃所有，实施机构或其指定机构有权自行处理。

12.6.3 移交费用承担

项目公司及实施机构或其指定机构应各自负担移交所发生的费用和支出。实施机构或其指定机构应自费获得所有的批准并使之生效，并采取其他可能为移交所必需的措施。

12.7 未完成移交的效果

由于非项目公司原因，实施机构未能在移交日起 30 日内进行移交验收，则视为通过移交验收。由于项目公司原因导致移交未能完成的，并造成实施机构受有损失，实施机构有权兑现全额运营期保函，作为惩罚性违约金。

12.8 危险负担

项目公司承担移交日前污水处理厂的全部或部分设施、设备损失或损坏的风险，除非该等损失或损坏是由实施机构或其指定机构或人员的过错所致。自移交日起，污水处理厂的全部或部分设施、设备损失或损坏的风险由实施机构或其指定机构承担，但本合同另有约定的除外。

12.9 缺陷责任

12.9.1 履行保修义务

移交后项目缺陷责任期为移交日后 2 年。移交缺陷责任期内，项目公司须按国家规定履行保修义务（因接受移交的单位使用不当造成的损坏除外），修复项目设施的任何部分在移交缺陷责任期内出现的任何缺陷或损坏，并提供满足正常生产需要的技术咨询服务。

12.9.2 项目公司的修复义务

实施机构或其指定机构在移交日后发现任何缺陷或损坏后，应及时通知项目公司；但最迟应于移交缺陷责任期结束前通知项目公司。项目公司收到该通知后，应尽快自费修正缺陷或损坏。

12.9.3 未履行修复义务的后果

项目公司在收到实施机构或其指定机构上述合同条款第 12.9.2 条通知后的合理时间内不能或拒绝修正缺陷，实施机构或其指定机构有权自行或委请第三方修正上述缺陷。在这种情况下，项目公司应赔偿实施机构或其指定机构所支出的合理且必要修理费用，且实施机构有权从移交缺陷责任期保函中兑取相应金额以赔偿该等修理费用。

13. 绩效评价

13.1 全周期绩效管理

实施机构、行业主管部门和财政部门应按照《政府和社会资本合作（PPP）项目绩效管理操作指引》（财金〔2020〕13 号）的规定以及本合同的约定对项目公司进行全周期的绩效管理，绩效评价结果可以作为本项目期满后合同是否展期的考量因素。

13.2 绩效评价的主体

本项目由实施机构对项目公司进行绩效评价，项目公司有配合义务。

实施机构有权聘请第三方考核评估机构按合同条款的约定对项目公司进行绩效评价。项目所属行业主管部门、各级财政部门有权根据法律或职权指导、协助实施机构对项目公司进行绩效评价工作。

13.3 绩效评价的范围

绩效评价的范围是本合同所约定的全部建设义务、运营服务范围，其中包括但不限于未来因项目服务范围变更而应承担的合同义务。

13.4 绩效目标与指标体系的制定与调整

实施机构应负责编制本项目绩效目标与指标体系，并送请项目所属行业主管部门、财政部审核。

合作期间，因政府部门相关规范性文件要求，或项目工作开展的实际需要，或因突发事件、不可抗力等无法预见的重大变化影响绩效目标实现，实施机构有权对本项目绩效目标与指标体系进行调整，并通知项目公司执行。项目公司应按调整后的绩效目标与指标体系履行项目绩效评价义务。

项目公司对绩效目标与指标体系调整结果有异议的，可申请召开评审会进行评审。双方对评审意见无异议的，按评审意见执行；仍有异议的，按照合同约定的争议解决机制处理。

13.5 建设期绩效评价

13.5.1 建设期绩效评价的时点

本项目建设期绩效评价为一次性评价，时间点为建设期结束后30日内进行一次性绩效评价。

13.5.2 建设期绩效评价的标准

本项目建设期绩效评价标准详见附件九：建设期绩效目标与指标体系。

13.5.3 建设期绩效评价的程序

13.5.3.1 实施机构或实施机构指定的第三方机构开展绩效评价工作应按以下方式进行：

（a）下达绩效评价通知。实施机构确定绩效评价工作开展时间后，应至少提前5个工作日通知项目公司及相关部门；

（b）制定绩效评价工作方案；

（c）组织实施绩效评价；

（d）编制绩效评价报告；

（e）资料归档；

(f) 评价结果反馈。

13.5.3.2 项目公司在接到绩效评价通知后，应及时向实施机构或实施机构指定的第三方机构提交用于绩效评价的书面资料，实施机构可以根据实际需要自行调取、查看、和要求项目公司补充资料，项目公司不得拒绝。

13.5.3.3 实施机构应在绩效评价结束后按照相关规定履行信息公开义务。

13.5.4 建设期绩效评价的分数、等级及系数

考核得分	考核等级	建设期绩效评价系数（KB）
未满60分	丁级	30%
60分以上未满70分	丙级	20%
70分以上未满80分	乙级	$\left(\frac{\text{甲级分}-\text{当期绩效评价分}}{\text{甲级分}-\text{乙级分}}\right)\times 10\%$ （甲级分、乙级分指本级最低分）
80分以上	甲级	0

13.5.5 建设期绩效评价违约金的性质与计算

建设期绩效评价违约金的性质为惩罚性违约金，且惩罚性违约金并不影响实施机构对项目公司的损害赔偿请求权。

有关建设期绩效评价违约金的计算公式如下：

建设期绩效评价违约金 =（经审计单位审计后的建筑安装工程费 + 设备购置费 + 工程建设其他费用）×（1 - 中标工程下浮率）× 建设期绩效评价系数(KB)

13.5.6 建设期绩效的结果

项目公司建设期绩效评价未满60分，实施机构有权要求项目公司限期整改。

项目公司在收到实施机构签发的关于限期缴纳建设期绩效评价违约金的书面通知后，拒不缴纳或逾期缴纳的，实施机构有权以合同条款第14.3条约定的项目建设投资决算金额冲抵项目公司应负担的建设期绩效评价违约金金额，实施机构也可以选择兑现准备阶段与建设期保函。

13.6 运营期绩效评价

13.6.1 运营期绩效评价的周期

项目运营期绩效评价的周期为每个运营月考核一次。每个运营月的绩效评价应当在次月7日前完成，节假日不顺延。

13.6.2 运营期绩效评价的标准

本项目运营期绩效评价标准详见附件十：运营期绩效目标与指标体系。

13.6.3 运营期绩效评价的程序

准用本合同第13.5.3条约定。

13.6.4 运营期绩效评价的分数、等级及系数

绩效评价得分	考核等级	运营绩效评价系数（KC）
85分以上	优	0
70分以上，未满85分	良	5%
65分以上，未满70分	中	10%
未满65分	差	20%

13.6.5 运营期绩效评价违约金的性质与计算

运营期绩效评价违约金的性质为惩罚性违约金，且惩罚性违约金并不影响实施机构对项目公司的损害赔偿请求权。

有关运营期绩效评价违约金的计算公式如下：

运营期绩效评价违约金 = [运营月建设服务费(B) + 运营月污水处理费(c_n)] × 运营绩效评价系数(KC)

13.6.6 运营期绩效的结果

项目公司运营期绩效评价未满65分，实施机构有权要求项目公司限期整改。如项目公司通过限期整改后，运营期绩效评价仍未满65分的，实施机构有权根据本合同第15.6条约定暂停签发付款证书或通知财政部门暂停付款直至项目公司改善为止。实施机构暂停签发付款证书，财政部门暂停付款的行为不构成违约。

项目公司根据合同条款第15.1条向实施机构开具当期付款申请书时，应对项目公司根据合同条款第14.7条承担的违约金做相应扣减。若某期的付费数额不足以抵扣违约金，则实施机构有权从保函中兑取不足部分。

13.7 中期评估

13.7.1 中期评估的定义

中期评估是实施机构为全面了解项目设施状况、项目公司的经营管理、服务和履约情况而组织的全面评估。

13.7.2 中期评估的周期与费用承担

项目合作期间内每【×】年实施一次中期评估。

当项目公司在某一年度发生导致需要调整服务费的事项、不可抗力事件、项目

设施新建等重大投资、临时接管等重大事件时，实施机构有权决定在该等重大事件发生之前或之后对项目公司实施综合的或专项的年度评估。

因中期评估或特定情形下的年度评估发生的费用由实施机构承担。

13.7.3 中期评估的标准

本项目中期评估标准详见附件十一：中期评估

13.7.4 中期评估的程序

由实施机构组织有关部门成员、利益相关方代表和专业人士组成评估委员会进行，并由评估委员会向实施机构出具评估报告，实施机构另应将评估报告送达项目公司；评估委员会成员的专业知识结构应该包括财务、价格、污水处理厂和管网工程技术、安全、规划与建设、法律等。

项目公司应积极配合中期评估的检查和评估。实施机构、评估委员会有权根据实际需要自行调取、查看、和要求项目公司补充资料，项目公司不得拒绝。

13.7.5 中期评估的结果

实施机构根据中期评估报告的意见最终决定向项目公司发出整改通知的，应在通知中明确提出整改意见和整改期限以及是否开展价格、绩效评价等调整工作；以实施临时接管方式行使介入权的，应遵守本合同第18.1条的约定。

13.7.6 建设期、运营期绩效评价与中期评估结果的异议

项目公司对建设期、运营期绩效评价、与中期评估结果有异议的，应在5个工作日内明确提出并提供有效的佐证材料，向实施机构解释说明并达成一致意见。无法达成一致的，应组织召开评审会，双方对评审意见无异议的，根据评审意见确定最终评价结果；仍有异议的，按照合同约定的争议解决机制处理。

13.8 其他

13.8.1 项目公司的协助义务

项目公司应在财政部门会同相关主管部门、实施机构对项目开展后评价时，给予合理的协助。

13.8.2 其他规定的适用

本章节条款有未尽事宜者，依《政府和社会资本合作（PPP）项目绩效管理操作指引》（财金〔2020〕13号）的规定。

14. 水量与计价

14.1 水量的确定

14.1.1 运营月保底水量

自开始商业运营日至运营期结束之前，第一年的运营月保底水量为【×】万立

方米/日；第二年的运营月保底水量为【×】万立方米/日；第三年的运营月保底水量为【×】米/日；第四年的运营月保底水量为【×】万立方米/日；第五个年起月保底水量为【×】立方米/日。

14.1.2 运营月预计水量

自开始商业运营日至运营期结束之前，第一年的运营月预计水量为【×】万立方米/日；第二年的运营月预计水量为【×】万立方米/日；第三年的运营月预计水量为【×】米/日；第四年的运营月预计水量为【×】万立方米/日；第五个年起月预计水量为【×】立方米/日。

14.1.3 计量

14.1.3.1 流量计

项目公司应使用符合适用法律要求，并且经过实施机构确认的流量计连续测量、计算和记录进水水量和出水水量。污水处理量按日计量，项目公司每日记录的出水水量作为项目公司实际处理水量并经实施机构核准，以进水水量校核出水水量。

（a）流量计的首检

当每一个进、出水流量计首次应用于本项目时，都应在项目公司通知实施机构参加的情况下，由具备法定资质的检测机构或仪表生产厂家对流量计进行检查、检定和校准，检验合格方能投入使用，产生的费用由项目公司承担。

（b）流量计的安装

项目公司安装、更换、维修流量计时均需提前 7 日书面通知实施机构，实施机构有权指派代表监督安装、更换、维修流量计的全过程。

本项目设施范围内的污水处理厂的每个进、出水流量计均应被安装在实施机构同意的密封、安全和透明的装置内，并按照实施机构要求进行保护。

（c）计量

i. 项目公司应对进、出水流量连续测量、计算和记录。除双方另有约定外，流量计读数不得归零。若因技术原因必须归零时，项目公司应至少提前 7 日前书面通知实施机构，流量计须在双方代表在场的情况下归零。

ii. 若进水流量计读数和出水流量计读数存在明显差异，则尽快检修流量计，实际水量以前 7 个营运日的平均实际水量为准。

iii. 若出水流量计因不具备工作条件或发生故障等情况暂时不能正常工作时，实际水量以本条所述故障发生之日前 7 个运营日内平均实际水量为准；项目公司应尽量依本合同第 14.1.3.3（d）条约定的时间内完成出水流量计的修复。

iv. 在整个合作期间内，以后重置或新增的进、出水流量计应按本合同第 14.1.3.1 条的约定操作。

v. 如实施机构、项目公司中的任何一方就水量记录数据存在分歧，双方应首先通过友好协商予以解决，若协商未达成一致则按照本合同第 21 条约定的争议解决机制予以解决。

14. 1. 3. 2 液位计

项目公司应使用符合适用法律要求，并且经过实施机构确认的液位计。

控制液位：是指粗格栅入流井液位的上限，为管顶标高以上 1 米，项目公司必须保证在该水位之下运营，除非本协议另有约定。

（a）液位计的首检

本项目粗格栅井前安装液位计。每一个液位计首次应用于本项目时，都应在项目公司通知实施机构参加的情形下，由具备法定资质的检测机构或仪表生产厂家对液位计进行检查、检定和校准，检验合格后方能投入使用，费用由项目公司承担。

（b）液位计的密封

液位计安装应用于本项目时，应提前 7 日通知实施机构代表参与安装实施过程；若届时实施机构代表未能参加，则视为实施机构已参加安装实施。液位计应被安装在密封、安全和透明的装置内，并按照实施机构要求进行保护。

（c）计量

i. 项目公司应对粗格栅入流井液位连续测量、计算和记录。本项目自污水处理厂开始运营日当日，液位计将在双方代表在场情况下按本项目控制液位的要求决定基数。

ii. 实施机构通过在线液位计计量传感装置对液位进行实时监控。若液位计计量传感装置发生故障，则在故障未排除期间，实施机构有权随时到液位计安装处对液位进行监控，项目公司应给予相应的配合。

iii. 项目公司应按实施机构的要求进行液位控制。项目运营期内每日粗格栅入流井液位低于控制液位累计时间不少于 8 小时。除非：

a. 实测水量达到设计水量；

b. 在发生计划内暂停以及本合同约定之计划外暂停的部分暂停时，实测水量超过剩余设计水量；

c. 除本协议另有约定外，本款所述的实测水量及设计水量均为本项目中污水处理厂相应水量。

iv. 实施机构确定的警戒液位为管顶标高以上【×】米。当粗格栅入流井液位超越警戒液位时，项目公司应于【×】分钟内通知实施机构；

v. 合作期间内，实施机构有权根据届时污水处理厂收集范围的变化和污水处理厂实际运行情况对控制液位和警戒液位做调整，并书面通知项目公司。项目公司在收到该书面通知后应立即参照上述条款的约定来执行新的控制液位和警戒液位；

vi. 考虑到整体管理的需要，当出现前述 iiia、b、c 条约定之情形时，实施机构仍然可要求项目公司按照要求进行液位控制，项目公司应及时执行。由此产生的相关问题及事项，届时由双方协商确定；

vii. 若项目公司违反前述 iii 条的约定，项目公司应当自实施机构发出整改通知之时【×】小时内恢复到控制液位以下；若项目公司违反前述 iv 条的约定，项目公司应当自实施机构发出整改通知之时起【×】小时内恢复到控制液位以下。

14.1.3.3 流量计、液位计的校准和管理

(a) 流量计、液位计应按国家规定周期委托具有法定资质的检测机构或设备生产厂家进行核准，该等核准的费用应由项目公司予以承担；

(b) 任一方经书面通知对方后，可随时要求对任何流量计、液位计进行检查和校准。此等非定期的检查和校准费用由要求进行该等检查和校准的一方承担。但如检查和校准的结果显示有关流量计、液位计不准确，则上述费用由项目公司自行承担，不计入水价调整依据；

(c) 项目公司应记录对流量计、液位计每次定期和非定期的检查和校准结果，并在收到检测报告后 7 日内将该等结果的复印件提供给实施机构；

(d) 任何一方发现并证明任何流量计、液位计或其他仪表不准确的，项目公司应委托具备法定资质的检测机构或仪表设备生产厂家对前述仪表进行检测和校准。项目公司应在发现前述设备不能正常工作或接到实施机构通知后立即委托前述机构进行维修及校准，承担相应费用，并应在以下较短时间内完成校准、维修或更换工作：

i. 自项目公司发现流量计、液位计或其他仪表不能正常工作后 7 日内或双方书面同意的更长期间内；

ii. 自接到实施机构通知后 7 日内或接到前述通知后双方书面同意的更长的期间内。

14.2 运营月付费数额（A_n）

实施机构应于每个运营月与项目公司计算付费金额，并按合同约定支付，每期运营月付费数额计算公式如下：

第 n 期运营月付费数额(A_n) = 运营月建设服务费(B) + 第 n 期运营月污水处理费(C_n) + 第 n 期贷款市场报价利率调整付费(D_n) − 第 n 期运营月违约金(E_n)

14.3 运营月建设服务费（B）

运营月建设服务费数额的计算公式如下：

$$B = P\frac{i(1+i)^n}{(1+i)^n - 1}$$

P	工程总投资
n'	是指总付费期数，为【12×运营期年数】月
i	是指中标的建设服务费利率【×】‰
B	是运营月建设服务费

14.4 运营月污水处理费（C_n）

14.4.1 运营月污水处理费的类型

计算运营月污水处理费分三种情况：

（a）运营月实际水量小于运营月保底水量；

（b）运营月实际水量介于运营月保底水量和运营月预计水量之间；

（c）运营月实际水量大于运营月预计水量。

污水处理单价、固定成本污水处理单价和变动成本污水处理单价，按合同条款第 14.5 条发生调整的，按调整后的单价计算。

14.4.2 运营月实际处理水量小于运营月保底水量

当运营月实际水量小于运营月保底水量时，该期运营月污水处理费计算公式如下：

第 n 期运营月污水处理费（C_n）= 第 n 期运营月实际水量 × 污水处理单价 + 第 n 期运营月不足水量 × 固定成本污水处理单价

14.4.3 运营月实际水量介于运营月保底水量和运营月预计水量之间

当运营月实际水量介于运营月保底水量和运营月预计水量之间时，该期运营月污水处理服务费计算公式如下：

第 n 期运营月污水处理费（C_n）= 第 n 期运营月实际水量 × 污水处理单价

14.4.4 运营月实际水量大于运营月预计水量

当运营月实际水量大于运营月预计水量时，该期运营月污水处理费计算公式如下：

第 n 期运营月污水处理费（C_n）= 第 n 期运营月预计水量 × 污水处理单价 + 第 n 期超额水量 × 变动成本污水处理单价

14.5 污水处理单价的调整

14.5.1 污水处理单价调整的类型

有关污水处理费单价的调整类型分为以下三种情况：

（a）污水处理单价调整公式

（b）固定成本污水处理单价调整公式

（c）变动成本污水处理单价调整公式

合同条款第14.5.2条、第14.5.3条、第14.5.4条调价公式中的成本要素与费用指数的定义与数额如附件十二：成本要素、费用指数定义与数额表所示。

14.5.2 污水处理单价调整公式

$P_r = (P_0 \times K) \times (1 + W)$

其中：

P_r 为第r年调整后的污水处理单价（含增值税）；

W是污水处理费应适用的增值税税率

P_0 为污水处理单价基准日的污水处理单价（不含增值税）；

K为调价系数

$K = a(E_r / E_0) + b(L_{r-1} / L_0) + c(Ch_{r-1} \times Ch_{r-2} \times Ch_{r-3} \times \cdots\cdots \times Ch_0) + d(Tax_r / Tax_0) + e(CPI_{r-1} \times CPI_{r-2} \times CPI_{r-3} \times \cdots\cdots \times CPI_0)$

如 $(CPI_{r-1} \times CPI_{r-2} \times CPI_{r-3} \times \cdots\cdots \times CPI_0) > 110\%$，以110%计算

14.5.3 固定成本污水处理单价的调整公式

$PF_r = (PF_0 \times KF) \times (1 + W)$

其中：

PF_r 为第r年调整后的固定成本污水处理单价（含增值税）；

W是污水处理费应适用的增值税税率

PF_0 为污水处理单价基准日的固定成本污水处理单价（不含增值税）；

KF为调价系数；

$KF = b(L_{r-1} / L_0) + d(Tax_r / Tax_0) + e(CPI_{r-1} \times CPI_{r-2} \times CPI_{r-3} \times \cdots\cdots \times CPI_0)$

如 $(CPI_{r-1} \times CPI_{r-2} \times CPI_{r-3} \times \cdots\cdots \times CPI_0) > 110\%$，以110%计算

14.5.4 变动成本污水处理单价的调整公式

运营期间变动成本污水处理单价的调整公式如下：

$PV_r = (PV_0 \times KV)(1 + W)$

其中：

PV_r 为第r年调整后的固定成本污水处理单价（含增值税）；

W是污水处理费应适用的增值税税率

PV_0 为污水处理单价基准日的变动成本污水处理单价（不含增值税）；

KV为调价系数；

$KV = a(E_r / E_0) + c(Ch_{r-1} \times Ch_{r-2} \times Ch_{r-3} \times \cdots\cdots \times Ch_0)$

14.5.5 污水处理单价调整的周期

合作期间内前2个运营年的污水处理运营服务费单价不做调整，自第3个运营年（含第3个运营年）开始调整，每2个运营年调整一次。

14.5.6 污水处理单价调整的程序

每次调整工作自价格调整当年的统计年鉴发布的次日60日内确定调整后的服务单价，调整后污水处理单价自调整当年的1月1日起执行。

调整后的服务单价确认后，应将当年1月1日至调整完成期间所对应的差额款项在价格调整完之后第一次支付运营月付费数额时一次性结清并支付完毕。

14.6 贷款市场报价利率调整付费（D_n）

14.6.1 贷款市场报价利率及调整周期

本合同基准日的贷款市场报价利率为【×%/年】。贷款市场报价利率自基准日当月开始每12个月调整一次，调整后的贷款市场报价利率等于调整前12个月贷款市场报价利率的算数平均值。

14.6.2 本金的确定

贷款市场报价利率调整的本金应为截至贷款市场报价利率调整月次年的1月1日项目公司全部剩余贷款本金部分，以附件十六：财务模型中还本付息计划表的金额为准。

14.6.3 调整公式

贷款市场报价利率调整付费的计算公式如下：

$$D_n = L_n \times K_n$$

其中：

$$K_n = \frac{(i_n - i_0)R}{i_0}$$

D_n 是指第n期市场贷款报价利率（LPR）调整付费数额；

L_n 是指第n期尚未偿还的贷款数额；

K_n 是指第n期利率调整系数；

i_n 是指第n期前12个月贷款市场报价利率的算数平均值；

i_0 是指签约时或是投标基准日贷款市场报价利率；

R是指基准日中标的融资利率；

中标的融资利率 = 基准日贷款市场报价利率（LPR）×（1 + 中标的融资利率浮动率）

14.7 运营月违约金的范围（E_n）

本合同该期运营月违约金包括合同条款第11.7条计算的出水水质超标运营月违约金以及合同条款第13.6.5条绩效评价运营月违约金计算的总和。

第 n 期运营月违约金(E_n) = 第 n 期出水水质超标运营月违约金 + 第 n 期绩效评价运营月违约金

15. 付款方式

15.1 付款申请书的提交

项目公司应在每个运营月结束后10日内，向实施机构提交书面形式的付款申请书，经实施机构审核后由财政部门按签发的付款证书付款。

15.2 付款申请书的编制

付款申请书应包含以下数额：

(a) 运营月付费数额；

(b) 运营月建设服务费的金额及计算过程；

(c) 运营月污水处理服务费的金额及计算过程；

(d) 运营月实际水量、保底水量、预计水量、不足水量、超额水量的数额；

(e) 运营月每日实际进水量、出水量和处理水量的记录或报告；

(f) 污水处理单价固定成本、变动成本及调整后的数额（如有）；

(g) 贷款市场报价利率调整后的数额（如有）；

(h) 其他当月发生的其他费用。

15.3 付款证书的签发

实施机构应当在收到付款申请书后5日内完成审查并签发付款证书，项目公司应在收到付款证书后3日内，按付款证书上载明的金额向实施机构开具请款发票，实施机构应将请款资料提交财政部门办理请款。

实施机构签发的付款证书载明的金额与项目公司提交的付款申请书中金额不一致时，实施机构应将付款证书中确认的金额支付给项目公司，差额部分由双方按合同条款第21条争议处理程序办理。

15.4 款项的支付

财政部门收到实施机构转交的资料后，应根据付款证书所载明的金额于5日内支付运营月付费款项至项目公司在贷款银行所开立的贷款账户。

15.5 逾期付款的效果

实施机构未按合同约定的期限审核和签发付款证书，财政部门未按合同约定期限支付运营月付款数额，项目公司可以按照合同条款第19条违约及提前终止的程序处理。

15.6 暂停付款

项目公司如发生违约事由或由于项目公司本身的其他事项，导致本合同目的无法达成或履约过程受到干扰的，经实施机构催告要求改善后仍无效果的，实施机构有权暂停签发付款证书或通知财政部门暂停付款直至项目公司改善为止。实施机构暂停签发付款证书，财政部门暂停付款的行为不构成违约。

15.7 货币

本协议下的任何付款款项，一律以人民币支付。

16. 风险与保险

16.1 风险分配原则

项目设计、建造、财务、和运营维护等商业风险由项目公司承担，法律、政策和最低需求等风险由政府承担，不可抗力等风险由合同双方合理共担。

16.2 有关保险的一般要求

16.2.1 购买保险

16.2.1.1 合作期间内，项目公司应根据适用法律和谨慎运营惯例，自费购买和维持附件十三：保险清单规定的保险。实施机构可向项目公司推荐保险公司，并协助项目公司提前购买相关保险，但不承担任何法律、经济责任。

16.2.1.2 项目公司必须：

（a）使实施机构列入保险单上的被保险人之一；

（b）使所有保险单均注明保险商在取消保险或对之进行重大改变之前至少30日书面通知实施机构；

（c）未经实施机构书面同意，项目公司不得变更该等保险单据。

16.2.1.3 联名保险

实施机构应为附件十三：保险清单中所有适当注明的保险项下的被保险人（或被保险人之一）。项目公司应促使保险商放弃在附件十三：保险清单中规定的全部保险项下其可能拥有或获得对实施机构的任何及全部代位追偿权，无论实施机构是否为该等保险项下的被保险人。

16.2.2 保险备案

项目公司必须促使其保险公司或代理人向实施机构提供保险证明以办理备案，以证实其已按照合同条款第16.2.1条获得保险单据及批单。

项目公司应在获准在中国经营保险业务的、具有良好信誉并经实施机构同意的保险商处保持完全有效的保险，并向实施机构提供所有的保险证书，证明项目公司已按照实施机构要求获得保险单据，同时向实施机构提供全部保险单据的复印件及保险费已付凭据的复印件。项目公司一旦收到续保证书和保险批单凭据应及时提交给实施机构。

保险单应包括保险商就以下各项作出的确认：

（a）保险商已经获得充分的信息以便在假设该等信息不存在实质性误导的前提下评估对保单项下所有风险进行承保的风险；

（b）就其同意为实施机构提供共同保险的决定而言，保险商并未依赖或要求任何信息；

（c）实施机构没有授权任何人，就实施机构成为或作为共同被保险人代其作出任何声明。

16.2.3 保险条款变动

根据合同条款的约定投保的所有保险，项目公司应促使保险商在保险条件中规定，在任何保险责任的取消、终止、期满或中止和/或保险的任何重大改变或保险金额的任何减少或责任限额的任何降低生效之前至少30日通知实施机构。

16.2.4 持续保险

项目公司未能按合同条款第16.2.1条的要求投保，不得减轻或以其他方式影响项目公司在本合同项下的义务和责任。

项目公司若有不购买或未维持合同条款第16.2.1条所要求的保险情形时，实施机构应先以书面通知项目公司购买或维持上述保险，项目公司在接到上述书面通知2个月内仍未购买或维持该保险，则实施机构有权根据本合同自行购买或维持上述保险，并有权从履约保函中兑取款项以支付保险费用或从应付运营月付费数额中直接扣除。

16.2.5 保险事故的报告和通知

保险事故发生时，投保人应按照保险合同规定的条件和期限及时向保险人报告，实施机构和项目公司应当在知道保险事故发生时及时通知对方。

16.2.6 理赔程序

16.2.6.1 项目公司和实施机构应遵守对其适用的保险单的条款及条件，并应遵循与保险商订立的理赔管理程序。该理赔管理程序应符合同类项目的合理的和惯常使用的条款。在准备文件及就理赔进行谈判方面，各方均同意向对方提供合理的协助。当附件十三：保险清单中任何保险单项下的任何理赔可能超过【（RMB)】时，项目公司应通知实施机构并不时向实施机构提供其合理要求的有关保险单项下索赔的任何信息。

16.2.6.2 在建筑安装工程一切险、财产一切险及机器故障损坏险项下项目公司可获得的理赔款项应用于对保险标的的灭失或损失进行恢复及修理。业务中断险项下获得的赔款用于偿还贷款及项目公司的规定常规费用。第三者责任险的赔偿款项应支付给有权获得赔偿的个人或组织。未经实施机构书面同意（实施机构不得无理拒绝同意），项目公司及保险商不得就超过【（RMB）】的任何理赔达成妥协。

16.3 建设期的保险

项目公司应在建设期内自费投保以下险种的保险：

（a）货物运输险；

（b）货物运输险之完工迟延险；

（c）建筑安装工程一切险；

（d）建筑安装工程一切险之完工迟延险；

（e）第三者责任险；

（f）其他通常的合理的，或遵循贷款人及适用法律要求所必要的保险。

前述保险的保险金额责任范围被保险人保险期间应按附件十三：保险清单规定办理。

16.4 运营期的保险

项目公司应在运营期内自费投保以下险种的保险：

（a）财产一切险；

（b）财产一切险之业务中断险；

（c）机械故障损失险；

（d）机械故障损失险之业务中断险；

（e）第三人责任险；

（f）其他通常的合理的，或遵循贷款人及适用法律要求所必要的保险。

前述保险的保险金额责任范围被保险人保险期间应按合同约定办理。

17. 法律变更与不可抗力

17.1 守法义务

项目公司在实施本项目的过程中有义务遵守法律的规定。双方在履行本合同的同时，应当遵守国家法律和政策关于政府采购过程中依据政府采购相关法律已经确定的各项要求，例如采购本国货物和服务、保护环境、扶持不发达地区和少数民族地区、促进中小企业发展、技术引进和本地化转移等要求。

17.2 法律变更的要件

本条中所指的法律变更需同时符合以下三个条件：

（a）本条所称的法律是指中华人民共和国法律、法律解释、行政法规、部门规章、地方政府规章、规范性文件及政策等。

（b）前述的法律在基准日后发生变更。

（c）在基准日后颁布的各级人民代表大会或其常务委员会或有关政府或政府部

门对任何法律的实施、修订、废止或对其解释或执行的任何变动。

17.3 法律变更的效果

政府方、实施机构或政府部门在职权范围内对所颁行的法律做出的变更，应认定为可控的法律变更。由国家或政府方的上级政府或其工作部门统一颁行的法律，应认定为不可控的法律变更。可控的法律变更与不可控的法律变更均视为不可抗力。

17.4 不可抗力的情形

17.4.1 不可抗力需同时符合以下三个条件：

（a）在投标基准日时不能合理预见的；

（b）声称遭受不可抗力影响的一方对该事件及其后果不能克服的且不能避免的客观情况；

（c）不能归因于合同任何一方的。

17.4.2 政治不可抗力事件包括：

（a）全国性、地区性或行业性罢工；

（b）政府行为：指因公共利益需要，政府部门或实施机构依法对项目或其任何部分实行的征收、征用、国有化。且在紧急情况下，实施机构有权按照适用法律征收或征用项目设施暂代项目公司运营维护项目设施；

（c）可控的法律变更与不可控的法律变更；

（d）其他双方不能合理预见和控制的政治不可抗力情形。

17.4.3 自然不可抗力事件包括：

（a）雷电、干旱、地震、火山爆发、陨石撞击、山崩、山滑坡、水灾、暴风雨、海啸、洪水、台风、龙卷风、地隆、地陷或任何其他天灾；

（b）大规模流行病、饥荒或瘟疫；

（c）战争行为（无论是宣战的或未宣战的）、入侵、武装冲突或敌对行为、封锁、暴乱、恐怖行为或军事力量的使用；

（d）其他双方不能合理预见和控制的自然不抗力情形。

17.5 不可抗力的通知与处理

17.5.1 通知

声称受到不可抗力影响的一方应在发生不可抗力或知道发生不可抗力之后，即时以书面通知另一方，并详细描述不可抗力的发生情况和可能导致的后果，包括该不可抗力发生的时间和预计停止的时间，以及对该方履行在本合同项下义务的影响，并在另一方合理要求时提供证明。

17.5.2 处理

受到不可抗力影响的一方应尽合理的努力并采取相应的措施减少不可抗力对其

造成的影响。双方应协商制定并实施补救计划及合理的替代措施以消除不可抗力的影响，并决定为尽量减少不可抗力给每一方带来的损失应采取的合理的手段。

声称受到不可抗力影响的一方在不可抗力的影响消除之后应尽快恢复履行本合同项下的义务。

17.6 不可抗力的效果

发生不可抗力的情形时，项目公司有权请求实施机构延长相应的建设期或运营期、免除违约责任、暂停本合同的履行或要求公平补偿。但发生政治不可抗力导致项目公司发生损失的，实施机构应当就利润损失酌情给予补偿。

发生不可抗力的情形后，在采取通过延长建设期或运营期、免除违约责任、暂停本合同的履行，或补偿仍无法达成合同目的的，实施机构、项目公司均有权提前终止本合同，并按照本合同第 19.3 条、第 19.4 条的约定处理。

18. 政府方介入权、融资方介入权与公众监督

18.1 政府方介入权

18.1.1 介入权行使的要件

出现下列情况之一的，实施机构有权行使介入权：

18.1.1.1 建设期内项目公司书面表示放弃项目或被视为放弃项目建设；

（a）项目公司放弃的情形。项目公司以书面形式表示放弃本项目建设或运营。

（b）视为项目公司放弃的情形。除不可抗力或实施机构违约的情形外，如果项目公司出现下列情形，则本项目的建设应视为已被项目公司放弃：

i. 书面通知实施机构其已终止任一建设工程，且不打算重新开始施工；

ii. 由于项目公司原因未能在预计开工日之后 90 日内开始项目的建设；

iii. 由于项目公司原因未能在任何不可抗力事件结束后 90 日内恢复建设工程施工；

iv. 项目公司出于任何其他原因在开始商业运营日前停止工程建设，撤走项目场地全部或大部分的工作人员累计超过 90 日以上的。

18.1.1.2 项目公司违反本合同约定建设、运营维护项目，且在本合同约定期限内，或收到实施机构通知后的 14 日内未能或无法纠正和改正，包括：

（a）因经营管理不善等原因，造成财务状况严重恶化，影响本项目正常运营的；

（b）因可归责于项目公司的原因导致污水处理厂目设计、施工等存在重大缺陷，影响本项目正常运营的；

（c）擅自转让、出租项目经营权的；

（d）擅自将所经营的项目设施或收益权进行处置或者设置抵押或质押的；

（e）因管理不善，发生较大或重特大质量事故、安全事故的；

（f）擅自停业、歇业；

（g）连续或者持续合计7日污水处理不达标的；

（h）被司法机关判定为污水处理不达标危害环境构成犯罪的；

（i）其他违约行为：【×】。

18.1.1.3 存在危及社会公众人身健康或安全、财产安全或环境安全的情形，且项目公司不具备应对能力的；

18.1.1.4 发生紧急情况或危机，且实施机构有理由认为该紧急情况或危机将导致人员伤亡、严重财产损失或造成环境污染且项目公司不具备应对能力的；

18.1.1.5 其他情形：【×】。

18.1.2 介入的方式

实施机构行使介入权的，有权采用增加监管方式、监管频次、替代部分履行、整顿或临时接管等方式，以保证项目顺利运行。实施机构行使介入权，不应被视为根据本合同受让项目资产或承担项目公司的义务。实施机构行使介入权后，项目公司应配合实施机构及其指定第三方，并向其提供所有合理的协助。

18.1.3 介入的限制

实施机构无正当理由行使介入权，影响本合同正常履行且损害项目公司利益的，项目公司有权要求实施机构赔偿相应损失。

18.1.4 介入权的行使程序

18.1.4.1 通知

实施机构根据本合同约定行使介入权之前，应提前7日以书面形式通知项目公司，通知内容包括：

（a）介入原因；

（b）介入方式；

（c）介入的范围和程度；

（d）介入权行使主体；

（e）介入起始日期；

（f）介入持续期限；

（g）介入对乙方的影响和处理等。

18.1.4.2 项目公司的异议

项目公司对实施机构行使介入权有异议的，应自收到实施机构发出的前述通知后3日内提出异议，实施机构收到异议后，应在7日内给予回复。双方无法达成一致意见的，按照本合同第21条的约定执行，但争议解决期间内不影响实施机构行使介入权。

18.1.5 介入持续时间和范围

实施机构介入的时间和范围不应超过足以使项目公司改正或可以合理地被期望有能力改正导致介入的违约事件，或缓解紧急事件或使项目公司具备应对能力解除紧急事件所必需的范围和程度。实施机构根据本合同第18.1.1.1条、第18.1.1.2条约定进行的介入仍然无法补救项目公司的违约行为，实施机构有权根据第19.6.1条约定终止本合同。

18.1.6 介入期间的费用和收入

18.1.6.1 实施机构根据本合同第18.1.1.3条、第18.1.1.4条约定进行的介入，实施机构应承担由此引发的所有费用，介入期间的运营收入应归项目公司所有。

18.1.6.2 实施机构根据本合同第18.1.1.1条、第18.1.1.2条约定进行的介入，项目公司应承担因实施机构介入所引发的所有费用，该费用实施机构有权从服务费中扣减或者要求项目公司另行支付。介入期间的运营收入应归项目公司所有，但是实施机构按照合同约定仅就不受项目公司违约影响部分支付服务费。

18.1.6.3 实施机构应在停止介入后30日内将介入过程中发生的费用明细交予项目公司。

18.2 融资方介入权

18.2.1 融资方介入权协议的签订

为保障融资方债权合法合规受偿及项目顺利推进，在不违反本合同、合作协议以及相关政策法规的前提下，实施机构、项目公司与融资方可以签订融资方介入权协议。

18.2.2 融资方行使介入权的时机以及介入方案

项目公司发生违约或是提前终止事由，实施机构行使终止权之前，可以根据融资方介入权协议，协调融资方行使介入权，融资方可以根据介入权协议内容以及项目实际情况拟定介入方案，经实施机构同意后实施。

18.2.3 融资方行使介入权的方式

融资方介入权是融资方的权利，不是融资方的义务，融资方有权决定是否行使介入权。融资方可以采用债转股、寻找具有相同条件的第三方收购项目公司、注入资金或是其他合适的方式行使介入权。

18.3 公众监督

18.3.1 保障公众知情权

项目公司应保障公众的知情权，接受社会监督，依法依规公开披露本项目相关信息，涉及国家安全和利益的国家秘密、影响公共安全和公共秩序的信息、应该保守的商业秘密除外。

18.3.2 公众监督的形式

公众监督的实现形式，包括但不限于聘请公众监督员、公众问卷调查以及举行环境影响听证会、邀请公众代表参加中期评估等。

18.3.3 公众监督的效果

社会公众及项目利益相关人发现项目存在违法、违约情形或公共产品和服务不达标准的，可向政府职能部门提请监督检查或向项目公司提出投诉及意见；项目公司应接受并妥善处理利益相关人的投诉和意见，利益相关人包括但不限于受本项目影响的组织或个人，并将对公众投诉的处理情况等相关信息予以公开。

19. 违约及提前终止

19.1 违约

19.1.1 政府违约事件

下述每一条款所述事件，除项目公司的违约或不可抗力的事情所致外，实施机构又未在有允许纠正的期限内为纠正，即构成实施机构严重违约事件：

（a）实施机构在本合同条款第3.1条中的任何声明被证明在做出时在实质方面不正确，使项目公司履行本合同的能力受到严重的不利影响；

（b）实施机构未能按合同约定履行付费义务；

（c）实施机构未能有效按合同条款第3.2.5条维护项目公司经营权的唯一性，对项目公司的运营造成严重妨碍；

（d）政府方出资代表未按照本合同和相关协议的约定履行出资义务，阻碍项目公司融资或造成其他经济损失的；

（e）实施机构未按照本合同条款第3.2.4条的约定履行场地提供义务，导致项目公司无法正式进场施工或实施建设工程的；

（f）实施机构未履行本合同项下的义务情节严重并导致合同目的无法达成的，实施机构在收到项目公司要求补救的书面通知后60日内仍未能补救该实质性违约。

19.1.2 政府违约的效果

实施机构违约，经项目公司催告后仍未改善的，项目公司得请求延长相应的建设期、运营期或赔偿，或依合同条款第19.2.1条约定提前终止合同。

19.1.3 进水水质超标的处理

项目运营期内进水水质超标的，不视为项目公司违约。项目公司有权根据合同第11.5条的约定，调整出水水质指标。

19.1.4 项目公司违约事件

（a）项目公司在本合同第4.1条中的任何声明被证明在做出之时实质不属实，

使项目公司履行本合同的能力受到严重的不利影响；

（b）未按合同第 4.2.1 条支付前期费用；

（c）未按合同第 4.2.2 条提供履约保函义务；

（d）未按合同第 4.2.3 条取得开工许可证；

（e）未按合同第 4.2.4 条完成融资义务；

（f）未按合同第 4.2.5 条成本项目设计工作；

（g）未按合同第 4.2.6 条完成本项目建设工作；

（h）未按合同第 4.2.7 条针对项目设施和资产进行必要维护；

（i）未按合同第 4.2.8 条提供污水处理服务；

（j）未按合同第 4.2.9 条完成移交工作；

（k）未按合同第 4.2.10 条购买保险；

（l）未按合同第 4.2.11 条遵守安全标准和环境保护职责；

（m）未按合同第 4.2.12 条（A 条款）履行股权转让限制义务（如果有）；

（n）未按合同第 4.2.13 条履行合同转让限制义务；

（o）未按合同第 4.2.14 条履行经营权转让限制义务；

（p）未按合同第 4.2.15 条履行转投资禁止义务；

（q）未按合同第 4.2.16 条遵守合法取得知识产权义务；

（r）未按合同第 4.2.17 条遵守项目公司用人责任；

（s）未按合同第 4.2.18 条履行报告义务；

（t）未按合同第 4.2.19 条履行接受监管义务；

（u）未按合同第 4.2.20 条履行守法纳税义务；

（v）未按合同第 4.2.21 条履行合同约定的其他义务；

（w）未按合同第 5.5 条约定履行恢复保函数额义务；

（x）项目公司有合同第 18.1.1.1 条、第 18.1.1.2 条情形；

（y）项目公司有合同第 10.7.2（c）条暂停服务且当次暂停连续 5 日或每一个运营年累计 10 日的情形；

（z）项目公司擅自停业、歇业或未对项目设施进行定期维护、更新改造，而造成重大安全责任事故，严重影响和危害社会公众利益；

（aa）项目公司根据适用法律进行清算或不能清偿到期债务；

（ab）项目公司被吊销企业法人营业执照、责令停业或破产；

（ac）项目公司未履行本合同项下的义务构成对本合同的实质性违约，并且在收到实施机构说明其违约并要求补救的书面通知后 14 日内仍未能补救该实质性违约；

（ad）融资方开始行使其担保协议项下的担保权利，或融资方行使介入权未能有效补救项目公司出现的重大经营或财务风险，或融资方选择不行使介入权进行补救，并可能造成项目无法正常运营。

19.1.5 项目公司违约的效果

项目公司有合同条款第 19.1.4 条情形时，实施机构有权视情形要求项目公司限期改正。项目公司逾期不改正时，实施机构有权要求项目公司支付违约金、违约赔偿，或依合同条款第 19.6.1 条约定提前终止合同。

19.2 第一类提前终止事由与效果（政府违约、任意终止）

19.2.1 政府违约终止

实施机构发生合同条款第 19.1.1 条约定的违约事由，在项目公司催告后仍未改善，采取通过延长建设期或运营期，或赔偿仍无法达成合同目的的，项目公司有权提前终止合同。

19.2.2 任意终止

实施机构有权任意终止合同。

19.2.3 第一类终止事由的程序和效果

发生第一类终止事由的效果如下：

（a）提前终止合同；

（b）项目公司按本合同约定要求赔偿；

（c）实施机构有权在完成赔偿后收回项目资产、项目设施及项目场地。

19.2.4 第一类终止赔偿金额的计算

第一类终止赔偿金额的范围及计算，按附件十四：合同终止赔偿与终止补偿金额的计算执行。

19.3 第二类提前终止事由与效果（政治不可抗力）

19.3.1 政治不可抗力

发生合同条款第 17.4.2 条约定的政治不可抗力事由，采取通过延长相应的建设期或运营期，或补偿仍无法达成合同目的的，任一方有权提前终止本合同。

19.3.2 第二类提前终止的效果

（a）任一方基于第二类终止事由提前终止合同后，项目公司有权按照本合同约定请求公平补偿。

（b）实施机构有权在完成补偿后收回项目资产、项目设施及项目场地。

19.3.3 第二类补偿金额的计算

本合同前条的补偿金额的范围及计算，按附件十四：合同终止赔偿与终止补偿金额的计算执行。

19.4 第三类提前终止事由与效果（自然不可抗力、政策因素、公益原因）

19.4.1 自然不可抗力

发生合同条款第 17.4.3 条约定的自然不可抗力事由，采取通过延长相应的建设期或运营期，或补偿仍无法达成合同目的的，任一方有权提前终止本合同。

19.4.2 政策因素和公益原因终止

实施机构有权基于政策因素或公益原因提前终止合同。

19.4.3 第三类提前终止的效果

（a）任一方基于第三类终止事由提前终止合同后，项目公司有权按照本合同约定请求公平补偿。

（b）实施机构有权在完成补偿后收回项目资产、项目设施及项目场地。

19.4.4 第三类补偿金额的计算

本合同前条的补偿金额的范围及计算，按附件十四：合同终止赔偿与终止补偿金额的计算执行。

19.5 第四类提前终止事由与效果（合意终止）

19.5.1 第四类提前终止的事由

实施机构和项目公司可以协商一致提前终止本合同的履行，项目公司可以发出书面终止意向通知的方式要求终止合同，终止通知发出后本合同应按双方协商一致的移交日终止。

19.5.2 第四类提前终止的效果

（a）双方基于第四类终止事由合意提前终止合同后，项目公司有权就其直接损失请求公平补偿。

（b）实施机构有权在完成补偿后收回项目资产、项目设施及项目场地。

19.5.3 第四类补偿金额的计算

第四类补偿金额的计算，按照附件十四：合同终止赔偿与终止补偿金额的计算处理。

19.6 第五类提前终止事由与效果（项目公司违约）

19.6.1 项目公司违约终止

项目公司发生合同条款第 19.1.4 条约定的违约事由，或因为项目公司的因素导致合同无法履行的，经过实施机构催告后仍未改善，或采取通过延长建设期或运营期，仍无法达成合同目的的，实施机构有权提前终止本合同。

19.6.2 第五类提前终止的程序和效果

发生第五类终止事由的效果如下：

（a）实施机构有权提前终止合同；

(b) 实施机构有权就其产生的损失请求项目公司赔偿，并有权从经营权对价款退还的金额中直接扣除上述赔偿金额。

(c) 如实施机构的损失大于经营权价款的退还金额，实施机构无须退还经营权对价款，并有权要求项目公司赔偿差额。

(d) 实施机构有权停止经营权的授予，并收回项目资产、项目设施及项目场地。

19.6.3 第五类终止经营权对价款退还与赔偿金额的计算

第五类终止经营权对价款退还与赔偿金额的计算按附件十四：合同终止赔偿与终止补偿金额的计算执行。

19.7 提前终止的程序

按照第一类、第二类、第三类、第五类提前终止事由发出的任何终止意向通知应表述引起发出该通知的一方违约行为或不可抗力、政策因素、公益原因事件的合理详细的情况及终止的原因。在终止意向通知发出之后，双方应在20日之内或双方同意的更长时间内（以下简称“协商期”）协商避免本合同终止的措施。如果项目公司和实施机构就将要采取的措施达成一致意见，或者项目公司或实施机构在协商期内纠正了终止合同的事由件，终止意向通知应立即自动失效。

19.8 赔偿或补偿的审计

项目公司提出的有关成本或利润的赔偿或补偿，应由实施机构或政府方经过审计程序认定。

19.9 终止后移交

19.9.1 移交范围

本合同提前终止后，项目公司应按合同条款第12.1条约定范围向实施机构完成移交。

19.9.2 移交程序

19.9.2.1 本合同提前终止日起5个工作日内，实施机构有权委派3名授权代表与项目公司3名授权代表成立移交工作组。移交工作组应在成立后7天内商定移交日期、项目设施移交的详尽程序、项目移交前最后恢复性大修的内容和具体时间、终止补偿或赔偿金额、根据合同条款第19.9.1条规定的移交范围的详细清单以及其他移交工作。

19.9.2.2 合同条款第12条中约定的，与项目提前移交性质不违背的内容在提前移交中同样适用。

19.9.2.3 实施机构应在办理完毕全部产权过户手续以及其他法定手续，并在双方账目结算完毕的15个工作日内将终止补偿或赔偿金全部支付给项目公司。自提前移交日，项目公司对项目设施的占有和权益全部转移给实施机构。

20. 行政区划调整与合同变更、转让

20.1 行政区划调整

在本合同有效期内，如发生行政区划调整或者职能变更导致实施机构不再作为本项目的适格合同主体，则应由届时实施机构合法承继者与项目公司重新签订合同以及本项目有关的其他协议，由届时合法承继者享有并承担本合同以及本项目有关的其他协议项下的全部权利和义务。

20.2 合同的转让

20.2.1 实施机构的合同转让

实施机构可将本合同或与本项目有关的其他协议项下的全部或部分权利或义务转让给本级人民政府指定的政府机构或部门，但受让合同的政府机构或部门应当具备：

（a）具有承担实施机构在本合同及其他相关协议项下所承担的所有权利、义务和责任的能力和授权；以及

（b）承继并继续履行实施机构在本合同及其他相关协议项下的义务。

除20.2.1（a）项实施机构的转让外，未经项目公司事先书面同意，实施机构不得转让其在本合同或与本项目有关的其他协议项下全部或部分的权利或义务。

20.2.2 项目公司的合同转让

除经实施机构事先书面同意、项目公司因办理资产证券化业务、公开募集基础设施证券投资基金（REITs）或类不动产信托基金业务（类REITs）外，项目公司不得就其在本合同或与本项目有关的其他协议项下的全部或部分权利或义务进行转让。经实施机构事先书面同意、项目公司办理资产证券化业务、公开募集基础设施证券投资基金（REITs）或类不动产信托基金业务（类REITs）情形下，受让方应当具备：

（a）具有承担项目公司在本合同及其他相关协议项下所承担的所有权利、义务和责任的能力和授权；以及

（b）承继并继续履行项目在本合同及其他相关协议项下的义务。

20.3 合同内容的变更

20.3.1 合同内容变更的限制

未经双方书面同意，任何一方不得对本合同内容进行单方修改或变更。

20.3.2 合同内容变更的生效时间

本合同内容任何修改、补充或变更必须经双方协商一致并签字盖章后方具有法

律约束力。如果根据届时有效的适用法律的规定而需要政府有关部门审查批准的，则自政府有关部门审查批准之日起相应变更对实施机构、项目公司双方产生约束力。

20.3.3 签署补充协议

本合同未尽事宜，由双方另行签署补充协议。

20.3.4 合同条款有不合法、无效或不能执行的处理

合作期间内，如果本合同的任何条款不合法、无效或不能执行，则：

（a）并不影响其他条款的效力和执行；

（b）双方应商定对不合法、无效或不能执行的条款进行修改，使之合法、有效、合理并可执行。

21. 争议处理

21.1 争议处理的方式

双方因履行本合同产生的争议，可以采取友好协商、调解、争议评审和诉讼方式进行处理。

21.2 友好协商

若双方对于由于本合同条款或与本合同有关条款的解释（包括关于其存在、有效或终止的任何问题）产生任何争议、分歧或索赔，则应尽力通过友好协商的方式解决该争议、分歧或索赔。

除非双方届时另有约定，若在尝试友好协商解决后30日内该争议、分歧或索赔未能得到解决，则可以选择适用合同条款第21.3条、第21.4条、第21.5条约定。

21.3 调解

合同当事人可以就争议请求建设行政主管部门、行业协会或其他第三方进行调解，调解达成协议的，经双方签字并盖章后作为合同补充文件，双方均应遵照执行。

21.4 争议评审

采取争议评审方式解决争议以及评审规则的，按下列约定执行：

21.4.1 争议评审小组的确定

21.4.1.1 合同当事人可以共同选择1名或3名争议评审员，组成争议评审小组。合同当事人应当自合同签订后28天内，或者争议发生后14天内，选定争议评审员。

21.4.1.2 选择1名争议评审员的，由合同当事人共同确定；选择3名争议评审

员的，各自选定1名，第3名成员为首席争议评审员，由合同当事人共同确定或由合同当事人委托已选定的争议评审员共同确定。

21.4.1.3 评审员报酬由实施机构和项目公司各承担一半。

21.4.2 争议评审小组的决定

合同当事人可在任何时间将与合同有关的任何争议共同提请争议评审小组进行评审。争议评审小组应秉持客观、公正原则，充分听取合同当事人的意见，依据相关法律、规范、标准、案例经验及商业惯例等，自收到争议评审申请报告后14天内作出书面决定，并说明理由。

21.4.3 争议评审小组决定的效力

争议评审小组作出的书面决定经合同当事人签字确认后，对双方具有约束力，双方应遵照执行。任何一方当事人不接受争议评审小组决定或不履行争议评审小组决定的，双方可选择采用其他争议解决方式。

21.5 诉讼

实施机构和项目公司在履行合同中发生争议的，双方同意交由实施机构所在地人民法院管辖。

21.6 争议期间合同的履行

诉讼期间项目各方对合同无争议的部分应继续履行；除法律规定或另有约定外，任何一方不得以发生争议为由，停止项目运营服务、停止项目运营支持服务或采取其他影响公共利益的措施。

22. 合同附则

22.1 适用法律法规

本合同适用法律为中华人民共和国法律、行政法规、部门规章，以及项目所在地的地方性法规、自治条例、单行条例和地方政府规章等。

22.2 严禁贿赂

合同当事人应恪守廉洁从政、廉洁从业和防范腐败的责任，不得以贿赂或变相贿赂的方式，谋取非法利益或损失对方权益。因一方合同当事人的贿赂造成对方损失的，应赔偿损失，并承担相应的法律责任。

22.3 合同语言

本合同以中文订立。

22.4 保密事项

合同双方应对本合同的内容和项目的所有信息及文件保密。未经对方同意，不得向任何人或单位披露或者泄露本合同和本项目所包含或涉及的任何内容，但以下情形除外：

（a）对各方负有保密义务的职员、法律顾问的披露；

（b）根据法律规定有权了解本合同内容的司法、行政机关的披露；

（c）为满足本合同的生效条件而向有关部门或人员所作的披露；

（d）为了本项目的融资而向有关金融机构所作的披露。

22.5 通知

22.5.1 实施机构代表联络信息

22.5.2 项目公司代表联络信息

22.5.3 通知方式

本合同项下的通知应以中文书写，并通过特快专递、邮寄或电子邮件等方式按上述地址送至或发至各方。

22.5.4 下列情况应视为已送达

（a）若采用专人提交或邮寄方式（挂号、要求回执），在寄送至合同条款第22.5条约定的地址时；

（b）如采用电子邮件形式，在向合同条款第22.5条约定的电子邮箱发出邮件即为送达；

22.5.5 地址变更

如果一方的地址或收件人或电子邮箱更改时，应在新地址或新收件人或新电子邮箱启用【×】日前以上述通知方式通知另一方，否则应仍以原地址、原收件人和原电子邮箱为准。

22.6 合同副本

本合同一式【×】份，正本【×】份，副本【×】份，正副本具备同等法律效力。本合同自双方签字盖章之日起正式生效。

22.7 合同附件

本合同附件包括：

（a）附件一：平面配置图

（b）附件二：授权文件

（c）附件三：项目合法批复文件

（d）附件四：准备阶段与建设期保函

（e）附件五：运营期保函

（f）附件六：移交缺陷责任期保函

（g）附件七：运营记录报表

（h）附件八：水质检测报表

(i) 附件九：建设期绩效目标与指标体系

(j) 附件十：运营期绩效目标与指标体系

(k) 附件十一：中期评估

(l) 附件十二：成本要素、费用指数定义与数额表

(m) 附件十三：保险清单

(n) 附件十四：合同终止赔偿与终止补偿金额的计算

(o) 附件十五：财务边界

(p) 附件十六：财务模型

合同附件：

附件一：平面配置图

附件二：授权文件

附件三：项目合法批复文件

附件四：准备阶段与建设期保函

致：实施机构

鉴于［______________________］［项目公司的名称和地址］（下称“项目公司”）已于　　年　　月　　日签署PPP项目合同，且双方在PPP合同中同意，项目公司应向实施机构提交经由实施机构认可的银行/金融机构出具的准备阶段与建设期保函，以该保函中所述的数额保证项目公司履行PPP合同所约定的项目公司在准备阶段与建设期间的合同义务，以及保证项目公司在准备阶段与建设期间所负担赔偿责任的清偿。

我们特此确认，我行作为担保人并代表项目公司向实施机构负责，担保总额为【×】。我们承诺，在收到实施机构第一次书面要求后的五（5）日内，我们将不加挑剔和无可争辩地向实施机构支付上述额度内的任何一笔或数笔款项，并且实施机构无须出具证明或陈述要求支付款项的原因或理由，但是实施机构在每份书面要求中应提及如下情况，即其所要求支付的数额是由于项目公司在其履行PPP合同的义务方面发生违约或违反有关项目的保证而导致的到期应付给实施机构的款项。

我们在此放弃要求实施机构在向我方提出付款要求之前须先向项目公司提出付款或对项目公司提起诉讼或仲裁的要求。

我们还同意，实施机构与项目公司之间可能对PPP合同或任何其他文件的条款所作的任何更改或补充或任何其他修改，绝不免除我方在本担保项下应承担的责任，我们在此放弃对此类更改、补充或修改给予通知的要求。

本保函自PPP合同约定合同生效日（如PPP合同定义的日期）起至其根据PPP合同的规定实际竣工日为止始终有效。

实施机构在本履约保函项下的书面要求必须在本履约保函有效期限内送达我们，否则我们在该保函项下的责任自动解除。

在到期日，履约保函在用于支付到期日前按本保函要求支付的所有款项后，由实施机构予以解除。

本履约保函不得转让。我们对除实施机构或其继承实体（根据PPP合同的规定）以外的任何组织或个人不承担担保责任。

本履约保函超过有效期或我们在本履约保函项下的担保义务履行完毕，保函即行失效。

本保函应适用中华人民共和国法律并根据中华人民共和国法律解释。

本保函中使用的所有术语具有PPP合同中规定的含义（我们确认已收到PPP合同的一份复印件）。

银行/金融机构盖章________________

银行/金融机构名称：________________

银行/金融机构地址：

签字：________________

姓名：________________

职务：________________

日期：________________

附件五：运营期保函

致：实施机构

鉴于［________________］［项目公司的名称和地址］（下称“项目公司”）已于　年　月　日签署PPP项目合同，且双方在PPP合同中同意，项目公司应向实施机构提交经由实施机构认可的银行/金融机构出具的运营期保函，以该保函中所述的数额保证项目公司履行PPP合同所约定的项目公司在运营期间的合同义务，以及保证项目公司在营运期间所负担赔偿责任的清偿。

我们特此确认，我行作为担保人并代表项目公司向实施机构负责，担保总额为【×】。我们承诺，在收到实施机构第一次书面要求后的五（5）日内，我们将不加挑剔和无可争辩地向实施机构支付上述额度内的任何一笔或数笔款项，并且实施机构无须出具证明或陈述要求支付款项的原因或理由，但是实施机构在每份书面要求中应提及如下情况，即其所要求支付的数额是由于项目公司在其履行PPP合同的义务方面发生违约或违反有关项目的保证而导致的到期应付给实施机构的款项。

我们在此放弃要求实施机构在向我方提出付款要求之前须先向项目公司提出付

款或对项目公司提起诉讼或仲裁的要求。

我们还同意，实施机构与项目公司之间可能对 PPP 合同或任何其他文件的条款所作的任何更改或补充或任何其他修改，绝不免除我方在本担保项下应承担的责任，我们在此放弃对此类更改、补充或修改给予通知的要求。

本保函自PPP 合同约定的运营期开始日（如 PPP 合同定义的日期）起至其根据 PPP 合同的规定运营期期满日为止始终有效。

实施机构在本履约保函项下的书面要求必须在本履约保函有效期限内送达我们，否则我们在该保函项下的责任自动解除。

在到期日，履约保函在用于支付到期日前按本保函要求支付的所有款项后，由实施机构予以解除。

本履约保函不得转让。我们对除实施机构或其继承实体（根据 PPP 合同的规定）以外的任何组织或个人不承担担保责任。

本履约保函超过有效期或我们在本履约保函项下的担保义务履行完毕，保函即行失效。

本保函应适用中华人民共和国法律并根据中华人民共和国法律解释。

本保函中使用的所有术语具有 PPP 合同中规定的含义（我们确认已收到 PPP 合同的一份复印件）。

银行/金融机构盖章__________________

银行/金融机构名称：__________________

银行/金融机构地址：

签字：__________________

姓名：__________________

职务：__________________

日期：__________________

附件六：移交缺陷责任期保函

致：实施机构

鉴于［______________］［项目公司的名称和地址］（下称“项目公司”）已于　年　月　日签署 PPP 项目合同，且双方在 PPP 合同中同意，项目公司应向实施机构提交经由实施机构认可的银行/金融机构出具的移交缺陷责任期保函，以该保函中所述的数额保证项目公司履行 PPP 合同所约定的项目公司在移交缺陷责任期间的保修义务。

我们特此确认，我行作为担保人并代表项目公司向实施机构负责，担保总额为

【×】。我们承诺，在收到实施机构第一次书面要求后的五（5）日内，我们将不加挑剔和无可争辩地向实施机构支付上述额度内的任何一笔或数笔款项，并且实施机构无须出具证明或陈述要求支付款项的原因或理由，但是实施机构在每份书面要求中应提及如下情况，即其所要求支付的数额是由于项目公司在其履行PPP合同的义务方面发生违约或违反有关项目的保证而导致的到期应付给实施机构的款项。

我们在此放弃要求实施机构在向我方提出付款要求之前须先向项目公司提出付款或对项目公司提起诉讼或仲裁的要求。

我们还同意，实施机构与项目公司之间可能对PPP合同或任何其他文件的条款所作的任何更改或补充或任何其他修改，绝不免除我方在本担保项下应承担的责任，我们在此放弃对此类更改、补充或修改给予通知的要求。

本保函自PPP合同约定所指向的项目移交日（如PPP合同定义的日期）起至其根据PPP合同的规定移交缺陷责任期间期满为止始终有效。

实施机构在本履约保函项下的书面要求必须在本履约保函有效期限内送达我们，否则我们在该保函项下的责任自动解除。

在到期日，履约保函在用于支付到期日前按本保函要求支付的所有款项后，由实施机构予以解除。

本履约保函不得转让。我们对除实施机构或其继承实体（根据PPP合同的规定）以外的任何组织或个人不承担担保责任。

本履约保函超过有效期或我们在本履约保函项下的担保义务履行完毕，保函即行失效。

本保函应适用中华人民共和国法律并根据中华人民共和国法律解释。

本保函中使用的所有术语具有PPP合同中规定的含义（我们确认已收到PPP合同的一份复印件）。

银行/金融机构盖章____________________

银行/金融机构名称：____________________

银行/金融机构地址：____________________

签字：____________________

姓名：____________________

职务：____________________

日期：____________________

附件七：运营记录报表

项目公司污水处理厂水质日检项目月报表

报送单位：　　　　　　　　　　　　　　　　月份：

项目	进水流量计	处理水量	污泥量	含水率	进水指标（mg/l）						出水指标（mg/l）						
日期	显示值	立方米	吨	%	BOD5	SS	CODcr	NH4+－N	TP	pH	BOD5	SS	CODcr	NH4+－N	TP	pH	粪大肠菌群数（个/L）

主管：　　　　　　　填表人：　　　　　　　报送日期：　　　　　　　联系电话：

项目公司污水处理厂水量、泥量月报表

报送单位：　　　　　　　　　　　　月份：

项目		数值	备注
污水处理量（万立方米）	本月污水处理总量		
	本年累计		
	本月日最高处理量		
	本月日最低处理量		
出水水质	达标天数		
	不达标天数		
耗电量（度）	本月		
	本年累计		
COD_{cr}削减量（吨）	本月		
	本年累计		
污泥量（吨）	本月		
	本年累计		
干污泥量（吨）	本月		
	本年累计		
污泥泥饼月均含水率			

附件八：水质检测报表

污水处理厂进水水质月报表

报送单位：　　　　　　　　月份：

序号	项目	月平均值	最高值及日期	最低值及日期	备注
1	pH值				
2	悬浮物SS（mg/l）				
3	生化需氧量BOD5（mg/l）				
4	化学需氧量CODcr（mg/l）				
5	氨氮NH4+-N（mg/l）				
6	总磷TP（mg/l）				
7	氯化物Cl-（mg/l）				
8	色度				
9	溶解性固体（mg/l）				
10	油类（mg/l）				
11	苯胺（mg/l）				
12	挥发酚（mg/l）				
13	氟化物（mg/l）				
14	硫化物（mg/l）				
15	总氰化物（mg/l）				
16	水温（℃）				
主管：			填表人：		
报送日期：			联系电话：		

污水处理厂出水水质月报表

报送单位：　　　　　　　　　　　　　　　　　月份：

序号	项目	月平均值	最高值	最低值	备注
1	pH 值				
2	悬浮物 SS（mg/l）				
3	生化需氧量 BOD_5（mg/l）				
4	化学需氧量 COD_{cr}（mg/l）				
5	氨氮 NH_4^+-N（mg/l）				
6	总磷 TP（mg/l）				
7	色度				
8	粪大肠菌群数（个/L）				
9	阴离子表面活性剂				
10	油类（mg/l）				
11	苯胺（mg/l）				
12	挥发酚（mg/l）				
13	硫化物（mg/l）				
14	总氰化物（mg/l）				
15	水温（℃）				
主管：			填表人：		
报送日期：			联系电话：		

附件九：建设期绩效目标与指标体系

一级指标	二级指标	三级指标	指标权重	指标解释	评价标准与评分方法	数据来源
产出	施工进度	进度完成情况	15%	评价是否制定合理可行的施工计划，并按照计划进度执行。	按时编制科学合理的施工总进度计划、阶段性进度计划（年度、季度或月度计划）并按照计划执行得100分。其中： ①项目进度计划合理、齐全得20分缺少总进度计划或阶段性计划的每少一项扣10分扣完为止； ②项目开工及时率100%、得20分否则按项目开工及时率比例折算得分； ③项目完工率100%得30分否则按实际完工率比例折算得分； ④完工及时率=100%，得30分否则根据完工及时率比例折算得分。 备注： ①项目开工及时率=项目实际按时开工量/项目计划开工量×100%； ②项目完工率=实际完工量/计划完工量×100%； ③实际工期≤计划工期时，完工及时率=100%；实际工期>计划工期时，完工及时率=1-（实际工期-计划工期）/计划工期×100%； ④若项目采用里程碑节点进行绩效评价，则本指标可以通过项目里程碑节点达标率进行评价。里程碑节点达标率=里程碑节点达标个数/里程碑节点总数×100%，若最终里程碑节点未达标，则本项不得分。	①施工总进度、阶段性计划（年度、季度或月度计划）； ②施工计划调整相关材料； ③项目开工令、开工报告等开工资料； ④分部分项完工或验收资料； ⑤监理报告； ⑥竣工验收资料； ⑦其他证明材料。

续表

一级指标	二级指标	三级指标	指标权重	指标解释	评价标准与评分方法	数据来源
产出	投资控制	投资进度	5%	评价项目投资进度与计划进度及工程进度的匹配。	①项目投资进度与计划进度相匹配，得 50 分； ②项目投资进度与计划进度相匹配，得 50 分； ③否则按照不足进度比例进行扣分。	①进度计划； ②监理月报； ③工程进度款； ④其他证明材料。
		成本控制	10%	评价项目是否能有效控制投资成本。	①项目决算未突破最终批复的概算，得 100 分； ②项目决算突破最终批复的概算，原则上每超过 1%（不足 1% 的按 1% 计取），扣 10 分，扣完为止。 备注： ①由于非项目公司原因导致项目决算突破最终批复的概算，原则上不予扣分； ②项目未取得初步设计概算批复的，可参考施工图预算批复等判断投资目标的偏差程度。	①工程概算文件； ②竣工决算资料； ③产值确认资料； ④其他证明材料。
	质量控制	竣工验收	25%	评价项目建设工程质量水平是否达到工程交验合格。	①项目竣工验收合格的，得 100 分； ②不满足上述情形的，得 0 分。	①竣工验收资料； ②其他证明材料。
	安全施工	工程建设保险	4%	评价项目是否严格按合同约定在建设期内购买相应保险。	①严格按合同约定在建设期内购买相应保险，得 100 分； ②建设期内购买保险不齐全的，每缺少一项，扣 25 分，扣完为止。	①保险购买记录； ②其他证明材料。
		安全事故发生次数	6%	评价项目建设期内是否发生安全事故及事故程度。	①建设过程中未发生相关安全事故，得 100 分； ②项目发生一般安全事故的，每发生一次，扣 50 分，扣完为止； ③项目发生较大及以上安全事故的，本项不得分。	①安全事故调查报告或事故通报记录（若有）； ②其他证明材料。

续表

一级指标	二级指标	三级指标	指标权重	指标解释	评价标准与评分方法	数据来源
效果	社会影响	舆情与投诉	3%	评价项目运作中是否发生舆情或投诉等事件。	①项目运行过程中未发生可归责于项目公司的舆情或投诉事件，得100分； ②项目运行过程中每发生一次可归责于项目公司的舆情或投诉事件且项目公司处理到位的，扣10分，扣完为止； ③每存在一处可归责于项目公司的舆情或有投诉处理不到位情况，扣25分，扣完为止； ④存在重大舆情或重大群体性事件，本项不得分。	①问卷调查； ②社会调研； ③投诉处理记录； ④其他证明材料。
	生态影响	环境保护	3%	评价环境保护是否符合批复的环境影响评价标准且是否满足当地相关考核要求。	①环境保护符合批复的污水处理项目环境影响评价标准，且满足当地相关考核要求的，得100分； ②政府相关监督部门对项目环境保护提出整改要求的，每发生一次，扣25分，扣完为止； ③因环保问题被曝光或受到行政处罚的，每发生一次，扣50分，扣完为止。	①政府相关监督部门对项目公司的整改要求/媒体相关报道/行政处罚资料（若有）； ②其他证明材料。
	可持续性	沟通协调机制	3%	评价项目公司是否为做好项目运营准备建立有效的沟通协调机制。	①项目公司能够建立有效的沟通机制，对建设期合同履行过程中的整改事项及日常配合进行积极响应的，得100分； ②项目公司未建立有效的沟通机制，对建设期合同履行过程中的整改事项及日常配合未进行积极响应，每发生一次，扣25分，扣完为止。	①项目公司沟通文件； ②项目公司对整改事项及日常配合的反馈文件； ③其他证明材料。
	满意度	社会公众满意度	4%	评价服务范围内公众对项目公司建设期间相关工作的满意程度。	①社会公众满意度≥90%，得100分； ②60%≤社会公众满意度<90%，本项得分=社会公众满度/90%×100分； ③社会公众满意度<60%，本项不得分。 备注：合理设置问卷内容，合理选取调查对象，尽量消除行业因素对客观评价的影响。	问卷调查。

续表

一级指标	二级指标	三级指标	指标权重	指标解释	评价标准与评分方法	数据来源
		政府相关部门满意度	2%	评价服务范围内政府相关部门对项目公司建设期间相关工作的满意程度。	①政府部门满意度≥90%，得100分； ②60%≤政府部门满意度<90%，本项得分=政府部门满意度/90%×100分； ③政府部门满意度<60%、本项不得分。	问卷调查。
管理	组织管理	前期管理	1%	评价项目前期手续的合规性、及时性和有效性。	①项目公司按照合同约定，全部办理完成“建设四证”等必要的开工前期手续的，得100分； ②未全部办理完成的，本项得分=已办理手续数量/应办理完成手续数量×100分。 备注：PPP 项目合同约定的豁免情形除外。	① PPP 项目合同； ②前期手续清单及已办理完成的手续原件； ③其他证明材料。
		人员配备	1%	评价项目公司人员配备是否合理，是否与投标承诺一致。	①配备的技术人员数量与投标承诺一致且能及时到位，人员无变更，专业齐全，得100分； ②每有一人不符合投标承诺的扣20分，扣完为止。	①投标文件； ②PPP 项目合同； ③人员变更证明材料（若有）； ④人员到位核查情况； ⑤其他证明材料。
		内控制度	2%	评价项目公司内控制度的完善程度及执行情况。	①建立科学合理的内控制度（包括但不限于财务/资产管理、工程管理、质量管理、安全管理等制度），制定完善的施工组织设计，且有效执行的，得100分； ②每发生一项制度或施工组织设计不完善或未有效执行的，扣10分，扣完为止。	①相关制度文件； ②施工组织设计； ③其他证明材料。

续表

一级指标	二级指标	三级指标	指标权重	指标解释	评价标准与评分方法	数据来源
管理	资金管理	资金合规性	2%	评价项目资金来源及使用的合理性。	①社会资本方项目资本金为非债务性资金，融资不存在违规担保，项目资金不存在截留，挤占，挪用等项目公司不合规使用情况的，得100分； ②项目资金存在不合规使用情况的，本项不得分。	①专项审计报告； ②验资报告或银行对账单； ③政府方披露的资金违规使用情况（若有）； ④其他证明材料。
		资本金到位情况	3%	评价社会资本方项目资本金是否足额，及时到位。	社会资本方项目资本金足额、及时到位的，得100分。其中： ①资本金到位率=100%，得50分，否则根据资本金实际到位率比例折算得分； ②资本金到位及时率=100%，得50分，否则根据资本金到位及时率比例折算得分。 备注： ①资本金到位率=实际到位资本金金额/应到位资本金金额×100%； ②资本金到位及时率=及时到位资本金金额/应到位资本金金×100%。	①资本金到位的银行对账单； ②PPP项目合同； ③其他证明材料。
		融资资金到位情况	3%	评价项目公司融资资金是否足额、及时到位。	项目公司融资资金足额，及时到位的，得100分。其中： ①融资资金到位率=100%，得50分：否则根据融资资金实际到位率比例折算得分； ②融资资金到位及时率=100%，得50分，否则根据融资资金到位及时率比例折算得分。 备注： ①融资资金到位率=实际到位融资资金金额/应到位融资资金金额×100%； ②融资资金到位及时率=及时到位融资资金金额/应到位融资资金金额×100%； ③若存在项目公司中政府方股东原因造成的融资未足额到位情形，原则上不予扣分。	①PPP项目合同； ②融资方案（计划）或经审核确认的台账及金额； ③融资合同； ④融资资金到位的银行对账单； ⑤其他证明材料。

续表

一级指标	二级指标	三级指标	指标权重	指标解释	评价标准与评分方法	数据来源
管理	合同管理	合同合规性	2%	评价建设期内项目公司各相关合同签订、履行、变更及终止等事项的合法合规性。	①建设期内各相关合同签订，履行、变更及终止等相关事项合法合规未出现违法分包或转包等情形的得100分； ②上述事项存在违法违规的，每出现一项，扣20分，扣完为止。	①建设期内项目公司各相关合同； ②其他证明材料。
		执行有效性	2%	评价建设期内项目公司相关合同按照约定履行、变更或终止等事项的有效性。	①建设期内各相关合同按照约定有效履行、变更或终止等事项未出现合同纠纷等情形的得100分； ②每出现一项未有效履行或出现合同纠纷的扣20分，扣完为止。	①建设期内各相关合同变更及履约资料； ②其他证明材料。
	档案管理	资料管理及存档情况	1%	评价项目公司各项资料的完备程度以及档案管理制度的健全程度。	①项目能够建立记录详细的项目资料台账，原件资料提供准确、及时档案管理台账及制度健全的得100分； ②项目资料台账及原件资料不完备或提供不准确、不及时或档案管理台账及制度不健全的每发生一项，扣10分，扣完为止； ③项目未建立项目资料台账或未建立档案管理台账及制度的，每发生一项，扣50分，扣完为止。	①项目资料台账（包括但不限于工程款支付台账、工程变更台账等）； ②档案管理台账及制度； ③其他证明材料。

续表

一级指标	二级指标	三级指标	指标权重	指标解释	评价标准与评分方法	数据来源
管理	信息公开	信息公开情况	3%	评价项目公司全国PPP综合信息平台的录入及时准确性。	①项目公司在全国PPP综合信息平台准确录入信息，及时公开公布有关信息的，得100分； ②在信息完整性方面，截至评价时点，信息平台当前阶段“必填信息”完整度低于80%时，每降低1%（不足1%的按1%计取），扣5分，扣完为止； ③在信息准确性方面，上级财政部门披露的项目公司录入信息与真实情况不一致的，每披露一处，扣10分，扣完为止。 备注： ①必填信息完整度=项目公司已填必要信息项数/应填必要信息项数； ②由于全国PPP综合信息平台维护更新造成的信息公布不及时情形不予扣分。	①全国PPP综合信息平台相关资料； ②专项检查报告（若有）。
合计			100%			

附件十：运营期绩效目标与指标体系

一级指标	二级指标	三级指标	指标权重	指标解释	评价标准与评分方法	数据来源
产出	项目运营	水质达标	20%	评价项目公司出水水质达标情况。	①评价周期内，项目公司出水水质应符合环保要求并达到 PPP 项目合同约定的标准的，得 100 分； ②评价周期内，PPP 项目合同中约定的主要出水水质（COD、总氮、氧氮、总磷、PH）中有一项不达标视为一天不达标（应与当地环保部门判定一天不达标的标准一致），一天不达标扣 20 分，扣完为止，PPP 项目合同中约定可豁免情形除外。	①出水水质指标数据文件； ② PPP 项目合同； ③其他证明材料。
		其他污染物指标	10%	评价其他污染物排放的达标情况。	①噪声、大气等环评中要求的其他指标完全符合环保要求并达到 PPP 项目合同约定的标准，得 100 分； ②噪声、大气等环评中要求的其他指标不符合环保要求及 PPP 项目合同约定的标准，本项不得分。	①住建部门或环保部门信息平台数据； ②日常检测记录； ③第三方机构出具的监测报告； ④其他证明材料； ⑤现场评价。
		污泥处理	10%	评价项目公司对污泥脱水是否满足要求，以及脱水污泥的存放及运输的合规性。	①污泥含水率满足 PPP 项目合同约定，污泥储存规范安全，污泥运输程序合法合规，得 100 分； ②脱水污泥含水率、储存、运输不符合规范要求的，每发现一次扣 10 分，扣完为止。	①检测记录； ② PPP 项目合同； ③环评报告及批复； ④污泥管理记录； ⑤污泥运输协议（若有）； ⑥其他证明材料。

续表

一级指标	二级指标	三级指标	指标权重	指标解释	评价标准与评分方法	数据来源
产出	项目运营	自动控制及监控	4%	评价项目公司对污水处理厂的自动控制和监控程度。	①对水量、水质数据、设备运行信息实现集中监控和调度，按要求安装在线计量及水质监测系统，得100分； ②项目公司未对上述信息进行集中监控和调度的，扣50分，扣完为止； ③项目公司未按要求安装在线计量及水质监测系统或视频监控系统无法正常运行的，扣50分，扣完为止。	现场评价。
		污泥处置	5%	评价项目公司对污泥最终处置的合规性。	①项目公司污泥最终处置符合环保要求并达到PPP项目合同约定的标准，得100分； ②项目公司污泥最终处置未符合环保要求及PPP项目合同约定的标准，按如下公式计算得分： 本项得分＝污泥安全处置率×80分； 备注：污泥安全处置率＝处置总量（干化、焚烧、卫生填埋、堆肥等污泥安全稳定化处置或资源化利用）/生成污泥总量×100%。	①污泥处置协议（若有）； ②污泥处置三联单； ③PPP项目合同； ④其他证明材料； ⑤现场评价。
	项目维护	设施设备运营状况	4%	评价项目设施设备是否正常运行。	①项目设施无明显的破损、渗漏，设备外观整洁标牌清晰，电气设备符合安全等相关要求得100分； ②不满足上述要求，每处扣5分，扣完为止； ③污水、污泥处理单元无法正常运行的，本项不得分。	现场评价。
		设备完好率	3%	评价项目范围内相关设备是否完好。	设备完好率＝设备完好台数/设备总台数×100%，设备完好率达到90%，得100分，否则不得分。	①日常检查记录； ②设备及完好率台账； ③现场评价； ④其他证明材料。

续表

一级指标	二级指标	三级指标	指标权重	指标解释	评价标准与评分方法	数据来源
产出	项目维护	检修维护及故障排除	4%	评价项目设施、设备的检修维护及故障排除情况。	①按要求报送设施、设备维护检修计划和故障处理方案，并按要求实施，得 100 分；②出现未及时报送计划或未按计划实施的，或故障出现时项目公司未能够在要求时间内到达现场、排除故障的，每次扣 10 分，扣完为止；③无相应检修计划或未实施检修维护的，本项不得分。	①检修计划；②其他证明材料。
	成本效益	成本台账	10%	评价项目公司对运营成本的控制程度。	①项目公司根据主管部门要求按时如实报送生产运营成本（包括电费、药剂费、污泥运输、修理费、检测检验、维护费等成本台账）得 100 分；②上述生产运营成本内容不完善的，每缺少一项扣 10 分，扣完为止。	①生产运营成本台账；②其他证明材料。
	安全保障	安全管理	3%	评价项目相关安全生产管理是否到位，不存在事故或安全隐患。	①建立安全管理制度，安全管理工作到位，安全防护工作符合要求，不存在安全隐患，得 100 分；②每存在一次不符合上述要求的情况，扣 20 分，扣完为止。	①安全管理制度；②安全检查记录；③现场评价；④其他证明材料。
		安全事故	5%	评价项目公司对安全事故的预防保障情况。	①评价周期内，因项目公司原因导致发生一般安全责任事故的，每次扣 50 分，扣完为止；②评价周期内，因项目公司原因导致发生较大及以上安全责任事故的，本项不得分。	①未出现安全事故的自述文件；②安全事故报告；③其他证明材料。
		应急管理	2%	评价项目公司水质、安全应急管理工作情况。	①建立合理有效的应急预案或应急管理措施，应急抢险物资齐备，对于应急事件处理及时、得当的，得 100 分；②每存在一次应急管理工作不到位的，扣 20 分，扣完为止。	①应急预案与应急处置记录；②其他证明材料。

续表

一级指标	二级指标	三级指标	指标权重	指标解释	评价标准与评分方法	数据来源
效果	经济影响	经济发展影响	1%	评价项目实施对区域经济发展带来直接或间接负面影响情况。	①评价周期内，项目公司未出现对区域经济发展带来直接或间接负面影响情况的，得 100 分； ②评价周期内，项目公司出现对区域经济发展带来直接或间接负面影响情况的，扣 50 分，扣完为止。 备注：非项目公司原因的情形除外。	①对区域经济发展带来负面影响的证明材料； ②其他证明材料。
	生态影响	突发环境事件	4%	评价项目公司对突发环境事件的预防保障情况。	①评价周期内，因项目公司原因导致发生一般突发环境事件的，每次扣 50 分，扣完为止； ②评价周期内，因项目公司原因导致发生较大及以上突发环境事件的，本项不得分。	①未出现突发环境事件的自述文件； ②突发环境事件报告； ③其他证明材料。
	社会影响	舆情与投诉	1%	评价项目运作中是否发生舆情或投诉等事件。	①项目运行过程中未发生可归责于项目公司的舆情或投诉事件，得 100 分； ②项目运行过程中每发生一次可归责于项目公司的舆情或投诉事件且项目公司处理到位的，扣 10 分，扣完为止； ③每存在一处可归责于项目公司的舆情或有投诉处理不到位情况，扣 25 分，扣完为止； ④存在重大舆情或重大群体性事件，本项不得分。	①问卷调查； ②社会调研； ③投诉处理记录； ④其他证明材料。
	可持续性	项目融资情况	1%	评价项目公司偿还贷款的能力。	①项目公司按照融资合同约定，按时足额偿还贷款，得 100 分； ②项目公司未按照融资合同约定偿还贷款的，按照每笔还款逾期天数累计，每逾期一日扣 2 分，扣完为止。	①融资合同； ②还款证明； ③其他证明材料。

续表

一级指标	二级指标	三级指标	指标权重	指标解释	评价标准与评分方法	数据来源
效果	可持续性	履约保函	1%	评价项目公司履约保证的持续性。	①项目公司及时、足额提交满足 PPP 项目合同约定的运营期履约保函，得 100 分； ②项目公司未在规定时间内足额提供运营期履约保函的，按照如下公式计算得分：100 分 - 评价周期内超期天数 × 惩罚系数 × 1 分。 备注： ①评价周期内超期天数 = 自 PPP 项目合同约定的运营期履约保函提交日期至实际足额提供日期期间在评价周期内，如评价时仍未足额提供运营期履约保函，则为自 PPP 项目合同约定的运营期履约保函提交日期至评价时点期间在评价周期内，此项得分最低为 0 分； ②惩罚系数根据项目情况自行确定。	①PPP 项目合同； ②运营期履约保函证明文件； ③其他证明材料。
	满意度	社会公众满意度	1%	评价社会公众对项目污水处理效果及相关服务的满意程度。	①社会公众满意度 ≥ 90%，得 100 分； ②60% ≤ 社会公众满意度 < 90%，本项得分 = 社会公众满意度/90% × 100 分； ③社会公众满意度 < 60%，本项不得分。	问卷调查。
		政府部门满意度	1%	评价各相关部门对项目公司各方面工作的满意程度。	①政府部门满意度 ≥ 90%，得 100 分； ②60% ≤ 政府部门满意度 < 90%，本项得分 = 政府部门满意度/90% × 100 分； ③政府部门满意度 < 60%，本项不得分。	问卷调查。

续表

一级指标	二级指标	三级指标	指标权重	指标解释	评价标准与评分方法	数据来源
管理	组织管理	行政许可	1%	评价项目公司污染物排放的合规性。	①项目公司取得排污许可证且处于有效期内，得100分； ②项目公司取得排污许可证，但有效期未完全覆盖当次评价周期的，根据评价公式计算得分： 本项得分 = 评价周期内排污许可证有效期天数/评价周期天数 × 100分； ③项目公司未取得排污许可证即投入运营的，本项不得分。	①排污许可证； ②其他证明材料。
		生产管理	1%	评价项目公司对项目运营、生产管理等方面的统筹安排是否合理。	①项目公司制定运营计划，定期召开运营调度会议，并有详细记录，得100分； ②项目公司未制定运营计划，扣40分，扣完为止； ③项目公司未定期召开运营调度会议，或无会议记录的，每次扣20分，扣完为止。	①运营计划； ②运营调度会议记录； ③其他证明材料。
	财务管理	资金管理	3%	评价项目公司财务管理流程的规范性及执行情况。	①项目公司建立了科学合理的财务管理流程，并严格按照流程执行的，得100分； ②项目公司未建立财务管理流程或未按照流程执行财务管理的，每出现一次扣20分，扣完为止。	①财务管理流程； ②资金台账； ③其他证明材料。
		会计核算	1%	评价项目运营中是否进行有效的财务会计核算管理。	①项目公司按照要求进行会计核算，且具备有效的财务会计核算管理制度及凭证，得100分； ②每出现一次核算不符合要求或缺少相关凭证的，扣20分，扣完为止。	①相关制度文件及凭证； ②其他证明材料。

续表

一级指标	二级指标	三级指标	指标权重	指标解释	评价标准与评分方法	数据来源
管理	制度管理	制度健全性及执行有效性	2%	评价项目管理制度的健全程度及执行有效程度。	①项目公司建立科学合理的管理制度（包括但不限于安全生产制度、财务管理制度、档案管理制度、操作规程制度、危险品及易制毒易制爆管理制度等），且严格按照制度规范执行，得100分； ②项目公司的管理制度存在缺失的，每缺少一项扣20分，扣完为止； ③项目公司未按照制度规范执行，每发现一处扣20分，扣完为止； ④项目公司未建立项目管理制度或严重缺失、不合理的，本项不得分。	①各项管理制度文件； ②其他证明材料。
	档案管理	真实完整性	1%	评价项目运营相关资料归集、台账记录的规范程度。	①项目公司按照档案管理制度及时、完整、规范进行存档的，建立完整详细的台账信息（包括资产台账、检修台账、运行记录台账、药剂台账、化验记录台账、污泥处理台账等），得100分； ②项目公司无存档资料的，或台账不齐全的，每少一项扣10分，扣完为止。	①档案管理制度； ②存档资料； ③台账信息； ④其他证明材料； ⑤现场评价。
	信息公开	信息公开情况	1%	评价项目公司全国PPP综合信息平台的录入及时准确性。	①项目公司在全国PPP综合信息平台准确录入信息，及时公开公布有关信息的，得100分； ②在信息完整性方面，截至评价时点，信息平台当前阶段“必填信息”完整度低于80%时，每降低1%（不足1%的按1%计取），扣5分，扣完为止； ③在信息准确性方面，上级财政部门披露的项目公司录入信息与真实情况不一致的，每披露一处，扣10分，扣完为止。备注： ①必填信息完整度=项目公司已填必要信息项数/应填必要信息项数； ②由于全国PPP综合信息平台维护更新造成的信息公布不及时情形不予扣分。	①全国PPP综合信息平台相关资料； ②专项检查报告（若有）。
合计			100%			

附件十一：中期评估

实施机构有权根据项目实际情况制定并调整中期评估的考察内容和标准，本合同生效日的初始中期评估的考察范围和内容如下：

序号	考察范围和内容
1	实际服务质量及执行约定标准的情况；
2	项目设施运行、维修养护情况；
3	服务费的执行及调价申请情况；
4	关于项目设施的年度投资、建设、运营计划是否满足合作范围内的污水收集、处理及达标排放，以及对污水处理工程专项规划的响应情况；
5	公益性义务的承担情况；
6	利益相关方的投诉情况及其处理效果；
7	是否发生由于乙方原因导致的临时接管；
8	评估期限内履约担保的提取和扣除情况；
9	质量保证和质量控制方案、运营维护方案、安全制度的执行情况，重大事故的发生情况；
10	企业年度经营规划、年度经营计划的执行或完成情况；
11	项目公司财务会计制度是否健全，提供财务报表、成本分析和经营情况报告的及时、准确、完整情况；
12	应急预案的日常演练情况；
13	报告制度、信息公开制度的执行情况；
14	实施机构认为需要评估的其他事项。

附件十二：成本要素、费用指数定义与数额表

指数	定义
a	是电费费用(不含增值税）在污水处理运营服务费单价(不含增值税）构成中所占的比例
b	是人工费用在污水处理运营服务费单价(不含增值税）构成中所占的比例
c	是化学药剂在污水处理运营服务费单价(不含增值税）构成中所占的比例
d	是企业所得税在污水处理运营服务费单价(不含增值税）构成中所占的比例
e	是污水处理运营服务费单价构成中除电费用、人工费用及化学药剂、企业所得税以外的其他因素在价格构成中所占的比例

续表

指数	定义
r	是第r年运营年（r≥3）
E_r	是第r年时污水处理厂的电力费用指数（项目公司所付的每度用电电价）（不含增值税）
L_r	是第r年时××市统计局编制的《××统计年鉴》中公布的“《劳动工资》－《单位从业人员和劳动报酬情况》－《电力、煤气及水的生产和供应业》”对应的第r－1年全部职工平均工资。
Ch_r	是第r年时××市统计局编制的《××统计年鉴》中公布的“《物价住户调查》－《市区商品零售价格分类指数》－《燃料类》－《石油及制品类》”对应的r－1年的指数。
Tax_r	是第r年时污水处理厂适用的所得税税率。
CPI_r	是第r年时××市统计局编制的《××统计年鉴》中公布的“《物价 住户调查》－《居民消费价格总指数》”中第r－1年相对应的指数。
其中： $a+b+c+d+e=1$ 合同生效日时：a＝【×】%；b＝【×】%；c＝【×】%；d＝【×】%；e＝【×】%	

附件十三：保险清单

在整个合作期间内，项目公司应按本行业的惯例办理和维持合理的建设、运营和维护保险。项目公司应按本合同条款第16.2、16.3、16.4条办理保险。项目公司的保险应符合《中华人民共和国保险法》和其他适用法律的要求。

1. 建设期间的保险

项目公司应在项目建设期间内自费投保并保持下列险种的保险。但是，如果从保险公司处无法获得，或无法以合理的商业条件获得该等保险，则解除项目公司应投保下列险种保险的义务。

（a）货物运输险

责任范围：对于所有材料、设备、机器、零备件和其他物品（施工设备除外）从投保货物离开承包商、分包商或供货商在世界上任一地点的场所之时开始，至到达并卸至污水处理厂场地的运输途中的所有一般及惯常的可保风险。

保险金额：对任一次运输或任一地点，相当于投保财产购买价的110%，但不低于投保财产的全部重置价值，包括运费和保险费。

保险形式：本保险应以统保的合同为基础进行，并将不签发单独的保险单。

被保险人：项目公司、建设承包商、分包商、供货商和项目公司可能选择的其他方（条件是该其他方拥有或可获得在此保险项下的可保利益）。

（b）（货物运输之）完工延迟险

责任范围：在所保延迟期间（保障期十二（12）个月），由货物运输险项下可获赔偿的损失或损坏所造成的完工延迟而发生的利息、附加利息和规定的常规费用。

保险金额：等于十二（12）个月保障期内发生的利息、附加利息和规定的常规费用的总额。

保险期间：与货物运输险一致。

被保险人：项目公司及项目公司可能选择的其他方（条件是该其他方拥有或可获得此保险项下的可保利益）。

（c）建筑安装工程一切险

责任范围：在污水处理厂建设、安装、运营测试及试运行期间及其后的十二（12）个月期间，就工程、临时工程、材料及其他将包括在项目设施内的物品的灭失或损坏的所有一般及惯常的可保风险，（包括但不限于火灾、雷电、爆炸、暴雨、风暴、台风、水害、水灾、旱灾、倒塌、滑坡、地震、其他事故损失、故意破坏、设计缺陷、工艺缺陷及材料缺陷）。

保险金额：工程重置价全额（但不少于建设合同价值）。

保险期间：从建设开始之日至最终完工日及其后的十二（12）个月。

被保险人：项目公司、建设承包商、分包商、供应商、顾问（仅限于场地风险）、实施机构及实施机构或项目公司选定的其他方（条件是该其他方拥有或可获得此保险项下的可保利益）。

（d）（建筑安装工程一切险之）完工延迟险

责任范围：在所保延迟期间（保障期十二（12）个月），由建筑安装工程一切险项下可获赔偿的损失或损坏所造成的完工延迟而发生的利息、附加利息和规定的常规费用。

保险金额：等于十二（12）个月保障期发生的利息、附加利息、计划的本金付款和规定的常规费用的总额。

保险期间：自建设开始之日至最终完工日。

被保险人：项目公司及项目公司选择的其他方（条件是该其他方拥有或可获得此保险项下的可保利益）。

（e）第三者责任险

责任范围：对在中国境内发生的与建设工程有关的第三者人身伤害或财产损失所应承担的法律责任的保险（但不包括第三者汽车保险）。

保险金额：每次事故责任限额×××元，保险事故次数不限。

保险期间：从建设开始之日至最终完工日以及之后的十二（12）个月。

被保险人：项目公司、建设承包商、分包商、供货商和顾问（仅限于场地风险）、实施机构及实施机构或项目公司选定的其他方（条件是该其他方拥有或可获得此保险项下的可保利益）。

（f）其他险种

其他通常的、合理的或者遵循贷款人及适用法律要求所必需的保险。

2. 运营期间的保险

项目公司应在开始商业运行日或该日之前自费投保并在整个运营期内保持下列险种的保险。但是，如果从保险公司处无法获得，或无法以合理的商业条件获得该等保险，经实施机构同意后，则项目公司没有义务获得该等保险，但是不因此免除项目公司本合同的相关责任。

（a）财产一切险

责任范围：对构成项目设施组成部分的、正在使用的并位于污水处理厂场地的所有建筑物、构筑物、厂房、设备、机器、化学品、零备件和其他材料和/或不动产所有灭失或损坏的所有一般及惯常的可保风险，（包括但不限于火灾、雷电、爆炸、自燃、风暴、暴雨、台风、洪水、水害、旱灾、恶意破坏、撞击、地震、沉降和倒塌）。

保险金额：项目设施的全部重置价值。

保险期间：以年为单位，可续延。

被保险人：项目公司、实施机构以及实施机构或项目公司选定的其他方（条件是该其他方拥有或可获得此保险项下的可保利益）。

（b）（财产一切险之）业务中断险

责任范围：在十二（12）个月的保障期内（投保的中断期间），因财产一切险保险单项下所承保的可保风险造成的业务中断或受到干扰而产生的利息、附加利息及规定的常规费用的损失。

保险金额：等于十二（12）个月保障期发生的利息、附加利息、计划的本金付款和规定的常规费用的全部金额。

保险期间：以年为单位，可续延。

被保险人：项目公司及项目公司选定的其他方（条件是该其他方拥有或可获得此保险项下的可保利益）。

（c）机器故障损坏险

责任范围：对构成项目设施组成部分的任何机器、厂房、辅助设备的突然和不可预见的有形损失或损坏的保险。

保险金额：所有厂房、机器、设备等的全部重置价值。

保险期间：以年为单位，可续延。

被保险人：项目公司、实施机构以及实施机构或项目公司选择的其他方（条件是该其他方拥有或可获得此保险项下的可保利益）。

（d）（机器故障损坏险之）业务中断险

责任范围：在十二（12）个月的保障期间（投保的中断期间），由于机器故障损坏险项下所承保的可保风险的损失或损坏所造成的业务中断或受影响而引致的应支付的利息、附加利息和规定的常规费用。

保险金额：等于十二（12）个月的保障期内发生的利息、附加利息、计划的本金付款和规定的常规费用的全部金额。

保险期间：以年为单位，可续延。

被保险人：项目公司及项目公司选择的其他方（条件是该其他方拥有或可获得此项保险项下的可保利益）。

（e）第三者责任险

责任范围：因运营和维护项目设施造成的对第三者的人身伤害或财产损失或损坏所应承担的法律责任。

保险金额：每次事故责任限额【×】万元（），保险事故次数不限。

保险期间：以年为单位，可续延。

被保险人：项目公司、实施机构或项目公司选择的其他方（条件是该其他方拥有或可获得此保险项下的可保利益）。

（f）其他险别

其他通常的、合理的或为遵循贷款人要求或适用法律要求所必需的保险。

附件十四：合同终止赔偿与终止补偿金额的计算

<table>
<tr><td rowspan="3">第19.2.4条所指第一类终止赔偿金额的计算</td><td rowspan="2">1. 项目公司发生与本项目有关的损失，损失和第一类终止事由存在相当因果关系，项目公司已尽可能减少损失的发生。</td><td colspan="2">（1）如终止发生在建设期，则赔偿金额的计算为，经审计认定的项目公司直接损害（包括建设成本、融资成本及相关税费），乘以赔偿系数1.1后所得的金额，作为赔偿金额。
计算公式：赔偿金额 = 直接损害 × 赔偿系数1.1</td></tr>
<tr><td colspan="2">（2）如终止发生在运营期，则赔偿金额的计算为，经审计认定项目公司直接损害（包括建设成本、运营成本、融资成本及相关税费），扣除运营月付费数额中所包含的按静态方法计算的建设、运营、融资、税金等已支付成本后，乘以赔偿系数1.1所得的金额后作为赔偿金额。
计算公式：赔偿金额 =（直接损害 - 付费数额已支付的成本）× 赔偿系数1.1</td></tr>
<tr><td colspan="3">2. 实施机构按本条所计算的金额支付赔偿后，项目公司不得再向实施机构请求其他的任何赔偿与补偿。</td></tr>
<tr><td rowspan="3">第19.3.3条所指第二类补偿金额的计算</td><td rowspan="3">发生合同条款第17.4.2条政治不可抗力情形</td><td rowspan="2">1. 项目公司发生与本项目有关的损失，损失和第二类终止事由存在相当因果关系，项目公司已尽可能减少损失的发生。</td><td>（1）如终止发生在建设期，则补偿金额的计算为，经审计认定的项目公司直接损害（包括建设成本、融资成本及相关税费），减去保险理赔的金额，再乘以补偿系数1后的金额为补偿金额。
计算公式：补偿金额 =（直接损害 - 保险理赔金额）× 补偿系数1</td></tr>
<tr><td>（2）如终止发生在运营期，则补偿金额的计算为，经审计认定的项目公司直接损害（包括建设成本、运营成本、融资成本及相关税费），扣除运营月付费数额中所包含的按静态方法计算的建设、运营、融资、税金等已支付的成本和保险理赔的金额，再乘以补偿系数1后的金额为补偿金额。
计算公式：补偿金额 =（直接损害 - 付费数额已支付的成本 - 保险理赔金额）× 补偿系数1</td></tr>
<tr><td colspan="2">2. 除上述补偿金额外，实施机构可以根据项目公司因此产生的利润损失酌情给予补偿。</td></tr>
</table>

续表

<table>
<tr><td rowspan="2">第19.4.4条所指第三类补偿金额的计算</td><td rowspan="2">自然不可抗力、政策因素、公益原因</td><td rowspan="2">项目公司发生与本项目有关的损失，损失和第三类终止事由存在相当因果关系，项目公司已尽可能减少损失的发生。</td><td>1. 如终止发生在建设期，则补偿金额的计算为，经审计认定的项目公司直接损害（包括建设成本、融资成本及相关税费），减去保险理赔的金额，再乘以补偿系数0.5后的金额为补偿金额。
计算公式：补偿金额 =（直接损害 − 保险理赔金额）× 补偿系数0.5</td></tr>
<tr><td>2. 如终止发生在运营期，则补偿金额的计算为，经审计认定的项目公司直接损害（包括建设成本、运营成本、融资成本及相关税费），扣除运营月付费数额中所包含的按静态方法计算的建设、运营、融资、税金等已支付的成本和保险理赔的金额，再乘以补偿系数0.5后的金额为补偿金额。
计算公式：补偿金额 =（直接损害 − 付费数额已支付的成本 − 保险理赔金额）× 补偿系数0.5</td></tr>
<tr><td rowspan="3">第19.5.3条所指第四类补偿金额的计算</td><td colspan="3">1. 如终止发生在建设期，则补偿金额的计算为，项目公司经审计认定的直接损害（包括建设成本、融资成本及相关税费）金额为补偿金额。</td></tr>
<tr><td colspan="3">2. 如终止发生在运营期，则补偿金额的计算为，项目公司经审计认定的直接损害（包括建设成本、运营成本、融资成本及相关税费），扣除运营月付费数额中所包含的按静态方法计算的建设、运营、融资、税金等已支付的成本后的金额为补偿金额。
计算公式：补偿金额 = 直接损害 − 付费数额已支付的成本</td></tr>
<tr><td colspan="3">3. 或由双方另行合意具体的补偿金额及相关细节。</td></tr>
<tr><td>第19.6.3条所指第五类终止经营权对价款退还与赔偿金额的计算</td><td>1. 如终止发生在建设期：</td><td colspan="2">（1）项目经营权对价款退还金额为，经审计认定的在建工程金额（息税后在建工程加计建设期利息），减去项目公司应当负担赔偿实施机构所生损害的金额（包括但不限于重新发包的价差损害），作为经营权对价款的退还金额。
（2）实施机构所生损害金额部分，由实施机构举证证明实际损害金额，未举证损害金额者，以经营权对价款退还金额乘以系数0.2作为损害金额。
（3）计算公式：
1）实施机构举证损害金额的：结算金额 = 经营对价款 − 实施机构所生的损害金额
2）实施机构未举证损害金额的：结算金额 = 经营对价款 × 结算系数0.8</td></tr>
</table>

续表

	2. 如终止发生在运营期：	(1) 项目经营权对价款退还金额为，经审计认定终止时无形资产净值。 (2) 实施机构所生损害金额部分，由实施机构举证证明实际损害金额，未举证损害金额者，以经营权对价款退还金额乘以系数 0.2 作为损害金额。 (3) 计算公式： 1) 实施机构举证损害金额的：结算金额 = 终止时无形资产价值 - 实施机构所生的损害金额 2) 实施机构未举证损害金额的：结算金额 = 终止时无形资产价值 × 结算系数 0.8

附件十五：财务边界

1. 建设成本、运营成本的财务边界设定

建设成本财务边界的设定涉及以下几个方面的问题：第一，政府方发起或是社会资本方发起，此涉及前期费用是支付给政府方还是支付给发起的社会资本方；第二，政府所提供设计图纸的深度如何，此涉及对政府付费的金额应该是多少；第三，监理费用由实施机构支付还是由项目公司支付；第四，如何拆分建设投资为：对政府付费、项目公司建设期费用以及承包商费用，此涉及费用发生的时间以及增值税进项税率；第五，如何拆分承包商费用为一类费用加上预备费，以及其他二类费用，此涉及承包商的增值税进项税率是多少；第六，承包商的预付款、进度款以及质保金的付款条件如何设定；第七，无形资产的摊销年限是多少；第八，建设期有多久；第九，工程下浮率设定多少。

运营成本财务边界条件的设定涉及以下几个方面的问题：第一，如何将运营成本拆分为：维护成本、服务成本及运营期项目公司管理费；第二，确认维护成本中的小修、中修、期中大修、期末大修的金额、周期与摊销年限；第三，确认服务成本中的固定成本、变动成本以及生产负荷；第四，运营期有多久，是按自然年计算还是按顺延年计算；第五，运营成本下浮率设定多少。

2. 融资成本的财务边界设定

融资成本财务边界条件的设定涉及以下几个方面的问题：第一，项目资本金占工程总投资的比例是多少；第二，项目资本金一次到位还是分批到位；第三，贷款期限与还款宽限期有多长，还款方式采取等额本金还是等额本息；第四，是否引入基金，如果引入基金的股权投资比例是多少；第五，政府是否出资，如果政府出资，政府出资代表的股权比例是多少，政府出资代表是否抛弃分红或是剩余财产分配请求权；第六，联合体各成员的出资比例各是多少，彼此之间是否有股权回购的约定；第七，签约时或是投标基准日的 LPR 设定多少；第八，融资利率浮动率设定多少。

3. 付费机制的财务边界设定

付费机制的财务边界条件设定涉及以下几个方面的问题：第一，是否符合会计准则规定的政府补贴；第二，是否属于中央财政补贴不收增值税，是否符合所得税不征税收入、免征及减征的税收优惠；第三，有关付费机制财务边界条件所涉及到的问题。

4. 税费成本的财务边界设定

税费成本财务边界条件的设定涉及以下几个方面的问题：第一，"总价 + 总价付费""总价 + 单价付费"以及"单价 + 总价付费"类型，增值税销项税率是一同认定还是分别认定；第二，其他付费类型的增值税销项税率是多少；第三，EPC 承包商及其他外包商的进项税率是多少；第四，项目所在地是在市级还是县级，此涉及附加税税率是多少；第五，是否因股权转让要课征所得税；第六，是否要课征房产税、土地使用税；第七，项目资产是否有转让所有权的情形，是否因此要课征契税、增值税以及土地增值税；第八，在应纳企业所得税税额的计算中，收入总额是否要扣除不征税收入（例如专项用途财政资金）、免税收入（例如三免三减半）以及各项扣除，是否要弥补五个年度内的亏损。

税费优惠政策：第一，《资源综合利用产品和劳务增值税优惠目录》（财税〔2015〕78 号）第 1 条规定："纳税人销售自产的资源综合利用产品和提供资源综合利用劳务（以下称销售综合利用产品和劳务），可享受增值税即征即退政策"。因此，自 2015 年 7 月 1 日起，污水处理劳务在缴税后返还 70%，即需要缴纳 30% 的增值税。第二，《企业所得税法实施条例》第 88 条规定："企业所得税法第二十七条第（三）项所称符合条件的环境保护、节能节水项目，包括公共污水处理、公共垃圾处理、沼气综合开发利用、节能减排技术改造、海水淡化等。项目的具体条件和范围由国务院财政、税务主管部门商国务院有关部门制订，报国务院批准后公布施行。企业从事前款规定的符合条件的环境保护、节能节水项目的所得，自项目取得第一笔生产经营收入所属纳税年度起，第一年至第三年免征企业所得税，第四年至第六年减半征收企业所得税。"

5. 投资回报与财政承受能力的财务边界

投资回报与财政承受能力财务边界条件的设定涉及以下几个方面的问题：第一，确认投资回报的竞价参数采用付费利率 i 值、融资前税后内部收益率，或是税前社会资本方内部收益率；第二，政府方六年内的一般公共预算支出是多少。

附件十六：财务模型

附录三：财务报表与报表项目关系表

【紫】	财务（表61.8）	资产（表62.2）	投资（表63.4）	成本（表64.7）	物有所值（表65.4）	其他①【粗体黑字】
建设（表55.8）	购置无形资产支付现金	1. 预付账款资产 2. 应付账款负债 3. 在建工程资产	每年建设投资金额融资前/建设投资	1. 息税后在建工程比例	购置无形资产支付现金建设成本	1. 建设期建设投资比例融资/实收资本 2. 每年息后税前在建工程税金 3. 每年息税后在建工程税金 4. 每年在建工程摊销运营 5. 每年建设期利息摊销利润
运营（表56.7）	经营成本含税合计经营	无形资产净值资产	经营成本含税合计融资前/经营成本	1. 经营成本未税合计比例 2. 期中大修比例 3. 年满载污水处理成本直接成本	经营成本含税	1. 经营成本含税合计、经营成本未税合计税金 2. 总成本费用合计利润

① 基础数据表和基础数据表之间的关系

续表

【紫】	财务（表61.8）	资产（表62.2）	投资（表63.4）	成本（表64.7）	物有所值（表65.4）	其他【粗体黑字】
融资（表57.14）	1. 当期借款筹资/吸收借款收到的现金 2. 付息筹资/偿付利息支付的现金 3. 还本偿还债务支付的现金 4. 每年实收资本筹资/吸收投资收到的现金	1. 期末借款负债/长期借款 2. 累计实收资本所有/实收资本	1. 当期借款融资后 2. 还本付息融资后 3. 社会资本方实收资本社会		1. 利息费用 2. 政府出资方代表实缴出资股权投资	1. 建设期利息建设 2. 利息费用运营 3. 每年实收资本税金/印花税 4. 分红比例利润、社会
付费（表58.8）	经营活动现金流入经营	递延收益负债	经营活动现金流入→融资前		经营活动现金流入运营补贴	1. 营业收入含税合计、营业收入未税合计税金 2. 利润表收入合计利润 3. 使用者付费目标值总表2
税金（表59.5）	1. 增值税金流调整利润调整 2. 支付各项税费经营	留抵税额其他非流动资产	增值税税金及附加融资前、融资后	各项税费间接成本	各项税费竞争性中立调整值	1. 税金及附加利润 2. 增值税实缴税额收入×0.7

续表

【紫】	财务（表61.8）	资产（表62.2）	投资（表63.4）	成本（表64.7）	物有所值（表65.4）	其他【粗体黑字】
利润（表60.3）	分配利润筹资/分配利润支付的现金	1. 未分配利润所有 2. 期末累计法定盈余公积金所有/盈余公积	1. 所得税融资后 2. 分配利润社会 3. 调整所得税融资前	分配利润间接成本与利润		所得税税金
其他①	1. 期末现金资产 2. 偿债备付率总表2 3. 利润调整总表2	1 平衡总表2 2. 资产负债率总表2 3. 货币资金财务/期末现金	1. 融资前税前税后总表2 2. 融资后税前税后→总表2 3. 剩余财产分配财务	动态水价组成总表2	Vfm 总表2 PPP 值合计→财承/政府支出责任	财承表/财承占比→总表2

① 主要报表和总表之间的关系（请见表54.11、54.12）

附录四："2+6+6"财务模型各类财务报表汇整

一、总表

1. 竞价参数汇整表（表54.3、54.4）
2. 财务指标汇整表（表54.8、54.9、54.10）

二、财务辅助报表

1. 建设基础数据表
（1）建设投资分解表（表55.2）
（2）建设投资计算表（表55.3）
（3）建设投资含税未税计算表（表55.4）
（4）息后税前在建工程计算表（表55.5）
（5）息税后在建工程计算表（表55.6）
（6）摊销金额计算表（表55.7）
2. 运营基础数据表
（1）生产负荷表（表56.1）
（2）成本费用分析表（表56.2）
（3）经营成本含税表（表56.3）
（4）经营成本未税表（表56.4）
（5）总成本费用表（表56.5）
（6）无形资产计算表（表56.6）
3. 融资基础数据表
（1）基础数据汇整表（表57.1）
（2）资金筹措计划表（表57.4、57.5、57.7、57.8）
（3）还本付息计划表（表57.9）
（4）利息计算表（表57.10）

（5）股权投资表（表57.11、57.12）
（6）分红比例计算表（表57.13）
4. 付费基础数据表
（1）服务数量表（表58.1）
（2）付费类型分表（表58.2）
（3）营业收入含税表（表58.3）
（4）营业收入未税表（表58.4）
（5）利润表收入计算表（表58.5）
（6）经营活动现金流入计算表（表58.6）
（7）使用者付费底线计算表（表58.7）
5. 税金表
（1）增值税计算表（表59.2）
（2）税金及附加计算表（表59.3）
（3）各项税费合计表（表59.4）
6. 利润表
（1）利润计算表（表60.1）
（2）法定盈余公积金计算表（表60.2）

三、财务主要报表

1. 财务现金流量表
（1）现金流量表（表61.1）
（2）偿债备付率计算表（表61.5）
（3）利润调整表（表61.7）
2. 资产负债表（表62.1）
3. 投资现金流量表
（1）融资前项目现金流量表（表63.1）
（2）融资后项目现金流量表（表63.2）
（3）社会资本方税前现金流量表（表63.3）
4. 成本分析表
（1）生产负荷表（表64.3）
（2）建设与运营成本占比计算表（表64.4）
（3）静态成本合计表（表64.5）
（4）成本要素组成比例表（表64.6）

5. 物有所值评价表

（1）基础参数表（表65.1）

（2）PSC值计算表（表65.2）

（3）PPP值计算表（表65.3）

6. 财政承受能力论证表

（1）一般公共预算支出增长率计算表（表66.1）

（2）财承能力计算表（表66.2）

图书在版编目（CIP）数据

基建投资、城市更新、REITs与财务分析决策／余文恭著.—北京：中国法制出版社，2022.11
ISBN 978-7-5216-2868-5

Ⅰ.①基… Ⅱ.①余… Ⅲ.①城市建设-基本建设投资-研究 Ⅳ.①F283

中国版本图书馆CIP数据核字（2022）第167003号
著作权登记号　图字：01-2022-6319

策划/责任编辑　欧　丹　　　　封面设计　杨泽江

基建投资、城市更新、REITs与财务分析决策
JIJIAN TOUZI、CHENGSHI GENGXIN、REITs YU CAIWU FENXI JUECE

著者/余文恭
经销/新华书店
印刷/三河市国英印务有限公司
开本/710毫米×1000毫米　16开　　　　印张/42.25　字数/665千
版次/2022年11月第1版　　　　2022年11月第1次印刷

中国法制出版社出版
书号ISBN 978-7-5216-2868-5　　　　定价：129.00元

北京市西城区西便门西里甲16号西便门办公区
邮政编码：100053　　　　传真：010-63141600
网址：http://www.zgfzs.com　　　　**编辑部电话：010-63141675**
市场营销部电话：010-63141612　　　　**印务部电话：010-63141606**

（如有印装质量问题，请与本社印务部联系。）